Ludwig Conrady

Vier rheinsche Palestinapilgerschriften

Ludwig Conrady

Vier rheinsche Palestinapilgerschriften

ISBN/EAN: 9783743363281

Hergestellt in Europa, USA, Kanada, Australien, Japan

Cover: Foto ©ninafisch / pixelio.de

Manufactured and distributed by brebook publishing software (www.brebook.com)

Ludwig Conrady

Vier rheinsche Palestinapilgerschriften

VIER RHEINISCHE PALAESTINA-PILGERSCHRIFTEN

DES

XIV. XV. UND XVI. JAHRHUNDERTS.

AUS DEN QUELLEN MITGETEILT UND BEARBEITET

VON

LUDWIG CONRADY
PFARRER A. D.

WIESBADEN
FELLER & GECKS
1882.

VORWORT.

Die nachstehenden blätter treten einzig unter der gunst der fürstlichen freigebigkeit ihrer königlichen hoheit der frau prinzessin Marianne der Niederlande ans licht.

Ihnen dies an die stirne zu schreiben, will dem herausgeber schon um deswillen geziemend erscheinen, weil er nur so seinem tiefen und ehrfurchtsvollen dank den nicht zu übersehenden tatsächlichen ausdruck vor der öffentlichkeit geben zu können vermeint, den er der erlauchtheit gleichsehr der person wie der tat der hohen förderein seines unternehmens schuldet.

Zugleich aber beabsichtigt er damit auf das nachdrücklichste das gewicht der eignen verantwortung für diese fürstliche auszeichnung hervorzuheben; da nur er es ist, der sich unterfangen zu dürfen glaubte, sein werk für solche auszeichnung vorzuschlagen. Er empfindet deshalb auch die nötigung doppelt seine arbeit nicht ohne die folgende darlegung hinausgehen zu lassen.

Die hier gebotenen vier pilgerschriften zählen nicht zu den klassischen, deren überhaupt keine mehr der veröffentlichung warten dürften; kaum zu denen zweiten rangs, da drei von ihnen sich bescheiden müssen in grösserem oder geringerem grade blosse pilgerführer zu sein. Der selbstzweck zu ihrer herausgabe ist damit ausgeschlossen. Wenn sie letzterer gleichwol von uns wert erachtet wurden, so geschah dies in der unterstellung, dass sie als wertvolle mittel dem zwecke zur verfügung sich zu stellen befähigt seien, dem die geschichtswissenschaft, in erster reihe die Palaestinakunde dient. Diesen gesichtspunkt scheint nämlich schon der umstand zu begünstigen, dass alle vier als völlig neue erscheinungen in den kreis der pilgerliteratur eingeführt werden dürfen, drei aus jetzt erst erschlossenen handschriftlichen quellen und eine aus einem völlig verschollenen, vermutlich nur noch in dem einzigen uns zur verfügung gewesenen alten drucke. Sodann aber verknüpft sich mit dieser eigenschaft bei der ersten der vorzug, dass sie, die richtigkeit unserer beweisführung über ihr alter vorausgesetzt, nicht nur zu den seltenen pilgerführern des 14. jh.'s gehört, sondern auch unter diesen sich durch eine ganze reihe bestätigender, ergänzender, berichtigender oder ganz neuer angaben hervortut, deren unsere kenntnis der mittelalterlichen heiligen stätten noch so sehr bedarf. — Die zweite um ein jahrhundert jüngere verdient auch nach unserer meinung die bezeichnung »interessant«, die ihr auf grund ihrer von uns vermittelten einsichtnahme von seiten so kundiger fachmänner, wie der herausgeber der »deutschen pilgerreisen nach dem heiligen lande« s. 572 gegeben wurde, ebensosehr dadurch, dass sie die erste ans licht tretende kölnische pilgerschrift ist, als dadurch, dass sie mit der soeben genannten in beibringung wertvollen topographischen stoffes wetteifert, dieselbe aber erheblich überragt an umfang, wie durch eingestreute zeitgeschichtliche nachrichten. — Die dritte, ebenfalls dem 15. jh. zugehörig, darf gradezu als einzig dieser wie allen ihren genossinnen angereiht werden, weil sie die erste schrift eines langjährigen pilgerdolmetschers ist, von der die wissenschaft kenntnis erhält. Dass sie dabei die verhältnismässig wenig zahlreich vertretene niederländische pilgerliteratur bereichert, das niederländische pilgerwesen in neuer beleuchtung zeigt und überdies eine fülle sonstiger neuer tatsachen zu berichten hat, kann ihren wert nur erhöhen. — Die vierte endlich aus dem 3. jahrzehnt des 16. jh.'s, eine vollkommene reisebeschreibung, ist schon als erzeugnis eines pilgerarmen jahres bedeutsam; dazu gewährt sie eine erwünschte ergänzung der pilgerschrift des züricherschen glockengiessers Fuessli, des genossen unseres adligen pilgerschriftstellers; ist reich an erzählung bemerkenswerter erlebnisse und darf die nicht gering anzuschlagende eigenschaft der selbständigkeit bei allem einhergehen in gewohnten gleisen ansprechen.

Nun läuft freilich bei allen diesen vier schriften bekanntes und minderwertiges mit unter und bildet sogar einen erheblichen bestandteil des ganzen. Es hätte demnach nahegelegen bei ihrer veröffentlichung das beispiel der herausgeber der genannten »deutschen pilgerreisen« nachzuahmen und auswählend zu verfahren. Wenn dies dennoch nicht geschah, so hielt uns die erwägung davon ab: einmal dass unser zweck sich mit dem der genannten nicht deckt, zum andern aber und vor allem, dass die unterscheidung über wichtiges und unwichtiges, bekanntes und neues schon deswegen der in erster linie zu berücksichtigenden gelehrten forschung zu überlassen ist, weil beides nicht nur in seinem ineinander erst voll kenntlich wird sondern letzteres auch gerade in seinen mischungsverhältnissen bezüglich des neuen und alten, wertvollen und bedeutungslosen nicht selten noch wichtiger sein kann, als das einzelne neue und wertvolle in ihm. Nicht weniger stand uns vor augen, dass nur unverstümmelte texte im stande seien, die ur- oder abschriften entdecken zu helfen, die zweifelsohne von den drei ersten stücken unserer sammlung noch werden aufgefunden werden. Aber auch das schien in unsern sehkreis eingeschlossen, dass allein ungeschmälerte textmitteilung dem von wert sein könne, der die von Tobler begonnene so mühselige als notwendige arbeit fortzuführen hat: aus der gesammten abendländischen pilgerliteratur seit dem 14. jh. das urpilgerbuch der Franziskaner zusammen zu finden, das uns rede stehen soll über die geschichtlich eingesessene und die aus dem abendlande eingeführte überlieferung, d. h. über »wahrheit und dichtung« bezw. älteste dichtung an den heiligen stätten.

Durfte uns aber in diesem lichte unser verfahren der Palaestinawissenschaft gegenüber nicht bloss gerechtfertigt, sondern sogar geboten erscheinen, so zwang uns zu seiner durchführung gradezu die rücksicht auf die sprachliche gestalt unserer vorlagen. Die zweite und ausgedehnteste von ihnen darf in dieser beziehung die auszeichnung einzig in ihrer art als mundartgemisch zu sein beanspruchen; die vierte als schöne sprachprobe aus dem Elsass der mundartforschung ebenso zu statten kommen. Auch das mittelniederländische der dritten wird beachtung heischen können und die in das latein der ersten eingestreuten mitteldeutschen wörter des 14. jh.'s, wie die aus diesem latein selber zu ziehenden schlüsse auf die mundart seines schreibers, ihren unbeschnittenen text willkommen heissen lassen.

Damit aber nicht genug. peinlich genaue und volle texte verlangt erst recht die wissenschaft, die, wie regsam sonst, auf diesem gebiete kaum den ersten spatenstich getan hat, wir meinen die mittelalterliche mythologie. Ein ungeheurer stoff ist für sie in der pilgerliteratur unausgebeutet gehäuft: es lagern dort neben den volksmässigen und gelehrten rückerinnerungen an die alte göttersagenwelt von Hellas und Rom, Syrien und Aegypten, Arabien und Nubien selbst die mittelalterlichen schiffermärchen des mittelmeers, die legenden des islams wie die der griechischen und römischen kirche in buntem durcheinander und verlangen um so mehr entzifferung als sie in der gestalt von rückfracht der pilger in die abendländische mythologie sich einzuführen gewusst haben. Wird hier die arbeit in vollen angriff genommen, so wird man so wenig quellenüberfluss beklagen, dass man selbst vollständige doubletten unter gewissen umständen zu würdigen wissen wird.

Bei einer solchen sachlage hätten wir nun zwar auch unseren zweck erreicht, wenn wir ein unterkommen für unsre vier neulinge bei dem so viel grössern unternehmen der »itinera hierosolymitana« erstrebt hätten. Indes auch hiergegen sprach alles. Zunächst wird die »société de l'orient latin« noch lange nicht in der lage sein, sich der herausgabe der deutschen pilgerbücher zu widmen. Sodann aber finden bekanntlich in ihrer sammlung texte mit erklärenden anmerkungen keinen raum. Ohne solche aber neue texte herauszugeben, das hätte geheissen felsblöcke statt zugerichteter steine der baustätte der forschung zuzuführen und war uns um so unmöglicher als wir die ansicht Toblers teilen, dass zur erleichterung der forschung neben einer sammlung kritisch gesichteter texte eine solche mit texterläuterungen herlaufen müsse.

Schliesslich erschien es uns bedeutsam genug, dass das ungefähr, welches uns die vier pilgerschriften in die hände geführt, uns gerade nur solche vom Ober-, Mittel- und Niederrhein beschert hatte. Wir meinten darin einen wink zu sehen, durch ihre verbindung zu einem rheinischen pilgerbuch im kleinen es neben dem seither gepflegten nationalen einmal mit der aufstellung des landschaftlichen gesichtspunktes für die pilgerliteratur wagen zu dürfen, dem der vorteil einer jederzeit erspriesslichen, hier namentlich der culturgeschichte zu statten kommenden vergleichung um so weniger entgehen kann, als er durch seine weite gewissermassen einen stämmequerdurchschnitt zum gegenstand der untersuchung stellt. Und dass es andrerseits dieser weite nicht an innerer verbindung gebricht, dass der Rhein ein wirkliches band auch um die beiden äussersten glieder unserer kleinen sammlung schlingt, mit andern worten, dass selbst Strassburg und Leiden sich zu beeinflussen im stande sind, das bezeuge statt alles andern die kleine vielsagende urkunde aus der hiesigen Habel'schen archivalischen sammlung, die ausgestellt vom leidener magistrat unter dem 7. september 1267, den strassburger magistrat auffordert den überbringern die hinterlassenschaft des in Strassburg ansässig gewesenen leidener bürgers Egidius Werikeaz auszufolgen.

Ueber unsere eigene arbeit beim ganzen bemerken wir dies. Allererst liessen wir es uns angelegen sein, die texte unserer vorlagen genau so wiederzugeben, wie dies des näheren in den vorbemerkungen zu jedem einzelnen angegeben ist. Ihre zuverlässigkeit darf deshalb auch da eine unbedingte genannt werden, wo abzüglich der im druckfehlerverzeichnis aufgeführten sprachliche fehler erscheinen, die ihrer geringfügigkeit wegen nicht besonders angemerkt wurden. — Fürs andre richteten wir unser augenmerk darauf, in den genannten vorbemerkungen jedem der vier texte diejenigen angaben und erörterungen vorauszuschicken, die man bei solcher gelegenheit über die gebrauchte quelle und deren urheber zu erwarten gewohnt und berechtigt ist. Wenn wir in ihnen bestrebt waren, nach kräften das über allen in grösserem oder geringerem grade schwebende dunkel zu zerstreuen, so wird das der nicht verkennen, der ähnlichen untersuchungen oblag. Einen solchen wird es auch nicht befremden, dass wir an einzelnen punkten uns weiter verbreiteten, als der nächste zweck zu erfordern schien. — Dass wir fürs dritte der erklärung der texte einen besonderen fleiss zuwandten, berührten wir bereits, müssen es hier aber näher beleuchten. Zunächst mag es schon äusserlich auffallen, dass die anmerkungen für die ersten beiden pilgerbücher reichlicher ausgefallen sind, als die für die beiden letzten. Das hatte nun seinen grund einmal darin, dass unsere absicht ursprünglich nur auf veröffentlichung dieser beiden uns zuerst bekannt gewordenen schriften ging. Hatten wir doch allererst gar nur vor, den von uns entdeckten ersten lateinischen pilgerführer in der »zeitschrift des deutschen palaestinavereins« zu veröffentlichen, deren redaktion unsere arbeit bereits übernommen hatte und eben zum abdruck bringen wollte, als wir uns durch die eingangs genannte hohe vergünstigung in die lage gesetzt sahen, den gegenwärtigen weg der veröffentlichung einschlagen zu dürfen, der auch der zweiten und den inzwischen hinzugekommenen beiden letzten schriften eine unverkürzte herausgabe sicherte. Fürs andre aber konnten wir uns bei der bearbeitung der letzten beiden pilgerbücher kürzer fassen, weil wir bei den beiden ersten für sie mitgearbeitet hatten. Wir hegen deshalb die zuversicht, dass man keine unbedingt nötige erklärung bei ihnen vermissen wird: wie man uns denn überhaupt das zeugnis kaum versagen dürfte, dass wir es uns bei der erklärung nirgends leicht gemacht haben. Dass wir unser unvermögen zur aufhellung von etwa 5—6 namen zu bekennen haben, wird den kenner solcher erklärungsarbeiten vielleicht zu unsern gunsten stimmen, zumal wenn wir hinzusetzen, dass wir unter nicht kleiner ungunst literarischer hilfsmittel zu arbeiten hatten. Nächster zweck unserer anmerkungen aber war, wie überhaupt alles der erklärung irgendwie bedürftige so vornehmlich klarzustellen, wessen sich die Palaestinakunde von unserer gabe an wissenszuwachs zu versehen habe. Es war daher selbstverständlich, dass wir den klassiker unseres bisherigen wissens in diesen dingen, den unvergesslichen Tobler, überall den massstab und richter sein liessen. Wenn wir uns hin und wieder mühe machten um die sprachliche deutung der verschiedenen bereicherungen, welche der deutsche sprachschatz aus unsern pilgerbüchern empfängt, so werden uns das ja die forscher von fach um so weniger als eingriff in ihre gerechtsame deuten wollen, als wir verpflichtet waren, uns über die bedeutung der in betracht kommenden wörter klarheit zu verschaffen. Ein besonderes anliegen endlich war es uns den von uns dafür erkannten mythologischen stoff unserer vorlagen überall an- und nach kräften auszudeuten. Da wir jedoch in dieser richtung beinahe den ersten schritt taten — die »gastfahrten« Rossmanns trafen uns schon bei eigenen ergebnissen und nur Useners »Pelagia« verdanken wir besondere anregungen — so befleissigten wir uns grosser zurückhaltung. Unsre kühnheit wuchs erst als wir nach abschluss des ganzen auch im druck fast wie durch zufall bresche in eine langumlagerte sagenfeste zu legen im stande waren. Und so wagen wir in der beilage über »die ägyptische göttersage in der christlichen legende« den ersten versuch auf diesem gebiete überhaupt dem leser vorzulegen. Unsere inangriffnahme eines so schwierigen stoffes wird um so mildere beurteilung verdienen, als zu bedenken ist, wie geringer gunst — es ist ja auch Useners klage im eingang zu seiner »Pelagia« — sich die legende in den zuständigen wissenschaftlichen kreisen zu erfreuen hat.

Auch haben wir erst volle 10 jahre, seitdem Ebers in seinem buche »durch Gosen zum Sinai« s. 282 seine so sehr berufene hilfe auf diesem gebiete in aussicht gestellt hat, ohne sie bis jetzt zu gewähren, uns zu dieser pflügung fremden ackers herbeigelassen.

Eines ähnlichen übergriffes machten wir uns in der »ärztlichen reisevorschrift«, die wir einem »anhang« überwiesen, schuldig. Doch wird auch hier der erste versuch dieser art verzeihung beanspruchen dürfen.

Die beigegebenen »wörterbücher« haben nur deshalb den gewöhnlicheren namen glossare nicht empfangen, weil wir nach kräften deutsch zu schreiben beflissen waren. Die namentlich im ersten derselben gemachten versuche, das betreffende wort aus den ihm nächsten sprachgebieten zu beleuchten, dürften wol auch dem kundigen nicht unangenehm sein.

Mit dem »register« glaubten wir denen einen dienst zu tun, die bei der verarbeitung des hier gebotenen ein zeitersparendes aufsuchen sämmtlicher in den vier pilgerschriften vorkommender personen- und ortsnamen wünschen müssen.

In den kleinen »nachträgen und berichtigungen« suchen wir durch eigene und fremde schuld versäumtes und verfehltes nach kräften wieder gut zu machen. Bezüglich der unmittelbar daran sich schliessenden richtigstellung der druckverfehlungen dagegen sei der bewährten officin das bekenntnis nicht vorenthalten, dass die letzteren zumeist von unserer eignen handschrift verschuldet sind, sofern diese durch kleinheit vielfach undeutlich war oder es, wie bei einigen zahlen, durch nachträgliche änderung versehen hatte oder wie bei einzelnen eigennamen einer streng durchgeführten schreibung ermangelte. Die einmal in satz gekommenen fehler suchten wir nun zwar mit bestem willen zu tilgen, hatten aber das misgeschick die angezeigten zu spät zu entdecken.

Geschlossen endlich möge dies vorwort nicht werden, ohne dass wir auch auf diesem wege unsern wärmsten dank vorab den grossmütigen darreichern der vorlagen zu den drei letzten hier veröffentlichten pilgerschriften, den herren: oberst a. d. von Cohausen in Wiesbaden, pfarrer a. d. Jacqueré in Mainz und bibliothekar dr. A. van der Linde in Wiesbaden, sodann aber auch allen denen aussprechen, die mit einer uns unvergesslichen zuvorkommenheit, bereitwilligkeit und langmut unsern vielen fragen und verlangen aus fast allen facultäten des wissens zu willen waren, und denen, wenn etwas gutes am buche gefunden wird, nicht der schlechteste teil davon zugehört. Wir nennen ausser den im buche selber an den entsprechenden stellen namhaft gemachten hier noch die herren: dr. Cardauns in Köln, pfarrer dr. Falk in Mombach bei Mainz, direktor dr. Frommann in Nürnberg, licentiat Guthe in Leipzig, hofintendant dr. Hoofs in Erbach a. Rh., professor Otto in Wiesbaden, oberlehrer dr. Röhricht in Berlin, dompräbendat dr. Fr. Schneider in Mainz, professor dr. Sepp in München, professor dr. Usener in Bonn, professor dr. Weizsäcker in Berlin, gymnasiallehrer dr. Widmann in Wiesbaden, sowie die vorstände der öffentlichen bibliotheken zu Göttingen, Heidelberg, Kassel, Mainz, Wiesbaden und Würzburg. Möchte nur auch das buch selber ihnen allen ein dank sein können! Unser bescheidenes wünschen und streben wäre damit erfüllt.

Miltenberg, 6. Juli 1882.

L. Conrady.

INHALTSANGABE.

		seite
1.	Vorwort	III—X
2.	der pilgerführer und das pilgerschriftbruchstück des miltenberger handschriftenbandes	1— 48
	a) vorbemerkungen	1— 19
	b) text	20— 48
3.	niederrheinische pilgerschrift des 15. jahrhunderts	49—181
	a) vorbemerkungen	49— 71
	b) text	72—181
4.	Claes van Dusen waerachtighe beschrijvinge der steden ende plaetsen, gheleghen op den wegh van Venetien na den h. lande ende Jerusalem	182—222
	a) vorbemerkungen	182—188
	b) text	189—222
5.	hodoporika Philipps von Hagen aus dem 3. jahrzent des 16. jahrhunderts	223—289
	a) vorbemerkungen	223—229
	b) text	230—289
6.	anhang: ärztliche reisevorschrift	290—301
	a) vorbemerkungen	290—296
	b) text	297—301
7.	wörterbücher zur niederrheinischen pilgerschrift und Hagens hodoporika	303—329
8.	beilage: die ägyptische göttersage in der christlichen legende	331—359
9.	register	360—366
10.	zusätze und berichtigungen	367—370

VIER RHEINISCHE
PALAESTINA-PILGERSCHRIFTEN

DES

XIV. XV. UND XVI. JAHRHUNDERTS.

DER PILGERFÜHRER

UND DAS

PILGERSCHRIFTBRUCHSTÜCK DES MILTENBERGER HANDSCHRIFTENBANDES

N. 1693.

Der in der überschrift genannte handschriftenband, zur zeit ein bestandteil der Habel'schen sammlungen auf schloss Miltenberg in bair. Unterfranken, hat unsers wissens zum ersten male in der v. Löher'schen »archivalischen zeitschrift«[1]) eine öffentliche erwähnung erfahren. Es wird dort seiner als des letzten der daselbst aufgeführten »manuscripte nicht archivalischer natur« mit den kurzen worten gedacht: »Beschreibung einer reise nach dem gelobten lande. Ms. saec. XV. 4⁰. papier. 1½ cm stark.« Nun ist zwar der damit für seinen inhalt gebrauchte ausdruck, wenn man genau sein will, in keinem sinne zutreffend; denn nicht nur dass er sich als blosse teilbezeichnung erweist und schon durch den von einer hand des XVII. jahrhunderts auf den oberrand der ersten seite des bandes eingeschriebenen richtigen titel: »Manuscripta de diversis« berichtigt wird, so lässt er auch namenlos, was, wie sich zeigen wird, längst seinen namen hat. Gleichwol darf man selbst für diese und grade für diese mangelhafte bezeichnung dankbar sein. Denn sie war es, die den herausgeber zur genaueren einsichtnahme der sachlage einlud.

Da ergab sich denn zunächst, dass der in rede stehende handschriftenband, ein eincolumniger unpaginierter, schmaler quartant in rohen holzdeckeln mit ehemals weisslederenem rücken und von dermalen noch 80 bzw. 82 blättern papier, im laufe der zeit nicht weniger als 19 der

---

¹) Stuttg. 1877 II, 202 in dem aufsatz des verewigten »staatsarchivars Dr. Götze: »Die archivalischen sammlungen auf schloss Miltenberg in Bayern.«

letzteren eingebüsst[2]) hatte und unter diesen grade diejenigen die am ehesten über seinen inhalt hätten aufschluss geben können. So fehlen gleich die vier ersten; und es fand sich nach einigem suchen, dass sie den anfang zu einer bis dahin unbekannt gebliebenen vom Deycks'schen texte nicht wenig abweichenden handschrift von Ludolfs von Suthem de itinere terrae sanctae liber bildeten, der zu ihrem vollen bestand von 64 blättern ausser den genannten vier des anfangs noch sechs weitere in der mitte und am ende fehlen. Es durfte die entdeckung im blicke auf die bemerkung Deycks' in der vorrede zu seiner ausgabe Ludolfs (s. XXI): »Handschriften des lateinischen textes von Ludolfs reisebuch sind in deutschen bibliotheken nicht allzu häufig« — einigermassen erfreuen. Ungleich mehr aber beglückte die wahrnehmung, dass hinter Ludolf eine ebenfalls den anfang entbehrende lateinische pilgerschrift sich enthüllte, die nicht sowol die beschreibung einer reise ins heilige Land, als die anweisung für eine solche, wie sie in den zeiten ihres verfassers ausgeführt zu werden pflegte, enthält, und die wir deshalb in der überschrift, abweichend von der gewöhnlichen, unseres erachtens zu unbestimmten bezeichnung pilgerbuch, pilgerführer zu nennen uns erlaubten. Genaues nachforschen ergab nämlich, dass wir in dieser 11½ blatt zählenden höchstens um 1 bis 1½ seiten anfang[3]) beraubten schrift einen bis dahin ungekannten neuen beitrag zur paläslinapilgerliteratur aufgefunden hatten. Aber auch damit nicht genug, so entdeckte sich hinter dem pilgerführer ein zur gleichen literaturgattung gehörendes und ebenfalls bis jetzt unbekannt gebliebenes lateinisches schriftstück von leider nur zwei seiten länge, in dem sich entweder das bruchstück oder der auszug aus dem schlussteil eines itinerars oder die abgerissenen bemerkungen eines pilgers auf der rückreise nach der heimat darstellen; denn wir besitzen darin den im mittelalterlichen pilgergeschmack gehaltenen trockenen bericht über sehenswürdigkeiten von (der reihe nach): Myra, Rhodus, Modon und Corfu. In der überschrift wählten wir für diese aufzeichnungen den namen: pilgerschriftbruchstück, der im weitesten sinne genommen die so eben zur wahl gestellten bezeichnungen wol decken möchte.

[2]) Die einbusse lässt sich genau nach den einzelnen heften, aus denen der band besteht, bestimmen. Das erste heft enthielt 10 bl., davon fehlen die 4 ersten. Das zweite 12, von denen das letzte fehlt. Das dritte besitzt alle seine 12. Das vierte entbehrt bei ursprünglichen 12 seine 3 letzten. Das fünfte ist vollzählig mit 10. Das sechste von ehemals 12 hat noch die 10 ersten. Das siebente von 14 bl. lässt seine letzten 5 vermissen. Das achte von 12 bl. entbehrt sein erstes und seine 3 letzten. Das neunte endlich hat seine 6 bl. noch unversehrt.

[3]) Nach unserer genauen zählung reichte Ludolf bis zur hälfte der 128. s. des bandes; da diese schwerlich mehr beschrieben gewesen sein wird, so ist wahrscheinlich, dass dem pilgerf. nur 1 seite fehlt.

Sind nun auch die von uns erhobenen fundstücke sehr bescheidener art, in mancher rücksicht sogar nur »gewöhnliche pilgerkost«, um diesen Tobler'schen ausdruck zu gebrauchen, zo zeichnen sie sich doch, abgesehen von dem mannigfach neuen, was sie bieten, schon dadurch bedeutsam aus, dass sie in ihrer vereinigung eine der ersten kleinen pilgerschriftensammlungen darstellen, von der wir wissen;[4]) und das nicht etwa eine zufällige, sondern eine mit bedacht angelegte, da sie von derselben einen hand geschrieben ist. Auch mag der sammler die absicht gehabt haben seine sammlung bei gelegenheit noch zu vermehren, da das letzte schriftstück mitten auf einer freien seite abbricht, hinter der augenscheinlich noch eine ganze zahl weisser blätter folgte. Diese weissen blätter aber sind, wie man deutlich sieht, von späteren zu gelegentlichen aufzeichnungen, und auch dies nur teilweise benutzt worden. Nach vier ausgeschnittenen blättern folgt nämlich hinter unsern pilgerschriften von einer hand des angehenden XVI. jahrhunderts auf zwei seiten ein vermutlich für eine klosterküche geschriebener fischkalender, beginnend: »Januarius. In diffem mont find folle hafeln rodeygen kraffen.« Hieran schliesst sich auf der nächsten seite ein stück kochbuch: »Item eyn gutt galletin[5]) zu machen findeftu hernoch gefchrieben«, wieder von einer andern hand. Alsdann nach vier weissen blättern von einer hand des späteren XVI. jahrhunderts auf einer halben seite drei pestrecepte und nach diesen auf 4½ blatt sogenannte »figurae« d. h. lateinisch geschriebene allegorien zum leben Jesu nach alttestamentlichen stellen, vermutlich dem XV. jahrhundert der schrift nach an-

---

[4]) Ein ähnliches nur scheint es zu sein mit der in einem bande vereinigten itinerarhandschrift des Frate Alexandro Rinuccini und des Frate A. da Firenze, vgl. Tobler bibliogr. 50 f.; ein gleiches, aber aus soviel späterer zeit bietet graf Albr. zu Löwenstein mit dem angehängten pilgerbuch, vgl. Feyrabend, reißbuch bl. 188 ff. und die in der zeitschr. d. d. Pal.ver.'s herausg. pilgerfahrt d. hrz. Friedr. II. v. Liegnitz mit des Phil. de Aversa descriptio templ. Dom. I, 101 ff. Ob die unvergleichlich reichere sammlung eines cod. msc. der mainzer metropolitanbibl., den Gudenus sylloge variorum diplomatariorum monumentorumque veterum ineditorum adhuc. Frankf. 1728 377—386 beschreibt und der neben Marco Polo's büchern de condicionibus et consuetudinibus orientalium regionum, ins lat. übersetzt von Francesco Pipino di Bologna, dem bekannten verf. eines itinerars v. j. 1320, den itinerarius des fr. Oderici, Ricoldi u. Boldensele enthält, weiss ich nicht zu sagen. Ebenso ist unklar, welchem jh. die zusammenstellung der beiden pilgerschriften: »Daz ift die vart die er Hans von Bodmen und der jung Diethalm der schilter hand getan zu dem heiligen grab, anno 1381 »u.« Joh. de Mandovilla itinerarium. n. 1332« in dem aus dem XIV. jh. stammenden cod. ulmensis, dessen hauptinhalt das »keyserrecht« bildet, angehört, da die beiden schriften von anderer hand geschrieben sind als das keyserrecht. s. König v. Königsthal, corpus juris germanici publici ac privati. Francof. 1760 I, vorr. s. XXIX.

[5]) Soll wol heissen gulentin d. i. galantine od. gulreide = gallerte aus tierischen od. pflanzenstoffen vgl. Lexer, mhd. wbch. I, 727, die sich nach Ennen, gesch. d. stadt Köln. Köln 1869 III, 951 bei jedem festmal als besondere speise befand.

gehörend. Ein weisses blatt schliesst den ganzen band, wenn man nicht zwei lose angeheftete blätter einer alten mainzer (?) chronik des XV. jahrhunderts den abschluss machen lassen will.

Dies der allgemeine fundbericht. Fassen wir hiernach die schrift unserer beiden findlinge ins auge, so gehört dieselbe, wie schon oben im vorbeigang mitgetheilt wurde, dem XV. jahrhundert, dem eingeholten gutachten des frankfurter stadtarchivars herrn Dr. Grotefend entsprechend speciell der Zeit um 1475 an. Denn nicht nur dass sie handschriften der frankfurter stadtbibliothek aus dieser zeit nahe kommt,[6]) Frankfurt aber, wie sich alsbald ergeben wird, als heimatsort der handschrift angesehen werden muss, so ist auch das benutzte papier mit einem wasserzeichen[7]) versehen, welches vielfach um diese zeit in handschriften und urkunden sowol als in drucken gebraucht erscheint und auf einen rheinischen fabrikort deutet.

Die schriftzüge sind in durchweg gleichmässiger und reinlicher kleinschrift von etwa 1 mm höhe gehalten. Jede seite umfasst durchschnittlich 26 zeilen und der zwischenraum zwischen diesen beträgt 4 mm, so dass, da die zeile etwa 33 buchstaben enthält, ein ausgiebiger raum nach allen seiten bleibt, der auf den vorderrand zur aufnahme einer in kleinerer schrift ausgeführten ziemlich willkürlich auswählenden inhaltsangabe benutzt ist, auch wol wie der nebenrand hin und wieder eine verbesserung trägt.

Die beobachtete schreibweise unterscheidet sich in nichts von der üblichen der zeit. Es versteht sich deshalb von selbst, dass von der abkürzung der wörter ein ausgedehnter gebrauch gemacht wird. Die abkürzungen sind jedoch keineswegs gleichmässig durchgeführt und zwar sowol diejenigen, welche durch herkömmlich ausgeprägte zeichen silben und buchstaben ersetzen und gar nicht anders gedeutet werden können, als auch die mehrdeutigen, welche nur aus dem zusammenhang erkannt werden und bald am ende bald in der Mitte der wörter angebracht erscheinen, vielmehr zeigen sie sich, wie es scheint, teils von der laune des schreibers, teils von dem raume abhängig. — Die interpunktion wird mit grosser willkür durch paragraphenzeichen und horizontale striche von roter farbe, wie durch grosse anfangsbuchstaben geübt. Die paragraphenzeichen deuten meist die grösseren abschnitte an und sind oft noch von einem rotdurchstrichenen anfangsbuchstaben begleitet. Die allein stehenden

---

*) Dominikaner n. 1939 u. 1658 vom j. 1465, desgl. Dominik. n. 1148 v. j. 1469 und Bartholomaeusstift n. 77 v. j. 1462.

7) Hr. dr. Grotefend teilt mir auf meine anfrage mit, dass genau das gleiche zeichen, ein goth. h sich in Bodemann, incunabeln der frankf. stadtbibl., anhang der wasserzeichen 7. bl. n. 18 (zweite form) findet und auch im frankf. archiv v. j. 1470 ab verfolgbar ist.

roten striche durch solche buchstaben teilen gewöhnlich kleinere redeteile ab, finden sich aber manchmal auch mitten im satz bei einem ausnahmsweise gross geschriebenen buchstaben. Die grossen anfangsbuchstaben bilden in der regel den anfang eines einzelnen satzes. — Initialien, wie sie willkürlich bei Ludolf erscheinen und zum teil grössere abschnitte und absätze einleiten, kommen in der uns hier angehenden handschrift nirgends vor. Durch eingerückte zeilen angezeigte abschnitte finden sich ziemlich unbegründet nur zweimal (s. 22 f. der handschrift), alles übrige ist in fortlaufender reihe geschrieben, in der nur zuweilen durch einen kleinen zwischenraum in der mitte und das angewendete paragraphenzeichen oder auch nur einen roten strich, wol auch nur einen grossen buchstaben ein abschnitt bezeichnet wird.

Kommen wir hierauf zur beantwortung der ungleich wichtigeren frage nach dem alter und der herkunft unserer beiden fundstücke, so ist leider sofort zu berichten, dass weder der pilgerführer noch sein kleiner begleiter eine unmittelbare angabe über diese punkte aufzuweisen haben; ersterer nicht, weil ihm, wie oben bemerkt, der eingang fehlt, der mittelalterlicher literarischer gewohnheit entsprechend irgend eine auskunft darüber erwarten lassen durfte, wenn dies gleich in unserm falle nicht sehr wahrscheinlich ist; letzterer nicht, weil er beabsichtigtes bruchstück ist. Sehen wir deshalb zu, ob wir diesen mangel nicht durch benutzung mittelbarer angaben einigermassen einbringen mögen, und versuchen wir uns zu dem ende zuerst an der auffindung solcher daten zur bestimmung des alters des pilgerführers.

Da legt denn schon die räumliche voranstellung Ludolfs in dem handschriftenband die annahme nahe, dass die zeitfolge den ausschlag bei dieser stellung gegeben haben möge, vorausgesetzt, dass der pilgerführer zu Ludolf nicht eine stelle einnehme, wie das dem itinerar des grafen Albrecht von Löwenstein »angehenckte pilgerbuch« zu diesem einnimmt, d. h. etwa vom »kirchherrn von Sulhem« mitgebracht worden sei von seiner Palaestinafahrt als eine der jedenfalls zahlreichen anweisungen für pilger, die nach den bemerkungen Gumpenberg's bzw. des verfassers seines itinerars [1]) und Quaresmio's [2]) in Jerusalem vorhanden gewesen sein müssen, und in denen wir die grundlage einer ganzen zahl

---

[1]) Feyrabend reyfsb. bl. 238ᵇ: »ich schrieb den gantzen tag ab die schrifft von dem berge Caluarie biß in Pilatus hauß«, vgl. Tblr. bibl. 48.

[2]) Elvcidatio terrae sanctae. I, 444 erwähnt den »libellus manuscriptus« v. j. 1459, der von einem ungenannten »collector privilegiorum terrae sanctae« verfasst u. im archiv des berges Sion aufbewahrt die »peregrinationes terrae sanctae, quae a modernis visitantur« enthält u. aller wahrscheinlichkeit nach die grundlage zu Quaresmio's eignen »peregrinationes« I, 448 ff. bildet.

unserer itinerarien zu suchen haben. Diese voraussetzung trifft indes nicht zu. Denn nicht nur, dass unser pilgerführer sich wesentlich von den dürren namenverzeichnissen der heiligen orte unterscheidet, als die sich die angedeuteten pilgerbücher darstellen, so enthält derselbe auch angaben, die auf eine spätere zeit als die von Ludolf im heiligen lande zugebrachte (1336—41) deuten. So lässt der verfasser das bei Ludolf noch blühende Ramleh zerstört sein; er kennt das Stephanstor im späteren westen, das Ludolf noch im norden weiss, und erzählt von den trümmern der kirche »gloria in excelsis«, die jener noch unversehrt sah. Der ordner unser kleinen sammlung ist also in der tat chronologisch verfahren bei einreihung des pilgerführers hinter Ludolf, und wir dürfen demnach die abfassung des ersteren nicht vor 1350 als dem jahre ansetzen, in dem Ludolf ungefähr sein Buch de itinere terrae sanctae geschrieben haben wird. [10]

Dass aber unser autor nicht allzulange nach dieser zeit geschrieben hat, möchte durch die zahl der von ihm genannten heiligen orte, die mit päpstlichem ablass ausgestattet sind, zu beweisen sein. Er kennt deren 23 und unter ihnen 15 mit vollkommener und 8 mit unvollkommener indulgenz begnadigt. Wenn nun Tobler [11] »den ausführlichen, wenigstens den vollkommnen ablass« erst im jahre 1384 in Sigoli's viaggio al monte Sinai gefunden haben will, Sigoli aber für 23 und das teilweise andere als die bei unserm verfasser genannten orte einen vollkommenen ablass kennt, so scheint es billig letzteren älter als den pilgrim von 1384 sein zu lassen, selbst wenn wir dadurch einem ansehen, wie dem Tobler's, der behauptet, dass die Lateiner erst »in der mitte oder letzten hälfte des XV. jahrhunderts den ablass in einen gänzlichen oder vollkommenen und in einen ablass auf 7 jahre und 7 karen unterschieden« haben sollen, [12] entgegen treten müssen. Denn ist auch der ablass bei manchen heiligen orten ambulant, wie diese selber, so hat er gleichwol nie die eigenschaft gezeigt, sich im laufe der zeit zu verringern. Würden doch beispielsweise sonst nicht in der um ein jahrhundert späteren »peregrinatio« des herzogs Albrecht von Sachsen 83 gnadenorte verzeichnet sein und davon 30 mit vollkommenem ablass, ja in der folgenden niederrhein. pilgerschrift vom jahre 1472 gar 40 der letztern art. Gleicherweise würde ein starkes jahrhundert von da weiter Quaresmio, [13] die »traditionssäule«, wie Tobler ihn irgendwo

---

[10] Vgl. die vorr. zu Deyks' ausg. des Ludolf s. XX.
[11] Denkblätter aus Jerusalem. 499 u. Golgatha 527.
[12] Denkbl. 500.
[13] I, 448 ff.

nennt, nicht ungefähr anderthalb hundert ablassstätten kennen und von diesen 44 mit völliger sündenvergebung für ihre reumütigen besucher.

Die abfassungszeit des pilgerführers nicht über 1384 hinausrücken zu müssen dafür sprechen indes auch noch folgende einzelne angaben seines textes. Er erwähnt seite 3 das haus des reichen mannes wie der reisegefährte Sigoli's, Frescobaldi, bei dem es Tobler [14]) zuerst genannt findet, kennt aber noch nicht das haus des armen Lazarus wie dieser. Ebenso zum ersten male genannt erscheint die Siloahquelle als ort, an dem Maria die windeln Jesu wusch, bei Sigoli [15]) und bei ihm (seite 10). Nicht vor 1384 findet Tobler [16]) die beschimpfungssäule und die kapelle der verspottung. Unser anonymus dagegen kennt s. 14 erstere und letztere noch nicht. Das »altare in loco, ubi stella permansit« in der geburtskirche kommt bei ihm s. 19, wie zuerst bei Frescobaldi [17]) vor; desgleichen der ort, wo die magier von den pferden stiegen, und die cisterne daneben; [18]) und während Frescobaldi [19]) eine kapelle der beschneidung nennt, weiss der pilgerführer s. 19, dass daselbst »solii modo positum est altare quoddam«.

Weist dies alles auf die zeit zwischen 1350 und 1384, so liegen endlich auch besondere angaben vor, die uns innerhalb dieses zeitraums eine noch genauere umgrenzung der abfassungszeit gebieten. Unser verfasser gedenkt des »pulchrum claustrum« der Minoriten auf Zion s. 11, wie dies ausser Boldensele (a. 1332) und Ludolf (a. 1336—41) Joh. von Marignola (um 1350) tut, [20]) während nach der bulle Urbans V. vom jahre 1362 [21]) das kloster angeblich dem verfalle nahe war, deshalb erweitert und ausgebessert werden sollte. Es muss also wol vom verfasser zwischen 1350 und 1362 gesehen worden sein. Ferner, Papst Martin V. bestätigt durch bulle vom jahre 1420 [22]) den Franziskanern den ungestörten besitz des berges Zion, Bethlehems, des heiligen grabes und der Mariakapelle im tale Josaphat, wenn derselbe auch nur 50 jahre von ihnen geübt worden sei. [23]) Nun weiss aber Boldensele [24]) offenbar noch nichts von

---

[14]) Tpgr. I, 261.
[15]) Tobler Siloahquelle. 5.
[16]) Golg. 342.
[17]) Tobler, Bethlehem. 95.
[18]) Tbl. ao. 94 u. 6 u. 95 a. 3.
[19]) Tbl. ebenda 92 a. 3.
[20]) Tbl., tpgr. I, 332.
[21]) Quaresmio I, 405 vgl. Tbl. tpgr. II, 139.
[22]) Quaresmio I, 409.
[23]) »dummodo ab eis per quinquaginta annorum spatium possessa fuerint.«
[24]) Ausg. v. Grotefend in d. ztschr. d. hist. vereins für Niedersachsen. Hannov. 1852. 267.

der pflege des heiligen grabes durch die minderen brüder, sondern lässt sich, nachdem er die schlüssel zur grabkirche direct vom »admiratus in Jerusalem« erhalten, durch einen priester seines gefolges daselbst die messe lesen. Ebenso kennt Ludolf [15]) die Franziskaner noch nicht an der genannten stätte, obgleich er sie wie Boldensele auf Zion weiss. Unser pilgerführer dagegen lässt sie ihre »horas canonicas deuotissime die noctuque« daselbst singen (s. 14) und den pilgern in feierlicher procession alle heiligen orte in der kirche zeigen; und erst 1384 wird bestimmt ihres klosters beim heiligen grabe gedacht [16]). Ein ähnliches ist es mit der geburtskirche in Bethlehem. Dort dürfen wir die brüder nach der angeführten bulle Martins V. mindestens schon 1370 als pfleger des gottesdienstes annehmen. Wird ihnen doch durch eine bulle Gregors XI. vom jahre 1375 [17]) das wohnen bei der Nicolauskapelle daselbst gestattet. Unser schriftsteller aber lässt auch hier, wie am heiligen grabe, die Franziskaner heimisch sein und ist als solcher der erste nach Ludolf, wenn dessen von Tobler scheint es übersehene stelle: »Latini habent tunc locum, quo deus natus erat homo« [18]) von den Minoriten mitverstanden werden darf. Man wird mithin den pilgerführer in den fünfziger oder sechsziger jahren des XIV. jahrhunderts [19]) abgefasst sein lassen können. Angaben des textes, die damit nicht zu stimmen scheinen — und es sind ihrer einige, wir werden sie in den anmerkungen besprechen — dürfen uns in diesem ergebnis nicht beirren; da sie zu den verstössen gerechnet werden müssen, die auch bei andern dingen mehrfach zum vorschein kommen und uns daran erinnern, dass wir es nicht mit dem original, sondern nur mit einer abschrift des büchleins zu tun haben.

Was sich über den verfasser mangels jeder anderen quelle ausser seiner schrift ausmitteln lässt, beschränkt sich leider auf andeutungen über seine heimat und seinen stand. Seine heimat im weiteren sinne ergeben die im texte hin und wieder teils zur dollmetschung teils zum ersatz für fehlende lateinische gebrauchten deutschen wörter, desgleichen die aus

---

[15]) S. 80 (vgl. Tbl. Golg. 523): »degunt in ecclesia sancti sepulcri Georgiani« etc.
[16]) Frescobaldi bei Tbl. Golg. 523.
[17]) Quaresmio I, 406. vgl. Tbl. Bethl. 204.
[18]) S. 72. vgl. Tbl. Bethl. 162, wo erst im XVI. jh. die krippe den lateinern gehört haben soll. Lateiner u. fratres minores in diesem falle dieselben sein zu lassen wage ich nur deshalb nicht, weil in dem generalkapitel des predigerordens zu Lyon v. j. 1348 der bau eines coenobiums für Bethlehem beschlossen wurde, vgl. Tbl. eb. 217, a. 4.
[19]) Die annahme der abfassung um 1490, welche Röhricht-Meisner, deutsche pilgerreisen. Berl. 1880. I, 570, nach einer flüchtigen besichtigung der von mir seiner zeit dem erstern der beiden verff. mitgeteilten abschrift des pilgerbuchs bieten, dürfte nunmehr wol zurückgezogen werden müssen.

dem selbstverständlich barbarischen latein hervorstechenden germanismen, wie endlich das einmal mit einem »nobiscum« angedeutete deutsche meilenmass.[30]) Auch seine stammesheimat bleibt uns nicht unbekannt. Denn unter den gebrauchten deutschen wörtern ist eins, das mit ziemlicher sicherheit der fränkischen mundart zugewiesen werden darf, diese in ihren verschiedenen abstufungen gesprochen gedacht »in Ripuarien, im Mosellande, südlich von Mainz bis an die allemannische grenze, im Maintale, sowie in Hessen und der Wetterau«,[31]) — das wort »felsch«.[32]) Und setzen

[30]) Die deutsch. wörter s. s. 4, 7, 11 u. 16; beispiele von germanismen: steterunt de equis s. 19, nobiscum = bei uns s. 18 u. s. w.; das deutsche meilenmass s. 18.
[31]) Weinhold, mittelhochd. grammatik. Paderb. 1877 2 u. 117 f. Arnold, ansiedelungen u. wanderungen deutscher stämme. Marburg 1876. 158.
[32]) Da die wörterbücher (mit ausnahme von Grimm, deutsch. wbch. u. Schmeller-Frommann, bayer. wbch. für zwei fälle) im stiche liessen, so haben wir nur 6 zum teil mühsam zusammengesuchte belege zur begründung unserer obigen behauptung aufzuweisen. Um im süden zu beginnen, wo fränk. u. allemann. mundart sich gemischt zeigen, so begegnet in der »kundschaft über den wald im Hägbach« (Kinzigtal in d. fürstenb. herrschaft Hausen auf d. Schwarzwald) v. j. 1487: »Velschenberg« neben »Velssenberg« (Grimm, weisth. I, 399). Aus dem hessischen ist das von Weinhold, mhd. gr. 179 aus Baur, hess. urkundenb. I, 671 beigebrachte vermutlich dem XIV. jh. angehörige »Hoenvelsch«, u. derselbe name nach dem weisth. von Obernaula v. j. 1162 in der schreibung »Hoenfelsch« (Grimm weisth. III, 334), sowie das von Grimm d. w. III, 1500 aus Erasm. Alberus novum dictionarii genus. Francof. 1540 angezogene »velsch«, da letzterer in dem wetterauischen städtchen Staden erzogen (Weigand, deutsch. wbch. I, s. VI) wenn auch vielleicht in Sprendlingen (2½ st. v. Frankfurt a. M.) geboren ist (Herzog realencyclopädie IX, 33), anzuführen. Aus dem östlichen mischgebiet von fränk. u. thür. mundart verzeichne ich das in Salzungen heute noch vorkommende, s. Frommann, die deutsch. mundarten III, 129, »filsch« u. aus dem äussersten nordwesten des gebiets das von Firmenich, Germaniens völkerstimmen, Berl. 1843 f. I. 421 mitgeteilte, der gegend von Elberfeld (ort Neviges eine meile n. n. w. von da) entstammende: »om stekse fäilschen« (am steilen felsen). Dass dem fränk. gebiet allein die aussprache felsch eignet, obgleich das wort nach Grimm no. 1499 »specifisch hochdeutsch« ist, möchte meines erachtens zu erweisen sein aus drei rein allemannischen schriften: dem Strassburger vocab. ex quo v. j. 1428 (?), der »petra ein fels«; dem vocab. predicantium vom gleichen j. u. o., der »rupes hole felsen«, u. dem diction. latinogerm. des Zürichers Jo. Frisius v. j. 1566, das »rupes« ein »schrofen od. fels« übersetzt. Freilich darf nicht übersehen werden, dass im fränkischen gebiet auch fels vorkommt, wie z. b. in einer urk. v. j. 1327 ein »Rutgerus Burgravius de Drachenuels« u. in einer ebensolchen v. j. 1357 ein »Heynrich burchgreue zu Drachenuelze« erscheint (Lacomblet, urkundenb. f. d. gesch. d. Niederrheins III, 189 u. 479); auch felsen s. 72 des nachfolgenden niederrhein. itinerars. Ebenso kommt in einer auchener staltrechnung v. j. 1376 der »burgreve van Drachevelz« vor (Weizsäcker, deutsch. reichstagsacten I, 178). Um so lieber ist uns aber aus der nähe des gebiets, auf das es uns im verlauf allein ankommt, noch andere beispiele in denen s in sch verwandelt erscheint, beizubringen. So kommt in einer nass.-diezischen urk. v. j. 1424 husch für haus einfach u. in den zusammensetzungen backhusch, kelterhusch, hauvre husch, porte husch, u. der plur. hüsche (»zu eyme wege uff unsere hüsche«) vor, desgleichen geschen neben gras. In einer ebenfalls nass.-diez. urk. v. j. 1428 wird Diez Dietsche u. Dyetsche vielfach genannt, s. Senckenberg, selecta juris et historiarum. Frankf. 1734 II, 380 ff. u. 412 ff. — Auffallend ist, dass während in dem heutigen Nassau kein sch in diesen wörtern gehört

wir dies ergebnis mit der oben bereits angedeuteten tatsache der heimatberechtigung unseres handschriftenbandes in verbindung, so werden wir wol kaum der übereilung geziehen werden können, wenn wir selbst den heimatsort des verfassers ausfindig zu machen wagen.

Wir nannten oben mit verweisung auf späteren beweis Frankfurt a. Main die heimat des sammelbandes. Treten wir diesen beweis nun im interesse der ermittelung der heimat des verfassers unsers pilgerführers an, so ist zunächst zu bemerken, dass von fast gleichzeitiger hand der stelle Ludolfs (ausgabe von Deycks 58): »in hac civitate [Susa] dicunt incolae, quod nullus iudaeus vivere possit vel morari«, am rande unserer handschrift der sehr bezeichnende wunsch steht: »vtinam et hic in frackfo'dia«.[33]) Desgleichen sind die innendeckel des bandes, dessen gegenwärtiger einband als der ursprüngliche angesehen werden darf, mit dem pergament einer urkunde des XV. jahrhunderts — das datum ist leider unter der scheere des bruders buchbinder gefallen, — beklebt, welche einen vertrag zwischen »Burgermeister fcheffene Rat und der burger gemeynlich der ftad tzu Orba [Orb in bairisch Unterfranken] und Heinrichen fabri vicarius des Stiffts tzu fant marien und Georgei genant tzu fant leonharte tzu franckinford v[nd Joh]annes fyne bruder« über »tzwolff guldin gelts.... jerlicher gulte« enthält. Endlich wird es kaum zweifelhaft sein, dass jener eintrag auf der ersten seite des bandes, die ausser den oben erwähnten worten: »manuscripta de Diversis« auf dem unterrande noch den zusatz trägt: »No. 1693. C. fr. O. P.«, auf den conventus fratrum ordinis praedicatorum in Frankfurt deutet, woselbst der band noch im jahre 1813[34]) sich vorfand. Dieses alles zusammengenommen

---

wird u. ebensowenig in fels, letzteres im Elberfeldschen u. bei Salzungen falsch lautet. Es darf uns das eine aufforderung sein diese gebiete bei unserer untersuchung unberücksichtigt zu lassen. Möglich dass wir es hier nur mit der letzten spätesten sprachwelle zu tun haben, die wie Weinhold ao. bemerkt deutlich von süd nach nord zu verfolgen ist in dieser Beziehung. Ohnedies würde eine inbetrachtnahme des Niederrheins für den pilgerführer etwa seiner verbindung wegen mit Ludolf untunlich sein, da die sprachgrenze zwischen dem rheinfränk. u. paderbornischen näher nach dem Rhein als nach Paderborn hinzieht, wie dies Wernecke, die gränze d. sächs. u. fränk. mundart zwischen Rhein u. Weser in d. zeitschr. f. vaterl. gesch. u. alterthmsk. hrsg. v. verf. f. gesch. u. alterthmsk. Westfalens. Münster 1874 II. 2. 52 f. (vgl. auch Bernhardi, sprachkarte von Deutschland. Kassel 1849 108 f.) überzeugend nachgewiesen hat. — Nebenhei eine bemerkung verdient der umstand, dass das von unserem autor gebrauchte wort felsch schwachbiegend ist: »in dem felschern«, was nach Grimm ao. zu den seltenheiten in dieser zeit zählt.

[33]) Von derselben hand findet sich ebenfalls am rande, was wir den sprachforschern zu liebe hier verzeichnen möchten, ein kritisches »ho ho« zu der erzählung Ludolfs, dass in Egypten ein landmann oft seine 8—10,000 hühner zu markte führt bzw. fliegen lässt (s. Deycks 61).

[34]) Auf einer freien seite befindet sich nämlich von knabenhand der bleifedereintrag. »† Dieses manuscript habe ich auf den neujahrstag 1813 von

mit dem oben bemerkten über die ähnlichkeit der schrift zwischen handschriften der Dominikaner und des Bartholomäusstifts in Frankfurt einerseits und unserm sammelband anderseits stellen es kaum in frage, dass der schreiber des letzteren seinen wohnort in Frankfurt gehabt haben müsse.

Versetzen wir uns nun reichlich ein jahrhundert in der geschichte Frankfurts zurück — in die zeit, in der wir den pilgerführer abgefasst sein lassen — so bieten sich folgende anhaltspunkte für eine frankfurter verfasserschaft. Wir finden hier vor allen dingen zwei wichtige beziehungen zum heiligen lande. Hier hatten, um der comthurei der zu dieser zeit anderwärts beschäftigten deutschherrn [35]) nicht zu denken, die Johanniter eine ansehnliche niederlassung, und »ihr gottesdienst war dem volk vor anderen angenehm, weil sie sich (mit den »fratres domus S. Mariae Teutonicorum in Jerusalem«) nicht immer an das interdict der übrigen pfaffen kehrten.« [36]) Ist doch 200 jahre später noch die erste grössere deutsche sammlung von Palästinaschriften, das bekannte »reyfsbuch defs heyligen Lands« von seinem drucker und verleger Feyrabend »Herrn Philips Rydeselen zu Cambergk, des Ritterlichen Johanniter Ordens Priorn in Vngern, Receptorn in Ober Teutschlanden, Commenthurn zu Erlingen vnd Franckfurt« gewidmet worden. Sodann waren in Frankfurt die Franziskaner vertreten und genossen in dieser zeit als anhänger des kaisers Ludwig ein ganz besonderes ansehen, — dasselbe was sie in unserer handschrift geniessen, da nur von ihnen als den hütern der heiligen stätten die rede ist, sie aber in dieser zeit auch haupthüter gewesen zu sein scheinen. [37]) Ist aber hierdurch auf doppelte weise der weg zwischen Jerusalem und Frankfurt geöffnet, so darf anderseits die innere lage der letzteren stadt um diese zeit als ganz besonders geeigenschaftet zur benutzung des gebahnten weges erscheinen. Man denke daran, dass die stadt im jahre 1349 zwanzig jahre interdict um ihres haltens zu Ludwig dem Baiern hinter sich hat,

Herrn Professor Schütz, zum geschenck erhalten. Franz Karl Giebel. Da nobis — I H S 1813 — o Jesu! pacem!!!« Das jesuitenzeichen wie die zahl 1813 mit strahlen versehen gleich dem über dem ganzen eintrag stehenden kreuze. Nach der gef. mitteilung des hrn. dr. Grotefend war Schütz professor am frankfurter gymnasium u. darnach lehrer an einer kathol. knabenschule daselbst. — Wann das buch nach Mainz gekommen, woselbst es der stifter der hiesigen sammlungen im aug. 1852 von einem antiquare (?) um ein geringes kaufte, ist nicht zu bestimmen, wol aber zu vermuten, dass der weg, auf dem dies geschah, eine der vielen schon von Göthe (ww. 26, 278. Cottasche klass. ausg.) namhaft gemachten »auctionen« gewesen sein mag.

[35]) Man denke indes an die stelle in Ludolf 23: »etiam in Achaia seu Morea degunt fratres domus Theutonicorum habentes ibidem fortissima castra, semper cum duce atheniensi et Graecis litigantes.«

[36]) Kirchner, gesch. d. stadt Frankf. a. Main I, 526 vgl. 235.

[37]) Tobler, topogr. I, 332.

und dass die hartnäckigen Dominikaner und Karmeliter sich gar erst im jahre 1351 herbeilassen den gottesdienst wieder zu beginnen ³⁸). Man erwäge, dass gewaltige naturereignisse grade um diese zeit die gemüter in schrecken versetzen: 1338 die heuschreckenplage, 1342 furchtbare mainüberschwemmung, in folge deren die schwer betroffenen Sachsenhäuser einen tag bei wasser und brod fasten, 1344 die gleiche not, 1348 erdbeben, 1349 der »schwarze tod« und eine viehseuche, 1356 erneutes auftreten beider, 1363 abermalige heuschreckenplage. ³⁹) Hierzu im jahre 1349 das auftreten der Geissler, die in der geschichte Frankfurts sich ausserdem verewigt haben als anstifter des brandes der halben stadt wie als veranlasser der zweiten blutigen judenhetze, der 2000 opfer gefallen sein sollen. Ueber dies alles der dunkle kirchliche hintergrund, das »babylonische gefängnis der kirche« in Avignon, und man hat genug antriebe zu einer sühnenden und versöhnung suchenden fahrt nach dem heiligen lande genannt. Ist doch der besuch des heiligen grabes grade um die mitte des XIV. jahrhunderts ein gesteigerter, ⁴⁰) und begegnen wir doch auch um diese zeit einer bemerkenswerten kenntnis palaestinensischer verhältnisse. ⁴¹) Freilich von frankfurter pilgerfahrten nach dem gelobten lande zu dieser zeit ist bis jetzt nichts bekannt geworden. Wir wissen nur von der wallfahrt des reichen patriciers Weigel Frosch nach S. Jago in Spanien im anfang des jahrhunderts. ⁴²) Aber dafür sehen wir am ende des XV. jahrhunderts Ludwig v. Marpurg, genannt zum paradeiss, der gleich seinem berühmten vater

---

³⁸) Kriegk, gesch. von Frankf. u. Main Frkf. 1871 132 u. Kirchner ao. 511. Die nächste folge der gottesdienstlosigkeit ist freilich für die menge gleichbedeutend mit unkirchlichkeit, wie dies in einem ähnlichen fall die Cölner dem p. Urban V zu gemüte führen u. 1380: »ipsius ciuitatis nostra tocius populi deuotio decrescit apparenter« (Lacomblet urkb. III, 742). Tiefere gemüter werden jedoch zum gegenteil getrieben u. das allein schon durch den anblick der unkirchlichkeit.

³⁹) Herp, annales Dominicanorum francofurtensium in Senckenberg, selecta juris et historiarum. II, 5—15.

⁴⁰) Tobler, denkbl. s. 491.

⁴¹) So erzählt der gründer der genossenschaft der brüder von gemeinsamen leben, Gerhard Groot († 1384) in einem briefe, dass er einen sich für einen sarazenischen arzt von Jerusalem ausgebenden schwindler durch die frage nach der jerusalemischen umgangssprache entlarvt habe. Die ganze stelle des briefs lautet so: Idcirco cum ad Daventriam venisset, statim vocavi eum ad me in praesentia curati, et in faciem nostram dixit se Saracenum natum in Jerusalem et usque ad tricesimum secundum annum aetatis suae in Jerusalem habitasse. Cum interogarem eum, qua lingua utuntur illi de Jerusalem, respondit: Hebraica. Quod omnino falsissimum est, quia non loquuntur plus Hebraicum in Jerusalem quam in Colonia, quia loquuntur Saracenicum, lingua Arabica. Sic quod inveni eum in omnibus falsum et mendacium et omnis linguae, excepta Teutonica, ignarum. — Gerardi Magni epistolae XIV. e cod. reg. Hagano nunc primum ed. ab Joh. Acquoy. Amstelod. 1857. 109.

⁴²) Kirchner ao. 226.

Seifried das schultheisenamt seiner vaterstadt bekleidete und dabei ein gelehrter war († 1505), nach dem heiligen lande ziehen;⁴³) wie auch den patricier Joh. von Rückingen im jahre 1487 und dessen bruder Claus 1489⁴⁴), während in Venedig zur gleichen zeit ein Frankfurter namens Peter Ygelheimer pilgerwirt ist,⁴⁵) und in dem benachbarten Mainz der domdechant Bernhard von Breydenbach gleichfalls seine Palästinafahrt unternimmt (1483). Sollte es da so ferne liegen an vorgänger aus dem XIV. jahrhundert zu denken? Sollte es undenkbar sein, dass hier inmitten eines unermesslichen und der kirche so dienstbaren reichtums,⁴⁶) hier im mittelpunkt nicht bloss des nationalen sondern des weltverkehrs, — ich nenne nur die 1330 gestiftete hochberühmte frankfurter ostermesse — ein heimgekehrter pilgrim seine reiseerlebnisse in einem pilgerführer niederzulegen am passendsten fand; zumal letzterer eine so wesentliche ergänzung bieten zu können schien für die im umlaufe befindlichen grösseren reisebeschreibungen! Denn von ungefähr scheint es doch nicht, dass wir in Frankfurt und dem benachbarten Mainz die Palaestinareiseliteratur grade aus der ersten hälfte des XIV. jahrhunderts gesammelt finden, hier den Ludolf und das bruchstück oder excerpt aus einem andern wie wir voraussagen wollen gleichzeitigen itinerar, dort die drei obengenannten pilgerschriften aus den jahren 1294, 1320 und 1332 sammt Pipins lateinischer übersetzung des M. Polo.⁴⁷)

Wird aber ein Frankfurter als verfasser anzunehmen sein, so mag man über seinen stand kaum zweifelhaft bleiben können nach dem, was wir oben bezüglich der Franziskaner andeuteten. Diese wenn auch nicht prahlerische aber ersichtlich geflissentliche hervorhebung der »fratres minores« im texte sieht denn doch zu sehr einer reclame für den orden ähnlich, als dass sie nicht von einem ordensangehörigen herrühren sollte. Jedenfalls wird man mit einiger sicherheit behaupten dürfen, dass der verfasser wenigstens theologische schulung gehabt haben muss, da nur von einem

---

⁴³) Kirchner no. 570.

⁴⁴) Kriegk, gesch. v. Frankfurt a. M. 122 f.

⁴⁵) Reisbuch 50ᵇ. Einen drucker Nicolaus de Frankfordia finden wir 1512 zu Venedig als herausgeber der vitae patrum S. Hieronymi u. der legende des Jacobus a. Voragine.

⁴⁶) So ist die collegiatkirche zu U.L.Fr. auf dem Rossbühel die stiftung des schöffen Weigel von Wanebach v. j. 1322; so erbaute 1340 Heinr. Diemer die Dreikönigskirche in Sachsenhausen u. im gleichen jahre begann ein anderer frankf. bürger den bau der Maternuskapelle, musste sie aber unvollendet lassen, da der bau ihn vor der vollendung an den bettelstab gebracht hatte; an dem Katharinenkloster liess sein stifter, der reiche kleriker Weicker Frosch, 8 jahre bauen! Kirchner I, 226, 231 u. 236.

⁴⁷) S. anm. 4 am ende.

solchen die genauen anführungen aus den evangelien zu erwarten sind.
Denn schwerlich wird man um diese zeit schon einen laien nachweisen
können, wie den reichen patricier Jacob Heller († 1522), der die bibel
mit eigner hand abgeschrieben hatte;[48]) wol aber wird man grade um
deswillen auf einen Minoriten zurückkommen müssen, da im XIV. jahr-
hundert ausser der übrigen wissenschaft die bibelkunde nirgends eifrigere
pfleger hatte als bei den bettelorden.[49]) Auch darf endlich von einigem
gewicht sein, dass grade in dieser zeit die literarische tätigkeit der
minderen brüder nicht weniger als vier pilgerschriften[50]) hervorgebracht
hat; also eine gewisse absicht unverkennbar scheint, der denn auch die
abfassung einer schrift von der art unsers pilgerführers um so weniger
fremd sein musste, als sie für den nächsten praktischen gebrauch so
dienlich sich erwies. Soviel vom pilgerführer.

Es erübrigt uns nun noch unsere aufmerksamkeit dem kleinen pilger-
schriftorso unserer handschrift zuzuwenden und auch bei ihm zuerst
die zeit seiner abfassung ins auge zu fassen. Zu diesem zwecke mag es
sich empfehlen vor allem den im texte gebrauchten ausdruck »templarii«
in betracht zu ziehen, da von seiner deutung die übrigen mittelbaren
zeitangaben des fragments abhangen dürften. Was konnte, da ein blosser
schreibfehler ausgeschlossen scheint, den verfasser bewegen das wort
templarii zu setzen wo selbstredend hospitalitae zu stehen hatte? Denn
unsers wissens hatten die templer niemals die insel Rhodus im besitz.
Wollen wir ihm nicht grobe unwissenheit zur last legen, so möchte seine
verfehlung sich wol folgendermassen erklären lassen. Die reliquien, von
denen in dem Rhodus betreffenden absatz des textes die rede ist, waren, wenn
man dem berichte Ludolfs[51]) glauben schenken kann, ein früheres eigentum
der templer. Dies mochte dem verfasser bekannt sein, und so kam ihm,
nicht ob er wollte, das wort »templarii« in die feder und blieb unverbessert,
da es in seinem sinne gewissermassen nur der form nach unrichtig war.
Dass ihm aber das wort in den wurf kam und kommen konnte, das beweist,
dass zu seiner zeit noch ein frisches gedächtniss an das im jahre 1312
geschehene vorhanden war. Der verfasser war noch zeitgenosse des in

---

[48]) Kirchner I, 573.

[49]) De ruina ecclesiae c. 33: »qui eruditi praeterea in divinis literis, quibus paene soli hodie insudant, pabulum verbi Dei, quo populi reficiantur, assidua praedicatione ministrant.« Vgl. Gieseler lhrb. d. krchg. II, 3, 197.

[50]) Odericus 1320, Filippo Brusseri 1340, Nicolo di Poggibonzi 1345 u. Joh. v. Marignola 1353; s. Tobl. bibliogr. 34 u. 41 f.

[51]) S. 29: »Haec crux et aliae reliquiae venerandae, quas habent fratres sancti Joannis, quondam fuerunt Templariorum, quorum etiam iidem fratres habent omnia bona et castra.« vgl. Cherubini, magnum bullarium romanum. Lugduni. 1655. I. 213.

jenem jahre aufgehobenen und den Johannitern zum willkommenen erbe hingewiesenen tempelordens, wie Ludolf, oder aber er schöpfte seine nachricht aus einer gleichzeitigen schrift. Das erstere angenommen so blieben als abfassungszeit die nächsten vier oder fünf jahrzehnte nach 1312. Im letzteren falle würde die zeit der entstehung der handschrift als endpunkt ihrer abfassung betrachtet werden müssen.[52])

Bleiben wir aber bei dem wahrscheinlicheren, dass der verfasser den untergang des tempelherrnordens erlebt hat, so gewinnen wir auch einen festen punkt für die weitere angabe des textes, nach der Myra als in »thurci terra« liegend bezeichnet wird. Kleinasien nämlich, an dessen südwestspitze das »opidulum« liegt, kam nach 1330 unter sultan Orchan in türkischen besitz, wie denn derselbe Ludolf schreibt (s. 24): »et illa terra, quae olim Asia minor dicebatur, nunc turchia vocatur«. Da die bezeichnung »in thurci terra« ohne jeden weiteren zusatz steht, so ist anzunehmen, dass die eroberung als ein nicht erst jüngst vorgefallenes ereignis anzusehen ist. Mithin würden auch hier die vierziger oder fünfziger jahre des XIV. Jahrhundert als abfassungszeit sich halten lassen können, vorausgesetzt, dass nicht der gebrauch des wortes »thurcus« — was uns festzustellen unmöglich war — an sich schon eine zeitangabe enthalten sollte.[53])

Dass ferner Modon eine »civitas regni morea« (wie jedenfalls statt monea zu lesen ist) genannt wird, könnte in gleicher weise für die in anspruch genommene zeit sprechen, wenn man sich auf die nachricht bei Ludolf:[54]) »et est sciendum quod illa terra quae dicebatur Achaia nunc Morea vocatur«, — verlassen darf. Freilich müsste regnum dann, da Morea nie königreich war, im sinne von herrschaft genommen werden, wie etwa seigneurie d'Yvetot regnum genannt zu werden pflegte,[55]) und der

[52]) Nachträglich finden wir in des lndgr. Wilh. v. Thür. pilgerfahrt im j. 1461 den ausdruck tempelherrn auch für die Rhodiser gebraucht. Hier wol nur in dem sinne, in dem Fabr. III, 257 sagt: »Johannitae, in quos [exstinctis Templariis ordinatione Clementis V.] militia templi translata fuerat a Templariis.«

[53]) Wäre nämlich thurcus als blosse abkürzung von Turcus magnus i. e. imperator Turcarum zu fassen, wie du Cange-Henschel VI, 701c dies aus einem briefe des papstes Calixt III. an Karl VII. v. Frankr. v. j. 1456 belegt, so würde erst die zweite hälfte des XV. jh. hier in betracht kommen. Denn erst der eroberer Constantinopels Mohamed II. soll es sein, »cui ex magnitudine rerum gestarum Magnus Turcus cognomen fuit, cum Asia potiretur«, wie ich in Laudini equitis Hierosolymitani translatio epistolarum Magni Turci (ausg. des Sigism. Gelenius. Basil. 1549 s. 237) finde — eine annahme die freilich sehr fraglich wird durch den »grosen Türckhenn« in Lochners itinerar; vgl. Geisheim, die Hohenzollern am. h. grabe 211. Denn dies itinerar stammt aus d. jahre 1435, während Moh. II. erst 1451 zu regieren begann. — Ob der volksname Turcus hier gemeint ist, bleibt fraglich; jedenfalls wäre der sing. auffällig. Die citate bei Lexer mhd. wbch. II. 1580 sind mir leider an ort und stelle unzugänglich.

[54]) S. 23.
[55]) du Cange-Hensch. V, 761c.

erzbischof Wilh. von Cöln in einer urkunde vom jahre 1357 von einem »hertzochryche zu Westphalen« spricht;[56]) oder vielmehr, es würde regnum einfach die stelle von terra vertreten, weil Modon nicht zum principatus Morea gehörte, sondern venetianische besitzung war seit 1205. [57])

Ebenso verhält es sich schliesslich mit einer aus dem ausdruck »antiquus thuronus franckfurtensis« des textes zu gewinnenden zeitbestimmung. Derselbe kann wol zur stütze aber nicht zur grundlage einer solchen dienen. Ich finde nämlich diese münze zuerst in einer mainzer urkunde vom jahre 1398,[58]) in welcher erzbischof Johann dem münzmeister Diel Flogel in Wittenberg auferlegt »zu slegschatz« »einem alden turn. franckf. werunge« zu geben. Dieselbe auflage wird in einer urkunde von 1404[59]) wiederholt. Da nun ein eben solches schriftstück vom jahre 1388[60]) demselben Diele Flogel bei einer gleichen gelegenheit als schlagschatz »einen alden thurnos« abverlangt, so ist ohne zweifel auch hier der alte frankfurter turnos gemeint. Nun spielt aber der »alte turnos« überhaupt bei abgaben und zöllen seine rolle: es wird deshalb die weitere annahme sich rechtfertigen, dass abgaben und zölle in Frankfurt selber in der gleichen münze verstanden seien, wenn da in einer urkunde kaiser Karls IV. vom jahre 1364[61]) festgesetzt wird, »daz man an allen porten in Unser und des Reichs stad zu Frankenfurt von ieclichem wagen der wyn, früchte oder ander last draget, eynen alden grozen [groschen][62]) turnois .... ufheben und nemen sulle«; oder wenn noch früher in einer urkunde vom jahre 1358[63]) derselbe kaiser gestattet, dass bürgermeister und rat an stelle der fuhre steine, die jeder ein fass wein aus der stadt ausführende zu leisten hatte, »einen grosen alden Turnois uffheben und nemen mögen«. Lässt man aber diesen schluss gelten, so wird gegen den weiteren nichts einzuwenden sein, dass überall da, wo der alte turnos genannt wird, der frankfurter zu verstehen ist. Genannt nun wird dieser in urkunden des ehemaligen (nassau-) dillenburgischen archivs schon im jahre 1344[64]) oder

---

[56]) Lacomblet III, 481 vgl. auch das hertogtrik van Limborch ebend. s. 234.
[57]) Vgl. Spruner-Menke, handatlas f. d. gesch. des m.-a.'s u. d. neuzeit Gotha 1880. bl. 86 u. 87 u. Herzberg, gesch. Griechenlands II, 65.
[58]) Würdtwein, diplomataria Maguntina. Magont. 1789. II, 236.
[59]) Ebenda 253.
[60]) Ebenda 222.
[61]) v. Fichard, d. entstehung d. reichsstadt Frankf. a. Main 1819 364.
[62]) So findet sich in einer urk. Wenzels v. 1399: »zwelff alde tornoß grosse.« Würdtwein, nova subsidia diplomatica. V, 45 vgl. II, 345.
[63]) Senckenberg, selecta jur. et hist. VI, 589.
[64]) Annalen d. ver. f. nass. altertumskunde u. geschforsch. I, 88.

da königsturnos dasselbe ist wie alter turnose [65]) bereits 1343; und man wird um so weniger anstand nehmen auch diese turnose für frankfurter zu halten, als Frankfurt eine königliche münzstätte[66]) hatte. Doch sind wir nicht gemeint von dieser königlichen münzstätte den königsturnos herzuleiten, da derselbe unseres erachtens dem ersten wie dem zweiten teile seines namens nach aus Frankreich stammt d. h. vom französischen könig und der französischen stadt Tours. Denn nur so dürften in der urkunde des herzogs Johann von Lothringen, Brabant und Limburg vom jahre 1328[67]) die »quatuor milia librarum nigrorum [kupferner] turonensium grosso turonensi regis Franchie antiquo pro decem et sex denariis computato«, wie in der noch früheren des gleichen fürsten von 1326 die »quadringentae librae grosso turonensi regali antiquo bono et legali pro sedecim denariis computato« zu verstehen sein. Damit würde aber ein weiterer zeitraum rückwärts für das vorkommen des alten turnosen gewonnen sein, vermutlich der äusserste, da nach der gewöhnlichen annahme Philipp IV. die münze zuerst geprägt haben soll, die in wahrheit jedoch bereits im jahre 1104[68]) in umlauf kam. Nach der späteren zeit hin ist der geltungsbereich des letzteren freilich ein weit grösserer. Abgesehen nämlich davon, dass der »turnes« überhaupt noch bis zum jahr 1840 in Oberhessen geltung hatte (»mit den Diocletianen, Gordianen usw.«), so findet sich der »antiquus thuronus franckf.« bis zum anfang des XVI. jahrhunderts, aber als eine nicht mehr gangbare münze.[69]) Das darf uns jedoch nicht beirren, da

[65]) Weizsäcker, reichstagsakten I, 48. urk. k. Karl IV. v. 1376: »eyn alden grossen turnos, den man nennt ein kunig-turnos« u. 516, urk. v. 1386: »gude alde große kuninges-turnoße.«

[66]) Leitzmann, wegweiser auf d. geb. d. deut. münzkunde. Weissensee 1869. 353 u. v. Fichard no. 329 f. Diese königl. münze in Frankf. ist von der späteren städtischen u. privaten zu unterscheiden. Der letzteren würden die turnose entstammen, die dem patricier Knoblauch von Ludw. d. Bayern 1345 zu schlagen gestattet wurden, wenn es nicht fraglich bliebe, ob die betr. urk. zum vollzug gelangt ist, da sie die zeichen der nichtigkeitserklärung (einschnitte) trägt. vgl. Böhmer, cod. dipl. Moenofrancof. 591. Sicher dagegen hat die stadt von der ihr 1428 von k. Sigismund gewährten »sunderlichen freyheid, daß sie ewigen flahen u. machen lasse silberin Muntze uff soliche Turnose ... als itzund bei ir geng u. geneme sein« gebrauch gemacht vgl. privilegienb. 268 bei Kirchner l. 346 anm. w; u. wenn nicht alles trügt, so ist von diesem jahre der »tyronvs. francfvr.« mit der bezeichnung »moneta. nova.«, den »die münzsammlung d. germ. nationalmuseums zu Nürnberg. Nürnb. 1856« 25 als dem XVI. jh. angehörend aufführt; sowie die 13 verschiedene prägen aufzeigenden turnosen, deren einsichtnahme mir hr. rentner Isenbeck in Wiesbaden aus seiner reichen münzsammlung zu ermöglichen die besondere güte hatte, u. von denen 8 mit moneta nova bezeichnet sind, zwei einfach turon. francof. heissen und drei unter der gleichen bezeichnung die jahreszahlen 1572. 1600 und 1606 tragen.

[67]) Lacomblet, urkundenbuch III, 186 u. 196.

[68]) Lexer, mhd. wbch. II, 1585. Du Cange-Henschel IV, 501ᵃ kennt erst das j. 1105.

[69]) Vilmar, idiotikon v. Kurhessen. Marb. 1868 419. In einem »instrumentum

wie bemerkt der alte turnos nur einen nebendienst zu tun berufen war und zwar den nicht eine instanz gegen unsere obige zeitbestimmung sein zu müssen.

Einen hauptdienst dagegen hat er bei der ermittelung des **verfassers** zu verrichten, der wir auch noch ein Wort zu widmen haben. Liegt es doch so nahe bei dem »franckfurtensis« des textes an einen frankfurter verfasser zu denken, zumal wenn unsere obige behauptung begründet erfunden wird, dass die handschrift in Frankfurt geschrieben, und auch der verfasser des pilgerführers dortselbst zu suchen sei. Dem nürnberger Tucher[70]) fällt beim anblick der heiligen grabkirche die s. Sebalduskirche seiner vaterstadt ein, der Westfale Ludolf[71]) denkt dabei an den münsterer dom, misst den Nil nach dem Rhein, wird bei den bädern von Tiberias an die in Aachen erinnert, sieht im Libanon seinen heimischen Osning und vergleicht die Türken mit den seiner heimat benachbarten Friesen. Wie sollte nicht beim anblick jenes rhodiser »argenteus spissus« einem frankfurter pilgrim sein alter frankfurter turnos einfallen, besonders wenn unser verdacht nicht unbegründet sein mag, dass jener dicke silberling ein von Templer[72]) hand zurecht gemachter alter französischer turnos war, dessen getreues abbild bekanntlich die deutsche münze sein wollte! Und wie sollte nicht ein frankfurter verfasser es gewissermassen für seine patriotische pflicht gehalten haben, diese beobachtung durch das besondere beiwort »franckf.« auszudrücken, da es eine ehre schien etwas in seiner heimat zu haben, was jenem berühmten denare wenigstens ähnlich war, dessen legende[73]) dem erzähler ja wol auch nicht unbekannt geblieben sein mochte!

Täuschen wir uns aber nicht über die heimat des verfassers, so bezeichnen wir ihn selber seiner lebensstellung nach wol auch nicht unrichtig, wenn wir im hinblick darauf, dass er im texte den Johanniter-ordensmeister in person zu seinem cicerone zu machen scheint und gleichzeitig von unadeligen gewährsmännern spricht, ihn eine standesperson nennen. Er gehörte dann einem der zahlreichen edlen geschlechter der stadt an, von

notariale« über den befund des gotteskasteninhalts der frankf. Bartholomaeuskirche v. j. 1517 kommt vor: »Item XXXV flor. in antiquis thuronis«, 27 albis pro fl. computati« u. im gleichen absatz: »Item certa moneta raria et peregrina ad summam IV fl. auri et duorum antiqu. Thuronorum Franckf. estimata.« Guden., cod. dipl. IV, 593.

[70]) Reyssb. bl. 355 b.

[71]) S. 78. 59. 96. 37 u. 24.

[72]) Es kommt uns dieser einfall bei der erinnerung an jene bittere sirvente des templers (Diez, leben und werke der troubadours. Zwick. 1829 s. 588 bei Gieseler lehrb. d. kg. II, 2, 162) in der er unter andern klagt: »unsere kreuze weichen den tourneserkreuzen« [die auf dem avers. der turnose sich befinden]. Auch die templer kannten ja ihren vorteil u. — die turnose ihrer heimat!

[73]) Ludolf 84 f.

denen wir oben schon zwei vertreter nach Palaestina pilgern sahen, unter ihnen einen, wie wir hier hinzufügen dürfen, der sich am heiligen grabe zum ritter hatte schlagen lassen und um der ihm bei dieser gelegenheit gewordenen ordenszeichen (einer goldenen halskette mit daran hängendem schwertchen und eines sammtnen wamses) willen gar in das gefängnis seiner vaterstadt wandern musste, weil er sie gegen das gesetz der stadt trug.[74]) Möglich dass unser verfasser zum höheren klerus Frankfurts zählte oder aber als titularverfasser einen geistlichen seiner begleitung die wallfahrt hatte beschreiben lassen. Frankfurt würde auf diese weise mit einem male durch zwei pilgerschriftsteller den schwesterstädten Mainz, Nürnberg, Würzburg, Ulm u. s. w. gleichgestellt, und wir hätten die genugtuung einen unverhofften beitrag zu seiner interessanten geschichte geliefert zu haben.

Bezüglich der von uns beobachteten behandlung des textes der beiden handschriften bemerken wir schliesslich noch, dass dieser mit ausnahme der abkürzungen und der interpunktion diplomatisch genau nachstehend zum abdruck kommt. Die abkürzungen erlaubten wir uns nämlich im blick auf grössere vorbilder[75]) ihrer übergrossen zahl wegen einfach aufzulösen und zwar selbst ohne kenntlichmachung der auflösung durch kursive, da keine einzige, wie oben bemerkt, sich von den herkömmlichen der zeit unterscheidet. Die interpunktion aber dachten wir mit um so grösserem rechte der heutigen entsprechen lassen zu dürfen, als wir mit ausnahme des kommas gewissermassen nur unsere zeichen an die stelle der alten setzen; weshalb wir öfters sogar mit einem semicolon vorlieb nehmen, wo ein punkt uns zu einem grossen buchstaben hätte veranlassen können, der unserem verfasser fremd war. — Ganz weggelassen wurden nur die oben besprochenen an sich wertlosen inhaltsangaben am rande der handschrift, da sie typographisch unstatthaft erschienen.

[74]) Kriegk 128 ff. u. 208 ff.
[75]) Weizsaecker, reichstagsakten I, LXVII.

.... ¹)

tam cito et in tali momento oculi, quo calcatur ²) terra fancta, tunc ibidem incipiunt indulgencie papales a penitencia et culpa, remissio omnium peccaminum. Et funt multe oraciones ³) quas quis orare poffit in eifdem locis, que eciam ibidem videntur.

Item a cypro fc. a falinia ⁴) ufque iaphet ⁴ᵃ) funt m° miliaria.⁵) Vnde ⁶) Japhet quondam dicebatur Joppen. Item in uia iam dicta ⁷) farraceni vendunt peregrinis panem aquam et alia necessaria. Item de Japhet venitur in rama. Et inter iaphet et rama terra plana et fructifera ⁸) ac bona perambulatur. Vnde rama ⁹) quondam erat

---

¹) Da der verfasser am ende seiner schrift bemerkt, dass er die aufzählung der reisestationen bis zum heiligen lande als unnotwendig unterlassen habe, so ist zu vermuten, dass der anfang des ganzen der darstellung der nötigen, vorzüglich geistlichen reiserequisiten, vgl. Tobler, denkblätter 508 ff. gewidmet war. Unmittelbar vor dem texte in seiner gegenwärtigen gestalt scheint eine beschreibung Jaffa's gestanden zu haben, wie aus dem nachfolgenden »in via jam dicta« zu folgern sein möchte.

²) calcatur | »So man abtrit auf das landt mit Rew und laid, ist vergebung pein u. Schulden.« Albert Saxon. 2104. zu dem auch sonst beziehungen zu bestehen scheinen, die auf eine gemeinsame quelle deuten könnten.

³) oraciones | Fasst man »oraciones« in der bedeutung »libelli precum«, du Cange-Henschel, gloss. IV, 721ᵇ mit einem citat v. j. 1336, so wäre dies hier ein erster nachweis von pilgergebetbüchern, wie sie Fabri I, 244 kennt u. deren eins kaufte, s. niederrh. pilgerschr. a. 320.

⁴) falinia | Offenbar Salina vgl. Feyrabend, reyßbuch, bl. 127ᵃ, 376ᵇ, 251ᵇ; niederrh. pilgerschr. s. 24 Salins, sonst auch Salinis genannt. Vgl. Hagen a. 46.

⁴ᵃ) iaphet | Jaffa: »item [transivi] urbem Joppensem vetustissimam, quam Jafet filius Noë creditur condidisse.« Boldensele (ausg. Grotefends. 243) vgl. Bernh. v. Breydenbach (bei Feyrabend bl. 57ᵃ).

⁵) miliaria | Hat der verfasser überall gleiches meilenmass, so ist nach einer bemerkung über die länge einer deutschen meile s. 18 die welsche gemeint s. v. Harffs pilgerfahrt hrsggg. von Groote. Cöln 1860. 4: »in Lumbardijen, Italyen da vonff mijlle maichen eyne duytze myle«.

⁶) vnde | Kommt fünfmal im text vor (hier in den nächsten zwei sätzen und s. 2 u. 20 der hs., und überall will keine der bekannten bedeutungen passen. Ob das mhd. n. unniderd. unde = und, das in allen stellen einen guten sinn gibt, dem verfasser in die feder geraten ist?

⁷) cia iam dicta | S. anm. 1.

⁸) fructifera | Noch heute, s. Tobler, topogr. II, 584.

⁹) rama | Ramleh, vgl. Raumer, Palaestina. Lpz. 1860, 217 f. u. 448 f. Tobler, topogr. II, 793 ff. Ist Rama dasselbe mit der »civitas olim nomine Ruma [var. lect. cod. miltenberg.: elima], sed Ikel nunc vocata« bei Ludolf 50, so ist im text ein bis dahin unbekannt gewesenes stück aus der geschichte der

ciuitas pulcherrima, fed iam a farracenis deuastata. Habent eciam in ea farraceni templum [10]) pretiofiffimum ac altiffimam turrim.[11]) Vnde rama distat a iaphet xu miliaribus. Et in rama fratres minores habent conuentum,[12]) qui quondam erat hofpitale criſtianorum,[12a]) fed modo destructum. Nam Joseph nobilis[13]) qui xriftum de cruce depofuit,[14]) erat natus de ramatha.[15]) Item a ramatha peruenitur ad ciuitatem, que dicitur lidia,[16]) quo distat tribus miliaribus a rama. Et ibidem beatus georius fuit martirisatus et decollatus. Ibidem enim fuit pulcherrima ecclefia,[17]) fed modo quafi penitus deftructa. ibidem funt indulgencie feptennes et vii karene.

---

ftadt erzählt: ihre zerstörung in der zweiten hälfte des XIV. jh. Die möglichkeit einer solchen tatsache liegt dann darin, dass Ramleh eine christenstadt war unter der herrschaft des grafen von Jaffa, wenn man die verschiedenen berichte Ludolfs (50 u. 39) verbinden darf.

[10]) *templum* | Die kirche der vierzig märtyrer? Raumer, Palaest. 218.

[11]) *turrim* | Um 1310 erbaut im sarazenischen stil, circa 120 fuss hoch. Raumer 218.

[12]) *conventum* | Demnach ist nicht nur die annahme Toblers, topographie 817 zu berichtigen, dass »die erste sichere nachricht von einem kloster erst in das zweite viertel des XVII. jh. fällt«, sondern auch der bericht, dass die erste herberge für pilger in Ramleh durch den herzog Philipp v. Burgund (1419—1467) eingerichtet und unter die obhut der minoriten gestellt worden sei. Ebend. 816. vgl. auch die darstellung des Bonifacio Stefani vom jahre 1552 bei Quaresmio II, 7a. Wie die nachricht des textes zu derjenigen bei Lochner v. j. 1435 (Geisheim 217): »vnnd komnen Rama .... in der parfusen closter,« sich stellt? Unseres erachtens haben beide schwerlich etwas mit einander gemein, da Lochners »closter« aller wahrscheinlichkeit nach nur der ungenaue ausdruck für das unter der barfüsser obhut (Tucher 352b) gestellte hospital des herzogs Philipp ist.

[12a]) *cristianorum* | Vgl. s. 23: »Cristiani ut sunt fratres minores« i. e. Lateiner; bei Gregor Turon. hist. franc. III, 10 werden christiani nach du Cange-Hensch. II, 340c. »catholici ad arianorum discrimen« genannt, in dem hodoporicon Joannis Butzbachi (übersetzt unter dem titel: »Chronica eines fahrenden schülers« von J. D. Becker. Regensburg 1869. 47 und 69 werden gegenüber den ketzer geheissenen Hussiten die katholiken christen genannt.

[13]) *nobilis* | Mrc. 12, 43: »Joseph ab Arimathea nobilis decurio«, Vulg.; das alleinstehende nobilis dürfte deshalb der mittelalterliche ausdruck für den mann von adel sein, wie auch das »natus« den geborenen im gegensatz zum nicht adeligen ausdrücken soll. vgl. Grimm d. w. IV, 1645. In der niederrh. pilgerschr. 30: »Joseph die edel mann«. vgl. du Cange-Henschel gloss. IV, 628c.

[14]) *deposuit* | Mrc. 15, 46: deponens«; Lc. 23, 53: depositum (corpus).

[15]) *ramatha* | Die selbigkeit von Rama u. Ramatha i. e. Arimathia zuerst bei Eusebius und Hieronymus. vgl. Reland, Palaestina. 433. Ein Ramathem bei Lydda neben Apharim s. I Macc. 11, 34. u. Joseph antiqq. XIII. 4, 9. vgl. Sepp, Jerusalem und das heilige land I, 36.

[16]) *lidia* | Lydda: Raumer 210. Robinson. Palaestina III, 261 ff. und vor allem Tobler, denkbl. 583 ff.

[17]) *ecclesia* | Tobler, denkbll. 589; zu Boldensele's und Ludolf's zeit scheint's noch nicht zerstört; es würde sich demnach fragen, ob modo hier jetzt oder unlängst bedeuten soll.

De lidia folent peregrini reuerti ad ciuitatem ramatha. Et tunc de rama progreditur uerfus iherusalem. Et fumunt ibidem fc. in rama peregrini panes vinum et alia neceffaria quantum fufficit ad ufque in iherufalem, quod rama diftat a iherufalem xxxii miliaribus, et medietas vie eft plana et bona terra. Sed alia pars ufque in iherufalem eft uia petrofa et multum montofa. Et ibidem in altitudine montis uidetur caftellum Emaus,[18]) quod iam omnino eft deuaftatum, et ibidem cernuntur ad huc ruine domorum et fracture et [19]) ecclefie fcilicet partes murorum. Et diftat emaus a iherufalem xii miliaribus, vnde de emaus habetur luce ultimo, quod deus [20]) apparuit duobus difcipulis euntibus in emaus die pasce etc: cognouerunt dominum in fractione panis. Ibidem funt indulgencie vii^{nes} et vii karene. De emaus proceditur ad quoddam caftrum [21]) fitum inter emaus et iherufalem et diftat a iherufalem v miliaribus et in eodem caftro natus fuit famuel phropheta et fepultus ibidem. Et idem caftrum habet fuburbium,[22]) in quo peregrini reficiuntur et hofpitantur, quia ibidem eft quidam fons,[23]) de quo peregrini refocillientur.[24]) Item quatuor miliaribus a iherufalem ex hac parte tranfeundo ab emaus videtur mons oly- | ueti; primo ciuitas autem iherufalem confpici non poteft prae monte oliueti;[25])

[18]) *Emaus* | Vermutlich das heutige El-Kubêbeh, wohin es erst im 13. jh. die tradition übergesiedelt hat von dem früher dafür geltenden Nicopolis, Tobler topogr. II, 538 ff. Quaresmio kennt den ort nicht auf der gewöhnlichen pilgerstrasse zwischen Rama und Jerusalem, macht ihn vielmehr wie den folgenden zum gegenstand einer besonderen peregrinatio. Ueber die entfernung von Jerusalem vgl. Tischendorf nov. test. gr. editio octava critica major. Lips. 1869 z. Lc. 24, 13.

[19]) *et* | Offenbar lapsus calami u. als solcher zu tilgen.

[20]) *quod deus etc.* | Probe einer capitelüberschrift der Vulgata? Das »etc« könnte darauf deuten, wenn es nicht verschrieben ist für blosses »et«, und selbst dann.

[21]) *castrum* | Auffallender weise vom verfasser nicht mit dem schon bei Burch. c. 9. vorkommenden namen »ad sanctum Samuelem« genannt; das heutige En-Nebi Samuil. Tobler topogr. II, 874. Ludolf 92 nennt es eine parva villa, es ist deshalb der hier gebrauchte ausdruck castrum wie das Emaus genannte castellum im sinne des Ugutio zu nehmen: »Castrum, quod in loco alto situm est, quasi casa alta, unde castellum«. du Cange-Henschel II, 222^b. Es verträgt sich das auch wohl mit Georg's: »usque hodie instar arcis fortissimae.« vgl. Tobl. no. 885.

[22]) *suburbium* | »Nostris Suburbe olim, nunc Faubourg«. du Cange-Hensch. VI, 422^b. Sonst nicht bekannt.

[23]) *fons* | Tobler. topogr. II, 878 findet eine quelle zu St. Samuel nicht vor dem jahre 1598 erwähnt. Dies hier wäre demnach der früheste beleg für ihre existenz.

[24]) *refocillientur* | Verschrieben für refocillantur.

[25]) *prae monte Oliueti* | Da der pilger dieser zeit durch das Damascustor in Jerusalem einzog (s. Tobler denkbll. 565 topogr. I, 147), so ist ganz un-

quia ad manum finiftrum fita eft montis oliueti ideo videri non
poteft, donec hoc venerit nifi prope. Sic ergo veniunt peregriui
in iherufalem. Et cum venerint in iherufalem, primo a farracenis
permittuntur uifttare templum [26]) domini ab extra faciendo ibidem
deuotas oraciones ante templum, quod prout frequenter claufum
cuftoditur a farracenis. Quofacto oftenditur eis hofpicium [27]) a
farracenis quod quondam erat hofpitale xpiftianorum et eft situm
prope iuxta templum domini fc. dominici fepulchri. Ad predictum
hofpitium veniuntur farraceni et iudei portantes et vendentes pere-
grinis vinum et panes et alia neceffaria. Item in introitu ciuitatis
iherufalem funt indulgencie et remiffio omnium peccatorum. Quibus
peractis vadunt peregrini uifitando loca fancta de loco ad locum,
ubi xpriftus ambulauit et paffionem suam pro nobis confummauit.
Et primo uisitant templum dominici fepulchri. Et iuxta idem
templum eft quedam platea, [27 a]) in defcenfu in fpacio fagitte balifte [28])
videtur domus diuitis [29]) epulonis, de quo fcribitur luce xvi°, qui

möglich, dass ihm der Ölberg Jerusalem verdecken konnte, auch liegt letzteres
nicht linker hand von erfterem. Also ein geographischer schnitzer des verfassers,
der auch nicht gebeffert wird, wenn man »fita est montis« im folgenden satz
verschrieben denkt für »situs est mons«. Denn alsdann wäre noch zu beweisen,
dass der verfasser die vorhöhe des Skopus eine viertelstunde nördlich vom
Damascustor gemeint, oder aber dass diese wol gar den namen mons oliveti
geführt hätte.

[26]) *templum* | Gemeint ist augenscheinlich, wie der weitere unten folgende satz
ergibt, nicht das gewöhnlich so genannte templum domini, »quod dicitur Salo-
monis« (Thietmari peregrinatio ed. Laurent. Hamburgi 1857 26), fondern das
»templum dominici sepulchri« wie s. 17. Diefer erste besuch der grabkirche
wird auch in dem niederrhein. itinerar erwähnt vor dem eintritt in die herberge;
ebenso bei van Ihusen, Tucher, Fabri u. a.

[27]) *hospicium* | Das Johanniterhospital. Tobler, topogr. I, 400 ff., von dem
Ludolf 81 sagt: »Juxta ecclesiam sancti sepulchri quondam fratres sancti Joannis
hierosolymitani habitarunt, et in ipso palatio nunc est commune hospitium pere-
grinorum«.

[27 a]) *platea* | Die heutige häret el-Chänkeh mit ihrer fortsetzung, dem tarik-
el-Alam, Tobler, topogr. I, 199.

[28]) *baliste* | Ein bogenschuss beträgt 600'. Tobler, topogr. I, 466. Gemeint
ist die handbaliste oder armbrust, die vom XIV. — XVI. jahrhundert noch neben
der feuerwaffe vorkommt. In Frankfurt a. M. z. b. bei aufzählung des stadt-
gefchützes gleich vorn: »der ronde thorn an dem Meyne: item iiij büssen i
sack mit pulver, iiij ftereiff armbrost, iiij laden mit pilens. Böhmer, cod. dipl.
moenofrancofurt. Frankf. 1836, I. 766, u. von Cöln erzählt der dortige bürger
Hilbrant Sudermann: »Item anno domini 1502 jare im sommer nae sent Bartel-
meus duch [Aug. 24] war ein fin scheisspil zu Collen van allen steden berofwen
van goeder geselschaf van boisschen ind van armborsten etc.« Annal. d. hist.
ver. f. d. Niederrhein. Köln 1879, XXXIII, 48.

[29]) *domus diuitis* | S. einl. n. Tobler topogr. I, 259 f. Misst man die an-
gegebenen 600' vom anfang der zu tal gehenden straffe el Alam, so kommt
das haus genau an die stelle zu stehen, wo es Toblers grundriss von Jerusalem
St. Gallen 1849 und van de Velde's plan of the town and environs of Jeru-

lazaro pauperi negauit dare micas, que ea | debant de menfa eius. Et ibidem funt indulgencie vii^nes. Deinde venitur ad biuium [30]) wulgariter eyn wegefcheide, ubi iudei angariauerunt quendam fymonem, ut tolleret crucem poft ihefum portando fecum [31]) ufque ad caluarie locum, et ibi funt indulgencie vii^nes. ibidem eciam eft triuium.[32]) ibidem eciam eft locus, ubi uirgo maria pre nimio dolore xrifto occurebat, quando ipfe xriftus, ut pretactum eft, crucem proprijs humeris baiulabat, quando educebatur ad crucifigendum. Indulgencie vii^nes Ibidem eciam xriftus conuertit fe ad populum dicens mulieribus: ffilie iherufalem nolite flere super me fed super etc.[33]) Deinde cernitur quedam domus, in qua beata uirgo primeue etatis litteras studuit et fuit fcola [34]) eius. Indulgencie vii^nes. De poft [35]) videtur domus fymonis [36]) leprofi, in qua beata magdalena faluatoris pedes rigauit et capellos [37]) exterfit, de quo habetur luce vii°. De poft cernitur domus, in qua xriftus ad mortem fuit judicatus et fentenciatus [38]) ad manum dexteram. Exinde peruenitur ad domum

falem. Gotha 1850 verzeichnen. — Die annahme einer gefchichtlichen perfon fchon bei Euthymius in Luc. 16, der den reichen einen nynenfer nennt, während er anderwärts unter dem namen Dodrux vorkommt, vgl. Fab. I, 375.

[30]) *biuium* | Scheint vom verf. auf dem kreuzungspunkt des el Wad u. der erften parallelstraffe des tarik Sitti-Mariam gedacht; stimmt aber mit der fonstigen pilgerüberlieferung nicht. Vgl. Tobler topogr. I, 249 f.

[31]) *fecum* | Nach der kirchl. tradition, bereits in Orig. Matth. 126 vertreten, trägt Simon mit Jesus zusammen (»fecum« ist gebräuchlicher mittelalterlicher barbarismus) oder abwechfelnd das kreuz; woraus auch die zweite nötigung Simons, vgl. unten s. 150, erklärlich wird. Vgl. Keim, gesch. Jesu v. Nazara, III 402. »Ut tolleret crucem« ist wörtliche anführung aus Mtth. 27, 32 und 15, 21 nach der Vulgata. S. auch v. Dusen 27 und Hagen 31.

[32]) *triuium* | Wol an der stelle des Hammâm es-Sultân. Bemerkenswerter weife ist hier weder von einer kirche noch von einer ohnmacht oder einem krampfe Mariäs die rede, wie dies schon 1310 von Marin. Sanudo u. 1384 von Frescobaldi geschah. Vgl. Tobler, topogr. I, 449 ff. Der bericht über Maria stammt aus den »acten des Pilatus« c. 10, vgl. Keim, gesch. Jesu v. Nazara, III, 404.

[33]) *filie iherusalem etc.* | Luc. 23, 28. Die lage der stätte stimmt mit keiner der drei von Tobler, topogr. I, 258 angeführten; am ehesten noch mit Quaresmio II, 229^b, der sie ebenfalls »in trivio« hat.

[34]) *scola* | Mit Frescobaldi (Tobler, topogr. II, 611) der lage nach übereinstimmend, und von diesem »la capella« geheissen.

[35]) *de post* | Bekanntes mlat. wort für darnach, vgl. du Cange-Henfch. II, 808^a, aus dem das it. dopo u. das fr. depuis stammt. Diez, etym. wbch. I, 326.

[36]) *domus fymonis* | Kann weder die heutige Mamûnijeh, noch das ehemalige Jakobitenklofter noch fonst eine der bei Tobler, topogr. I., 439 angeführten stätten feiner lage nach fein, die wol in der gleichen strasse, wie die scola Mariae gesucht werden muss. Im übrigen wird mit den nämlichen worten dieselbe domus symonis leprosi in Bethanien gezeigt. s. 22.

[37]) *capellos* | Schreibfehler für capillos, wie s. 22 ausweist.

[38]) *ad mortem sententiatus* | Eine folche stätte finde ich fonst nirgends, zu-

herodis,³⁹) in qua xriftus fuit illufus et vefte alba indutus. Indulgencie et remiffio omnium peccatorum. Et eft domus alta lapidea, fie quod per gradus afcenditur. Juxta hanc | domum versus finiftrum eft quidam viculus,⁴⁰) quafi fit porticus alicuius domus. Ex oppofito huius verfus dexteram eiufdem viculi Eft templum farracenorum⁴¹) et eft pars templi falomonis, In quo maria fuit defponfata⁴²) iofeph, In quo eciam xriftus eciam fuit presentatus. In illo eciam xristus fuit inuentus in medio doctorum, quando fuit xii annorum, de quo habetur luce ii⁰. Indulgencie omnium peccatorum. Item huic templo adheret quedam ecclefia fc. adiuncta⁴³) huic templo, in quo maria uirgo caftitatem feruauit ac primo caftitatis votum emifit et xii annis⁴⁴) in eadem ecclefia, donec dominum ihefum xpiftum concepit, permanfit. Deinde uerfus finiftrum fita eft domus pylati.⁴⁵) In qua xristus fuit coronatus et flagellatus. Indulgencie omnium peccatorum. De post verfus dextrum uidetur quidam locus tamquam foffatum. Et dicebatur quondam probatica pifcina,⁴⁶) lignum fancte crucis per longa tempora ante xpifti paffionem latuit.

---

mal das haus des Kaiaphas und des Pilatus besonders genannt werden weiter unten. — Sententiatus nach du Cange-Hensch. VI. 189ᵃ: »lata sententia condemnatus«.

³⁹) *ad domum herodis* | Dürfte an der von Marin. Sanut. u. Gumpenberg (vgl. Tbl. tpgr. I. 650) angegebenen stelle zwischen dem Serai u. der el Wad gleichlaufenden gasse zu suchen sein.

⁴⁰) *ciculus* | Sonst nicht erwähnt meines wissens.

⁴¹) *templum farracenorum* | Ist die »domus Herodis« im norden zu suchen. so ist ihr zur rechten offenbar die felsenkuppel verstanden u. diese mit der Aksamoschee vom verf. »templum falomonis« genannt. Dass in ihr die darstellung Christi verlegt wird, setzt den verf. in die zeit des Mar. Sanudo u. Boldensele's, vgl. Tbl. ao. 580 anm. 2. die abweichend von späteren die gleiche handlung hierher verlegen.

⁴²) *defponfata* | Der tatsache wie ihrer verknüpfung mit diesem orte wird scheint's sonst nicht gedacht. Dass sie am ende des 15., anfangs des 16. jh. hierher verlegt wurde, scheint Raphaels darstellung derselben zu ergeben; in ihr ist der 8eckige tempel abgebildet. Die anregung zum ganzen gab offenbar das protevang. Jacobi c. 8 ff. (cf. Fabricius, cod. apocryph. n. test. Hamb. 1703 I. 84 ff.)

⁴³) *adiuncta* | Gemeint ist die Aksamoschee, in der auch Boldensele (Tbl. tpgr. I, 543 anm. 3) Maria ihre jugendjahre verbringen lässt.

⁴⁴) *XII annis* | Protev. Jacobi VIII hat in der lat. übersetzung: »Duodecim autem annorum facta in templo domini.« Das jüngere evang. de nativitate Mariae c. 7 lässt Maria 14 jahre alt werden, s. Fabricius ao. 29.

⁴⁵) *domus pylati* | entspricht dem »domus Pilati« auf dem grundrisse Marin. Sanut. (vgl. Tbl. tpgr. I, 226, anm. 2).

⁴⁶) *probatica piscina* | Angeblich das bibl. Bethesda nach Joh. 5, 2 der Vulg. vgl. Tbl. dnkbl. s. 53 ff. Die verbindung des kreuzholzes mit dem teich kennt nach Tbl. ao. 58 frühestens Fetellus (1175), nachher (1483) Fabri. S. auch Tbl. tpgr. II, 37 anm. 1. — Dass der satz »lignum etc.« mit dem vorhergehenden nicht durch ein relativ verbunden ist, wird wohl ein versehen des schreibers sein.

Ibidem enim xriſtus quendam paraliticum⁴⁷) curauit, ut habetur in ewangelio. Tandem iuxta portas prope eciam verſus ſiniſtrum cernitur locus, in quo beata uirgo fuit concepta et nata, quia ibidem ſita fuit domus ioachim.⁴⁸) Ibidem quondam fuit pulchra ecclefia, ſed modo a ſarracenis de- | ſtructa. Indulgencie omnium peccatorum. Deinde videtur porta⁴⁹) et locus ubi beatus ſtephanus fuit eductus. Sic ergo exitur per portam iſtam et peruenitur ad vallem ioſophat deſcendendo verſus montem oliueti et cernitur ibidem locus lapidacionis⁵⁰) beati ſtephani. Indulgencie vuⁿᵉˢ. Deinde peruenitur ad torrentem cedron. Et ad hanc ripam beata crux⁵¹) per longa tempora propedile fuit poſita wulgariter cyn ſleg. Sed iam habetur ibidem pontulus lapideus.⁵²) In eſtate enim ſepius aqua ibidem non cernitur niſi tempore pluuiali. Indulgencie vuⁿᵉˢ. Deinde deſcenditur in uallem ioſophat⁵³) et ibidem videtur quedam ſolempnis ecclefia.⁵⁴) in qua uirgo glorioſa fuit ſepulta. Item de eodem loco eciam fuit in celos fuit⁵⁵) aſſumpta. Et in ingreſſu predicte ecclefie deſcenditur per lvun gradus. Et in latere dextro inferius in predicta ecclefia eſt parua capella.

---

⁴⁷) *paraliticum* | Joh. 5, 4 kennt keinen paralytiſchen, ſondern nur einen τριάκοντα ὀκτὼ ἔτι, ἔχων ἐν τῇ ἀσθενείᾳ; gleichwol begegnet auch bei Pipino (ausg. v. Tbl. in »dritte wanderung« 402) die gleiche bezeichnung. Ob eine verwechselung mit dem παραλυτικός Mtth. 9, 2—8, Mrc. 2, 3—12, Lc. 5, 18—25 hier vorliegt? ob die lesart des cod. D. zu Joh. 5, 3, die den im textus receptus namhaft gemachten arten von kranken noch παραλυτικῶν zugesellt, veranlassung gab? Ob Irenäus contr. omnes haer. II, 22. 3 (ausg. v. Stieren, Leipzig 1853 I, 357): »Et post haec iterum secunda vice ascendit in diem festum paschae in Hierusalem, quando paraluticum, qui juxta natatoriam iacebat XXXVIII annos, curavit« daran schuld ist od. Irenäus selber schon aus älterer tradition schöpft?

⁴⁸) *domus ioachim* | Offenbar die Annakirche beim Stephanstor. vgl. Tbl. tpgr. I, 426. dnkbl. 59 f. Freilich will die angabe von ihrer zerstörung hier schlecht mit der tatsache stimmen, dass Pipin (1320) u. Boldensele (1336) die kirche noch unzerstört kennen, die im 15. jahrh. (Fabri. I, 366) in eine moschee verwandelt erscheint und bis ins vorige jahrhundert gebraucht ward.

⁴⁹) *porta* | Allem anschein nach das heutige Stephanstor im osten, vgl. Tbl. tpgr. I, 174.

⁵⁰) *locus lapidacionis* Vgl. Tbl. tpgr. I, 174. II, 188.

⁵¹) *beata crux* | Nach Tbl. tpgr. II, 37 wird diese ſage erſt von Gumpenberg, Tucher u. Breydenbach vorgetragen; hier also nachweis früheren vorkommens, vgl. u. cöln. itin. n. 256.

⁵²) *pontulus lapideus* Erſichtlich iſt die nördliche brücke gemeint. Tbl. tpgr. II, 37.

⁵³) *ioſophat* Tbl. no. II, 14 f.

⁵⁴) *ecclefia* Tbl. Siloahquelle 143 ff. Die zahl der treppenſtufen ſtimmt mit keiner der 149 ff. angegebenen, kommt aber derjenigen bei Marin. Sanudo (circa 60) u. Ludolf 83: LX gradus am nächsten. Bemerkenswerter weise nennt der verf. ausser der grabkapelle des baues keine weiteren kapellen.

⁵⁵) *fuit* | Durch irrtum des ſchreibers wiederholt.

In qua est sepulchrum uirginis marie et ibidem eciam ostenditur locus assumpcionis eiusdem gloriose uirginis. Et iam dicta ecclesia est satis magna et pulchra et est pro maxima parte subterranea et obscura. Item de hac ecclesia proceditur ad montem oliueti. Et in pede montis est locus,⁵⁶) ubi xriftus poft cenam flexis genibus | orans.⁵⁷) Dicebat: pater si fieri poteft, tranfeat a me calix, et ibidem fangwineum fudorem pro nobis fudauit et eft ibidem cauerna petre. Deinde defcenditur in uallem iofophat a pede montis oliueti ad iactum lapidis et ibidem cernitur ortus ville gethfemani⁵⁸) uerfus finiftrum eciam circa pedem montis oliueti. Et primo cernitur locus in orto, ubi xriftus dimifit⁵⁹) octo difcipulos et fumpfit fecum tantum tres. Et ibidem pronunc funt multi ortuli⁶⁰) et muri hincinde. Deinde ad x paffus eciam ad pedem montis oliueti et in eodem ortu,⁶¹) qui nimis⁶²) amplus eft, videtur locus, ubi iudei xriftum capere uolentes retrorfum ceciderunt, quando fcilicet iudas xriftum ofculo⁶³) tradidit, Dicens: quem ofculatus fuero, ipfe eft; tenete eum. Ibidem eciam xriftus captus eft et ligatus fuit. In eodem eciam loco petrus malchi⁶⁴) auriculam amputauit. Item ibidem ex oppofito vallis iofophat cernitur in iherufalem porta aurea⁶⁵) claufa et muro circumdata. Ideo quia xriftus eandem intrauit in die palmarum ante paffionem eius. Item

---

⁵⁶) *locus etc.* | Die stelle scheint der in einem venezian. ms. gemachten u. in einer auf Zion aufbewahrten urkunde v. j. 1362, mitgeteilt bei Quaresmio I, 406b, (vgl. Tbl. Sil. 213 anm. 1) wiederholten beschreibung genau zu entsprechen; dort wird die stätte Cava genannt, hier von einer caverna petre gesprochen.

⁵⁷) *orans* | Im original durchstrichen und von anderer hand omuit darüber geschrieben.

⁵⁸) *ville gethfemani* | Die bezeichnung villa, dorf, viculus schon früh mit praedium und hof wechselnd; vgl. Tbl. Sil. 201. Die lage entspricht der von Thietmar 27 angegebenen. Dass der verf. nichts von der Gethsemanekirche weiss, kommt vermutlich daher, dass dieselbe zum viehstall benutzt wurde, wie schon Ludolf 83 berichtet.

⁵⁹) *demifit* | Die angaben bei Tbl. ao. 227 ff. kommen mit dieser nicht überein.

⁶⁰) *ortuli* | Erst im 16. u. 17. jh. werden diese hortuli genannt mit ihren mauern, s. Tbl. ao. 193.

⁶¹) *ortu* | Wol nur verschrieben für orto (horto), das vorher steht.

⁶²) *nimis* | Im original nis.

⁶³) *ofculo* | Die lage stimmt nicht mit der anderwärts angegebenen, s. Tbl. Sil. 224 f.

⁶⁴) *malchi* Vgl. Tbl. ao. 227 u. 213, der die stelle erst aus dem jahre 1384 kennt.

⁶⁵) *porta aurea* | Die vermauerung derselben wird erst aus dem 16. saec. bezeugt, hier also so viel früher, vgl. Tbl. tpgr. I, 79. 157. Die begründung der vermauerung ist, wie ich denke, dem verf. allein eigen. — Nach aurea findet sich in der hs. ein mit recht durchstrichenes ē (est).

a ciuitate iherusalem [66]) superius quasi xx passus in parte superiori orti predicti ostenditur locus, ubi federunt tres discipuli [67]) scil. petrus Jacobus et iohannes, quando xristus dixit: Sedete hic, donec orem; uigi- | late et orate, ne intretis in temptacionem. Et est altior locus iste quam locus orationis xristi. Deinde de orto ascenditur in montem oliueti. Et in tali via [68]) ostenditur locus, in qua beatus iacobus minor cingulum [69]) uirginis gloriose assumpsit, quando scilicet beata uirgo assumpta fuit. De post in eadem uia videtur locus, in quo xristus flcuit [70]) super iherusalem dicens: Si cognouisses et tu. Deinde in eadem via ciusdem montis cernitur locus, in quo angelus beate uirgini nuntiauit eius assumcionem [71]) dans ei pro intersigno ramum palme. Item in capite montis oliueti uersus sinistrum ostenditur locus, qui dicitur galilea. [72]) In quo xristus discipulis suis apparuit post resurrectionem suam in die pasce. Item a presenti loco ad cursum sagitte [73]) versus dextrum in uertice montis oliueti Stat quedam ecclesia sperica, [74]) quamuis a sarracenis sepius et adhuc pro maxima parte sit destructa. [75]) Et in eadem ecclesia ascenditur per gradus. In eadem ecclesia superius est quedam cappellula marmoreis calumpnis ornata ac munita et circumdata. Et in eadem cappellula est locus et cernitur hodie, de quo xristus ihesus ascen-

[66]) *iherusalem* Wol nur ein versehen des abschreibers für den ort der gefangennehmung Jesu.

[67]) *tres discipuli* | Meint der verf. die XX passus von dem orte, wo die 3 jünger schliefen, aus, so stimmt er mit Tobler's ausgabe (Sil. 224).

[68]) *via* S. Toblers grundriss.

[69]) *cingulum* | S. Tbl. Sil. 248 u. 222 anm. 3. — Abweichend von der übrigen überlieferung ist die aufnahme des gürtels durch Jacobus minor; an seiner stelle steht sonst Thomas. Ob man dadurch der misslichkeit aus dem wege gehen wollte, dass Thomas erst nach der himmelfahrt Marias nach Jerusalem kam? Jedenfalls würde, hat Tobler den ort der sage erst im jahre 1384 richtig gefunden, hier ein noch früherer bericht vorliegen.

[70]) *flcuit* | S. Tobler no. 231.

[71]) *assumcionem* S. Tobler no. 246. Des verf. schweigen über eine kirche an dieser stelle ist nicht auf ein absolutes nichtvorhandensein einer solchen zu deuten.

[72]) *galilea* Der ältere name für den späteren Viri Galilaei. Tbl. no. 72. Die erscheinung Christi vor seinen jüngern daselbst zuerst bei Frescobaldi und Sigoli. Ebend. 76.

[73]) *ad cursum sagitte* Die entfernung genau gemessen noch einmal so gross, »mindestens 300 schritte« (Gieramb. I. 311 bei Tbl. no. 73), nach des letzteren »grundriss« 1200 fuss.

[74]) *ecclesia sperica* | Tbl. 82 ff. auch von andern sphärisch geschildert, obgleich sie achteckig ist. Ebend. 98.

[75]) *destructa* | »nunc plurimum dissipata«, Boldensele 273.

debat in celum. Et ibidem cernuntur veſtigia pedum[76]) eius marmori impreſſa: ymmo[76a]) primo dexter pes profundius uidetur impreſſus quam ſiniſter. Indulgencie omnium peccatorum. Deinde defcendendo ab hac eccleſia verſus vallem ſyloe videtur ſub eccleſia ſepulchrum beate pelagie[77]) verſus ſiniſtrum de poſt defcendendo de monte oliueti oſtenditur locus, ubi apoſtoli ſymbolum[78]) compoſuerunt verſus ſiniſtrum circa viam publicam: ibidem enim quondam pulchra erat eccleſia, ſed iam a ſarracenis penitus deuaſtata. Prope hanc eccleſiam eſt locus, in quo xriſtus predicauit populo octo beatitudines,[79]) de quibus habetur mth. quinto. De poſt inferius in eodem monte oliueti eſt locus, ubi xriſtus inſtruxit diſcipulos dominicam orationem[80]) ſcilicet pater noſter. Deinde in medio monte oliueti cernitur locus, in quo uirgo maria quieuit[81]) poſt xriſti aſcenſionem, quia ſingulis diebus perambulabat omnia loca ſancta ſcil. tradicionis capcionis flagellacionis coronacionis crucifixionis ſepulchri et aſcenſus, quibus omnibus completis in predicto loco quieuit et ſic domi[81a]) redijt, Quia in eodem loco iheruſalem et omnia loca ſancta plane cernuntur ut iam ſupra. Deinde in

---

[76]) *veſtigia pedum* | Tbl. ao. 107 ff. Die erwähnung der beſonderen deutlichkeit der rechten fussſpur erſt bei Tucher, ebenda 108 anm. 4.

[76a]) *ymmo* | von ſpäterer hand an dieſer ſtelle übergeſchrieben.

[77]) *pelagie* | Tbl. ao. 125 ff. Ueber die heilige ſelber kann nunmehr nur noch in betracht kommen: Herm. Uſener, legenden der h. Pelagia. Bonn 1879. In der einleitung dieſer ſchrift wird der wol unanfechtbare beweis geliefert, dass die in mannigfachen geſtalten an den küſten des mittelmeers verehrte Pelagia od. Marina niemand anders als die chriſtianiſierte göttin Aphrodite iſt. Zugleich wird hier zum erſten male der griech. text der »reue der Pel. v. Antiochia« u. der »legende der Pel. v. Tarſus« geboten. — Um die herausgabe der ſyriſchen überſetzung der erſteren hat ſich im gleichen jahre Gildemeiſter in der feſtſchrift der Bonner univerſität zu ehren des kaiſerl. geburtstags verdient gemacht: »Acta S. Pelagiae ſyriace edita.«

[78]) *symbolum* | Tbl. ao. 235 ff. Die angabe der lage entſpricht der heutigen, aus dem XV. jh. bezeugten, dagegen ſtehen die trümmer der kirche mit den bericht aus dem XV. jh. in widerſpruch, dass damals die kirche geſchloſſen, alſo noch erhalten war. Auch heiſst ſie noch nicht Markuskirche.

[79]) *octo beatitudines* | Die ſtelle wird von Tbl., ſoviel ich ſehe, nicht gekannt, kommt aber ausserdem bei Alb. Saxon. 2107 vor: »ain wenig abher [von der ſtelle des ſymbolum] iſt die ſtat da Chriſtus das Evangelium macht Beati pauperes ſpiritu, ablas VII jar VII karen.« Vgl. niederrh. pilgerschr. a. 280.

[80]) *dominicam orationem* | Tbl. Sil. 239 ff. Die angegebene lage ſtreitet mit der heutigen (Tbl. grdr. n. 75), ſcheint dagegen dieſelbe zu ſein wie zur zeit der kreuzfahrer. Tbl. ao. 240 anm. 3.

[81]) *quieuit* | Von Tbl. ao. 248 zuerſt bei Alb. Sax. bemerkt, der auch die gleiche ſtelle wie hier angibt. Hier demnach wieder eine um ein jahrhundert frühere bezeugung.

[81a]) *domi* | Ganz das mhd. »ze hûs keren« vgl. Benecke-Müller-Zarncke I, 737ª u. Grimm d. w. IV, 2, 646 s. v. haus.

pede montis in illa parte uidetur fepulchrum abfalomis[82]) et eſt
turris quadrangularis parua et partim alta. Ibidem enim quondam
erat ecclefia fed iam deſtructa, in qua xriſtus apparuit beato iacobo[83])
minori tempore sue refurreccionis fcilicet in die pafce. Ibidem enim
beatus Jacobus fuit fepultus. Similiter fuit ibidem fe- | pultus
zacharias[84]) propheta, de quo in ewangelio: quem occidiſtis inter
templum et altare. Deinde itur ab hac ecclefia per uallem filoe
tranfuerfaliter[85]) non longe a muris iherufalem; ibidem eſt quedam
cauerna petre wulgariter eyn hole in eynem felfchen fubterranea,
ubi inferius cernitur fons quidam, inquo uirgo maria dicitur lauiffe[86])
wulgariter die windeln xriſti, quando eundem prefentare voluit in
templum. Deinde in eadem via eſt fons et congregatio aquarum.
Et dicitur ibi locus natatorie,[87]) a quo loco xriſtus mifit cecum a
natiuitate fed ab ipfo illuminatum, ut lauaretur ibidem. Item fupra
predictum locum fiue fontem fcil. natatorie conſtructus eſt ponticulus
lapideus. Vlterius ergo procedendo uidetur locus, ubi propheta
yfaias[88]) ad ſtipitem ligatus per medium ferratus fuit et ibidem
ſtat columpna[89]) lapidea, apud quam eciam cernitur fepulchrum
eius. Deinde reafcendendo montem oliueti ex alia arte fcil.[89a])
cauerne[90]) wulgariter holen oder lucher, ubi difcipuli fe abfcon-

---

[82]) *abfalomis* | Die befchreibung hier geſtattet nicht zu unterfcheiden, ob
das monument Abſaloms od. der turm Joſaphats gemeint iſt. ſ. Tbl. no. 267—287.

[83]) *iacobo* | Gemeint iſt das Jakobsgrab; kirche ſcheint's zuerſt bei Alb. Sax.
genannt: »darnach [Abſolon's grab] kumbt man zu ainer prochen kirchen; dobey
iſt die ſtat, do der Mynder Sant Jacob iſt inn gelegen, und wolt nicht eſſen,
dan Chriſtus wär vom dem todt erſtanden.« 2107.

[84]) *zacharias* | Tbl. no. 288, der erſt aus dem XVI. jh. die beziehung
dieſes grabes zu Zacharias (Mtth. 23, 35) kennt. Demnach hier eine frühere er-
wähnung.

[85]) *tranfuerfaliter* | Wie es ſcheint genau der heutige weg, der dicht über
den grübern der Karaiten (s. Tbl. grdr.) über das tal ſetzt.

[86]) *lauiffe* | S. die einleitung; Marienquelle wird auf Tbl. grdr. die ſtelle
genannt.

[87]) *natatorie* | Der teich Siloah vgl. Tbl. Sil. 23 ff. Von bauwerken, wie
ſie Tobler dort noch 1483 findet (s. 27) weiss unſer verf. nichts, wie jener nichts
von dem hier genannten ponticulus weiss. Möglicherweise muss deswegen an
die von Tbl. unterteich Siloah genannte natatoria Siloë des Mar. San. (s. 32 anm. 2)
gedacht werden, zumal auch mit dieſem die heilung des blinden hin u. wieder
in verbindung gebracht wird. (33).

[88]) *yfaias* | Tbl. tpgr. II. 203 ff. Sil. 31. Die angabe »vlterius« des Siloah-
teiches wie die verbindung der tödtungs- u. beerdigungsſtätte trifft mit derj.
Rauwolff's zuſammen.

[89]) *columpna etc.* | Iſt meines wiſſens alleiniges eigentum des verf.; erſt im
XVI. jh. werden zwei ſäulen erwähnt mit einer quadermauer. Tbl. tpgr. II, 206.

[89a]) *fcil.* | verſchrieben für: sunt.

[90]) *cauerne* | Tbl. tpgr. II, 245 ff. Hier auch wieder ein früherer bericht u.
abermalige übereinſtimmung mit Alb. Sax. (s. 249).

derunt, quando xriſtus captus fuit. De poſt plus afcendendo cernitur ager figuli⁹¹) emptus pro xxx denarijs etc. et eſt paruus et non magnus et eſt concauus et habet multas cauernas, in quibus xriſtiani homines fepeliuntur et proiciuntur. Item de agro figuli defcenditur et peruenitur zu eym Dichlin⁹²) pro- | cedendo uerfus montem fyon. In diſtancia fagitte baliſte ibi cernitur locus, in quo iudei pretendebant capere corpus uirginis marie,⁹³) quando difcipuli portabant illud tempore mortis eius in uallem iofophat ad fepulchrum eius. Deinde afcendendo montem fyon uidetur locus, in quo beatus petrus post negacionem fleuit,⁹⁴) quoufque dominus fibi in die pafce fpecialiter apparuit. Vlterius procedendo ad iactum lapidis uidetur locus, ubi annas⁹⁵) morabatur, cui xriſtus primo prefentatus fuit tempore capcionis et paſſionis fue. Ibi enim quondam fuit ecclefia conſtructa fed iam a farracenis deuaſtata. De poſt in capite montis fyon ſtat ecclefia, que dicitur ecclefia faluatoris;⁹⁶) ibi enim locata fuit domus cayphe. In qua xriſtus confpectus calaphifatus eſt et illufus. ibidem eciam petrus xriſtum negauit.⁹⁷) In eadem ecclefia beatus ſtephanus⁹⁸) fecundario fuit fepultus cum gamaliele et abylone.⁹⁹) Ibidem eciam cernitur locus,

---

⁹¹) *ager figuli* | Hakeldama Mtth. 27, 7; die angabe ſtimmt genau mit derj. bei Ludolf 85. Tbl. tpgr. II, 260.

⁹²) *Dichlin* | Mir unauffindbar, wenn nicht etwa ein irrtum bei Tbl. tpgr. II, 50 anm. 6 vorliegen u. das dort für den Nehemiasbrunnen gemachte citat aus dem anonym. bei Allatius: »ein wenig unter den töpferacker« hierher gezogen werden müsste.

⁹³) *corpus virg. marie* | Tbl. tpgr. II, 128 ff. Aehnliche angabe bei Mar. San. u. Pipin.

⁹⁴) *fleuit* | Tbl. tpgr. II, 174 ff. Uebereinſtimmend mit Mar. San., Pipin, Boldenſele, Freſcobaldi u. Sigoli. Daſs einer kirche nicht ausdrücklich gedacht wird, bezeugt nicht deren nichtvorhandenſein.

⁹⁵) *annas* | Tbl. tpgr. I, 366 weiſs erſt im XV. jahrh. von einer kirche; von einer zerſtörten dagegen iſt nichts ſonſt bekannt. Daſs ſie ſüdl. von der Salvatorkirche zu ſuchen ſein ſoll, iſt auch etwas der überlieferung widerſprechendes, da dieſe bekanntlich das gegenteil behauptet.

⁹⁶) *eccl. faluatoris* | Tbl. tpgr. II, 156 ff. vgl. I, 80. f.

⁹⁷) *negauit* | Tbl. tpgr. II, 163 ſieht die verleugnung Jeſu durch Petrus nach den kreuzfahrern (s. 160) erſt im 15. jh. in die Salvatorkirche verlegt; hier demnach ein früheres vorkommen nachgewieſen; zugleich anlehnung an Matth. 26, 57.

⁹⁸) *ſtephanus* | Ebenſo in dem »pilgerbuch — — ſo an graff Albr. v. Löwenſtein buch angehenckt geweſen iſt« (Reyſsbuch 212ᵃ): »Item da S. Stephan zum andern mal mit dem Gamaliel und Abilan begruben.« Vgl. Tbl. tpgr. II, 110, Golgatha 356, Mar. San. (Tbl. ao. 116 anm. 3) u. v. Duſen 34.

⁹⁹) *abilone* | Vermutlich verderbt aus Abibon und dies wieder aus Abilas oder Abiba, der nach Phot. cod. 171, p. 199 ein ſohn des Gamaliel geweſen ſein ſoll. Vgl. Herzog, real-encyklopaedie f. prot. theol. u. kirche IV, 656.

in quem xriſtum recluſerunt,¹⁰⁰) donec producerent eum poncio pylato. In eadem eccleſia eſt quedam cappellula, in qua ſtat altare quoddam, in quo poſitus eſt lapis,¹⁰¹) qui poſitus erat ad monumentum iheſu. Item prope hanc eccleſiam in monte ſyon eſt ſitum pulchrum clauſtrum,¹⁰²) ubi degunt fratres minores. Et pulcherrima eccleſia¹⁰³) quamuis pro maxima parte a ſarracenis deſtructa. ffuit enim decies maior quam modo eſt. Et in | eadem eccleſia iuxta ſummum altare oſtenditur locus, ubi xriſtus paſca¹⁰⁴) comedit cum diſcipulis ſuis in die cene de ſero¹⁰⁴ᵃ) ante paſſionem. Ibidem eciam xriſtus inſtituit ſacramentum¹⁰⁵) venerabiliſſimi corporis et ſanguinis ſui dicens: hoc facite in meam commemoracionem. Indulgencie omnium peccatorum. Et in parte dextra altaris ſummi in acie eſt aliud altare et ibidem eſt locus, in quo xriſtus diſcipulis pedes lauit.¹⁰⁶) Item extra eccleſiam ſcil. in curiam aſcenditur¹⁰⁶ᵃ) per gradus ſupra chorum et ibidem eſt locus, in quo ſpiritus ſanctus¹⁰⁷) apoſtolis miſſus eſt in ſpecie ignis in die penthecoſtes, ut habetur in actibus apoſtolorum. Indulgencie omnium peccatorum. Deinde peruenitur ad ambitum et deſcendendo ibidem per gradus ingreditur in quandam capellulam, inqua oſtenditur locus, ubi dominus in octaua paſce apparuit¹⁰⁸) diſcipulis clauſis ianuis dicens: pax uobis, ut habetur joh. xx°. Et ibidem eciam thomas miſit digitos ſuos in latus eius. Et ibidem iterum eſt alia capellula, inqua oſtenduntur ſepulchra¹⁰⁹) dauid et ſalomonis, quia ibidem fuerunt ſepulti. Item modicum

---

¹⁰⁰) *recluſerunt* | Bereits von Mar. San. (Tbl. tpgr. II, 161 anm. 1) angegeben.

¹⁰¹) *lapis* | Kommt ebenfalls zuerſt bei Mar. San., wie bei Pipin vor. Tbl. ao. Die capellula, die den ſtein umgibt, finde ich ſonſt nicht.

¹⁰²) *clauſtrum* | s. die einl.

¹⁰³) *eccleſia* | Zionskirche o. Coenaculum genannt, Tbl. tpgr. II, 99 ff. Ludolf 77 hat ſämmtliche heiligtümer der kirche wie unſer verf., nur daſs er hier noch Nicodemus und Abylon begraben ſein läſst. Daſs der verf. bloſs die apſis der kirche noch ſah, ſtimmt mit dem bericht Tſchudi's, (Tbl. tpgr. II., 120).

¹⁰⁴) *paſca* | Die gleiche angabe bei Tucher. Tobl. ao. 120.

¹⁰⁴ᵃ) *de ſero* | Die überſetzung welches deutſchen wortes?

¹⁰⁵) *ſacramentum* | Ebenſo bei Tucher ao.

¹⁰⁶) *pedes lauit* | Ebenſo bei Tucher, Tbl. ao. 121 anm. 2.

¹⁰⁶ᵃ) *aſcenditur* | So von der hand des abſchreibers verbeſſert aus deſcenditur.

¹⁰⁷) *ſpiritus ſanctus* | Uebereinſtimmend in der lage mit Sigoli, Alb. Saxon., Fabri und Anſhelm, Tbl. ao. 122. anm. 3.

¹⁰⁸) *apparuit* etc. | So bei Alb. Sax., Tbl. ao. 125. anm. 1.: »darnach gingen wir herab in den Creuzgange«.

¹⁰⁹) *ſepulchra* | Die gräberkapelle erwähnt bei Gumpenberg. Tbl. ao. 152 anm. 1., vgl. cöln. it. a. 302.

exterius videlicet iuxta predictam ecclefiam clauftri videtur fletiffe quedam capella fed iam penitus a farracenis deftructa. In qua uirgo gloriofa frequenter folebat horas fuas complere, que erat eius oratorium.[110]) Item ante ecclefiam ad quatuor paffus oftenditur locus, in quo beatus | mathias[111]) loco iude in apoftolum electus eft. Item de prefenti loco ad xviii paffus eft locus mortis beate uirginis,[112]) quia ibidem ipfa uirgo gloriofa moriebatur temporaliter. Et ab hoc loco venerabile corpus uirgineum per beatos apoftolos in uallem Josophat eft tranflatum. Et in predicto loco magnus lapis[113]) pofitus est in rei memoriam fempiternam. Indulgencie omnium peccatorum. Prope hunc locum ad quinque paffus eft locus, in quo beatus ewangelifta primam miffam[114]) celebrauit beate uirgini. De poft procedendo uerfus ciuitatem ad tractum balifte uidetur locus, ubi beatus Jacobus maior[115]) fuit decollatus. Deinde iterum ad tractum balifte oftenditur locus, in quo xriftus in die pafce apparuit tribus mulieribus de fepulchro venientibus et ad montem fyon tendentibus dicens eis: Auete. Et ibidem ftetit quondam ecclefia appellata Auete[116]) fed modo deuaftata. Sciendum, quod omnibus prefcriptis fic ut premittitur deuote perluftratis et completis folent[117]) peregrini accedere et uifitare templum, inquo dominicum fepulchrum eft reconditum et reclufum cum diuerfis locis

[110]) *oratorium* | Pipin (ausg. Tobler's in dessen »dritte wanderung« 406): »Item fui in loco Vbi beata dei genitrix habebat suum proprium oratorium in supra dicto cenaculo«.

[111]) *mathias* | Ebenso ausserhalb der kirche bei Alb. Sax. 2107. Vgl. Tobl. tpgr. II. 133.

[112]) *mortis b. uirginis* | Tbl. tpgr. II, 127. !Alb. Sax. 2108 lässt den ort ähnlich liegen, aber bezeichnet mit einem »ftaiphauff«.

[113]) *lapis* | Wird sonst nicht erwähnt, auch fällt der ort sonst nicht mit der sterbestätte Maria's zusammen vgl. Tbl. tpgr. II, 128.

[114]) *miffam* | Die angabe stimmt mit derj. bei Anshelm: »neben dem orte der todtenbahre«. Vgl. Tbl. tpgr. II, 131.

[115]) *Jacobus maior* | Gemeint ist das armen. Jakobskloster das in der angegebenen entfernung von dem hier zuletzt benannten orte liegt. Vgl. Tbl. tpgr. I, 359, nur dass abermals keine kirche oder kapelle, wie bei Pipin angegeben ist.

[116]) *Auete* | Tbl. tpgr. I, 447 f. will zwar keine kirche an diesem orte vor dem letzen viertel des XV. jh. kennen, aber Frescobaldi und Sigoli könnten ebenso gut wie unser autor sonst die bezeichnung kirche unterlassen haben.

[117]) *folent* | Es scheint hier ein jahrhundertealter brauch vorzuliegen, wie dies z. b. ein vergleich der berichte Ludolfs u. des Alb. Saxon. ergeben mag: znerst besuch der h. orte in u. um Jerusalem, dann der grabkirche, hierauf Bethlehems, darnach rückkehr nach Jerusalem, endlich auszug an den Jordan u. abermalige rückkehr nach Jerusalem sc. dritter besuch der grabkirche und zuletzt der auswärtigen heiligtümer. Vgl. die abweichende darstellung bei Tbl. Golg. 538 f.

fanctis, in quibus xriftus ihefus noftram falutem et fuam paffionem confummauit. Primo enim nomina peregrinorum infcribuntur [118]) a farracenis, quod ipfi farraceni templum in fua habent poteftato et in diligentiffima coftodia die noctuque, ficque nullus intrabit nifi de licentia eorum. | Habitis ergo peregrinorum nominibus ipfi farraceni peregrinis in certo numero templum intrare permittunt et eos ibidem recludunt et ufque in alium diem exire non permittunt. [119]) Et in eodem templo fratres minores degunt et horas canonicos deuotiffime die noctuque canunt. Et ipfi peregrinis omnia loca facra cum follempni proceffione [120]) oftendunt et eadem per omnia ydeomota [121]) peregrinis exprimunt et diligentiffime declarant et in eadem proceffione omnes peregrini cum accenfis candelis [122]) deuotiffimo omnia loca [123]) facra perluftrant et uifitant. Et primo fit proceffio ad cappellam beate uirginis, [124]) in qua per cancellas uidetur magna pars columpne. Ad quam xriftus ligatus fuit et flagellatus. Et ex alia parte quasi ex opposito huius capelle beata crux longo tempore ftetit. In medio autem huius capelle uidetur fpericus lapis marmoreus. Et fuper eundem lapidem fancta crux cum alijs crucibus latronum fuerunt pofite et locate tempore inuencionis fancte crucis. Et fancta crux protunc ponebatur fuper quendam mortuum, qui mox fuit de morte refufcitatus. Item de hac capella procedendo ad ii paffus uidetur magnus lapis. [125]) Et ibidem eft locus, in quo dominus apparuit primo marie magdalene mane in die refurreccionis,

[118]) *infcribuntur* | Tbl. Golgatha 409 a. 3. Ob dazumal kein eintrittsgeld bezahlt wurde?

[119]) *permittunt* | Tbl. Golg. 408. Genau dasselbe erzählt Ludolf 81.

[120]) *proceffione* | S. ndrrh. pilgrschr. 41.

[121]) *ydeomata* | Ausser solchen predigten am charfreitag finde ich bei Tobler anderer nicht gedacht. Golg. 459.

[122]) *candelis* | Von Quaresmio II, 383b nur bei dem täglichen umzug der Franziskaner erwähnt. Vgl. Tblr. Golg. 480.

[123]) *omnia loca* | Der hier geschilderte umzug beobachtet genau die reihenfolge des täglichen der Franziskaner bei Tbl. uo.

[124]) *capella b. uirginis* | Sacellum s. Mariae virg. de apparitione bei Quaresmio II, 568b. Zuerst von Frescobaldi und Sigoli erwähnt. Tbl. Golg. 366. Ueber die in derselben aufbewahrte geisselungssäule ebend. 364 f. Der cancellae um die säule gedenkt erst Kapfmann (a. 1492), ebend. 396 a. 2. — Die beata crux, aber unbestimmt ob hier, nennt zuerst Ludolf 817 — den lapis marmoreus Georg bei Tbl. Golg. 370, a. 1.

[125]) *magnus lapis* | Erst von Alb. Sax. erwähnt s. 2108 vgl. Tbl. Golg. 360; die angabe der lage bei Mar. San. könnte mit der hier stimmen, wenn man die zwei schritte nicht pressen will, die ohne dies in keine beschreibung der stätte passen wollen.

ut habetur luco ¹²⁶) ultimo. Deinde procedendo ad xxxviii paſſus peruenitur ad vnam paruam capellam, | ubi uidetur wulgariter cyn gewelb, quaſi ſit ſpelunca, et eſt locus, in quo xriſtus fuit retentus et incarceratus.¹²⁷) donec iudei ſanctam crucem parauerunt, ut cum mox affigerent et ſic crucifigerent. De poſt iterum procedendo ad bonam diſtanciam retro chorum eſt quidam angulus et in eodem altare quoddam. Et ibidem eſt locus, in quo crucifixores veſtimenta iheſu diuiſerunt¹²⁸) et pro eis luſerunt. De hoc angulo procedendo ad iii paſſus deſcenditur per xxix gradus. Et ibidem intratur ad capellam beate helene.¹²⁹) Et de eadem capella deſcenditur iterum per xii gradus et ibidem cernitur locus inuencionis ſancte crucis clauorum et corone et lancee. De preſenti loco excundo ad iii paſſus in abſide¹³⁰) uel angulo eſt altare vnum et sub eodem altari cernitur quidam lapis, quaſi ſit pars columpne, et iſte iſte lapis, ſuper quem dominum poſuerunt et ſodere fecerunt, quando eum coronauerunt in domo pilati et eum conſpuebant et illudebant, et in eodem loco legitur capud adams¹³¹) prothoplaſti inuentum fuiſſe. De hoc loco ulterius procedendo reaſcenditur xix¹³²) gradibus et peruenitur ad locum caluarie,¹³³) ubi xriſtus dominus in ligno crucis pro nobis pependit et mortem ſuſtinuit, ubi uidetur uſque in hodiernum diem ſciſſura¹³⁴) petre, in qua ſancta crux tempore paſſionis xriſti ſtetit. Quia eadem hora, qua xriſtus in

¹²⁶) *luce* | Falſches citat für Joh. 20, 14 f.

¹²⁷) *incarceratus* | Tbl. Golg. 333, nach Mar. San. links vom chor, wie hier wol.

¹²⁸) *diuiſerunt* | Tbl. Golg. 339 f.

¹²⁹) *capellam b. helene* | Die drei schritte entsprechen der darstellung auf Toblers grundriss. Die unterscheidung in Helena- und kreuzfundkapelle erst beim anonym. bei Allat. 7 vgl. Tbl. Golg. 309 a. 1. und bei dieſem XXX + XII Stufen. Hier also ein früheres zeugnis als dieses vom j. 1400 etwa. — Ueber die clavi, corona und lancea vgl. Tbl. ao. 71 f.

¹³⁰) *in abſide* | S. d. einleit.

¹³¹) *adams* | So o. adanis zu lesen; doch scheint der deutsche genetiv den vorzug zu verdienen. Die sache selber betreffend, so wird der schädel Adams ſonſt nicht an dieſer ſtelle geſucht. s. Tbl. Golg. 293 ff., ſondern 50 fuſs davon. Der verfaſſer kennt deshalb scheint's die Adamskapelle nicht, die bereits bei Ephiphan. monach. a. 1180 vorkommt.

¹³²) *XIX gradibus* | Tbl. Golg. 258. Uebereinstimmend mit Epiph. m. wie mit den ſpäteren.

¹³³) *caluarie* | Tbl. ao. 255 ff.

¹³⁴) *ſciſſura* | Tbl. ao. 286 ff. Bemerkenswert iſt der zusatz, daſs der fels pre ceteris ſciſſa fuit und daſs das kreuz vix ſtare permansit, vor allem daſs er in der ſciſſura geſtanden habe, während Sæwulf dieſe daneben findet. Gumpenberg die entfernung beider auf 4½ ſpannen, Quareſmio auf 5 palmen, 8 unzen, Mandrell auf 3½ fuſs und Tobler auf 4½ fuſs anſchlägt vgl. letzteren in Golg. 265.

cruce patiebatur, petre fciffe funt et tenebre facte funt et monu-
menta | aperta funt. Et pre ceteris ifta petra, in qua fancta crux
ftabat, fciffa fuit, quod fancta crux vix ftare permanfit, quod ufque
in hunc diem clare cernitur. Indulgencie omnium peccatorum. Et
xriftus habuit capud inclinatum ad occidentem,[135]) ut confideraretur
in loco, ubi uirgo maria ftetit. Item ab hac petra defcendendo ad
IV paffus[136]) cernitur locus, ubi xriftus fcil. venerabile corpus fuum
mortuum fuit unctum[137]) et findone munda circumdatum, quando
fcil. de cruce fuit depofitum et ad fepulturam paratum. Et ibidem
eft magnus lapis marmoreus nigri coloris.[138]) Indulgencie omnium
peccatorum. et fuper hunc lapidem Nichodemus et Iofeph pofuerunt
corpus ihefu, quando illud de cruce fumpferunt. De ifto lapide itur
ad xxviii paffus[139]) et peruenitur ad capellam dominici fepulchri.
Et in hac capella[140]) ad x paffus[141]) procedendo cernitur vna parua
capellula tam parua, quod vix III homines[142]) fe vertere poffent in
ea. Et in illa eft verum fepulchrum xrifti, in quo verum corpus xrifti
fuit repofitum in die parafecues. Et huic venerabili fepulchro domini
lapis[143]) quidam magnus et tabularis eft fuppofitus, in quo celebrantur
diuina[144]) certis temporibus. Indulgencie omnium peccatorum. Item
de prefcripto lapide, inquo iacuit corpus xrifti mortuum ante cius
fepulturam ufque ad fepulchrum xrifti, in quo idem corpus xrifti fuit |

---

[135]) *ad occidentem* | Wie bei Mar. San. 3, 14, 8. Vgl. Tbl. no. 377 sowie unten s. 17 a. 152.

[136]) *VI paffus* | Tobler mass die südwesttreppe zu 18, die nordwesttreppe zu 13 fuss, letzteres mass ungefähr dem hier angegebenen entsprechend. Golg. 258 a.

[137]) *unctum* | Tbl. no. 344 ff.

[138]) *nigri coloris* | Tbl. Golg. 350: »im XIV. jh. war der stein der salbung schwarz«. Die belege aus Ludolf und Nicc. Frescobaldi; die variante des cod. Miltenberg. zu Ludolt setzt indess für niger das wort integer. Bemerkenswert ist wieder der einklang mit Alb. Sax. 2109: »ain langer fwartzer marbelstain«, bei dem nicht notwendiger weise, wie Tbl. will, einige rote flecken übersehen sein müssen, die Fabri, der zeitgenosse anführt. Kann doch eine gemeinsame quelle hier wie dort gedient haben.

[139]) *ad XXVIII paffus* | Stimmt genau mit der auf dem »grundriss« der grabeskirche i. Jerus.« (bl. IV zu Golg.) angegebenen entfernung.

[140]) *capella* | Unser autor weiss noch nichts von einer engelskapelle vor der grabeskapelle.

[141]) *ad X paffus* | Auch diese angabe trifft mit der Toblerschen zusammen.

[142]) *vix III homines* | Tbl. Golg. 175 a. 3.

[143]) *lapis* | Verf. weiss noch nichts, scheint's, von einer wegen der begehrlichkeit der Moslems gespaltenen platte.

[144]) *celebrantur diuina* | Tbl. Golg. 177 a. 2; auch Alb. Sax. 2109 spricht von der messe daselbst.

fepultum, funt xxxviii paffus.¹⁴⁵) Et iam dictus lapis pofitus eſt quafi in medio inter portam templi domini¹⁴⁶) et dominici fepulchri et habet illud fpacium inter templum et xrifti fepulchrum in latitudine xi paffus.¹⁴⁷) Sed de fepulchro domini tranfuerfatur ufque ad capellam beate marie, in qua iam funt xxviii paffus.¹⁴⁸) Et eſt fciendum, quod ante templum fuit quoddam preciofiffimum porticum tabulatum¹⁴⁹) fed modo a farracenis deftructum, ficut adhuc hodie videntur veſtigia tabulata. Et in medio huius portici tabulati cernitur hodie quidam lapis marmoreus.¹⁵⁰) Et eſt locus, in quo xriſtus prenimia fatigacione itineris fub cruce in eius eductione in terram corruit. Vbi eciam iudei iterum predictum fymonem cyreneum angariauerunt, ut tolleret crucem poft ibefum. Et funt ibidem iiii⁰ʳ capelle¹⁵¹) in predicto porticu tabulato iuxta ingreffum templi in

¹⁴⁵) *XXXVIII paſſus* | Die vorhergehenden XXVIII + X paſſus.
¹⁴⁶) *templi domini* | S. a. 26.
¹⁴⁷) *XI paſſus* | Mir unverſtändlich wie der ganze und der vorangegangene satz. Handelte es sich um einfache angabe der entfernung, so iſt allerdings der ſalbungsſtein 11 schritte vom grabkirchentor gelegen u. ebensoviel von der grabrotunde.
¹⁴⁸) *XXVIII paſſus* | Uebereinstimmend mit der angabe des Toblerschen grundriſses.
¹⁴⁹) *tabulatum* | Gemeint iſt offenbar der kirchenvorplatz, der a. 1187 von der »Citez de Jerusalem« als »une moult belle place pavee de marbre« geſchildert wird. Tbl. Golg. 31. Daſs der platz porticus genannt wird, entſpricht der »vorhalle« bei Edriſi (a. 1153) u. den vermutungen anderer bei Tbl. ao. 29 f. u. 2. — Die neutraliſierung des wortes porticus hat der ſchreiber zu verantworten.
¹⁵⁰) *lapis marmoreus* | Ludolf 82: ante ecclesiam versus occidentem est lapis, super quem Jesus baiulans crucem modicum quievit, dum prae tormentis et gravedine crucis in humanitate quasi defecit, et ibidem angariaverunt Judaei Simonem Cyrenensem de villa venientem, ut tolleret crucem.« Aehnlich läſst Sigoli Jesum »molto affaticato« an der stelle ruhen, u. Freſcobaldi gedenkt des steins, während bedeutsam für die mehrfach beobachtete verwandtſchaft zwiſchen unſerm autor u. dem herzog Albr. Sax. letzterer nicht nur den ſtein nennt, ſondern auch ſagt: »do Chriſtus under dem creutz nider ſangck« (unſer corruit) 2109. Von einem zweiten fall mit dem kreuze aber weiſs ſonſt niemand (Tbl. Golg. 242) u. noch viel weniger von einer zweiten preſſung Simons zum kreuztragen. Es ſcheint demnach, daſs bei unſerm verf. ſich die ältere annahme von der via doloroſa mit der ſpätern miſcht u. darum wol dieſes iterum des kreuztragens des Simon verſchuldet hat. Quareſmio beſtreitet zwar dieſen zweiten fall (II, 577), gleichwol ſpielt er u. ſogar noch ein dritter, letzterer unmittelbar vor der entkleidung u. kreuzigung, eine rolle bei den von den Minoriten zum erſatz für die pilgerfahrten im abendland in aufnahme gebrachten »kreuzwegen« (s. Herzog realencykl. XXI, 594 f.). Dagegen weiſs man von einem zweiten preſſen des Simon zum kreuztragen nur hier. vgl. note 31 u. Tbl. Golg. 31 f.
¹⁵¹) *IIIIʳ capelle* | Freſcob. u. Sigoli kennen, ſcheint es, dieſelben vier kapellen u. in der gleichen folge, wenigſtens als cap. ſt. Mariae et Joh. evang. u. als vierte cap. Mariae Magd. vgl. Tbl. Golg. 387 n. 3. Ebenſo gedenkt ihrer das pilgerb. des gr. v. Löwenſtein (reyßbch 211*): »Item, ein Capell der ſeligen Jungfrauen Maria, vnd S. Johannes deß Euangeliſten in der Gaſſen zum h. grab. Item, ein ander Capell der h. Engel. Item, die dritte Capell S. Johannes des

a dextris et vna a finiftris. Prima dicitur capella beate uirginis et
fancti iohannis ewangelifte [152]} et eft locus, ficut ipfi fub cruce
fteterunt ihefu, quia eft prope locum caluarie, quia locus caluarie
altior eft illo loco in eodem templo. 2a capella dicitur capella
angelorum.[153]) 3a dicitur capella Iohannis baptifte.[154]) 4a dicitur
capella marie magdalene.[155]) Altera die eadem hora peregrini de
templo emittuntur et de licencia farracenorum exgrediuntur, qui
prima die fuerunt ingreffi cum eis nominibus ac confilio numero
fcrutinio diligentiffimo defuper | facto a farracenis. Et ante egreffum
peregrinorum de templo prefcripti fratres minores folent peregrinis
folempnem miffam canere ac peregrinos fub eadem conmitare falutem
uolentes; quibus finitis peregrini egrediuntur templum modo et
forma quibus iam fupra. Premiffis omnibus deuotiffime uifis et
perluftratis folent peregrini fe trahsferre ad locum natiuitatis ihefu
xrifti fcil. bethlehem. Vnde de iherufalem ufque bethlehem funt
quinque miliaria huius terrae, Nobifcum [156]) vero effet vix vnum
miliare. Et in eadem via a iherufalem ufque bethleem verfus
meridiem in medio vie cernitur locus, ubi ftella [157]) magis apparuit
Iuxta ewangelium Mth. 2°: videntes ftellam magi gauifi funt gaudio
magno; et ulterius procedendo ad iactum lapidis a predicto loco

---

täufers. Item, noch ein Capell S. Marie Magdalene.« Tbl. ist diese Stelle ent-
gangen. — Die bezeichnung rechts u. links setzt wol das stellen mit dem ge-
sicht gegen das portal voraus u. bedeutet demnach ost u. west.

[152]) *cap. b. virginis et f. iohannis* | Tbl. Golg. 387 u. 3 u. 4 hält die kapelle
für diej. der Maria Aegyptiaca, was durchaus mit den bemerkungen Tuch. u.
Fabr. zu stimmen scheint, ebenda 379 a. b. Ob sich freilich damit das s. 16
der hs. gesagte vereinigen lässt, wonach Maria westlich vom kreuze stand,
während sie hier stark südwestlich gestellt stünde, ist eine andere sache. Eine
vermischung verschiedener überlieferungen mag auch hier angenommen werden
müssen.

[153]) *c angelorum* | Vermutlich die heutige engelskapelle der Kopten. Tbl.
Golg. 387.

[154]) *c. Johannis baptifte* | Ehemals wol die engelskapelle der Armenier. Tbl. ao.

[155]) *c. mar. magdalene* | Tbl. ao. 390: »Sie bildet gleichsam eine vor-
kapelle der Jakobskapelle [beim glockenturm s. Tbl. grdr. der grabeskirche
n. 65 u. 66] u. daher mag es auch kommen, dass die lat. pilger beyde kapellen
als eine beschrieben.«

[156]) *Nobifcum* | Da nach Tbl., Beth. 1 letzteres zwei leichte stunden fuss-
wegs von Jerusalem entfernt ist, so haben wir hier die deutsche meile als die
nunmehrige deutsche geogr. meile zu erkennen, die ¼ der römischen ist s.
a. 5 u. Raumer, Palaestina 21 a. 4.

[157]) *ftella* | Ob die stelle an dem dreikönigsbrunnen zu suchen ist, Tbl.
tpgr. II, 530 ff., steht dahin, da letzterer von dem folgenden Mar Elias 800 schritte
entfernt ist, während hier nur von steinwurfsweite geredet wird. Jedenfalls ist
von ihr schon bei Pipin die rede, ebenda s. 532.

uidetur locus natiuitatis helie[158]) prophete. Et ex oppofito huius uidetur locus, ubi patriarcha Jacob[159]) cum angelo luctabat. De poſt non longe a bethleem cernitur fepulchrum nathanahelis.[160]) Deinde peruenitur in bethlehem. Et circa[161]) opidum bethlehem ex vna parte eſt pulcherrima ecclefia[162]) beate uirgini dedicata.[163]) In qua degunt fratres minores[164]) canentes horas canonicos deuotiſſime die noctuque, qui eciam folent peregrinis oſtendere et declarare omnia loca facra ibidem exiſtencia cum folempni proceſſione,[165]) in qua eciam omnes peregrini cum incenfu candelis[166]) deuotiſſime incedunt de loco ad locum. | Et primo in ambitu uifitatur capella fancte katherine.[167]) Deinde in fumma ecclefia eſt vnum altare in loco, ubi ſtella[168]) permanſit oſtendens locum nati faluatoris. Et in eodem loco magi de equis ſteterunt[169]) et fe

---

[158]) *loc. nat. helie* | Aller wahrscheinlichkeit nach Mar Elias mitten auf dem weg zwischen Jerus. u. Beth. Tbl. no. 547 ff. Letzterer findet die überlieferung Elias sei hier geboren erst im XV. jh., hier wäre demnach ein früheres datum für diese.

[159]) *loc. ubi patr. Jacob etc.* | Gemeint ist wol Jacobs haus, Tbl. no. 637. Die naivetät, hierher den kampf an dem Jabok (jenseits des Jordans) zu verlegen scheint des verfassers eigentum zu sein, da sie sonst nicht begegnet. Alb. Sax. ist überhaupt der erste, der vom hause Jacobs redet s. 2109, nach ihm Tuch.

[160]) *fep. nathanahelis* | Nirgends sonst erwähnt.

[161]) *circa* | Möchte wol sonst nicht mehr vorkommen im mittelalterlichen latein in der bedeutung »bei«. Ueber die lage der kirche 200 schritte östlich vom orte Beth. vgl. Raum. 314.

[162]) *pulcherrima eccl.* | Ludolf 71: »in Bethlehem magna et pulcherrima stat ecclesia etc.«

[163]) *b. uirgini dedicata* | I. de Vitriac. c. 59: »ecclesia cathedralis in honore beatae virginis consecrata« vgl. Tbl. Beth. 78.

[164]) *fratres minores* | Tbl. no. 122 will die Franziskaner erst in der mitte des XV. jh. als herren der kirche finden.

[165]) *proceſſione* | Tbl. no. 211 sieht »die proceſſ« zuerst 1449 bei Gump. erwähnt u. 30 jahre später bei Tuch. beschrieben. Letztere aber stimmt in ihrem gange so wenig zu der hier erwähnten wie die noch späteren.

[166]) *candelis* | Tbl. no. 243, aber erst aus dem XVI. jh.; hier also ein soviel früheres vorkommen.

[167]) *c. f. katherine* | Tbl. no. 204 will die kirche erst aus dem XV. jh. bei Gump. bestimmt bezeugt finden. Sie wurde auch wol Nicolauskapelle genannt, ebenda 202, aber sehr fraglich, ob bereits in der bulle Gregor XI. v. j. 1375 (s. einl.), da die dort genannte Nicolauskapelle auch die ebenfalls diesen namen tragende milchgrotte, 25 minuten von Beth. östlich, sein kann (Tbl. no. 238 ff.) u. von Quaresmio II. 673 dafür gehalten wird; denn es heisst: »unum locum pro usu et habitatione fratrum tui ordinis prope capellam St. Nicolai juxta Bethlehem.« Ausserdem wird gewicht darauf zu legen sein, dass hier nur capella cath. gesagt ist.

[168]) *ſtella* | Tbl. no. 95.

[169]) *ſteterunt* | Deutlich das rheinfränk. abstehen, absteen = absteigen, wie es sich z. b. in weistum des fleckens Prüm u. Seffern (Grimm weisthümer III, 836. 37) zeigt, vielleicht auch das mittelniederd. afstān (Grimm no. 53) vgl. Schiller

ornantes[170]) xriſto regi munera obtulerunt. Et prope preſentem locum
eſt quedam ciſterna,[171]) apud quam deſcenditur per xvj gradus[172])
in locum ſubterraneum. Et ibidem preciſe ſub choro[173]) cernitur
quedam capella habens duo altaria.[174]) Primum altare ſtat in
loco preciſe, ubi xriſtus natus fuit. Indulgencie omnium peccatorum.
Secundum altare ſtat preciſe in loco, ubi poſitum fuerat pre-
ſepe domini, ubi uirgo maria xriſtum iheſum repoſuit et recli-
nauit. De iſto loco aſcenditur modicum et peruenitur ad locum,
in quo xriſtus fuit circumciſus[175]) octaua die; et ibidem folii modo
poſitum eſt altare quoddam. Item de ambitu huius eccleſie de-
ſcenditur xiij gradibus,[176]) ubi cernitur quedam capella ſancti
Iheronimi[177]) et ibidem fuit ſcola[178]) cius, ubi ipſo bibliam[179])

u. Lübben mittelniederd. wbch. 1, 388. Auch im mhd. vorkommend, aber nur
als simplex u. mit von verbunden: nibelungenl. 889 von dem rosse stan. vgl.
Benecke-Müller-Zarncke II, 2, 570ᵃ. Ueber das ältere mhd. s. Grimm d. w.
1, 128ᵇ. Tuch. (reyſsb. 351ᵃ): »u. stunden alle Bilgram un das Land ab«.

[170]) *ornantes* | Die stelle schon bei Frescobaldi u. Sigoli, nur dass letzterer
sie zum orte der beschneidung rückt. vgl. Tbl. no. 94 a. 6 u. 172.

[171]) *cisterna* | Ebenfalls schon bei Sigoli, vgl. Tbl. no. 95 a. 3.

[172]) *XVI gradus* | Dieselbe stufenzahl auch bei Gumpenberg, vgl. Tbl. no.
126 a. 1.

[173]) *preciſe sub choro* | Gleiche angaben bei Tbl. no. 125 a. 1.

[174]) *duo altaria* | Ich finde nirgends die einheit der kapelle mit zwei altären
so dargestellt wie hier, vgl. Tbl. no. 160 ff., zumal da der ort der krippe
tiefer als der der geburt Jesu lag u. man eigentlich nur von einer nebenkapelle
der geburtskapelle sprach, wenn man von der krippenkapelle redete. Bei
Mar. San. wird nur eine frühere einheit vermutet. Tbl. 127 a. 3.

[175]) *circumciſus* | Tbl. no. 92. Dass man zu diesem altar »modicum«
emporsteigt, entspricht auch dem bei Tbl. 127 a. 2 mitgeteilten. Dagegen
kommt nirgends meines wissens vor, dass der altar solii (so lese ich soll) modo
gestaltet gewesen sei.

[176]) *XIII gradibus* | Die treppe in die Hieronymuszelle bestand also in dieser
zeit schon, wonach Tbl. 185 zu berichtigen ist. Gumpenberg, Tucher, Tschudi
haben 18, Fabri 19, Alb. Sax. 24, Lochner 240: 19, lgr. Wilh. v. Thür. 116: 24
stufen, vgl. Tbl. no. 130.

[177]) *c. ſ. Iheronimi* | Tbl. no. 191 ff.

[178]) *ſcola* | Rufin. apol. II, v. 8: »... quod in monasterio positus in Bethleem,
ante non multo adhuc tempore, partes grammatices executus sit et Maronem
suum comicosque ac lyricos et historicos auctores, traditis sibi ad discendum
dei timorem puerulis exponebat«, vgl. Zoeckler, Hieronymus, sein leben u.
wirken. Goth. 1865. 156. Damit dürfte Tblrs. bemerkung (Beth. 224) nach
zwei seiten hin hinfällig geworden sein.

[179]) *bibliam* | »Biblia, ae o. auch als pl. kommt weder bei einem älteren
noch dem spätesten Lateiner vor — als pl. wäre es erträglich, als sing. aber
barbarisch, mögen es auch gelehrte theologen so gebraucht haben« Krebs,
Antibarbarus s. h. v. Du Cange-Hensch. I, 672ᵃ kennt das wort aus 3 stellen
(Thomas a Kemp. de init. Chr. I, 3. chron. Trivotum in spicil. Acher. tom. 8.
p. 577 u. diar. belli Hussitici bei Ludwig reliqu. mss. t. 6 p. 109). Acquoy,
weist es in nicht weniger als 10 stellen aus schriften der brüder vom gemein-
samen leben nach. Desgleichen finde ich das wort bei Jo. Gerson epist. altera

— 41 —

conſcripſit; ibidem eciam cernitur ſepulchrum[180]) eius. per hanc capellam tranſeundo peruenitur ad quandam ſpeluncam. In qua herodes Innocentes[181]) proiecit, quos ibidem mactauit. Item a retro iuxta eccleſiam prefatam ad iactum lapidis fuit ſepultus beatus euſtachius[182]) et ibidem quondam ſtetit pulcherrina eccleſia ſed modo a ſarracenis eſt euerſa. Item ab hoc loco ad tractum baliſte triplicem oſtenditur | et cernitur locus, ubi angelus paſtori- 20 bus[183]) apparuit dicens: Annuncio uobis gaudium magnum iuxta ewangelium luce 2°. Et ibidem pulcherrima ſtetit eccleſia ſed iam penitus deſtructa. Item de bethlehem ſolent peregrini ſe tranſferre ad montana in ciuitatem, quo dicitur zacharie,[184]) ubi uirgo maria beatam elizabeth cognatam uiſitauit iuxta ewangelium luce ij°: Exurgens maria etc. Et diſtat zacharia a bethlehem x miliaribus,[185]) a iheruſalem autem quinque miliaribus. Et ibidem beata uirgo ſalutauit elyzabeth et compoſuit ibi canticum ſuum ſcil. Magnificat.[186]) Item a preſenti loco ad uu^{er} curſus ſagitte uerſus iheruſalem ſtat quedam eccleſia et quoddam oratorium, in quo iam degunt ſarraceni. Et in eadem eccleſia eſt locus natiuitatis iohannis baptiſte.[187]) Et erat quondam domus zacharie in eodem loco. Et in eodem loco

---

de reform. theologiae (opp. ed. du Pin I, 122: »ſpreta Biblia et aliis Doctoribus«, u. in der abh. de libris bibliae canonicis et non canonicis, die der ausgabe des Lyra von Feurardentius etc. vorgedruckt iſt (vgl. Gieſeler kircheng. II, 3. 239 u. 268). Meines erachtens handelt es ſich bei dem worte nur um eine überſetzung aus dem deutſchen ins lat., die ebenſo bei den rom. ſprachen vorzuliegen ſcheint, welche unſerm »die bibel« entſpr. la bible etc. (vgl. Grimm d. w. s. v. bibel) haben. Schon im lohengrin 4271: biblie, bibel = buch vgl. Lexer mhd. wb. I, 263ᵃ, biblie = biblia ſacra bei den »deutſch. myſtikern des XIII. jh.'s herausg. v. Pfeiffer. Lpz. 1845.« I, 171 u. »die bibeln« im Renner 6213 vgl. Benecke-Müller-Zarncke I, 115ᵃ. Ebenſo im mittelniedd. »in der biblien« gl. zu Reinke Vos, s. Reinke de Vos v. Aug. Lübben, Oldenburg 1867. I, 12 (s. 34) Schill. u. Lübb. mittelniedd. wbch. I, 328ᵃ.

[180]) *ſepulchrum* | Die verbindung der ſchola mit dem ſepulchrum teilt der verf. mit Gumpenberg, vgl. Tbl. 192 u. 4.

[181]) *innocentes* | Tbl. 180 ff.

[182]) *euſtachius* | Soll ohne zweifel Euſtochium heiſsen vgl. Tbl. 197, n. 3. Mar. San. läſst auch einen ſteinwurf weit quaſi contra orientem eccleſia s. Paulae et Euſtochii ſein n. ebendaſelbſt ihre grabmäler; ebenſo der cod. vienn. 4578, 203ᵃ: »von der chirchen [unſerer Frau] eines ſtainwurſs gen dem orient iſt die chirch Sand Pauls vnd Euſtachium. Daſelb ſind auch ihr greber« s. Tbl. 200 u. 2. Ueber die lage des grabmals und der kirche iſt ſicheres nicht auszumachen s. Tbl. 239 u. 2.

[183]) *paſtoribus* | Tbl. 258 ff.

[184]) *zacharie* | Das heutige Mar Sakaria bei Ain Karim, Tbl. tpgr. II, 354 ff.

[185]) *miliaribus* | Dieſe entfernung wie die gleich folgende (quinque milliaria) trifft mit der von Tbl. tpgr. II, 345 u. 361 angegebenen zuſammen.

[186]) *Magnificat* | Tbl. tpgr. II, 363.

[187]) *l. nativ. iohannis bapt.* | Tbl. tpgr. II, 368 ff.

idem zacharias compofuit canticum fuum fcil. benedictus. Indulgencie omnium peccatorum. De ifto loco eundo uerfus iherufalem ad dexterum latus cernitur quedam turris et in eodem loco ftetit domus fimeonis facerdotis,[158]) qui ihefum in templum prefentatum in vlnas fumpfit. Deinde verfus iherufalem tendendo cernitur locus, ubi fancta crux[159]) creuit; ibidem enim quondam pulcherrima ftetit ecclefia iam penitus a farracenis deftructa. et fic peregrini de prefcriptis facris locis reuertuntur | in iherufalem et faciunt fe denuo in templum recludere perluftrantes et confpicientes iterum omnia loca facra ufque in alium diem, ut fupra declaratum eft. Deinde folent fe peregrini transferre ad partem[160]) iordanis ibidem eciam omnia loca facra uifitando humiliter et deuotiffime. et primo peruenitur in vna parte ad mare rubrum.[161]) Et de mari rubro progreditur ad defertum,[162]) in quo xriftus pro nobis xl^u [163]) diebus et noctibus ieiunauit. Et ibidem cernitur mons, fuper quem dyabolus xriftum duxit oftendens ei omnia regna mundi etc. Iuxta ewangelium Mth. iiii fcil.: ductus eft ihefus in defertum. Et in vertice eiufdem

---

[158]) *dom. fimeonis facerd.* | Tbl. 892 ff. Vermutlich nicht der heutige Simeonsturm, sondern das näher bei Ain Karim bezeichnete haus. Tschudi: »von St. Johannes ... gegen Jerusalem östlich od. rechts .. das haus Simeon«, ao. 885 s. 2.

[159]) *fancta crux* | Das kloster des h. kreuzes, Tbl. 726 ff. Von einer zerstörung desselben wird nicht berichtet; sie muss zwischen 1336 u. 1384 fallen, in welcher zeit ein besitzwechsel zwischen den Georgiern u. Armeniern gemeldet wird, ebend. 737.

[160]) *ad partem* | »Pars pro regione, quomodo dicimus partie hac notione.« Du Cange-Henschel. V, 106^b.

[161]) *ad mare rubrum* | Aller wahrscheinlichkeit nach das latinisierte »Chan elàhmar« (roter chan), so dass die letzte silbe des letzten worts zum »mare« herhalten musste, das rubrum aber in Chan el (kanèl = roter zimmet etwa gar?) o. in der eisenschüssigen umgebung des orts gefunden wurde; das heutige Chan Chadhrur, das auch Kaláat ed-Domen o. blutschloss hiess u. in dieser benennung sicher wiedergegeben ist in dem »roten toumm« Pfinzings (154), sodass die verbesserung in trumm = ackerbeet ebd. nötig erscheint, obwol die stätte auch das »rote feld« heisst o. terra rossa, terra ruffa vgl. Tbl. tpgr. II. 508 f. Pfinz. mochte wol verleitet vom anblick des noch von Fabr. II, 33 gesehenen kuppeldachs bei dem fremden wort an das heimische döm erinnert werden. Sein zeitgenosse Lochner hat freilich »roter brunnen« (245) u. das würde unserem mare rubrum näher liegen, wenn man bei letzterem das »eherne meer« im tempel Salomons zu hilfe nimmt u. gleichzeitig in überlegung zieht, dass hier Om Häsräs (Tbl. ao. 763) gemeint sein könne, das öfters mit Chan el-Chadhrur verwechselt worden ist u. eine ungeheure cisterne (Tbl. ao. rechnet an einer stelle 200 schritte) besitzt. Völlige sicherheit in der feststellung des orts wird kaum möglich sein, wie dies bereits Tbl. ao. für seine zwecke dargetan hat, zumal wenn hier noch in betracht gezogen werden soll das alte Adummim Jos. 5, 7 u. 18, 17, über welches ausser Tbl. ao. noch zu vgl. ist Raum. 169 Winer realwbch. I. 24. Lightfoot hor. hebr. zu Luc. 10, 30 u. Marti in d. ztsch. d. deutsch. Palaestinavereins III, 26.

[162]) *ad defertum* | Tbl. dnkbl. 703 ff. auch hier die von Tbl. besprochene unterscheidung zwischen wüste u. berg.

[163]) *XL^u* | Schreibfehler für XL^a.

montis eſt quedam capella.¹⁹⁴) quam peregrini folent uiſitare. Et
in eodem deferto degunt Arabite¹⁹⁵) in arcubus¹⁹⁵ᵃ) optimi fagit-
tarii; qui non aduertunt foldanum¹⁹⁵ᵇ) nec habent fidem neque legem
fed miferabilem modum¹⁹⁶) nullam verecundiam habentes femoralia
non tegentes.¹⁹⁶ᵃ) Deinde peruenitur ad iordanem, in quo xriſtus
baptizatus¹⁹⁷) eſt. Et folent peregrini ibidem balneari et fe lauare.¹⁹⁸)
Quibus factis et expeditis reuertuntur a iordane per aliam viam.
In qua cernitur defertum, in quo beatus iohannis baptiſte¹⁹⁹) mora-
batur²⁰⁰) ex vna parte iordanis. In eadem via eſt quoddam clauſtrum
ordinis ſti Iohannis baptiſte.²⁰¹) Ibidem eciam uidetur defertum,
in quo maria egiptiaca²⁰²) penitenciam egit. Similiter beatus ihero-

¹⁹⁴) *capella* | Tbl. dnkbl. 715 läsſt zwar nach Boldensele die kapelle im
XIV. jh. zerſtört sein, aber Ludolf 87 sagt ausdrücklich: »in huius montis cacu-
mine pulchra ecclesia est sita.« Bemerkt nun gleich der letztere in der vorrede
zu seiner schrift: »nullus credat me omnia et singula quae inserere propono
oculis vidisse«, so darf doch das zeugniss hier auch in die wagschale fallen.

¹⁹⁵) *Arabite* | Wol dieselben, die Maundeville u. Fabri Madianiten nennen.
Ludolf Baldewini. Ersterer kennt sie nur als schild- u. speerträger, s. Ritter.
erdkunde XIV, 3, 887 ff., Rauchwolff (reyßbuch 303) dagegen behauptet: »die
Araber . . . seind sehr gewiss mit bogenschiessen u. spiessen, die von röhren ge-
macht, zu werffen«.

¹⁹⁵ᵃ) *arcubus* | Im orig. arte, was keinen sinn gibt. Ludolf 69: arcubus utuntur.

¹⁹⁵ᵇ) *soldanum* | Ludolf 69: hi etiam Badewini Soldanum penitus non curant.

¹⁹⁶) *modum* | »Modus mos, ritus, usus«, du Cange-Henschel IV, 462ᵃ.

¹⁹⁶ᵃ) *fem. non tegentes* | Rauchwolff: »nach dem wir aber sehen, dass sie gar
bloß, hungerich, vnd in jhrer gestalt vnsern zigeunern gantz gleichförmig waren,
haben wir jhnen gar nicht getrauwet, sondern die gantze nacht fleissig gewachet!«
reyßbuch 296ᵇ.

¹⁹⁷) *baptizatus* | Tbl. tpgr. II, 688 ff.

¹⁹⁸) *lauare* | Tbl. ao. 634 ff. Pipin od. Tbl. 402. (72ᵃ).

¹⁹⁹) *baptiſte* | Verschrieben für baptista.

²⁰⁰) *morabatur* | Dieser aufenthaltsort des täufers ist also deutlich unter-
schieden von der sog. Johanneswüste bei Ain-Karim. vgl. Tbl. ao. 393.

²⁰¹) *clauſtrum ord. f. Joh. bapt.* | Ordinis ist wol nur durch gedankenlosig-
keit des abschreibers in den text gekommen; wie die nochmalige erwähnung
des klosters im folgenden zu zeigen erscheint. Ueber das kloster vgl. Tbl. ao.
684 ff. u. 708 ff.

²⁰²) *Maria egiptiaca* | Nach des Sophronius vita s. Mar. Aegyptiacae in
Roswevdi vitae patrum. Antverp. 1615. 388 lebte die büsserin jenseits des
Jordan, als sie der palaest. mönch Zosimas fand, vgl. Tbl. ao. 709. Pipin schreibt
deshalb (ed. Tbl. 407): »in ecclesia Beati iohannis Baptiste . . . vbi maria egyptiaca
recepit sacra misteria et postea jordane transito iniit in desertum. Dass diese
heilige dieselbe person mit Pelagia sei, scheint schon daraus hervorzugehen, dass
nicht nur die gräber beider nebeneinander auf dem Oelberg gezeigt werden,
während M. Aegypt. nach ihrem biographen Sophronius jenseits des Jordan be-
graben sein soll, sondern dass auch die arab. überlieferung das grab der Pelagia
beharrlich das grab der Rabahet Bent Hassan el Masri d. i. der Rabahet tochter
Hassans aus Kairo nennt; welchen namen der jesuit Nau in der variation Rabehhet
eldoulé bei dem ihm gezeigten grabe der Mar. Aegypt. hörte u. ohne weiteres
dem der Pelagia entsprechend fand, vgl. Tbl. Sil. 126 n. 133. Wie sehr aber
die gleiche heilige dem oben n. 77 namhaft gemachten heidnischen urbilde der

nimus²⁰²) ibidem in quodam clauſtro deguit. Sed modo nullum veſtigium apparet(t). | Item de predicto clauſtro ſancti iohannis baptiſte peruenitur in ihericho,²⁰⁴) ubi zachaeus xriſtum ſuſcepit Iuxta ewangelium luce xıx°: Ingreſſus iheſus perambulabat etc. Ibidem eciam xriſtus quendam cecum²⁰⁵) illuminauit juxta ewangelium.

De Ihericho peruenitur ad bethaniam et ibidem ſolent peregrini ſimiliter quo ſupra uiſitare et cernere ſacra loca ibidem exiſtentia. Et primo uiſitant domum marie magdalene,²⁰⁵ᵃ) ubi quondam pulcherrima ſtetit eccleſia ſed iam pro maxima parte deſtructa. Deinde cernitur quidam locus, in quo domus martho²⁰⁶) dicitur ſtetiſſe. Et hec due domus ſteterunt verſus meridiem²⁰⁷) ex vna parte caſtelli ſiue ville bethanie. Item in bethania ſtat quedam eccleſia, in qua cernitur ſepulchrum lazari.²⁰⁸) In quo idem quatriduarius ſetebat.²⁰⁹) Item ab eodem ſepulchro et in eadem eccleſia ad xıııı paſſus aſcendendo vı gradus videtur locus, ubi xriſtus ſtetit,²¹⁰) quando lazarum clamando refuſcitauit dicens: Lazare tibi dico ſurge ut habetur in ewangelio Ioh. xı. Item de hac eccleſia ad tractum baliſte cernitur locus, ubi ſtetit domus ſymonis leproſi,²¹¹) in qua

---

Pelagia nahe kommt, das will sich mir aus den langen kopfhaaren ergeben, aus denen die legende ihre kleidung in der wüste beſtehen läſst, als die in die wüſte mitgebrachte vor alter unbrauchbar geworden war. Die langen haare sind nämlich das abzeichen jenes buhlenden u. mordenden geſpenſterweibes des jüd. volksglaubens, der Lilith, in der Grünbaum, »beiträge zur vergl. mythologie aus der Hagada« in der ztsch. d. d. morgl. ges. 33, 250 f. die degradierte göttin Aphrodite ſicht u. deren einheit mit der Bilqis G. Röſch in seiner ſchönen ſtudie über »die königin von Saba als königin Bilqis« Leipz. 1880. überzeugend darthut.

²⁰³) *b. iheronimus* | Kann das Hieronymuskloſter ſüdöſtlich von Riha nicht sein, da dies ſpuren bis in dieses jh. hinterlaſsen hat, Tbl. 972 ff. Möglich, daſs es, wie Fabri berichtet, bei Beth-Hagla lag, ebenda 975 vgl. Marti, ztsch. d. deut. Palaest.ver.'s III, 14.

²⁰⁴) *ihericho* | Es darf nicht auffallen, daſs der verf. hier keine h. orte namhaft macht; da es schon bei Pipin 72ᵃ (ed. Tbl. 402) heiſst: Item fui in Jericho ubi nunc vix XX sunt domunculae, sed ubi fuerat domus Raab et domus Zachei a Chriſtianis proprie ignorantur; vgl. Tbl. tpgr. II, 656.

²⁰⁵) *cecum* | Tbl. 658. (Mrc. 10, 46—52. Lc. 18, 35—43; von zwei blinden handelt Mtth. 20, 29—34).

²⁰⁵ᵃ) *dom. mar-magdalena* | Tbl. 438 ff. Von einer geweſenen kirche wird erſt im XVI. jh. berichtet, ebenda 440 a. 5.

²⁰⁶) *domus marthe* | Tbl. 441 ff.

²⁰⁷) *verſus meridiem* | Ich sehe ſonſt nur den oſten genannt; vgl. Tbl. 439 ff.

²⁰⁸) *ſepulchrum lazari* | Auch bei Ludolf 87 erwähnt, vgl. Tbl. 436.

²⁰⁹) *ſetebat* | So für ſedebat? jacebat?

²¹⁰) *ubi xriſtus ſtetit* | Tbl. 456, a. 7. Nirgends ſonſt findet sich die angabe, daſs die bezeichnete ſtelle 6 ſtufen höher als das grab liegt.

²¹¹) *dom. ſymonis leproſi* | S. 4 d. hs. u. a. 36. Ueber die geſchichte ſelber vgl. die verſchiedenen leben Jeſu, über die verwechſelung des leproſus mit dem

maria magdalena pedes domini lacrimis rigauit et capillis exterfit
Iuxta ewangelium luce vii: Rogabat ihefum quidam pharifeus. Item
de bethania folent peregrini iterum reuerti in iherufalem. Et eft
fciendum, quod in iherufalem in templo domini, de quo iam fupra,
funt feptem nationes[212]) et vii fecte | Canentes horas fuas die
noctuque fcilicet. Crifliani,[213]) ut funt fratres minores, Secundi funt
Armenii,[214]) Tertii Greci.[215]) Quarti Indei.[216]) Quinti Iordiani.[217])
Sexti Iacobite.[218]) Septimi funt Anabite.[219])

Item in receffu folent fe peregini prefentare ad templum et
ibidem iterum [220]) condicionibus fupra expreffis includi et omnia
loca facra iterum fpeculari, ut fic ibidem omnia uifa et perluftrata
valeant memorijs fuis iugiter commendare. Et ea in partibus
tranfmarinis fuis dilectis enarrare. Vltimo peregrini deo fe deuote
conmittentes et templo cum omnibus facris locis valedicentes, Iter
repatriandi arripientes Primo veniunt in rama, De rama In Iaphet,
de Iaphet ulterius ad portum maris fcil. falinia.[221]) Intrantes nauigi-
um Et nauigantes in nomine domini de loco ad locum de portu ad

pharisäer Simon Tbl. ao. 460. Die angabe über die entfernung des Hauses Symons
von der Lazaruskirche weicht scheint's von sämmtlichen bekannten andern ab.

[212]) *septem nationes* | Vielleicht symbolische zahl. Auch Tucher (reyßbuch 355 ª)
sagt: »es sind sibenerley Glauben der Christen im Tempel« (1. Barfüsser, 2. Griechen,
3. Jörsy od. Georgiter, 4. Jacobiter, 5. Indianer, 6. Surianer, 7. Erminier).
Boldensele (Grotefend 264) dagegen: »sunt ibi Graeci, Syriani, Nestorini, Jacobitae,
Christiani, Cructurani [Canisius: Jacobitae, Christiani, Decentuani], Nubiani,
Aethiopes, Indici, Presbyteri, Johannis fidem tenentes et Georgiani.« vgl. Tbl.
dnkbl. 346 f. Thietmar 51 nennt: Latini, Greci, Suriani, Jacobite, Georgiani
Armenii, Nestoriani XXVIII, 3—17.

[213]) *Criftiani* | S. a. 12ª.

[214]) *Armenii* | Tbl. denkbl. 335.

[215]) *Greci* | Tbl. ao. 334 f.

[216]) *Indei* | Abyssinier, Tbl. ao. 337 f. u. 347.

[217]) *Jordiani* | Georgier (Gordiani), Tbl. ao. 338 ff.

[218]) *Jacobite* | Kopten vgl. Trommler, abbildung der jacobitischen od. kop-
tischen kirche. Jena 1744. 3. Indess werden die Syrier auch zuweilen Jacobiten
genannt vgl. Tbl. dnkbl. 336 f. Isti descenderunt de Egypto, et dicunt se esse
de genere Pharaonis. Thietm. XXVIII, 9. 10.

[219]) *Anabite* | Wol verschrieben für Arabite u. unter diesen vermutlich die
arabischen Nestorianer gemeint. vgl. Tbl. ao. 340.

[220]) *iterum* | Nach entrichtung des tributs durfte man dreimal die grab-
kirche besuchen. Tbl. Golg. 407.

[221]) *falinia* | S. a. 4. Dass dem verf. die meerfahrt erst von Salinia als
eigentlichem portus maris beginnt, mag daher kommen, dass man von dort aus
in leichten fahrzeugen nach Joppe fuhr, während man den weg von Venedig
nach Cypern in grösseren schiffen zurücklegte. Dazu mochte damals auch der
andere umstand beitragen, dass Joppe noch unzugänglicher gemacht war, als
es sich schon von natur befand; denn Ludolf 58 schreibt: » ad hanc civitatem
[Japhe] quondam fuit peregrinorum communis transitus; sed Soldanus modicum

portum de infula ad infulam; de quibus amplius enarrare non eft neceffitatis, ob hoc omnia pretermifi. Sic cum deo duce regrediuntur in regionem fuam laudantes dominum ihefum xpriftum, qui eft benedictus in fecula feculorum. Amen.

Item mirrea [222]) eft quoddam opidulum fitum iuxta mare in thurci terra et in pede montis, quia iuxta ipfam est terra montofa ex vna et ex alia parte habens mare. In ifto opidulo beatus Nicolaus [223]) fuit episcopus.

Item Rhodis eft pulcherrima fita in littore maris, ibidem degunt templarij [224]) habentes in ea fortiffimum caftrum. Ibidem oftenditur peregrinis pretiofum fanctuarium [225]) fcilicet fruftum fancte crucis. [226]) Item vna fpina [227]) de corona domini et dixit magifter ordinis, quod eadem fpina fingulis annis in die parafceues a mane ufque ad meridiem floreret ac albos flores produceret uifibiliter, ficut fpine faciunt nobifcum in tempore floris, fed poft meridiem tale non uidetur; dixerunt eciam plures ignobiles fe hoc uidiffe.

---

ante tempus meum metu regis Francine eius portum fecit devastare.« vgl. Tbl. tpgr. II, 587.

[222]) *mirrea* | Das heutige Myra. Boldensele (ed. Grotefend 241) hat im texte Myra, in der hs. dagegen Mirea (Canisius: Myrrhaea); ebenso Ludolf 26 Mirrea vgl. pilgerfahrt d. Herz. Friedr. II. v. Liegnitz, Ztschr. d. deut. Palaest.ver.'s II, 124; Mirrhia.

[223]) *Nicolaus* | Ludolf 26: de Pathera navigatur et pervenitur in aliam civitatem quondam etiam nobilissimam, sed nunc destructam, nomine Mirrea, in qua gloriosus pontifex Nicolaus in episcopum mirifice est electus, qui totam patriam illam (Patheram) quam plurimis virtutibus et miraculis illustravit.

[224]) *templarii* | S. die einleitung.

[225]) *fanctuarium* | »sanctorum reliquiae seu potius theca reliquiarum«, du Cange-Henschel VI, 57c, das deutsche »heiltum« (mhd. heiltuom) in gleicher bedeutung vgl. Grimm d. w. IV, 2, 851. Ludolf 29: Haec crux et aliae reliquiae venerandae, quas habent fratres s. Joannis, quondam fuerunt templariorum, quorum etiam iidem fratres habent omnia bona et castra.

[226]) *frustum s. crucis* | Bei Breydenbach (reyßb. 55b): »item, ein groß stück von dem heiligen Creutz«.

[227]) *fpina de corona dom.* | Fabri (reyßb. 126b): »Da sahen wir ein Dorn von der dornen Kron, Christi, der alle jar an dem heiligen Karfreitag grünet vnd bluet.« Gump. (ebd. 237a): »deßgleichen einn Dorn auß der Kron die jm in sein heyliges Haupt gedruckt war, der ist forn rötlecht.« Ebenso Tucher ib. 252a. Dagegen Breydenbach: »Item, zu Rodyß sein zween der Dorn von der Kron Jesu Christi, vnd ist der eine im Schloß wol verschlossen, davon sagt man daß er allweg am Karfreitag blüht.« Hier demnach eine ausschmückung der tradition, die, wie uns hr. oberlehrer dr. Röhricht bestätigt, nirgends sonst gefunden wird.

Eſt omnis ſpina recondita in quadam monſtrantia et uidetur per criſtallum ſuum buccellum.[228]) Ibidem eciam oſtenditur vnus ex de [nariis] triginta,[229]) pro quibus xpriſtus a iuda vendebatur, et eſt argenteus[230]) ſpiſſus[231]) in forma ſicut antiqui thuroni franckſſurtenſes].[232])

Item ibidem eciam habetur dextrum brachium ſancti georij.[233]) Similiter brachium ſancti ſtephani.[234]) Caput beate eufemie,[235]) brachium ſancti anthonij.[236]) Item ſcutella terrea[237]) ſiue lutea, ut apparet, et erat beate marthe habens circulum tamquam caldare.[238]) De hac ſcutella dominus legitur ſepius bibiſſe cum martha.

Item murus[239]) ciuitatis Rhodiß habet in ſpiſſitudine xvi pedes uiriles. Item tam late, quod duo currus poſſunt collateraliter incedere. Item in predicto muro iuxta mare ex vna parte ſtant xii molendina ventilabra.[240])

[228]) *buccellum* | Deminutiv von buttis, butta, buza, cupa, dolium, vinarium, du Cange-Hensch. I. 825 gr. βοῦττις, βυττις flaſche, ags. butte, nhd. bütte, Diez. etym. wbch. I, 79.

[229]) *verus ex de triginta* | de ist jedenfalls abkürzung für denariis. Breidenbach: »es ist auch da der Pfenning einer darvmb Christus der HErr verkaufft ist worden.« Fabr., Gump., Tuch. ao.

[230]) *argenteus* | Mtth. 26, 15 nach der Vulg.

[231]) *ſpiſſus* | Uebersetzung von dick u. ersatz für grossus, ein zeichen, dass das mhd. u. mnd. noch keinen unterschied zwischen dick n. dicht kennen, also die von Weig. deutsch. wbch. I, 322 mit fragezeichen versehene form dihte so wenig existiert als das dihte bei Ben. Müll. Zarn. mhd. wb. I, 329 u. gar das dichte bei Grimm d. w. II, 1055. Beweis hierfür ist nicht nur das nachher gebrauchte wort ſpiſſituto = dicke, sondern auch dass der vocab. ex quo v. 1498 ſpissus u. densus einfach mit dick übersetzt u. was ebenfalls noch nicht beobachtet scheint, Frisius dictionarium latinogerm. v. 1556 crassus, densus u. spissus gleichmässig mit dick überträgt. — Wir haben bei dem worte übrigens an keine dicke münze in unserem sinne zu denken, sondern nur an den gegensatz der bracteaten.

[232]) *thuroni frankf.* | S. die einl.

[233]) *dextr. brachium ſ. georij* | Dasselbe bei Breyd. u. Gump. ao.

[234]) *brach. ſ. ſtephani* | Ebenso bei Fabr., Breyd. u. Gump.

[235]) *Caput b. eufemie* | Desselben gedenkt Breyd.

[236]) *brachium ſ. anthonig* | Wird scheint es nur hier erwähnt.

[237]) *ſcutella terrea* | Einzig hier vorkommend. Nur bei Gump. finde ich einen anklang, in der »Schüssel, da vnser HERR Jesus mit seinen Jüngern am Abendessen auß gessen hat«.

[238]) *caldare* | Vas ex aere caldario seu fusili confectum, du Cange-Henschel II. 28c. »Item uerum caldare ad aquam benedictam« in dem verzeichnis der clenodia que habuit eccl. Mogunt. a. 1319. Wurdtwein, diplomat. Magunt. II. 139.

[239]) *murus* | Eine ähnliche, nur nicht ins einzelne wie hier gehende beschreibung bei Tuch. u. Breyd. ao.

[240]) *molend. ventilabra* | Breyd. kennt »dreytzehn Thürn mit Windtmühlen«, während Tuch. deren nur »zwölff« hat.

Item Madinj²⁴¹) eſt ciuitas regni monea.²⁴²) ibidem crefcunt botri habentes vuas in quantitate capitis hominis. Item Madini eſt fita in medio vie inter japhet et veneciam.

Item in mare in quadam infula cernitur quedam capella, que dicitur marie cafoph.²⁴³) In eadem ecclefia fuiſſe quedam lampas, que in anno niſi femel replebatur oleo et incendebatur, et fic per totum annum diligenter et complete ardebat ufque in diem aſſumpcionis marie uirginis; tunc iterum replebatur et fic deinceps. Et omnes peregrini venientes ad hanc ecclefiam baculos in lampadem tingebant oleum fic haurientes. Nec ex hoc lampas defecit oleo cernitur enim lampas adhuc hodie. Item ibidem eſt eciam ficus²⁴⁴) quedam, cuius lignum optime valet contra febres.

²⁴¹) *Madinij* | Tuch. (reyßb. 351): »Modon iſt eine feſte Statt in Morea gelegen« u. zwar an der ſüdweſtſpitze, an einem »Eck deß Lands Achaia« (Breyd. 118 a). Da nach Breyd. dort Malvaſier wächſt, ſo iſt der bericht von den groſſen trauben durchaus richtig. Dieſelben werden oft 3 bis 5 pfund ſchwer, vgl. Metzger, der rhein. weinbau. Heidelb. 1827. 12.

²⁴²) *Monea* | Soll heiſſen Morea.

²⁴³) *cap. que d. marie casoph* | Die kirche der h. jungfrau von Kaſſiopo auf Corfu bei den trümmern der alten ſtadt Kaſſiopeia. Bemerkenswert iſt, daſſ hier die wunderlampe der vergangenheit angehört. Lochner (Geisheim 211) ſagt: »die haben etwann [ehemals] Heilige leut ſehen brennen . . . aber wir könten ſein nicht geſehen«. Weiteres ſ. cöln. it. a. 100.

²⁴⁴) *ficus* | Von dieſem feigenbaum findet ſich nur noch niederrh. pilgrſchr. s. 15 berichtet.

NIEDERRHEINISCHE PILGERSCHRIFT
DES XV. JAHRHUNDERTS.

Gleich der vom »pilgerführer« ist die kunde von der niederrhein. pilgerschrift, wie wir mangels eines eignen titels die hiernach zu veröffentlichende nennen zu sollen meinen, eine sehr junge und vielleicht sogar, wenn wir das wesen dieser nur dem tage und nicht einmal dem ganzen, sondern einem äusserst bescheidenen bruchteil desselben dienenden schriftgattung in betracht ziehen, die erste überhaupt, der dieser name zukommt. Wir verdanken sie dem gelehrten Gutenbergforscher, dr. A. van der Linde. Derselbe hatte die unbegehrte gunst die handschrift unseres pilgerbuches unter der auf seiner suche nach neuen mainzer quellen für die geschichte des grossen erfinders gewonnenen ausbeute zu entdecken und gab hiervon bei besprechung des im gleichen sammelbande mit unserer pilgerschrift »neu entdeckten exemplars [des wiegendrucks] der facecie des Lorenzo Valla« zunächst in der niederländ. zeitschrift »bibliogr. adversaria«. Haag 1878. IV, 16 ff und hierauf in »Gutenberg, geschichte und erdichtung aus den quellen nachgewiesen«. Stuttg. 1878. 103 anm. nachricht, wie er denn auch darnach durch gütige briefliche mitteilung an den schreiber dieses die mittelbare veranlassung zur nachstehenden veröffentlichung seines fundes und zum bericht über denselben bei Röhricht und Meisner, deutsche pilgerreisen nach dem heiligen lande. Berlin 1880. 573 ward.

Da indes sein fund nicht bloss äusserlich mit dem erwähnten sammelband zusammenhängt, so empfiehlt es sich diesem unsere nächste aufmerksamkeit zu schenken. Sein äusseres bietet wenig bemerkenswertes dar. Der mit holzdeckeln von dunkelbraunem lederüberzug hergestellte einband, der mit ausnahme des rückens und der, wie es nach den vorhandenen einschnitten in der mitte des vorderrandes der beiden deckel scheint, wenigstens an beiden enden metallenen schliesse noch wohlerhalten ist, erweist sich als erzeugnis des XV. jhs. Vom format und papier des »pilgerführers«, nur dreimal so dick als dieser, hat er auch die gleiche lagenweise heftung desselben, doch ist er paginiert und zwar derart, dass in der unteren rechten ecke der vorderseite des blattes jeden heftes bis in die mitte des letzteren der entsprechende grosse oder kleine buchstabe des alphabets (m ist der letzte desselben) mit der fortlaufenden arabischen zahl (gewöhnlich bis zu 6) verzeichnet steht, während die andere hälfte des hefts unbezeichnet blieb.

Um so bedeutsamer und für unsere pilgerschrift wichtig erweist sich sein inhalt, wie seine geschichte. Was zuerst den inhalt angeht, so bietet derselbe das folgende bunte allerlei, dessen aufeinanderfolge sich überdies nur von der räumlichen grösse bestimmt zeigt.

1) Des Stephanus Fliscus de Soncino varietates sententiarum s. sinonima, die ein drittel des ganzen bandes ausmachend selber wieder in die fünf teile zerfallen: a. sententiarum varietates convenientes exordio orationis ut epistole; b. prohemium pro sinonimis: diuisionum; c. confirmacionum; d. confutationum; e. conclusionum. Da dieselben bereits 1479 zu Rom u. 1480 in Mailand, Turin, Venedig und Zwoll gedruckt erschienen,[1]) so ist ihre handschriftliche form um so älter. Wird doch auch der verf. schon ums jahr 1463 als rector gymnasii epidaurii erwähnt.[2]) Gleichwol geben sie sich als deutsche genau gesprochen oberdeutsche bearbeitung dadurch zu erkennen, dass das thema jeder variationengruppe deutsch voransteht. Abgeschrieben wurden sie vermutlich in vorliegender gestalt zur pfingstzeit; denn das erste blatt trägt als federprobe des schreibers neben einem »Ju lyden fro« und dem namen »Steph. Fliscus« die pfingstsequenz »veni sancte spiritus«, einmal ganz und dreimal deren anfang.

2) Die lat. auslegung zu des Albertus Magnus lib. de generatione, von fingerdicke und vollendet nach des schreibers bericht am ende in der vierten stunde des 14. juni 1443; — nicht unwahrscheinlich das werk eines kölnischen prof. der philosophie und wenn auch nicht in der vorliegenden gestalt ein collegienheft, da nach Celtes erzählung[3]) die phil. studien in Köln auf die physik aus Albert und Thomas, den beiden berühmtesten ehemaligen angehörigen der universität, beschränkt waren. Studentischer gebrauch der schrift könnte dadurch angezeigt erscheinen,

---

[1]) Grässe, lehrb. II, 2, b, 741.
[2]) Grässe no.
[3]) Vgl. Ullmann, reformatoren vor der reformation. Gotha 1866. II, 254.

dass zu oberst unter den weiter unten zu besprechenden versen auf der rückseite ihres ersten blattes zu lesen ist:

> Clerice dicticam lateri ne dempseris umquam,
> Vt quod audieris in eam depingere possis.[4])

3) Unsere pilgerschrift.

4) Medicinische recepte auf 16 blättern im ganzen von verschiedenen händen zum schutze gegen alle möglichen übel, vorzugsweise gegen solche auf der reise und, wie eines zeigt: contra morsum scorpionis uel vipe, auf der reise im orient. Man bemerkt an einigen zum ehemaligen umschlag bestimmt gewesenen blättern, wie an der bruchspur in der mitte, dass sie in losem zustand auf der reise gebraucht sein mögen; deutliche zeichen ehemaliger durchnässung schliessen sogar die seereise nicht aus. Beides, wie auch der umstand, dass sie unmittelbar der pilgerschrift folgen und genau der beschreibung bei Fabr. I, 143: »communiter enim medici suadent, ut caveant a fructibus, a potu aquae, ab aere marino, a piscibus; et contra calorem haec conferunt, et contra frigora illa ministrant: contra sitim et contra constipationem, et contra ventris nimiam laxationem diversa remedia tribuunt: et contra vertiginem et ad promovendum appetitum, et contra venena: et alia multa dant et suadent navigare volentibus« — entsprechen, veranlasst uns das erste derselben als erste längere probe der so oft in den pilgerschriften erwähnten medicinischen vorschriften[5]) im anhang zum abdruck zu bringen.

5) »Ex libro dicto vademecum in tribulacione quod frater Johannes de Rupescissa compilauit ordinis minorum« auf vier blättern, ein auszug aus dem bezeichneten buch, das im j. 1356 die erscheinung des antichrists, die erneuerung der kirche nach der flucht der »curia romana de hac peccatrice Avenione« usw. für die 70er jahre des gleichen jhs.[6]) verkündet, dessen sämmtliche zahlen aber unser auszug trotz der nennung Avignons munter in das XV. jh. überträgt — eine selten naive fraus pia, die wenigstens den vorteil für uns hat erklären zu können, dass der auszug nicht nach den 70er jahren des XV. jh. geschrieben sein kann; wir müssten denn aus der fraus pia einen lapsus calami unerhörter grösse machen.

6) Die bereits genannten »facecie morales laurentii vallensis alias esopus graecus per dictum laurentium translatus« und im

---

[4]) Varianten dieser verse über die schreibtafel s. du Cange-Hensch. II, 843 e.
[5]) Vgl. Röhr.-Meisn. 16.
[6]) S. Edw. Brown. append. ad fasciculum rerum expetendarum et fugiendarum ab Orthuino Gratio editum Coloniae a. d. MDXXXV sive tom. II scriptorum veterum, qui eccl. romanae errores et abusus detegunt et damnant necessitatemque reformationis urgent. Lond. 1690. 494 ff.

unmittelbaren anschluss an sie gleichfalls gedruckt: »Francisci petrarche de salibus virorum illustrium ac faceciis tractatus«, — von v. d. Linde im vertrauen darauf, dass die ordnung der teile des sammelbandes eine chronologische sei, in die 70er jahre des XV. jhs. gesetzt und dieser zeit in der tat angehörend, aber nur um des wasserzeichens seines papiers willen, das es mit der pilgerschrift und dem letzten stück der sammlung teilt. Durch letzteres wird die vermutung des gleichen gelehrten dass der wiegendruck von einer utrechter presse stamme, wie sich alsbald zeigen wird, zur höchsten wahrscheinlichkeit gebracht.

7) »In fro drñ inter R^m dominum dietherum ecclesie magun- sine electum et confirmatum necnon dominum Adolphum de Nas- tauwe canonicum ecclesie eiusdem« und hieran sich schliessend »expedicio consultiva super in et contra R^m patrem et dnm dyetherum de ysenburg electum et confirmatum stc. magunt. sedis probans nullitatem eorundem, — zwei noch ungedruckte kano- nistische abhandlungen von zehn blättern aus der zeit nach dem 26. september 1461 als dem tage der veröffentlichung der päpstlichen absetzung Diethers durch Adolf v. Nassau [7]) und an dieser stelle von um so höherer be- deutung als sie hier einen begriff von dem umfang der beteiligung an dem berühmten kampfe gegen die römische curie, wie von der agitationsweise und schriftenverbreitung der zeit geben. Es will uns sogar nicht ganz unwahrscheinlich vorkommen, dass diese beiden abhandlungen als deren nächste adresse wir unten Köln kennen lernen werden, mit der berühmten bulla retractationum Pius II, die dieser unter dem 26. februar 1463 nach beilegung des streites zwischen Diether und Adolf durch die unter päpst- licher gutheissung vollzogene abfindung Diethers mit einem teil des erz- stiftischen gebietes an die universität Köln erliess.[8])

8) Eine niederländische münzreductionstabelle von zwei seiten, in der die am Niederrhein gangbaren realen, ducaten und gulden auf schillinge zurückgeführt und hiernach die »doytken«, albus usw. berechnet werden, — wie bemerkt auf papier mit gleichem wasserzeichen wie dem auf einem blatte der pilgerschrift und der facecie.

Dieser letzte bestandteil des sammelbandes beurkundet denn auch deutlich — und damit kommen wir auf dessen geschichte — seinen ursprünglichen besitzer als einen Niederländer; — ein ergebnis, das über dies noch einen besonderen reiz dadurch empfängt, dass v. d. Linde als geborener Niederländer wie durch vaterländische eingebung wenn schon

---

[7]) Vgl. Menzel, Diether v. Isenburg, erzbischof v. Mainz 1459—1463 Erlang. 1868. 155.

[8]) S. Harzheim, conc. Germaniae V, 945—52 u. Gieseler, lehrb. d. kg. II, 4, 134 ff.

mit gehaltenen augen dies alte eigentum seiner heimat ans licht zu ziehen berufen war. Hiermit aber nicht genug, ist es uns gar, wenn nicht alles trügt, vergönnt mit einer der gewissheit nahen wahrscheinlichkeit den niederländischen eigentümer in der gestalt der gesellschaft der brüder vom gemeinsamen leben namhaft zu machen. Auf diese will uns nämlich schon der inhalt der ganzen sammlung deuten. Gleich das erste stück der letztern, das als stilistisches schulbuch sich unter seinen genossen so seltsam ausnimmt, gemahnt uns an die vortrefflichen schulbrüder[9]) und das vornehmlich deshalb, weil es, wie oben bemerkt, in demselben Zwoll 1480 gedruckt wurde, in dessen nähe die berühmte brüderniederlassung vom s. Agnetenberg lag. Das buch könnte demnach als beliebtes lehrbuch der brüder betrachtet werden. Und sollte nicht jenes »in lyden fro«, das wie angeführt auf seiner decke steht, sich als erinnerung an den gefeierten bruder Thomas a Kempis nachweisen lassen? — Die auslegung der Albertschen schrift würde zwar nach den conclusa et proposita des stifters der gemeinschaft schwerlich aussicht auf aufnahme in ein fraterhaus gehabt haben; die »zauberbücher« des Albertus hatte Gerh. Groot gar auf dem brink zu Deventer verbrannt;[10]) bedenken wir aber dass ein jahrhundert später der letzte sententiarier Gabriel Biel mitglied der brüderschaft war,[11]) so wird auch diese schrift als brüdergut zu halten sein. Pilgerschriften — wenn wir der anmerkung Delprat's glauben schenken dürfen, dass P. Bondam's katalog der handschriften auf der utrechter bibliothek »eine taugliche gelegenheit zur kenntnis der bücher zu gelangen bietet, welche die brüder de communi vita vorzüglich verkauften, besassen oder anderen brüderanstalten übermachten, da die dort vorhandenen handschriften fast alle laut den einschriften aus windesheimer klöstern, entweder aus dem zu Utrecht oder aus anderswo gewesenen stammen«, — pilgerschriften, sagen wir, finden sich in jenem kataloge zwei: s. 99 n. 248 ein tractatus de terra sancta und s. 102 n. 246 eine descriptio terrae sanctae nebst einer historia hierosolymitana. Unsere pilgerschrift würde also kein fremdling in einem brüdersammelband sein; um so weniger wenn wir erwägen, dass nicht weniger als sieben häuser der brüder[12]) dem Hieronymus geweiht waren d. h. dem manne, der Palaestina zu seinem zweiten vaterlande erlesen und durch die bearbeitung des eusebianischen onomasticon seiner liebe zu diesem lande

---

[9]) Vgl. Delprat, die brüderschaft des gemeinsamen lebens. Deutsch von Mohnicke. Leipzig 1840 u. Ullmann II, 93.

[10]) Delprat 8 u. 101.

[11]) Vgl. Trithem. catalog. Cölln. 1531. 194ᵇ u. Bodmann, rheing. altertümer 217 [urk. von 1417 u. 1483].

[12]) Vgl. Delprat 44. 45. 47. 51. 59. 62. 69.

einen so bemerkenswerten ausdruck gegeben hatte. Ausserdem wissen wir wenigstens von einem der laienbrüder in dem berühmten kloster der gemeinschaft auf dem s. Agnesberg bei Zwolle, dass er vor seinem eintritt in das kloster eine fahrt nach dem heiligen lande gemacht und dieselbe während seines 35 jährigen aufenthalts bei den brüdern immer zu wiederholen gedacht hatte.¹³) Dass endlich »vota transmarina« auch unter den brüdern nicht zu den unmöglichkeiten gerechnet werden dürfen, zeigt uns der brief des cardinals Antonius, bischofs v. Ostia, Bononiensis vulgariter nuncupatus, vom j. 1443.¹⁴) Alles Gründe genug, wie uns scheint, die das vorhandensein unserer pilgerschrift bei den brüdern

---

¹³) Chronicon canonicorum regularium montis s. Agnetis auctore Thoma a Kempis (anhang zu Joh. Buschii chron. Windesemense ed. Rosweyde. Antw. 1621) 120 f: [Gerardus Hombolt de Traiecto, donatus noster] in iuuentute sua antequam intraret monasterium, visitavit ex magna devotione terram sanctam, Hierusalem, Bethleem et alia sancta loca salvatoris nostri, et adhuc afficiebatur ante obitum suum si licuisset iterum ex devotione visitare. Sed pius dominus mutavit affectum terrestris Hierusalem in celestem Hierusalem quam spero intravit intercedente b. et gloriosa virgine Maria, cuius omnia profesta in pane et cerevisia ieiunus consuevit, infra cuius octavam nativitatis bene confessus, contritus et inunctus de praesenti saeculo in bona pace ad caeli regna migravit. De quo etiam multa bona monasterio nostro provenerunt. Vixit nobiscum annis triginta quinque, obiit anno aetatis quinquagesimo nono. — Da Thomas dies aus dem j. 1459 schreibt, so war unser jerusalemfahrer 1400 geboren u. musste vor 1424 Palaestina besucht haben.

¹⁴) Ebenda 182: »dilectis nobis in Christo universis et singulis canonicis regularibus alliisque personis conversis et laicis Nemoris b. Virginis aliorumque locorum ordinis S. Augustini dictae societatis cuiuscunque dioecesis in observantia regulari viventibus ceterisque poesentes literas visuris — — — quodque singuli prelati singularum ecclesiarum vestrarum transmarina ac beatorum Petri et Pauli apostolorum et alia peregrinationis vota, quae pro tempore per vos vel aliquem ex vobis emitti contigerit, in alia pietatis opera commutare valent.« — Es hatte sich nämlich wie in einem capitel unter der überschrift »de indulgentiis promerendis in stationibus urbis Romae« 179 erzählt wird der prior Evrardus Swane in Nemore b. Mariae prope Northorn im auftrag seiner genossen zu Windesheim u. s. Agnes an den gedachten cardinal um auskunft gewandt, wie es in der vom papst Eugen IV. betriebenen sache bezüglich der Romfahrten gehalten werden solle. Denn dass die brüder in diesem stücke durchaus kinder ihrer zeit u. kirche waren, beweist unter anderem auch die angelegentliche frage eines windesheimer bruders an den päpstlichen klostervisitator, den bekannten cardinal Nicolaus von Cusa im j. 1451: »an licet religioso sine licentia Romam pergere pro iubileo impetrando iuxta tenorem et mandatum bullarum apostolicorum« (chron. Windesemense 153). Gleichwol bleibt bemerkenswert, dass die antwort des Cusaners ebenda: »dominum dixisse apostolicum papam Nicolaum V. vivae vocis oraculo: »melior est obedientia quam indulgentia« — gerne gehört wird, wie denn auch die sehnsucht nach dem himmlischen Jerusalem in der vorigen anmerkung beuchtet sein will samt der stelle in den »goede printen vergadert uytten colacien ons eersamen patris here Claus van Euskerken«, wo es heisst, dass letzterer den schwestern »verhiess, sie würden unserm l. herrn jedesmal einen angenehmeren dienst tun, wenn sie .... in der kirche schweigen beobachteten beim gang zum abendmal u. es würde für sie selber viel verdienstlicher sein, als wenn sie in der römischen fahrt nach Rom zögen u. ablass von allen ihren sünden erhielten«. s. Delprat 165.

nicht nur erklärlich sondern sogar für das praktische bedürfnis derselben notwendig finden lassen. — Die der pilgerschrift folgenden ärztlichen recepte würden auch ohne ihre vermutliche zugehörigkeit zu dieser als schützlinge der brüder aufgefasst werden können. Nicht nur dass der stifter ihrer gemeinschaft ärztliche kenntnisse besass,[15]) ja sogar den seinigen diätetische vorschriften hinterliess [16]) und der genannte Gabr. Biel drei »sermones medicinales contra pestilentiam« halten konnte,[17]) so finden wir auch einen wirklichen arzt unter den brüdern, Everardus de Eza, den Thomas von Kempen[18]) zugleich »curatus in Almelo« und »egregius magister in medicinis«, so wie »fundator et specialis procurator monasterii Nemoris b. Mar. virg. prope Northorn in comitatu de Benthem« nennt und der 1404 starb, von den brüdern, wie es scheint, um so höher gehalten, je weniger freundlich er zur genossenschaft gestanden hatte, bevor er durch eine neugierig aber verstohlen »post columnam« angehörte predigt Groot's ihnen zugeführt worden war. Ebenso starb 1471 in des Thomas kloster ein ehemaliger »barbitonsor« Laurentius von Alsen, der in seinem 45jährigen klosteraufenthalt »magnum accursum extraneorum habuit pro remedio in arte chirurgica eis impendendo, in qua experientiam competentem habuit.«[19]) Nicht minder wird im chron. windes. II, 342 und 443 ein Marcilius »infirmarius conversus noster [monast. windesemensis] chirurgicus« genannt. Ueberdies kommen unter den büchern der brüder nach dem genannten katalog: Avicennae canon medicinae,[20]) Bertrucii collectorium med.,[21]) Gordonii lilium med.[22]) und 't boeck der medicine van broeder Thomas[23]) vor und in einem handschriftlichen codex der marientaler kogelherrn, von denen weiter unten zu reden ist, finden sich am rande wenigstens krankheitsbeschwörungen[24]) — Die beiden druckschriften eignen sich schon als schulschriften für die sammlung. Zudem gehört Petrarca neben Occam, Gerson und Ruysbrock zu den von den brüdern verbreiteten schriftstellern[25]) wie sich denn auch seine abhandlung de otio religiosorum in der genannten

[15]) Gerardi magni epistolae ed. Acquoy 109 u. Delprat 12.
[16]) Ullmann II, 79.
[17]) Gieseler II, 4, 346.
[18]) Chron. 160—163.
[19]) Ebenda 140 f.
[20]) S. 101 n. 247.
[21]) Ebenda.
[22]) S. 102 n. 248.
[23]) S. 102 n. 237.
[24]) Bodmann, rheing. altert. 704 f.
[25]) Delprat 102.

utrechter handschriftensammlung befindet.²⁶) Laurentius Valla als verfasser der berühmten »de ementita Constantini donatione declamatio ad papam« aber will uns ebenso wie die dicht hinter ihm folgenden beiden kirchenrechtlichen abhandlungen noch aus einem andern gesichtspunkt aufnahme in die sammlung gefunden haben. Wir meinen hier kommt der bei vollster und ungetrübtester kirchlichkeit energisch nicht- und gar gegenpäpstliche sinn der brüder zum ausdruck, der in dem mehrerwähnten Gabr. Biel einen so mannhaften vertreter gefunden hat, dass dessen später namensvetter H. W. Biel eine »dissertatio theol. de Gabriele Biel celeberrimo papista antipapista« (Vitemb. 1719) schreiben konnte. — Von dieser seite aus wird man auch das vorhandensein des auszugs aus dem vademecum des Joh. de Rupescissa in dem sammelband am besten begreiflich finden. Denn fehlt es auch in der brüdergemeinschaft nicht an einem lebhaften sinn für visionen, wie dies z. b. die weitläufig behandelte »apocalypsis siue revelatio fratri Henrico Mande ostensa super statu patrum devotorum canonicorum regularium defunctorum« im chron. windesem. 457—466 und ein anderes capitel »de multis aliis visionibus et sanctis revelationibus sibi [Mande] ostensis« 466 ff., sowie die nebenbei s. 5, 562, 563 und 590 berichteten visionen beurkunden; und finden wir gleich unter den genannten büchern der brüder zu Utrecht neben den auslegungen des Augustin, Beda, Nicol. de Lyra und Richard de s. Victore über die offenbarung Johannis²⁷) der »Mechtildis vita et revelationes«;²⁸) so ist es doch in unserem vademecum neben der aufregenden weissagung offenbar das unbarmherzige gericht über die verweltlichte kirche, was ihr das wohlgefallen der gemeinschaft sichern konnte, deren haupt die berühmte rede »contra focaristas« vor der utrechter geistlichkeit gehalten hatte. — Man wird mit dieser auffassung der sachlage um so weniger fehl greifen, als sich unter den auf der rückseite der auslegung zu Albertus von späterer, doch noch dem XV. jh. zugehöriger hand unter andern gleichgiltigen bemerkungen die folgenden verse finden:

    Tu Ihesus in missa quotiens audisve maria
    Et flectis genua, Johannes dat tibi papa
    Ob veniam scelerum viginti nempe dierum
    Hic vicesimus Johannes papa secundus.

Das sind nicht nur verse, auf deren verfertigung die schule der brüder

---

²⁶) Kat. 3. 98 n. 244.
²⁷) Kat. 90. n. 256; 91. n. 257; 96 u. 245; 98 u. 247; 253 u. 254.
²⁸) Kat. 97 n. 244.

besonderen wert legte;[29]) man meint auch aus ihnen das Biel'sche: »non umquam sacerdos absolvit eum qui non prius a deo, summo sacerdote, absolutus est; unde sacerdos absolvendo confitentem pronunciat eum absolutum, non remittit peccatum«[30]) — zu hören. Ebenso aber ist es brüdergeist, der aus den versen spricht, welche einige seiten weiter auf freiem blatte allein geschrieben stehen und die so lauten:

> Nec deus est nec homo praesens, quam cernis, ymago;
> Sed deus est et homo praesens quod cernis ymago.
>
> Istum non x̄pum sed x̄pm credo per istum,
> Non colo picturam picti, sed honora figuram;
> Effigiem x̄pi, dum transsis pronus adora
> Et non effigiem sed quod designat honora.

Ganz so sprach sich der berühmte zögling der den brüdern so nahe stehenden deventrischen schule Nicolaus von Cusa aus.[31]) Schliesslich passt durchaus für ein fraterhaus die angehängte münzreductionstabelle. Denn wenn der »oberste mit aynen procurator oder keller, den eyne uß den persone zugegeben wird, vſſlichent alle rend vnd geſelle der kirchen vnd des hußes vnd was sie mit hant erhel gewynnen oder von iene freunden in testamenten oder anders gegeben worten«, so war dazu eine um so genauere kenntnis der geldwährung erforderlich, je mannigfaltiger und verwirrter die damaligen geldverhältnisse bekanntlich waren.[32])

Aber ob auch so alle teile des sammelbandes einen mehr oder minder nahen bezug zu den brüdern vom gemeinsamen leben zu verraten scheinen, entscheidend für deren erstes eigentumsrecht an den band ist doch unsers erachtens erst das folgende. Wir finden das sammelwerk in der mitte des XVII. jhs. als bestandteil der nach auswahl und umfang bedeutenden bibliothek des mainzer dompropstes Joh. von Heppenheim genannt vom Saal, der 1672 starb.[33]) Dorthin konnte es freilich sehr zufällig gekommen sein. Auch fehlte es an unmittelbaren verbindungen zwischen Mainz und Holland keineswegs. Schon 1488 druckt der maler Eerhaert Rewich von Utrecht eine niederländische übersetzung der von Breydenbach'schen Palaestinareisebeschreibung;[34]) 1475 stirbt hier als abt des klosters auf dem Jacobsberg der Niederländer Eberhard v. Venlo[35]) und

---

[29]) Ullmann II, 93 u. Delprat 52 u. 122 f.
[30]) Collectorium lib. II, dist. 27 vgl. Gieseler II, 4, 322.
[31]) Revius, Daventriae illustratae libr. VI. Lugd. Bat. 1651. 121 f. bei Delprat 82.
[32]) Vgl. »von dem stait und leben der priester vnd bruder zu Konigsten vndt zu Butzbach« bei Severus, parochiae mag. Aschaff. 1768. praef. ddd.
[33]) Vgl. Joannis rerum mog. I, 113. II, 295 u. 369.
[34]) Röhr.-Meism. 575.
[35]) Schunk beitr. zur mainz. gesch. II, 263.

ende des XVII. jhs. wirkten drei niederländische Jesuiten an der universität: Joh. Busaeus von Nymwegen († 1611), Gisbert Schevig von Arnheim († 1622) und Mart. Becanus von Brabant (1624).[36]) Aber damit wäre doch nicht die mindeste unmittelbare beziehung zu unserem sammelband gegeben. Diese stellt sich erst dann her, wenn wir die ersten besitzer des buches auch als dessen verbringer nach Mainz erweisen; und das unternehmen wir auf folgende weise. Köln ist uns bereits bei besprechung der auslegung zum Albert. Magn. wichtig geworden. In Köln aber befand sich neben einer kanonie regulierter chorherrn vom gemeinsamen leben bei der kapelle Corpus Christi, die schon 1404 aus sechs geistlichen bestand und 1436 von Windisheim ergänzt wurde,[37]) ein blühendes fraterhaus an dem Weidenbach bei St. Pantaleon, das 1417 von zwei brüdern aus dem fraterhaus in Münster begonnen, 1440 von papst Eugen IV. bestätigt, fast einzig durch bücher abschreiben und binden[38]) die kosten zu der nun durch eine kaserne ersetzten kirche s. Trinitatis u. s. Michaelis archangeli erschwang.[39]) Von diesem hause aus wurde nun 1463 eine niederlassung in Mariental, amts Rüdesheim, gegründet, welche in der mitte des XVI. jhs. einging — Schaab in den »annal. d. ver. f. nass. altertumsk. und geschichtsforsch.« I, 2, 64 nennt ohne beleg das jahr 1540 — und in folge dessen den erzbischof Wolfgang von Mainz nach kanonischem recht zum erben ihres besitztums gewann.[40]) Aus dieser ursache finden wir ohne zweifel in der beim brand des domes 1793 leider zu grunde gegangenen mainzer dombibliothek eine handschrift des berühmten brüdergeschichtswerkes: Joh. Buschii chroncion windesemense.[41]) Und wir sollten die annahme nicht wagen dürfen, dass auf gleiche weise unser sammelband seinen weg nach Mainz fand, zumal wir wissen, dass die marientaler kogelherrn eine büchersammlung besassen und besondere liebhaber der gelehrsamkeit waren,[42]) auch in ihrer kirche den versammlungsort für das jähr-

---

[36]) Schunk III, 174. 179.

[37]) Ennen, gesch. der stadt Köln III, 788.

[38]) Eine probe von der einnahme aus dieser beschäftigung bietet das »ausgabebuch der mittwochs-rentkammer zu Köln für die j. 1500–1511 (bonn. jrb. 41, 72) unter dem j. 1501: »Item vur tzwey nuwer pargementz boechere de zo wydenbach gemacht vnd zo der ordinancien der nuwer ind alder buyssen ind geschuytze, ouch der kleydongen as do heren rentmeister hant ordineirt synt .. V marks. Auch miniaturmalerei u. das backen von hostien wurde von den brüdern auf grund eines später von dem rat der stadt angefochtenen privilegs geübt. s. Ennen ao.

[39]) Jost, d. stift am Weidenbach in den bonner jahrbb. 65, 143, und Gelenius, de admiranda sacra et civili magnitudine Coloniae libr. IV. Col. 1645. 450. Vgl. Delprat 74.

[40]) Bodmann rheing. altert. 211 f.

[41]) Guden sylloge 587 ff.

[42]) Bodm. 212.

liche generalkapitel ihrer, der königsteiner, butzbacher und uracher congregation inne hatten. Freilich treffen wir den band nachher in privathänden. Aber dies schicksal aus einer öffentlichen in eine privatbibliothek zu gelangen, ist ihm nachher noch einmal widerfahren; würde also nichts beweisen. Zum überfluss aber könnte darauf hingewiesen werden, dass zwischen dem untergang des fraterhauses und seinem übergang in erzbischöflichen besitz die hierher gesetzten regulierten chorherrn von Pfaffenschwabenheim in Mariental lebten, von deren beiden letzten der eine eine pfarrstelle auf Johannisberg erhielt, während der andere nach Erfurt gesendet wurde. Wie leicht konnten diese vermittler des buches sein.[43]) Vorher aber schon ist eine persönliche verbindung zwischen Mariental und Mainz durch Gabr. Biel angeknüpft gewesen, der vor 1466 domprediger in Mainz war[44]) und sodann 1466 als prior des butzbacher fraterhauses im kölner mutterhaus für die gründung einer gleichen anlage in Königstein sich tätig zeigt;[45]) ferner 1471 in gleicher eigenschaft auf einem generalconvent der brüderhäuser Mariental, Königstein und Butzbach an ersterem orte erscheint und 1483 als prior einer ebensolchen brudercanonie in Urach der vereinigung dieser drei genannten beitritt.[46]) Ueber dies alles finden wir schon 1433 einen Johannes a Moguntia in dem neugestifteten bruderhaus in Löwen,[47]) um wenn es sein müsste, sogar eine unmittelbare verbindung zwischen Mainz und Holland zu ermöglichen.

Jedenfalls blieb von hier ab der sammelband in Mainz. »Ex legato Rmi perillustris et graciosi dnni Joīs ab Hepenheim dicti a Saal praep. mog.« ging er, wie es auf seiner zweiten seite heisst, mit der übrigen bibliothek des genannten[48]) in besitz des s. Bonifaciusseminars über, dessen name auf der ersten seite des bandes verzeichnet ist. Von da gelangte er auf unaufgeklärtem wege in die hände eines ungenannten kanonikers des bleidenstadter s. Ferrutiusstiftes, dessen letzte mitglieder bekanntlich in Mainz lebten, um von diesem durch schenkung eigentum seines gegenwärtigen besitzers, des herrn pfarrers a. d. Jacqueré, zu werden, der seinen wertvollen schatz mit einer nicht genug zu rühmenden und wahrhaft seltenen bereitwilligkeit wie herrn van der Linde, so dem schreiber dieses für die wissenschaftliche ausbeutung zur verfügung gestellt hat.

---

[43]) Bodm. 215.
[44]) Hamberger, zuverlässige nachrichten von den vornehmsten schriftstellern. Lemgo 1764. IV, 822.
[45]) Schalk, beitr. z. gesch. der Kugelherrn in Königstein in »annal. d. ver. f. nass. altertumsk.« usw. VII, 2, 216, woselbst Giel offenbar schreibfehler für Biel ist.
[46]) Bodm. 217.
[47]) Bodm. 216.
[48]) Joannis I, 113.

Dies alles glaubten wir seines näheren oder entfernteren zusammenhangs mit unserer pilgerschrift wegen vorausschicken zu sollen und wenden nunmehr unsere ganze aufmerksamkeit dieser zu, indem wir zunächst deren schrift ins auge fassen. Dieselbe zeichnet sich auf ihren 38 blättern mit meist deutlich geformten buchstaben in nicht ungefälligem zug durch verhältnismässige kleinheit aus. Hierdurch kommt es, dass bei einem fast drei finger breiten unteren und einem einen fingerbreiten oberrande nicht weniger als 32—35 zeilen auf die seite gehen, ausgenommen die ersten, welche deren nur 29—30 tragen, aber gleich den übrigen je 38 bis 40 buchstaben zählen, da hinter- und vorderrand zusammen die breite von drei fingern einnehmen. Was hierbei für den ersten blick kaum auffällig erscheint, tritt näher betrachtet um so hervorstechender in die augen: die im ganzen saubere schrift wird durch eine grosse menge mit geschicklichkeit ausgeführter ausschabungen und verbesserungen unterbrochen, die der überwiegenden mehrzahl der fälle nach lediglich buchstaben betreffen und was die verbesserungen angeht mit schwärzerer tinte, jedoch ersichtlich von derselben hand bewirkt sind. Was dies zu bedeuten habe, wird sich weiter unten ergeben.

Bezüglich der gebrauchten abkürzungen, der zeichensetzung und der bis auf einen fall am ende abschnittslosen schreibung des ganzen darf auf das hierüber in der einleitung zum »pilgerführer« gesagte verwiesen und einzig hinsichtlich der abkürzungen bemerkt werden, dass sie mit grösserer gleichmässigkeit als im »pilgerführer« durchgeführt erscheinen.

Geschrieben wurde unsere pilgerschrift wie der genannte führer in der zweiten hälfte des XV. jhs. und zufälligerweise gleich diesem, mit dem sie überdies trotz ihrer vollständigkeit die üble eigenschaft teilt: stumm über sich selber zu sein, um die mitte dieser zeit, genau in oder nach dem jahre 1473; da im anfang des letzteren die rückkehr des pilgers nach Köln erfolgte. Dass das pilgerwerk nicht allzu lange nach dem genannten jahre in der uns vorliegenden gestalt geschrieben wurde, ist zunächst wol schon durch die oben berührte eintagsnatur desselben, sowie durch den umstand bedingt, dass reisebeschreibungen dieser art schnell veralten. Sodann aber wird darauf aufmerksam zu machen sein, dass das werk mit den »faceciae« und der münzliste als den beiden, die mit ihm wie oben bemerkt das gleiche wasserzeichen im papier führen, den jüngsten bestandteil der sammlung bildet, während das älteste stück vom jahre 1443 stammt, so dass von letzterem bis herab zum jahre 1473 ein zeitraum von der länge eines menschenalters liegt, über den hinaus doch schwerlich ein sammler tätig gedacht werden mag.

Dem schreiber des werks, wie wir ihn zum unterschied vom abschreiber und vom verfasser aus alsbald sich ergebenden gründen nennen müssen, ein besonderes wort zu gönnen nötigt uns die inschrift auf dem oberrande der ersten seite des der pilgerschrift vorangehenden und zu ihr gehörigen weissen blattes. In derselben stellt sich mit den schriftzügen der pilgerschrift, was vielleicht selten in dieser ausdehnung bis jetzt beobachtet wurde, die federprobe des schreibers dar, die er während des schreibens angestellt haben muss und die uns wie verstohlen winke über seine person zu geben scheint. Wir setzen sie deshalb in möglichster treue hierher und lassen ihr unsere bemerkungen folgen. Sie hat dieses aussehen:

    per omïa j jofaphat Exposui pro pannibus
      in fela   was alſt   Et ipse fecit illud
       it is   Dat boeck   Dit ſint
    Et fum in fine vite mee   vite per infinita fecul
    Sit nome dñi b   Ich quam zto Alſt was filenciū habete
    Sit nome dñi   Item vpe   Item in die felue kirche ſteit

Aus diesem bei halbem bewusstsein angestellten federspiel möchte etwa das folgende tatsächliche zu erheben sein. Vor allem ist der schreibende mit dem verfasser der schrift nicht dieselbe person, da letzterer in seinen federträumereien doch wol erinnerungen an sein höchstes lebensereignis, die Palaestinafahrt, hätte einfliessen lassen, zumal wo er im erzählen der letzteren begriffen war, während so die bemerkung: »Item in die selue kirche steit« an die dem schreiber vorliegende urschrift des verfassers erinnert, wie auch das »Josaphat«, wofern es nicht sein oder einer andern person ausser der biblischen vorname ist. Sodann, wenn es nicht für ein in seinem gedächtnis umgehendes citat gehalten werden soll, ist sein: »Et sum in fine vite mee« als beweis seines alters zugleich beweis gegen seine eigne pilgerreise; denn hohes alter, wie damit angezeigt ist, verbot von selber ein solches strapazenreiches unternehmen.[49]) Weiter wird das zweimal vorkommende alſt (Alſt) zum unterschied von einer bauerschaft und zwei höfen in Westfalen[50]) und von fünf niederländischen orten Aalst[51]) als name der bauerschaft im kreise Kempen, rgbz. Köln, wie wir dies weiter unten wahrscheinlich machen zu können glauben, in betracht kommen und in dieser eigenschaft die heimat des schreibers anzeigen dürfen. Dass letzterer sich in gedanken als rechnungsführer

[49]) Vgl. Tbl. dnkbl. 509.
[50]) Vgl. Rudolph, ortslexicon. I, 56ᵃ.
[51]) Vgl. v. d. Aa, aardrijkkundig woordenboek bei Foerstemann, altdeutsch. namenbuch. II, 64.

fühlt: »Exposui pro pan[n]ibus«, mag an ein wirkliches amt dieser art erinnern. Das »silencium habete« lässt auf eine unruhige umgebung beim schreiben schliessen, setzt also gemeinschaft voraus. Diese gemeinschaft wird aber schwerlich durch das »in scolam« angedeutet sein, noch weniger letzteres eine lärmende schule in der nachbarschaft anzeigen wollen. Vielmehr scheint die praep. »in« den bezug des schreibers zur schule, die gewohnheit des gehens dorthin zum schulhalten ausdrücken zu sollen. Wollen wir ferner aus dem zweimaligen »Sit nomen domini benedictum«, dem per omnia [saecula?] und dem »per infinita secula« noch einen schluss ziehen, so werden wir kaum etwas wagen, wenn wir dieselben in den gedanken eines klerikers suchen. Mit dem »Et ispe fecit illud« wissen wir freilich nichts anzufangen und die ausserdem noch vorhandnen zusammenhangslosen wörter verdienen nur sprachliche beachtung.

Dafür lässt sich nun wol aus den beleuchteten übrigen angaben auf dem hintergrunde des von uns vermuteten teils der geschichte des sammelbandes der folgende schattenriss vom leben des schreibers unsers pilgerführers entwerfen. Derselbe ist ein alter bruder »de communi vita«, gebürtig aus der nähe der heimat des berühmtesten gemeinschaftsgenossen, des Thomas von Kempen, — aus dem genannten Alst und zur zeit seiner hier geübten tätigkeit mitglied eines fraterhauses auf niederdeutschem (niederländischem?) boden, unfern der hochdeutschen grenze, wie alsbald näher erörtert werden soll. In dieser stellung beteiligt er sich, wie die pilgerschrift bezeugt, an einer haupttätigkeit der brüder — dem bücherabschreiben und ist dabei entweder selber lehrer an einer mit dem hause verbundenen schule oder lebt nur in einem mit einer schule verbundenen fraterhaus, in welchem man ihm das amt des procurators (oeconomicus, kellers) d. h. die verwaltung der kasse der brüder übertragen hat. Ihn als priester in vorschlag zu bringen haben wir nicht not, wir nennen ihn aber, wie oben kleriker[32] und lassen ihn endlich noch zu irgend einer zeit in Köln gewesen sein, so dass er der kölner mundart mächtig war, um aus ihr das vom fraterhaus »zu Wydenbach« etwa bezogene pilgerbuch in die mundart seiner gegend zu übertragen oder vielmehr nur dieser zu vermitteln. Das vom schreiber der pilgerschrift!

Ueber den verfasser, in dem gleichzeitig der pilger vertreten ist, haben wir leider ungleich weniger zu berichten, da wir bezüglich seiner einzig[33] auf seine schrift verwiesen sind; diese aber bei der absicht mög-

---

[32] Ullmann II, 83.

[33] Aus dem reisebericht Ulrich Lemans von St. Gallen bei Röhr.-Meisn. 103 ersehen wir, dass dieser sein reisegenosse von Venedig bis Cypern gewesen sein muss, da er mit demselben patron Andr. Contarini am 26. juni von Venedig

lichst pilgerführer zu sein, sich geflissentlich von anderen als rein sachlichen angaben zurückhält; uns demnach bis auf die gleich zu nennenden ausnahmen lediglich zum lesen zwischen den zeilen verurteilt. Als bestimmte anhaltspunkte für sein leben bieten sich nämlich nur die folgenden tatsachen dar: vierzehntägiger besuch Roms zur osterzeit 1472, zehnwöchiger aufenthalt darnach in Venedig, abfahrt von dort nach dem heiligen lande am 26. juni, ankunft daselbst am 18. august, rückfahrt am 30. desselben monats und heimkunft über Venedig, Ulm und Mainz nach Köln am 6. januar 1473. Köln wird also die heimat wie der ort der abfassung seiner schrift genannt und diese selber noch in das jahr 1473 gesetzt werden dürfen, da wol anzunehmen ist, dass bei frischem gedächtnis geschrieben wurde. Jedenfalls sind nach pilgersitte aufzeichnungen dazu in dem genannten jahre während der reise entstanden und hätten diese auch nur die form von randbemerkungen auf dem kalender gehabt, wie ein solcher mutmasslich von der hand des beschreibers der Palaestinafahrt des grafen Eberhard von Würtemberg im j. 1468, des dr. med. Münsinger noch vorhanden ist,[54]) gehabt; denn jedes reiseerlebnis findet sich mit genauer tagesangabe in der pilgerschrift eingetragen.

Hat der schriftsteller die reise nicht im gefolge eines mannes von stande gemacht — und das ist schwerlich der fall, da er sonst schwerlich namenlos und vor allem nicht einen blossen pilgerführer geschrieben hätte —, so scheint es fast dass er selber ein mann von stande war. Denn nicht bloss dass er im besitze ansehnlicher geldmittel ist und es sich erlauben darf eine Rom- mit einer Palaestinafahrt zu verbinden, ohne selbst durch einen unvorhergesehenen 2½ monate langen aufenthalt in dem teuren Venedig in verlegenheit zu geraten (s. 2 der handschrift), so erfährt er auch nebst »somighen« (einigen) seiner reisegefährten die auszeichnung, die nur hochgestellten fremden zu teil ward: »van den oppersten« der stadt in die schatzkammer der Markuskirche geführt zu werden (s. 4). Einen höhern kloster- oder weltgeistlichen würde man ihn darum kaum nennen können; denn so sorgsam er auch die kirche beschreibt und die reliquien aufzählt, er zeigt nicht allzuviel bescheid in den ordensnamen (s. 5, 9) und spricht sich scheints ganz in laienweise über die ordensleute aus (s. 9). Eher möchte es ritterlichen stand verraten, dass er soviel sinn für äussere pracht zeigt, wie bei der beschreibung Venedigs; dass er einen besonderen blick für befestigungen hat, wie die zu Rhodus (s. 22); dass ihn die söldner des königs von Cypern beschäftigen (s. 24 f.); dass er auf wappen

---

abfuhr u. am 29. juli, wie unser pilger, Rhodus verliess; dagegen von Cypern aus schon am 8. o. 9. aug. in Jaffa anlangte.

[54]) Vgl. Sattler, gesch. des herzogt. Würtemberg IV, 66.

achtet (s. 21. 23) und von seinem schwerte spricht (s. 75). Und doch wird auch hiergegen der umstand sprechen, dass er vom grabrittertum nur die gebühren kennt (s. 76), es selber aber nicht empfangen hat. Gleichwohl zeigt er sich für seine zeit wol unterrichtet; denn er ist des lateinischen mächtig, verrät kenntnis der bibel (s. 54), spricht von griechischer mythologie (s. 18) und ist mit der zeitgeschichte vertraut. Man würde darum wol auf einen kölner patricier raten können, vielleicht auch auf ein mitglied der universität.

Kirchlich im vollsten masse ist dabei unser schriftsteller, was in einer stadt nicht auffallen kann, die soviel »welt« sie auch nach dem gewichtigen urteil Ennen's[33]) grade in dieser zeit barg, als das »deutsche Rom« 19 pfarrkirchen, über 100 kapellen, 22 mönchs- und nonnenklöster, 11 stifte, 12 unter geistlicher leitung stehende hospitäler, 67 religiöse convente besass, und von der man sprichwörtlich sagte, dass dort täglich mehr als 1000 heilige messen gelesen wurden.[54]) Seine pilgerreise kennt keinen andern als den rein kirchlichen gesichtspunkt. Nichts geht ihm über das besichtigen der reliquien, die er darum bis ins einzelnste aufzählt und beschreibt und deren echtheit ihm ausser zweifel steht. Heilige orte sind ihm genau diejenigen, welche ihm als solche genannt werden und die dickeren farben bei den legenden sind ihm, wenn er die wahl hat, immer die lieberen (s. 8). Die aufzählung der unterwegs gehörten messen und der gesprochenen »gebeetchen« beim erblicken eines heiligen orts geschieht mit sorgfalt. Dem ausdruck einer frommen empfindung dagegen, wie er uns beispielsweise bei Fabri entgegentritt, begegnen wir bei ihm nie. Ebenso vergeblich suchen wir bei ihm die begierde das land der bibel kennen zu lernen, die denselben Fabri zweimal die heilige fahrt unternehmen liess. Für ihn ist das heilige land nur das land des ablasses und seine fahrt dahin ein kirchliches geschäft, ein verdienstliches werk.

Wir dürfen uns deshalb nicht wundern, dass unsere pilgerschrift der ausdruck des gleichen sinnes d. h. ebenfalls ein gutes werk nach den begriffen des verfassers und darum im wesentlichen, wie er es von vorn herein andeutet (s. 3), nicht sowohl die beschreibung seiner pilgerreise, als nach unserer bereits oben gemachten bemerkung ein schlichter pilgerführer ist, von ihm augenscheinlich zu dem ende entworfen, sein pilgerverdienst zu erhöhen durch ein sich verdient machen um die pilger, ganz wie ehemals wo die anlegung von wegen und der bau von brücken unter die guten werke gerechnet wurde und im schutze der kirche stand. Ist doch

---

[33]) Gesch. der stadt Köln. III, 409 ff.
[54]) Janssen, gesch. des deutsch. volks seit dem ausgang des mittelalters. Freiburg 1880. I, 79.

im geiste der zeit der beförderer eines so verdienstlichen werkes wie einer pilgerfahrt nach Jerusalem ein mitgeniesser des aus ihr fliessenden himmlischen lohnes. Konnte man doch auch gegen erlegung der reisekosten eine solche verdienstliche fahrt durch stellvertretung abmachen. Wir gehen deswegen kaum irre, wenn wir das zurücktreten der eignen person, das verschweigen des namens und die abwesenheit jedweden redeschmucks bei der darstellung auf die gleiche rechnung setzen und aus diesem gesichtspunkt überhaupt jene zahlreichen pilgerführer betrachten, wenn wir nicht etwa die ausnehmen müssen, die den verdacht erwecken im dienste der von den pilgern lebenden minderen brüder in Jerusalem geschrieben zu sein. Auf dieselbe weise wie man gleich den Mekkafahrern, die ihren namen den ehrenden zusatz hadschi beizufügen pflegten, ehre und verdienst einer Jerusalemfahrt in seinem namen verewigen konnte — daher wenigstens möchte Pott, die personennamen. Leipzig 1859. 273, die namen Jerusalem, v. Jordan, Jördens, Pilgram, Pilger, Pellegrin, Palmer, Palmie, Palm, (mitbringer der palmzweige) usw. entstanden denken — auf dieselbe weise verbarg man in mönchischer selbstverleugnung beides. Dabei soll selbstredend nicht geleugnet sein, dass, wie solche schriftstellerische pilgererzeugnisse aus wirklicher menschenliebe hervorgingen, die weglassung der namen oft auch nur vom zufall abhing. So finden wir beispielsweise schon im jahre 1474 einen pilgerführer mit namen und ganz aus der nähe des unsrigen, den tractatulus mag. Joh. Fridach de Dusseldorp, quem fecit per informationem et auisationem peregrinare volentium ad terram sanctam omnia que ipse vidit et expertus est in propria persona illuc proficiscendo (Tbl. bibl. 51). Andrerseits musste namenlosigkeit sogar schriftstellerische pflicht sein, da, was man schrieb in den meisten fällen nur wiedergabe jenes namenlosen urpilgerführers war, der in zahllosen abschriften von hand zu hand, von geschlecht zu geschlecht ging und der, wo auch die erzählung des selbsterlebten eintrat, sicher die grundlage des ganzen bildete. Ist dies doch auch offenbar der hauptgrund weshalb von Breydenbach seine »reiseinstruction« für den grafen von Hanau-Lichtenberg, die er zu einem guten teil aus Tucher hergestellt hatte, geheim zu halten bittet.[87]) Der gebrauch eines pilgerführers von seiten unsers verfassers ist aber um so gewisser als er nicht allein seine schrift mit den hergebrachten worten dieser bücher beginnt (s. 1 und anm. 3) und das selbstgesehene innerhalb des üblichen rahmens unterbringt, sondern auch zu nutz und frommen derer, die »daer to gestelt weeren«, die nicht von ihm besuchten stätten und gebiete Hebron, Nazareth, Damaskus,

---

[87]) Röhr. u. Meisn. 145.

Beirut, Sinai und Egypten beschreibt. Achtet man dabei auf die peinliche genauigkeit, mit der abgesehen von anderem allein die zahl der treppenstufen an einzelnen heiligen orten, die entfernungen letzterer von einander nach schritten und die vielen raummasse nach fussen angegeben werden, so begreift man, dass dergleichen zu berichten nur möglich war an der hand eines geschriebenen führers. Denn allein die verwirrende masse von namen heiliger orte zu behalten, welch eine aufgabe! Und nun gar innerhalb zwölf tagen unter wahrhaft aufreibenden strapazen und bei einer hitze, die einmal überdies eine »bedevaert« zu unterlassen zwang, processionsweise alle heiligen stätten von Joppe bis zum Jordan zu besuchen und dabei alle die einzelheiten sich einprägen zu sollen, die gesehen worden waren! In der tat einer solchen aufgabe wäre auch das stärkste gedächtnis nicht gewachsen gewesen. Genaue aufzeichnungen aber zu machen am abend nach einem alle kräfte des leibes in anspruch nehmenden tag des sehens, dazu hätten ausserdem noch übermenschliche leibeskräfte gehört. Scheint mir dies doch überhaupt der grund, weshalb so wenig eingehende beschreibungen der heiligen stätten aus jener zeit vorliegen. Wer hatte wie Fabri zeit alles mit musse und wiederholt zu sehen und zu erkunden! Der gewöhnliche pilgeraufenthalt in Palaestina musste schon aus rücksicht für die amtlich damit befassten geleitsleute, die muhamedanischen sowol als die christlichen eine schonungslose andachtshetze sein, die mit den drangsalen und gefahren der seereise zu vertauschen jedem rückkehrenden schliesslich als erlösung erschien.

Dass endlich der verfasser seine schrift ursprünglich deutsch schrieb, haben wir bereits oben bei der federprobe des schreibers unserer handschrift angedeutet. Hier können wir hinzusetzen, dass zu dem gleichen ergebnis die bemerkung der schrift selber führt: »went dit boech gemeyn ist voir alle pilgrims«. Wie konnte der verfasser in seinem kreise besser nützen, als wenn er deutsch schrieb! Es möchte dies aber zugleich als beweis dafür anzusehen sein, dass der verfasser mit den brüdern vom gemeinsamen leben, die solchen wert auf die muttersprache legten, in verbindung gestanden habe,[38]) wie es denn andrerseits wieder ein brüderlicher zug genannt werden muss, das man das kölnisch geschriebene werk zum gebrauch für die niederländischen leser in eine diesen verständliche zunge übertrug.

Und hier ist es denn, dass wir uns über die sprache unserer schrift auf grund einer brieflichen fachmännischen belehrung, die wir der besonderen güte des herrn dr. Wenker in Marburg verdanken, auszusprechen haben.

---

[38]) Ullmann, II. 89.

Was zunächst jedem aufmerksamen leser der pilgerschrift auffallen muss, das ist die befremdliche mischung von nieder- und hochdeutschen wörtern in ihr. Regellos sieht man in den wortformen die bekannte scheidewand der beiden sprachen — die tenues auf seiten der niederdeutschen und die entsprechenden aspiraten auf seiten der hochdeutschen — niedergelegt und das sosehr, dass dasselbe wort nicht selten bald in nieder-, bald in hochdeutscher gestalt erscheint. Gleichwol kommt einem vor, dass das ganze mehr nieder- als hochdeutsches gepräge trage, und man wird geneigt die regellosigkeit für die regel zu halten und in dem seltsamen mischling eine grenzmundart zwischen beiden sprachgebieten anzunehmen. Lässt man jedoch seinen blick auf die oben erwähnten textänderungen fallen, die sich zumeist um die buchstaben z und t drehen so kann man sich des eindrucks nicht erwehren, dass der schreiber des ganzen in seiner willkürlichkeit unsicherheit verrät, und man ist darum vorbereitet sich von dem fachmann sagen zu lassen, dass das ganze nicht in einer bestimmten mundart geschrieben ist; »dass weder heute noch damals mundartlich nebeneinander vorkommen konnte wie hier: gelijk (gelik gelijken) neben gelich; getide neben gezijden, twe neben ztwe und zwe; schep neben schef, bisscop neben bisscof und andrerseits neben seggen hd. midwoech und neben derden deyl (s. 22) ten drieden mal (s. 27)«.

Die von dem schreiber gebrauchte sprache ist demnach eine blosse schriftsprache, von der unser fachmännischer berater urteilt, dass ihre grundlage die damals schon in einer gewissen fertigkeit angewandte klevsche canzlei- oder geschäftssprache bildet, dieser aber die kölnische canzleisprache und zwar derart zugesetzt ist, dass bei letzterer nicht bloss teilweise die verschiebung der nd. t p k im an- in- und auslaut zu z- (zt), -z-, -s-; zu -f- und -ch- vollzogen erscheint, sondern der sogar noch mehr oberdeutsche formen wie nicht neben nit, ist neben is und wir für wy (wi) beigemischt sind.

Indes so wenig auch von einer einheitlichen mundart in unserm pilgerbuch die rede sein kann, so sehr ist grund zu der annahme vorhanden, dass gleichwol eine mundart bei herstellung der künstlichen mischung von klevisch geldrischer und kölnischer canzleisprache tätig gewesen sei. Nicht allein nämlich, dass bei der damals noch ziemlich ungebrochenen macht der mundart ein über letzterer stehender sprachmischer undenkbar gewesen wäre, so hat uns auch die untersuchung bereits oben in der vermuteten heimat des schreibers unsrer pilgerschrift den ort kennen gelehrt, dessen mundart an sich schon wie gemacht erscheint die sprachbrücke zwischen hoch- und niederdeutsch zu bilden. Herr dr. Wenker bemerkt deshalb zustimmend: »zunächst liegt Alst in jenem gürtel, der das kölnische von den klevisch-geldrischen mundarten trennt, und dem selbst eine zwar in jedem ort bestimmte, nicht aber eine über zahlreiche orte gleichmässig ausgebreitete mundart heute zukommt. Nur wenige ortschaften nach südosten galt schon der kölner dialekt mit seiner verschiebungsstufe z-, -ss-, -ch-, -f-. Und wenige ortschaften nordwärts herrschte ebenso auf weite strecken hin das geldern-klevische, allerdings mit unterschieden, aber doch mit ausgeprägten weitverbreiteten merkmalen. Wer in solcher gegend geboren war, konnte kaum das bestimmte ausgeprägte mundartliche sprachgefühl besitzen, wie es etwa bei einem Kölner, Bonner oder einem Klever, Gelderner leicht sich bilden konnte«. Ein mann von Alst, wiederholen wir, war darum ein geborner sprachmittler zwischen nord und süd. Dass aber auch diese alster natur bei seinem vermittlergeschäft hier zum vorschein kommt, das will unserem sprachgelehrten gewährsmann aus manchen proben nach dem heutigen stande der mundarten nicht unwahrscheinlich sein. Er hebt folgendes aus:

»Hebben (inf.), heeft, hebbent, hebben (3. pl.) — die südgrenze dafür läuft jetzt wenig südlich von Alst mitten zwischen Erkelenz und Brüggen in der richtung von südwest nach nordost.

Seggen, liggen, men secht — jetzige südliche grenze fast genau wie die vorige; südlicher gilt sagen, liegen usw.

Sees — jetzige südgrenze gleich südlich von Erkelenz in südwest-nordöstlicher richtung; südlich gilt sechs (secks).

Steedchens — ebenfalls sehr bemerkenswert; der pl. auf -s ist beim deminutiv mit -ch unerhört; es kommt nur bei -ken vor. Nun hat der schreiber zwar das niederd. -ken in -chen umgewandelt, aber das pl.-s behält er bei, eine methode, die wiederum vortrefflich zu seinem geburtsort stimmt, da die grenze für pl. -kes gleich südlich von Erkelenz läuft und etwas südlicher auch die für anlautendes -ch in der deminutivsilbe.

Echt niederdeutsche, speziell kleve-geldernsche bildungen begegnen vielfach, als: gheheel (ganz), ist geschiet, begost (begann), begonsten, coste (konnte), vercochten (verkauften), cochte, lucht (luft), derden deyl, geweest hebben, wie danen maniren, die wilch, die pll. bruderen, beelden, cloesters.

Dann die verwendung des acc. sing. masc. für den nom. beim artikel usw.: is den berch (s. 26), is eynen steinen baghe (s. 32), steyt eynen boem (s. 15), ist einen scoenen markt (s. 9). Die südgrenze dieses gebrauchs speciell von den für der läuft heute unmittelbar südlich an Alst vorbei; Brügge hat schon der.

Auch ist die vermeidung des dat. charakteristisch: in den ersten (zuerst), in dat hoechste, vff dat hoge altaer, in dat meir, up dat plein, mut dat echterste.

Ont für ent in untfinck (s. 72), ontvoirt (s. 18), ontginge (s. 9) echt niederländisch, ebenso omtrent, teghen, noemden (nannten).

Dagegen sind wieder ungewöhnlich für streng kleve-geldernschen gebrauch, aber sehr wol verständlich für den übergangsstrich, aus dem der schreiber stammt, die formen wir für wi (wy), eir, eirre, poss. des fem. u. der 3. pl. für ihr, im (ihm) für him, hum usw.«

Darf man in dieser weise mit einiger wahrscheinlichkeit die mittlerschaft der alster mundart für begründet erachten, so lässt sich nun auch von hier aus, wie uns däucht, am ersten die geschehene mischung erklären. Lag nämlich einem gebornen und zu diesem geschäft wohl nicht ohne bedacht erkorenen Alster die aufgabe ob, die wie wir oben annehmen zu müssen meinten in kölner mundart verfasste pilgerschrift seiner damaligen niederländischen heimat zugänglich zu machen, ohne darum eine förmliche übersetzung derselben zu liefern, die der absicht des buches für alle zu sein entgegen gewesen wäre, so konnte vor allem keine frage sein, dass die übertragung im wesentlichen niederdeutsche farbe erhielt. Sodann aber musste die bindung an die vorlage bei einer wie wir wol sagen dürfen schülerhaften kenntnis derselben, wie sie benachbarten aber doch wesentlich verschiedenen mundarten eignet, von selber der misbilligung tür und tor öffnen und jene unsicherheit erzeugen, der wir auf schritt und tritt in unserer pilgerschrift begegnen. Nicht allein dass ein herüber und hinüberschwanken in einzelnen wortformen eintrat und dieselben wörter, wie oben bemerkt, bald in hoch- bald in niederdeutscher gestalt auftreten lässt, so zeigt sich auch im ganzen, wie wenig feste grundsätze den schreiber bei seiner übertragung leiteten. Während er im anfang sich beinah sklavisch an seine vorlage anschliesst, sieht man ihn im weiteren verlauf ein freieres verhalten beobachten. Und doch findet er sichtlich weder bei dem einen noch bei dem andern verfahren ein genüge; denn er ändert beständig und nach den entgegengesetztesten gesichtspunkten. Auf den ersten seiten scheint ihm selbst inlautendes z an stelle des nd. t nicht weich genug, er ersetzt es mit s. Später ist ihm seine eigenste erfindung — das unaussprechbare zt, mit dem er, obgleich tz ihm sehr wol bekannt und von ihm angewendet ist, eine sprachliche einigung zwischen anlautendem hd. z und nd. t etwa auf die art erzielen zu wollen scheint, wie man bei einführung der union in Nassau den lutherischen und reformierten abendmahlsgebrauch bezüglich des sacramentlichen brodes vereinigen zu können glaubte durch zusammenklebung von lutherischer hostie und reformiertem brod mit eiweiss, — wir sagen, später ist ihm diese unmögliche lauteinung leid geworden und er tilgt das unding durch ausschabung des z. Aber sei es zufall sei es unlust zu durchgreifender durchführung seiner massregel, die tilgung ist eine sehr unvollkommene geblieben. So kommt, um das bezeichnendste herauszugreifen, die folgende musterkarte von schreibung der praep. to = zo (zu) zu stande: 3 ursprüngliche to, 26 ebensolche zo, 403 gleicher art zto und 355 aus letztern herausgebesserte to; von twe (zwei) dagegen stellt sich das verhältnis so: 2 ursprüngliche twe, 37 derselben art zwe, 10 ebensolche ztwe, aus denen ebensoviele twe gebildet sind. Ueberhaupt bewegt sich, wie schon oben angedeutet wurde, die veränderung ihrem überwiegenden teil nach um die buchstaben t und z und zwar so, dass t in der mehrzahl der fälle den vorzug erhält, wie dies die folgenden beispiele erhärten: 77 grot, 18 groz, 2 groetz, 5 gros und aus den drei letztern spielarten 12 hergestellte groet, während nur ein groes aus groet gebessert erscheint; ferner 19 geheiten, 1 geheisen, 21 geheizen, von denen 16 zu geheiten und 4 zu geheisen verändert werden; ebenso: 40 wt, 5 wtz, von diesen 2 in wt verwandelt; desgleichen: 25 slaet, 2 slaez, 6 slaes, aus welchen beiden letztern 3 slaet erstehen; endlich: bei sonst durchgängigen dat, 21 daz, von denen 19 zu dat werden. Bei dem einzigen heit (heisst) ist das umgekehrte der fall: 20 heist, 5 heit, 2 heitz, 2 heizet, 3 durch besserung erworbene heit und 2 heiset gleicher art. Wir wagen daraus den schluss zu ziehen, dass es unserem schreiber darauf ankam seinen niederdeutschen lesern den hauptanstoss beim verständnis seiner übertragung nach tunlichkeit aus dem wege zu räumen. Denn ist auch t »diejenige unter den 3 tenues, welche zuerst in sämmtlichen stellungen (an-, in- und auslaut) und zwar regelmässig schon im niederfränkischen verschoben wird, während p erst im elsässischen und schwäbischen und k zuletzt und zwar erst im eigentlichen allemanischen für alle fälle zur verschiebung gelangt«, so ist es doch darum grade »in seinem wechsel mit z gleichsam ein untrügliches schibboleth zur unterscheidung des nieder- und hochdeutschen«[59]) und es musste einem Niederdeutschen schwer fallen an seiner stelle ein z zu begreifen.

Was schliesslich unser verfahren bei herstellung des textes unserer pilgerschrift anlangt, so ist dieses im ganzen dasselbe wie dasjenige, welches wir bezüglich des textes des pilgerführers beobachtet haben. Eine veränderte behandlung erschien uns diesmal nur die auflösung der abkürzungen zu erheischen. Letztere wurde nämlich zwar auch hier durchge-

---

[59]) Wahlenberg, die niederrheinische (nordrheinfränk.) mundart und ihre lautverschiebungsstufe. Köln 1871, gymnasialprogramm 3 u. 18.

führt; da aber die buchstaben m und n, hin und wieder auch r durch dieselben abkürzungszeichen angedeutet werden, so glaubten wir es den sprachforschern gegenüber nicht auf uns nehmen zu können, wenn wir nicht in all den fällen unsere auflösung durch cursive bemerklich machten, die einen zweifel über die richtigkeit der von uns getroffenen wahl zulassen. Denn so genau wir auch dem in voller schreibung erkennbaren sprachgebrauch des textes rücksichtlich des zuständigen casus nach den in betracht kommenden präpositionen — und hierum handelt es sich allein — rechnung getragen zu haben glauben, so sehr fordert schon das eigne schwanken desselben in diesem stücke eine hervorhebung unseres lesevorschlags. Dass wir dabei den text genau so wiedergegeben haben, wie ihn der schreiber nach und durch alle seine veränderungen hergestellt hatte, bedarf ebensowenig der rechtfertigung als das, dass wir den von ihm beliebten ausmerzungen, soweit sie irgend zu erkennen waren, an dem fusse des textes eine stelle gaben.

1   Dit fynt die heilige ftede des heiligen lants van ouer meer¹)
vnd der mennichfoldicheit des aflaetz, des wt ᵃ⁾ der maefen ᵇ⁾ veil
ift vnd wie men daz verfuechen mach: wilche aflaes gegeuen fint
vandem heiligen man paws filuefter²) wt ᶜ⁾ begeerten Conftantinum
dem keyser vnd finer muder fancta helena, die wilche vns heren
gades cruce vant te Iherusalem; wilche aflaez hier na bas ver-
cleert fullen fyn. Vnd men fall wesen,ᵈ⁾ waer men vint befcreuen
eyn cruce hier in defen boeche, daer is gheheel aflaes van pinen
vnd van funden; vnd daer anders aflaes is, daer ᵉ⁾ is nijt: daer fynt
feuen iar aflaes vnd feuen karenen.³)

ᵃ) wtz   ᵇ) maezen   ᶜ) wtz   ᵈ) wezē   ᵉ) es folgten hier urfprünglich die nun durchstrichenen worte: fynt ander zeichen gemaecht als fant anthonis cruce.

¹) *van ouer meer* | Ouer meer ist als ein wort zu betrachten, ähnlich unferm überfee-ifch. vgl. Schill.-Lübb. mnd. wbch. III, 251. Da der ausdruck »h. lant.« (Sach. 2, 12. 2 Makk. 1, 7) dem mittelalter nicht fremd war (vgl. du Cange-Henfch. VI, 550ᶜ und das »quam terram merito sanctam diximus« in der rede Urbans II. auf d. conc. z. Clermont bei Raumer Paläest. 23, der späteren gar nicht zu gedenken), so kann der zusatz »van ouer meer«, wenn er nicht müssig sein soll, nur zur nähern unterscheidung von anderem h. land bzw. stätten dienen wollen; was einem bewohner o. nachbarn der »hilliger stat Collen« notwendig erscheinen mochte.

²) *filuefter* | Papst Silvester I., heiliger des 31. dec., seines todestages i. j. 335. Des hier mit seinem namen verknüpften ablasses geschieht erst im XV. jh. erwähnung u. zwar fast mit den gleichen worten wie hier bei Tucher, reyßb. 352ᵇ, Breydenbach, ib. 57ᵇ, u. Quaresmio I, 444 weiss als ersten zeugen der sache nur den collector priuilegiorum terrae sanctae uns j. 1459 anzugeben, der noch dazu erklärt, dass keine päpstliche ablassbulle vorliege, sondern »tantummodo aliquas reperiri tabulas antiquas, in quibus contineatur, quod ad petitionem Constantini et s. Helenae matris eius papa Siluester solemnissimas indulgentias contulerit terrae sanctae«. Die bestätigungsbulle Pius' IV. v. 1561 (Quaresmio I, 446) lässt jene indulgentias »in quadam antiquissima tabella, quae apud sanctissimum ... Jesu Chr. sepulchrum custoditur, descriptas« u. wie es bezeichnend weiter heisst »a b. Siluestro praedecessore nostro, ut credimus, concessas« sein. Es darf deshalb abgesehen von allem anderen auf die erste regel über echtheit eines ablasses in Wetzer u. Welte's kirchenlexicon I. 55 verwiesen werden »jeder ablass, dessen verleihungsurk. nicht gehörig beigebracht werden kann, muss als falsch o apokryphisch angesehen werden.«

³) *karenen* | »Vox formata ex quadragena vel ex quarentena« du Cange II, 178ᵇ. »Ein ablass von 7 quadragenen ist die erlassung so vieler zeitl. strafen, als vordem durch ein vierzigtägiges fasten u. büssen abgetragen werden mussten«. Wetzer u. Welte I, 51. — Der ganze mit »karenen« schliessende satz des textes ist beinahe wörtliche übersetzung des titels jenes von Quaresmio I, 444ᵇ genannten »manuscriptum in archivo sacri montis Sion asseruatum, in quo loca s. recenseantur et indulgentiae, quae in illorum visitatione vel pere-

Mer eer wir zo befcriuinghe vanden aflaes comen, fo fal men wefen, in wie danen maniren wir to[a]) venegen gecomen fyn vnd wes heilichdum men daer vint vnd van die coftlicheit der ftat van venegen. Men fel wefen[b]) in den eersten, wie daz die pilgerims gheleie[c][d]) geheifen[d]) ift: fy heitft[e]) die galeie[f] van Jaff[5])

[a]) zto   [b]) wezen   [c]) gheleide   [d]) geheizen   [e]) heiltlz   [f]) galeide

grinatione acquirantur«, denn dieser lautet »o: »Incipiunt peregrinationes terrae sanctae, quae a modernis peregrinis visitantur. Et est sciendum quod in illis locis, in quibus non est signum sanctissimae crucis, sunt septem anni et totidem quadragenae de indulgentia: at ubi est signum crucis, ibi indulgentia concessa est plenaria a poena et a culpa ad preces sancti magni Constantini imperatoris et sanctae Helenae matris eius a sancto papa Siluestro.« Bekanntlich findet sich der gleiche titel auf dem von Tobler, bibliogr. 58 genannten exemplare der »peregrinationes t. s.« v. 1491, wie auch in dem dem comment. de Leonis a Rosmital nobilis Bohemi itinere etc. angehängten lat. pilgerführer. bibl. d. liter. ver. i: Stuttg. 1844. VII, 136 ff. Ob darum wörtliche abschriften jenes pilgerführers auf Zion anzunehmen sind, steht dahin. Schörpff 1496 (bei Tbl. tpgr. II, 136) sagt nur: »Die [barfüsser]zöugten vns ein termentin buch, dar inn alle helgen stett verchrieben standt«. Rehlinger aber bemerkt ausdrücklich im j. 1560, dass die pilgerführer erheblich von einander abwichen, vgl. Röhr.-Meisn. 8. Dass man in Jerusalem selbst abschriften machte geht aus der erzählung des verf. der Gumpenberg'schen reisesschrift v. 1449 hervor: »ich schrieb den ganzen tag [den er »wegen deß fremblden volks« in seiner herberge bleiben musste] ab die schrifft von dem berg Caluarie biß in Pilatus hauß vnd andere ding mehr«, reyßb. 238[b], vgl. Tbl. tpgr. I. XXXII.

[4]) *gheleie* | Vielleicht nur schreibfehler für galeie o. das, wie Weinhold, mhd, gr. Paderb, 1877. 524 annimmt, durch epenthetisches d entstandene galeide, das auch mlat. schon galeida heisst u. gleichbedeutend mit dem gleichwertig als galea vorkommenden roman. galera ist. Auch bei Fabri I, 349 findet sich ein gelea. — Ueber seine ableitung s. Dietz, etym. wbch[4], I, 196. — Eine ausführliche beschreibung der galeien dieser zeit verdanken wir Fabri, evagator. I. 117—122. Unabhängig von dieser hat Jul. Müller »venetian. actenstücke z. gesch. v. Bogislav X., herz. v. Pommern, reise nach Jerus. i. j. 1497« (sep. abdr. a. d., »baltischen studien« jhrg. XXIX. Stettin 1879, 97—107), eine sie mehrfach bereichernde u. bestätigende aus venet. quellen gegeben. — Dass der ausdruck »pilgrims galeie« ein berechtigter, nur diesem fahrzeuge zukommender war, bestätigt die bemerkung Zuallarts bei Tbl. denkbl. 511 a. 3), die von dem für die pilger »eigens bestellten schiffe« redet, vgl. die folgende anm. u. die unter n. 68.

[5]) *die galeie van Jaff* | Unseres wissens zum ersten male unter diesem namen in einer pilgerschr. erscheinend, als unerwartete bestätigung zugleich der von J. Müller (venet. actenstücke) angestellten untersuchung über den in den handschriftlichen »tagebüchern« Mar. San.'s v. 1496—1533 gebrauchten ausdruck »la galia dil Zapho (Zaffo, zafo)« I, 329. 331, 332, 380, 391 (13, 15, 16, 23, 25 d. »actenst.«) Zapho (Zaffo Zafo) ist zweifellos Jaffa, wie dies nicht nur die von Müller beigebrachte notiz aus Thom. Porcacchi, isole famose del monde 1572, 17: »Joppe, città della Giudea Palestina, che il Zaffo hoggi è nominata« (s. 110) dartut, sondern ebensosehr Cur. a. S. Paulo, geografia sacra. Amstelod. 1704, 306 bei Tbl. tpgr. II, 576, desgl. Dapper, Asia o. genaue u. gründl. beschr. d. gantzen Syr. u. Palaest. Amsterd. 1681. II, 187 u. Helffrich 378. Auffallend bleibt nur der artikel il vor zapho u. die rückkehr zu dem auslautenden uralten o, während der ältere Mar. San. in seinem lib. de recuperat. terrae s. (Bong.). Hannov. 1611. 246 ein: »Joppen vulgariter dicitur Zapha« hat u. heutzutage Giaffa gesprochen wird.

die alle jare plach zo varen tot afcencionis daghe,⁶) zwe aber*) drie daghe daer nae, dat vns nicht ghefchiet vn is noch die pilgerims mede van dem jare van lxxi, want indat jaer van lxxi foe voer die patroen⁶ᵃ) van venegen zoᵇ) jaff vp finte jacobs auont,⁷) fo wir verwaer vernamen. Mer in vnfer reifen indat jaer van lxxii voeren wyr van venegen den xxvi | dach in julio,⁸) zo wezen des vridaghes vnde was den dach van johannes et pauli merteleren; vnde gelich voirf[creuen], ift die reife van jare zo jaren anders⁹) fpeder vnde vroeger geschiet. So ift nut eyn pilgrum, der die voirf[creuen] reyfe an nemen wil ten heiligen lande, dat he ten mynsten zo im nemen wil die reife zu vollenbrengen hundert vnde voeffich overlensche gulden;¹⁰) ten were, dat he zo

ᵃ) aver   ᵇ) ein voranstehendes to ist ausgestrichen

⁶) *afcencionis daghe* | Chr. himmelfahrtst., der nach Binterim, kalendarium eccl. germ. coloniensis sacc. noni (Weidenbach, calend. hist.-chr. med. et novi aevi. Regensb. 1855, 103) ein unbewegliches fest war u. auf den 5. mai fiel, weshalb auch Lacomlet, urk.buch f. d. gesch. d. Niederrheins IV, 55 das gleiche datum einer urk. v. 1408 so übertragt, indes, wie ich sehe, nur dieses eine mal. Es bleibe daher dahingestellt, ob das bewegl. o. unwegl. fest gemeint ist d. h. der 5. mai o. ein tag zw. d. 30. apr. u. 5. juni. Der termin an sich entspricht genau dem bei Gump. (reißb. 235ᵇ) Ulr. Leman v. 1472 (bei Röhricht u. Meisner, deutsche pilgerreisen nach d. heil. lande. Berl. 1880. 103), wie auch dem soviel später bei Steiner (Tbl. dnkbl. 511 a. 3) angegebenen; sodass die zwischen beiden erscheinende behauptung Zuallart« (Tbl. eb.): die pilger seien zu seiner zeit auf den fronleichnamstag von Venedig abgesegelt, nicht allgemein massgebend sein darf, wie sie es dort für Tbl. ist. Hiernach ist auch der bericht Medschireddin's, dass die christen an ostern aus allen ländern am h. grabe zusammengekommen, zu beschränken (vgl. Tbl. eb. 491). Endlich wird hier die alljährlich einmalige fahrt nach Jerus., von der auch der »viaggo al s. sepolcro (Tbl. eb. 491 a. 4) berichtet, bestätigt u. damit die irrtümliche annahme eines passagium Martii u. eines pass. Augusti für das XV. u. XVI. jh., die Kohl, pilgerf. d. ldgr. Wilh. d. taptr. v. Thür. im j. 1461. Brem. 1868. 19 u. Kannann, d. pilgerff. nürnb. bürger n Jerus. i. XV. jh. (mitteilungen des ver. f. gesch. d. st. Nürnb. Nürnberg 1880. II, 92) aus der richtigen darstellung Tbl.'s (no. 490) herauslesen, erwiesen.

⁶ᵃ) *patroen* | Während capitâno der titel der führer von kriegsschiffen ist, heisst der gewöhnliche schiffscapitän »padrone«, ein wort, welches eigentlich nur herr im gegensatz zum untergebenen bedeutet, vgl. du Cange-Henschel V, 148ᶜ u. Müller, »venet. actenstücke« 32, a. 106.

⁷) *jacobs auont* | 24. juli d. i. tag vor dem teste s. Jacobs d. ält. am 25.

⁸) *XXVI dach in julio* | Irrige angabe für d. 26. juni, der sich aus den beigesetzten h. namen, wie aus d. s. 11 genannten datum ergibt.

⁹) *anders* | Folgende zusammenstellung nach den mir z. z. zugängl. itinerarien ergibt die verschiedenheit in der abfahrt: Pfinz. 1436. sept. 30; Gump. 1449. sept. 3 (wider willen); herz. Joh. v. Cleve 1450. mai 21; ldgr. Wilh. v. Thür. 1461. mai 1; fahrt 1471. juli 24; unser verf. 1472. juni 26; herz. Albrecht v. Sachsen 1476, mai 23; Tuch. 1479. juni 10; Fabr. 1480. ende apr.; Breidenb. 1483. juni 1 (zugl. Fabr. 2. reise); pflzgr. Alex. 1496. juli 2; hz. Bogislav. 1496. mitte mai. Im XVI. jh. ist d. verhältnis das gleiche; spätfahrten sind ausnahmen.

¹⁰) *overlensche gulden* | Gemeint ist der rhein. goldgulden, der zu dieser zeit nach Würdtwein dipl. mag. II, 168 24 weisspf. galt u. nach der berechnung

Romen¹¹) wefen wolde, dat he dan fo veel meer neme die reife zo vollenbrengen als he tuffchen fynem lande vnde romen meinden zo verzeren. Vnd vm dit ᵃ) beffer zo vercleren in vnfe reife, fo geborde vns to ᵇ) liggen zo venegen, na dat wir zo Romen geweeft waren, ten wilchen;¹¹ᵃ) vnde nochtan weren wir vertenacht aber ᶜ) nicht veil myn zom oefter¹²) ze romen. Men fal wefen ᵈ) dat zo venegen feer cuftlichen is zo liggen, went men des daechs voir zwe malen nichtmyn vn gijft in dem wirtfhufe wan fees wiifpennighe,¹³) went zo jetlichen mael men feuldich is drie groffon veneger muntzen, aen dat men buten ᵉ) verzeert. Mer der wijffelichen duen wil vnd

ᵃ) ditz   ᵇ) zo   ᶜ) aver   ᵈ) wezen   ᵉ) buzen

Ennen's. gesch. d. stadt Köln. III, 907 auf etwas über 7 mark heutigen geldes angeschlagen werden darf, während Röhricht-Meisner 145 grade 7 m. annehmen.

¹¹) *zo Romen* | Zum besuch der »limina apostolorum« u. zur persönlichen einholung der päpst. erlaubnis, wie dies ausser von den bei Tbl., dnkbl. 508 genannten von Gump. geschah, der auch den auf ihn in der heimat wartenden »wallbrüdern ihre erlaubniß brieff« mitbrachte (reyßb. 235ᵇ). Die behauptung Augusti's (denkwürdigk. X, 154 f.), dass die kleriker u. mönche persönlich die erlaubnis einholen mussten, während sie den laien nur als heilsam empfohlen war, wird jedenfalls nicht durch des dominikanerlesemeisters Felix Fabr beispiel bestätigt, da dieser für seine beiden palaestinafahrten schriftlich einkam vgl. evagat. I, 27 f. 63. Dass die verbindung der rom- mit der palaestinafahrt uralt ist, bezeugen auch die verse bei Reinaert:

Mōrghin, als die sonne up gaet,
willic te Rome om aflaet,
van Rome willic over se.

J. Grimm, Reinhart fuchs. Berl. 1834. 208.

¹¹ᵃ) *ten wilchen* | Tbl. dnkbl. 520 weiss nur von 9wöchigem warten als längstem vor der abfahrt.

¹²) *zom oefter* | Es verdient beachtung, dass hier das hochdeutsche wort in einem gebiet erscheint, das an seiner stelle nur das roman. pascha kennt, den »paisch dach«, Pfeiffer, beitr. z. köln. mund. in Frommann, d. deut. mundarten II, 449 (vgl. Simrock, hdb. d. deut. myth.⁴ 376 f.), wie der grössere teil Niederdeutschlands; denn alts. pascha, ags. pasche, isl. paskar, altfr. pascha, saterl. paschej (vgl. v. Richthofen, altfr. wbch. 977), nniederl. pascha u. paschen. Da das letztere wort gewöhnlich sächlich gebraucht wird, so mag daraus wol das auffällige »zom« vor unsern sonst nur fem. gebrauchten »oefter« zu erklären sein; o. sollte »dag« hinzu gedacht werden müssen? — Der besuch Roms auf ostern wird auch von Gump. berichtet, reyßb. 235ᵇ u. scheint für sich allein schon herkömmlich zu dieser zeit gewesen zu sein, da z. b. grf. Eberhard v. Württemberg 1481 die fastenzeit zu Rom zubringt, vgl. Sattler, gesch. d. herzgt. Württemberg. IV, 183.

¹³) *wiifpennighe* | Nach a. 10 ungefähr 30 pf. heutigen geldes; ihm entspricht, wie der nebensatz zeigt, der venetian. groschen. Dass der verf. sich billig über das teure venet. leben aufhält, mag ein beispiel aus seiner heimatgegend erhärten u. noch dazu eins aus d. j. 1519. In demselben »bewirtete grf. Wilh. v. Nass.-Dillenburg im gasthause zum roten schild in Siegen 20 personen, u. wurden verzehrt 3 fl. 2 sch.« Arnoldi. gesch. d. oran.-nass. länder III, 67. Da hier der silber- o. rädergulden gemeint ist, von diesem aber 3 einen goldgulden betragen, vgl. annal. d. ver. f. nass. altert. u. gesch. I, 90, so war die siegen. zeche für den einzelnen mann weniger als ¹, der venet.! — Die erwähnung von nur 2 tagesmalzeiten (prandium u. coena) lässt venet. sitte er-

fin coft fparen wil, der tie ᵃ⁾ zo padua of ᵇ⁾ zo meifters¹⁴) of ᵇ⁾ dair baicen vnd ift geheifen ᶜ⁾ teruize¹⁵) vnd daer ift all wal veil vnd ift daer beter ᵈ⁾ cof wan zo venegen. Beholtlichen dat he beforghe, dat he waerachtich vernemet, wan die pilgrims galeie ᵉ⁾ reifen fall na dem heiligen lande vnde dat he dan come om fyn prouande¹⁶) | zo beforgen zo venedigen, die wilche he bedoruen fall in dem meer onder wegen in die reife; went der coft, die men vandem patroen heeft, fijnt feer clein, van weynich gueder fpifen off drankx: als men indat lefte van duffen boech wal vernemen fal, vnde van wat prouanden vnd wie veel eyn pilgrim fich beforgen fall.

Mer zom eerftften dat to ᶠ⁾ verftaen elch pilgrim im beforghen fal eyn yetlich van der pilgrimaetze voergenent, fo willen wir begynnen van venedigen aff vnde nicht vorder, went alle pilgrime nicht van eynem lande offs ᵍ⁾ van eyner ftat en fint vm die bedevart an to ᶠ⁾ begynnen; vnde went dit boech gemeyn¹⁷) ift voir alle pilgrims, fo fal men nicht meir in dat boech feriuen dan van venegen aff ʰ⁾. Vnde wil yemant befcriuen wes im van finem lande aff vnde wes im wedervaren ift indem wege, dat macht he hier na befonder feriuen. Vnde eer men befcriuen fal die reife van venegen aff, so fal men wesen ⁱ⁾ wat hilchdum men daer verfuechen mach vnde wat koftlicheit men daer feen mach bynnen venegen. In

---

a) ztie   b) aber   c) geheizen   d) bezer   e) galeide   f) zto   g) aber
h) zwifchen diefem u. dem folgenden wort ift das folgende ausgestrichen: vñ dan alle die pilgrims gemeynlich au'gegaen ist   i) wozon

kennen, die nicht mit der des verf. zu stimmen scheint, indes auch auf dem schiffe die gewöhnliche war, vgl. Breydenb. reyßb. 51. Fabr. evagat. I, 89, nur dass hier noch auusserdem morgens früh von »einem gläßlein Maluafier o. Muscateller vngemischt, mit sammt einer biscoten« die rede ist, s. grf. Löwenst. reyßb.190ᵇ u. Fabr. no.

¹⁴) *Meifters* | »Mastrum oppidum«, Fabr. evagat. III, 440. Meifters wie hier in defselben deutsch. reisebeschr., reyßb. 122ᵇ, j. Mestre, 1¹, deutsche m. nörd. v. Venedig s. auch s. 3 unten.

¹⁵) *Teruize* | Tarvesium, Turvisium, Fabr. III, 440; j. Treviso, 3¹, m. nördl. v. Venedig; s. s. 3 u. Hier nahm u. a. grf. Löwenst. rßb. 191ᵇ seinen vorübergehenden aufenthalt, wie auch zu Padua.

¹⁶) *prouande* | »Man wol auch wissen, wiewol der patron den bilgramen speise gibt, so nimpt doch ein jeder bilgram gern mit jnt speiß vnd getrunck, daß er zwischen dem mal vnd vor dem mal seinen leib sterckt, denn der patron gibt nach den welschen sitten zu essen, vnd das ist den bilgramen offt zu schmal, vnd mögen auch bey weilen solcher speise, nach dem sie der nicht gewohnet, nicht mit lust gebrauchen.« Tuch. reyßb. 374.

¹⁷) *gemein* | Wie sehr der verf. bemüht ist seiner schrift die eigenschaft eines pilgerführers zu wahren, geht auch aus seinen mitteilungen über die h. stätten hervor, die er nicht selber besucht hat, aber um etwaiger besucher willen beschreibt. 59 ff.

der eerften, fo ift die ftat van venegen eyn coftliche ftat vnd feer groet; die wilche gelegen ift indem meer vnd gementliche al die hufen gefundiert indem meer, vnde dat neefte lant fynt vier welsche milen; daer by ift eyn cleyn fteetchen vnd heijt meyfters, daer men to[a] compt wan men van tervifen | geyt na venedigen vnde ftaent[b] in die ftat van venegen coftliche cloefters hufer vnde kirchen. In den eerften, fo is die kirche van finte Marcus feer coftlichen bynnen all becleidet myt marberfteyn vnd coftliche gheeftricht myt wonderliche veel varuwen van fteynen. Indat hooehfte vander kirchen fo ift ingefet[c] myt cleinen ftucken van glefen vnd van golde vnde is daer medo auerwolft offt[d] all weer van golde vnde myt veel beelden vnde befonder vandem alden teftamente,[18] vnde fo gelike ift dat portael achter in die kirche auerwulft.[18a]) In die kirche voerf[creuen] vp dat hoge altaer ift eyn coftliche tafel[19]) vergult vnd befat[e] myt coftcliche gefteinte. Item vp finte Marcus auont[20]) ter eerfter vefperen vnd vp fyn dach fo heltmen daer groes[f]) hoechzijt. Daer fagen wir den hertogen van venedigen myt fyn edelen vnd raetfluden vander ftat feer coftlichen. Item fo was to[g]) venedigen zto dien daghe vp dat hoghe altaer ghetoent[h] alle die cuftliche juwelen, dat men daer heift der ftat[21]) van venedigen, to wefen[i]) to tweelff[k]) gulden

---

a) zto   b) ftoent   c) ingezetzit   d) offz   e) befatz   f) groez   g) zto
h) ghezoent   i) zto wezeu   k) ztweelff

18) *alden teftamente* | In der vorhalle vgl. Maier I, 162.

18a) *auerwulft* | — »non aestimo in mundo esse pretiosorem picturam, demtis picturis ecclesiae Bethlehemitanae, nec vidi pavimentum simile nec tabulaturas parietum nec tecta mirabiliora«. Fabri III, 420. Die weitere ziemlich ausführliche beschreibung der Marcuskirche s. ebend 417—23. vgl. J. Chr. Maier, beschreibung v. Venedig. Leipz. 1795. I, 146 ff.

19) *tafel* | »Item ein taffel vorm altar mit eytelem golde vnd köstlichen steinen gezieret«, »pflzgr. Alex., reyßb. 34b; gemeint ift die berühmte palla d'oru vgl. Müller u. Mothes, archaeol. wbch. 41 u. 723 u. Maier I, 156.

20) *Marcus auout* | 24. apr. »In fefto s. Marci tanta sollennitas est in tota urbe et tot exponuntur in diversis locis monstra in pategis [it. bottega, neap. potega v. apotheka. frz. boutique] negotiatorum, quod homo videns stupore miratur«. Fabr. III. 432. »Ift auch zu wiffen, dass uuf s. Marx abend die guntze nacht stehet s. Marx kirch offen, vnnd darf kein manns person dareyn gehen diefelb nacht, dann allein eytel fnuuwen personen«. Pflzgr. Alex. rßb 34b.

21) *ftat* | »Thesaurus, qui certis festivitatibus profertur. Fabr. III, 430. Ebenda werden auch die einzelnen kostbarkeiten aufgezählt vgl. pflzgr. Alex. rßb. 34b, Breidenb. rßb. 51b, Tucher eb. 350 u. Kohl 81. Die aufstellung auf dem haupt- (d. h. hoch-) altare finde ich nur hier erwähnt. Sie ist, wie mir scheint, ein kleiner beleg zu der tatsache, dass die Marcuskirche in nächster beziehung zum staatsoberhaupte stand, dessen amtliche kapelle sie zugleich darstellte. vgl. Valentinelli bei Wetzer u. Welte, XI, 577 f. u. Maier I, 180—86.

cronen[21a]) myt feer coftelichen gefteynten van peerlen vnd ander durbar gefteynt in gewracht[21b]) vnde twelff[a]) burften van harnis van finen golde vnd der gelike meir coftliche fteyne daer in bevragt, item noch eynen coftlichen groten[b]) kilch van finem golde, item coftliche kendlers vnde eyn fcoen herzoghen boret,[21c] item veel ander juwelen, to[c]) wefen eynen coftlichen | eynharen[22]) gans vnde veel coftliche gefteinte daer in gefat[d]) vp gulden werken, die wttermaten[e]) coftlichen weren. Item fo weren die fumighe van vns pilgrims geleidet by ytfelichen vanden vpperften in die geircamere,[23])

a) ztwoelff   b) grozen   c) zto, mit »wefen« unter das durchstrichene: »in dem ierften« gesetzt   d) gefatz   e) wtzermaten

[21a]) *cronen* | Mit den 12 bruftftücken der schmuck der mädchen der kaiserin Helena nach der sage vgl. Maier I, 181.

[21b]) *ingewracht* | Das hier zum ersten mal auftauchende wort kann wol gleich dem alsbald folgenden inbevragt nichts anders heissen sollen, als eingefasst. Aber woher stammt es? Ein dem sinne nach hierher passendes ztw. wraken, wruchen o. raken, rachen u. ähnliche bietet kein wörterbuch. Dagegen hat der Teuth. die bedeutsame anführung »gewrecht. umbtuynsel, beslaiten stede, septum« u. Sch.-Lübb. II, 106 verzeichnen desgl. »ein gewrechte als einzäumung einfriedigung«. Da w in gewracht so wenig beirren kann, wie etwa in wrechen gegenüber rächen, weil beides formen desselben wortes sind, so ist erlaubt an das wort rahen o. rachen (ahd. raha, mhd. rahe) pertica, stange, stecken das Schm.-Fr. II, 82 in dem mundartlichen zunrakendürr (westerw. u. hess. zaunrackerdürr, Schmidt, west. idiotiken 155, Vilmar idiot. 331) = dürr wie ein zaunstecken vermuten möchte, zu erinnern. Wrahen o, wruchen (ruhen, rachen) würde dann etwas mit stecken versehen, i. e. einzäunen bedeuten und hier im uneigentlichen sinne gebraucht sein. — An das mndl. part. gewracht = gewirkt, gemacht zu denken geht doch wol seiner allgemeinheit wegen nicht.

[21c]) *boret* | Mit welchem die dogen am tage ihres einzugs gekrönt wurden Mar. I, 181.

[22]) *eynharen* | »Trinkgefäss aus dem horne o. in hornform des einhorns« (Schill. Lübl. I, 642, Grimm d. wbch. III. 205) d. i. des seeeinhorns o. monodon monoceron nach Spiess; hier letzteres nach Fabri III, 431: ibi est cornu unum unicornis pretiosissimum, u. Maier II, 125; v. Harff 42 »eyn grois lanck einhorn kostlich gevast«. Von welchem werte solche kleinode waren, beweist das angebot der Venetianer auf ein solches in silber gefasstes u. zum aufsetzen eingerichtetes im geheimen archiv zu Plassenburg i. j. 1559 zu 30 000 ducaten. vgl. Spiess, archivische nebenarbeiten. Halle 1783, I, 69.

[23]) *geircamere* | Da es, wie aus dem hier gesagten hervorgeht, eine besondere auszeichnung gewesen zu sein scheint, dass jemand fremdes die sacristei selber betrat, so geschieht auch der im folgenden aufgezählten schätze, wie ich sehe, nur hier erwähnung; denn weder des stückes vom kreuz wird sonst gedacht, noch auch des Marienbildes von Lucas. Letzteres würde kaum unerwähnt geblieben sein bei pfzgr. Alex., Breidenb. u. Tucher, da diese sämmtlich eines eben solchen bildes in Padua gedenken (die angabe dass zwei solcher bilder gar in Venedig sich befänden, Geisheim 76 u. nach ihm Kunan 101, beruht auf einem versehen, da an den betr. stellen des rsb. 2, 61 [Feyrab. 33b f.] von Padua die rede ist). Ein wundertätiges Marienbild führt zwar Fabri evag. I, 99 u. III, 427 an, aber das war in uno angulo satis immundo et arcto, an dessen stelle sich erst 1480 das kloster »s. Mariae de miraculis« erhob. Und doch handelte es sich hier um ein geschichtl. berühmtes bild; denn es ist unstreitig

daer wir faghen coftliche cleinoden van gulden cleideren vnde ander coftliche fcoenheit; vnde fonderlinghe faghen wir daer eyn ftuck van den heilighen cruce eyns vinghers groet vnd lank, dat wir cuften; item eyn beelt van vnfer lieuer vrouwen ghemaecht van dem ewangelifte finte lucas, dat fehr fcoen ift. Item noch faghen wir daer den rechter daem²⁴) van finte Marcus, den he aff beet^a) myt finen tenden^b) ouermits, dat im der paus vnde ander kyrften prifter^c) wolden hebben, daer he fich feluer niet goetgenoch zto en kande. Item in eyn clofter van nonnen²⁵) by finte Marcus vp dem wafer twe^d) bruggen ouer zto gaen na finte Anthonis²⁶) zto, daer is begrauen vnde ment toent^e) daer dat ganfe lichaem von finte facharias, vader van finte Johan baptifta, item dat hoeft van finte Theodorij,²⁷) item dat hoeft van finte fteffen²⁸) paeus vnd martlar, item dat

---

a) beetz   b) ztenden   c) priftere (?)   d) ztwe   e) ztoent

daffelbe, was die kaiferin Eudokia, gemahlin Theodofius' II., als angeblich echtes bildnis der Maria von Palaeftina nach Conftantinopel fandte, von wo es durch den dogen Enrico Dandalo 1204 nach Venedig kam u. fpäter s. Lucas zugefchrieben wurde, vgl. Wilken. gefch. d. kreuzzüge V, 270 a. 74 u. 364 a. 95 u. Maier I, 160. — Bezüglich der »geircamere« fei noch des abweichenden berichts bei Fabri III, 430 gedacht: »apud s. Marcum in quadam teftudine (»gewälb«, Breydenb. rßb. 51 ᵇ) eft thesaurus Venetorum summa cum diligentia reclufus; in facriftia vero eft thefaurus, qui certis feftivitatibus profertur«. Es löft sich indes diefer widerfpruch vielleicht durch die annahme, dass »geircamere« hier in dem eigentlichen finne von facriftia = fcrinium, tabularium publicum (du Cange-Henfch. VI, 18ᵃ) ftehen mag, zumal es in feiner gewöhnlichen benutzung nur die abteilung der facriftei bezeichnet, in der die cultusgewänder der geiftlichen aufbewahrt werden vgl. Vilmar idiotikon v. Heffen 116.

²⁴) *daem* | Baronii annales in epit. red. opera Spondani. Mag. 1614. 65: porro illa de Marco ore vulgi potius decantata quam maiorum auctoritate afferta fabella reiicitur, qua dicitur adeo repugnaffe ne epifcopus fieret, ut ea de caufa pollicem sibi ipfi praecideret. Hoc etenim quod a quodam anachoreta factum effe conftat, Marco evangelistae imprudenter minis adfcribitur.

²⁵) *nonnen* | »Sunt enim monialis divites et nobiles fatis feculares«. ord. s. Benedicti«. (Fabr. ev. I, 100) im klofter s. Zachariae, das unter dem kaiferl. conful Ipato erbaut zwifchen 809 u. 827, 1457 erneut u. verfchönert wurde, vgl. Mair I, 109 u. Venezia e le sue lagune. Venez. 1847. II, 2, 169 ff.

²⁶) *Anthonis* | »Klofter s. Anthonius«, pflzgr. Alex. rßb. 33, im äuferften füdoften des seftier di caftello, Maier I, 55.

²⁷) *Theodorii* | Fabr. I, 100, wie pflzgr. Alex. rßb. 33 nennen das »corpus b. Theodori confefforis«, des heiligen des 19. sept., der als jüngling unter Julian in Antiochien wegen feiner teilnahme an einer dem kaiser befonders widerwärtigen proceffion zu ehren der gebeine des märtyrers Babylas als der einzige von allen mitverhafteten auf die folter gefpannt wurde, aber ftandhaft blieb u. nachher mit den übrigen freikam, Sozom. I, 19 Amm. Mercellin. XXII, 12 sq. bei Neander kirchengefch. III, 103.

²⁸) *Steffen* | Stephanus I, papft v. 253—57 u. heiliger des 2. aug. der unverbürgten tradition nach unter k. Valerianus den märtyrertod geftorben, weil er fich geweigert habe den göttern zu opfern, vgl. Baronnii annal. 222.

hoeft van finte gregorius,²⁹) item reliquien van finte pancracius
Nereus vnd van finte acilleus,³⁰) twe bruderen vnd mertleren, myt veel
ander reliquien. Item in eyn closter³¹) van monnichen myt blauwen
cleyderen fagen wir dat lichaem van finte barbaren³²) vnde had
eyn gulden crone vp eir hoeft, vnde was vns ghefacht al daer |
auer midtz, dat enich luden willent feggen, dat fy in eyn ander
ftat liggen folden, dat paeus Alexander der vierde³³) die wilch doe
vordreuen wart van keyfer frederich myt dem roden barde, der
felue paeus vercleirden, dat zto fyn weirliche dat licham van finte
barbara. Item in die felue kirche daer auer van finte barbaren

---

²⁹) *gregorius* | Gregorius Nazianzenus † am 390, h. des 11. jan.; nach Fabr.
I, 100 liegt hier das »corpus b. Georii Nazianzeni« u. Wetzer u. Welte IV, 742
bemerken, daß die gebeine des h., die k. Constantinus Porphyrogen. von Arianzus
nach Constantinopel hatte bringen laßen, zu Rom u. zu Venedig gezeigt werden.

³⁰) *acilleus* | Die drei hh. des 12. mai. Pancratius nach unverbürgter über-
lieferung ein 14jähriger knabe sammt seinen beiden genossen in Rom unter
Diocletian hingerichtet. Seine acta bei Surius, vitae sanctorum, 12. mai. —
Acilleus wol nur schreibfehler für achilleus.

³¹) *clofter* | Tuch. 350: »Kloster Atrisechirij, darinnen liegt s. Barbara in einer
capellen, haben die schneiderzunfft lassen bauwen;« Fabr. I,99: »monasterium dic-
tum a cruschechirii«; ders. III, 429: »mon. Acrusecherii«; Breydenb. 51ᵇ: »kloster
Acrusechirij«; pflzgr. Alex. 33: »kl., genannt zu vnser lieben frawen Crucicherii,
vnd sind mönch von s. Vrbans orden vnd tragen blauwe kleider.« Es ist damit
wahrscheinlich das kloster der augustinereremiten zu s. Stephano im sestier s.
Marco (vgl. Maier I, 277 f.) gemeint; denn nach Greg. Rivii, monastica historia.
Lips. 1737, 100 wurde diesem orden an »stelle ihrer schwarzen die violette o.
blaue kutte von p. Pius II 1458 verordnet; gleichwol fuhren sie fort zum unter-
schied von crociferi bianchi des benedectinerordens crociferi neri zu heissen.
Daß sie aber crociferi hießen scheint ebenso für ihre selbigkeit mit den
»Crucicherij« zu sprechen, deren namen nur bei Fabr. u. Breydenb. verhüllt ist
durch das vorgesetzte u. in folge des mit dem worte zusammengeschriebene
ital. a = ad. Die auffallende schreibung bei Tuch. rührt ebenfalls von
letzterem versehen her, aber auch von dem eines abschreibers, der, bei der zum
verwechseln ähnlichen gestalt der beiden buchstaben in den hss., c mit t ver-
wechselt und an die stelle von i ein u gesetzt hat. — In hrz. Friedr. II. v.
Liegnitz »pilgerfahrt« (ztsch. d. deut. Palaestinavereins I, 112) wird die »kirche
d. heyl. Barbara« »auswendig Venedigens« als wohnstätte der »Kreutziger, die
da blawe kappen vnd seint des ordens des heyl. Oleti [Oliveti?[« genannt.
A. v. Harff (v. Groote, d. pilgerfahrt d. ritters Arn. v. H..., Cöln 1860, 55) nennt
das »cloyster zo sent Barbara«; »in desem sijnt munchen, die ijdtlich blae gekleyt
sijnt ind wan sij vys dem cloister gaynt dragen sij eyn kueffern cruytz in
yeren henden.

³²) *barbaren* | Heilige des 4. dec., nach der einen tradition unter K. Maximin
(235—39) zu Nicomedien, nach der andern unter Galerius um 306 zu Heliopolis
in Coelesyrien (wahrscheinlicher Aegypten) vom eignen heidn. vater enthauptet.
Wetzer u. Welte I, 609. Die sehr bemerkenswerte pilgerüberlieferung läßt ihren
geburtsort Famagusta auf Kypros sein, s. Maundeville rbb. 408. — Die goldne
krone auf dem haupte wird scheints nur hier erwähnt. Uebrigens bemerkt
Fabr. III, 287: »credo plures virgines fuisse huius nominis Barbara, quia plura
vidi capita, quae dicuntur s. Barbarae virgin«.

³³) *vierde* | Irrtümlich für: der dritte (1159—81), der nach der eroberung Roms
durch Barbarossa 1167 nach Benevent entfloh, vgl. Leo, vorlesungen über d.

altaer an die noertzijde inden altaer was vns ghethoent[a]) eyn groet[b]) beyn van finte Christoferus[34]) vnd was dat beyn van den knyde vpwert.[c]) Item in eyn ander cloefter int weften van venegen wart vns ghethoent[d]) dat lichaem van finte Lucia.[35]) vnd dat lach in eyn ferch van marberfteyn vnd hat eyn gulden croen vp eir houft vnde der priefter, die vns dat heilige licham thonde.[e]) ftach in die wonde van eiren hals eyn deyl boemwollen vnd gaf eyn yetlichen van vns eyn wenich vandem feluen. Item fo thoentman[f]) in eyn eylant

---

[a]) gheztboent   [b]) groetz   [c]) wertz   [d]) gezthoent   [e]) zthonde   [f]) zthoont

gesch. d. deutsch. volkes u. reichs II, 696. Es scheint nicht, dass der verf. dies in päpstl. sinne betont, da er nachher noch einmal Friedr. I, in freundlichem sinne erwähnt (s. 9). Würde er doch auch sonst viel eher der kaiserlichen unterwerfung unter den papst, die grade in Venedig sich vollzog 1177 (vgl. Philipps, Alex. III. u. Friedr. I in Venedig, vermischte schrr. I, 381 f. bei Leo ao. 715), gedacht haben. Zudem mochte es ja wol auch hier in Venedig geschehen sein, dass Alex. III seinen wahrspruch über die echtheit des venet. s. Barbara-leichnams tat während seines damaligen längeren aufenthalts dortselbst.

[34]) *Christoferus* | Breydenbach 51[b], lndgrf. Wilh. 80: »ein bein von st. Christoffel; ist gar ein grofs bein«. Fabri III, 429: »os crucis s. Christophori valde magnum«. Bekanntlich verleiht die spätere legende dem angeblich unter Decius in Lycien den märtyrertod gestorbenen h. des 25. juli in der röm., des 9. mai in der griech. kirche, eine übermenschliche grösse. Nach Petrus de Natalibus war er 12 Fuss, nach der legenda aurea des Jacob. a Voragine 12 ellen gross, u. seine riesenhaftigkeit spielt auch in der deutschen mythologie eine rolle, vgl. Grimm myth.[4] 438, 448, 449. Simrock 255, 259, 270, 417, wie in der kirchlichen kunst, vgl. Müller u. Mothes 269. Er gehört zu den 15 nothelfern u. wird nach den Holland. (23 apr. 149 bei Wetzer u. Welte II, 516) besonders gegen die pest angerufen, während er in Venedig offenbar seeheiliger ist. Denn während Fabri mit seinen gefährten gegen die gefürchtete pest bei s. Rochus in Venedig hilfe sucht, »qui specialis adjutor est timentium pestem«, I. 101, nennt er unter den »patroni singulariter peregrinari volentibus necessarii«, deren kirchen er mit den gefährten vor antritt der seereise besucht, den s. Christophorus u. sagt: »cuinque petivimus fieri nostram bajulatorem per hoc mare magnum« I. 106; — bei welcher gelegenheit er in unmittelbarem verfolg dieser seiner worte bemerkt: »est enim inter Venetias et Murianam insula, in qua est ecclesia nova et pulchra s. Christophori cum monasterio ordinis albi [Augustiner], ein zeichen dass der h. eine besondere verehrung in Venedig genoss.

[35]) *Lucia* | Tucher 350: »in einer andern kirche zu sanct Lucia, darinnen liget sanct Lucia leibhafftig also gantz, dass man ihre brust noch sihet u. eigentlich erkennen mag.« Ebenso ldgrf. Wilh. 80. Ludolf 22 dagegen behauptet: »civitas est in Sicilia nomine Syracusa, qua sanct Lucia fuit passa, et ibidem etiam corpus eius integre requiescit«; in. Wetzer u. Welte VI, 609 behaupten, dass der h. gebeine nach Metz u. Venedig gekommen seien. — Lucia selber, die h. des 13 dec., wurde angeblich unter Diocletian, angeklagt von dem um des inzwischen getaneneu gelübdes der ewigen jungfräulichkeit verlassenen bräutigam, dass sie christin sei, vor gericht gezogen u. sollte von da in ein haus der schande gebracht werden. Da sie indes mit keiner gewalt von der stelle zu bringen war, auch an sie gelegtes feuer nicht verfangen wollte, stiess man ihr einen dolch in den hals, worauf sie noch einige stunden lebte. Obgleich ihr name in den messkanon aufgenommen ist, hat ihre geschichte keinen platz in den acta sanctorum gefunden, da sie vielfach angefochten wurde. Vgl. Wetzer u. Welte ao. u. Herzog VIII, 496 f. — Der sitte, baumwolle in die wun-

by venegen gheheifen[a] themeranen[b][16]) yetfeliche kyndere, die van
herodes gedoet weren. Item fo fagen wir daer eyns doetsmanflicham[c]
vnd men facht vns, dat he ouer hondert jaer doet were geweeft, vnd
was noch all gans in all fin leden;[d] vnde men facht vns daer vanden
bruderen van dem cloefter, dat eyn duytfche[37]) geweeft were vnd was
geweeft eyn capitaein van venegen vnde begaff fyn huyfvrouwe vnd die
werlt vnd ginck in dat cloefter vnd ftarff daer in reynicheit. Veel meer
reliquien liggen | daer, die wir nicht en fagen, vm dat die kirchen
niet apen en waren vnde daer nicht en quamen daer vp enige heilige
dage. Item in dat meir auer finte Marcus licht eyn cloefter in dat
meir vnde heit[e]) dat cloefter van finte Jorien[38]) vnd heeft eynen roden
taern; daer wart ghethoent[f]) die luchter arm van finte Jorien mertler,
item dat hoeft van finte Jacob apoftel minor, item die hoefden van
finte Cofmas vnd Damianus,[39]) item dat hoeft van eynem heiligen
vnd was eyn hertzoghe van bourgongen;[40]) item in eyn eylant by
die flaetter,[g][41]) daer men veirt van venedigen zto dem meirwerts,
in myt den groefen[h] feeeffen daer licht eyn cloefter vnd heit finte
nicolaus[42]) vnd fint monichen van finte benedictus orden; daer

a) gheheizen   b) fthemeranen   c) dootzmanflicham   d) leders   e) heitz
f) gezthoent   g) flaezer   h) groezen

den der hh. zu stecken u. dieses den besuchern ihrer kapellen zum andenken
zu schenken, wird öfters gedacht in den pilgerschriften. — Die hier in frage
kommende kirche ist diej. der genannten heiligen, Fabri III, 429 im sestier di
Canereggio, Maier I, 356 u. Hagen 3.

36) *Themeranen* | Offenbar verschrieben für te muranen, denn gemeint ist die
laguneninsel Murano mit der gleichnamigen stadt, nach Tucher 350 »Muron
genant«; »in der pfarrkirchen daselbst in zweyen altaren ligen der vnschuldigen
kindlein viel.« Ebenso ldgr. Wilh. 81 u. Fabr. I, 451: »nam Venetiis in Muriano
sunt in una tumba circiter centum corpora innocentum.«

37) *duytsche* | Kommt sonst nicht vor.

38) *Jorien* | »Monasterium s. Geor[g]ii ex opposito palatii s. Marci ultra
canale magnum«, Fabri I, 100, das heutige »san Giorgio maggiore«. — Als
einer der 15 nothelfer ist der bekannte h. des 23. ju röm. martyrologium, da-
gegen des 24. in Mailand. Aquilea u. deshalb vermutlich auch in Venedig in
letzterer stadt wieder besonders am platz.

39) *Damianus* | Heilige d. 27. sept., die als brüder und ärzte unter den
opfern der Diocletianischen verfolgung aufgeführt werden von der sehr wider-
spruchsvollen legende, vgl. acta 12. sept. VII, 428 ff.

40) *bourgongen* | Vermutlich ist der könig Sigismund v. Burgund. h. d. 1.
mai, gemeint, der vom arian. zum kath. christentum zurückkehrte u. 526 vom
fränk. könig Clodomir getötet wurde, vgl. Rettberg kirchengesch. Deutschlds.
I, 256. II. 88. Fabri I, 100 hat an seiner stelle wahrscheinlich einen »s.
Paulus, dux constantinopolitanus«, nur dass er von ihm das ganze »corpus«
nennt, indes hier »dat hoeft« steht.

41) *flaetter* | »Dua castella, quae claudunt portum illum«, Fabri I, 148;
castello s. Andrea u. castello s. Niccolo di Lido, Maier II, 36, 59.

42) *nicolaus* | »S. Niccolo de Lido, ad sanctum Nicolaum allius«, Fabr. I,

wart vns ghethoent^a) defe reliqeren^{42a}) hier na befcreuen: inden
eerften eyn van den krugen, daer vns lief here wafer^b) inden wyn
verwandelt; item den arm vnd dat hoefft van finte porphirius⁴³)
ritter vnde mertler, der bekeert wart van finte katherinen; item ein
beyn myt einem voet^c) van finte maria egipciaca;⁴⁴) item den bifcop
ftaf van finte nicolaus, item die fandalien, der finte nicolaus plach
zto befegenen, do he bifcof was, vnd twe^d) vinger; item eyn fyden
cleit, dat vp finte nicolaus licham gevonden wart vnd op twe^d)
anderen heilighen lichamen; dat wilch verdriift die quade geyften⁴⁵)
vanden mynschen. Item noch twe^d) teend^e) van finte nicolaus;
item eynen vingher van finte Thimoteus,^{45a}) jonger van finte Paulus;
item v gebeynen | van den cleinen kinderen, die herodes dede doden;
tem hilchdum van den eylfdufent megeden,⁴⁶) item van den knyde

---

a) gezthoent   b) wazer   c) voetz   d) ztwe   e) zteend

148; pflzgrf. Alex. 33: »zu sanct Nicolaus, genannt de Leo«. In der kirche
dieses klosters fand nach der feierlichen vermählung des dogen mit dem meere
am himmelfahrtstag jedes jahres die messe statt, die nur von männern besucht
werden durfte, Fabri I, 98; dagegen vom tage vor dem zweiten hauptfesttage
Venedigs wird erzählt, »dass auf Marx abend die gantze nacht steht s. Marx
kirch offen, vund darf kein manns person dareyn gehen dieselb nacht, dann allein
eytel frauwens personen«, pflzgr. Alex. 34^b. Das kloster wurde gebaut vom
dogen Domenico Contarini im j. 1044, vgl. Laugier, histoire de la republique
de Venise. Paris 1759. I, 390 u. Maier II, 59.

^{42a}) *religeren* | Von den hier genannten reliquien kommen einzelne wol
bei Fabri, Tucher u. dem pflzgr. Alex. vor, aber nicht diese gauze fülle. Letzterer
begnügt sich, nachdem er den einen wasserkrug u. des Nicolaus bischofsstab
genannt hat, hinzuzusetzen »mit vielen andern heiligthumen«. Tucher 350 führt
die beiden gleichen stücke an u. setzt hinzu: »vnd ander viel kleines heiligthumbs«.

⁴³) *porphirius* | Dieser dem röm. martyrologium nicht angehörige heilige wird
im leben der h. Katharine als befehlshaber einer schaar von 200 soldaten angeführt,
die mit ihm durch die eingekerkerte heilige bekehrt wurde u. vor ihr
den märtyrertod gelitten habe, vgl. Sintzel, leben u. taten der heiligen. Augsb.
1840. IV, 372.

⁴⁴) *egypciaca* | S. pilgerführer a. 202.

⁴⁵) *geyften* | Nachahmung von ag. 19, 12.

^{45a}) *Thimoteus* | Ueber den beginn der verehrung der reliquien des Timotheus
s. Usener, acta s Timothei, bonner akad. festschr. z. 22. März 1877. 36 f.

⁴⁶) *megeden* | Für den pilgrim aus dem cölner erzstift besonders bemerkenswert,
für uns von bedeutung, weil es mit Sigismunds reliquien das zweite hereinragen
des deutschen heiligengebiets ins venetianische bezeichnet, das seine
reliquien vorzugsweise aus dem orient bezog. Dass die verehrung der h. Ursula
mit ihren »eylfdufent megeden« in Oberitalien übrigens heimisch war, bezeugt
der dort im XVI. jh. entstandene Ursulinerinnenorden. Ueber die bekannte
legende s. Rettberg, k.-g. Deutschlds. I. 111—123. Gieseler k.-g. II, 2, 459 ff.
Wetzer u. Welte XI, 482—487 u. Simrock, hdb. d. deutsch. myth. 4, 389; über
ihre verpflanzung durch die kreuzfahrer nach Akko s. Geisheim 86, 87, nach
Rhodus s. Fabr. III, 288, nach Kypros, Lusignan, hist. generale du royaume de
Cypre. Paris 1613. 64.

van Abraham den patriarche; item vanden elenbage van finte
Bertholomeus; item gebeynte van finte georgius; item eyn oor van
finte paulus⁴⁷) die eerfte heremite; item twe^a) gebeynte van finte
procopius⁴⁸) ritter vnde mertler; item gebeynte van finte elizabeth⁴⁹);
item van finte laurens;⁵⁰) item eyn fcoen gelaff wul fcoens waters,^b)
dat wilch wt den graue van fint Nicolaus vnd finre gefellen⁵¹)
geronnen ift; item van dem holte des heiligen cruces, item noch veel
meer ander reliquien vnd hillichdum van vele heiligen, wilch auer
eyn weren vnde fo wt dem feluen caften gedaen weren. Item zuytoeft
aff van venedigen fteyt eyn cloefter⁵²) van monnichen de monte
carmeli, daer leeht int hoge altaer dat lichaem von finte helena,
de Conftantinus moder was vnd theilige cruce vant, vnde fy dede
maechen meer wan vierdehalfhondert kirchen indat heilige lant.

^a) ztwe   ^b) wazers

⁴⁷) *paulus* | Von Theben, der bekannte aegypt. einsiedler, der in der decianischen verfolgung in die wüste geflohen u. dort kurze zeit vor seinem tode als neunzigjähriger von Antonius entdeckt worden sein soll. Sein leben von Hieronymus s. bei Rosweyde, vitae patrum 17—20. Dass sein leben indes nicht wahrheit sondern dichtung ist s. bei Weingarten, d. ursprung des mönchstums im nachconstant. zeitalter. Gotha 1877.

⁴⁸) *procopius* | H. d. 8. juli, angeblich auf d. wege nach Apamea in Syrien durch einen gewittersturm bekehrt, in welchem ihm Christus erschien u. ihn von der verfolgung der christen abhielt; enthauptet 303. Ueber seine person herrschen erhebliche bedenken selbst bei den Bollandisten, vgl. Wetzer u. Welte VIII, 810.

⁴⁹) *elizabeth* | Vermutlich die mutter des täufers Joh., h. d. 5. nov. u. nicht die landgräfin Elis., gest. 1231 in Marburg, h. d. 19. nov., noch die mutter Konradins, h. d. 31. aug. Eher noch dürfte, da wir es hier mit einem Benedictinerkloster zu tun haben, an die freilich nicht förmlich canonisierte, aber gleichwol im röm. martyrolog. unter d. 18. juni verzeichnete h. Elis. aus dem Benedictinerinnenkl. Schönau gedacht werden, die 1165 starb. Ift doch i. j. 1589 eine ital. übersetzung ihrer »revelationes« in Venedig erschienen. Vgl. über d. h. Nebe, die h. Elisab. u. Egbert v. Schönau in »ann. d. ver. f. nass. gesch. u. altertumskunde« VIII, 157—244.

⁵⁰) *Laurens* | Der bekannte diacon in Rom, der 258 als märtyrer verbrannt wurde. Seine passio wird von hymn. II der Peristephanon des Prudentius (ed. Cellarii 93—117) verherrlicht.

⁵¹) *gefellen* | Ob damit gemeint ist, was Fabr. III, 364 erzählt: »corpus S. Nicolai quiescit in civitate Bariensi [Apulien], quod 70 audaces milites christiani per medium Turcorum irruentes in Myrream tulerunt de tumba et in Barium transtulerunt, ubi hodie dicunt de ejus membris desudare oleum«?

⁵²) *cloefter* | S. Helenakloster, in dem aber pilzgr. Alex. 32^b »münch von s. Benedicten orden« findet. Fabr. III, 424 ff. dagegen kennt wenigstens keine Benedictiner darin, da er unter den 3 Benedictinerconventen in Venedig diesen hier nicht aufführt; in wirklichkeit gehörte d. kl. den mönchen v. Oelberg d. h. Cisterciensern seit 1107. Vorher hatten es geregelte chorherrn inne u. gegründet war es urspr. als pilgerhospital vom bisch. Vital Michele von Castello 1170, vgl. Maier II, 28. Das »de monte carmele« des textes beruht demnach auf verwechselung.

Nochtans fo feggent die bruderen vanden berch van Syon, dat fy meer wan fees hondert³³) kirchen haet geftieht vnde heeft vp eirre borft eyn ftuck vanden cruce vns heren eruyfgewife gemacchet, dat fy myt eir nuer bracht. Item vp eir licham licht dat rugbein van fynte maria magdalena, item eynen ganfen vinger van finte Conftantinus eiren fon den keyfer. Item fo ftaent daer veel cloefteren bynnen vnde buten venegen indem meir, die wir verfochten vnd feer feoen fynt. Sunderlinge to^a) venegen bynnen faghen wir eyn feoen cloefter⁵⁴) vander preedicherer | orden myt eyn feoen kirche geeftricht feer coftliehen. Der geliken fo ift dat mynerbruder⁵⁵) cloefter auch feer feoen. Item noch is daer eyn feoen cloefter bynnen der ftat vnd heit finte faluator,⁵⁶) dat to^a) mael gueder geiftliche lude fyn vnd feer oetmodichlichen doen fy eir getyden; vnde daer ift eyn feoen koftliche taefel vp dat houge altaer van filueren ouergult,⁵⁶ᵃ) die men in groeten^b) hoechziiden vp deit. Item voer finte marcus kirche ift eyn feoenen maerekt myt feonen hufen vmbauwet an beyden fiden. Item bauen die kirche van finte Marcus fut men vier coftliche coeferen vnd ouergulte

ᵃ) zto   ᵇ) grozten

⁵³) *hondert* | Das vierte u. fünfte jh. wissen von dieser enormen bautätigkeit Helenas so wenig, dass der pilger von Bordeaux i. j. 333 die kirchen von Bethl. u. auf dem Oelberg, die Eusebius von der kaiserin erbaut sein lässt, unbedenklich ihrem sohne zuschreibt, Tbl. u. Molinier itinera hierosolymitana Genev. 1879. 18 f. Und noch im anfang des XIV. jh. lässt Niceph. Callistus. hist. eccl. VIII, 30 die genannte nur über 30 kirchen erbaut haben, von denen er 17 aufzählt, s. Robinson, Palaestina II, 212 f. Erst im XV. jh. werden diese fabelhaften zahlen genannt. Auffälliger weise wird in dem itinerar des ldgr. Wilh. 80 bei besprechung desselben venetian. klosters die bemerkung gemacht: »sie [Helena] hat auch gebauet 400 klöster, kirchen u. klausen im heiligen lande«.

⁵⁴) *cloefter* | Vermutlich »conventus et ecclesia ad s. Johannem et Paulum«, die Fabr. III, 425 als sehr glänzend schildert, dabei aber auch von ihren bewohnern sagt, dass sie »in quadam saecularis gloriae pompa« leben.

⁵⁵) *mynerbruder* | Wol »ad s. Mariam de vinea, ubi fratres minores de observantia habent pulcherrimum conventum.« Fabr. I, 103.

⁵⁶) *faluator* | »Ubi sunt canonici regulares de observantia« Fabr. I, 106, d. h. regularchorherrn von der congregation di s. Salvatore in Bologna, die auch Scopetini heissen u. an d. stelle der geregelten chorherrn des h. Augustinus seit 1441 von p. Eugenius IV gesetzt worden waren, vgl. Maier I, 295.

⁵⁶ᵃ) *ouergult* | Diese altartafel, eine »scultura di finissimo argento con figure di basso-rilievo alte un piede«, die nur bei besonderen festlichkeiten geöffnet wird, nennt ihr beschreiber in »Venezia e le sue lagune« II, 2, 223 eine »stupenda opera« u. lässt sie im j. 1290 von dem prior eines nachbarklosters, namens Benedetto, verfertigt sein. — Das vom verf. gebrauchte wort ouergult betr. darf es auffallen, dass das wbch. von Schiller u. Lübben es nicht zu deuten weiss, obgleich letzteres ein j. nach Lexer erschienen ist, der die richtige bedeutung angibt.

peerde, die daer ftaen ter eeren van keyfer frederich⁵⁷) mytten
roden barde. Item an die kirche freit eyn feer coftlich pallaes,⁵⁷ᵃ)
daer der herzoge in wanet, vnd daer in fynt feer feuen falen vnde
kameren vnd eyn feuen plaets in dat middel vanden pallas. Item
daer by tuffchen dem placts vnd die kirche van fint marcus ftaen
tweᵃ) cleyn fulen⁵⁷ᵇ) van marberfteyn, dat wilchis die galge gemacht
voer den herztoge van venedigen, weir dat he vm feluen weder
die ftat ontginge. Item daer eyn weynich aff toᵇ) vifmart⁵⁷ᶜ) an

ᵃ) ztwe   ᵇ) zto

⁵⁷) *frederich* | »Super ostium occidentale ecclesiae s. Marci stant quatuor
equi magni ex aere fusi et deaurati, quos cuidam imperatori Friderico I. urbem
Venetianam obsidenti fecerunt; juraverat enim imperator obsidionem non velle
solvere, nisi equos suos locasset in ecclesiam s. Marci et plateam aratro arasset,
et ita factum fuit. In ejus rei signum equos illos fecerunt et plateam totam
marmore straverunt vario per longum in signum sulcorum aratri«. Fabri III, 422
vgl. Seb. Münster Cosmographei. Basel 1550. 253 u. die noch ausführlichere, viele
eigenartige züge enthaltende erzählung bei A. v. Harff, pilgerfahrt, hrsg. v.
Groote. Köln 1860. 43 f. Kürzere berichte bei Dietr. v. Schachten (1491) u.
pfalzgraf Otto Heinr. (1521) s. in Röh.-Meisn. 173 u. 355. Woher sich diese
sage datiert ist bis jetzt unaufgehellt. Das berühmte viergespann kam bekannt-
lich lange nach Friedr. I. tod (1190) in folge d. eroberung Constantinopels in die
hände der Venetianer (1204), vgl. Wilken, gesch. d. krzzge V, 364 u. 94 u.
Hurter gesch. p. Innoc. III. Ebing. 1835, I. 509 u. 589 durch den podesta
Marino Zeno u. war zuerst im arsenal untergebracht worden, ehe es seinen
heutigen platz einnahm, vgl. Maier I, 150. Der besonderen güte des hrn. Dr. Elze
in Venedig verdanke ich durch freundliche vermittelung des herrn Jul. Müller
die folgende bemerkung: »der mittlere die gallerie des atriums durchschneidende
torbogen von s. Marco kann nach seiner architektur keinesfalls vor 1250 an-
gesetzt werden, wahrscheinlich ist er erst gegen 1300 entstanden. Natürlicher-
weise ist anzunehmen, dass auch die pferde erst nach errichtung desselben aus
dem arsenal an ihre jetzige stelle gekommen sind, doch noch vor 1300, weil
dieselben in der alten mosivischen ansicht von s. Marco im nördlichsten tor-
bogen der façade des atriums bereits an ihrer jetzigen stelle sichtbar sind, jenes
mosaikbild aber allgemein in das ende des XIII. jhs. verlegt wird. In die
gleiche zeit fällt auch das alte mosaikpflaster des atriums (also c. 100 jahre nach
Barbarossa); dieses ist aber vor der hauptkirchentüre erst viel später durch grössere
platten ersetzt worden vermutlich wegen abnutzung u. defecten zustandes des
ersteren u. gewiss ohne alle beziehung zu k. Friedrich. Dass sich in späteren
jhh. für die pferde wie für das pflaster sagen gebildet haben, beruht gewiss nicht
auf tradition. wenigstens ist von dieser nichts bekannt; sondern rein auf dichte-
risch schaffender phantasie, etwa wie E. Geibels romanze: »die tauben von
s. Marco«.

⁵⁷ᵃ) *pallaes* | Da der 1177 zum grossen teile abgebrannte palast mit be-
lassung der aussenmauern ganz in seiner früheren gestalt hergestellt wurde, so
ist die beschreibung des heutigen massgebend für den unseres verf.'s; vgl. des-
halb über seine säle, zimmer u. seinen hof Maier I, 188—230.

⁵⁷ᵇ) *twe cleyn fulen* | »Zwei viereckkigte säulen mit syrischen karakteren,
die Lorenzo Tiepoli 1253 von Akre nach Venedig mitbrachte. Zwischen den-
selben ward der doge Falier enthauptet; u. dies ist überhaupt die richtstätte
aller der personen von stande, die nicht heimlich aus dem wege geräumt wer-
den.« Der platz auf dem diese säulen stehen ist der teil der Piacetta, welcher
Broglio heisst. Maier I, 231.

⁵⁷ᶜ) *vifmart* | Pescheria »am canal von s. Marco«.

fo ftaen daer zwe lange fulen,[38]) die wilch van eynen fteyn fyn, vp die eyn fteit finte Marcus vnd vp die ander fteit finte theodolus.[39]) Item auer fint Marcus plaets weder die kirche auer fteit eynen koftlichen taern[60]) van finte marcus vnde is bauen auerdeckt myt golde vnd is gemacht, dat men daer vp riden macht myt eynen peerde; fo men facht, fo was der herztoge van Cleue[a)][60a]) vp gereden; | vnde daer fut men die ganfe ftat van venedigen, die wilche kuftelich gebout ift.

Item na groten coften vnde lange tyden,[b]) die wir to[c]) venegen gedaen hatden, fo en konde die galeye[d]) nicht bereit gewerden, ten was by na fint johans dach,[61]) auermidts dat fy alt vnd bofe was, fo dat fy ran vnd grofe[e]) hulpe bedoerfte; fo dat wir myt den

---

a) zwischen diesem u. dem folg. worte stand: »daer«, welches durchstrichen ist b) ztyden c) zto d) galeyde e) groze

[38]) *fulen* | »In platea s. Marci inter turrim et ecclesiam vel palatium contra mare stant duae columnae insignes marmoreae utraque unius lapidis: in una columna supra capitellum stat leo magnus, s. Marci imago. In alia stat vir armatus, quem dicunt esse imaginem s. Theodori, primi civitatis patroni; alii dicunt esse s. Georgii imaginem«. Fabri III, 421. »Sie wurden unter dem dogad des Sebastian Ziani nebst noch einer dritten, die aber beim ausladen ins wasser fiel u. verloren ging, aus Griechenland gebracht — — u. viel jahre darnach durch einen lombard. baumeister Nicolo Barattieri 1329 aufgerichtet«. Maier I, 231 f.

[39]) *theodolus* | Schreibfehler für den in voriger anm. genannten Theodorus, mit dem beinamen Tiro, der unter Maximin u. Galerius den märtyrertod starb als eben erst ins heer eingetretener junger christ, s. Gregor Nyss. opp. ed. Paris 1615. II, 1002 f. Seine statue auf der piazetta in Venedig hat ein krokodil (d. h. drachen) zu füssen, wie Fabri richtig berichtet, vgl. Müller u. Mothes 915, u. ist »armée de toutes pièces, mais avec la lance à la main gauche et le bouchier à la droite«, Amelot de la Houssaie, hist. du gouvernement de Venise. Paris 1676. 68. Ehemals patron der stadt soll er wegen der abneigung der stadt gegen das kriegswesen, dessen h. er ist, durch s. Marcus ersetzt worden sein, vgl. Andr. Mocenicus, belli camer. I bei Amelot de la Hussaie ao.

[60]) *taern* | Turris ista s. Marci magna est, quadrangularis et alta, ejus ascensus est ita factus, quod equus cum insidente potest ascendere usque ad campanas; unde anno praeterito, quum Fridericus III fuit Venetiis, duxerunt illum Veneti in mulo sedentem usque ad campanas«. Fabri III, 421. »Sabellico, der um 1487 dieses gebäude beschreibt, sagt, dass das dach mit goldblech bedeckt war, worauf man bei heiterem himmel die sonnenstrahlen in solcher entfernung wahrnahm, dass sie den schiffen die aus Istrien kamen, auf hundert meilen zum wegweiser dienten.« Maier I, 252.

[60a]) *Cleue* | Weist der bestimmte artikel bei »herztoge« schon auf einen zur zeit des verf.'s noch lebenden fürsten dieses ihm benachbarten landes — ein grund, weshalb er dessen namen nicht nennt — so vergewissert uns Gert's van der Schüren chronik von Cleve u. Mark, hrsg. v. L. Tross. Hamm 1824, 294—308, dass herzog Johann van Cleve 1470 ins h. land zog u. bei dieser gelegenheit sich mehrere wochen in Venedig aufhielt. Dass »dese joegentliche prince, hertoch Johan« (geb. 1419, gest. 1481), einen solchen ritt auf den Marcusturm unternahm, mag demnach tatsache sein, s. auch unten v. Dusen 15.

[61]) *dach* | »Johans (des täufers) dagh« »ohne beisatz ist stets der 24. juni«, Grotefend, hdb. d. hist. chronol. 89.

anderen auerquamen myt den patroen den veirzienden dach in meye vnde belaefden vns allen, he folde vaeren daer nae xx daghen, vnd weert dat he nicht vn voere, fo folde he bezalen vnfe coften van dan voert vnd folt vns vnfe gelt weder gheuen: dat he vns eyn aber ander nicht en hielt, fo dat wir vm moften eruolgen an dem herzoge[62]) van venedigen vnde an den heren[63]) om doen to[a]) vaeren. Vnde went daer niet veel[63a]) pilgrims vn weren, fo claechden die patroen feer voer die heren, dat he myt fo grote[b]) coft mufte fyn vm die galeyde to[a]) zo machen van gewapent volck weder die turcken[64]) vnde viande, die om weder varen muchten, noch fo veel royers, die men daer galeiotten[65]) nompt, und he der nicht en mochte myeden. Duer vm die herztoge integenwerdicheit van vns pilgrims vnd die heren van venegen zeer boefe worden vnde vraechden vm, aber he alle vns pilgrims leueren[65a]) wolde den turken; fo dat he vm ouch

a) zto   b) groze

[62]) *herzoge* | Der damalige doge (dux) hiess Nicolaus Trono, der dies anfangs september 1471 als ein 74jähriger geworden war, nachdem er von seinem handelsgeschäft auf Rhodus reich geworden, die ersten ehrenämter des staats bekleidet u. zuletzt das der dogenwürde nächste amt eines »procurator operis s. Marcis versehen hatte. Er starb indess schon am 22. juli 1472. Vgl. Laugier histoire de la republ. de Venise. Paris 1765. VII, 247 u 261.

[63]) *heren* | Vom » sog. collegio nämlich, u. zunächst der sog. signoria d. h. mit dem dogen dessen sechs bzw. neun beiräten.« J. Müller 29 u. 93. Dass übrigens das anbringen von klagen über die patrone vor dieser behörde nichts ungewöhnliches war, sehen wir aus reyßb. 35 (pfzgr. Alex.).

[63a]) *niet veel* | Nach seinem reisegefährten Ulr. Leman aus St. Gallen 53 personen, Röhr.-Meisn. 103.

[64]) *turken* | Fabr. III, 409. lässt zwar 1472 frieden mit den türken geschlossen sein; das ist indes verwechselung mit dem frieden vom j. 1479. Im j. 1472 stand Venedig bereits 10 j. feindselig gegen die Türken, mit denen es 1455 den ersten frieden geschlossen hatte. Hätte es aber auch mit letzteren im frieden gelebt, so war doch niemals eine völlige sicherheit vorhanden, wie das beispiel Fabri's im j. 1480 (I, 32, 37) u. der freche angriff auf die den herz. Bogislav X. führende galeere i. j. 1496 (venet. actenstücke u. reyßb.) beweisen.

[65]) *galeiotten* | »Infimi [auf dem schiffe] dicuntur galeotae vel galeoti, primae vel secundae declinationis [cf. du Cange-Henschel III, 462, 63]: ital. galeotto quos latine nominamus remiges vel remices, qui in transtris sedent ad rumos trahendos . . . . ut asinini labores eorum sunt, ad quos faciendos clamoribus, verberibus, maledictionibus stimulantur . . . . Taedet me scribere et horreo cogitare de tormentis et castigationibus illorum hominum: nunquam vidi bestias adeo atrociter percuti, sicut illi caeduntur. . . . . Hi galeoti sunt in plurimum servi emptitii patronorum, vel alias sunt vilis conditionis, aut captivi aut fugitivi de terris aut expulsi aut exules vel adeo infelices, quod super terram vivere non possunt nec se nutrire valent: et quando timetur fuga eorum, tunc ferramentis includuntur super transtra sua, ad quos vinculantur. Ut communiter sunt Macedones et de Albania, de Achaia, de Illyrico et Sclavonia et nonnunquam sunt inter eos Turci et Sarraceni, qui tamen occultant ritum suum. Nunquam vidi Theutonicum galeotam, quia nullus Theutonicus miserias istas sustinere posset«. Fabri I, 125 f.

[65a]) *leueren* | In die sclaverei.

druwede dat leuen to*a*) nemen, auermids dat he niet alleyn dit jaer, mer
ouch mede zto x aber xII jaeren weder die rechten van venegen fyn
galeye *b)*66) ghevoert had fonder lude van wapen vnde ruyers aber
fo weynich, dat he daer nicht mut en vollen dede der rechten[67]
van venegen vnd he vm to*a*) laten*c*) befeen voer den herzogen vnde
zto nemen myt vm hondert vnde teen[68]) man vm fyn galeyde mede

a) zto   b) galeyde   c) lazen

66) *fyn galeye* | D. h. die von ihm geführte, aber dem staate gehörige ga-
leere. Denn dass zu dieser zeit der staat das bzw. die pilgrimsschiffe u. dazu
selbst die patrone stellte, geht klar aus den verschiedenen bemerkungen bei
Fabri hervor, evag. 37, 47: »galea est s. Marci propria«, 86, 167. Es ist dem-
nach die vermutung J. Müllers 32, a. 105 zu bestätigen u. die von ihm 74,
a 259 gemachte bemerkung, dass der in den acten gebrauchte ausdruck »galia
dal Zafo della signoria di Venezia« die galeere nicht als staatseigentum, son-
dern nur als unter venetianischer botmässigkeit stehend bezeichne, zu berich-
tigen, vgl. auch 106.

67) *rechten* | Da es zum wesen der galeere gehörte »segel- u. ruderschiff zugleich
zu sein, so verstehen sich die »ruyers« von selbst u. es war ohne weiteres gegen
venet. recht ohne sie o. mit einer unzureichenden anzahl zu fahren. Dass aber
auch die »lude von wapen« o. doch waffen auf ein pilgerschiff nach venet.
rechte gehörten, geht aus § 32 des überfahrtsvertrags d. herz. Bogislav: »quod
patronus teneatur habere armaturas pro peregrinis ad galee defensionem et
hostium invasionem, si opus fuerit, juxta ordines officii d. Cathaverum (der
behörde für beförderung der pilger nach Jaffa, venet. actenst. 128 f. u. Amelot
de la Houssaie, 239 f.) in similibus observatos«, venet. actenst. 74, a. 254 her-
vor. In friedenszeiten nahm man wol umgang von dieser gesetzlichen bestim-
mung, wie Fabr. I, 118 bei beschreibung der pilgergaleere zum unterschied von
derj. des kriegs beweist.

68) *hondert vnde teen* | Nach Fabr. I, 118 f. betrug die besatzung der galéa
(eines dreiruderers) von 60 ruderbänken zu je drei sitzen an rudercrn; 180, an
compani (d. h. an denen »qui seiunt discurrere per funes sicut catti« etc. s. 125)
etwa 9, an marinarii (»qui ad instantes lahores cantant etc.« ibid.) eine unge-
nannte zahl, an bogenschützen (für jede bank einen =) 60, an schleuderern(bom-
bardini) aus je 25 bombarden (nämlich eine zwischen je zwei bänken, sodass also
die vier endbänke nicht zählen u. ausserdem die zwei letzten der rechten seite
am schiffshinterteil nicht, weil hinter diese die küche angebracht ist, vgl. 119.)
25, im ganzen demnach gegen 280 mann. Es stimmt das annähernd mit der
berechnung J. Müller's 105 der die vorschriftsmässige zahl der »galera grossa«
150 ruderer, 50 sonstige seeleute u. etwa 100 wehrhafte mann sein lässt. Da nun
aus der im texte gegebenen darstellung hervor zu gehen scheint, dass »wapenen«
auf die gesammte ausrüstung an mannschaft geht, so sind in den 110 mann sowol
»galeiotten« als seesoldaten begriffen u. wir müssten für dieselben etwa
folgende verteilung finden: 60 gal., 10 comp. u. marinarii, 30 bogensch. u. 10
bombardinen. Mit anderen worten wir würden in des verf. »pilgrims galeide«
einen zweiruderer vor uns haben mit dreissig bänken (transtra). Dieser an-
nahme ist alles günstig: zunächst die vom verf. genannten »niet veel pilgrims«
fürs andere, dass Fabri auf seiner ersten Palaestinafahrt auch in einer biremis
fuhr I, 118, u. bei seiner zweiten fahrt eben diese biremis neben der von ihm
nun benutzten triremis als »zwei pilgerschiffe beschreibt: drittens aber, dass
J. Müller aus Malipiero's actenmässiger darstellung der den herz. Bogislav X. v.
Pommern betreffenden ereignisse auf der pilgerfahrt von 1496 (erschienen im
VII. b, d. »archivio storico italiano« Febr. 1843) den ausdruck die grosse Jaffa-
galere, »la galia grossa dal Zafo uns vorführt 71 u. 104. Aus letzerem nämlich
ersehen wir, dass der grossen Jaffagalere eine kleine entsprochen haben muss

zto wapenen. Vnd fo kreeh he oerloff to⁽ᵃ⁾ varen. Al gelaefden he vns zto varen bynnen v aber vi daghen, nochtant en hielt he vns gheyn gelone. Mer dorch dat groete veruoleh van vns luden,⁽ᵇ⁾ fo dede die patroen ropen vp finte Marcus plaetze⁶⁹) vp den xxⁱᵉⁿ dach van junio zto varen. Mer wie wal he dat hatde doen roepen achtage daer zto voirens, nochtant fo hatde he fo veel to⁽ᵃ⁾ doen mut fin comenfeaf⁷⁰) zto laden, fo dat he nicht en voer, ten was dem xxvi dach in junio, wo wal wir to⁽ᵃ⁾ den fchiffe geeomen weren. Sus ift dat wefen van den patronen: wes fy lauen, fy en haldens nicht;⁷¹) daer vm fy eyn' yetlich hier voer gewnerfeowet, wes emant ervaeren muchte.

Int jaer vns heren dufent vierhondert lxxii den xxvi dach in junio zwe dage nach finte Johan baptiften des vridages, vnd was den dach Johannes et pauli mertler, des auonts voeren wir van venedigen na Iherusalem mut eynre galeyen,⁽ᶜ⁾ daer die patroen aff was, genent Andris conterijni⁷²) vnd voer mede twe⁽ᵈ⁾ van finen

---

ᵃ) zto   ᵇ) Indeſ, doch ist das erste e undeutlich, so dass allein das zweite gelten zu sollen scheint   ᶜ) galeyden   ᵈ) zwe

u. dass also die Fabrische darstellung mit vollkommenem rechte sagt: »similes vel aequales sunt omnes galeae in forma, dissimiles in magnitudine, quia aliquae galeae sunt grandes, quae dicuntur triremes aliquae sunt varuae et sunt biremes« (f. 118 vgl. ibid. 88). Ein gleiches scheint übrigens aus dem bericht Gumpenberg's rBb. 236 geschlossen werden zu dürfen. Deutlich aber sagt es, wie wir nachträglich finden v. Harff 57, indem er bemerkt, dass die herrschaft von Venedig alljährlich 11 schiffe »kouffmenschaff zo voiren« aussendet: nach Alexandrien, Beirut, Tripolis, Barbaryen, Constantinopel, »item tzwae na Jaffe, dae inne gemeynlich die pylgerym alle jaire zo Jerusalem faren«; u. endlich je zwei nach England u. Flandern, wozu unten v. Dosen's bericht zu vgl. ist.

⁶⁹) *finte Marcus plaetze* | Dort »ante majus ostium ecclesiae s. Marci« pflegte, wie wir aus Fabr. I. 86 schliessen dürfen, jede öffentliche bekanntmachung für die pilger vor sich zu gehen. Dort war die rote fahne mit weissem kreuze, d. h. die pilgrimsfahne auf hohem maste aufgesteckt u. unter ihr standen die diener der patrone, um die pilger zur fahrt auf der galere ihres herrn einzuladen.

⁷⁰) *comenfeaf* | Obgleich der partron ein »nobiles« (vgl. a. 72) u. ihm deswegen nach venet. staatsgesetz verboten war, handel zu treiben, so liess er es sich doch nicht nehmen »sin comenfeaf zto laden«, wie es scheints alle patrone taten, vgl. Breydenb. rBb. 50ᵇ u. 215ᵇ. Man umgingeinfach das gesetz, indem man sich mit einem kaufmann verband und diesen den namen hergeben liess. Der senat schwieg dazu, weil er reiche edelleute notwendig hatte, überdies aber auch ein gesetz, das die heirat eines adeligen mit der tochter eines seiden- o tuchhändlers o. glasfabrikanten billigte, den betreffenden adeligen schwiegersohn demnach zum geschäftsgenossen machte, vgl. Amelot de la Houssaie, 24, 30 u. 60 u. J. Müller 67 f.

⁷¹) *en haldens nicht* | Die gewöhnliche pilgererfahrung vgl. rBb. 35. 236 herz Friedr. (zstch. d. d. Palaestinaver. I, 115.) Hagen 10. Röhricht-Meisner 15, u. ein venet. charakterfehler nach Amelot de la Houssaie 336: »les commencements sont toûjours beaux avec eux, mais la suite et la fin ne sont jamais de même. .... Ils promettent tout, quand ils ont peur, et ne tiennent rien après.«

⁷²) *conterijni* | Richtiger Contarini. Der name gehört einem der bedeutendsten

foenen; daer wir gemeyntlich mede beftadet worden voir xxx ducaten[73]) voer die fcyfmyde ende[a]) coſt. Vnde doen wir indem meer quamen, ſo wartet inden wint gaen vnd et ſtromden ſeer,[b] ſo dat wir quamen des manendages daer na vp ſinte peter vnde ſinte paulus dach[74]) zto parenſche[75]) inden hauen, daer wir den dach bleuen vnde is hundert milen[75a]) van venegen. Des dinſdaghes daer na des morgens vroech ſo wolde die patroen vaeren na[c]) An-

---

[a]) im orig. eū   [b]) zeer   [c]) zto

venetian. adelsgeschlechte an. Ein Domenico Contarini war der dreissigste doge Venedigs (1044—70); ein Andreas Cont. der sechzigste (1367—82), ein Zacharias Cont. spielte bei der wahl des diesem folgenden neuen dogen eine hauptrolle als senator (Laugier, hist. V, 52 ff.); ein Stephanus Cont. ist 1427 oberbefehlshaber der flotte (ebend. VI, 68 ff.); Franz Cont. 1477 befehlshaber des landheers (ao. VII, 306 f.) u. Carlo Cont. hundertster doge der republik v. 1655—56 (ao. XI, 466 ff.). Die familie behauptet, in grader linie vom deutschen rheingrafengeschlecht (comes Rheni) zu stammen, weshalb sich auch der letztgenannte doge Contareno schrieb u. in seinem vorzimmer einen dahin lautenden stammbaum hängen hatte, vgl. Amel. de la Houssaie 352. Dass dies alte familientradition gewesen sein muss, bezeugt auch der umstand, dass Breydenb. rbb. 50[b] von dem »patron der gallee, genannt Augustin Conterini, d. i. im teutschen der rheingraff« u. Fabr. I, 32 von demselben »dominus Aug. Conterinus, quod idem est, quam comes Rheni« schreiben. Unser Andreas C. wird nur noch von Lemun u. Mergenthal genannt, vgl. Röhr.-Meisn. 12. Dass er senator gewesen, ist sehr wahrscheinlich, da Aug. Cont. als ein solcher von Fabri aufgeführt wird. Sein neffe wird unten 18 »boerchgraue« von »cherigo maior« u. venet. »potestaet« i. e. podestà genannt, gehörte also auch unter die nobili. Ob Andreas C. als öfterer palaestinafahrer, wie Augustin, der als solcher 1479, 1480, 1483, 1496 erscheint, vgl. rbb. 349[b], 50[b] u. 34[b], Fabr. I, 32 u. v. Dusen 5, der stammvater der Contarini del Zaffo ist, wissen wir nicht; da nur so viel bekannt ist, dass zwischen 1473, dem todesjahr des königs Jacob v. Cypern u. 1480 dem jahre der verzichtleistung der wittwe dieses königs auf die cypr. krone zu gunsten der republik Venedig, einer der Cont. »mit dem contado di Jaffa, volgaremente detto Zaffo, u. mit der contea di Ascalone von Katharina Cornaro, der königin von Cypern [eben jener wittwe] belehnt« worden sein muss, vgl. Paoletti, il fiori di Venezia. 1840. VI, 35 J. Müller 110.

[73]) XXX ducaten | Nach dem voc. theut. 1482 bei Grimm d. wbch. II, 1487: »ducate, ein guldein also genant, ducatus«, u. auch dem voc. ex quo v. 1488: »ducatus est florenus«. — Die höhe der summe kommt ziemlich nahe derjenigen aus nächster zeit vor- u. rückwärts. Gumpenberg bezahlt 1449 die summe von 48, Tucher 1479 die bedungenen 34, Breidenb. 1483 42, Fabri zur selben zeit 44, pflzgr. Alex. 1497 50 ducaten. Andere angaben s. Tbl. dnkbl. 550, s. auch unten a. 655 u. vor allem v. Dusen 4.

[74]) dach | 29. juni.

[75]) parensche | Parenzo, das alte Parentium, in Istrien. — Sprachlich ist bemerkenswert, dass das ital. z (= s) zum rheinfränk. sch wird, vgl. pilgerf. u. 34; doch erscheint nachher auch parenfe u. parens. Weiteres s. unten a. 84.

[75a]) hundert milen | Pflzgr. Alex. rbb. 35[b]: »vnd ist von Venedig ghen Parentz hundert welsche meyln«, ebenso Pfinzing 125 u. ldgr. Wilh. 83. Vielleicht aber wird man bei allen diesen angaben sich des wortes bei Fabri I, 4 erinnern müssen: »numerum milliarium per terras et maria nolui ubique ponere propter magnas diversitates, quas reperi de hoc in libellis militum, et propter incertitudinem illius mensurationis, et propter inaequalitatem milliarium. Nam per mare non potest haberi certitudo de numero milliarium, nisi essent semper aequales venti.«

chonen[76]) to[a)] vnfer vrouwen van loreten,[77]) dat eyn fcoen bede-
vaert ift; mer auermidts dat by twe[b)] hondert milen vten | weghe
was, fo waft vns pilgrims nicht to[a)] wille, dat he to[a)] Anchonen
varen folde. Nochtans die patrone dede finen wille vnd voer na
Anchonen. Vnde men fal wefen,[c)] dat anchonen is eyn guede ftat
vnd[d)] lecht vschicks auer meer an des paeus lant vnd hoert im
to[a)]. So nam die patroen fyn wech van parens auer dat meer vnde
ftorınden all den nacht vnde des anderen daghes feer,[e)] fo dat wir
to[a)] anchonen nicht comen enkonden. Mer doe wir by dem lande
weren, fo moften wir des nachtes by gewalt vandem winde vnd
dem ftorm weder kyfen dat lant van parenfe; vnd quamen mut
dem ftorm in groeter[f)] noet, went die galeye[g)] nicht dicht en
was. So voeren wir voer eyn ftat vnd heift rewingia[78]) vnde
ist eyn clein verdoruen fteedgen mut eyne fcoene hauen vnde
licht int lant van slauonien[79]) vnde is nicht meir wan x milen bauen

a) ztɯ   b) ztwo   c) wezen   d) et   e) zeer   f) groezer   g) galeyde

Trotzdem wird man ziemlich sicher gehen, wenn man die alte welsche meile mit
J. Müller 40 auf ungefähr einen kilometer ansetzt; 100 welsche meilen würden
dann 10 myriameter o. 12½ deutsche darstellen. Ein jh. später ist die um das
doppelte grössere welsche meile in brauch, wie bei Seydlitz 273 ausgiebig zu
erfehen ist; 4 welsche m. = 1 deutsche. Vgl. pilgerf. a. 5.

[76]) *Anchonen* | Ancona, hptst. der alten mark gleichen namens u. der späteren
delegation des kirchenstaats, amphitheatralisch am nordöstl (kumerischen) vorge-
birge der halbinsel aufsteigend, was vielleicht in dem »vschicks« des textes an-
gedeutet ist.

[77]) *loreten* | Loreto, der bekannte, 3 m. südlich v. Ancona, unweit des meeres
gelegene wallfahrtsort mit der casa santa d. h. der angeblichen wohnung der
h. jungfrau in Nazareth, welche die engel von Galilaea nach Dalmatien auf eine
anhöhe zwischen Tersato u. Fiume am 10. mai 1291 u. von da dec. 1294
über das adriat. meer in die nähe der stadt Recanati in einen lorbeerhain ge-
bracht haben sollen, von wo sie nach zwei abermaligen ortswechseln ihren
heutigen standort eingenommen habe. Die erwähnung des ortes hier ist einiger-
massen wertvoll, da erst Flavius Blondus (1388–1463), ein geborner Forlier (st.
Forli in der gleichen chem. delegation) u. nachmaliger päpstl. secretarius in
seinen »Italiae illustratae libri VIII (vgl. Cave, hist. lit. I, 83) das »celeberrimum
totius Italiae sacellum b. virginis in Laureto« nennt u. der 1471 gestorbene p. Paul I
zuerst ablässe den besuchern der stätte verlieh. Ebenso datieren die angaben
einer vom teufel besessenen person in Grenoble über die stellen, wo Maria ge-
kniet bei empfang der engelsbotschaft u. dergl. erst aus dem j. 1489. vgl. Wetzer
u. Welte VI, 596 f., Herzog VIII, 489, Tobler, Nazareth 151 f. u. v. Raumer,
Palaest.⁴ 135.

[78]) *rewingia* | Jetzt Rovigno in Istrien, das frühere Rivignum, bei Fabr. I,
152 u. III, 377 Breydenb. r3b, 114, Rubina genannt, bei dem ldgr. Wilh. v.
Thür. 83 gar zu Ruhma entstellt. Von einem zerstörtsein des ortes ist sonst
nirgends die rede.

[79]) *slauonien* | Eine vom VII.–X. jh. geltende bezeichnung vgl. Spruner-
Menke handatlas f. d. gesch. d. mittelalters³ bl. 76, 79 81, die im volkstüm-
lichen gebrauch geblieben zu sein scheint, weshalb auch Fabr. III, 359 noch
bemerkt: »alia regio Sclavoniae est Dalmatia . . . . . et haec etiam est per

parenfe. In wilche laft wir weren, fo loefden wir bedeuart vnde
wir liefen[a] ommegaen got ter eren vnd finre lieuer moder maria,[80])
wes auont dat doe was, vnde finte Nicolaus, dat wir mut lieue in
eyn hauen mochten comen vnde vergaderden eyn deyl offe-
randen vur zto doen eyn myffe; so dat wir by der gracien godts
vp vnfer vrouwen auont vifitatio den eerften dach in julio qua-
men zto rewingie in die hauen omtrent vefperzijt vnd bleuen
daer dien dach vnd die nacht vnd voert all den dach van vnferer
vrouwen vnd deden finghen eyn fcoen miffe[81]) van vnfer vrouwen
mut eyn collecte[82]) van finte nicolaus vnd sagen die ftat, na dat
wir miffe gehoert hatden. Item fo fynt defe twe[b] fteden den vene-
tianen.[83]) Item fo heeft parenfe[84]) geweeft | hier voirmaels eyn
grofe[c] ftat, mer fy ift verheert, als men daer buten der ftat wal
fien mach, went alle die capellen daer vmme der ftat ftaen vnd

---

[a]) liезё [b]) ztwo [c]) groze

diversas naciones in se divisa. nam Dalmatiae pars est Croatia et Histria et
Pannoniae pars magna etc.« Gleichwol findet sich beim ldgr. Wilh. v. Thür. 83
die notiz: »da [bei Palmedore i. e. Promontore an der südspitze von Istrien]
endet sich das land Histria u. hebt sich an das land Schlavonia«. Noch anders
die mitteilung bei Geisheim 66 f. nach der bei »Sebonick« (Sebenico) »Schlawo-
nien« beginnt. S. 13 wird statt Slavonien richtig »histria« gesetzt.

[80]) *maria* | Mit Pelagia, Christus, Georgios, unserm Nikolaos hier (angebl.
bischof v. Myra in Lycien u. h d. 6. dec.) u. Elias unter den schutzheiligen der
schiffer angerufen u. mit manchem heiligtum am gestade u. auf den inseln des
mittelmeers ausgezeichnet. Zahlreiche dahin lautende beinamen wie stella maris,
mare, pelagus, navis, navigium, nauta, anchora, aura, favonius, gubernatrix,
gubernaculum, portus, vgl. Hippol. Marracey, polyanthea Mariana, Col. Agripp.
1683, desgl. der gesang der venet. schiffer zum lobe d. h. jungfrau vgl. Augusti
denkw. III. 9 u. vor allem die alte hymne »ave maris stella«, deren anwendung
in der not bei Fabri III. 327, bestätigen dies.

[81]) *fcoen miffe* | »Die missa cantata [von welcher hier die rede ist] ist jene
messe, bei welcher musikalische sänger mit ihrem kirchlichen gesange den cele-
brierenden priester begleiten, ohne dass jedoch ministri, welche die kirchlichen
ordines haben, zugegen sind. Wetzer u. Welte VII. 102; »una solenne messa
in canto«, wie sie bei J. Müller 24 vorkommt. Daher auch die grössere aus-
gabe, von der im satze vorher gehandelt war.

[82]) *collecte* | »Collectae die aus schriftstellen, kirchenvätern usw. zusammen-
getragen u. im missale mit oratio, secreta u. postcommunio benannten gebete,
welche der priester während des h. opfers der messe mit dem einleitenden
oremus u. dem schlusse per dominum nostrum etc. abzubeten pflegt. .... Sie
bestehen bisweilen, namentlich an den hauptfesttagen in einer oration ..., wenn
nämlich in einem festo duplici od. semiduplici [wie hier] gelegentlich noch an-
derer heiligen etc. (per commemorationem) erwähnung geschieht«. Wetzer u.
Welte II, 665 f.

[83]) *venetianen* | Sammt ganz Istrien seit 991 vgl. Langier, hist. I, 343 f.

[84]) *parense* | Andere reisende dieser zeit wissen nichts von ruinen in Pa-
renzo; nur ldgr. Wilh. v. Thür. 83 erzählt davon, dass »die stadt von den Ungarn
genommen ward«, vermutlich unter Koloman (1095 — 1114). Fabri III. 382 f.
nennt Parentia klein u. bestätigt im übrigen das hier von den capellen u.
»ferchen« berichtete. Auch bei Salona fand u. findet man noch eine grosse

geftaen hebben bynnen die daer telhan« ver buten ftaen. Item men fut daer veel ferchen buten der ftat int velt, vnde fo men vn« facht, fo is daer eyn groet erich gewefen van eynen keyfer;⁵) vnde daer heeft die paueu« paulus⁶) laten⁾ machen eyn bruggen mut eynen fcoenen toern vm die ftat to⁾ veften, went die Turcken duewile daer comen vnd mede to⁾ revingie voer die paerten comen vm die lude to⁾ bevechten. Item fo die fomige feggen, fo folde revingia liggen in hiftria,⁷) Daer feyt vp den berch eyn fcoen kirche, daer wir die miffe deden doen, vnde daer licht finte Eufimia⁸) vnd was eyn« coninx« dochter van vngrien vnde van hiftria vnt wart gemertelezert gelike finte katerina mut rederen, vnd men toent⁾ vn« daer eir licham, dat zeer fcoen was; vnde wir deden daer vns offerhande. Item des donnerdaghe« den tweden⁾ dach in julio des auonts teghen den nacht voiren wir van revingien to⁾ arghufe⁹) wert, vnd went die wint nicht feir en weiden, weren wir langzijt vpdem weghe. Vnde doe wir quemen vp teen milen na⁾ arghufen fegen wir in dat gebirchte vp der luchter hant eyn cloefter, dat men noemden finte Andries cloefter,¹⁰) daer wir

a) laxü   b) xto   c) zoent   d) ztweden

menge von särgen unter der angeschütteten erden. Th. Schiff, aus halbvergessenem lande; culturbilder aus Dalmatien. Wien 1875. 62.

⁵) *keyfer* | Könnte eine erinnerung an die durch den consul C. Sempronius Tuditanus unter Augustus vollzogene eroberung Istriens sein, vgl. Mannert, geogr. d. Griech. u. Römer IX, 1, 44.

⁶) *paueus Paulus* | Unstreitig Paulus II (1464—71), ein venetianer u. vormals als Petrus Barbo cardinalpriester von s. Marcus. Da das cardinalcollegium in seine wahlcapitulation die fortsetzung des Türkenkriegs aufgenommen hatte u. er dieser bedingung durch energische geldsammlung wenigstens entsprach vgl. Gieseler II, 4. 146 f., so mag der bericht des textes eine geschichtliche tatsache enthalten; zumal die Venetianer für erhebung des zehntens vom clerus ausdrücklich von Paul II. verpflichtet waren, das erhobene geld nur für den Türkenkrieg zu verwenden, in dieser zeit aber die Türken die istrische küste zu beunruhigen begonnen hatten. Laugier, VII. 208 ff. u. 245.

⁷) *hiftria* | S. oben a. 79.

⁸) *Eufimia* | Fabri rßb. 121ᵇ u. evag. III. 377 teilt die legende der h. des 13. (bei Binterim u. Beck des 15.) april aus einem buche der ihr geweihten kirche in Rovigno mit. Nach diesem ist Euphemia eine senatorstocher, die unter Diocletian in Chalcedon mit allen erdenklichen martern zu tode gebracht ward u. deren leichnam samt dem marmorsarge wunderbarer weise von Chalcedon hierher auf dem meere verschlagen ward. Da es indes mehrere Euphemien gibt, so hat der verf. sich hier wol einen irrtum zu schulden kommen lassen bezüglich des vaters der heiligen.

⁹) *arghufe* | »Ragusium totius Dalmatiae caput«. Fabr. III, 360.

¹⁰) *Andries cl.* | Gemeint ist vermutlich das heutige scoglio (felseninsel) s. Andrea. Andreas selber gilt als apostel Griechenlands, daher auch dort u. in der nachbarschaft seine häufige verehrung. vgl. hist. apost. lib. III, de gestis beati Andreae apostoli in Fabricii cod. apocr. nov. test. 457—515.

vns gebet weder deden van veers mut den Troppeten, so dat gewoentlich ist. Vnde arghusen ist van venedigen v^r milen vnd ist eyn vaste stat[a1]) mut dubbelen | muren bemuert, went fast an [11] turkyen lecht vnde syn selue heren[a2]) van cirre stat. Vnde vm dat sy mut vreden vanden turck sitten moegen vnd eir commenscaft doen moegen, so geuen sie dem turck x^m ducaten [in] den jare. Vnde daer saghen wir eyn scoen wapenhuys[a3]) wal to[a]) gemacht mut galeyden vnd seer veel gueder buffen vnd alle wapen twich.[b]) So quemen wir des dinsdages na vnser vrouwen dach, den seuenden dach in julio, to[b] arghuse in der nacht vnd bleuen daer stil liggen des guensdachs vnde des vridaghes[a4]) daer na. Item tusschen revingia vnde arghuse liggen veel eylenden, daer wir nicht by en quamen noch en segen, als men vns sacht: mer wir voeren al by den lande van turkyen[a5]) voerwert. Item des vridaghes daer na den teenden dach in julio, vnd was der seuen bruderen[a6]) dach, des morgens vroech voirdem daghe, voeren wir van arghuse mut eynen gueden vinde by den lande van turkyen heen vnde na corsoen[a7]) vnd vp hondert milen na corson saghen wir dat land van turkyen, dat men heist Lacimere.[a8]) Item das saterdaghes[c]) des auonts quemen wir by dat eylant van corfoen vnde daer indat eylant was vns gewijst des saterdages[c]) des auonts eyn verstoerde

a) zto) b) ztwich c) samsdaghes

[a1]) *vaste stat*] Est autem Ragusium civitas munita valde et partim in mari fundata. Muri ejus spissi supra communem modum. Fabri III, 360.

[a2]) *selue heren*] Ragusa war ein freistaat nach art Venetiens, aber unter oberhoheit des königs von Ungarn (vgl. Idgr. Wilh. v. Thür. 86 u. Fabr. III, 360) u. von dem könig Siciliens insofern abhängig, als derselbe den befehlshaber seiner truppen ernannte. Der jährliche tribut an die Türken, von Fabri ao. auf 15 tausend duc. angegeben, war trotz der kleinheit der republik nicht zu hoch gegriffen, wenn man erwägt, dass damals die stadt Ragusa allein 40000 einwohner u. dazu grösstenteils wohlhabende zählte, vgl. Stieglitz, Istrien u. Dalmatien, briefe u. erinnerungen. Stuttg. u. Tüb. 1845. 272.

[a3]) *wapenhuys* Zeughaus, armarium. Dieffenbach gl. bei Benecke-Müller-Zarnke mhd. wbch. I, 740^a (»armarium est locus vbi arma reponuntur« voc. ex quo, 1488.)

[a4]) *vridaghes* | Irrtümlich für »dondre dagesc« gesetzt.

[a5]) *turkeyn* | Zu des verf. zeit war Albanien nur erst ein türk. vasallenstaat; die völlige einverleibung ins osmanische reich erfolgte 1472 nach der eroberung Kroias vgl. Fabr. III, 354.

[a6]) *seuen bruderen* | Die bekannten siebenschläfer, die unter Decius sich in eine höhle geflüchtet u. darin vermauert 200 j. geschlafen haben sollen, bis sie unter k. Theodosius 447 wieder erwachten, vgl. Giesler I, 2, 429 a. b. u. Hagen a. 46.

[a7]) *corsoen* | Die insel Corfu.

[a8]) *Lacimere* | Die albanische herrschaft Cimera (das wort mit dem ital. artikel la |Cimera, versehen) mit der gleichnamigen hptstdt. (heute Chimera), vgl. v. Spruner-Menke, bl. 89 am südl. abhang der montes acroceraunii, das alte Chimaera des Plin. hist. nat. VI, 1, vgl. unten a. 615.

ſtat.**) die in voerleden tijden[a)] verſtoert was von eynre groeſer[b)] ſe|r|penten, die wilche die ſtat vnde dat volck all verderff. Vnde daer auer int eylant van corfoen ſteyt eyn capelchen van vnſer vrouwen, gheheiten[c)] Caſoep.[100] Daer henget eyn lampe voir vol alies vnt brent ewelich aen meer alies daer in to[d)] doen; dat is by mirakel. Vnde men ſecht, dat daer noch alle jaer compt eyn | groete[e)] ſerpent[101] vnd als men im daer gegeuen heeft drie ſtucken braets, ſo geyt ſy weder int gebricht. Vnd by die capelle ſteit eynen boem[102] vnde heiſt onſer vrouwen boem vnd na dat men ſaecht, ſo hebben die bladen daer van ytſeliche craeft, dat to[d)] gecomen iſt by mirakel: als die daer aff nempt vnd deitet inden alie, ſo verſtoert men daer dat calde mut, als die gene, die daer van krank ſin, vnde dat deyt die vrouwen wal verloſſen van kinde. Vnd duſſe capelle is by na xviii milen van corfoen; daer wir van vers vns ghebedchen voir deden vnde quemen doe des nachtes to[d)] corfoen indie hauen. Vnde corfoen iſt van arghuſe ccc milen, vnd corfoen iſ eyn redeliche vaſte ſtat vnd ſteyt vp eynen berch; daer bynnen ſtaent anbeiden eynden van der ſtat zwe

a) ztijden   b) groezer .   c) gheheizen   d) zto   e) groeze

**) *verſtoerde ſtat* | Caſſiope; den gleichen bericht bei Fabri III, 352 vgl. Geisheim 72, Breydenbach rüb. 54b, pflzgr. Alex. 36b.

[100] *Caſoep* | Nach Fabri III, 352 unterhalb der stadt am meeresufer. Der wunderbaren lampe wird pflgf. 97 u. 249, bei Breydenbach 113b, Fabri ao. u. ldgr. Wilh. v. Thür. 87 gedacht, nur dass oben und bei letzterem das oel der lampe einmal im j. erneut wird; während die beschreibung Fabri's im reytb. 185 die ampel nur sich selbst anzünden lässt, wenn oel da sei. Lochner bei Geisheim 211 kennt gar 2 lampen, eine mit ewigem oele u. eine, deren oel viermal im j. erneuert wird. Aehnlich brannte monatelang in der zelle des anachoreten Johannes in Sochus, zwanzig meilen von Jerusalem, die lampe vor dem Marienbilde, Roßweyde, vitae patrum 911. Ebenso besass die s. Nicolauskapelle in der nähe von Finicka eine wunderbare lampe, die nur auf des heiligen abend gefüllt werden musste, pflzgr. Alex. 43b. Fabri ao. vergleicht mit dieser lampe diejenigen vor dem tempel der Venus.

[101] *ſerpent* | Diese erzählung kommt, wie es scheint, nur hier u. bei v. Dusen vor, kann aber nicht auffallen, da die ganze dalmatische küste als drachenheimat nach des Jesuiten Farlati »Illyricum sacrum et profanum« bei Geisheim 72 bekannt war. Hier aber möchte noch hereinspielen, was Cotovicus, itiner. hierosol. Antw. 1619, 29 erzählt: »Promontorium, quod in proximo esse diximus, vicinia syrti seu arenarum cumulo, qui velut anguis in aquis latitat, vulgo Serpa nomen obtinuit; est namque mare ibidem vadosum nec supra 5 aut 6 pedes profundum; ideoque nauigantibus vel maxime periculosum, ut non incongruenter ab angue latente nomen sumpserit«. Dass aber serpa = serpente im altitalienischen, bezeugt du Cange-Henſch. VI, 204b, der indes in der von ihm angeführten stelle irrtümlich serpe für den nominativ hält, während es nach alter schreibung für serpae steht.

[102] *boem* | S. pflgf. a. 249. Nur von feigenblättern, die in oel getaucht werden, wie hier, erzählt Lochner, Geish. 211 f.

vaste stacsssen], die wilche alsmen vns sacht zwe gebrudere[103] heren vander stat hedden doen machen vnd verdreuen den anderen van daen. Bynnen der muren wonen veel joden, mer buten der stat woent dat groetste volck by der hauen int voirgeburcht vander stat vnde daer staen zwe cloesteren, eyn van preetcheren[104] vnd dat ander mynnerbruder vnd die seer jemerlichen woninghe hebben[a]. Dit lant hoert den venegeren[105] vnd is greken, vnd dat ander lant daer auer, dat den turken to[b] gehoert, sint auch greken vnde vns wart daer gesaecht, dat vp xx milen na van corsoen zeer na by vnser vrouwen capelle van easoep gelegen int gebirchte eyn grote stat geheisen[c] Cente quarante,[106] went daer so veel kirchen stonden, die wilche vm cirre sonden wil vordeliet syn, vnd en is itson | nicht wan eyn hauen. In dese stat van corsoen bleuen wir des soendaghes aldem dach vnd mut des maendaechs vnde wert vns galeie[d] beseen vnd gebezert, auermidts dat sy seer vndicht was. Item den xv dach, dat was diuisio apostolorum,[107] des nachts ghingen wir ztegel van corsoen vnde xxv milen van der stat seghen wir eyn stat geheizen Cynyta[108] vnde quemen by zwe eylenden, dat ein heist paxo[109] vnd das ander paxele[109] vn syn L milen van corsoen. Item des vridaechs daer na nadem midaghe wert vns ghewiist[e] ij eylenden, dat eyn ist cessfelonia[110] vnd houst stat in romanien vnd sin selue heren van cirre stat vnd van den eylande; vnd lieten[f] dat liggen

---

a) hebbout   b) zto   c) geheizen   d) galeide   e) gezeit   f) liezen

[103] *gebrudere* | [Corcyra] »fuit olim de regno Graccorum, dicitur autem, quod erat duorum fatrum, qui discordantes ambas arces muniverunt contra se invicem, ille autem qui desperabat se posse vincere, Venetis suam arcem in partem dedit, qui venientes ambos expulerunt et insulam possederunt«. Fabri III, 351.

[104] *preetcheren* | Fabri III, 351 nennt an stelle der »preetcheren« Augustiner, was jedenfalls das richtigere sein wird, da Fabri selber Dominikaner war, ein kloster seines ordens also kaum übersehen haben würde.

[105] *renegeren* | Seit 1386 vgl. Laugier, V, 84 ff. u. Maier III, 415.

[106] *Cente quarante* | Wahrscheinlich verwechselt mit der insel s. Carenta, vgl. Spruner-Menke bl. 84.

[107] *diuisio apostolorum* | 15. Juli.

[108] *Cynyta* | Hafen an der küste von Epirus, bekannt durch ein hier vorgefallenes seetreffen zwischen den Korinthern u. Kerkyraeen, Thuc. I, 50, 54; die dicht dabei liegende kleine insel hiess ehemals ebenso: Sibota, nunc Synita nach Cotovicus itinerarium hierosol. Antw. 1619. 42.

[109] *paxo-paxele* | Die inseln Paxae. Plin. hist. nat. IV. 12; jetzt Paxos u. Antipaxos zwischen Leucadia u. Corcyra, vgl. Maier III, 423.

[110] *cesselonia* | Jetzt Cefalonia, zur zeit des verf.'s nicht herzogtum sondern grafschaft, s. unten a. 611, ehemals zu Romania i. e. dem byzant. kaiserreich gehörig, vgl. Spruner-Menke bl. 89; beim ldgr. Wilh. v. Thür. wird der »despot von Arta« (das alte Ambracia in Epirus) herrscher der insel genannt. Es ist derselbe, der sogleich hier »Leonarde« genannt wird, s. a. 112.

aen der luchter hant by turkien vnd fint kirften vnd is eyn hertochdem. Dat ander eylant licht eyn weynich daer van vpwert vnd heift fziante[111]) vnd is eyn graefcep vnd hoert to^a) eynem kerften heren vn heyft conte leonarde[112]) mit drie flaeſſen| daer inne. An die rechterhant lach noch eyn eylant vnd heift finte mouro.[113]) daer die turck corts veel volx gevangen had vnd die gevoert in finem lande vnde defe eylender liggent inder zee hondert vnd lx milen van corfoen. Item des faterdaechs^b) quemen wir by eyn eylant vnd lach der rechterhant in die zee vnd heift fterbal:[114]) daer licht eyn flaet^c) myt eynen cloefter daer bi van monnichen vnd is l milen van modon.[115]) Voirt quemen wir by dat lant van morroen[116]) vnde fegen daer eyn flaet^d) vnd heift archadia.[117]) Daer by fteyt ein capelle, daer kirften in wanen, als men vns facht, vnd is greken vnd lach van modon xviii |milen]^e) vnde is eyn guet lant geweeft: auer teen jaren wanden daer kirften vnde was eyn hertochdum vnd

---

a) ztu   b) famfdaechs   c) flaes   d) flaez   e) ausgelassen im original

[111]) *fziante* | Zante, das alte Zakynthos; als grafschaft sonst nicht bekannt. »Bei der eroberung von Constantinopel durch die Lateiner fiel sie in der teilung den Venetianern zu, unter deren oberherrschaft sie endlich nach vielen abwechselungen blieb. Erst im j. 1487 schickte die republik aus ihrem grossen rate proveditoren dahin.« Maier III, 431.

[112]) *conte leonarde* | Leonardo III (1448—1479) aus dem hause Tocco, der im j. 1449 durch die eroberung des sultan Murad II. beinahe seiner sämtlichen festländischen besitzungen beraubt der hauptsache nach nur Kephalonia, Leukadia u. Zankynthos inne hatte u. sich damit unter den schutz Venedigs begab im gleichen j. Hertzberg, gesch. Griechenlands, II, 533.

[113]) *finte mouro* | S. Marcus, das alte Leukadia, spätere Lucata s. unten a. 610.

[114]) *fterbal* | Die inselchen Strivali o. Stivali, alt Plotae, später Strophades. »In hac insula habitant monachi graeci regulae s. Basilii, quos turci nunquam valuerunt inde ejicere, cum tamen multos conflictus cum eis habuerint«. Fabri I. 164. Das kloster ist mit starken mauern umgeben [»flaet«] u. mit grobem geschütz versehen zum schutz gegen die anfälle der seeräuber; vgl. Maier, III, 433.

[115]) *modon* | S. oben a. 241, das alte Methone, weshalb auch Fabri III, 314 Metona schreibt.

[116]) *morroen* | Morea s. oben s. 15. Der verf. meint wol den principatus Achaia, der 1460 in türkische hände fiel. Dass der name schwankend war, bezeugt auch Fabri III, 312: »littus .... Achajae sive Peloponnesi sive Moreae, quae unam regionem nominant.« Das wort Morea wird nach K. Hopf's gesch. Griechenl.'s im mittelalter 264—67 zuerst von Gottfr. von Villehardouin (1164 bis 1213), marschall von Romanien u. chronist, gebraucht, kommt seit 1260 immer häufiger in urkk. vor u. ist möglicherweise durch buchstabenversetzung seitens der Franken aus *Pomaia* gebildet, vgl. Hertzberg, II, 84 f.; wenn nicht viel mehr Pott, etymol. forschungen II, 43 recht haben sollte, der an slaw. more = mare erinnert u. as ohnehin slawische wort gewissermassen übersetzung des alten ή Ἀσία für Peloponnes i. e. wasserland sein lässt, vgl. Curtius, grundz. d. griech. etymologie. Leipz. 1866, 412.

[117]) *archadia* | Arkadia in der heutigen monarchie Achaia u. Elis am gleichnamigen meerbusen. Die gegend nennt auch Fabri I, 104 »valde bonam«.

hoert to*) dem turck, die den kirſten hertoge van daer verdreef vnd
doe | der herzoge verdreuen wert, nam he mut fich finte Andris 17
houft¹¹⁸) vnd bracht den pacus pius¹¹⁹) to*) rome, et wilche der
pacus liet*) heerlich verheffen bauen dem licham van finte gregorius
Achter in finte peters kirche to*) Rome an die ander fyde, daer
der veronick ſteyt. Vnde finte Andries plach in defem voirſ[creuen]
eylande¹²⁰) to*) prechenen dem heiliger kriſten gelouen. Item fo
quemen wir faterdaechs*) des nachts to*) moeden, vnd moeden is
ece milen van corfon vnde is eyn vaſte ſtat vnd hoert to*) den
venegeren¹²¹) vnd heeft eyn fcoen hauuen vnd licht vaſt an dat
harde lant van turkien. Vp eyn halue mile daer fegen wir veel
slaven van turken. Van defen lande compt de romenie¹²²) daer
vaſte by, als vorſ[creuen] is; mar moeden is eyn houftstat van
romenien;¹²³) vnd bleuen daer des foendaechs alden dach. Item
buten modon wanen vele verfochte lude, die albanefe¹²⁴) heiten*)

---

a) zto   *b*) lietz   *c*) famfdaechs   *d*) heizū

¹¹⁸) *andries houft* | Nach Wetzer u. Welte I, 211: »brachte der cardinal
Peter v. Capua die reliquie des h. Andreas aus dem von den Franken eroberten
Constantinopel nach Italien, in der kathedralkirche v. Amalfi sie beisetzend,
woselbst sie noch ist, während kirchen wie in Mailand, Nola u. Brescia kleine
teile seines h. leibes besitzen«. S. übrigens oben a. 90.

¹¹⁹) *pius* | Pius II., 1458—64.

¹²⁰) *eylande* | Fabri III, 312: »haec provincia fere tota est insola«.

¹²¹) *venegeren* | Seit 1124.

¹²²) *romenie* | Porner 21 bei Schill.-Lübb. III, 529: »to modon der Venedier
dar wesset de romenye in Greken«; ebenso ldgr. Wilh. v. Thür. 91. Ursprüng-
lich wein von Napoli di Romania (das alte Nauplia), von wo aus er sich weiter
verbreitet haben soll, sodass sogar »vinum hispanense romenye« hiess, vgl. Sch.-
Lbb. III. 528 u. 16.

¹²³) *romenien* | Ldgr. Wilh v. Thür. 91: »dieselbige stadt [Modon] ist auch
der Venediger u. liegt in dem lande Morea, das ist griechisch u. hat vor zeiten
gehört in das kaisertum zu Constantinopel«, s. oben a. 110 u. vgl. Geisheim 78.

¹²⁴) *albanese* | Der name Albanesen für die hier »heyden aber egyptiers«
genannten Zigeuner kommt unseres wissens sonst nicht vor. Ob derselbe etwa
als alter ketzername in dem sinne auf sie angewendet worden ist, wie man im
span. zangano zur bezeichnung von drohne u. faullenzer, der auf fremde kosten
lebt, gebraucht, das nach Diez etym. wbch. II. 195 mit dem it. zingano Zigeuner
eins ist? Albanenses wurde ein zweig der Katharer entgegen der gewöhnlichen
ableitung von der piemontesischen stadt Alba (vgl. Gieseler II, 2, 621) wegen
seiner heimatberechtigung in Albanien nach den massgebenden untersuchungen
C. Schmidts (zuletzt mitgeteilt in Herzog, realencyclop. VII, 466) genannt. Da
die »perfecti« unter denselben nichtstuerisch sich von den »credentes« der secte
ernähren liessen, so wäre ja auch hier der begr. des span. zangano dargestellt.
— Vielleicht darf man aber auch die folgende namendeutung wagen. Zigeuner-
banden treten nach dem bericht Hertzbergs, II, 470 ff. u. dem von ihm benutzten
Hopf, die einwanderung der Zigeuner in Europa 30 ff. schon um 1370 auf der
epirotischen küste in der landschaft Vagenetia angesiedelt u. schweifend auf u.
siedeln noch in angiovinischer zeit mit anderen Epiroten nach Korfu über, wo

vnd hueden fich vnd coment in duytsche lande daer heyden aber
egiptiers vnd hebben anders nicht, wan fy vp den turck aber

sie sich in den dienst der fränkischen barone begeben. Sie waren nach Hopf's
vermutung durch die allgemeine bewegung, welche zuerst durch die herrschaft
des serbischen kaisers Stephan Duschan, nachher aber durch die mit dem j.
1358 begonnene selbständige erhebung u. wanderung der Schkjipetaren (Albanesen)
auf der Balkanhalbinsel veranlasst wurde, zum teil aus ihren sitzen in Rumänien
losgerissen worden u. möglicherweise im gefolge der zuletzt genannten nach dem
festländischen Griechenland gekommen. Die Venetianer begünstigten ihre fest-
setzung, so zu Nauplion wie zu Modon, wo sie im letzten viertel des XV. jhs.
von verschiedenen deutschen reisenden getroffen werden, vgl. Fabri III, 338,
Breydenbach (Röhr.-Meisn. 135), Harff 67 u. a.; auch auf Kreta finden sie sich
nach Hagen 13. Wie nun, wenn die Zigeuner durch ihr zusammenziehen mit
den Albanesen nach letzterer name benannt worden? Hopf's vermutung würde
damit aufs schönste bestätigt. Eine dritte möglichkeit könnte indes auch noch
die sein, dass unser pilgrim den volksnamen Albanesen mit dem für die advenae,
alienigenae, adventitii im mittelalter gebrauchten worte albani verwechselt
hätte, welches sich in dem franz. aubain fremdling erhalten hat, vgl. du Cange-
Hensch. I, 165 f. u. Diez wbch. II, 209. Freilich können wir keinen beleg für
das vorkommen des wortes im italien. beibringen. Nach Griechenland könnten
es die franz. barone gebracht haben. Jedenfalls muss der name Albanesen für
Zigeuner, war er ein eigenname, ein sehr örtlicher gewesen sein, da der sonstige
griech. name γύφτης entsprechend dem franz. égyptien, dem span. gitano,
dem engl. gipsy; dem gipenn bei Breydenbach und unserm egyptier hier
lautet; die Albanesen aber dafür Madjub o. wie Vater, vergleichungstafeln der
europ. stammsprachen. Halle 1822. 172. nach sicilianischem albanesischen
Magiub heissen. Die bekanntschaft die der verf. mit den Zigeunern hier zeigt,
mag leicht erst eine unterwegs erworbene sein. Denn so begreiflich es auch
ist, dass ein Mitteldeutscher wie Breydenbach, der ohnedies 10 j. später, von
den »gippens« o. »zoiguner« die worte gebrauchen kann: »itell verretter u. dibe
u. sprechenn, sy koment usser Egipptenn landt, wann sy inn dutze lant komenn,
und ist alless erlogenn«, so wenig genaue kenntnis besass man am Niederrhein
von diesem wandervolk, obgleich es auch dort seit dem j. 1420 nachgewiesen
ist. Noch im j. 1496 stellte der Geldernherzog Karl von Egmont einem Zigeuner-
bandenführer Martin Gnougy als »greve, gebooren von Klijn-Egipten« einen
»vrijgeleide-brief« aus, aus dem hervorgeht, dass man ihn u. seine gesellschaft
auf einer »bedevard ind pelgrimagien also woell to Romen, sint Jacop van
Gallissyen ind anders in heilge plaitsen« begriffen glaubt, die »hem by onsen
alregnedigsten vader den pauws tot penitencie gesteldt is«. In Zutphen
beschenkte man den »koninck van Cleyn-Egypten« drei aufeinander folgende
j., 1496—98, s. Dirks, geschiedkundige onderzoekingen aangaande het verblijf
der Heidens of Egyptiers in de noordelijke Nederlanden. Utrecht 1850. 42 f. Ja noch
1522 wurde dem »heidenkönig« vom grafen Wilh. v. Nassau-Dillenburg erlaubnis
gegeben im amte Siegen zu liegen u. bei seinem abzug musste ihm der rentmeister
neben einem pass noch 1 fl. 2 sch. verabreichen, v. Arnoldi, gesch. d. oranien-nass.
länder, III, 2, 87. — Was schliesslich den namen Egypter betrifft, so haben sich
diesen die Zigeuner selbst beigelegt, obwol sie bekanntlich die versprengten söhne
des indischen volkes der Dschats sind, was wol in der benennung Djaji seitens der
bewohner der kleinen Bulgarei noch wiederklingt. Bei ihrem ersten auftreten
gaben sie vor aus Klein-Aegypten (die gegend zwischen Aegypten u. Palaestina
nach Hagen 19) vertrieben zu sein um ihres glaubens willen. Ein andermal
waren sie flüchtig von dort, weil sie der heiligen familie in Aegypten den auf-
enthalt bei sich verweigert hätten u. nun christen geworden vom papst zu einer
siebenjährigen pilgerfahrt verurteilt seien. Nach verlauf dieser zeit erklärten
sie dann, dass ihnen der rückweg versperrt sei. Vgl. Dirks ao. 10. Dass noch jetzt
unter ihnen selber die sage von ägyptischer abstammung geht, beweist ihr »be-
rühmtes Pharaonslied«, dessen ersten vers Pott in der ztsch. der deutsch. mor-
genl. gesllschft. III, 327 mitteilt.

heimelich van den kriften connen gerouven. Item des manendaechs[a]) des morgens voir dem daghe dem xx[ten] dach in julio voeren wir van modon vnde quemen des dinfdaechs daer na, daer wir fegen veel eylenden, vnde byna hondert milen fere[b] van dan feghen wir eyn capelchen[125]) int gebirchte van turkien, daer wir van veirs vnfe gebeetchen weder deden; vnd vns wart gefacht van luyden, die daer int land geweeft weren, dat weder dem capelchen lecht eyn fcoen hauen, daer dat mirakel[126]) gefeach van finte Nicolaus als mut den feefen van den caorn geladen. Vnde auer den hougen berch recht auer die | hauen lecht die ftat van mirreen,[127]) daer finte nicolaus eyn biffcof was. Voirt quemen wir des dinfdaechs nade*n* middage by eyn eylant geheyten cherigo maior[128]) vnd hoert to[c]) den venegeren. Daer fegen wir vp eynem hougen berch eyn vaft flaet[d 129]) vnd daer ftreken[130]) wir vns zegel, went wir in vnfe galeye[e]) eynen van vnfen patronen fin neue, die daer vp den flaet eyn boerchgreue was vnd auer den lande eyn poteftaet van wegen der venegeren daer gefat was, dem wir daer mut finre huyfvrouwen vnd mut fin kinder fin baner[131]) vp deden vnd im die lude vanden

---

[a]) manendaechs?   [b]) von anderer hand eingeschoben   [c]) zto   [d]) flaes
[e]) galeyde

[125]) *capelchen* | Bei der unbestimmtheit der angabe ebensowenig auffindbar als der weiter aufgeführte namenlose hafen.

[126]) *mirakel* | Wunder in bezug auf getreide werden dem heiligen mehrfach beigelegt.

[127]) *mirreen* | Entweder liegt hier ein starker irrtum des verf.'s vor o. er will das sehr müssige sagen, dass Myra (in Lycien) in der richtung jenes namenlosen griech. hafens liege.

[128]) *cherigo maior* | Cerigo, das alte Kythera, an dessen küste Aphrodite aus dem meer gestiegen ist nach dem mythos, um nach Kypros zu eilen.

[129]) *flaet* | Cerigo, eine kleine stadt. Die hauptfestung der insel liegt auf einem hohen felsen, zwo meilen von dem hafen Dolfino. Das von natur feste kastel stehet auf dem gipfel des berges u. die stadt am abhang desselben«. Maier III, 435.

[130]) *ftreken* | Eine ehrenbezeugung, die dem höherstehenden, hier dem beamten der republik, zu teil wurde u. im herunterlassen der grossen segelbäume bestand. Bei dieser gelegenheit wurden nach Malipiero die raen bis zur hälfte gesenkt. Wie sehr auf diese förmlichkeit gehalten wurde, beweist das blutige abenteuer, welches dieserhalb die den herz. Bogislav X. v. Pommern führende galeere 1497 bestand, vgl. J. Müller 45.

[131]) *baner* | Auf einem pilgerschiff waren nach Fabri I, 150 folgende flaggen vertreten: 1) die weisse pilgerflagge mit rotem kreuz, 2) die fl. der republik (entgegen der annahme G. Orlandini, relazione sulla bandiera municipale di Venezia, 1877 bei J. Müller 44 u. 155), ebenfalls weiss mit rotem löwen; 3) die päpstliche fl., blau mit einer goldene eicheln tragenden eiche u. den 2 apost. schlüsseln; 4) die verschiedenfarbige fl. des patrons; 5) die mit dem venet. u. des patrons wappen geschmückte fl. u. 6) endlich 2 gleichartige weisse flaggen

lande folden halen vnd hen to^a) fchefe auerleuerden. So voeren
wir van daer vnd lieten dat eylant liggen ander luchter hant vnde
dair vn weinich voirby fagen wir eyn ander eylant ander rechter
hant vnd heit cherigo minor,[132]) vnde is xx milen van cherigo maior
vnd ift cleinre vnd heeft bynnen III tafelen;[133]) wt wilchen lande
der turck coerts daer bevorens wt genamen hatde an mannen
wiuen kindern ij^m perfonen;[134]) vnd was cherigo maior in voir tijden^b)
gewefen eynen mechtigen heren, der wilche to^a) wiue hatde die
fcoen helena,[135]) die van die van troyen ontvoirt wart; vm wilche

---

a) zto   b) ztijden

mit schwarzem löwen. Zu diesen kommt also hier noch eine 7. bzw. 8. flagge,
die des podestà von Cerigo.

[132]) *cherigo minor* | Die ins. Αἴγυλα der alten zw. Cythera u. Creta, jetzt
Cerigotto.

[133]) *III tafelen* | Die in den wbb. verzeichneten bedeutungen des worts
wollen hier nicht passen. Es möchte deshalb an »tabula, mensura agrariae
species« bei du Cange-Henschel VI, 481^a zu denken sein. Ein früheres ital.
muss war es nach den stellen ao. sicher, freilich von sehr verschiedener grösse;
ein deutsches muss es noch im XV. jh. gewesen sein, da der voc. ex quo 1488
sagt: »tabula i. e. mensura«. Wir unterlassen es seine grösse bestimmen zu
wollen, da wir die grösse des inselchens auch nur annähernd (auf $^1/_2$ □ meile
etwa) anzugeben im stande sind. Das wort »binnen« würde hier dann als
ausdruck des inhalts gegenüber dem äusseren umfang zu betrachten sein, der
z. b. weiter unten bei Candia hervorgehoben wird.

[134]) *ij^m perfonen* | Liegt hier kein irrtum vor, so hat die kleine insel im
gegensatz zu ihrer jetzigen nur 300 seelen betragenden bewohnerschaft, wie zu
derjenigen im vorigen jh., in dem man auf antrag des venet. procurators Angelo
Emo nach der »gazz. ven. urb.« n. 41. 1788 bei Maier III. 435 die insel an 60
colonistenfamilien zu verteilen unternahm, um sie zu bevölkern, eine beträcht-
liche bevölkerung gehabt.

[135]) *helena* | Ganz wie bei Gumpenberg 237, ldgr. Wilh. v. Thür. 92, Tucher
351.^b Fabri III, 264, pflzgr. Alex. 37 u. ein beweis entweder von den wir-
kungen des humanismus dieser zeit, o. aber der volkstradition, wie Geisheim 49
annimmt. Für ersteres würde sprechen, dass meines wissens zeugnisse aus früheren
jhh. fehlen, zudem der mub der Helena von dieser insel nur bei Dar. Phryg. 10
erzählt wird. Man denke nur daran, wie jener gelehrte dominikaner Johannes
de Napoli zum mythologischen cicerone für Fabr. (III, 331) ward u. wie der-
selbe als rector ludi zu Modon gewirkt haben muss. Man denke überhaupt an
die aufmerksamkeit, mit der die gelehrte welt dieser zeit wieder auf Griechenland
blickte u. es durchreiste, vgl. Hertzberg, II, 482 f. Andererseits darf freilich
nicht übersehen werden, dass das s. Elmsfeuer von den schiffern auch Helenen-
feuer genannt wird, vgl. Creuzer, symbolik u. myth.^3 III, 26, a. 1 u. die teil-
weise bei den alten sich findende vorstellung von dem unglücksstern Helena
d. h. der erscheinung eines lichtes neben den zweien der brüder Castor u.
Pollux (Plin. hist. II, 37) vielleicht in dem altchristl. relief jenes marmornen
sarkophags im museum des Vatikan vom Bottari, Borgia u. Platner auf Helena
gedeutet wird, vgl. Piper, myth. d. chr. kunst. II. 418. Auch mag ja die alte
Helenaverehrung an der lakonischen küste, vgl. Preller, griech. myth.^4 I, 273
unvergessen im volke geblieben sein, zumal wenn man in rechnung zieht, dass
der Peloponnes u. in ihm namentlich das Taygetosgebiet am zähesten an den
alten göttern festgehalten hatte, vgl. Hertzberg I, 74. Ihre verbindung mit der
Aphroditeinsel Cerigo aber wird ähnlich zu deuten sein, wie die mit Cypern, wo

cracht der heer vanden lande mut allen den greexen heren auer
meer toech vm dat to^a^) wrechen vnd worden viant der van troyon;
vnd vm der fachen willen wart troyen verftoert. Duffe eylenden fin der
van venedigen vnd fint c vnd lx milen van modon. Vnde doen feghen
wir des auonts dat gebirchte van Candien, dat eyn tomael^b^) fcoen lant
is vnd feir groet, went wal vii^c^ milen[136]) omgens heeft. Vnd wir lietent^c^)
gheberchte van candien liggen ter rechter hant in die zee vnde quemen
des guenfdaechs vp finte maria magdalenen[137]) dach zo vefperzijde
to^a^) candie[137a]) in die hauen. Hier gingen wir vp vnd legen daer in
eyn fcoen fpittael[138]) | dat to^a^) der pilgrims behoef gemacht is. Vnde
candie is eyn vafte ftat mut eynre fconre hauen vnd mut vaften
muren, vnde die ftat is buyten der muren volna fo wal dorch bouwet
als bynnen die gerechte ftat is; wilche buten ftat men feer vaft
maechten mut bolwerchen feer cuftlichen vnd noch ter tijd^d^) daer
an wrachten degelix vm die grauen to^a^) machen vnd vm die
bolwirchen wal viii aber ix hondert man, went fy frochten fich
voer dem turck,[139]) dat he dat neifte to^a^) comende jaer comen
folde. Vnd dit eylant hoert to^a^) den venegeren vnd van defen
lande compt der maluezie.[140]) Hier fagen wir eyn fcoen

^a^) xto   ^b^) ztomael   ^c^) liezont   ^d^) zijd.

unschwer die kaiserin Helena von ihr abgelöst werden kann. John de Maund-
villes als quelle der sage für die spätern pilgerschriften zu vermuten, wie Röhricht-
Meisner 21 tun, dürfte nach dem oben gesagten wol nicht not sein.

[136]) *VII milen* | »700 welsche meilen«, ldgr. Wilh. v. Thür. 94, dagegen
Tucher 351^b^ »ob vier hundert meylen vmb sich«, ebenso Breydenb. 55^b^. Andere
umfangsangaben s. bei Hoeck, Kreta. Gött. 1823 I, 372 f.

[137]) *maria magdalenen dach* | 22. juli.

[137a]) *candie* | Das alte Panormos, u. frühmittelalt. Candax, jetzt Candia,
hpst. d. insel.

[138]) *fpittael* | »In eodem surburbio est hospitale magnum s. Antonii, quod
habet dormitorium cum multis cellis pro collocatione peregrinorum de Jerusalem
venientium.« Fabr. III, 282.

[139]) *turck* | Die Venetianer befanden sich sammt ihren verbündeten um diese
zeit im vollem kriege mit den Türken, vgl. u., u. waren bis jetzt sur see meister,
mussten aber allerdings für das nächste j. einen umschwung der dinge befürchten,
wenn sie nicht mit gleichem u. grösserem nachdruck ihre sache weiter führen
konnten. Daher ihre rührigkeit auf Candia; besonders da die insel bei dem
gegensatz zwischen Griechen u. Lateinern auch nach innen ein so wenig ge-
sicherter besitz war, wie der aufstand 1475 zeigte; in welchem sogar die heim-
liche bundesgenossenschaft der Candioten mit den Türken zum vorschein kam,
Fabri III, 283.

[140]) *maluezie* | Genannt nach der st. Napoli di Malvasia o. Monembasia, die
vorübergehend u. zwar gerade zur zeit des verf.'s noch in venet. händen war.
Dass nichts destoweniger der kret. wein denselben namen führt, neben dem,
dass er auch als vinum creticum, aber immer gleichbedeutend mit malvasier er-
scheint (vinum malmasinum, malvaticum, creticum Dief, Höfer in Pf. Germania
15, 82, vgl. Schill.-Lübb. III, 16) beruht aller wahrscheinlichkeit nach auf venet.

— 104 —

Tercenael^{a)141}) van v galeyden, auerwolft mut fteynen. Vnde eir men to^{b)} candien coempt vp v milen na, fut men eyn kircho van finte paulus¹⁴²) liggen vp eynen hogen berch, daer finte paulus mut finte titus gedreuen wert, vm dat he precheden den naem gads. Vnde dit lant is genent anderfereten, vnde finte paulus machden hier finte titum biffcop,¹⁴³) vnde to^{b)} den titum was it, dat he fine epiftolen fcreef, went he daer anders niemant en kofte bekeren.¹⁴⁴) Hier bleuen wir to^{b)} finte Jacobs auont¹⁴⁵) to^{b)} vnd voeren doe van candij na rodas vnd rodas fteit van candij ccc milen ter zee, tuffche wilche lende wir vonden veel eylende vnd funderlinge vc vnd xx milen¹⁴⁶) by rodas. In den eerften fegen wir eyn eylant, heyft finte johan peramoir^{c)147}) vnd heift anders pathmos, daer finte johan van den keyfer domiciano daer na, dat he inden alie¹⁴⁸) gefaeden was, in gebannen vnd gefenden wert; vnde fcreeff daer eyn boech, dat men heit apocalipfim. Vnde daer auer in dat harde lant vnd is turkien, daer fteyt die ftat ephefim, daer finte pauwels fin epijftolen fcreef ad ephefeos. Item daer by ift eyn eylant geheiten^{d)}

---

a) Terceunegel?   b) zto   c) im orig.: pamoir, was auch paramoir heissen kann   d) geheizen

kaufmannsmache, da ebenso von der venet. besitzung Modon malvasier verführt wurde, wie Fabri III, 314 erzählt; Modon u. Candia aber schon seit anfang des XIII. jh. in venet. besitz waren.

141) *Tercenael* | »Arsenale u. arzanà it., sp. fr. arsenal zeughaus, mittelgr. ἀρσενάκης; dazu it. dàrsena, sic. tirzanà abgeschlossener teil eines hafens, pg. taracena, tercena schuppen; vom arab. dârçanah, haus der betriebsamkeit, wo etwas gemacht wird, worunter man im allgemeinen schiffe verstand«; Diez etym. wbch.³ I, 34. Hier also eine vermischung beider ital. wörter.

142) *kirche v. f. paulus* | Scheint nur noch bei pflzgr. Alex. 37 erwähnt: »Item bei Candia ligt auch ein hoher berg, darauf s. Paulus gewonet hat, vnd da er in der insel zu Candia gepredigt hat, vnd die Griechen haben jnen gesucht zu tödten, ist er auf denselben berg geflogen«. Fabri III, 281 lässt Paulus »in Aulaciam principalem Cretae civitatem« kommen, kann aber die lage dieses orts nicht angeben, der möglicherweise mit unserem berg einerlei ist.

143) *biffcop* | Nach der tradition bei Euseb. h. eccl. III, 4. Const. apost. VII, 46. Hieronym. zu Tit. 2, 7. Theodoret zu 1 Tim. 3.

144) *bekeren* | Seltsamerweise im graden widerspruch mit Tit. 1, 5.

145) *Jacobs avont* | Freitag d. 24. juli.

146) *VC vnd XX milen* | Offenbar verschrieben für 120 (welsche) meilen, da zwischen Candia u. Rhodus überhaupt nur 300 meilen entfernung sein soll.

147) *johan peramoir* | Dieser name kommt sonst nirgends für Patmos vor. Da er im original auch paramoir lauten kann, so darf man bei dem apostel der liebe an ein verderbtes par amour denken?

148) *alie* | Tertull. de praescript. 36: »apostolus Joannes posteaquam in oleum igneum demersus nihil passus est, in insulam relegatur«. Ebenso Hieronym. in Jovin. u. zu Matth. 20, 23, sowie acta apost. V, 2. (Fabricii cod. apocr. II, 534 f.).

lango¹⁴⁹) dat | den heren van rodes to^a) gehoert, vnd daer auer in
dat harde lant van turkien by 1 milen to^a) lande inwert fteit eyn
flaet, dat feer vaft is vnde heift finte peter,¹⁵⁰) dat to^a) gehoert den
heren van rodes, vnd halden dat mut macht in turkien. To^a) dem
flaet vlient veel kirften, die gevangen fin geweeft vanden turken:
vnd wan fy daer fin gecomen by dem gelude van eynre klocken,
went men geyn klocken vn heeft in turkien, wan fy dan vp dem
flaet fin, fo gift men im den koft ter tijt, to^a) dat men fy feindet
by eijnre galeye^b) to^a) rodes, vp dat fy bas moegent komen eyn
ytlich to^a) finem lande; vnd die heren van rodes fachten voerwar,
dat daer fin indem flaet van finte peter veel honde, die wilch men
zwe mael den dach teten vnd to^a) drincken geuet vnde na dat men
die klock inden auont geluyt heeft na der fonnen onderganck, fo
gaen dan die hond wt mut eyn vnd eyn, ytlich zwe vnd zwe gaent
eren weeh vnd toriten^c) al die turken, die fy in dem wege off^d) in
dem velde vinden; vnd ift, dat fy enige kriften vinden, die ten flaet
to^a) willen, die en doent fy nicht. Vnd dit deit men alle nacht
vnde weren daer enige honde, die vp dem flaet bleuen vnde nich
mut den anderen wt engingen, denen folden fy den anderen dach
toriten.^e) Vnde of dat daer enighe honde quemen, die van deen
hontfgeflecht nicht en weren, die folden fy veriaghen of to^a) rijten;
vnde fus halden fy dat flaet weder die turken. Vnde willen die
heren van rodes hamelen^f) vleys eten, die daer vp dat flaet fyn,
dat moeten fy halen in turkien mitter macht, went fy c milen
of meir liggen van rodes. Voel meir eylenden | liggen daer by

a) zto   b) galeyden   c) ztoriten   d) aber   e) ztorizen   f) hemelā

¹⁴⁹) *lango* | Das alte Kos, jetzt Stanchio o. Stingo o. Itankio o. Isola longa;
auch bei Lochner 213; Lango, vgl. Geisheim 81, 1314 von den Johannitern
erworben.

¹⁵⁰) *finte peter* | »Nelle rouine dell' antica città d' Alicarnasso, sedia reale
de' rè di Caria, e vicino al luogo, doue già lo stupendo e marauiglioso sepolcro,
ch' Artemisia fece edificare à Mausolo, rè di Caria, suo marito. Quiui fondò e
edificò il gran maestro [Filiberto di Nailacco a. 1399] vna fortezza inespug-
nabile, e la chiamò il Castello di San Pietro«. Jac. Bosio, dell' istoria della
sacra religione et ill. militia di S. Giov. Gierosol. 2. Roma 1639. fol. II. 158.
Dortselbst wird als zweck des kastells die zuflucht für flüchtige christensclaven
angegeben u. die gleiche hundegeschichte wie hier erzählt mit der schlussbe-
stimmung: »Ciò della natura di questi cani scriuono molti graui istorici; e frà
gli altri, Pio II. sommo pontefice nella sua istoria e frà Jacomo Filippo Bergo-
mense nel decimo terzo libro del suplimento delle chroniche. Il che potrebbe
forse parer fauola, se dell' instinto marauiglioso d'alcuni cani cose assai mag-
giori scritte non si trouassero«. Gumpenberg 237 gibt auch eine beschrei-
bung von ss. Peters burgk«, Tucher 352 diese u. die hundegeschichte im abriss;
ebenso Fabri III, 261 f. vgl. pfizgr. Alex. 37^b u. Breydenbach 56.

rodis in der zee, die wir lieten[a]) ſtaen vm der lancheit vander
tijt[b]) vm te beſcriuen: als eyn eylant vn heiſt nicera,[151]) daer veel
holts van aloes in weſt, daer men die pater noster van maecht, vm
dat ſeer wal rucht, vnde meir ander eylenden. Vnd hier by licht dat
canael van rodes dat ſeer breyt is. Vnde dat lant van rodes is eyn ſcoen
eylant vnd mut veel ſcoen coſtliche vaſte[c]) huſer mut ſuuerliche hauen
bynnen dem lande vnd mut vpter zee. Vnde alſmen eerſt compt
in dat canael, ſo is men nach van rodes wal 1 milen, vnd wan
men coempt vp v milen na rodes, ſo gruet men daer vns vrouwe
van veirs vnd is geheiſen vns vrouwe to[d]) fiberme[152]) vnde is eyn
ſtede daer veel miraculen geſceen vnd is vp eynem hougen berch.
Vnde wir quemen des ſoendaechs des auonts[152a]) to[d]) rodes in die
hauen, die ſeer ſcoen is, went daer an die neder ſyde van der hauen
vnd eer men daer in compt, ſo ſteyt daer eynen zeer coſtlichen
taern[153]) vnd is ront mut muren vmmegaende, de welch der
herztoghe van burgongen vnd paeus paulus hebben doen bauwen,
ſo eir wapen mut der wapen van rodes coſtlichen an ſtaen gehouwen

a) liezen   b) ztijt   c) veſte   d) zto

[151]) *nicera* | Die alte ins. Nisyros zwischen Telos u. Kos, jetzt Nisiro, bei Bosio II. 44, 64, 77 usw. Nissaro, bei Sprun.-Menke bl. 89 auch Lisere, vgl. Geish. 81. Der paternosterindustrie auf dieser insel finde ich sonst nirgends gedacht.

[152]) *fiberme* | Höchstwahrscheinlich verschrieben für filerme o. filermo, d. i. Philermos, heute Sünbüllü, d. i. die hyacinthenreiche o. dunkle, ein schloss nahe bei der hpst. Rhodos nach süden, genannt beim Indgr. Wilh. v. Thür. 97 u. Fabri III, 254. Ein mirakel dieses gnadenorts berichtet Bosio III, 376 zum j. 1556 von einem frate castellano, der dem bilde die mit edelsteinen besetzte rose stahl u. dafür einen steifen arm bekam, mit dem er zur verherrlichung der macht Mariens in die verbannung geschickt wurde statt getödtet zu werden. Vgl. auch v. Hammer, gesch. des osm. reiches II, 200.

[152a]) *ſoend. d. aronts* | 26. juli.

[153]) *taern* | Der turm s. Nicolo, a. 1464 erbaut auf der stätte einer ehemaligen s. Nicolaus geweihten kirche u. angeblich an der stelle des berühmten kolossos vom grossmeister Zacosta mit hilfe der vom herz. Philipp v. Burgund gespendeten 10000 goldschilde (scudi d'oro), weshalb des letzteren wappen samt einer marmorinschrift auf der seite des turms angebracht waren. Bosio II, 283. Von einer beteiligung des p. Paulus II bei der ganzen sache weiss wenigstens Bosio nichts; dieselbe ist auch um so unwahrscheinlicher, je mehr dieser papst seiner venet. abstammung rechnung tragend nicht das grösste wolwollen gegen den orden bewies, der eine seinen landsleuten so sehr wünschenswerte insel inne hatte. Auch pflzgr. Alex. 37[b] weiss nur, dass hrz. Philipp den turm bauen liess. Im übrigen wird die hier beginnende beschreibung der verteidigungswerke der stadt an ausführlichkeit u. anschaulichkeit nur von Fabr. III, 254 f. übertroffen. Tuch. u. Breyd. geben lediglich den kurzen bericht Ludolfs 27 wieder. Nach dieser darstellung wird diejenige bei v. Hammer, gesch. d. osm. reiches II, 189 f. n. 577 zu berichtigen sein. Derselbe setzt s. Nikolas an die stadtmauer u. den engelsturm an die spitze der landzunge, was auch nach Fabr. der wirklichkeit nicht entspricht. Vielmehr gehört der engelsturm dicht an die stadt u. ihm gegenüber der turm des h. Johann, während dem s. Nikolasturm der turm von s. Elmo gegenübersteht.

vnde van dau int incomen vander hauen fteyt eynen hogen vaften taern,[153a]) daer die muren van der ftat an ftaen, die feer vaft[a]) fin, went vp die muren folden wal drie man riden beneuen den anderen al die ftat vm. Vnde an die ander fyde van der hauen is eyn coftliche mure gemaet olft eynen dike were; an dat eynde fteyt eynen feer vaften[b]) taern[153 b]) vnde daer na volgende vp den feluen dyck xiiii moelen[154]) van fteynen gemaecht; vnde ytliche moelen heft vi wicken vnd maecht | den fteynen dyck mut der ftat vnd mut die ander taern[154a]) an die ander zijde vnd mut der ftat die hauen ront. In wi[l]che ronde ftat fteyt eyn feoen Terfenael[155]) mut fteynen auerw[o]lft an die luchter fyde weder die muren vander ftat vm v galeyden daer in to[c]) leggen. Vnd als wir daer weren des dinfdages dedmen daer wt zwe galeyen[d]) vm die to[c]) bereiden weder die turken[156]) vnde mut zwen grofe[c]) feeffen, die daer noch in die hauen legen: als die grote meyfter liet mut trumpetet wt roepen, als dat wir foldie winnen wolden vm weder die turken to[c]) vechten vnd men folde im bauen fyn foldie gheuen dat derden deyl vanden roeuff, dat men van den turken gerouwen kunde. Vnd dat was vm to[c]) hulpen den anderen galeyden vanden venegeren, der daer wele legent vpter zee weder den turck, als men vns facht, went die veneger by lxx galeyen[d]) hadden; der paeus xv galeye,[d]) der coninck van neapols xviii vnde die coninck van cypers iiii, die al mut eyn weren geheiten[f]) Johan cafant[157]) weder den gerechten turck to[c]) krijgen. Wilche johan cafant haet eyns keyfers

a) veft   b) veften   c) zu   d) galeyden   e) groze   f) geheyzen

[153a]) *hohen vaften taern* | Engels- o. Michaelsturm nach Vertot bei v. Hammer uo.
[153b]) *vaften taern* | Von s. Elmo, s. a. 153.
[154]) *XIIII moelen* | Tuch. 351b zählt deren nur 12. Breyd. 54b, sein sonstiger selavischer benutzer, 13.
[154a]) *ander taern* | S. Johann, s. n. 153 ff.
[155]) *Terfenael* | Wird von den übrigen beschreibern des platzes nicht erwähnt.
[156]) *weder die turken* | Von dieser kriegerischen unternehmung war bereits oben a. 139 die rede. Bezüglich des hier erzählten ist zu bemerken, dass es genau mit den anderweiten berichten bei Bosio II, 353 ff. u. Laugier VII, 248 ff. übereinstimmt. Hier erfahren wir ausserdem noch den sonst nicht genannten tag der tätigen teilnahme der Rhodiser an der unternehmung — 28. juli 1472, wie die bedingung für die anzuwerbenden söldner.
[157]) *Johan cafant* | Gemeint ist Usunhasan, herrscher der turkmanischen dynastie vom weissen hammel u. nach niederwerfung des herrschers des schwarzen hammels, Dschihanschah, des gesammtreiches. Der name desselben ist schon früh entstellt zu uns gekommen. Chalkondylas nennt ihn $Zορζίνης$, Phranza $Zορχασάνης$, Ducas $Οὐζοῦν Χασάν$; zu bedeuten einfach: der lange Hasan (Chalkond. p. 250; $Χασάνης\ ὁ\ μακρός$). Die verbindung Usunhasans mit den europ. mächten zum sturze Muhameds II datiert schon aus dem j. 1464, nahm aber erst im j. 1472

dochter[158]) van trapezonde, die kriften is vnde heeft trapezonde[159]) van dem turck gewonnen, als men vns facht, vnde welde voert mut den venegeren voir conftantinopel vnd dat to[a]) gewynnen vnd wan he dat gewonnen hedde, fo folde he kriften weirden vm beden wil van finer huyfvrouwen. Item fo is to[a]) rodes eyn wttermaten[b]) feer coftlich flaet,[160]) daer der groett meyfter mut dien heren van rodes vp waent. Vnde laten | die heren vander ftat an beiden fiden mut muren maechen vnd oech die heren van rodes laten maken die grafften vander ftat wider vnd oech diefer.[161]) In defer ftad wanen veel joden[162]) vnd befunder veel fcoen jodynnen, die wilche veel fcoens werkes maechen van coftlichen fyden gurdel. Item des maendaechs die wile dat wir daer weren, fegen wir daer komen zwe coftliche coupgaleien,[c]) die wal mut gueden buffen to[a]) getuicht weren vnde hatden achter vnd voir zwe auerlopen[163]) vnd inden mittel eynen auerloep, fo dat in den lande nicht veel fcoenere galeyen[d]) gefeen, vnde weren wt franckrich van monpellier vnd

a) zto   b) wttermazen   c) — galeiden   d) galeyden

eine greiflare gestalt an u. hatte zur folge, was im texte beschrieben wird, vgl. v. Hammer II, 111 f. Zinkeisen, gesch. d. osm. reichs in Europa II, 29 ff. u. Hertzberg III, 5.

[158]) *keyfers dochter* = Aekatharina Komnena, auch Despina Katon genannt, tochter des Kalojoannes Μέγα-Κομνηνός von Trapezunt (1447—1458). Damberger, 60 geneal. auch chronol. u. stat. tabellen, Regensb. 1831, taf. 1, vgl. v. Hammer, II, 114 u. Zinkeisen, II, 329.

[159]) *trapezonde* | 1472 zog allerdings der schah von Persien aus Trapezunt zu gewinnen, das 1462 in die hände Muhameds II, gefallen war, konnte aber keinen erfolg erringen, vgl. Laugier VII, 249, so wenig als im folgenden j., in dem er seinen sohn auf Trapezunt marschieren liess, Bosio II, 341.

[160]) *flaet* »Super omnia castellum dominorum militum Jerosolymitarum in altiori parte urbis locatum est sicut mons Sion, firmum ut civitas et arx David.« Fabri III, 255.

[161]) *diefer* | Genau wie es auch Bosio II, 335 berichtet.

[162]) *joden* »Iudaei plures et Iudaeorum synagogae«, Fabr. III, 255. Das weiter von der judenschaft erzählte findet sich anderwärts nicht, wol aber erzählt Arn. v. Harff 67 von Modon: »Item voert gyngen wir buyssen die portz an die eirste vurstat, dae inne steyt eyn lange straesse, dae ijdeliche joeden in wonen dae yer vrauwen gar koestlich werck van sijden maichen, as gurdelen hunen slenwer ind faciolen [v. Groote: »von facies? gesichts-besleckung schleier], der ich etzliche van inne keuffte«.

[163]) *auerlopen* Auf den gewöhnlichen (venet.) galeeren hatten das schiffs-vorder- u. hinterteil castelle (castello di prua u. castello di poppa), ersteres das hauptbollwerk des schiffs mit 3 etagen, letzteres niedriger mit einem geländer oben umschlossen u. wahrscheinlich mit einem zeltdach versehen, genannt die spalliera, vgl. J. Müller 99. Diese franz. galeeren hatten demnach an drei orten solche spallieren o. pavillons. Vielleicht aber ist eine dem capitänszelt, der tenda, hinter der spalliera, ähnliche, laubenförmige überdachung an den genannten drei orten gemeint.

gewimpelt mut der wapen van franckrich.¹⁶⁴) Vnd wir bleuen zo rodes liggen des foendaechs des maendaechs des dinfdaechs vnd die midwaech¹⁶⁵) al den dach vm to^a) befeen die comenfcaff, die daer was, vnde vm ytflige pilgrim, die vnfe patron in nam; vnd men fall weten, dat daer is eyn fcoen fpitael¹⁶⁶) voir die pilgrims, off^b) daer jemant in wolde gaen vnde is wal zto gemacht vnd hat guede meyfters van arcedien.¹⁶⁷) Hiir fegen wir mut guede buffen vnd goet ghetuich.^c) Vpden mitwaech des auonts voren wir van rodes na cypers vnd wan wir voerby dat eylant van rodes weren vn^d) fegen wir gheyn cylenden meir wan die wilde zee; anders dan vns van veers gewijft wart inden lande van turkien, dat wir lieten vp die luchte hant; vnd daer fegen wir eyn flaet vn heift roouge¹⁶⁸) vnd hoert to^e) den koninck van neapols vnd is eyn dat vafte,^e) dat in kriftenheit is, und is dat wtterfte van kriftenheit als int lant van turkien. Vnde des faterdaechs^f) vp finte peters dach den^g) eerfte dach van oeft doe voeren wir auer die gulfe van fate-

---

^a) zto ^b) correctur, aber das urfprüngliche nicht mehr lesbar ^c) geztuich
^d) vor vn ein einzelnes e (en?) durchftrichen. ^e) vefte ^f) famfdaechs ^g) der

¹⁶⁴ *frankrich* | Goldene lilien in purpurner flagge, vgl. der geöffnete ritterplatz. Hamburg 1700. (III: der geöffnete seehafen 13).

¹⁶⁵) *midwaech* | Es verdient beachtung, dass dieser ausdruck von nun an die stelle des vorher zweimal gebrauchten guensdach vertritt. Es war eben um diese zeit, wo das am Niederrhein im XIV. u. XV. jh. eingebürgerte letztere wort, vgl. Weigand² II. 116. verdrängt wurde vom mittwoch, wie z. b. in Cöln, während nördlicher u. im westen ein zäheres halten am hergebrachten o. ein wechselweiser gebrauch der beiden ausdrücke in übung kam. Letzterer, der demj. unsres verf.s entspricht, ist beispielsweise aus Mörs zu belegen aus zwei urkunden des grf. Vincenz daselbst, der am 16. jan. 1493 »guedenstag« u. am 23. desselben mts. u. j. »mittwoch« schreibt, s. Lacomblet, urkundenb. IV. 569 f.

¹⁶⁶) *fpitael* | »Zu s. Catharina«, ldgr. Wilh v. Thür. 95.

¹⁶⁷) *arcedien* | Meister der heilkunde in einer pilgerherberge finden sich nicht nur hier erwähnt, u. zugleich bestätigt durch den soviel späteren Dietr. v. Schachten (1491, Röhr. u. Meis. 185), der von vier dort angestellten ärzten spricht; sondern z. b. auch im' hospital zu Florenz, von dem Arn. v. Harff 12 schreibt: »ouch hayt deser spittael eynen eygen artzter, eyn doctor van medicinen, eynen eygen appteker, eynen schoemacher pelser [kürschner] ind scroeder, die allet in dem huyfe wonent«. — Der pl. »arcedien« deutet die verbindung von wundarzneikunde mit der heilkunde für innere krankheiten an. »Der bekannte Simon Marius nannte sich medicinae utriusque studiosum«, Otter, der arzt in Deutschland in älteren u. mittleren zeiten. Nürnberg 1777. 58 bei Kriegk. ärzte, heilanstalten, geisteskranke im mittelalterl. Frankf. a M. Frankf. 1863. 2.

¹⁶⁸) *roouge* | An der äussersten südspitze von Kleinasien. bei v. Spruner-Menke 61. 84 Ruge genannt: von ihm heisst es bei Bosio II,328: tenena in questi tempi [1471] il re Ferdinando di Napoli l'isola di Castel Rosso, volgarmente detta Castel Ruggio, vicina à Rodi, che la religione ceduta gli haueua, e egli con molta spesa haueua fortificato il castello di quella«. Vgl. auch pflzgr. Alex. 38 »castelle Rougne«, u. Tucher 352: »castel Russo«.

24 lye,¹⁶⁹) dat wilch eyn boes water^a) is, alſt | ſturmpt; vnde quemen des auents ant lant van cypers by baffa,¹⁷⁰) dat wilch is eyn verſtoerde ſtat vnd is in voir ziiden ſeer groet geweeſt; mer wir en konden nicht geſeen, wan zwe tuern. Vp die zee recht all werent zwe flaet¹⁷¹) geweeſt vnd etſelige huſer. Vnde menſal weten,^b) dat cypers iſt eyn eylant vnde eyn coninkrijch vnd ſint kriſten vnd licht inder zee verre van turkien; vnde lieten dat liggen an die luchte hant. Vnd daer iſt itſon^c) eyn baſtert¹⁷²) coninck, vnd der heeft verdreuen mut hulpe der^d) vanden ſoldaen den gerechten coninck;¹⁷³) vnd die coningynne¹⁷⁴) doe ter tijt lach zto rodes. Vnde der coninck van cipers gijft dem ſoldaen groet^e) tribuit;¹⁷⁵) vnd daer iſt zto mael eyn boeſe lucht, ſo dat die coninck gheyn volck off luttel can erigen im to^f) dienen vnd dat lant to^f) halden, wenttet daer zto mael veel ſteerft, vm dattet daer ſeer heyt is vnde die wint ſeer ſubtyl is^g) vnd doden die mynſchen.¹⁷⁶)

---

^a) wazer   ^b) wezū   ^c) etſon   ^d) dr̄, ist nicht völlig deutlich gestrichen, könnte aber auch heiſsen: der   ^e) groetz   ^f) zto   ^g) iſt

¹⁶⁹) *ſatelye* | »Gulfus Attaliae« o. »de Satalea«, genannt von der st. Attalia an der kleinasiat. südküste, vgl. Sprun.-Menke bl. 84 u. Geisheim 82 f.

¹⁷⁰) *baffa* | Paphos, u. zwar im gegensatz zu dem heutzutage Kuklia genannten Altpaphos, Neupaphos, türk. Bafa, von Peter Stephano Lusignam Paffo geheissen, vgl. la Palma di Cesnola Cypern, seine alten städte, gräber u. tempel; deutsch v. Ludw. Stern. Jena 1879. 306.

¹⁷¹) *zwe flaet* | Genau der abbildung entsprechend, die Cesnola 183 von der stadt Paphos u. dem Venustempel auf einer 25 minuten vom meer entfernten anhöhe gibt, — ein beweis, dass in einem zeitraum von 400 j. eine wesentliche veränderung der trümmerstätte nicht stattgefunden hat.

¹⁷²) *baſtert* | König Jacob II., natürlicher sohn des königs Johann II. (gest. 1458), der schou als jüngling zum erzbisch. von Cypern gemacht worden war. Da seine schwester Carlotta aus der rechtmässigen ehe seines vaters mit Helena Palaeologa, nichte des kaisers von Cnstnpl, 1458 zur regierung gekommen u. zuerst verheiratet mit Johann einem sohne des königs von Portugal, sich zum zweiten male mit einem fremdling, Ludwig von Savoyen verband, so zettelte er mit angesehenen männern eine verschwörung an, floh entdeckt zum sultan nach Aegypten u. eroberte mit dessen truppen u. geld die insel, auf der er 1464 zum könig ausgerufen wurde, vgl. Cesnola 37 f., Bosio II, 332, Daru, hist. de la rep. de Venise. Paris 1819. II, 484 f., Fabr. III, 227.

¹⁷³) *coninck* | Ludw. v. Savoien floh samt Carlotta über Rhodos nach Neapel. Daru II. 488 u. trat schliesslich verzweifelnd an der möglichkeit der wiedererlangung Cyperns in ein piemontes. kloster, Bosio II. 332.

¹⁷⁴) *coningynne* | Carlotta ungleich ihrem gemahl bittet aller orten um hilfe gegen den räuber ihres thrones u. ist deshalb viel unterwegs zwischen Rhodos u. Rom. Zur zeit des verf.'s aber befand sie sich neuerdings auf Rhodos, vgl. Bosio II, 332 f.

¹⁷⁵) *tribuit* | Dieser tribut gehörte unter die versprechungen, die Jacob II. dem sultan vor seiner thronbesteigung freiwillig gemacht hatte, vgl. Daru II. 487.

¹⁷⁶) *mynſchen* | »Tertium malum ist aeris infectio tanta, ut quasi omnis homo ibi febricitet certis temporibus et pestilentia ibi saepe grassetur«, Fabr. III, 229. Aehnliches von heute berichten Unger u. Kotschy, die insel Cypern ihrer phys. u. org. natur nach. Wien 1865. 85.

Daer vm fal fich eyn eygelich warden, die daer comen, vnd bauen all die burſt vnd dat houft werm halden. Vnde daer is alle prouande walveil, went vns patroen te falins¹⁷⁷) cochte vn hamel⁾ vm eynen ducaten; vnd die fcaep¹⁷⁸) hebbent daer grote ztegel. Item der foendach aldem dach voeren wir by dem land van Cipers vnd des mitdaechs quemen wir an eynen aerde vandem lande van cipers vnd was eyn dall, meir daer achter by na vn milen lach dat gebirchte vnd daer was vns ghewijſt eynen wytten taern⁾¹⁷⁹) vnd was vns gefacht eyn wonderlich dinck; mer die et⁾ vns fachten, die weren daer int lant duewile geweeft: dat in die kirche van limetfen¹⁸⁰) weren by na x aff⁾ xn hondert catten,⁾¹⁸¹) die daer waenden vnd etent⁾ daer alle daghe zwe mael, vnde wan men daer eyn klocke

---

a) hemel   b) tuern   c) it?   d) aber   e) catzen   f) ezent

¹⁷⁷) *falins* | S. oben »pilgerf.« a. 4 u. namentlich Hagen a. 48.

¹⁷⁸) *fcaep* | Ob Ovis cyprius, ἀγοτιρά? Unger-Kotschy 570, v. Seydlitz rBb. 251ᵇ »viel schafe, alle mit breyten schwänzen«, wie in Palaestina, vgl. Robinson Palaest. II, 361, Winer II, 396 u. vor allen Tbl., denkw. 115, auch Rauchwolf 325.

¹⁷⁹) *taern* | Wird sonst nicht erwähnt, mag aber leicht die nunmehrige ruine des klosters s. Nicolaos aus viereckigen kalksteinblöcken sein, die Cesnola (284) in der nähe des capo Gatto o. delle Gatte (südspitze v. Cypern) fand unfern des dorfes Akrotiri.

¹⁸⁰) *limetfen* | Limisso, s. Hagen a. 47.

¹⁸¹) *catten* | Die gleiche geschichte bei Tucher 352 u. Fabri III, 241 nur dass letzterer die stadt Nimona nennt. Wahrscheinlich hängt der name des benachbarten cap Gatto damit zusammen. Cesnola (285) erzählt nämlich, dass es sowol an dem genannten cap als bei Acrotiri wilde katzen gebe, welche die daselbst zahlreichen nattern erjagen u. vernichten. Sein übersetzter bemerkt dazu: »der älteste bericht über die katzen des capo delle Gatte findet sich beim pater Lusignan fol. 8. Er bemerkt 311, dass Callocerus o. Calocaerus die katzen hier zur vertilgung der schlangen eingeführt habe, die sich während der 30jährigen dürre der insel unter Constantin d. gr. so stark vermehrt hatten«. Dass die katzen aber hier in verbindung mit einer kirche genannt werden, lässt unwillkürlich an ihre eigenschaft als ägyptische cultustiere erinnern. Nicht nur dass die geschichte von einem besitze Cyperns durch die Aegypter weiss, vgl. Cesnola 25 ff. u. 296 f., so hat auch Cesnola's ausgrabung bei Amathus ein grünglasiertes amulet in ägypt. terra cotta eine katze darstellend aus einem grabe zu tage gebracht (235) u. ist die abbildung 4 auf taf. XXXVII seines buchs richtig, so scheint sie zwei menschliche figuren nicht sowol, wie der verf. allerdings selber fraglich sein lässt, mit je zwei pferden, als mit je zwei katzen in verbindung zu zeigen. Die katze aber ist das heilige tier der Baſt o. Bubaſtis der Aegypter, die katzenköpfig dargestellt eine der seiten der Isis Hathor abbildet, wie eine inschrift auf der insel Pylae besagt, Ebers, durch Gosen zum Sinai, Leipzig 1872, 484. Erzählt nun Aelian h. a. XII, 29, dass im tempelhof von Paphos die h. fische der Aschera gepflegt wurden, wie in dem zu Bubastis die welse (siluren) der Baſt, so liegt es doch nicht ferne auch der pflege der katzen hier eine stelle zu geben. Zumal, wenn sich ergeben sollte, dass die auf taf. LXXII bei Cesnola abgebildete statuette nicht, wie er meint, den sperberköpfigen Horus, sondern die katzenköpfige Baſt darstellt; denn auf der abbildung scheint der katzenkopf unzweifelhaft zu sein.

luyt; vnd hebben ein prouande gehadt vanden Coninck van cipers. |
²⁵ Vnde fo fy fachten, fo is daer to⁽ᵃ⁾ mael veel vnvlaets van flangen,
die die catten⁽ᵇ⁾ daer doden vnd went dat der catten⁽ᵇ⁾ daer
ghein en weren, daer vn fold nyemant mogen wanen; vnd is
1 milen van baffa. Voert quemen wir des foendaechs des auonts
to⁽ᵃ⁾ salins vnd is auch eyn verftuerde ftat: daer fteyt eyn kirch
gebauwet ter eren van finte lazarus¹⁸¹ᵃ) vnd he was daer eyn
biffcop, na dat jm vns here got averwecht hatde vander doet
vnd daer en was geyn hauen, mer wir legen daer den auont
na dem eten voir dat lant ter mitdernacht to⁽ᵃ⁾ vnde daer houen
wir vns zegel⁽ᶜ⁾ vnd vns patroen mut meir luden ginck vpt tlant
vm prouande to⁽ᵃ⁾ coufen vnd wan wir daer quemen, fegen wir veel
foldener riden vp den ouer vander zee, den dat lant beualen is to⁽ᵃ⁾
bewaren; vnde na dat wir hoerden, fo waft to⁽ᵃ⁾ mael fnoed volck
vnd hadden⁽ᵈ⁾ clein onnutte⁽ᵉ⁾ peerde. Item des foendaechs des
nachts voren wir van salins daer vers⁽ᶠ⁾ auer die zee na Jaff. Daer
wir den manendach alden dach voren vn conden nicht, vm dat der
wint clein was, Cipers wt den ougen comen. Vnde dat eylant
van cipers is groet indem vmganck; xv⁽ᶜ⁾ milen¹⁸²) van rodees is
salins, van baffa hondert milen. Mer et was wt vnfen wege te
Jaff te varen 1 milen, vnd dat wir daer an voren, dat was vm pro-
vande to⁽ᵃ⁾ gelden vnd daer lude vpt lant to⁽ᵃ⁾ fetten. Sus fo weren
wir vm gebrechs wil vanden winde lang zijt onderwegen vnd quemen
die midwaech by dem lande van surie, dat to⁽ᵃ⁾ gehoert dem groten⁽ᵍ⁾
foldaen,¹⁸³) vnd fegen dat gebirchte vanden lande van surien, dat
feer houge is, by wilch gebircht vns gewijft was vp den ouer vander
zee eyne grote ftat geheiten Akers¹⁸⁴) vnd daer by lach eynen

ᵃ) zto   ᵇ) catzen   ᶜ) tzegel   ᵈ) hatden   ᵉ) onnutze   ᶠ) scheint corri-
giert in: »da vers«   ᵍ) grozen

¹⁸¹ᵃ) *lazarus* | Nach des alten bisch. v. Salamis Epiphanius (haer. 66, 34
p. 652) soll Lazarus nach seiner wiederbelebung noch 30 j. gelebt haben. Nach
Suicer thes. II, 208 wollte man 890 seine gebeine auf Cypern entdeckt haben.
Vgl. Winer, realwbch. II, 10. Die eine wie die andere nachricht mag dazu bei-
getragen haben Lazarus zum bischof in Salamis zu stempeln. Eine andere
tradition lässt ihn bekanntlich nach Massilia kommen u. dort das evang. predigen,
vgl. Fabr. c. apocr. II, 982. Von einer kirche zu Salamis weiss indes niemand.
Dagegen wird von Cesnola 30 eine solche bei dem heutigen Larnaka, das in
der nähe des alten Citium liegt u. von den Franzosen Les Salines genannt
wird, namhaft gemacht. Es mag demnach hier eine verwechselung zwischen
Salamis u. Salins vorliegen.

¹⁸²) X Vᶜ *milen* | Offenbar irrtum, da höchstens 300 welsche meilen gerechnet
werden dürften, wie bei ldgr. Wilh. v. Thür. 99 geschieht.

¹⁸³) *foldaen* | Von Aegypten, damals Kaitbai, vgl. v. Hammer II, 468.

¹⁸⁴) *Akers* | Akko, Ἄκχω später Ptolemais, bei den kreuzfahrern, Acre,

— 113 —

hougen berch. daer eyn kirche van vnfer vrouwen [185]) fteyt vnd is den berch, den men heift mons carmeli. Van daer quaem dat beginfel [186]) van vnfer vrouwen bruderen, die men heift die carmeliten; vnd helizeus [187]) waenden daer, die difcipel was van helyas. Des auonts voren wir van daen vnd quemen des donnerdaechs, na dat wir dem lande wt den ougen gezegelt weren, quemen wir weder by eynen arde vandem feluen lande van furien vnde daer vp eynen hougen berch fegen wir eyn feer vaft flaet, vnd is daer eyn waerde vandem lande van furien, vnd der wint was vns ghegen, fo dat wir lange voeren by dem lande: vnd quemen fo veer, dat wir fegen eyn feer vaft flaet gheweft in voerzijden; die pilgrims, die ten heiligen lande varen wolden plegen daer to^a) comen vnd dan voert to^a) dem heiligen lande to^a) trecken vnd et js geheiten heteaftel der pilgrims; [188]) vnde fo men vns facht, fo vn woent daer nyemant vm der ruter willen van dem kirften, die daer rouven an die coften vandem lande vnde is geheiten^b) Cefaria matima [189]) vnde anders, fo etfeliche fagen, cefaria paleftina, vnde et licht daer vp eyn armwortfeoet na by eyn ander ftat mut eynem hogen taern, [190]) vnd men vermoet, dat all eyn ftat geweeft is. Des donnerdaghes des auonts voren wir voerbi den land voirf[creuen] vnd fatten des nachts vnfen ancker volna XII milen van Jaffa, [191]) vm dat ftille van winde

---

a) sto   b) geheizeu

Akkaron, bei den Arabern Akku, vgl. Raumer, Palaest. 119, bei ldgr. Wilh. v. Thür. 99: Akres.

[185]) *k. v. vnfer vrouwen* | »In eodem monte pulcherrimum stetisse cernitur claustrum in honorem s. Mariae factum«, Ludolf 49. Vgl. Thietmar 21 und Fabri I, 185.

[186]) *beginfel* | In der zweiten hälfte des XII. jh.'s. vgl. acta sanct. 8. apr. vita b. Alberti.

[187]) *helizeus* | Elisa, 2 kön. 2, 25. 4,25. Auffallen muss, dass des zeitweisen aufenthalts des Elias auf dem Karmel hier nicht gedacht ist, 1 kön. 18.

[188]) *c. der pilgrims* | »Athlit, bei den Türken Atlik d. i. [tempel-] ritterorden; im mittelalter: castrum peregrinorum, Petra incisa, auch Destrictum; zwischen Caesarea u. dem Karmel. — — 1291 zerstört«, v. Raumer 149. Vgl. Dapper, 60 f., Rauchwolf rüb. 323.

[189]) *Cefaria matima* | Verschreibung für C. maritima o. palaestina, vgl. Reland, Palaestina. 499.

[190]) *taern* | Höchstwahrscheinlich ist der »grosse vnnd hohe alte thurn« gemeint, den auch Rauchwolf 323 dort an der stelle des alten Dor (Dora, jetzt Tortura, auch Tantura) sah u. der vermutlich dem daselbst in ruinen noch vorhandenen Frankenkastelle angehörte bzw. dieses darstellte. vgl. v. Raumer 154. Freilich ist dann ein starkes versehen des verf.'s bezüglich der entfernung zw. castr. peregr. u. Dor o. auch Caesarea zu constatieren, da erstere 1, letztere 2 deutsche meilen beträgt. Ein anderer ausweg bleibt nicht, da keine anderen orte als die genannten in jener gegend liegen, vgl. Geisheim 87 f.

[191]) *Jaffa* | Ἰόπη schon bei Anna Comnena Alex. II. p. 320 bei Winer I. 589.

was, vnd des vridages den fuenden dach in Augufto, alfmen helt
de tranffigurationem [191a]) domini nostri Jesu Christi, fo wart vns
van veers gewifft Jaff; vnd quemen to[a]) Jaff voir dat lant to[a]) vesper-
zijt. Vnde men fall weten,[b]) dat Jaff hier voermals geweeft is eyn
grote ftat vnde was anders genent Joppen vnde wert gemacht van
eynem van den drie fonen van noe, genent | Jafet.[192]) vnde be-
hoerde by zijden den kynderen van jfrahel to[a]) den philifteen, die
wilche allzijd vyende weren den kynderen van ifrahel. Item als
men compt irfte to[a]) jaff vm die heilige bedevaert to[a]) doen mut
gueden berouwe van funden vnd gebiecht fin, fo verdient man aflaes
van pinen vnd van fcolt †, item des gelijkks als he ierfte wt finem
hufe geyt, item ten drieden mael, als he orloff heeft vandem pacus
vnd geyt to[a]) feeffe, ouch mut van pinen vnd van fcolt. Hier bleuen
wir liggen voir dat heilige lant x daghe lanck to[a]) den foendach na
vnfer vrouwen affumpcio den xvi dach in augufto vnd vm dat ge-
wapende volck vanden foldaen, die wilche gevangen hatden eynen
groten[c]) heer genant Zuher[193]) vnd was heer van calep vnd tripoli,
wilch lant gelegen ift tuffchen turkien vnd des foldaens lant vnde
hatde lange vyent geweeft dem foldaen vnd was gebracht van dem
Capitein van damafco to[a]) rama vm dat im die voert brengen folden
to[a]) alkare[194]) to[a]) dem foldaen. So werden wir des foendaghes den
morgen gebracht mut der galeyen[d]) ant lant vnde bleuen daer na,
dat vns patroen die trybuyt bezaelt hadden[e]) xvi ducaten[195]) voir

a) zto   b) wezen   c) grozen   d) galeyden   e) hatdē

'Ιόππη nach den LXX. Eigentümlich bleibt die abkürzung Jaff wie die ver-
längerung Joppen, vgl. pilgerf. 1.

[191a]) *tranffigurationem* | Das feft der verklärung Christi fällt auf den 6. aug.
u. ward 1457 von Calixt III. allgemein eingeführt in der kirche. Da der verf.
nicht im datum irrt, so irrt er entweder in der angabe des festtags o. es ist
anzunehmen, dass das kölner erzstift einen abweichenden kalender hatte, vgl.
Augusti, denkw. III, 202.

[192]) *Jafet* | S. pilgerf. a. 4ᵃ u. Reland 639.

[193]) *Zuher* | Ob dieser name u. die geschichte seines trägers auch sonst noch
erwähnt werden, wissen wir nicht. Vermutlich handelte es sich hier um em-
pörung eines ägyptischen statthalters u. zwar in der art, dass letzterer sich die
verwaltung zweier statthalterschaften angemasst haben mochte, denn Haleb (»calep«
hier) war wie Tripolis u. Damaskus eine der 12 syrischen statthalterschaften,
die je einem Naib überwiesen waren, vgl. v. Hammer II, 472 u. 653.

[194]) *alkare* | Kairo, Muar el-Kâhirah; »vulgares Teutonici nominant eam Al-
kir vel Alkuri et Alkaria«, Fabri III, 79, Helffrich 389ᵇ: »die Italianer nennen
diese Alcayr, welcher name mit dem gemeldeten Cayr vberein trifft vnd ein nam
ist, allein dass sie den artikel al darzusetzen«.

[195]) *XVI ducaten* | Bei Tucher 18—20 ducaten vgl. Tobler denkbl. 542, eben-
so bei ldgr. Wilh. v. Thür. 100 »bei 18 ducaten«, bei Rauchwolf 324 9, bei
Lochner 7. o. 16 gulden. vgl. Geisheim 88 u. 217.

itlich houft by den vpperften van rama,[196]) in eyn vinte[197]) gelacht vnd daer ingezelt vanden heyden. Men fal wefen[a]) dat jaff geheel verftoert[198]) is vnd men mach noch veel feen, wie groet die ftat geweeft is vnd waer die muren goftaen hebben. Mer daer vn ftaen itfon[b]) gheyn hufer, wan beneden vp dem wafter[c]) ftaen[d]) drie gebrochen hufer[199]) went[e]) die auer die lenete an dat lant noch auer w[u]lfft fin vnd fchynt, dat in voirzijden eyn terfenael gheweeft is vm drie galeyden fubtijl in to[f]) leggen, geliken te candien | off[g]) to[f]) argufe bydem wafer[h]) gemacht fin; vnde daer bauen vp den berch, daer die ftat heeft geftaen, daer ftaen zwe taeren,[200]) daer men die waerde vp helt vnd daer fteyt eyn clein paert[201]) voer dat lant, daer et niet guet in vn is comen vm der fteyn wil, die daer liggen; mer galeyden aff[x]) grote[i]) feeffe vn moegen daer nicht in comen. By defer hauen ift eynen groten[i]) fteyn, daer finte peter[202]) gewontlich was to[f]) viffchen, vnde voir die ftat was, dat finte peter vander doet verweckten tabitam,[203]) wilch was eyn heilige vrouwe

---

a) wezen   b) etfon   c) wafzer   d) fteen   e) wente (wenten?)   f) zto
g) aber   h) wazer   i) grozë

[196]) *vpperften v. rama* | Fabri I, 202 spricht ebenfalls von einem »praefectus de Rama«.

[197]) *vinte* | Habitacula testudinata, Fabri I, 41, habitatio ruinosae testudinis, ao 195. »Dicuntur haec speluncae cellaria s. Petri«, ao., vgl. Tobler, tpgr. II, 600. Da im verlaufe der erzählung auch noch die tenten o. zelte der soldaten erwähnt werden, so ist ersichtlich, dass das hier zum ersten mal in der speziellen bedeutung zelt erscheinende wort kein zelt im eigentlichen sinne ist, um wenigstens eines von zelttuch, in welcher bedeutung Lex. III, 899 das wort (winde) allein kennt; kaum wird an das bei Tbl. ao. erwähnte mit schilf bedeckte zelt gedacht werden dürfen, da in diesem nicht geschlafen worden zu sein scheint.

[198]) *geheel verftoert* | S. Tbl. ao. 600.

[199]) *hufer* | Erwähnt nur in Voyage de la s. cité vgl. Tobler ao. 601: »comme barbacanes et regardieres«, was einigermassen der beschreibung hier gleichkommt.

[200]) *taeren* | Erwähnt bei pfizgr. Alex. 69 u. v. Dusen 20, vgl. Tbl. 601 u. Röhr.-Meisn. 23.

[201]) *paert* | Ueber den hafen vgl. plan d. stadt u. erläuterungen desselben in d. ztschr. d. deutsch. palaest.-ver. III, 44 u. Tbl. 585 f.

[202]) *f. peter* | Die gleiche legende bei reisenden des XV. u. XVI. jh.'s, vgl. Tbl. 629; die entstehung derselben scheint einfach einer verwechselung der Namen Κηφᾶ u. Κηφεύς zuzuschreiben zu sein. Denn bekanntlich knüpft sich an Joppe der name Kepheus, indem Kepheus entw. zum gründer der stadt (Stephan. bei Reland 640) gemacht wird o. dort mit seinem bruder Phineus geherscht habe (Pompon. Mela I, 11 vgl. Tbl. 595, der indes irrtümlich den acc. »Cephea« für den nom. nimmt) o. als vater der dort angeschmiedet gedachten Andromeda (Hieronym. ad Joh. 1) in betracht kommt, vgl. Preller griech. myth. 69 f. u. Movers, Phoenizier I, 422—25, Hitzig, urgesch. u. mythologie der Philistaeer, Leipzig, 1845. 203.

vnd plach die appoftolen to ᵃ⁾ herbergen vnd to ᵃ⁾ dienen. Item daer vp der zee was, dat Jonas²⁰⁴) die prophete verflonden wert vandem waluifch, doe he dat gebot gads nicht vn vollenbracht vnd wolde nicht varen te niniueen, mer wolde varen to ᵃ⁾ tairfen thegen vns heren wille. Hier bleuen wir zwe nachte vnd fliefen jemerlichen vp der eerden vnd mochten nouwelich wt gaen vm der heiden wille, die wilch daer all vm legent in eir tenten. Vnde daer quam die gardiaen van den mynner bruderen van Iherufalem vnd vntfinck vns. Item des dinfdages to ᵃ⁾ vefperzijt den xviii dach in auguflo kregen wir oerloff to ᵃ⁾ varen vnfer wege, vnde voren doe mut mulen vnd mut ezelen na rama vnd voren mut vns all die heren van rama vnd veel ander heiden vnde ouch mede vns patroen mut finen foen vnd mut den gardiaen vnd vns trofman.²⁰⁵) Vnde des auonts doe wir quemen te rama,²⁰⁶) dat vii milen²⁰⁷) is van Jaffa, vnd daer worden wir by ghetal int fpittal²⁰⁸) geherberelt, daer vns die heiden vnd etflige kirften lude, die daer wonen vn fin genent kriften van dem rieme²⁰⁹) vnd die brachten vns eten, mer wolden wir wyn drineken, den moften wir coftlich betalen thegen vnfen patroen, went die heiden gheinen | win vn moten drineken, went verbaden ift in ire eew, vnde daer vermyeden vns die kriften vanden riem

---

ᵃ) zto

¹⁰³) *tabitam* | Ag. 9, 36 ff. Dass sie die apostel geherbergt habe, ist verwechselung mit der tatsache ag. 16, 15.

¹⁰⁴) *jonas* | Jon. 1, 2 ff.

¹⁰⁵) *trofman* | It. turcimanno, fr. trucheman, vom arab. targomân, torgomân ausleger; eine andere ital. form ist dragomanno, fr. drogman, nhd. tragemunt, Diez wbch. I, 157 ff.; eine umdeutschung des fr. trucheman ist das mhd. trützelmann, Lexer II, 1553, trutschelmann Tucher 353ᵇ. Ebers, durch Gosen zum Sinai 463 ist der meinung, dass der name von dem chald. targem erläutern u. targûm erläuterung herzuleiten sei, der dragoman also ursprünglich nur ein erklärender u. dolmetschender fremdenführer gewesen sei.

¹⁰⁶) *rama* | S. oben a. 9.

¹⁰⁷) *VII milen* | Andere entfernungsangaben s. oben s. 1 u. Tbl. tpgr. II, 794, a. 1.

¹⁰⁸) *fpittal* | S. oben a. 12 u. Tbl. tpgr. II. 816. dem noch hinzuzufügen ist: ldgr. Wilh. v. Thür. 100; vgl. auch Robinson III, 235, a. 2.

¹⁰⁹) *kriften van dem rieme* | »Christiani de cinctura ita vocati olim christiani in partibus Aegypti degentes ut auctor est Sanutus lib. II, part. 2, cap. 8 sub anno 1230 — — — quia cingulum portant latum et vestimentum, per quod recognoscuntur ab aliis [Jacobitis scilicet et aliis]«, du Cange-Henschel II, 340ᶜ, — die Gürtel- o. Thomaschristen, vgl. Tbl. dnkbl. 340. Geisheim 92 f. — Trommel, abbildung der jacob. o. copt. kirche. 4. lässt die Kopten o. Jakobiter »christiani della ceintura« o. »chr. per cingulum« von den Portugiesen genannt werden. Ebenso sollen die Maroniten in Jerusalem den gleichen namen geführt haben; s. auch u. a. 357.

matten²¹⁰), daer wir vpfliepen. Die midwaeche daer na den xix dach in augufto des morgens foe dede die gardiaen vanden mynnerbruderen in dat^a) fpittael miffe, vnder die miffe vermaende²¹¹) he vns fomige punten vnd weren drie punten: dat eerfte, dat wir folden hebben pacientie vnd fin lijtfamich, went die heiden vns veel auerlaft doen folden; dat^a) ander, dat wir oetmodelich die heilige fteden verfuechen folden vnd die afflaten^b) oetmodelich verdienen, vnd dat derde, dat^a) wir gans geloue hebben folden to^c) gelouen al dat ghene, dat in die heilige ftaede gefeiet were; vnd mut veel meir ander fehoner vermanungen, die he vns daer dede, vnde ouch dat^a) wir nicht gaen en folden vp der heiden kerckhauen noch in falomons tempel to^c) Iherufalem, went vns daer groet^d) laft aff mochte comen. Sus na der miffen ghingen wir mut vnfen trofman vnde mut den bruderen van Iherufalem buten der ftat van rama vnde doe wir eyn weinich buten weren, ftonden daer vns mulen vnd ezelen, vnd reden to^c) eynre ftat, die verftoert is vnd heitet^e) lidda²¹²) vnd leget drie cleine milen van rama ter luchter hant aff van den weghe na Iherufalem: daer fteyt eyn fcoen kirche van finte jorien,²¹³) die zeer vanden heiden verdoruen is, vnde daer is die ftat, daer finte Jorien vnthouft wart. Item daer js die ftat, daer finte peter ghenas vnd gefunt machten eneam²¹⁴) paraliticam, vnde daer ift aflaet^f) van feuen jaren vnd feuen karenen. Vnd wan wir vns gebet daer gedaen hatden, fo quemen wir weder vm na rama by dem middaghe vnd bleuen daer int fpittael all den dach vnd gingen mut vnfen patroen befeen die ftat al vm, die wilch redeliche groet²¹⁵) vnde fcoen is vnd an veel eynden fin die gatzen auerwulft²¹⁶) geweeft vm die grote heyte, die daer is, vnde ouch | ftaen daer fcoen kirchen,²¹⁷) die die kriften hebben laten machen, mer die heiden

a) daz   b) afflazen   c) zto   d) groez   e) heizet   f) aflaez

²¹⁰) matten | Fabri I, 212: »mattas emimus«, vgl. 221.

²¹¹ | vermaende | Vgl. Fabri I, 212 ff. nennt nicht weniger als 27 verhaltungsmaassregeln — reyßb. 130 sind es nur 10, —; Breydenbach 58 gibt fünf, die übrigen sprechen bloss allgemein von der sache, vgl. auch Tbl. denkbl. 528.

²¹²) lidda | S. plgf. 16; die entfernungsangabe hier ebenso wie dort: 3 welsche meilen = ³⁄₄ wegstunden.

²¹³) jorien) | Bei Tbl. denkbl. 584 ff. die geschichtliche entwickelung der Georgslegende an dieser stätte.

²¹⁴) eneam | Ag. 9, 33 f. — »paraliticam« schreibfehler für paralyticum.

²¹⁵) groet | Dasselbe bemerken Fabri I, 225 u. a. bei Tbl. tpgr. II, 807.

²¹⁶) auerwulft | Wird unseres wissens nur hier erzählt.

²¹⁷) kirchen | Diese dem verf. eigentümliche nachricht stimmt aufs beste mit der bemerkung u. vermutung Robinsons III, 247, u. bestätigt letztere unerwartet.

hebben daer ytfon mofquiten[218]) aff ghemacht vnd ropen des nachtes vnd des daechs feer vp die taeren an eren machomet vnd bernen des nachts bauen buten de taern eyn lampe vnd wan fy hoech ziit halden of als fy vaften, dat is to[a] itlicher drie maende eynen maent, fo ontfingen fy die vier lampen. Defe ftat heeft in voer ziiden to[a]) gehoert den philiftinen vnd is gelegen in eyn feoen flecht land vnd to[a]) mael eyn guet caren lant vnd daer veel boemwollen[219]) weft. Des donnerdages daer na den xx[ten] dach in augufto vp finte barnabas[220]) apoftel dach voren wir van rama des morgens vroech na Iherufalem vnd quemen den middach by eynem waferput[b]) vnd eyn groet huys[221]) vnde daer bleuen wir, eten onder die boem vnd voderden daer die peerd vnd van daen reden wir voert vnd quemen by eyn ftat vnd heifet[c]) ramula[222]) vnd voert clummen wir vp na Iherufalem vnd noch quemen wir an eyn fteetchen vn heitet[c]) emaus,[223]) vnd daer is eyn kirch, in die wilch die zwe difcipulen kanden vnfen here Ihesum by dem brechen van den brode, vnd gefchiede vp den dach der vorrifeniffe vns heren des auonts, vnde daer by is dat grafft van finte cleophas,[224]) die eyn vanden jonge-

a) zto   b) waserput   c) heizet

[218]) *mofquiten* | »Muschea est templum mahometicum, quod alias dicitur mesquita vel meschita aut mamerias«, Fabr. III, 528; moscheda u. moscheta, muschea u. mucheta bei du Cange-Hensch. IV, 559[a] u. 586[b], aus dem arab. mesdjid (mesdschid) anbetungsort, vgl. Weigand II, 139. Die multae muschkeae in ea (Rama) et per circuitum ejus hat übrigens auch Fabri I, 125 bemerkt.

[219]) *boemwollen* | Vgl. Tbl. tpgr. II, 800 u. 807.

[220]) *barnabas* | Der verf. irrt; der von ihm bezeichnete heiligentag ist der 11. juni. Die hh. des 20. aug. dagegen sind: 1) Auctor ep. Trev., 2) Bernhard abb. Claravall., 3) Malachias proph. u. 4) Stephanus rex Ungariae.

[221]) *groet huys* | Diese ruststätte wird nachher »neyuwerpuert« u. s. 65 unten »nove parte« benannt, was das übel verstandene fteta nova sein könnte (s. Pfinziger 158, Lochner 250 u. Röhricht-Meisner 92) d. h. jenes alte Nobe o. Bettenuble beim heutigen Amuâs in der nähe von Latrûn, da nur hier der »wasserput« u. die trümmer eines grossen hauses (kirche) zusammentreffen nach der beschreibung Toblers, dritte wanderung 187, vgl. dessen tpgr. II, 757 ff. Robinson III, 280 u. Wilken, gesch. d. kreuzzg. II, 615 u. ebenso die nachherige entfernungsangabe dieser annahme günstig wäre (12 m. von Ramleh u. 12 nach Jerusalem) vgl. Tbl tpgr. II, 743 u. 5.

[222]) *ramula* | Ist wol durch ein versehen des verf. an diese stelle gerückt, da es weder Ramleh sein kann, noch das ausser der gewöhnlichen pilgerstrasse liegende Ramallah o. er-Ram. Indess auch Jacob [?] (visitatio totius terrae sanctae. Stuttg. liter. verein. VII, 236) hat an der gleichen stelle ein Bamula, was doch wol auch Ramula sein soll.

[223]) *emaus* | Wol el-Kubébeh, vgl. pilgerf. a. 18, Robinson II, 581, Tbl. tpgr. II, 753. Keim, gesch. Jesu von Nazara. Zür. 1872. III, 555 a. 1, da mit diesem die nachher angegebene entfernung von Jerusalem (7 m.) ziemlich stimmt.

[224]) *cleophas* | Luc. 24, 18, vgl. Breydenbach 57[b], Tucher 353, Ecklin 404. Nach Euseb. onomastikon unter Ἐμμαῦς war Kleophas von dort gebürtig, vgl. Hieronymus epitaphium Paulae ad Eustochium.

ren was. Item noch van emaus vpwert*ᵃ⁾* na Iherufalem was die
ftat anathot,²²⁵) van wilche ftat was die prophete Jeremias, vnd
daer by is den berch van filo,²²⁶) daer hely priefter vnd biffcop was
vnd famuel die prophete, vnd daer is famuel begrauen. Item
daer by is gewceft die ftat van armathien,²²⁷) van daer was ge-
baren Jofeph, die edel man,²²⁸) die van pilatum begeerden dat
licham vns heren vm dat vandem cruce to*ᵇ⁾* doen vnd dat to*ᵇ⁾* be-
grauen in fin grafft. Men fal weten, dat van rama to*ᵇ⁾* neyuwer-
paert,²²⁸ᵃ) daer me den middach vodert als voirf[crcuen] fteit is xii
milen vnd van daen to*ᵇ⁾* Iherufalem fin xii milen. So ift miteyn
van rama to*ᵇ⁾* Iherufalem xxiiii milen²²⁹) vnd fo is emaus van Ihe-
rufalem | vii milen vnd den berch van fylo is van Iherufalem v
milen vnd defen wech is boes gebirchte vp to*ᵇ⁾* ftigen vnd neder
to*ᵇ⁾* clymmen vnd feer fteynachtich. Daer vm fal cyn itlich pilgrim
fyn vleeffche vullen mut wine vnd water vm die groete*ᶜ⁾* heifte, die
daer is. Des auonts to*ᵇ⁾* vii vren quemen wir to*ᵇ⁾* jerufalem vnde
quemen by dem fluet²³⁰) in die ftat vnd ftegen daer van vns
mulen vnd ezelen vn ghingen va daen to*ᵇ⁾* voet mut vnfen trofman
vnd mut die bruderen voer die duer des tempels des heiligen
graeffs vnd dat die duere vandem tempel geflacten was, fo gingen
wir voer die duere vnd deden daer vns ghebet²³¹) vnd vp den
fteyn, ²³²) daer vns here vp ruften, der felue eyn viercantfteyn is
vnd licht daer int eftrich voir den tempel vnd is befcreuen vanden

---

ᵃ) vpwertz   ᵇ) ztu   ᶜ) grueze

²²⁵) *anathot* | Ob damit das heutige Kuriet el-Aneb gemeint ist, das bei den Franken s. Jeremias, bei einigen aber auch Anathot hiess, vgl. Tbl. tpgr. II, 743, da das eigentliche Anathot d. h. heutige Anâta ausser dem wege liegt? Das Anathot bei Rauchwolf 324 scheint die gleiche lage zu haben.

²²⁶) *filo* | En-Nebi-Samuil, das castrum des pilgerf. a. 21, vgl. auch Rauchw. 324. Die nachherige entfernungsangabe (5 m. von Jerusalem) entspricht dem von uns angegebenen orte.

²²⁷) *armathien* | Wird sonst vielfach mit En-Nebi-Samuil identificiert, vgl. Tbl. tpgr. II, 884 f., hier aber ist es nicht zu deuten, so wenig als beim ldgr. Wilh. v. Thür. 101 Romatha, vgl. Robinson II, 360.

²²⁸) *edelman* | S. »pilgerf.« a. 13.

²²⁸ᵃ) *neyuwerpaert* | S. 65 unten »noueparte« u. vorher a. 221.

²²⁹) *XXIIII milen* | Vgl. pilgerf. 2 u. anderweite entfernungsangaben bei Tbl. tpgr. II, 794 a. 2.

²³⁰) *fluet* | Am heutigen Jaffator, das »bei den Christen zuerst schloss- o. burgtor« genannt wurde, Tbl. tpgr. II, 145, durch welches auch Fabri (I, 238) einzog. Es bliebe zu untersuchen, zu welcher zeit das Jaffator an stelle des Damaskustors (s. pilgerf. a. 25) zum pilgertor erhoben wurde.

²³¹) *ghebet* | S. pilgerf. 3 u. alle pilgerbücher. Der erste gang war zur h. grabkirche.

²³²) *fteyn* | S. pilgerf. a. 150, Fabri I, 240, Lochner 219 ldgr. Wilh. v. Thür. 102.

pilgrims mut veel crucen²³²ᵃ) vnd is eynen witen ᵃ) merber fteyn.
Van dan fo gingen wir voirt na dat fpittael, dat daer voer den
tempel auer fteit vnd is geheiten ᵇ) helenen fpittael,²³³) dat finte
helena gemacht heeft die pilprims daer in to ᶜ) herbergen vnd daer
fliepen wir die nacht vp matten vp der eerden. Item des vridages
den xxi dach in augufto des morgens vroech quemen die bruderen
vnd haelden vns wten fpittael mut den trofman vnd gingen doc
vm to ᶜ) verfuechen die heilige fteden bynnen der ftat van Iherufa-
lem vude daer buten vm iherufalem. Inden eerften fo falmen weten,
alfmen die ftat van jherufalem fut vnd die pilgrim mut berouwe
fyner funden vnd fin gebet deit ter eerden ter eren der paffien vnd
der pinen vns heren Jhesu Chrifti, fo verdient men aflaet ᵈ) van
allen pinen vnd feult †.

Hier na volgen die heilige ftede bynnen der ftat van
jherufalem, gelijken wie wir die verfocht hebben. Inden eerften
fo gingen wir vanden fpittael to ᶜ) voir den tempel des heiligen
graeffs vnd fpreken vnfe gebet daer voir dem tempel, die geflaten
was, vnd mut vpten fteyn, daer vns lieue heer vp ruften, fo wir
des auents daer to voeren ghedaen hatden: daer wir fegen, dat
die heiden den fteyn mut eren voeten fmeerden vnd treden to ᶜ)
³² fmaheit | vns kirften, vp dat wir eir voetfporen vnd onreynicheit²³⁴)

ᵃ) wizen   ᵇ) geheizen   ᶜ) zіо   ᵈ) aflaetz

²³²ᵃ) *veel crucen* | S. Gnmp. kei Tbl. Golg. 32 u. Fabri I, 320.

²³³) *helenen fpittael* | Der verf. irrt im namen: der grabkirche gegenüber
liegt allein das Johanniterhospital, während das »helenenfpittael«, getrennt durch
ein ganzes strassenviertel sich zur seite des grabtempels befand. Dass er aber
ein gegenüber von der grabkirche nach osten meint, beweist er durch den
späteren ausdruck »recht auer« = gerade über s. 47. Trotzdem ist das vor-
kommen des namens Helenaspital 200 j. früher, als Tbl. dnkbl. 401 u. 2 von ihm
weiss, bedeutsam, gleichwie es nicht ohne gewicht sein dürfte, dass 260 j. früher,
als Tbl. ao. anzugeben weiss, die gründung des fraglichen spitals direkt der
kaiserin Helena zugeschrieben wird. Sodann aber darf der gebrauch des Helena-
spitals für christl. pilger durch folgende erwägung gesichert erscheinen. Unser
verf. erzählt, dass er mit seinen genossen tags nach ihrer aufnahme ins Helena-
spital in das haus des consuls übergeführt worden sei, in dem sie bis zu ende
verblieben, s. 41, u. das offenbar auch ein hospital gewesen sein muss. Da nun
Lochner 219 ebenfalls von einem pilgerhospital erzählt »bei den zweyen consuln
ratgeber genand, die darinnen wohnen« (vgl. auch »unsere herberge in Jacob
des consuls hause« ldgr. Wilh. v. Thür. 101) so darf angenommen werden, dass
die consularwohnung überhaupt das pilgerhospital war. In unserem falle aber
mag diese wohnung mit dem Helenaspital verbunden gewesen u. die namens-
verwechselung daher gekommen sein, dass der verf. den ersten u. einzig ihm
bekannt gewordenen namen — das Johanniterhospiz heisst ja gewöhnlich kurz-
weg »spital« vgl. Lochner ao. u. Tuch. 353 — in gedanken fälschlich auf letzteres
übertrug.

²³⁴) *onreynichkeit* | Wird unseres wissens hier zum erstenmal erzählt, während
Fabri I, 268 ähnliches von dem stein am Dreimarienplatz (Avete) berichtet.

cuſſen ſolden. vnd als ſy des auents ouch deden vp den viercanten
merber ſteyn voerſſereuen]. doe vns lieue heer daer vp ruſten,
doe ſach he na den berch van caluarien, daer he ghebracht ſolde
werden. Van dan neder clymmende wert vns geweſen dat huys van
veronica [235]) vnd was an die rechter hant vander gatzen. Item
daer by wert vns gheweſen des richenmans huys, die wilch laſa-
rum weigerden die crumen vandem brode. Vnd van daer eyn
weinich was vns gewijſt by eynre paerten [236]) daer die joden
ſymonem dwongen, dat he ſolde helpen dragen vnſen lieuen heren
ſin cruce. Item voert an neder to[a]) gaen is die ſtede daer vns lieue
here ſprach to[a]) den vrouwen van jheruſalem: »Dochteren van jheruſa-
lem, vn wilt mich nicht beweinen, mer weynt vp vch vnd vp uver
kinder«. Item daer na compt men voir eyn kirch vnd is genent ſancta
maria in ſpacino,[237]) daer vns lieue vrouwe ſtont bedruckt vnd ſach
eren lieuen ſon mutten cruce voerby gaen, daer ſy van rouwen ter
eerden ſeech, vnd is die kirche na dem latine geheiten,[b]) in
duytſche die beſuiiminge vnſer lieuer vrouwe: vnd die kirche is
geſlaten,[238]) dat[c]) die pilgrims daer nicht in en mogen comen.
Item eyn weinich van daen is eynen ſteynen baghe vnd geyt to[a])
weirs auer die gatze; vnd daer bauen in dem baghe ſynt ge-
muert zwe grote vierkentige ſteyn vnd vp den eerſten ſat[239])
vns lieue here, doe he van pilatus verordelt wert, vnd vp den
anderen ſteyn ſat pilatus ten ordel, doe he vnſen lieuen here
verwees andem cruce. Item onder dem ſeluen bage is den ſtoel[240])

a) zto   b) geheizen   c) daz

[235]) *veronica* | Die lage des hauses stimmt mit derj. bei den pilgerschrift-
stellern von 1461 (Wilh. v. Thür.) an, vielleicht auch mit der bei Gump. 1449,
wo Tbl. tpgr. I, 251 das haus zuerst genannt findet; nicht aber mit der bei
Lochner 220, der bereits 1435 das haus nennt, aber hinter dem des reichen
mannes auf der schmerzenstr. Sonst ist die reihenfolge der weiteren h. stätten
auf der via dolorosa hier die gleiche wie bei Lochner, Wilh. v. Thür., Alb. v. Sachs.,
Fabri, Breyd. usw.

[236]) *paerten* | Kommt sonst nicht vor.

[237]) *ſpacino* | Vermutlich eine verderbnis des ital. spasimo für das richtige
spasmo, vgl. Tbl. tpgr. I, 450, a. 1.

[238]) *geſlaten* | Bei Gump. (1449) war die kirche zerbrochen (Tbl. tpgr. I, 450),
ebenso 1461 bei Wilh. v. Thür. 103 u. 1476 bei Alb. v. Sachs. 2105, wie noch
später. War sie also in der zwischenzeit restauriert worden o. liegt ein irrtum
des verf.'s vor?

[239]) *ſat* | Christus wird sonst stehend auf beiden steinen genannt, hier dem-
nach eine variation.

[240]) *ſtoel* | Bei der bekannten vielfachen ununterscheidbarkeit der buchstaben
t u c in den mittelalterl. hss. könnte das wort auch wol »ſcoel« heissen, aber
dem widerspricht das nachfolgende »ſcholen« sowol orthographisch als im ge-
schlecht. Es wird demnach kaum zu umgehen sein hier das bis dahin noch un-

vnſer lieuer vrouwen, daer ſy ter ſcholen ginck. Item vandaen
eyn rechte gatze wt ter luchter hant in eyn clein gatze, daer ſteyt
herodes huys vnd is mut vi off vii trappen [241]) vp to[a]) gaen, daer
vns lieue heer in beſpot was, vnd in witten[b]) cleideren tot pilatus
weder vm geſant wert. Item weder vm inter rechter gatzen vp
den aerde by | herodes huys ſteyt pilatus huys vnd is aender luchter
hant vander rechter gatzen, daer vnſe lieue here in gegeyſelt wart.
Item daer by an die rechte hant ſteit ſalomons tempel, die daer
ſteit ſeer ſcoen vnd ront [242]) gemacht, vnde is eyn ſcoen viercante
placts,[c]) wilch placts[c]) ſeer groet is vnd heeft veel paerten vm vp dem
placts[c]) to gaen. Mer wir en mochten daer nicht in gaen in geyn van
den paerten vnde in die paerten hingent veel lampen, die de heiden
bernen wan ſy hoechzijt halden in den tempel. Item daer neden
by die paerten van ſinte ſteuen achter by der muren vnd tuſſchen
dem placts[c]) vandem tempel ſteit eyn grote weteringe,[d][243]) daer die
kinder van Iſrahel plegen eir beeſten to[a]) weſſchen, die men inden
tempel plach to[a]) offeren, vnde was zeer diep vierkant vnd is all
druge. Item men ſal weten, dat in die placte van ſalomons tempel
ander muren van der ſtat by die gulden paert ſteyt eyn ſcoen
lange kirche [244]) vnd js den tempel, daer vnſe lieue frauwe[e]) in ge-
bracht was, doe ſy ionck was vnd vnſe lieue frauwe an joſeph ge-

[a]) zto [b]) wizen [c]) plein [d]) wezeringe [e]) frauwa

gedeutete grundwort zu entdecken, deſſen verbindung mit andern wörtern uns
einigermaſſen bekannt iſt, wie in »ſtuelbruder«, das nach einer urk. d. biſch.
v. Augsb. v. 1383 (Schmid, ſchwäb. wbch. 517) etwa gehilfe des kirchendieners
bedeutet, o. wie Haltaus, gloſſ. german. 1760 behauptet, canonicus eccleſiae
cathedralis heiſſen ſoll, vgl. Schmeller-Fromm. II, 752 u. Lexer II, 1271 f. Eine
ableitung vom lat. ſtola, wie dies bei den auch als ſtolbrueder vorkommenden
u. mit cuſtodes templi überſetzten ſtulbrüdern möglich iſt, würde bei unſerem
worte nicht angehen. Ob nicht alſo an ein kirchliches gebäude zu denken iſt
u. das ahd. ſtalopiot (Graff VI. 662 u. Weigand II, 815) von hier aus licht
empfangen darf? Vgl. auch das altfr. ſtole = der geiſtliche fiscal, v. Richthofen,
altfries. wbch 1051. — Hiernach darf denn auch entſchieden werden, ob der von
Schiltberger (a. 1410) gebrauchte ausdruck von der Aksamoschee: »genannt der
ſtuhl Salomonis« (vgl. Tbl. tpgr. I, 570) wol mit ſchul verbeſſert werden dürfe.

[241]) *trappen* | Die beſtimmte zahl ſtufen wird nur hier genannt, vgl. Tbl.
tpgr. I, 656 u. Wilh. v. Thür. 104.

[242]) *ront* | Der tempel war achteckig, mit einem cylindriſchen u. kugel-
förmigen überbau in der mitte, Tbl. tpgr. I, 545, an letzteren denkt wol der verf.

[243]) *weteringe* | Der ſog. ſchafteich, probatica piscina o. Betheada, s. Tbl.
dnkbl. 53 ff. Seiner angeblichen bedeutung als waſſerbehälter zum waſchen der
opfertiere gedenkt auch Wilh. Thür. 104, Breyd. 64, Fabr. 136, erſterer gleich-
zeitig mit beziehung auf Joh. 5, 2—9, wie ſonſt alle übrigen pilgerſchriften,
s. übrigens n. 245 u.

[244]) *kirche* | Sowol nach der beschreibung hier als nach der s. 34 kann nur
die Aksamoschee gemeint ſein, an die ſich die vom verf. genannten über-
lieferungen alle knüpfen, vgl. Tbl. tpgr. I, 570 plgrf. 5.

truwet wart vnd daer vnfe lieue frauwe eir kint Jhesum fymeon in finen ermen gaff, vnde daer he vnder den doctoren difputierden vnd weder vm van maria vnd jofeph daer gevonden wert. Mer den tempel fiet men meir buten der ftat wan bynnen, vnd daer doen die pilgrims eir gebet²⁴⁴ᵃ) thegen den tempel buten der ftat by der gulden paerten. Alfmen daer wal feriuen fall, item fo fin daer noch zwe plaetfen bynnen der ftat toᵃ) wetenᵇ) probatica pifcina,²⁴⁵) daer die jngel dat waterᶜ) plach toᵃ) roren, vnde Anna²⁴⁶) eir huys (die moder van vnfer frauwen), daer vns lieue frauwe in gebaren wert, vnd fteyt nicht veer van herodes huys: mer vm dat wir die fteden nicht en verfochten, fo en feriuen wir daer nicht van.²⁴⁶ᵃ) Item daer na gingen wir toᵃ) finte fteuens paerte | wt der ftat, (die) daer fteit by den tempel eyn feer groten fteyn²⁴⁷) die ftede daer finte fteuen gefteynt wert. Item daer by is die ftede, daer finte paulus²⁴⁸) de cleider bewaerden van denen, die finte fteuen fteinden. Van daen ter rechter hant fut men eyn paert,²⁴⁹) daer achter fteyt die guldenpaert, daer vns lieue heer vp den palmfoendach in quam riden vp den ezel: defe paert fteyt voer die guldenpaert vnd is onder toᵃ) gemeft myt fteynen vnd bauen geflacten mut zwe hulteren doeren vnde middenᵈ) is eyn fule van fteynen gemeft; vnd die eyn duer is vierkentich vnd die ander is an die eyn fide ufchijes vp gaende mut fteinen ghemeft. Vander muren aff vpwert vnde daer bauen die paert vpwert fteit vnfer frouwen tempel an die muren, daer ich voir van gefereuen heb. Vnde als men vns facht,ᵉ) fo gaent daer alre loide lude in falomons tempel, mer gheyn frouwen, mer

ᵃ) zto ᵇ) wezen ᶜ) wazer ᵈ) mitden ᵉ) der ganze vorderſatz iſt im orig. doppelt geſchrieben

²⁴⁴ᵃ) *gebet* | »Creditur enim, quod reliquiae illorum murorum, qui hodie ibi stant, sint adhuc de vera porta aurea, per quam dominus intravit asino sedens.« Fabri I, 368 vgl. Wilh. v. Thür. 106.

²⁴⁵) *probatica piscina* | Gemeint ist hiermit der innere teich, auch teich Hiskiah o. Ezechias genannt, vgl. Tbl. dnkbl. 69 f. Die verwechselung ist nicht bloss eine hier vorkommende; denn Mar. Sanut. 3, 14, 10 sagt schon, dass die einen die obengenannte »weteringe«, den heutigen birket es - Serain, für den teich Bethesda hielten, wie er selber, andere aber den inneren teich dafür ansähen.

²⁴⁶) *Anna* | S. plgrf. a. 48.

²⁴⁶ᵃ) *daer nicht van* | Die beschreibung ist nachgeholt unten s. 57 f.

²⁴⁷) *groten ſtein* | S. Tbl. tpgr. II, 190.

²⁴⁸) *ſ. paulus* | Ag. 7, 58 vgl. Tbl. tpgr. II, 190. Lochner 223. Fabri I, 370. Letzterer scheint den steinigungsplatz mit der stätte der kleiderbewahrung zu verwechseln, da er nur an letzterer eine petra kennt, am ersteren aber bloss »lapides« geküsst hat.

²⁴⁹) *eyn paert* | S. plgrf. a. 65; die ausführliche beschreibung hier wird sonst nicht gefunden.

die man alleyn.²⁵⁰) Vnd defe zwe plaetzen fut men beter daer auer dat dal van jofephat by der fteden, daer dat graft der vaderen fteyt vnd daer finte Jacob de minner in gehuet lach. Nao defer verfuekunghe gingen wir na dat dal van jofephat.

Vnde die bedevaert van den dal van jofephat fin duffe. Inden eerften an die luchter fide die ftede, daer finte fteuen gefteynt wart als voirf[creuen] fteit, vnde der wech is feer fteynich. Item daer neder to⁾ gaen is dat dal van jofephat²⁵¹) alfo genent van dem coninck Josephat, die daer in dat⁾ dal begrauen wert. Item neden in dat dal ift torrent van cedron, daer vnfe lieue heer auer ginck inden garden, als finte johan²⁵²) fcrijft, in fin paffie: vnd is eynen water ganck, daer dat water durch loept van dem gebirchte, wan et regent; anders fo ift all druge.²⁵³) Hier auer geit eyn fteynen brugge²⁵⁴) van eynem bage vnde daer plach to⁾ liggen dat holt vandem heiligen cruce²⁵⁵) to⁾ eynre bruggen, eer vnfe heer geerufet | wert; daer die coningynne van faba²⁵⁶) nicht auer vn welde gaen vnd ghinck befiden int water. Item in dem dal van jofephat is eyn grote capelle van vnfer frouwen²⁵⁷) vnd is midden⁾

ᵃ) zto ᵇ) daz ᶜ) midden

²⁵⁰) *mer die man allein* | Dieser bemerkenswerten sage wird meines wissens sonst nirgends gedacht. Vielleicht dass sie ihre entstehung jener bekannten anderen, Tbl. tpgr. 561, verdankt, nach welcher eine schwangere frau beim besuch der felsenkuppel durch den angeblich dort schwebenden felsen derart erschreckt wurde, dass sie zu frühe niederkam. Vielleicht aber auch, dass sie in verbindung steht mit dem a. 256 u. angedeuteten mythol. gebiet, in dem auch die a. 42 beigebrachte notiz von dem besuch der Nikolauskirche in Venedig durch männer u. der Marcuskirche durch weiber an bestimmten tagen zu weisen scheint.

²⁵¹) *jofephat* | Die gleiche überlieferung bei Fabri I, 371, vgl. Tbl. tpgr. II, 16.
²⁵²) *johan* | 18, 1.
²⁵³) *druge* | Bestätigung anderweiter angaben bei Tbl. tpgr. II, 31, a. b.
²⁵⁴) *brugge* | Tbl. tpgr. II, 35.
²⁵⁵) *h. cruce* | Pigrf. a. 51.
²⁵⁶) *c. van faba* | Die gleiche doch nicht immer an die obere steinbrücke wie hier gebundene sage s. Tbl. tpgr. II, 36 f. Ob sich dieselbe irgendwie dem sagenkreis einverleiben lässt, den Rösch, die königin von Saba (s. plgf. a. 202) so geistreich aufgeschlossen hat, und in dem die heldin von 1 kön. 10, unbeschadet ihrer von der wissenschaft bis zu einem gewissen grade unbestrittenen geschichtlichkeit (vgl. Duncker, gesch. d. altertums⁵ II, 150.), mit so grosser wahrscheinlichkeit als Aphrodite erkannt wird, kann hier nicht untersucht werden. Doch sei wenigstens angedeutet, dass die königin der sage als erbauerin sowol von hoch- als wasserbauten gilt, s. Rösch 40; dass sie weiter bei betretung des glasbodens des salomonischen audienzsaales in der meinung es sei wasser, das sie zu durchwaten habe, ihr gewand bis zur entblössung der beine aufgeschürzt, s. Rösch 26, u. dass endlich der name Kidron (קדרון) in der verführerischen nähe von Kedar (קדר), der späteren rabbinischen bezeichnung für Arabien, vgl. Winer realwbch. I, 652, liegt.

²⁵⁷) *c. v. v. frouwen* | Ecclesia s. Marine od. Sitti Mariam, vgl. Tbl. Sil. 143 ff.

in dat dal ander rechter hant: daer vnfer frouwen grafft fteit in dat oeften vander capelle, daer fy in begrauen wart: vnd dat graft is all van wyfen merberfteyn vnd men geit in dat capelchen, dat auer dat grafft gemaecht is mut zwe doeren.²⁵⁸) Item in die capelle is eyn waferborn,²⁵⁹) daer men guet wafer wt haelt. In defe capelle is eyn fteyn²⁶⁰) vander feluer varwen, als die fteyn is, daer finte katerinen graft af gemaecht is; wilche ftein gebracht wert vnfer frouwen by den yngel van dem berch van fynay. Item dit is toᵃ⁾ mael eyn feoen capelle vnd heeft eyn doere in toᵃ⁾ gaen vnd men geit neder inder capellen mut xlviii trappenᵇ⁾ totten delen vander capelle. Item buten aen den eynen aerde vander capellen ter luchter hant is eyn groeteᶜ⁾ cule²⁶¹) offᵈ⁾ eyn hael in eyn ftein rots †, daer vns lieue here in bat finen hemelfeen vader vnd fweften waterᵉ⁾ vnd bluet, vnd daer in die fteynrotfe ter rechter hant is eyn ander fteyn inghevoecht. daer die lycteken²⁶²) in ftaen, daer vnfe here vp knyelden. Item eyn fteynworp van dan int fuden is eynen groten fteyn, vp die wilch die drie apoftelen fliepen²⁶³) vnd vns heer facht toᵃ⁾ im: »waecht vnd bid, vp dat ir in geyn becaringe en valt.« Item van daen vn wenich is die ftede, daer vnfe here van judas verraden²⁶⁴) wert vnd van den joden gheuangen †. Item eyn wenich nederwert je dat dorp getfempani.²⁶⁵) Item van daen eyn wenich is die ftede gheteichent,ᶠ⁾ daer finte peter malcus²⁶⁶) dat oer af floech mutten fweerde. Item daer by is die ftede, daer finte thomas²⁶⁷) ontfinck dat gordel jnder vpvarunge van vnfer frouwen.

ᵃ) *zto*   ᵇ) *treppē*   ᶜ) *groeze*   ᵈ) *aber?*   ᵉ) *wazer*   ᶠ) *ghezteichent*

²⁵⁸) *zwe doeren* | Das eine auf der west-, das andere auf der nordseite, Tbl. Sil. 157, Wilh. v. Thür. 106.

²⁵⁹) *waferborn* | D. h. eine »zisterne mit gutem hergetragenen wasser«, Tbl. Sil. 170.

²⁶⁰) *fteyn* | Dieser sage wird meines wissens nur hier gedacht.

²⁶¹) *cule* | Vgl. Tbl. Sil. 213, Wilh. v. Thür. 106 u. Lochner 223.

²⁶²) *lycteken* | Der eingefügte stein mit den eindrücken der kniee Jesu kommt nur hier vor, bei Fabri I, 378 werden solche auf dem fussboden als ehemals vorhanden gewesen bezeichnet, die dann 1666 wieder erscheinen, vgl. Tbl. Sil. 219.

²⁶³) *fliepen* | Tbl. Sil. 213 u. 222 f., nur dass hier der süden angegeben ist, während Tbl. richtiger südosten hat. — ein fehler der dem sprachgebrauch der damaligen zeit zuzuschreiben ist, nicht der sache.

²⁶⁴) *verraden* | Tbl. Sil. 224.

²⁶⁵) *getfemani* | Vom dorfe Gethsemane reden auch Radzivil, Boucher, Ignatz v. Rheinfelden u. Fabri, vgl. Tbl. Sil. 201, a. 3.

²⁶⁶) *malcus* | Tbl. Sil. 227.

²⁶⁷) *thomas* | S. plgrf. u. 69.

Hier na volgen die heilige ſtede vanden berch van
36 oliueten. Item vpwert | zto gaen vp den berch van oliueten
is die ſtede, daer der jngelgel²⁶⁸) dat palm rijs vnſer frouwen
brachte. Item bauen vp den berch van oliueten ſteyt eyn ſcoen
kirche,²⁶⁹) daer vnſe lieue here van to^a) hemel voer † Vnde daer
is noch der ſteyn indem eſtrike vander kirchen, daer vnſe heren
voet^b) treden vanden rechter voet^b) noch in ſtaen, vnd der ſteyn is
eyn wys^c) merberſteyn²⁷⁰) eyn wenich zwert;^d) vnd daer vn wanen
geyn kirſten, mer die heiden²⁷¹) ſluten vnd vntſluten die kirche.
Item van dan ter luchter hant neder en wenich is eyn hael in den
berghe, daer ſinte pelagia²⁷²) eir penitencie in dede, vnd ſolden
wir daer in gaen, ſoe moſten wir den heiden, die daer in waent,
gheuen eyn merket²⁷³) venegeres gelts voir itlichen man. Item
vp den berch van oliueten inden wege is die ſtede, daer vns here
jheruſalem ſach vn ſereiden²⁷⁴) vp der ſtat vnd ſeide: »jheruſalem,
jheruſalem« etc. Vanden berch van oliueten ghingen wir ter luchter
hant vp gaende den berch van galileen.^e)²⁷⁵) Hier vp deſen berch
ſtont eyn ſteedchen in voirzijden gheiten^f) galileen, daer vns here

a) zto   b) voez   c) wyz   d) zwertz   e) galieeen   f) geheizen

²⁶⁸) *ingelgel* | Wol nur verschrieben für ingel (engel). Ueber die sage vgl.
plgrf. 8., Tbl. Sil. 246 u. vor allem Baronius annal. eccl. I, 68. Nach Fabri I, 385
ist es der engel Gabriel.

²⁶⁹) *kirche* | Plgrf. a. 74.

²⁷⁰) *merberſteyn* | Die bezeichnung der farbe wie bei Alb. Sax. 2107 u. bei
Tschudi 247 zugleich; vgl. Tbl. Sil. 105 f.

²⁷¹) *heiden* | Aus dem teilweise in die himmelfahrtskirche hineingebauten
dörfchen Kafer et-Tur, Tbl. Sil. 81.

²⁷²) *ſ. pelagia* | S. plgrf. a. 77. Bemerkenswert ist, dass hier nicht das grab,
sondern die höhle der h. genannt wird; vielleicht, dass damit die erste erwähnung
der höhle unter der moschee geschieht, der Tbl. Sil. 130 erst um 1500 begegnet
ist; erst bei der zweiten erwähnung der gleichen stätte s. 37 kommt das grab
zur sprache.

²⁷³) *merket* | Fabri I, 321 übersetzt die »duos denarios venetianos pro hospitio«,
[s. Johannis] des Ludolf (84) mit »II marchetas venetiunas«, ein solcher denar
aber betrug etwa 3½ mark heutigen geldes. Fabri selber gab an dieser stätte
»mudinum unum, quorum XXV faciunt ducatum« no. 387. Dieses Eintrittsgeld
wird übrigens sonst nur erwähnt von Fabri I, 398. Von einem bewohntsein der
orte ist sonst nirgends die rede.

²⁷⁴) *ſereiden* | S. plgrf. a. 70.

²⁷⁵) *galileen* | S. plgrf. a. 72; jetzt heisst diese nordspitze des Oelbergs Karem
es-Seiâd. Ein dorf wird hier genannt von Ludolf 86 u. im 15. jh. vielfach, vgl.
Robinson II, 741 u. Tbl. Sil. 72 ff. Ebenso hat Ludolf die herleitung des namens,
wie hier u. wie Fabri I, 385. u. v. Harff 185, aus Matth. 28, 16, wo εἰς τὸ ὄρος
als apposition zu εἰς τὴν Γαλιλαίαν von ihnen gefasst wird, — eine ansicht, die
zuletzt noch an R. Hofmann, über den berg Galinea, Leipzig 1856 ihren vertei-
diger fand, nachdem derselbe sie schon in seinem leben Jesu nach den apokryphen,
Leipzig 1851, 303 ff., vorgetragen hatte.

af fprach †: »na myner verrifeniffe fal ich veh voir gaen in galileen;«ᵃ⁾ die mot den berch auer. Vp defen berch²⁷⁶) als men fut na dem lande van galileen vnd van nafareth, verdient men all datᵇ⁾ aflat,ᶜ⁾ dat indem lande van galileen toᵈ⁾ verdienen is vnd van nazareth toᵈ⁾ verdienen is. Item vp den berch futmen auer al die ganfe ftat van jherufalem vnd daer verdient men alle die aflaten,ᶜ⁾ die daer toᵈ⁾ verdienen fyn, daer die pilgrims nicht en mogen comen vanden heyden, toᵈ⁾ weten vanden tempel falamonis, vanden tempel daer vnfe frouwe Jhesum jn brachte, vander gulden paerten, van pilatus huys, van herodes huys, van die probatica pifcina vnd van anna huys,²⁷⁶ᵃ) daer vnfe frouwe in gebaren wert, van vnfer frouwen toᵈ⁾ fpafina vnd voert van allen anderen fteden, daer die pilgrims nicht in gaen en mogen. Item oeftwert vanden berch van oliueten | te gaen is dat ftedchen geheiten betphage,²⁷⁷) daer vnfe heer fant fin zwe difcipulen vp den palm dach vm den ezel mut finem jonge. Item van daen ghingen wir neder auer den berch van oliueten vn neder gaende van den graue van finte pelagia is finte marcuskircheᵃ⁷⁸) vnde is vervallen, daer die apoftolen den credo in maechten. Dair by comt men by eyn muer, daer eynen groten fteyn in gemeft js, daer vns lieue heer finen apoftelen leerden dat pater nofter²⁷⁹) †. Item daer jn den wech is eynen groten fteyn, daer vnfe lieue heer leerde vnd prechede die vIII felicheyden.²⁸⁰) Item voert den berch neder toᵈ⁾ gaen is eyn ftede, daer vns heer

---

ᵃ) galieeen ᵇ) daz ᶜ) aflaz ᵈ) zto

²⁷⁶) *berch* | Der häufung des ablasses auf diese stätte wird unsers wissens zuerst bei Lochner 225 (1435), sodann 1436 bei Pfinz. 138, hierauf 1461 beim ldgr. Wilh. v. Thür. 107 u. später von Fabri I, 386 erwähnung getan; die namentliche aufführung der einzelnen von diesem berge aus zu sehenden h. stätten wird indes nur hier vorgenommen.

²⁷⁶ᵃ) *anna huys* | Diese stätte, wie prob. pisc., besuchte Gumpenberg 238ᵇ nur durch vergunst seines »genatters, des consuls« von Padua, u. Fabri (II, 127) durch bestechung.

²⁷⁷) *betphage* | Mtth. 21, 1; östlich vom Oelberg nennt auch Fabri rBb. 137 das örtchen, andere s. noch Tbl. tpgr. II, 493, a. 3.

²⁷⁸) *marcuskirche* | S. plgrf. a. 78.

²⁷⁹) *paternofter* | S. plgrf. a. 80. Tbl. Sil. 242 f. entspricht keine der beschreibungen dieser hier, dagegen kommt letztere mit der bei Pfinz. 139 u. Lochner 226 überein.

²⁸⁰) *felicheyden* | S. plgrf. a. 79; ebenso bei Lochner 225, Pfinz. 139 u. Fabr. I, 400, welch letzterer sich damit hilft, den von der überlieferung hier gemachten verstoss gegen den bibl. bericht, der die bergpredigt in Galilaea geschehen sein lässt, dadurch auszugleichen, dass er bemerkt, Christus habe an dieser stelle die bergpredigt wiederholt, sicut praedicator bonam et utilem materiam habens cum quandoque aliquoties praedicat.

voerfachte den apoftelen die zeichen[a]) des to[b)] comenden ordels.[281])
Item daer neden is die ftede, daer vnfe frouwe plach to[b)] ruften,[282])
als fy die heilige fteden plach to[b)] verfuechen na vns heren vpver-
ftentenis. Item noch nederwerts van den berch van oliueten is eyn
hael in eyn fteinrotfe, daer finte iacob die mynner[283]) jn lach ver-
borgen, doen vnfe lieue heer gevangen wert vnd daer apen-
baerden fich vnfe lieue heer vp den dach van finer vpverftenteniffe.
Item daer bauen is dat graft van zacharien,[284]) foen van barachie;
dat eyn feer fcoen graft is, bauen hogh verhauen. Item by die
brugge, die daer auer gheyt den torrent cedron, fteit abfolons[285])
graft vnde daer van fuytwert is die ftede, daer judas[286]) fich felfs
verhinck vnd berfte inden midden;[c)] daer ftont fin huys by. Hier
folden wir verfocht hebben meer heiliger fteden, mer vm die grote
heyfte, die vns vp die haut quam vm negen vren des morgens fo
ghingen wir dan auer eyn brugge auer den torrent van cedron vnd
gingen fo auer die brugge, die wilch dat fteyt an dat dal van
jofephat vnd an dat dal van fyloe vnd clummen fo vm die muren
van der ftat van jherufalem, die zeer houch ftonden, vnd quemen
fo by feer vafte muren, die wenich vervallen weren, vnd daer ftont
eynen vafte taern, daer | iofeph van aromathien[287]) in gevangen lach

[a]) durchstrichen: »mirakel«   [b]) zto   [c]) mitdū

[281]) *ordels* | Mrc. 13, 3 ff.; von dieser stelle findet sich scheint's nur noch bei Fabri I, 400 f. berichtet.

[282]) *ruften* | Vgl. plgrf. a. 81 u. die bei Tbl. Sil. 248 angeführten weiteren parallelstellen, sowie Pfinz. 139, Lochner 226 u. ldgr. Wilh. v. Thür. 108. Der sage geschieht keine erwähnung bei Baronius, gleichwol bemerkt Fabri I, 401: »ex dictis enim sanctorum, Hieronymi in epistola cogit. (er meint nach s. 405 vielmehr die sermo de assumptione] Augustini, Anshelmi, Bernhardi, et beati Vincentii in sermone assumtionis, Damasceni, habetur, quod beatissima virgo Maria post filii sui ascensionem singulis diebus visitavit omnia loca sancta redemptionis nostrae cum eximia devotione«.

[283]) *jacob die mynner* | S. plgrf. a. 83 u. Tbl. Sil. 294 f. Die ausführliche legende s. Fabri I, 411. Von gleichzeitigen ausserdem noch erwähnt bei Lochner 226 u. Pfinz. 139, nur dass beide an der stelle die »kirche sant Philippi u. Jacobi« nennen, ldgr. Wilh. v. Thür. 108 spricht dagegen nur von einer »stätte, da der liebe zwölfbote s. Jacob drei Tage ungegefsen lag.«

[284]) *zacharien* | S. plgrf. a. 84.

[285]) *abfolons* | S. plgrf. a. 82 u. Dapper 414.

[286]) *judas* | S. Tbl. tpgr. II, 208 f., die nennung der brücke läst keinen zweifel, dass die stelle auf der linken seite des Kidrontales zu suchen ist, wo Maundeville u. Boldensel sie fanden.

[287]) *aromathien* | Der beschreibung nach war das angebliche gefängnis wol in einem der türme der südmauer der stadt, vgl. Tbl. tpgr. I, 65. Von der legende selbst kommt in pilgerschrr. meines wissens nichts vor; sie findet sich aber im ev. Nicodemi c. 12 u. 15 (Fabricius cod. apogryph. n. t. 263 u. 269), vgl. Hofmann, leben Jesu 584 ff. Der name »aromathien« mag leicht von den aromata in c. 11 ao. herkommen.

vanden joden, vm dat he vnſen here in ſin graft begrauen had.
Vnd daer by is eyne cyſterne,[288]) daer to[a)] mael guet water[b)] in
is vnd daer beweinde ſinte peter die verſakinghe vns heren vnd is
genent gallicantus[289] †. Vnd voert ſo is daer die ſtede, daer die
joden ſlogen eir hande an vnſer frouwen ſerche,[290]) doe men eir
to[a)] graue brachte van den apoſtelen. So quemen wir voert vp
clymmede den berch van ſyon. Daer hebben die bruderen van ſinte
franciſcus vander obſeruancie[291]) eyn ſeer ſcoen cloeſter[292]) vnd
ſunderlinge eyn cleyn ſuuerliche kirche; daer gingen wir in die
kirche vnd hoerden daer eyn ſingende miſſe vnd meir ander
leeſmiſſen,[293]) na wilche miſſe die gardiaen mut proceſſie mut den
bruderen al ſingende vnd geuen vns to[a)] kennen die heilige ſteden
daer inder kirchen vnd int cloeſter vnd bat vns pilgrims daer ten[c)]
eten,[d)][294]) vm dat vnſe lieue heer ſin auont mael daer gehalden had.

Dit ſyn die aflaten[e)] vanden berch van ſyon: In den
eerſten vp dem hogen altaer inder kirchen van ſyon was die ſtede,
daer vnſe lieue heer Jhesus hielde ſin auont mael[295]) mut ſinen
diſcipelen † vnde machte daer dat[f)] ingeſetz des nuwen teſtaments
vnd ſpijſden ſin diſcipulen al to[a)] mael mut ſinem heiligen lichaem
vnd mut ſinem heiligen blode. Item ſo is daer eyn altaer an die
rechte hant des heiligen altaers, daer is die ſtede, daer vnſe here
wieſche die voete[g)] van ſinen diſcipulen vnd druchden die weder

a) zto   b) wazer   c) zten   d) ezen   e) aflazen   f) daz   g) voeze

[288]) *cyſterne* | Auch von Fabr. I, 261 genannt, vgl. Tbl. tpgr. I, 176 f.

[289]) *gallicantus* | S. Tbl. tpgr. I, 176, Fabri I, 261, plgrf. a. 94.

[290]) *ſerche* | S. plgrf. a. 93, Lochner 228 mit den bemerkungen Geisheims 127 f., Pfinz. 141 u. ldgr. Wilh. v. Thür. 169. Die legende wird erzählt in dem von der röm. kirche für apokryph erklärten libellus de transitu Mariae virginis des Pseudo-Melito, dessen hierher gehörige erzählung jedoch Baronius (ausg. v. Spondoni I. 68) nicht so bestreiten will, »quasi minime vera potuerint.«

[291]) *obſeruancie* | Dieser zweig des »secundum textum regulae Francisci simpliciter nec secundum cautelas commentatorum vel mitigationes a pontificibus indultas« (Rivii, monast. hist. 236) lebenden ordens kam 1428 in besitz des h. landes, vgl. Quareſmio II, 176[b] u. Fabr. II, 321.

[292]) *cloeſter* | S. Tbl. tpgr. II, 138 ff.; un bellissimo monasterio, viagg. al s. sepolcro D 7[b]; parva ecclesia, Fabr. I, 280.

[293]) *leeſmiſſen* | D. i. die sog. stille messe, bei welcher nicht gesungen wird. Dass diese stillen messen wie eine singende hergebracht waren bei dieser gelegenheit, zeigt Lochner 231 u. Pfinz. 143, während ldgr. Wilh. v. Thür. nur »eine ehrliche geſungene messe« nennt; Fabri I, 242 dagegen von beiden meßarten weitläuftig redet.

[294]) *eten* | Ein alt hergebrachter brauch, vgl. Tbl. dnkbl. 536, ldgr. Wilh. v. Thür. 111 u. Fabr. I, 248 f.

[295]) *auont mael* | S. plgrf. a. 103, dazu Lochner 231, Pfinz. 143, ldgr. Wilh. v. Thür. 110, wie zu den übrigen stätten der Zionskirche.

vnd leerden finen difcipulen, dat fy oetmodich folden wefen onder
den anderen. Van daen giugen wir bauen vp dat pant wt der
kirchen bauen achter dat cenaculum, to^a) gaen daer fin v off^b)
vi trappen ^296) vp zto gaen na eyn duere, die daer geflaeten fteyt,
mer men geyt daer wal bauen eyn huys, dat was die ftede vnd
39 dat huys, daer der heilige geyft neder | quam in vnfer vrouwen vnd
in die difcipulen vns liefs heren vnd apenbaerden im daer in vurigen
tongen^c) †. Vnd die heilige ftede to^a) betummeren fo had hertoch
philipps van burgongen ^297) daer doen bauwen vnd machen neeft der
kirchen vanden obferuanten ander luchter fiden eeyn feoen Capelle,
die wilch by na volmacht was vnd die foldaen daer aerloff to^a)
gegeuen hadde vnd ftarff vnd fo, eer die ander foldaen gheeoren
wert, fo quemen die heiden van jherufalem vnd verftoerden die
felue capelle, daer itfon anders nicht van en bliket, dan itfelige
pileernen an der obferuanten kirche an dat voerfte eynde van dem
kore in dat oeften. Item onder die capelle van dem auont mael
js die ftede by finte thomas capelle jn zto gaen, daer vns lieue
heer die difcipulen prechide ^298) vnd duewile leerden vnd funder-

a) zto   b) aber   c) zonge

^296) *trappen* | Tbl. tpgr. II, 122 nennt 13 stufen, wie unten Hagen 23.

^297) *burgognen* | Auch ldgr. Wilh. v. Thür. 110 spricht vom herzog zu Burgundien als dem erbauer der kapelle u. setzt hinzu »die haben die heiden in kurzen jahren zerbrochen«, was doch wol heissen soll: nicht lange vor dem j. 1461. Ebenso berichtet van Ghistle im j. 1485 (s. Geisheim 134): »les infidèles venaient de détruire une chapelle élevée par ordre de Philippe le bon sur le tombeau de David«; womit ebenfalls niemand anders als der herzog unseres textes gemeint sein kann. Da nun Lochner im j. 1435 (s. Geish. 231) u. Pfinz. 1439 (s. 143) mit denselben worten noch der kleinen kapelle in unversehrtem zustande gedenken, so kann, ist anders unser verf. gut unterrichtet gewesen, die zerstörung der kapelle nur stattgefunden haben: entweder zwischen dem 7. juni 1438, dem tag der thronbesteigung des 15jährigen Mamelukensultans Jusuf, u. dem 9. sept. (des gleichen jahres), dem tag der regierungsübernahme des früheren emir Djakmak; od. zwischen dem 1. febr. 1453, dem tage der abdankung Djakmak's zu gunsten seines sohnes Osman, u. dem 19. märz desselben jahres, als dem tage des regierungsantritts Inal's, des besiegers Osmans; denn Inal starb am 26. febr. 1461 (vgl. Weil, gesch. der islamit. völker, Stuttg. 1866, 451 ff.). Dass innerhalb eines so kurzen zwischenraums von zeit nachrichten von Kairo nach Jerusalem zu gelangen vermögen, beweist die tatsache, dass die besten dromedare des vicekönigs in 3mal 24 stunden von Port Said nach Jerusalem gelangt sind, wie Ebers, durch Gosen zum Sinai, 108 erzählt. Nach v. Harffs bericht s. 156 bedarf man »van Alkaijr zo lande byss zo Jherusalem vmtrynt tzwelff daychreyss.« Den »kurzen jahren« des ldgr. Wilh. v. Thür. würde nun wol das letztgenannte datum zwischen 1. febr. u. 19. märz 1453 am besten entsprechen. — Wie sich diese nachricht mit derj. bei Fabri II, 320, wonach ein könig von Frankreich (gemeint ist wol »Philippus de Valois« vgl. Quaresmio II, 175) den bau ehemals aufgeführt habe, vertrage, wagen wir nicht zu untersuchen. Dagegen ist Tbl. tpgr. II, 122 nach unserer erörterung zu ergänzen.

^298) *prechide* | Fabr. I, 247 nennt daselbst »capellam devotam et occultam«; was unserem bericht nicht entgegen ist.

linge na dat auont mael. Item daer beneden recht onder in dat pant by die kocken[a)][299)] js die capelle van finte thomas,[300)] daer dat huys ftont, daer die xi difcipulen verborgen weren van vntlich der joden na dem doet vns liefs heren mut befloten dueren, daer vns lieue here Im feluen apenbeerden; vnd went daer finte thomas nicht en was inder apenbaringe, fo en gelocht he des den anderen nicht, dat fy fachten, off[b)] he vn taften in die wonden vns heren, fo apenbaerden im vnfe lieue here weder in die felue ftede, daer alle die difcipulen mut finte thomas vergadert weren †, vnde facht zto finte thomas, doe he jm getaft hatde: »Thomas, went ghy mich fiet, fo gheloeft gy; zalych fin die gene, die my nicht gefien vn hebben vnd geloeuen.« Na defer verfuekinghe foe wert vns daer beneden[361)] eten gefet vnd drincken gueden wyn vnd die bruderen dienden vns zeer fruntlich van dem feluen, des fy hatden; vnd na dem eten fo gingen wir verfuechen die andere heilige ftede buten dem cloefter vp dem berch van fyon. Item ander fyden vander capellen vp die | luchter fyde, daer die capelle begunnen is van dem hertoge van burgongen, daer is coninck dauids grafft.[302)] Item voir die capelle vanden obferuanten js die ftede, daer vnfe heer plach to[c)] pretchenen vnd daer by is die ftede, daer vnfe frouwe eren foen vp plach te hoeren pretchen.[303)] Item achter dat choer vander capellen is die ftede, daer dat pacflamp[304)] wert gebraden, dat vnfe lieue here at[d)] mut finen iongeren. Item daer by is die ftede, daer finte fteuen[305)] to[e)] dem anderen mael begrauen was †.

---

a) kochen   b) aber?   c) zto   d) et

[299)] *kocken* | Wol die gleiche lage wie die bei Quaresmio II, 124 auf grund der angabe bei Bonifacio (vgl. Tbl. tpgr. II, 132, a. 5.) beschriebene.

[300)] *f. thomas* | Die lage auch dieser ftätte scheint abweichend von der gewöhnlichen, namentlich der auf dem grundriss Bernh. Amico's bei Tbl. tpgr. II, 119, vgl. plgrf. a. 108.

[301)] *beneden* | Wir haben uns also wol den garten (als den vermutlich tiefer als die zuletzt genannten ftätte liegenden teil des klostergauzen) zu denken, in welchem die gewöhnliche speisung der pilger vorgenommen wurde, vgl. Lochner 232, Pfinz. 144, ldgr. Wilh. v. Thür. 111, Fabri I, 248.

[302)] *dauids grafft* | S. plgrf. a. 169; nach Lochner 230 f. u. Pfinz. 143 befand sich dies grab »innerhalb der türe« sc. des klosters(?), aber nicht in verbindung mit der kirche, nach Fabri I, 251 aber ist es ausserhalb zu suchen, bezw. nur von aussen zugänglich, wie wol auch hier.

[303)] *pretchen* | S. Tblr. tpgr. II, 132 a. 3, Lochner 230, Pfinz. 142.

[304)] *pacflamp* | S. a. vorher. Die ftätte wird also wie bei Bonifacio (s. a. 299 oben) von der »inferiore parte domus« (der Zionskirche) befindlichen unterschieden.

[305)] *f. fteuen* | S. Tblr. tpgr. II, 135 u. plgrf. a. 98, dagegen Lochner 230 u. Pfinz. 143 berichten, dass s. Steph. hier gestorben »vnnd zu dem ersten begraben ward.«

Item daer nederwert int weften is die ftede, daer vnfe lieue here fande fin difcipulen alle der werlt doer vm to^a^) prechenen dat heilige ewangelium.³⁰⁶) Item noch vn wenich vorder is die ftede gezeichent mut fteynen, daer finte Johan ewangelifte miffe³⁰⁷) plach to^a^) doen voer vns vrouwe, na dat vns here to^a^ dem hemel gevaren was. Item fwyt wert af daer is die ftede, daer vnfe frouwe plach to^a^) wonen,³⁰⁸) na dat vnfe here ten hemel gevaren was, vnd daer fy ftarff vnd vuer tou hemel. Item daer by is die ftede gezeichent, daer finte mathias³⁰⁹) gecaren wert to^a^) eynem apoftel jn iudas ftede. Item daer by an die nort fide van der trappen, die men geyt indie obferuanten capelle, is die ftede, daer vnfer frouwen bedecamer³¹⁰) was. Item nicht veer vander voirf[creuen] capellen is dat huys cayphas,³¹¹) daer vnfe here was in befpot vnd fin angeficht auerdeckt vnd fo grote fmelicheit an gedaen wert, wilch itfun is finte faluatoers kirch, vnd in defe grote kirche vp dat hoghe altaer licht den groten fteyn, die wilch voer die duere van dem heiligen graue lach vnd js auer eynen vadem lanck vnd feer dick vnd zwaer vnd licht daer to^a^) eynem elter fteyn. Item ander rechter hant vanden feluen altaer is eyn clein fteedchen, dat doncker is mut eyn duer in tegaen^b^) vnd heift die kirche Chrifti³¹²) | vnd me fecht, dat^c^) vns lieue here daer in was, doe die princen der priefteren raet nemen vm vnfen here zto doden. Item vp die ftede voer die kirche ftaen drie boemchens, daer finte peters verfakinge³¹³) ghefciede. Item voert neder to^a^) gaen na der ftat van jherufalem is dat huys van annas,³¹⁴) daer vnfe lieue heer eerft gebracht wert,

---

^a^) zto   ^b^) ztogan   ^c^) daz

³⁰⁶) *ewangelium* | Wird sonst nicht erwähnt, ist aber wol einerlei mit der stätte, auf die die app. abschied von einander genommen haben u. je 3 u. 3 nach den vier weltgegenden zur predigt des evang. in aller welt aufgebrochen sein sollen, wie Fabri I. 269 weitläuftig erzählt. vgl. Tbl. tpgr. II. 134.

³⁰⁷) *miffe* | S. plgrf. a. 114.

³⁰⁸) *wonen* | Tbl. tpgr. II, 127 f.

³⁰⁹) *mathias* | S. plgrf. n.111. Lochner 229, Pfinz. 142, ldgr. Wilh. v. Thür. 111.

³¹⁰) *bedecamer* | S. plgrf. a. 110 u. Fabr, I. 251.

³¹¹) *cayphas* | S. Tbl. tpgr. II, 156 f., Lochner 228, Pfinz. 142, ldgr. Wilh. v. Thür. 112.

³¹²) *kirche Chrifti* | Soll sicher heissen: kerker Christi, da nur von diesem hier die rede sein kann. vgl. Tbl. tpgr. II, 163, Lochner 228, Pfinz. 142, ldgr. Wilh. v. Thür. 112.

³¹³) *verfakinge* | 1461 stand daselbst »ein klein lindechen mit steinen umlegt«, ldgr. Wilh. v. Thür. 112, nachdem es bei Gump. 462 (vgl. Tbl. tpgr. II, 164 u. 3) »ein baum« gewesen war im j. 1449, bei Albert Sax. 2111 aber anno 1476 ebenfalls ein baum gezeigt ward, wie bei Tuch. 1479.

³¹⁴) *annas* | S. plgrf. a. 95, Lochn. 228, Pfinz. 141, ldgr. Wilh. v. Thür. 112.

doe he gevanghen was, vnd daer he befpot wert vnd an fin aenfchyn geflagen wert vnd van daen gefant wert in cayphas huys vnd heift der yngelen capelle. Item voert den rechten wech to⁾ guen van daen to⁾ jherufalem is die kirche. in wilch js die ftede, daer finte jacop³¹⁵) die meirrer onthouft wert †. Item voirt tegaen is die ftede, daer fich vnfe lieue here apenbaerden den drie marien, die daer gingen des morgens vroech vp den oefterdach to⁾ graue vnd fachten drie male to⁾ jm: »fijt gegruet«³¹⁶) †. Item voert to⁾ gaen to⁾ jherufalem geyt men vnder eyn wulffel vnd an der rechter hant daer onder was finte johans huys³¹⁷) ewangeliften.

Vnd na dat⁾ wir all defe voirfſereuen] fteden verfocht hadden, fo worden wir gebracht to⁾ eyn herberge eyns kirften mans vnd hiet⁾ der conful,³¹⁸) vm oft were dat enigen pilgrims onrecht gefchiede. fo folde men im raets vragen; vnd daer quemen wir vm zwen vren na middage. Des auents den feluen dach worden wir weder van daen gebracht vnd getelt⁾ van den heiden inden tempel des heiligen graues;³¹⁹) vnd die dueren van den tempel van den heiden vp gedaen worden van buten, vnd doe wir daer in weren vnd weder van buten vanden heyden geflaeten. Vnd quemen mut vns in die gardiaen van fyon mut zwe bruderen, die wilch mut den anderen brueDeren, die dat heilige graft bewaren, begonften eyn proceffie to⁾ machen mut dem cruce vnd fonghen Te deum laudamus vnd begusten vns to⁾ leiden to⁾ allen den heiligen floden des tempels van dem heiligen graue vnd fongen to⁾ ytliche heilige ftede eyn anthiffen³²⁰) mut eynem verfikel

a) zto   b) daz   c) hiez   d) gezelt

Nach Lochner (1435) wird bei unserm verf. zum ersten male wieder der name »yngelen capelle« gehört.

³¹⁵) *jacop* | S. plgrf. a. 115.

³¹⁶) *fijt gegruet* | S. plgrf. a. 116; auch Lochn. 229. Pfinz. 142 wissen hier nichts von einer zerstörten kirche, ldgr. Wilh. v. Thür. nennt nur »ein kreuz in der mauer«.

³¹⁷) *johans huys* | Ob damit das von Fabri II. 122 beschriebene gemeint sein kann, wagen wir nicht zu bestimmen; andere anhaltspunkte scheinen sich ebensowenig aus Tbl. tpgr. I, 422 ff. zu ergeben.

³¹⁸) *conful* | S. oben a. 233. Sind nicht inzwischen weitere belege gefunden worden, so haben wir hiermit aus dem 15. jh. den vierten für das vorhandensein von »glaubensconsuln«: 1435 (Lochner) zwei consuln; 1449 (Gump.) ebenso zwei von Genua u. Venedig; 1461 (ldgr. Wilh. v. Thür.) consul Jacob u. 1472 den hier genannten. Es darf demnach Tbl. dnkbl. 394 die nötige ergänzung hierdurch finden.

³¹⁹) *graues* | S. zu diesem u. dem folg. plgrf. s. 13 u. ähnliche berichte in allen pilgerschriften.

³²⁰) *anthiffen* | Eine probe dieses »cantus antiphonus« aus dem 17. jh. bei Cotovicus 158 ff., aus dem 18. bei Tbl. Golg. 490 ff. Dass auch zu des verf. zeiten ähnliches gesungen wurde, ist nach Fabri I, 244 mit sicherheit zu

vnd eyn collecte vander ſtede vnd gaende vander eynre ſteden to^a) der anderre | vnd ſongen die letanien³²¹) to^a) itliche reiſe: voert vnd vp deſe manier hier na geſereuen verſochten wir die heilige ſteden.³²²) Inden eerſten ſo begoſten wir inder capellen van vnſer frouwen mut vu trappen³²³) vp to^a) gaen, die wilche groet is vnd ſcoen vnd wirt bedient vanden obſeruanten vnde daer vp dat hoghe altaer js die ſtede, daer vnſe lieue here dede na ſin vpverſtentenis ſin eerſte apenberinge vnd die to^a) ſin lieue moder, die daer ſeer bedrueft was van eirs kindes doet †. Item vp der luchter hant vandem voirſ[ereuen] altaer js eyn clein vinſter geſlaten mut eyn getrali, daer ſinte helena in beſlaten hadde vnd daer lange zijt bewaert was die helft vandem heiligen cruce³²⁴) † vnd die ander helft voerden ſy mut eir to^a) conſtantinobel, daer noch veel heilichdoms is beſlaten. Item ander rechter hant des ſeluen altaers is eyn ander blint vinſter, daer in beſlaten ſteit bynnen eynem yſeren³²⁵) tralie, die helft vander heiliger ſulen, daer vnſe heer an gegeyſelt wert vnd ſin durbar bloet aen ſtorten, vnde daer ſtreken wir an mut vnſen henden doer dat tralie vns crucen paternoſteren vnd ander cleinoden. Item recht voer den hogen altare inder ſeluer capellen is eynen groten ronden merberſteyn geſat inden eſtrich; daer is die ſtede, daer dat heilige cruce verſocht wert mut eynem doden mynſche, die leuendich wert †. Item voirt gingen wir wt der capellen vnd daer voer die trappen vander capellen ter kirchen wert inne liggen zwe grote ſteyn: vp den eynen, die daer veerſt vander capellen licht, ſtont vns here als eyn ackerman, vnd daer die ander ſteyn

---

a) zto

ſchlieſſen: »habentur enim proceſſionalia, libelli, in quibus omnes verſiculi, collectae, reſponſoria ſignantur et hymni et pſalmi circa loca sancta legenda et cantanda per omnia loca transmarinae peregrinationis«.

³²¹) *letanien* | Es wird darnach fraglich, ob Tbl. Golg. 512 recht hat den zuſatz der litanei zur proceſſionsordnung der neueren zeit zuzuſchreiben, zumal ſchon bei Lochner 283 der »litaney von den h. ſteten« gedacht wird.

³²²) *ſteden* | Die hiernach aufgeführte reihenfolge der h. ſtätten iſt mit unbedeutenden abweichungen dieſelbe wie bei Lochner, Pfinz., ldgr. Wilh. v. Thür., Gump. u. dem 10 j. ſpäteren Fabri.

³²³) *VII trappen* | Fabri, I, 289 nennt nur quatuor gradus.

³²⁴) *cruce* | 1435 von Lochner 235 noch geſehen, 1449 von Gump. 462 nicht mehr, 1461 wieder geſehen von ldgr. Wilh. v. Thür. 113, hier nicht mehr u. 1476 bei Alb. Sax. 2108 wieder. Zu des letzteren zeit fand ſich die kreuzpartikel auf einem altare, wie beim ldgr. Wilh., erſt 1495 bei Kapfman (Tbl. Golg. 371 a. 1) kommt »ain ſtuck … in der mur in ainem loch vor« u. erſt Quareſmio II, 515 weiſs von einer capellula ſive feneſtella«.

³²⁵) *yſeren* | Bei ldgr. Wilh. ao. ein »bölzern gegitter«, wie bei Alb. Sax. u. nur bei Quareſmio ein eiſernes.

licht neeſt der dueren. daer vp ſtont ſinte marie magdalene³²⁶) †
vnd daer ſprach vnſe lieue here toᵃ maria: »vn racht mich nicht«.
went. doe ſy vnſen here bekande, wolde ſy ſyn vuete cuſſen.
Item voert an die nort ſide vanden tempel vpwert toᵃ gaen na dem
oeſten ſo is daer vns heren kerker,³²⁷) daer he gevangen ſat, die
wile dat ſy dat cruce bereiden †, vnd daer ſteyt eynen groten ſteyn
daer vnſe here vp ſat. Vnde buyten der duſterniſſe voer der
dueren | js eynen platen ſteyn mut zwe groten loecheren, vnd men
ſecht, dat vnſe heer ſin beyn daer doer ſtach vnd daer in geveſtieht
weir geweeſt. Item voert andie ſelue ſide oeſtwert te gaen is die
ſtede in eyn capelchen, daer eyn altaer ſteit †, daer die ridderen,
die vnſen heer cruyſten, deilden die cleider³²⁸) vns liefs heren vnd
worpen dat lot vm dat cleit vns heren; vnde dat en is nicht veer
vander ſtede, daer vns heer gecruyſt was. Item voert oeſtwert an
die ſelue ſide js eyn duere, daer geyt men wal xxix trappen neder
in die capelle ſinte helenen³²⁹) vnde daer is eynen altaer, daer dat
bedchuys van ſinte helenen was †. Item ter rechter hant vandem
altaer geit men noch xi trappen neder onder eyn ſteynrotſe, daer
helena vant dat heilige cruce mut der ſeecheren cruce. Item weder
alle die trappen vp toᵃ⁾ gaen an die ſelue ſide oeſt wert js eyn
capelchen mut eynem altaer; daer vnder dem altaer ſteyn ſteyt eyn
ſule, daer vnſe lieue here in pylatus huys an ſat, doe he gecroent
wert mutter doernen cronen³³⁰) †. Van daen gingen wir vpwert
ſwytwert mut xix trappen vp den berch van caluarien.³³¹) Daer
ſteit eyn ront laech,³³²) licht eyn ſpannen wit vnd diep van dat
vterſte vander hant toⁿ⁾ dem elenboge, jn die ſteinrotſe, daer dat
heilige cruce in ſtont, doe vns lieue here hinck andem cruce; vn

---

ᵃ) zto

³²⁶) *magdalena* | Der ſtandort der Mar. Magd. wird hier zum erſten mal in
der pilgerlitteratur genannt, wonach Tbl. Golg. 360 zu berichtigen ſein wird. Selt-
ſamer weiſe wird freilich Alb. Sax. 2108 nur ein ſtein genannt, während Tbl.
den Tuch. als den erſten, der von zwei ſteinen rede, nennt.

³²⁷) *kerker* | S. plgrf. a. 127. Neu iſt hier der »grote ſteyn, daer vnſe here
vp ſat« u. der »platen ſteyn mut zwe groten loecherens. Der erſtere wird
nirgends erwähnt, des letzteren geſchieht erſt ein jh. ſpäter bei Rauwolf u.
Quareſmio meldung. vgl. Tbl. Golg. 334. a, 8 u. 9.

³²⁸) *cleider* | S. plgrf. a. 128.

³²⁹) *c. f. helenen* | S. plgrf. a. 129; von einem »bedehuys« iſt wol nur hier
die rede. Die anzahl der treppen hinunter in die kapelle, wie in dieſ. der
»kreuzerfindung« iſt die auch ſonſt genannte. vgl. Tbl. Golg. 390 a. 4.

³³⁰) *cronen* | S. plgrf. a. 130. Lochner 236, Ldgr. Wilh. v. Thür. 114.

³³¹) *caluarien* | S. plgrf. a. 132 u. 133; ldgr. Wilh. 114 hat 18 ſtufen.

³³²) *laech* | Dieſelben maaſe, wie die bei Tbl. Golg. 283 a. 1 angegebenen.

dat lach ruket wonderlichen wal³³³) †. ten ter rechter³³⁴) hant van dem lacche is eynen groten rete in die fteinrots, die daer to⁽ᵃ⁾ reet,⁽ᵇ⁾ doe vns here geeruyft wart, vnd den reet ftont recht onder dem luchteren arm vns heren vnd daer vnder to⁽ᵃ⁾ der rechter hant fteyt dat altaer des heilige cruces.³³⁵) Men fal weten, dat die ftede, daer dat lacch mutten reet fteit, js feer breit vnd vorhauen eyn ellen³³⁶) hoghe vanden eftrich vander capellen vnd is to⁽ᵃ⁾ famen die ftede geeleit mut wytten⁽ᶜ⁾ merberftein; vnde defe capelle bewaren die armenen³³⁷) vnd et fchint to⁽ᵃ⁾ mael guede kirftenvolck to⁽ᵃ⁾ fin. Item fo geytmen weder vanden | berch vnd geit daer recht onder; daer is eyn capelchen vnd is ghcheiten gholgata³³⁸) †, die wilch bewaert vnde befongen wirt van zwe greken.³³⁹) Daer fteit eyn altaer vnd daer achter doer eyn clein duyfter vynfterchen³⁴⁰) mut eyn yfer in dat⁽ᵈ⁾ middel fut men vnd taft men den rete van den fteinen berch van caluarien, die van bauen to⁽ᵃ⁾ neder to⁽ᵃ⁾ gereten is. Item men ficht,⁽ᵉ⁾ dat in defe capelle ghevonden wert Adams³⁴¹) houft. Item voert gingen wir van daen weftwert in die

a) zto   b) reetz   c) wytzen   d) daz   e) fuyt?

³³³) *wund. wal* | Dieser wolgeruch wird auch v. Fabr. I, 299 und nicht erst von Steiner erwähnt, wie Tbl. Golg. 283 anzunehmen scheint.

³³⁴) *rechter* | Fabr. I, 299: »in latere siniстro foraminis est in ipsa petra grandis scissura.« Hatte er einen andern standort zum sehen od. sah er anderes als unser verf.? Letzterer stimmt in seiner angabe übrigens mit derj. des »grundrisses der grabesk.« in Tbl.'s Golg. — Bemerkt darf werden, dass hier keine rede von den löchern der schächerkreuze ist, vgl. Tbl. 285.

³³⁵) *h. cruces* | Unseres wissens hier zum erstenmal erwähnt; Fabri I, 298 kennt »tria ibi altaria.«

³³⁶) *eyn ellen* | Vgl. Tbl. Golg. 265, n. 2.

³³⁷) *armenen* | Die 1479 von dort verdrängt wurden durch die Georgier, vgl. Tbl. Golg. 292; hier ein zweites zeugnis für ihr früheres besitzen der stätte, da das erste beim ldgr. Wilh. v. Thür. sich findet 117.

³³⁸) *gholgata* | Die Adams- od. auch Johanneskapelle, die den namen des textes seltener führt, vgl. Tbl. Golg. 296, n. 4.

³³⁹) *greken* | Nach den bei Tbl. Golg. 298 angeführten schriftstellern war die kapelle vom 14. bis ins 16. jh. den Georgiern, die auch »Nubianer« hiessen, ebenso meldet Fabri I, 305 von »christiani de Nubia« als inhabern der kapelle; hier demnach ein irrtum od. eine neue nachricht.

³⁴⁰) *vynfterchen* | S. Tbl. Golg. 294.

³⁴¹) *adams* | Vgl. Tbl. Golg. 254, der sich indes durch Villalpandus verführen liess Tertullian u. Origenes als gewährsmänner für das frühe vorkommen der sage von Adams schädel auf Golgatha anzuführen, während die angeführten stellen untergeschobenen schriften angehören. Wir vermuchren aber seine anführungen durch solche aus der grossen krit. ausg. des Tischend. N. T.'s v. 1869. Dort wird zu Joan. 19, 17 die randbemerkung aus der syr. übersetz. (ausg. v. Whit) aufgeführt xxx: »hoc est patris nostri Adam; in quo loco sepelivit eum Noach post diluvium, ibi fixerunt crucem domini nostri«. — Desgl. ein scholion des cod. *A*: ὅπου γὰρ ὁ ἀδὰμ ἔκειτο, ἐκεῖ ὁ χς τὸ τρόπαιον ἔστησεν.

kirche tegen den berch van caluairen ouer vnd is recht teghen den inganck vanden tempel. Daer is vp der eerden die heilige ftede, daer vnfe lieue frou hadde eire lieue fon doet in eren ermen † vnd jofeph van aromathien vnfen here mut nycodemus nederlachten vnde falfden³⁴²) jm vnd bewonden im. Vnde die ftede is gemaekt na dem wefen van eynem graue, ghelichen den eftrich van veel fteintchen to ᵃ) hoep gemaecht vnd daer bauen hangen eyn deyl lampen, die daer bernen; Mer die rechte ftein is to conftantinopel. Item van daen weftwert vanden hogenchore recht daer teghen auer fteit dat heilige graft. Mer voer dat viercant laech, daer men erupt in dat heilige graft, is eyn fteyn, die vierkant is vnd by anderhaluen voet breit vnd lanck, plat verhauen bauen den eftrich: dat is der ftein, daer die yngel³⁴³) vp fat vnd facht to ᵃ) den drie marien:³⁴⁴) »he is vp geftaen van der doet vnd vn is nicht hier«. Vnd vm to ᵃ) weten wo vnd in wat manieren dat et heilige graft ghenuaet is: item dat is al to ᵃ) mael eyn fteyn al dat ronde,³⁴⁵) van doermen in erupt vnd al datmen daer bynnen fiet ront fo gehouwen jn eyn fteynrots, vnd dat graft daer bynnen in gemaeht vanden wyten ᵇ) merberfteyn, daer men miffe vp deit vnde daer die vii lampen³⁴⁶) bauen hangen vnd so gemacht is, oft were ein graft; vnd en is dat heilige graft nicht, mer et is die ftede, die daer bedeckt is, daer vnfe lieue here in vnd vpgelacht was in dat graft. | Vnd is ander 15

ᵃ) zto   ᵇ) wyzen

³⁴²) falfden | Die bemerkung, dass der falbungsftein nach art eines grabes hergerichtet sei, ist ganz neu in der pilgerliteratur; ebenso, dass der urfprüngliche ftein fich in Conftantinopel befinden foll, während allerdings Niketas meines erinnerns irgendwo erzählt, dass er über Ephefus dorthin verbracht worden fei. Dagegen beftätigt fich hier die erzählung von mofaikarbeit bei Quarefmio u. im viaggio al s. sepolcro, s. Tbl. Golg. 349.

³⁴³) yngel | S. Tbl. Golg. 174.

³⁴⁴) drie marien | Der evang. bericht kennt bekanntlich nur zwei Marien (Matth. 28, 1) u. als begleiterin dieser entw. Salome (Mrc. 16, 1) od. Johanna (Luc. 24, 10). Gleichwol find die drei Marien am grabe einer alten überlieferung angehörig. Das engelwort s. Mrc. 16, 6.

³⁴⁵) ronde | Diese unserem verf. durchaus eigentümliche beschreibung des h. grabes, die fich ebensosehr durch genauigkeit der angaben, als anfchaulichkeit auszeichnet u. in diefer beziehung fich vollftändig mit derj. bei Tucher rBb. 372 f., die Fabri I, 328 mit der einzigen änderung des von Tucher gebrauchten massftabes lediglich überfetzt hat, messen kann, gewinnt dadurch an bedeutung, dass sie in wefentlichen ftücken von der nur um 7 jahre jüngeren Tucher'schen abweicht. So ist hier gleich die runde geftalt des baues betont, den Tucher »zwolfecket« nennt u. der überdies 1458 von Pelchinger noch viereckig gezeichnet ward, vgl. Tbl. Golg. 191. a. 5. Doch hatte der verf. auch oben schon mehreckiges rund genannt.

³⁴⁶) VII lampen | Die geringfte zahl von den bei Tbl. Golg. 178 a. 1 aufgeführten.

rechter hant alſmen daer duer dat lach³⁴⁷) jn dat graft erupt vnd js ſoe verhauen mut witten merberſtein, vm dat die heilige ſtede, daer vnſe lieue here vp gelegen heeft, nicht mut voeten betreden vn ſolde weerden vnd vm dat men daer miſſe vp doen ſolde mogen; vnde is by zwen ellen³⁴⁸) hoghe vnd is ſo lanck als dat heilige graft vnd is ſo lanck vandem laech toᵃ⁾ dat ander eynde.³⁴⁹) Vnd daer in moghen weſen, als eyn prieſter miſſe deyt, die prieſter mut eynem dienre by den lache vnd an itliche eynde eyn man; vnd die en moeghen ſich daer nicht wal ſchicken.³⁵⁰) Item noch toᵃ⁾ weten dat weſen vanden heiligen graue, ſo is dat heilighe graft al beneden vnd vm die ſiden beeleyt mut wittemᵇ⁾ merberſteyn licht eyn mans lengthe houge vnd bauen futmen den waerachtigen ſteyn³⁵¹) des heiligen graues vnd mede in dat incomen vanden vierkanten laech. Vnd men ſal weten, dat et huys des heiligen graues, et wilch toᵃ⁾ ſamen eyn ſteyn is vnd ſo bynnen wtᶜ⁾ gehouwen wt eyner ſteyneraetze³⁵²) vnd ſteyt tuſſchen zwe capellen: Die eyne³⁵³) ſteyt oeſten van dat heilige graft vnd en heeft ghein altaer, et wilch is lanck vm voet³⁵⁴) vnd ſoe houghe volna, vnd is gemaecht vaſt daer an mut eynre dueren in toᵃ⁾ gaen recht thegen die duere van dem heiligen graue vnd dat is die gerechte duere vnd anders vn gheyn duer daer men ingeyt, vnd daer van hebben die floetelᵈ⁾ die obſeruanten.³⁵⁵) vm dat toᵃ⁾ ſluten vnd toᵃ⁾ ontſluten. Die

ᵃ) ztu   ᵇ) wizē   ᶜ) wyt   ᵈ) floezel

³⁴⁷) *lach* | Der eingang zur eigentlichen grabkapelle.

³⁴⁸) *ellen* | Unmöglich kann hier die elle (cubitus) in der grösse gefasst werden. in der Fabri I. 118 dies tut, »accipiendo cubitum, quantum homo potest extensis ambobus brachiis comprehendere«, denn dies ist, wie aus I, 328 hervorgeht, das klafter i. e. »ein leng des menschen, als einer ausreichen mag, brachitensa« voc. th. 1482 (Grimm d. wb. IV, 1035), also »gewöhnlich 6 fuss«. Kaum dürfte auch hier die länge des unterarms bis zur spitze des mittelfingers, der röm. cubitus = 1½ fuss verstanden sein, denn dazu würden die s. 46 angegebenen masse des grabkapelleneingangs schwerlich stimmen, selbst wenn man das »crupt« oben ganz wörtlich nehmen will, da niemand durch ein ½ fuss breites loch zu kriegen vermag. Man wird also mindestens 2 fuss anzunehmen haben.

³⁴⁹) *eynde* | S. unten a. 360.

³⁵⁰) *ſchicken* | Ebenso bei Gump., viagg. al s. sepolcro, Tschudi, Seydlitz u. a. s. Tbl. Golg. 175 u. 3.

³⁵¹) *waeracht. ſteyn* | S. Tbl. Golg. 175 u. 198 f.; namentlich ist die ähnliche u. doch in bezug auf die decke wesentlich abweichende beschreibung bei Fabri I. 335, dem nur 10 jahr späteren beobachter, sehr vergleichenswert

³⁵²) *ſteynraetze* | Vgl. Tbl. Golg. 21 u. 199.

³⁵³) *eyne* | Die sog. Engel-kapelle.

³⁵⁴) *VIII voet* »Fabri I. 329 hat »in latitudine unum et dimidium cubiti et in longitudine totidem«, was der angabe hier nahe kommt.

³⁵⁵) *obſeruanten* | Werden als schlüsselbesitzer schon 1461 vom ldgr. Wilh.

ander³⁵⁶) capelle fteyt int westen vnd is daer mede vaft an gemaecht
an dem heiligen graue vnd men geyt daer in an dat ander eynde int
weften: in wilch capelle fteyt eyn altaer, vnd dat bedienen etfeliche
wefen van kirften geheiten gorgiani³⁵⁷) vnd daer en moghen nicht in
die capelle bauen v offᵃ) vi man miffe hoeren mut dem priefter. Vnd
defe zwe capellen gerechent mut datᵇ) heilige graft inden midden
gaende fo ift die lenckte toᶜ) famen xxviii voet vnde viii voet breit.³⁵⁸)
In dat voerfte capelchen voer die doere fteyt den fteyn, daer die
ingel vp fat voirdem heiligen graue vnd daer recht thegen auer is
dat vierkante laech vanden heiligen graue: wilch laech is wit meir
wan eyn halue elle † vnd hoege by na eyn elle³⁵⁹) vnd die hoechte
vanden heiligen graue is licht ix voeten vanden voet beneden vnd
is breit volna viii voeten vnd fo lanck.³⁶⁰) Item bauen is dat graft
gemaect mut xv fteynen fulen,³⁶¹) oft were eyn luchte, vnde is bauen
gedeckt mut bly vnd daer is dat daeck vanden tempel vnd daer
is eyn groet ront lach³⁶²) onbeflaten. | Vnd daer by den daeck ftaen
gefcreuen defe verfen³⁶³) in latine mit vergulden letteren:

ᵃ) aber ᵇ) daz ᶜ) xto

v. Thür. 116 aufgeführt, wonach Tbl. Golg. 234 a. 3 zu ergänzen ist, der diese
nachricht zuerst bei Fabri I, 349 findet.

³⁵⁶) *ander* | Die sog. Koptenkapelle, vgl. Tbl. Golg. 251 f.

³⁵⁷) *gorgiani* | Werden hier zuerst als besitzer dieser kapelle genannt. Wenn
der verf. der 'αγία γή (vgl. Tbl. Golg. 252, a. 2) recht hat, dass die Kopten die
erbauer der kapelle unter den aegypt. sultanen u. zu seiner zeit (1621) auch ihre
besitzer waren, so würden sie als die zeitweiligen verdränger der Kopten hier
erscheinen. Fabri kennt sie nicht an dieser stelle, sondern nur auf dem Calvarien-
berg, nennt sie aber auffallender weise dort (I, 350) wie bei einer andern gelegen-
heit (II, 326 u. 380) zugleich »Nubiani« u. »christiani de cinctura«. Da der verf.
oben von den christen »van dem rieme« gesprochen hatte, so ist kaum anzunehmen,
dass er sie hier ohne weiteres »gorgiani« genannt haben sollte; im gegenteil der
hier gebrauchte name scheint dafür zu bürgen, dass der verf. gürtelchristen hier
nicht gemeint hat.

³⁵⁸) *breit* | Wolff, Jerusalem. Lpz. 1857. 27 hat 30 fuss länge u. 15 breite
für die heutige grabkapelle.

³⁵⁹) *elle* | Diese massangabe würde am ehesten zu Brocardts »ostium valde
parvum« stimmen, andere masse s. Tbl. Golg. 188, a. 3.

³⁶⁰) *lanck* | Die ähnlichen masse hat bei der heutigen grabgrotte Wolff ao. 28,
der 8 fuss höhe, 7 f. länge u. 6 f. breite gibt.

³⁶¹) *XV ft. fulen* | Es ist damit offenbar der oberbau über der grabgrotte
gemeint, der »sechseckete tabernackel« nach Tuchers angabe (rßh. 373), der aller-
dings das ansehen einer grossen laterne haben möchte. Höchst auffallend er-
scheint es aber, dass Tucher diesen »tabernackel« mit »zwijfachen sechs seulen«
versehen sein lässt, während hier 15 verzeichnet sind.

³⁶²) *ront lach* | S. Tbl. Golg. 37.

³⁶³) *verfen* | Auch mitgeteilt unter kleineren abweichungen von Fabri I, 337,
doch mit der befremdlichen bemerkung: »reperi in quibusdam antiquis pere-
grinalibus libellis sequentes versus, quos invenerunt lapidibus sancti sepulchri

— 140 —

Vita mori voluit et in hoc tumulo requieuit.³⁴⁴)
Mors, quia vita fuit, nostram victrix aboleuit;
Nam qui confregit inferna fibique fubegit
Ducendo³⁴⁵) fnos, cuius dux ipse cohortis
Atque triumphator, hunc³⁴⁶) surrexit leo³⁴⁷) fortis.
Tartarus inde gemit et mors lugens fpoliatur.

Daen vandem heiligen graue oeftwert is daet hoege choer, et wilch bedienen die greken vnd van dier doer ingaende is eynen fteyn verheuen eyn weynich vander eerden. daer eyn ront laech in js: daer is dat middel van der werlt,³⁴⁸) fo men fecht, dat vnfe heer

insculptos, quam tamen scripturam ego non vidi.« Da nach demselben gewährsmann vom boden der kirche bis zur offenen kuppel etwa 8', cubiti = 51 fuss gerechnet werden mussten, so konnte die inschrift wol nur vom ehemaligen (Fabri I, 342) inneren umgang um die kuppel gelesen worden sein, wenn man nicht riesenbuchstaben voraussetzen will. Bemerkenswert scheint noch, dass die ersten hexameter leoninische sind. Aelter als die zweite hälfte des 12. jh. (lebenszeit des canonicus Leonius) sind sie jedenfalls nicht; möglicherweise aus der fränk. zeit könnten sie also wol stammen, wenn auch nicht an der stelle, an der der verf. sie sah.

³⁴⁴) *requievit* | Fabri : quievit.
³⁴⁵) *ducendo* | Fabri : ducendoque, infolge des aber unser cuius entbehrend, — abweichungen samt der vorangegangenen u. dem nachfolgenden hinc, die unseren text als den besseren u. also wol ursprünglicheren erscheinen lassen.
³⁴⁶) *hunc* Fabri : hinc.
³⁴⁷) *leo* | Nach Gen. 49, 9 u. Apok. 5, 5: diese schon uralte deutung der ersteren stelle auf begräbnis u. auferstehung Christi hat selbst in der kunst ihren ausdruck gefunden sowol im orient als occident. Der ruhende löwe wird als symbol Christi in der angeblich aus dem 11. jh. stammenden ἑρμηνεία τῆς ζωγραφικῆς, dem handbuch der malerei vom berge Athos, ausdrücklich aufgeführt, u. die auferstehung genau nach genannter stelle wie nach Richt. 16, 3 auf dem altaraufsatz im stifte Klosterneuburg (ehemals Verdun angehörig) dargestellt, vgl. Diestel, gesch. des alt. test.'s. Jena 1869, 221 u. 224. Kein wunder deshalb dass die beliebte auslegung auch auf den h. grabe wiederkehrte, wie uns Fabri I, 336 durch mitteilung der ehemals auf der »tabula sepulchri« befindlichen verse:
Mortuus hic jacuit, mortem dum morte redemit,
Hic leo dormivit, qui pergivil omnia trivit.
berichtet, — nebenbei wol zum zeugnis, dass zwei so verwandte ausdrücke nicht zur gleichen zeit bestanden haben werden, zumal sie gedankenverwirrung erzeugen konnten, da unser leo fortis den vater vorstellt, während dort der »catulus leonis« Judahs gemeint ist.

³⁴⁸) *d. middel v. d. werlt* | Die bei Geisheim 162 gegebene deutung dieser stätte ist schwerlich zutreffend. Denn lässt auch Ezech. 38, 12 Israel den »nabel der erde« bewohnen u. 5, 5 Jerusalem »in mitten der welt« liegen, so ist doch von da an bis zu einem genau bestimmten punkte in Jerusalem als mittelpunkt der erde ein zu bedeutender schritt, als dass ihn die »symbolisierende« christl. mythe« so ohne weiteres getan haben sollte, zumal wenn man anderwärts ebensolche weltmitten ohne das bindeglied eines mittellandes od. einer mittelstadt od. doch den umgekehrten gang von dem einzelnen punkt zum ort od. der gegend findet. So ist bekanntlich Delphi τῆς γῆς ὀμφαλός (Pind. Pyth. 4, 131. 6, 3. 8, 85. 11, 16. Aisch. Eumen. 40.), weil dortselbst der »netzumwundene kegelstein« (Gerhard metroon 29 bei Grimm deutsch. myth. II, 673) od. der steinerne sitz im heiligtum also hiess. Desgleichen galt Paphos auf Cypern als der mittelpunkt der erde (Cesnola Cyp. 11.), weil daselbst der nabelstein der paph. göttin (Tac. hist. II, 4.) stand, der übrigens jenem delphischen zum modell gedient haben

dat fo gewefen folde hebben. Vnd na dat vns die ftede fus gewijft weren, fo ginck eyn ytlich eten, na dat itlich jm feluen verfien had, vnde daer na flapen. Vnde des faterdaechs des morgens vroech deden die priefteren miffe indem heiligen graue vnd die pilgrims ghingen vnd verfuchten die heilige fteden, fo mennichwerf fy wolden, vnde fo voer fonnen vpganck des faterdaechs^{a)} fongen die bruderen eyn fcoen miffe van vnfer frauwen, vm dat andach was van unfer

---

a) famfdaechs

foll, wie Creuzer symb. II. 496 n. 1 nachzuweisen versucht. Aehnlich wird es mit Omphalos auf Kreta u. den weiteren diesen namen führenden alte u. berühmte culte hegenden stätten u. gegenden (vgl. Hoeck. Kreta I, 176 f.) sich verhalten. Das die weltmitte bestimmende scheint in allen fällen ein stein zu sein, vgl. auch Plin. hist. nat. II, 58. Hier an unserer stelle in der grabkirche begegnen wir auch einem stein: bei Arcult wird eine säule genannt, nachher kommen einmal 4 säulen vor, dann ein stein mit rundem loch, wie hier; im 16. jh. wird zuerst ein ellenlanger stein, später abermals eine säule gezeigt; im 17. ein marmorstein mit einem loch u. heute ruht daselbst eine halbkugel in einem etwa 2 fuss hohen marmornen becher (vgl. Tbl. Golg. 326 ff.). Es fragt sich deshalb nur: was bedeutet dieser stein? Ist es der lapis manalis, der die grube des etrusk. mundus schloss u. alljährlich »an drei h. tagen abgenommen wurde, damit die seelen zur oberwelt steigen könnten« (Grimm ao.). — der altgerm. dillestein gleicher bedeutung, der mit dem bei Eisenmenger II, 497 angeführten aus der jüd. sage nahe berührung zeigt? Schwerlich. Vielmehr scheint an unserer stelle die säulenartige, wol konische gestalt des steins ausschlag gebend. Die aber in verbindung mit dem, dass nach Hieronym. ad Paulin. eine »statua Veneris a gentibus posita« auf der schädelstätte gestanden haben soll, möchte mit einiger wahrscheinlichkeit auf den kyprischen cult deuten u. den »wahren lingam« darstellen, wie ihn Böttiger, ideen zur kunstmyth. I, 55 beschreibt. Möglich dass zur erklärung der säule hierher gezogen werden darf die »säule im gurkengarten« Jer. 10, 5. die nach dem verf. des briefs Jer. v. 70 als Priapus gedeutet werden muss. Movers I, 662 kann in dieser beziehung auch als »sonnensäule, in welcher bedeutung sie ja an jenem orte der grabkirche eine besondere rolle gespielt hat, s. Tbl. ao., in betracht kommen möchte, vgl. Gerh. Vossius, de orig. idolatr. VII, 2. p. 126 f. Ja es würde sich selbst fragen, ob unter solchen umständen nicht jene jüdische sage, wonach Jesus sich verschmäht haltend vom rabbi Jehoscha einen »gebackenen stein« aufgerichtet u. sich vor demselben geneigt habe als diener des Markolis«, sc. Mar Kyll[eni]os, i. e. Hermes, s. Eisenmenger I, 65 u. 153, herangezogen u. dabei an den Hermes ithyphallikos, den bruder der Aphrodite Urania, vgl. Preller griech. myth. I, 310 f. u. 420. Creuzer symb. II, 481 u. Zoega, abhandll. 289 gedacht werden mag. Den »pfeil der Lilith« d. i. den stein, der in gestalt eines pfeils mit dem blitze auf die erde herabfällt nach jüdischer sage, vgl. Grünbaum beitr. z. vergl. myth. aus der hagada in »ztschr. d. deutsch. morgenl. gesellschaft« XXXI, 250 f., so willkommen er auch sonst wäre, müssen wir bei seite lassen. Um so mehr aber wird bezüglich der erdmitte daran erinnert werden dürfen, dass es von einer kotyledonenart in dem herbarium des Apulejus heisst: »graecia cotyledon, alii cepos Aphroditis, alii Ges Omphalus, alii Stocchis, alii »tergethron«, Itali umbilicum Veneris appellant«, vgl. C. Salmasii Plinianae exercitatt. in C. J. Solini polyhistorn I, 496ª D. Dass an der »weltmitte« bezw. dem mit ihr oft verwechselten salbungsstein noch 1588 die alten erinnerungen klebten, bezeugt die tatsache, dass der stein von schwangeren frauen geküsst zu werden pflegte, Tbl. Golg. 348 (Fabr. I. 283). Endlich aber wird man wol daran erinnern dürfen, dass eine münze des Severus aus Aelia Capitolina vorhanden ist, auf der in einem von 4 säulen gebildeten tempel »tria idola cylindri specie« abgebildet sind, nach Eckhel doctr. num. I, 3. 443 den dienst der paphischen Venus bezeugend.

frouwen affumpcio, vnd mundichden die pilgrims, na da fy gebiecht| weren. Vnd onlanck daer na doe die fonne vp gegaen was des famfdachs[a] vnd was den xxii dach in augufto, quemen die heiden vnd vntfloten den tempel van buten vnd telden vns wt; vnd doe wir wt weren mutten bruderen, flaten fy den tempel weder. Vnd daer by den tempel in die vierkante plaetze, daer die joden nemen dat cruys van vnfen heren vnd bonden im ter tijt[b] to,[c] dat fy jm dat cruce bereiden, daer wert vns gewefen vp die luchterhant eyn capelle van finte maria magdalene[369]) vnde doen aenden tempel ter rechterhant mut trappen up te gaen js die capelle unfer lieuer frouwen,[370]) daer vns lieu frouwe vnd finte Johan to[c] fame ftonden onder den cruce, vnd en es nicht veer van der ftede, daer vnfe lieue here gecruyft weert. Vnd daer na is den tempel ghemaecht in die ere van allen ingelen[371]) vnde voert daer by an die felue fyde is die capelle gefticht in die ere van finte iohann ewangeliften.[372]) Mer in geyn van defen capellen en mochten wir in gaen voer die heiden vnd daer recht auer is finte helenen fpittael als roirf[creuen] is.

Van daen werden wir gebraecht in des confuls herberge, vnd eten daer dat felue, dat vns daer van den kriften vandem rieme vnd die heiden brachten vnd bleuen daer te vefperzijt to;[c] vnd doe et vefperzijt was, doe quam eyn bade, dat wir to[c] famen comen folden buten der ftat by den berch van fyon. Vnd als wir daer quemen, vonden wir daer reede die obferuanten mut den gardiaen, ons patroen vnd vns trofman vnd die heiden mut den mulen vnd feten daer vp vnd reden na bethelem; vnd licht bethlehem van jherufalem vii milen.[373]) Als wir doe quemen by den dal van dem berch van fyon, vp die luchterhant buten dem wege is dat huys des bodens[374]) vnd is fo genent, vm dat daer in ghenamen wert den raet vm vnfen heer zto doeden, wentet daer | heymelich was raet to[c] nemen vnd was buten der ftat van jherufalem. Voert fo fegen wir ander rechterhant eynen taern indem wingart; daer waenden fymeon

---

[a] das wort ist durchstrichen im original, »des« davor aber stehen geblieben [b] zijt [c] zto

[369]) *f. mar. magd.* | S. plgrf. a. 155.
[370]) *frouwen* | S. plgrf. a. 152.
[371]) *ingelen* | S. plgrf. a. 153.
[372]) *ioh. ewangeliften* | Allem anschein nach verwechselt mit dem täufer, da an dieser stelle nur dessen kapelle gekannt wird. s. plgrf. a. 154.
[373]) *VII milen* | S. plgrf. a. 156.
[374]) *bodens*. S. Robinson II, 45, Tbl. tpgr. II, 11 f., Lochner 232.

iuftus,³⁷⁵) die vnfen heer vntfinck indem tempel van jherusalem. Voert an die luchter fydo is helyas huys,³⁷⁶) daer he vnder dem wacholzer boem gefpijft wert. Item voert an in dem wech vintmen eyn ftede gefcahcirt mut zwart vnd wyt merberftein vnd et is die ftede, daer die fterne³⁷⁷) die drie konigen apenbarden weder, na dat fy die verlaren hadden; vnd eyn weynich van daen futmen bethlehem die heiligeftat. So vintmen voert dat graft van rachael³⁷⁸) jacops wijf, daer he vm dienden xm jaer lanck vnd was moder van jofeph vnd benyamyn. Voert fo futmen eynen taern³⁷⁹) vp der rechter hant by den weghe, daer jacob die patriarch fyn volck deylden in drieen³⁷⁹ᵃ) van anxte fyns bruders efau vp euenture, off der eyn houp verflagen werde, dat he dan hedde ander volck; vnd fo rijt men voert toᵃ) bethleem auer eynen acker³⁸⁰) vnd fo men fecht, daer quam ons heer auer vnd vraechde den ackerman: »wat feyt dir«; he antwerden: »ich fey fteyn«, end hielt fpot mut vnfen here; vnde vns heer fprach: »fteyn moetftu daer van vntfangen.« Vnde fo is daer noch veel cleinre fteynchens fo groet als erwitten. Item voert ter rechter hant wijftmen die ftede, daer helias gebaren³⁸¹) wert, vnde daer leet men den wech toᵃ) ebron, daer adam vnd eua³⁸²) gemaecht weren vnd veel wonders na gefchiede, vnd nemen eynen cleinen wech terluchterhant na bethleem. Vnde vp eyn

---

ᵃ) zto

³⁷⁵) *fymeon iuftus* | S. Tbl. tpgr. II, 892 ff.; wird hier feit 1460 zum erften mal genannt.

³⁷⁶) *helyas huys* | S. Tbl. tpgr. II, 553; die unmöglichkeit der felbigkeit diefer ftätte mit der 1. Chron. 19, 3 ff., s. ebendafelbft nachgewiefen.

³⁷⁷) *fterne* | Die ftätte ward 1461 (hdgr. Wilh. v. Thür. 117) vor Mar Elias gezeigt, ebenfo auch 1483 (Fabri I, 430) u. liegt nach Tbl. tpgr. II, 531 ebenfalls nördlich von da. Nirgends aber wird fie befchrieben wie hier.

³⁷⁸) *gr. v. rachael* | S. Tbl. tpgr. II, 782 ff.

³⁷⁹) *taern* | Jakobs haus od. turm, Tbl. tpgr. II, 637 f.; die anknüpfung an Gen. 32, 7 ff. kommt fonft nirgends vor.

³⁷⁹ᵃ) *in drieen* | Ob fchreibfehler für tween sc. deilen? Denn »Drieen« widerfpricht fowol Gen. 32, 7 als dem nachfolgenden.

³⁸⁰) *acker* | S. Tbl. tpgr. II, 563 ff., ohne dass die dort angegebene lage zu der hier befchriebenen völlig paffen will, ebenfowenig als zu Habakuks ort, mit dem Fabri I, 432 die ftätte diefelbe fein läfst, vgl. Tbl. 573 f.

³⁸¹) *helias gebaren* | S. Tbl. tpgr. II, 553, mit dem jedoch wiederum der ort nicht ftimmt, wie denn auch nirgends fonft auf dem wege nach Bethlehem 2 dem andenken des Elias gewidmete ftätten, wie bei unferen verf. gefunden werden.

³⁸²) *adam u. eua* | Den ausführlichen bericht s. Fabri II, 341—45. Die legende ist zurückzuführen auf die rabbinifche auslegung von Jos. 14, 15, nach welcher das קרית der ftelle mit Adam überfetzt ergibt, dass Adam in Hebron, der »ftadt der vier« patriarchen (Adam, Abrah., Isaak u. Jakob), wie die gleiche erklärung Kirjath Arba i. e. ftadt des Arba überträgt, begraben fei. Hiernach hat Hieronymus überfetzt: »Adamus maximus ibi inter Enacim situs est«. »So auch die Vulg.;

mile van bethleem is die ftede, daer vns frou ruften,³⁸³) doe fy quam mut jofeph, doe die keifer auguftus geboet alle man to ᵃ⁾ comen, vm to ᵃ⁾ befcriuen. Vnd fo comtmen voert to ᵃ⁾ bethleem, daer dauid gebaren wert vnd heit dauids ftede. In dat oeften vander ftede | fteyt eyn fcoen kirche feer lanck mut coftlichen fulen vnd geeftricht mut merberftein vnde is gemaecht na den wefen van finte peters kirch ³⁸⁴) to ᵃ⁾ romen int midden vander kirchen. An defe kirche hebben die obferuanten eir woninge vn eir pant mutten cloefter. Daer quemen wir des auonts in vnd flepen daer vp matten in dat pant³⁸⁵) vnd lachten vns dinck daer neder vnd gingen fo in dat choer vanden obferuanten. Vnd daer gingen wir verfuchen mut proceflie vnd fange, gheliken fy to ᵃ⁾ jherufalem gedaen hadden, vnd gingen inden eerften in die zuytfide vanden cloefter. Daer geit men neder xxıx trappen³⁸⁶) und daer js die ftede; daer finte Jeronimus die bibel verwandelden wt den hebreufche inden latine, vnd is genent der ftoel³⁸⁷) van finte Jeronimus. Vnd voert vp ter rechterhand onder den berch geytmen, daer finte jeronimus begrauen³⁸⁸) wert, vnd daer plach he to ᵃ⁾ eten vnd te flapen vnd miffe to ᵃ⁾ doen. Item van daen vpter luchter hant is die ftede, daer die kinder,³⁸⁹) die van herodes gedoet weren, langhe zijt ver-

---

ᵃ⁾ zto

in folge davon bringt die fpätere tradition die erfchaffung Adams mit Hebron in verbindung.« Wetzer u. Welte IV, 919, s. unten s. 59, a. 489).

³⁸³) *vns frou ruften* | Diese ftätte führt Fabri I, 429 ziemlich zu anfang des wegs nach Bethlehem an.

³⁸⁴) *f. pet. kirch* | Eine kunftgefchichtliche bemerkung von einigem wert, da der verf. fowol die kirche in Bethlehem als die s. Peterskirche vor ihrer erneuerung fah, vgl. Fabri I, 474 f.

³⁸⁵) *pant* | Sowol bei Lochner 242 als Breidenb. 62, Fabri (rüb.) 139ᵇ 4. Tucher 357ᵇ werden die pilger wie hier in dem kreuzgang des klofters untergebracht; es beftand demnach damals noch nicht die pilgerherberge im klofter, von der Tbl. Bethl. 241 berichtet.

³⁸⁶) *XXIX trappen* | S. plgrf. a. 176, auch hier alfo diefer eingang von dem kreuzgang aus, den Tbl. Bethl. 186 erft 1476 gefunden haben will.

³⁸⁷) *ftoel* | S. ob. a. 240 u. plgrf. a. 178. Ob das wort an diefer ftelle an den in jener kapelle im 14. jh. gezeigten feffel des Hieronymus erinnern foll? vgl. Tbl. Bethl. 192.

³⁸⁸) *jeron. begrauen* | S. plgrf. a. 180). Die ftelle ift entfprechend der beim ldgr. Wilh. v. Thür. 118 angegeben, der fie, was Tbl. Bethl. 195 noch nicht wiffen konnte, zum erften male in diefer gegend der kirche angibt. Es ift das um fo bemerkenswerter als Tucher u. Fabri 7 bezw. 10 jahre fpäter ftudierzelle u. grab in einen raum verlegen, alfo diefe kapelle nicht gefehen haben. Das effen u. fchlafen des Hieronymus in diefer höhle berichtet unfer verf. allein, vgl. Tbl. ao. 196.

³⁸⁹) *kinder* | Ebenfo Lochner 240 u. Alb. Sax. 2110, wonach Tbl. Bethl. 131. a. 5 u. 185 zu berichtigen fein wird.

halen weren. So gingen wir weder vp achter inden cloefter, daer
die bruder wonen; daer is eyn fcoen capelle geftieht ter eren van
finte katerinen [390]) vnde daer halden die bruderen eir gezijden.
Woert gingen wir doer die kirche in dat oeft vnd vnder dat choer
xvi trappen. Daer is die kruft, daer vnfe heer in gebaren wert,
vnd dat is eyn clein capelchen onder die fteynrots by na iii voes[a])
lanck vnd by x voes[a]) breyt.[391]) Vnde in dit capelchen oeftwert
is eyn altaer vnd daer vnder is die ftede, daer vns heer in gebaren
wert vnd is beneden vnd an die fyden reet becleyt mut witten
merberftein vnd rucht to[b]) mael wael[391a]) vnde die ftede vn is nicht
groter int ronde wan den altaer fteyn, die daer bauen licht, groet
is. Van defer ftede weft wert recht by na auer is die cribbe vns
lieuen heren duer he in gelacht wert, vnd is eyn fteinen | cribbe
gecleit mut witten merberftein vnd is volna vierkant. lanck by vier
voet[a]) vnd by drie voet[a]) breit vnde licht gelike der eerden[392]) vnd
daer en fteit gheynen altaer auer; mer daer fteit eyn altaer[393])
oeftwert ander rechter fiden byder fteden, daer vnfe heer gebaren
wert. Defe zwe heilige fteden mut dat ander altaer fteyt vnder
der fteinrotfen, inden wilch bauen int midden is eyn ront laech,[394])
daer die aemtochte vanden mynfchen wt gaen mach. Vnde inder
fteden by der cribben offerden die drie coningen eir offerant vnfen
heer. Vnd defe ftede gheit weftwert wal x treden lanck vnd daer
inden aerde is eyn duncker kuilchen, men fecht datter eyn boem[395])
ftont. Doe vns heer gebaren wert, doe bluiden hy vnde wert daer
na eyn vandem holte vanden heiligen cruce. Vnd menfecht ouch,
dat vnfe frouwe daer vlo van fcheemten.[396]) doe fy hoerden, dat[c]

---

[a]) voez   [b]) zto   [c]) daz

[390]) *katerinen* | S. plgf. n. 167.

[391]) *breyt* | Während die angabe der treppenstufenzahl der herkömmlichen entspricht, ist von dieser höchstens die breite richtig. bei der länge dagegen muss ein schreibfehler walten, vgl. Tbl. Bethl. 133.

[391a]) *wael* | Vom wolgeruch redet auch Fabri I, 442.

[392]) *gelike d. eerden* | Wird sonst nicht erzählt, ebenso findet sich sonst keine angabe der breite der krippe, vgl. Tbl. Bethl. 166.

[393]) *altaer* | Entspricht dem bei Tucher u. Fabri beschriebenen, Tbl. Bethl. 172, ebenso wie die von ersteren hierher verlegte geschenkdarbringung der magier der unseren.

[394]) *ront laech* | Sonst nicht genannt.

[395]) *boem* | Diese ganze erzählung kommt unsers wissens nur hier vor. Dass das kreuz aus verschiedenen holzarten zusammengesetzt gewesen sei, wird schon von Beda venerab. u. Anastasius Sinaita behauptet, vgl. Tbl. Golg. 277 u. tpgr. II, 733 a. 9.

[396]) *fcheemten* | Dasselbe erzählt Lochner 241.

die drie coninghen daer to*⁾ eir lieue kint quemen vm eir offerant
to*⁾ bringen. Defe ftede is al geeftricht gelich die capelle mut
merberfteyn vnd die capello is bauen all mut gulden ftucken jngefat
mut groten gulden fternen, die vnder eynen voet[b] nicht groet en
fin.³⁹⁷) Vnd fo clympt men weder vp die trappen, vnd daer by
der dueren an die nortfide fteyt eyn put,³⁹⁸) daer die coninghen
die fterne verluren †. Vnde eyn weynich van daen fteit dat altaer,
daer die heilige drie coningen eir offerant bereyden vm zto offeren,
eer fy in die croft gingen tot vnfen heer †. Vnd dit is an die
fuytfide vanden hoghen chore vnd is eyn altaer, daer vnfe lieue
here befneden wert nader joetzer ewe van fymeon.³⁹⁹) Item fuyt
wert van der kirchen van bethleem eyn fteyn worp weges is finte
nicolaus kirche ⁴⁰⁰) † vnd was die ftede, daer die yngel iofephen
apenbaerden, dat he nicht fcheiden en folde van vnfer vrouwen
vnd facht to*⁾ ioseph: »dat fy ontfangen heeft, is vanden heiligen
geift.« Item noertoeftwert van bethleem eyn mile is eyn fcoen
plein vnd gruen: doe wir daer weren in | eyn fcoen dael, daer is
die ftede, daer der yngel fich apenboerden den heerden ⁴⁰¹) vnd
fanck † Gloria in excelfis deo. Vnde doe vnfer frouwe loff ge-
fongen was, na dat wir die heilige ftede verfucht hadden, fo gingen
wir eten vnd flapen. Des foendaechs des morgens den xxiii dach
in augufto vroech voer den daghe deden die priefteren miffe vp den
altaren, daer vnfe lieue heer gebaren wert, vnd daer na fongen die
bruders miffe; nae wilch miffe ghingen wir wat eten vnde reden
doe na die ftede, daer finte iohan baptifte gebaren wert vnde daer
zacharias waende, vnd en verfochten nicht die bedevaert van den

---
*⁾ ztu   b) voez

³⁹⁷) *eynem voet n. gr. en fin* | Diese genaueste notiz nur hier, während von
der golddecke auch sonst berichtet wird, vgl. Tbl. Bethl. 158 u. 5.

³⁹⁸) *put* | Ebenso Lochner 241, der auch den im folgenden satze genannten
altar mit der gleichen beftimmung nennt, vgl. Tbl. Bethl. 95. Ueber das auch
anderwärts gemeldete verfchwinden der sterne in der cifterne vgl. ebenda. Man
ift verfucht, dabei an die myth. nachricht bei Zos. II, 5 u. Sozom. V, 19 zu
denken, nach welcher in den see von Aphaka im Libanon fich ein stern tauche,
der die Urania sei, vgl. Movers I, 666.

³⁹⁹) *fymeon* | Simeon wird zwar zum priester gemacht von der legende, aber
die vollziehung der beschneidung Jesu durch ihn kaum anderswo berichtet. Ueber
die stätte vgl. plgrf. a. 175.

⁴⁰⁰) *nicolaus kirche* | Vermutlich die stätte der heutigen milchgrotte; nur ist
auffallend, dass die bereits 1449 eingefallene kirche hier nicht als ruine genannt
wird. Die verlegung der botschaft des engels an Joseph Matth. 1, 20 hierher
findet fich sonst nicht.

⁴⁰¹) *heerden* | Der nach Tbl. Bethl. 252 von Bethl. 22 minuten entfernt liegende
»ort der hirten«, vgl. Luc. 2, 8 f. u. plgrf. s. 20.

dal van ebron vm die boefheit der heiden, die daer by wanen daer vm. Wat^a) daer to^b) verfuechen is, dat fal men hier na vinden by den anderen beedewaerden van nazareth vnd van baruth.⁴⁰²)

Dit fyn die beedvaerden van bethleem to^b) daer finte iohan baptifte ghebaren wert. Inden eerften wt bethleem to^b) gaen is die kirche cofme et damiani,⁴⁰³) daer fy vm den naem gaeds⁴⁰⁴) medecine deden. Item eyn weynich vandaen is eyn dorp in eyn dal vnd is genent bethfel,⁴⁰⁵) daer gheyn farracenen en mogen wanen, fy en fteruen. Item daer voert to^b) gaen an die zyde van zacharias huys vp II milen by js eyn fcoen fonteyn, daer evnuchus candaciae regine van finte philippus apoftel gedoept⁴⁰⁶) wert. Item voert is facharias huys⁴⁰⁷) vnde in die eerfte parte daer vnfe lieue frouwe gruetede elizabeth, vnd daer wert gemacht der Magnificat. Item bauen is eyn kirche mut eynen altare bauen die nederfte kirche, daer zacharias fin fpraech weder creech vnd daer vafte by js die ftede, daer he machten Benedictus dominus deus ifrael. Hier by wert finte iohan baptifte in der muren gelacht, doen herodes die kinder doeden.⁴⁰⁷ᵃ) Item vanden huyfe aff to^b) gaen ander luchter hant wolna II milen is die wilternis,⁴⁰⁸) daer finte iohan inginck, doe he v jaer alt was, vm fonder funde zto leuen, vnde hielt fich in eynen ftrengen leuen vnd dede grote penitencie †. Vnde daer | by is finte abrahams⁴⁰⁹) vnd doepte hy

---

a) waz   b) zto

⁴⁰¹) *baruth* | S. unten s. 59.

⁴⁰²) *cof. et damiani* | Vgl. ob. n. 39; die kirche findet sich meines wissens sonst nicht erwähnt.

⁴⁰⁴) *gaeds* | Sie heissen darum ἀνάργυροι, die unentgeltlichen.

⁴⁰⁵) *bethfel* | Bethzecha od. Beseth, Raumer 181; Fabri II, 182: Bezeth mit der bemerkung, dass es von oriental. christen allein bewohnt ist, zu seiner zeit aber einen lupus inter agnos in gestalt einer zum Jslam abgefallenen christin herberge. Pilzgr. Alex. 41 nennt das dorf Bethifelle u. erzählt dasselbe von ihm wie unser verf

⁴⁰⁶) *gedoept* | Ag. 8, 36 ff. u. Tbl. tpgr. II, 767 ff.

⁴⁰⁷) *f. huis* | S. plgrf. a. 184. Die kirche scheint hier noch erhalten, wie bei Lochner 212 u. Pfinz. 152. während sie bereits 1476 »wuechste« ist, vgl. Tbl. tpgr. II, 364.

⁴⁰⁷ᵃ) *doeden* | Diese erzählung findet sich bereits im protev. Jac. c. 22 (Fabric. cod. apocr. I, 118.

⁴⁰⁸) *wilternis* | S. Tbl. tpgr. II, 381. Die angabe des alters des täufers darf als legendarischer schmuck zu Luc. 1, 80) angesehen werden, findet sich aber auch bei Fabri II, 26, der noch das 7. lebensjahr zur wahl giebt und ausserdem ausführliche citate aus Hieronymus u. Alb. magnus hat. Surius bei Tbl. 384 nennt gar das 3. lebensjahr.

⁴⁰⁹) *f. abrahams* | Kann wol nur Hebron sein, das in den kreuzzügen u. früher (Robinson II, 711) »Castell s. Abrahams« hiess, auch bei Gumpenb. 239 b

eerſt die lude. Item an die ander ſide van zacharias huys nederwert zto gaen vint men eyn zto mael guede vnd ſcoen fontein[410]) vnd wal zto vermoden is, dat vns frou, doe ſy muede was vanden zwaren weghe, daer van gedroncken ſal hebben. Item van daen voert zto gaen is die kirche vnd dat huys, daer ſinte iohan in gebaren[411]) wert †; in wilche kirche itſon die heyden ſcaeff vnd andere beeſten in halden vnd is, offt eyn ſtal were. Deſe ſtede is van bethleem vij milen vnd is auch vij milen van jheruſalem vnde is ter luchterhant ter zewert[412]) wt. Hier eten wir des auonts na der verſuechkinge vnde reden voert na jheruſalem. Onder wegen ſegen wir dat gebirchte van Judeen. Item voert van deer ſteden, daer ſinte iohan gebaren wert, iiij milen inden wech zto jheruſalem wert is eyn kirche vnd is die kirche gheheiten vanden heiligen cruce[413]) vnd is eyn cloeſter. Onder den heiligen altaer is eyn kuyl, daer vnder gewaſſen is dat holt des heiligen cruces. Item in der ſeluer kirchen ztoentmen vnd euſtmen den erm vander heiligen maget ſinte barbaren. Vnde doe wir hier quemen, was et veſperzijt. Voert van daen quemen wir doer ſeoen wingarden, die den heiden zto hoerden, die nicht ſeer wal geerbeid en werden, mer daer waſſen zto mael ſcoen grote druuen; vnd quemen ſo weder den auont zto jheruſalem vnd ghingen in vns herberge in des conſuls huys.

Vnd nicht lange en weren wir, daer wir en werden des ſeluen auonts weder gehalt, vm in den tempel zto gaen des heiligen graues; vnde daer bleuen wir den nacht vnd verſochten die heilige ſteden. Des maendaechs des morgens vroech vp ſinte bartholomeus dach vnd was den xxiiij dach in auguſto werden wir wt den tempel getelt vanden heiden vnde gingen doe in vns herberghe in des conſuls huys vnde eten daer des middages vnd bleuen daer zto veſperzijde | zto, went die heyſte ghedaen were, die ter zijt ſeer groet was. Vnd doe werden wir vntbaden vm zto comen buten jheruſalem by den

---

so vorkommt u. s. 60 u. als in der nähe des erſten tauforts des täufers beſchrieben wird. Freilich liegt es bedeutend ſüdlicher, als daſs es zu den hier genannten orten ordentlich paſſen wollte. Es mag deshalb ein verſehen des verf. vorliegen.

[410]) *fontein* | Wol Ain el-Habis, Tbl. tpgr. II, 365 f.

[411]) *f. ioh. in gebaren* | Die trennung der beiden ſtätten s. Zacharias u. s. Johannes hier, die Tbl. tpgr. II, 370 erſt von 1476 an kannte, würde hierdurch ſchon früher nachgewieſen ſein, wäre nicht bereits 1435 bei Pfinz. 152 u. in der hs. v. Lochner, die Geisheim 243 unrichtig wiedergegeben hat, von beiden in gleicher weiſe wie hier die rede. Die herabwürdigung der kirche zu einem ſtalle, von der Tbl. erſt aus dem j. 1479 weiſs, wird auch nicht hier zuerſt, ſondern ſchon von ldgr. Wilh. v. Thür. 119 gemeldet.

[412]) *zewert* | Die angegebene entfernung ähnlich wie die bei Tbl. tpgr. II, 345.

[413]) *h. cruce* | S. plgrſt. a. 189.

berch van fyon vm zto riden nae der jordanen vnde nemen al vns
dingen mede. Vnd doen wir buten quemen vonden wir daer gereit
die obferuanten mutten trofman vnd die heiden, die vns mulen
leuerden, vnde feten daer vp vnd reden van daen zto der Jordanen.
Defen wech is zto mael boes vnd is all gebirchte vnd fteynrotfen
vnd ander wonderlicheit vnde men vn vint nicht teten noch zto
drinken, dan men mut en neempt van jherufalem. Daer vm fal
fich eyn itlich verfeen, die daer van jherufalem heen riden wil,
van fpife vnd van dranck. Inden eerften fo quemen wir zto be-
tanien vnd is ij clein milen[414]) van jherufalem vnd is eyn fteedchen,
daer lazarus by plach zto wanen vnde daer vnfe heer im verwechten
vander doet. Hier reden wir buten an vnd vn quemen daer nicht
in, vm zto verfuechen die heilige fteden, mer int weder vm comen
fo verfochten wir daer die fteden. Sus reden wir voert vnd quemen
des nachts nicht veel voer midnacht in eyn groet vuoeft huys[415])
vnde was andie luchterhant, alfmen ter paerten in quam, vnd was
eyn wefen van eyn pant van eynen cloefter vnd was auer w[u]lft.
Vnd daer fliepen wir den nacht vnder. Hier is die ftede, daer die
pilgrim quam vnd viel onder die moerders vnde itfelich lieten jm
liggen, mer eyn famaritaen, eyn coepman, quam daer by vnd bracht
jm vp fin peert vnd facht zto finen ftallknecht,[415a]) dat he zto den
gewonden man feen folde †, als vns here fprach inden ewangelio.
In dit huys fliepen wir licht ij off iij vren vnd is by na zto den
haluen wege tuffen die jordaen vnd jherufalem. Des morgens vroech
des dinfdages den xxv dach in augufto fo reden wir voert vnd
vonden ter ftont by den hufe, daer wir geflapen hadden, vp der
luchter hant vp eynen berch (vonden wir)[416]) ftaen ioachims huys,[417])

[414]) *III clein milen* | Aehnliche angaben Tbl. tpgr. II, 423, a. 4.

[415]) *huys* Das heutige Chan Chadhur (od. Khân Hudhrur Robinson II, 355)
s. plgrf. n. 191. Die beschreibung hier stimmt namentlich mit derj. bei Fabri
II, 33; die verbindung der stätte mit dem zur wirklichen geschichte gemachten
gleichnis vom barmh. Samariter Luc. 10, 30 ff. findet sich hier erst im 17. jh.,
vgl. Tbl. tpgr. II, 507. während sie mit Om Râsâs, dem doppelgänger unserer
stätte, sich schon bei Brocardus c. 7 (vgl. Tbl. no. 766) verbunden zeigt, wie sie
denn auch mit diesem orte Hieronymus im onomast. unter Addonim geistig ver-
knüpft u. dadurch vermutlich der anbahner der geschichtlichen deutung des gleich-
nisses geworden ist. Eine geistige verbindung zwischen letzterem u. Chan Chadhur
nimmt an Keim, gesch. Jesu v. Nazara III, 60.

[415a]) *ftallknecht* Naive übersetzung des stabularius in Luc. 10, 35 nach der
Vulg.

[416]) *vonden wir* | Die eingeklammerten worte sind schreibfehler.

[417]) *ioachims huys* | Lochner 245 u. Pfinz. 154 sahen das »münster Joachims«
vor dem »roten brunnen«; nach andern ist es dasselbe mit Chan Chadhur, Tbl.
tpgr. II, 508; hier ist's weder das eine noch das andere, aber ebensowenig zu be-

vnfer frouwen vader, daer he gecomen was mutter wene van iherufalem | van fcheemeten, dat he onvruchtber was; vnd woenden daer onder fin herden. Item daer by is die ftede, daer die blinde[418]) fat by den wege, daer vns heer voerby ginck vnd riep: »Jhefus dauids foen ontfermt veh mynre«, vnd wert daer fiende gemacht. Van daen geyt men die houge berge[419]) vff vnd van daen vp v milen is die verdoruen ftat iericho[420]) vnd licht in eyn fcoen gruen flecht velt vnd is die ftat, daer zacherias[421]) waende vnd clam vp den hougen boem, vm to^a) fien vnfen heer, alfmen inden ewangelium leeft vander kirfmiffen.[422]) Van daen zijtmen voert al doer eyn flecht land totter jordanen †, daer vns lieue heer gedoeft[423]) wolde fin van finte iohan baptiften. Hier gingen wir vns waffchen^b) vnd die iordane is licht nj roeden[424]) breyt vnd zeer diep vnd compt wt den berge libani vnd loept al daer in die dode zee, daer zodoma vnd gomorra vnd noch drie ander ftede[425]) vm eir funden verfuncken fin. Vnd daer auer licht dat gebirchte van arabien vnd vp den aerde vanden ouer vander zee fteit lots wijff,[426]) die daer verander-

a) zto   b) weffehē

stimmen als der ort der beiden ersteren. Die legende s. protev. Jacobi c. 2 (Fabric. c. apocr. I, 69).

[418]) *blinde* | Dieser stätte gedenken zwar Sigoli, Tucher u. Fabri (Tbl. tpgr. II, 658 u. 5), aber sie genauer zu bestimmen gelingt nicht.

[419]) *houge berge* | Verf. meint wol den berg Quarantana, den er weiter unten beschreibt.

[420]) *jericho* | Neujericho vgl. Tbl. tpgr. II, 652 ff.

[421]) *zacherias* | Schreibfehler für Zachaeus.

[422]) *kirfmeffen* | Schreibfehler für: kirchmiffen. Das evang. dieses tags, Luc. 19, 1—10, mochte dem verf. wol besonders lebendig im gedächtnis sein, da am Niederrhein die figur des »krummbeinigen Zachaeus« auf dem vor der schenke aufgerichteten baume an kirmessen zu sehen war, vgl. Simrock. hdb. d. deutsch. myth. 593.

[423]) *gedoeft* | Vgl. Tbl. tpgr. II, 693.

[424]) *III roeden* | Tbl. tpgr. II, 671 zählt 90 fuss, was ungefähr dasselbe ist, da die rhein. rute 12 fuss misst. Freilich kommt in einer oldenburg. urk. v. 1342 »de rode van sesteyn voten langh« vor, s. Schill.-Lübb. III, 495. Es mag dies indes die königs- od. bischofsrute sein, von der die höfische zu 12 f. unterschieden wird am Rhein, vgl. Bodmann, rheing. altert. 725 u. 728.

[425]) *drie ander ftede* | Der untergegangenen städte sind im ganzen nur vier, ausser den genannten noch Adama u. Seboim. Deuter. 29, 23, Hos. 11, 8; Bela Gen. 14, 2, das nachherige Zoar, in das sich Lot rettet, gehört ausdrücklich nicht dazu eben auf Lots bitte Gen. 19, 21. Gleichwol lassen auch andere pilgerschrr. des 15. jh.'s die ganze Pentapolis untergehen, vgl. Lochner 245, ldgr. Wilh. v. Thür. 122 (mit der demselben irrtum huldigenden bemerkung Kohl's) Fabri II, 156, Tucher u. pilzgr. Alex. Es ist das um so bemerkenswerter, als frühere schriftsteller, z. b. Thietmar c. 11 (s. 33) u. Ludolf 89 nur die vier städte nennen. Der irrtum entstand vermutlich aus verkehrter deutung von Sap. 10, 6.

[426]) *lots wijff* | Die gleiche angabe wie bei Ludolf v. Sud. 89, cod. Bern. 46 bei Tbl. tpgr. II, 952 u. Fabri II, 172.

den in eynen salt steyn. Vp dese side van den ouer steit dat slaet geheiten magdalum.⁴²⁷) daer sinte maria magdalena⁴²⁸) van gebaren was mut lazarus vnd eir suster martha. Vp die iordaen quemen wir voer sonnenschyn vnd schieden van daen eyn vre. Daer na wir daer geweest hadden vnd int weder comen, ander flinker hant van Jericho by die jordaen steit eyn clooster vnd heist sancta bethania⁴²⁹) †. Daer plach sinte iohan baptista to^a) doepen, als die heilighe scrijst bewijst: super rypam jordanis stabat beatus iohannes.⁴³⁰) Vnd van daen to^a) den doden meere wert daer is die borne iheronimi⁴³¹) †, die he daer by der hulpen vns heren maechten. To^a) comen nicht veer van daen is die cule⁴³²) van sinte iherominus, daer he die sicken gesont maecchten, vnd is by den palm boime, daer die ghene, die ridder willen weerden, plegen eir palmen to^a) halen |

---

a) zio

⁴²⁷) *magdalum* | Ob hier nicht eine verwechselung mit dem auf dem ostufer des toten meeres befindlichen Machaerus vorliegt? Magdala ist auf der westseite des sees Genezareth gelegen, vgl. Robinson III, 531, Raumer 133 u. Winer II, 45. Muss man aber »vp dese side« vom westufer des Jordans verstehen, so könnte etwa Magdal-Senna des ononiast. 7 milliaria nördl. v. Jericho in betracht kommen, das heutige Medschdel (?) vgl. Reland 884 u. Raumer 211.

⁴²⁸) *m. magdalena* | Bekanntlich lässt die röm. kirche seit Tertullian diese Maria nicht nur dieselbe sein mit der schwester des Lazarus u. der Martha, sondern auch mit der sünderin Luc. 7, 37, vgl. acta sanct. juli b, 5, 187 ff., Baron. annal. I, 23ª, Natalis. Alex. hist. eccl. III, 378 ff. u. Herzog IX, 102 ff. Die gewöhnliche pilgerlegende hat Fabri II, 85: »fuerunt enim divites, Lazarus, Maria Magdalena et Martha, et habebant plures habitationes, in castello [Bethania] et extra castellum, et in Jerusalem, et castrum Magdalum in Galilaea.«

⁴²⁹) *s. bethania* | Nach der Vulg. u. allen älteren codd., vgl. Tischendorf nov. test. ed. 8. crit. major zu Joh. 1, 28. Das bibl. Bethania aber ist auf dem ostufer des Jordan gelegen, indes dies auf dem westufer sich befindet. Als name eines klosters wird es nirgends genannt. Gemeint ist aber wol das kl. s. Johannes vgl. pilgrf. a. 201. Da dasselbe zum ersten mal als ein »wüstes klosterlein« beim ldgr. Wilh. v. Thür. 121 vorkommt (wonach Tbl. tpgr. II, 711 zu verbessern ist), so haben wir es auch hier in keinem andern zustand zu denken, da Tucher 1479 es ebenfalls »öd« nennt, vgl. v. Dusen 39.

⁴³⁰) *super - iohannes* | Kommt mit diesem worten nicht in den evv. vor, dagegen heisst es IV, Reg. II, 13 von Elisa: »reversusque stetit super ripam Jordanis.« Andere stellen bieten wenigstens nicht die »concordantiae bibliorum.« Bamb. 1751 unter Jordan u. ripa.

⁴³¹) *borne iheronimi* | Anderwärts, wie es scheint, unbekannt u. ebensowenig aus der gesch. des Hieronymus zu belegen. Da der verf. die stätte nicht selber besucht hat, so mag eine verwechselung mit irgend einer andern stätte vorliegen. Ob s. Gerasimus von jenseits (?) des Jordan (Tbl. ao. 715) hier ins spiel kommt?

⁴³²) *cule* | Eben so wenig bekannt sammt den an sie geknüpften heilungswundern, die etwa eine rückerinnerung an die von Fabri II, 54 so genannten goldenen zeiten waren, als der patriarch v. Jerusalem sammt allem hohen u. niedern klerus u. volk am Jordan das dreikönigsfest begingen u. bei dieser gelegenheit durch ein in den fluss getauchtes kreuz diesen der art heilkräftig machten, dass die in ihm badenden kranken genesung empfingen.

₅₅ vnd heiſt palma victorie.⁴³³) Daer by ſteit dat cloeſter⁴³⁴) van ſinte ieronimus, dat he ſeluen ſtichten vnd bewaenden mut ſinen bruderen; mer in deſe ſtede en quemen wir nicht. Dan doen wir eyn weinich ontbeten hadden dat wir mut vns bracht hadden vander jordanen, reden wir doer Jhericho weder ende reden der rechterhaſft na den berch quarentena,⁴³⁵) die ſeer houch is vnd lieten vns dingen liggen daer by in eym huys⁴³⁶) onder den boemen vnd gingen eyns deyls van vns. die geraed weren, bauen in dem berch, daer vns here vaſten die viertigᵃ⁾ daghe †. Vnd is voer die capelle,⁴³⁷) die wilch vierkant inden berch gemaect is, ein groet laech vnder der ſteynrotſen vnd mut, oft were geweeſt eyn grote wonynghe. Vnd daer by ſtonden noch ſteyn, datᵇ⁾ daer in gewaent hadden cluſeners. Men ſal weten, dat die berch iſt ſeer ſteyger vp zto ſtigen; Vnd vp dat alre houſte⁴³⁸) van den berch ſteit eyn capelle, daer vnſe heer vp gevoert wert, na dat he gevaſt hadde, vnd der duuel ſachte toᶜ⁾ jm: »woltu in mych gelouen, alle deſe lenden ſal ich vch geuen.« Vnd daer vn quemen wir nicht vp, went den wech, den wir conſten vinden, hadden die heiden toᶜ⁾ braechen.⁴³⁹) Vnd doe wir weder neder quemen, ſo gingen wir by den huſe vnder den boum, daer wir vns dinck gelacht hedden, vnd gingen daer ſitten eten vnd dru[n]cken van eyn weterchyn; vnd comt daer wt den gebirchte vnd was in voertiiden bitter toᶜ⁾ drincken, vnd elizeus⁴⁴⁰) die prophete heeft dat ſuet gemaecht † vnd guet toᶜ⁾ drincken mut ſalt,

---

a) vierſig?   b) daz   c) zto

⁴³³) *palma victoriae* | Gleichfalls anderwärts unbekannt. Ob ein später anklang gar an die von Quaresmio II. 335 berichtete feierliche procession der ritter des h. grabes am palmsonntag? Wäre letzteres der fall, so würde eine instanz gegen die Tbl. tpgr. II, 240, a. 3 der form wegen ſicher nicht mit unrecht behauptete unrechtheit der von Quaresmio hierbei angerufenen statuta et leges summi ordinis equestris s. sepulchri domini Jesu Christi gewonnen ſein, mindeſtens für deren die palmſonntagsprocesſion betr. art. 14. Die palme, die der pilger heimbrachte u. dem prieſter der heimat zur aufſtellung auf dem altar der kirche übergab, ſei wenigſtens erwähnt, vgl. Wilken geſch. d. kreuzz. I, 4.

⁴³⁴) *cloeſter* | S. plgrf. a. 203.

⁴³⁵) *quarentena* | Vgl. Robinſon II, 552 ff., Raumer 46, Tbl. denkbl. 702 ff., Dapper 439 ff.

⁴³⁶) *huys* | Mag das bei Tbl. ao. 717 erwähnte zerfallene gebäude (angeblich kloſter) ſein.

⁴³⁷) *capelle* | Entſpricht nicht der bei Fabri II. 70 beſchriebenen, der nur von einer naturhöhle weiſs; eher der bei Georg (Tbl. denkbl. 709) geſchilderten.

⁴³⁸) *houſte* | Tbl. ao. 715.

⁴³⁹) *to braechen* | Eine zerſtörung des wegs wird um dieſe zeit ſonſt nicht berichtet, vgl. Tbl. ao. 707.

⁴⁴⁰) *elizaeus* | 2 Kön. 2, 19 ff. s. Tbl. tpgr. II, 558.

dat he daer in werp. Van daen voeren wir weder na vnfen weche vnd quemen des auont[s] to³⁾ vefperzijt weder in dat huys, daer wir des nachts to⁸⁾ voeren geflapen hedden vnd bleuen daer flapen vpter eerden. Des morgens vroech voir den daghe by dem manen fchyn die midde waech den xxvi dach in augufto reden wir na jherufalem vnd quemen by fonnenfchyn to⁸⁾ betanien; vnd is geweft die ftat, daer vnfe heer voel gewandert heeft. | Inden eerften quemen wir daer in eyn kirche, daer lazarus graft⁴⁴¹) coftlichen ftont gemaecht van witten merberften, vnd daer was lazarus in begrauen vnd wert verweckt vander doet, vnd daer xv treden⁴⁴²) van daen in eynen duckeren aerde ftont vns here vnd riep mut luder ftemmen: »lazarus comt wt den graue.« So gingen wir an die ander fide des ftaets in eyn groet wueft huys vnd was dat huys van fymon leprofus.⁴⁴³) daer maria magdalena quam, daer vnfe here mut fymon fat vnd at, vnd befcreiden eir funden vnd daer fturten die coftliche falue vp vns heren houft, dat judas feer oevel nam. So geytmen voert wt betanien int oeften eyn half mile vnd daer is die ftede, daer martha⁴⁴⁴) plach to⁸⁾ wonen vnd daer vns heer duemael plach to⁸⁾ herbergen. Item van daen eyn wenich int weften is die ftede, daer martha vnfen heer thegen liep vnd fprach: »here hedftu hier geweeft, myn bruder vn weir nicht geftoruen.«⁴⁴⁵) Van daen eyn weynich int fuyden is die kirche verftoert, daer finte maria magdalena⁴⁴⁶) huys plach to⁸⁾ ftaen. Vnd [daer na] die heilige ftede wir daer verfucht hedden, reden wir voert na jherufalem vnd quemen vm ix vren vp den berch van fyon in dat mynner bruder cloefter vnd hoerden daer miffe. Vnd fo gingen wir in des confuls huys vnd bleuen daer alle den dach vnd fliepen daer vp matten.

Item des donnerdaechs den xxvii dach in augufto des morgens vroech ghingen wir verfuechen die ander fteden by dat dal van Jofaphat, die wir des vridages daer to⁸⁾ voeren nicht verfuechen

---

ᵃ) zu

⁴⁴¹) *lazarus graft* | Tbl. tpgr. II, 456, bemerkenswert, dass hier das grab in dem »flaets« des Lazarus sich befindet, wie bei Lud. v. Sud. 87, während bei Gumpenb. 240 beides geschieden ist.

⁴⁴²) *XV treden* | Gumpenb. 240: »wol zwenzig schritt.«

⁴⁴³) *fimon leprofus* | S. plgrf. a. 211. Die angegebene lage scheint dieselbe wie die 1556 angegebene, s. Tbl. tpgr. II, 462.

⁴⁴⁴) *martha* | Bei Anshelm ist die entfernung dieses hauses von Bethanien auf 8 stadien = 20 minuten angegeben, Tbl. tpgr. II, 411 a. 4.

⁴⁴⁵) *geftoruen* | Tbl. tpgr. II, 443.

⁴⁴⁶) *mar. magdalena* | Tbl. tpgr. II, 439.

en muchten vm der groter heyſten, vnd heiſt die bedevaert van
ſyloe. Inden eerſten ſo ſteit daer eyn brugge by dat graft
ſacharie,⁴⁴⁷) zoen van Baruchie, daer ſinte iacob vnder lach ver-
borgen,⁴⁴⁸) als voerſ[creuen] is in die bedevaert van ioſaphat. Van
den dal ſyloe daer by daelt men neder in eyn duyſterniſſe vnd daer
neden in is die fonteyne, daer men ſecht, dat vnſe frou plach to ᵃ⁾
waſſen ons lieuen heren Jheſus cleyderchen.⁴⁴⁹) Thegen den born
auer in dem dal is die capelle des heiligen cruces⁴⁵⁰) vnd van daen
voert nortwert ſtaen locher, daer die xl mertlers⁴⁵¹) werden ge-
dodet †. Item noch noertwert | van daen is den berch geheiten
dominus videbit⁴⁵²) †, daer abraham ſynen ſoen yſac was bereit
zto offeren. Item ſo comt men weder in dat dal anden berch vnd
daer ſtaen die laecher,⁴⁵³) daer ſich die apoſtolen plegen to ᵃ⁾ ver-
bergen van anxt der ioden. Item daer by in dem dale van ſyloe
is dat natatorium ſyloe,⁴⁵⁴) daer die blinde ſeende wert vnd blint
was gebaren, vnd is ſeer ſcoen gemetſelt mut ſteynen; vnd daer
weſſchen die heiden eir linen cleider in vnd dat water loept in eir
cruytgarden, die daer by ſtaen. Daer by eynen groenen boem is
die ſtede, daer die prophete yſaias⁴⁵⁵) mut eynre holthere ᵇ⁾ ſaghe

ᵃ) zto   ᵇ) holtzere

⁴⁴⁷) ſacharie | S. oben a. 284.

⁴⁴⁸) verborgen | Verf. vergass, dass er »ſinte iacob« oben a. 37 (a. 283) in einer »haele« untergebracht hatte.

⁴⁴⁹) cleyderchen | Es verdient beachtung, dass die quelle ehemals jungfrauen-quelle hiess u. dass Robinson II, 148 wie Wilson u. Schultz bei Tbl. Sil. I sie »Ain Om ed-Deradsch« (quelle der mutter bei der stufe) nennen hörten, auch dass sie einmal genannt wird der »Drachenbrunnen der h. jungfrawen.« S. übrigens bezüglich des alters der überlieferung hier die einl. z. plgrf.

⁴⁵⁰) c. d h. cruces | Wird sonst bei keinem schriftsteller genannt u. würde, wenn die angabe nicht auf einem versehen beruht, in der nähe vom dorfe Siluán zu suchen sein.

⁴⁵¹) XL mertler | Ebensowenig sonst an dieser stätte genannt. Ihr name wird meines wissens in Jerusalem nur mit einer kapelle des h. grabes (im glockenturm) verbunden. Der dienst dieser heiligen ist ein im orient weit verbreiteter, sie sollen als christl. Soldaten zu Sebaste in Armenien unter kaiser Licinius den märtyrertod erlitten haben um das j. 320; ihr tag ist im orient der 9., im occident der 10. märz. Nicht zu verwechseln mit ihnen sind die 40 märtyrermönche auf Sinai, deren gedenktag der 14. jan. ist, vgl. Fabri II, 475 u. Robinson I, 202.

⁴⁵²) dom ridebit | Gen. 22, 14; gemeint ist der berg Moria, auf den die sage das in der bezeichneten stelle angegebene verlegt; hier dessen nordöstl. ausläufer, der das käsemachertal von der schlucht Kidron trennt, vgl. Tbl. tpgr. II, 3 u. Robinson I, 384.

⁴⁵³) laecher | Tbl. tpgr. II, 249 u. plgrf. a. 90.

⁴⁵⁴) natat. ſyloe | S. plgrf. a. 87. Noch jetzt verläuft sich das wasser des teichs in die obst- u. pflanzengärten daselbst. Robinson I, 384.

⁴⁵⁵) yſaias | S. plgrf. a. 88. Die legende wird schon bei Justin mart. dial. c. Tryph. 120 angedeutet, vgl. auch die übrigen von Otto (opp. Just. mart. II,

in zwe ftucken gefaget[a]) wert. So geytmen bauen die laeker, daer die apoftolen fich in hoedden, an den berch, vnd daer is der acker acheldemach.[436]) die daer vereocht wert vm die xxx penninghen, vnd der acker is onder hael, vm dat die eerde daer wt genomen is vnd gebracht te romen vp gaeds acker vnd tot andere fteden,[436a]) vnd is fo auerwulfft. Daer ftaen ix laecher bauen, daer men vpcomt: vnde der acker vn is nicht veel groeter daen eyn linde[437]) lants. Hier na gingen wyr weder in die capelle, daer vnfer frouwen graft in fteyt doer dat dal van iosaphat vnd gingen fo in finte fteuens paerte auer die ftede, daer he gefteynt wert, vnd gingen verfuechen weder, by dat wir des vridages gedaen hadden, die heilige fteden bynnen jherufalem to[b]) den berch van caluarien dem feluen

---

[a]) gefeget   [b]) zto

[400]) angeführten schriftsteller. Die rabbinische sage s. bei Winer I, 554 u. Fabric. cod. apocr. nov. test. I, 118.

[436]) *acheldemach* [S. pilgrf. a. 91; Pflzgr. Alex. 39 spricht auch von den neun löchern mit dem bemerken, »zu der gedechtnuß der neunerley glauben zu Jerusalem die sie christen nennen.« Andere ohne diese bemerkung s. bei Tbl. no. 263 u. 7.

[436a]) *andere fteden* [Pisa, Siena, Neapel, Paris werden ausser Rom genannt. Tbl. tpgr. II, 273. Nicosia auf Cypern bei Leman (Röhricht-Meissner 104).

[437]) *linde* [Ein hier zum ersten male im deutschen auftauchendes ackermass, dessen grösse nur annähernd bestimmt werden kann nach den angaben, die wir über dieselbe fläche bei Tucher, Fabri u. a., vgl. Tbl. tpgr. II, 262 u. 6 finden. Es muss zum unterschied von der rute u. ähnlichen stangenmassen ein bandmass gewesen sein; denn lind ist ursprüngl. bast, vgl. Grimm, wbch. VI, 1031. In einem wetterauer weistum v. 1485 heisst es: »auch were es sach, daß ein inmercker lint in der marg geschlißen het, vnd het seile darauß gemacht, solche seile sal he nit auß der marg dragen.« (Grimm, weist. III, 450); in einem andern v. 1454: »Item die lindschließer, die seil oder strenge machen und aus der mark tragen.« Grimm ao. V, 250. Dasselbe wort ist aber auch nach Stalder, schweiz. idiot. II, 174: »lindti, linti, linggi, bast o. streifen, wie er von rohen flachs- od. hanfstengeln abgezogen wird.« Und schon altn. heisst lindi gürtel (Graff II, 241). Nndl. bedeutet es noch heute band u. »lend« in der bedeutung schmales flatterndes band kommt in Rheinfranken bis in die grafschaft Mark vor, vgl. Fromm. mundart. II, 553, 89, III, 556, 56 u. V, 172, 175. Das mittell. tilia u. telia ist als ackermass nach du Cange-Hensch. VI, 523c u. 587c in urkk. französischer heimat wie auch in der franz. form tille gebräuchlich. Unser lint hier in der nähe der franz. grenze mag also leicht deutsche übertragung des franz. ackermasses sein. Denn ob in dem hessischen »linmetze« (getreidemass von 4 metzen) ein lint enthalten ist u. ursprünglich den umfang eines ackers vom ertrag dieser 4 metzen bestimmt habe, wie J. Grimm in der ztschr. f. hess. gesch. u landesk. 2, 148—150 annimmt, freilich in der unterstellung dass lin = lein samen) sei, was auch Vilmar, idiot. 251 behauptet, wagen wir nicht zu entscheiden. Dass aber auch das mittell. u. altfranz. wort seinen ursprung von tilia linde herleitet, geht daraus hervor, dass mlt. tiliae (pl.) u. altfr. tille lindenbast heisst, wie das henneganische tile, vgl. Diez wbch. II, 437. Sagt doch auch schon Plin. h. n. 16, 26: »Inter corticum ac lignum (tiliae) tenues tunicae multiplici membrana, e quibus vincula tiliae vocantur.« Kein wunder, dass fr. teiller hanf brechen heisst u. it. tiglio die rinde des hanfs bedeutet.

wech. die vnfe here ginck van pilatus huys mut de*n* cruce to[a]) vp de*n* berch van caluarien. So ginghen wir thegen de middage in des confuls huys, daer wir vns herberghe hedden vnd na de*n* eten vm ij vren na den mitdaghe[457 a]) ghingen wir mut etflighe heiden, die vns leiden, vm die pifchine[458]) to[a]) befeen. daer die yngel dat water plach to[a]) ruren, vnd vnfteyt nicht verre van herodes huys: vnd die pifchine is lanck vm iij roden vnd xiij voet breyt vnd et fchint, dat daer heeft geftaen vp die ftede eyn capelle,[459]) mer fy is verftoert † vnde | is itfon eyn ftede vander heiden huyfe, die daer by wanent, vnd is gefeapt dat[b]) auerwulft is vnd daer fteit eyn laech, daer men water[459 a]) wt haelt vm zto drincken. Defe pifchine comt achter[c]) an die ftede by na, daer joachim vnd anna[460]) huys fteyt vnd daer vnfe frouwe gebaren wert vnd is zto mael eyn feoen kirche vnd is geweeft eyn feoen cloefter van monnichen,[461]) mer et is itfon eyn faelt[461 a])

a) zto   b) daz   c) hinde?

[457 a]) *na d. mit daghe* | Er zählt demnach die stunden nach der deutschen, nicht nach der italienischen uhr, wie andere.

[458]) | *pifchine* | S. oben a. 245; hier zum ersten mal wie es scheint in zahlen ausgedrückt die grösse des teichs. Vgl. auch Robinson II, 137.

[459]) *capelle* | Eine ähnliche andeutung finde ich sonst nirgends, auch von einem dabei stehenden mohamed. hause ist nichts bekannt, wenn damit nicht jenes an der sonst sogenannten probatica piscina gemeint sein sollte.

[459 a]) *water* | Mag das wasser sein, von dem Thl. denkbl. 70 redet.

[460]) *joach. u. Anna* | S. plgrf. a. 48.

[461]) *monnichen* | Irrtum, hier lebten »moniales sub abbatissa ord. s. Benedicti et erant divites et sanctae,« Fabri I, 366, vgl. Tbl. tpgr. I, 431.

[461 a]) *faelt* | Es unterliegt wol kaum einem zweifel, dass wir es hier mit einer nach Grimms vermutung (d. wbch. III, 1299, 5) ältesten bedeutung des wortes faeld. nhd. falte, zu tun haben, nämlich mit derj. »eines abgelegnen eingehegten raumes«. Die schwierigkeit ist nur die, diese bedeutung in den hier passenden ausdruck zu fassen, da keine der uns überlieferten einzelbedeutungen hier einen sinn geben will. Das in der form falda noch ins mittellatein übergegangene wort bezeichnet dort zunächst den schafpferch u. hiernach den schafstall, aber auch das, woraus der pferch zusammengesetzt ist, die einzelne flechte od. hürde u. weil letztere zum schutz des kohlenmeilers angewendet wird, im französischen sogar den kohlenmeiler (faude od. fauldée). Da weidendes vieh — pferde u. rinder — ebenfalls eingezäunt zu werden pflegten, so bedeutete das wort auch diese umzäunungen. u. schliesslich davon abgeleitet das weiderecht, die triftgerechtsame. vgl. du Cange-Henschel III, 192 c. Im angelsächs. gilt fald für bovile u. ovile (im angels. glossar bei Mone, anz. f. kunde d. teutsch. vorzeit, VII, 137: bobellum [bovile] falaed), während das welsche ffald die hürde bedeutet. Der Engländer nennt daher fold die hürde, den pferch, den schafstall, die schafherde, die herde überhaupt u. daraus abgeleitet die kirche bzw. gemeinde. Das mhd. valt u. valde meint zunächst die nhd. falte, dann die windung, den winkel, die ecke, ein tuch zum einschlagen (engl. falding) u. folding) guter kleider u. schliesslich verschluss jeder art. vgl. Benecke-Müller-Zarncke, mhd. wbch. III, 231 a. Das mnd. valde u. volde hat neben der falte die anfaltung, umzirkung, den eingezäunten platz (stottald i. e. septum equarum, nestvalde u. besonderes hofplatz) im sinne, vgl. Sch.-Lbb. V, 192 a u. 297 b, während das nndl. volde u. vouwe nur plicatura, flexura, ruga, plica enthält. Was also könnte hier faeld be-

off³) eyn mefquite vanden heiden vnd legen bauen vpt choer vp
dem eftrich vol matten.⁴⁶²) Daer werden wir ingelaten vanden
heiden vnde werden, na dat wir vns gebet inder kirchen gedaen
hedden, ter fiden ander rechterhant⁴⁶³) indat pant vanden cloefter
gelaten; vnde daer vnder dat houghe choer was die ftede zto ge-
meft, vm in to⁽ᵇ⁾ gaen vpder fteden, daer vnfe frauwe gebaren wert,
vnd clumen int pant⁴⁶³ᵃ) durch eyn vinfter,⁴⁶⁴) daer wir mut erbeit
in vnd wt⁽ᶜ⁾ comen moften, den were dat wir den anderen hedden
geholpen.⁴⁶⁵) Vnd daer ftonden zwe clein capelchens bynnen ge-

---

ᵃ) aber?   ᵇ) zto   ᶜ) wtz

deuten, indem es mit mesquite durch ein oder verbunden ist. Bethaus schwerlich,
da hierzu jedes anklingen an die genannten bedeutungen des wortes fehlt.
Ebensowenig dürfte es aus gleichem grunde als übersetzung von mesquite
(mesdschid = gebetsort) angesehen werden können. Gleichwol scheint der zu-
sammenhang eine übersetzung zu beabsichtigen, nämlich von dem wort, das in ihm
den stellvertreter der der kirche entsprechenden moschee abgiebt; und das ist
das »cloester.« Da letzteres aber bekanntlich das latein. claustrum darstellt, so
hat nach den angeführten bedeutungen von faeld die übersetzung keinen anstoss,
obgleich sie hier zum ersten mal erscheint. Dürften wir aber in faeld ein deutsches
kloster sehen, so wäre ja wol auch hier zum ersten male von einem pilgerschrift-
steller der bericht von der schule der fakiren aus der secte der Schaliten erstattet, zu
der Salah ed-Din die ehemalige Benedictinerabtei umgewandelt hatte, wenngleich
in sehr mittelbarer gestalt. Oder sollten wir annehmen müssen, dass die äussere
gestalt dem verf. den eindruck des geschlossenen, des claustrum machte; dass
mit andern worten noch die alte klostermauer i. e. das äussere claustrum bestand
zu seinen zeiten? Ldgr. Wilh. v. Thür. redet s. 104 von einem grossen hause,
innerhalb dessen die S. Annakirche gestanden habe. Jedenfalls wird das bestehen
bleiben dürfen, dass faeld hier zum ersten mal als bezeichnung eines gottesdienst-
lichen ortes auftritt.

⁴⁶²) *matten* | Bekanntlich zum gebrauch für die mohamed. beter. Der verf.
genoss z. b. gegen Fabri (I, 366) eine grosse vergünstigung in dieser zur moschee
gewordnen christl. kirche einlass zu erhalten.

⁴⁶³) *rechterhant* | Das kloster stiess südlich an die Annakirche u. umschloss
sie auch von der ostseite noch um ein starkes fünftel, Tbl. tpgr. I, 437, sodass
man also in der tat rechter hand ins kloster ging u. von dem kreuzgang des-
selben die geburtsgrotte Mariens unter dem chor der kirche erreichen konnte.

⁴⁶³ᵃ) *pant* | Also auch in der unterirdischen kirche ein kreuzgang, wie bei
Zwinner 168, vgl. Tbl. tpgr. I, 433 a. 2 col. ist »int (indat) pant« = im pant
zu fassen?

⁴⁶⁴) *einfter* | Auch hier genoss der verf. besondere vergünstigung gegen Fabri
(II, 130) u. den soviel früheren Lochner (222), die beide nur »heimblich vnd still«
durch besondere verwendung hier eingang fanden, während ldgr. Wilh. v. Thür.
(104), »vor der thür u. dem gewölb desselbigen hauses ihren ablass nehmen«
mussten. Fabri beschreibt das fenster »ad latus ecclesiae supra terram, sicut
fenestrae habitaculorum, in quibus operantur textores, vel sicut sunt fenestrae
cellariorum, per quas lumen et aer ingreditur,« also ein richtiges kellerfenster,
da die weber hiernach vermutlich des schweren u. beständige erschütterung ver-
ursachenden webstuhls wegen im keller zu arbeiten hatten.

⁴⁶⁵) *geholpen* | Fabri II, 130: unus ergo peregrinus pedibus primo intromissis
in fenestram deorsum in cryptam se demisit, qui inferius stetit et singulis pro
scala fuit; habuit enim manus erectas ad parietem, et descendere volens primo
pedes posuit »super suas manus« et inde alium pedem super caput vel humeros

macht mut beelder⁴⁶⁶) †. Indem eerften was vnfe frouwe gebaren vnd dat gemaelt was all wt gedaen, dan men mochte feen of lefen mut fconen letteren geferiuen nativitas. In die ander capelle was die flaepcamer van ioachim vnd anna. In defe ftede moften wir gelt gheuen, die weerde van ij wifen pennick,⁴⁶⁷) off wir en mochten daer nicht in gecomen hebben. Doen gingen wir weder naden berch van Caluarien vnd gingen achter dem tempel heen, daer vns gewijft wert dat huys, daer melchizedech⁴⁶⁸) die prophete offerden broet vnd wyn etc. in eyn figure⁴⁶⁹) des nuwen teftaments, vnd gingen doe toᵃ⁾ vnfer herbergen. Vnde thegen den auont werden wir van den heiden inden tempel des heiligen graefs gebracht vnd bleuen daer alle die nacht vnd verfuchten die heilige fteden. Dit was den derden ganck, dat wir inden tempel gedaen wirden vnd nicht meer en quemen wir daer in. Des morgens vroech des vriedaechs daer na den xxviii dach in augufto geuen vns die bruders | heilichdom⁴⁷⁰) vnd gingen fo wt den tempel na des confuls huys vnd bleuen daer den dach vnd folden den dach gereden hebben na rama, mer vm dat die heiden dan halden eren vierdach vander weechenᵇ⁾ geliken wir halden den foendach, fo bleuen wir alle den dach daer vnde ouch des faterdaechsᶜ⁾ alle den dach, in wilcher zijt wir gingen befeen die ftat, die wilche wal fcoen kirchen gehadt heeft vnd is an veel eynden die gatzen auerwolfft⁴⁷¹) vm der groter

---

ᵃ) zto   ᵇ) woechen   ᶜ) famfdaechs

cius et te humeris desiliebant in terram. Wieder heraus gelangten sie so, dass »unus peregrinus per alios aditus per fenestram sursum in ambitum ascendit, qui protensa manu deorsum omnes ad se successive eduxit.«

⁴⁶⁶) *beelder* | Auch Fabri ao.: »quae quondam erat pulchre depicta.« da er aber auch nur bei kerzenlicht die kapellen sah, so entging ihm scheint's die vom verf. hier gemeldete inschrift, von der demnach hier zum ersten mal berichtet wird.

⁴⁶⁷) *wifenprunnick* | S. oben a. 10.

⁴⁶⁸) *melchizedech* | Wie bei Tucher 355ᵇ, der die stätte entgegen Fabri u. a. mit unserem verf. ausserhalb der grabkirche findet. Gegenstand der sage ist Gen. 14, 18.

⁴⁶⁹) *figuren* | Die allgemeine vorbildlichkeit M.'s wird bekanntlich schon Hebr. 7, die beziehung auf das abendmahl unter anderen in einem bilderreichen psalter (staatsbibl. zu Paris um 1300 künstlerisch so dargestellt, dass M. ganz als bischof mit hostie u. kirche erscheint; speziell das opfern betreffend, so wird schon um 547 in der kirche san Vitale Melchisedecks darbringung der speisen als opfer aufgefasst auf einem wandgemälde, vgl. Diestel gesch. des alt. test. 147 u. 224.

⁴⁷⁰) *heiligdom* | War ein altes herkommen; die andenken bestanden aus sog. agnus dei von erde od. stein, Tbl. dnckbl. 547.

⁴⁷¹) *auerwolfft* | Ueberwölbte strassen zur zeit des fränk. königreichs werden Tbl. tpgr. I, 207 ff. mehrere erwähnt. Sigoli am ende des 14. jh.'s aber schreibt:

heiften wille, vnd fegen ovch by zijden itfeliche vanden xij paerten⁴⁷²) des tempels vnd funderlinge die paerte geheiten fpeciofa⁴⁷³) vnd daer by fegen wir noch eyn ander paerte, die men nent porta ferrea,⁴⁷⁴) daer finte peter doer gebracht wert by den yngel, doen he in der gevenckeniffe van den joden gedaen was. Vnd die paerten ftaen veer van falamons tempel, went als men daer in geit comtmen in eyn fcoen viercant plaets vn wal geeftricht mut merberfteyn,⁴⁷⁵) daer den tempel midts in fteit. Item des foendaechs den xxx dach in augufto reden wir van jherufalem des morgens vroech na rama.

Mer eer wir voerder feriuen, foe fal men weten, dat daer noch fcoen ander pilgrimaetfe fyn, die men nicht gewoenlich vn is zto verfuechen; fo willen wir fy hier befcriuen, vp, off daer yemant daer toᵃ⁾ geftelt weer toᵃ⁾ verfuechen, dat he fy weten mach.

In den cerften derᵇ⁾ aflaetᶜ⁾ van ebron, vnd den wech van ebron lietenᵈ⁾ wir ander rechterhant.⁴⁷⁶) doen wir van jherufalem reden na bethleem. Item by ebron is dat dal van mambre,⁴⁷⁷) daer Abraham drie fach vnd eyn anbeden⁴⁷⁸) vnd is becheient daer by die heilige drievoldicheit.⁴⁷⁸ᵃ) Item die ftat van ebron, daer die

---

a) zto   b) der   c) aflaes   d) liezū

»le rughe sono tutte o la maggior parte coperte o di tetti o in volta«, vgl. Tbl. dnckbl. 134.

⁴⁷²) *paerten* | 1470 werden von moslemischer seite nur 9 tore genannt, 1495 dagegen ebenfalls von einem moslem 12, desgleichen 1670, vgl. Tbl. tpgr. I, 501. ff.

⁴⁷³) *fpeciofa* | Nach Ag. 3, 2: die lage wird zu verschiedenen zeiten verschieden angegeben, s. Tbl. tpgr. I. 500 f. Ueber das bibl. tor s. de Welte zu der genannten stelle.

⁴⁷⁴) *porte ferrea* | Nach Ag. 12, 10; Fabri II, 123: »ipsa vero atrii porta erat magna cum gravissimis ferreis vectibus,« von Argun el-Kameli erbaut, Tbl. tpgr. I, 504.

⁴⁷⁵) *merberfteyn* | Fabri II, 220: atrium templi et tota area vel platea vacans undique per circuitum est de candido et polito marmore stratum et ita mundum, quod stans in monte Oliveti et in atrium respiciens putet templum in aqua tranquilla et albida stare. Da Fabri der einzige ist, der das berichtet, so ist unser bericht eine wertvolle bestätigung des seinigen.

⁴⁷⁶) *an der rechterhant* | S. s. 48.

⁴⁷⁷) *mambre* | Wird eine stunde von Hebron nach Jerusalem zu gezeigt; die daselbst befindlichen mauerruinen nennen die Juden »haus Abrahams« u. betrachten sie als die stelle von Abrahams zelt u. der terebinthe von Mamre, Robinson I, 338 u. II, 706.

⁴⁷⁸) *anbeten* | Gen. 18, 2. 3.

⁴⁷⁸ᵃ) *drievoldicheit* | Anfänge zu einer beziehung dieser Genesisstelle auf die dreieinigkeit sind bereits bei Justin. mart. dial. c. Tryp. c. 56 gegeben, kirchliches ansehen empfängt diese deutung namentlich erst durch die epist. Benedicti papae v. 875, dem unter den beweistümern der trinitätslehre aus dem alten

alde veders⁴⁷⁹) begrauen fin, to⁸) weten: Adam vnd eua, Abraham vnd fara fijn wijf, yfaac vnd rebecca fyn wijf, iacob vnd lia fin wijf. Item daer by is | dat velt, dat heit ager damafcenus,⁴⁸⁰) daer adam aff gemackt wert. Item die fpeluncke,⁴⁸¹) daer befereiden fynen foen abel hondert jaer lanck. Item nicht verr van daen is die woeftyn, daer finte iohan baptifta⁴⁸²) eerft began to⁸) doupen vnd daer he dede penitencie.

Die bedevaert van nazareth: item van iherufalem te gaen to⁸ nazareth vintmen eerft inden wege, daer finte fteuen⁴⁸³) eerft begrauen wert; item voert is daer eyn fluet abiera,⁴⁸⁴) daer vns frou eerft wift, dat fy eren foen Jhefum verlaren had; item daer is eyn ftede geheiten fychem,⁴⁸⁵) daer dat frauken van famarie vnfer

---

ᵃ) zu

test. Gen. 18, 2. 3 an dritter stelle steht, s. Caranza-Sylvius, summa conciliorum. Duaci 1659, 352.

⁴⁷⁹) veders | S. oben a. 382.

⁴⁸⁰) ager damafcenus | Nach der naiven deutung Fabri II, 343 kommt dieser name von Damaskus, dem knechte Abrahams [Gen. 15, 2: iste Damascus Eliezer], »quia forte eum [agrum] emerat sicut Abraham speluncam duplicem a populo terrae.« Vermuthlich stammt er aber von der roten farbe des dortigen bodens (Fabri ao.: est enim terra superius satis grossa et fusca, sed fodiendo apparet rubra, argillosa, flexibilis, de qua figmenta optime fieri possunt), denn auch die stadt Damaskus steht auf einem »kiesigen rötlichen boden« u. hat eben von diesem wahrscheinlich ihre benennung. Winer I, 244, wie denn schon Philo u. Origenes in der ersten silbe des wortes (םד) die bedeutung blut gefunden haben (ebd.). Ja die ganze legende ist, wie oben a. 382 gezeigt wurde, eine rabbinische übertragung nach Hebron. Denn noch bei Dan. Ecklin v. Aarau 462 heisst es: »bey dieser stadt (Damaskus) in ihrer gegene sollen erschaffen seyn vnsere ersten eltern, Adam u. Eua, so wirdt auch nicht weit hiervon das jrrdische paradyß gewesen sein, es glänblich von der besonderbaren fruchtbarkeit, miltigkeit des himmels vnd gesunden lufft, sovil als vberbliebne nach leibschatten sein mochten vom paradyß bei dieser statt.« Und in der tat verlegt auch die legende dorthin das paradies od. eins der vier paradiese, wie Albufeda versichert bei Robinson III, 899 u. wie bereits Amos 1, 5 durch anführung des ortes Betheden bei Damaskus (haus des paradieses) angedeutet, vgl. Winer I, 168 u. 292. Es scheint, dass hier derselbe mythus spielt, der Pyrrha das land Thessalien u. zugleich den namen der stammutter des neuen menschengeschlechts sein lässt u. rot bedeutet, vgl. Strab. IX, p. 432 bei H. D. Müller, myth. d. griech. stämme, Gött. 1857, I, 191 u. 245.

⁴⁸¹) fpeluncke | Fabri II, 348: »hic »pecus« ideo dicitur »pecus fletuum.«

⁴⁸²) ioh. paptifta | S. oben a. 409.

⁴⁸³) f. fteuen | Anton. mart. XXV berichtet, dass dieses grab vor dem tor im westen nach Joppe zu lag. Es mag aber leicht sein, dass damit das heutige Damaskustor gemeint ist, vgl. Tbl. tpgr. II, 184.

⁴⁸⁴) abiera | Heute Birch od. Elbireh, 3 st. nördl. v. Jerusalem; die gleiche sage bei Pfinz. 1436 u. 1440 in Röhr. u. Meisn. 70; hier zum zweiten mal, zum dritten mal bei Belon 1547 in Tbl. tpgr. II, 497.

⁴⁸⁵) fichem | Joh. 4, 5, weiss von diesem namen nichts, heutzutage heisst das dorf mit dem Jacobsbrunnen Baláta, vgl. Rosen, über Nâblus u. d. umgegend, ztschr. d. deutsch. morg. gesllschft, IX, 634 f. u. Röhr.-Meisn. 441.

here to^{a)} drincken gaff; item daer by is die ftede geheyten nepulofa,⁴⁸⁶)
anders geheyten fichem off fichar, daer liggen die gebeynten van
jofeph⁴⁸⁷) tranflateert van egipten: item die ftat van fabeften,⁴⁸⁸)
daer begrauen wert dat lichaem⁴⁸⁹) van finte iohan baptiften; item
dat flaet gemini,⁴⁹⁰) daer vnfe heer gefont maechten x wtfetziehe
mynfchen; item die ftat van naym,⁴⁹¹) daer vns heer verweckten
vander doet den foen vander weduen; item die ftede anathot,⁴⁹²)
daer gebaren wert die prophete iheremias; item den fylo,⁴⁹³) daer
lange ftont die arcke vns heren; item die ftede, daer die propheten
elizeus vnd abdias⁴⁹⁴) begrauen fin; item chana⁴⁹⁵) galilee, daer
vnfe here inder bruelocht maecten van water wyn; Item voert
vintmen den berch van tabor,⁴⁹⁶) daer fich vns heer tranffigurerde
voer fin drie difcipulen; item voert vintmen bethfayda,⁴⁹⁷) van daen
gebaren weren finte peter vnd finte andris die apoftolen; item voert
die ftat capharnaum, daer vnfe here veel teychen dede; Item die
ftat tiberias,⁴⁹⁸) daer vns heer verwechten die dochter archi[fy]nagogi;

---

a) zto

⁴⁸⁶) *nepulosa* | Neapolis, Náblus. Sollte das wort wohl gewählt sein, um als adj. von nebulo den alten spottnamen Sychar od. Sichar = sauf- od. taumel- od. = lügenstadt (vgl. Winer II, 455, 1) wiederzugeben zu wollen? Auch Arn. v. Harff hat Napalosa, 193.

⁴⁸⁷) *jofeph* | Jos. 24, 32, vgl. Gen. 50, 25. Das grab Josephs wird übrigens ¼ stunde östlich von Náblus, ein paar minuten nördlich von Balata gezeigt, vgl. Rosen ao. auf dem plan von Náblus u. der nächsten umgebung.

⁴⁸⁸) *fabeften* | Sebaste, die so zu ehren des kais. Augustus von Herodes d. gr. geheissene st. Samaria, vgl. Robinson III, 375.

⁴⁸⁹) *lichaem* | In der kirche Joh. d. t. daselbst, vgl. Robinson III, 366 f.

⁴⁹⁰) *gemini* | Das heutige Djinnin, das Pfinz. bei Röhr.-Meisn. 70 Genie nennt u. mit derselben legende verbindet, zu der Luc. 17, 12 ff. benutzt wurde.

⁴⁹¹) *naym* | Luc. 7, 11 f.

⁴⁹²) *anathot* | Die lage kommt weder mit derj. der überlieferung noch mit der wirklichen überein; nach ersterer befindet sich Anathot auf der strasse zw. Jerusalem u. Ramleh beim heutigen Kuriet el-'Enab, nach letzterer 1¼ st. nördl. v. Jerusalem, vgl. Robinson II, 319 f.

⁴⁹³) *filo* | Die lage stimmt nicht mit derj. der bibel, vgl. Robinson III, 305 f.; zur gesch. Jos. 18, 1.

⁴⁹⁴) *eliz. v. abdias* | Nach der gewöhnl. rabb. u. kirchl. tradition lagen beide (Abdias nach der Vulg. = Obadja der bibel) mit Joh. d. t. in Samaria begraben, vgl. Hieronym. bei Wetzer u. Welte VII, 674 u. Winer I, 321. Nach Epiph. II, 245 bei Winer II, 168 wäre Obadja zu Sichem geboren gewesen.

⁴⁹⁵) *chana* | Joh. 2, 1 f.

⁴⁹⁶) *tabor* | Erst seit dem 4. jh. zum schauplatz der verklärung gemacht, vgl. Reland 334, Winer II, 595.

⁴⁹⁷) *bethfayda* | Joh. 1, 44.

⁴⁹⁸) *tiberias* | Dieselbe erzählung beim grf. Solms 68, obgleich Mtth. 9, 18 ff. (Mrc. 5, 22 ff. u. Luc. 3, 42 ff.) in Kapernaum spielt.

item voert is den berch.⁴⁹⁹) daer vnfe heer feedden v dufent
mynfchen van v broden vnd zwe viffen, vnd daer riep vns heer
finte matheus vandem toel; item die heilige ftat van nazareth, daer
die yngel grueten die heilige ionffer maria vnd fprach: »Ave
gracia etc.⁵⁰⁰) | Item daer by is dat gebirchte libani vnd an den voet
van den gebirchte fpringen zwe fonteynen: die eyn heit jor, die
ander dan,⁵⁰¹) vnd machent na eynen ftroem, fo heitment die iordan,
daer vns heer in gedoept wert. Van daen nicht veer is die ftat
faphet,⁵⁰²) daer olifernus verflagen wert van iudith. Item daer by
is eyn plein by den weeh van damafco; daer is die fifterne,⁵⁰³) daer
iofeph in geworpen wert van fynen bruderen vnde weder wt gehaelt
vnd fo vercocht in egipten. Item daer by is den berch, daer die
joden vnfen heer wolden aff werpen,⁵⁰⁴) vnd fo fteyt daer noch dat
licfeichen,ᵃ⁾⁵⁰⁵) daer he jm an den berch hielt. Item daer by is
den berch, daer vns heer fpijfden iijᵐ mynfchen van vii broeden.⁵⁰⁶)
Item die ftat tiri, daer vns heer gefont maechten des vroukens
dochter van cananeen.⁵⁰⁷) Item daer by is die ftat fydonis, daer
dat vrouchen riep toᵇ⁾ vnfen here: »Beatus venter etc.«⁵⁰⁸) Item
daer by is die zee van genezereth vnd is eyn ftaede water, daer
vns here eynen mynfche verlofte vandem duuel⁵⁰⁹) vnd werp dien
in den zwinen die wilche vn aller drencten in die zee.

Dit is die bedevaert van der ftat van damafco. Item
by der ftat van damafco is die ftede, daer vnfe heer fich apenbeerde

---

ᵃ) liczeichen ᵇ) zto

⁴⁹⁹) *berch* | Mtth. 14, 13—21, Mrc. 6, 30—44, Lc. 9, 10—17 wird kein berg genannt, ebensowenig bei der berufung des Matthaeus, Matth. 9, 9—13, Mrc. 2, 13—17, Lc. 5, 27—32.

⁵⁰⁰) *Ace gracia* | Luc. 1, 28.

⁵⁰¹) *dan* | Diese herleitung des namens Jordan, die Gesenius für abgeschmackt erklärt, findet sich bereits bei Hieronym., vgl. Raumer 55, 103; Fabri II, 45 u. vor allen Robinson III, 618 f.

⁵⁰²) *faphet* | Wird nach späterer überlieferung für dasselbe mit dem Bethulia des buches Judith gehalten, vgl. Robinson III, 586 f.

⁵⁰³) *fifterne* | Da wo heute der Khan Jubb Yûsuf steht, vgl. Robinson III, 575, in der nähe des alten Dothaim Gen. 37, 17 ff.

⁵⁰⁴) *aff werpen* | Der berg des absturzes bei Nazareth, vgl. Tbl. Nazar. 292.

⁵⁰⁵) *lickfeichen* | Eindrücke von den fingern Christi erst bei Maundrell, s. Tbl. 293.

⁵⁰⁶) *broeden* | Mtth. 15, 32—38. Mrc. 8, 1—9 wissen nichts von einem berge.

⁵⁰⁷) *cananeen* | Mtth. 15, 21—28. Mrc. 7, 24—30.

⁵⁰⁸) *beatus venter* | Luc. 11, 27 weiss nichts von der stadt Sidon in dieser verbindung.

⁵⁰⁹) *duuel* | Mtth. 8, 28—34. Mrc. 5, 1—20. Luc. 8, 26—39.

— 163 —

finte pauwels.³¹⁰) doe he die kriften vervolchden. Item in die mure vander ftat is noch dat vynfter, daer finte pauwels neder gelaten wert van finen bruderen doer eyn vynfter vander muren, als he befcriuet in fin epiftolen.³¹¹) Item inder ftat van damafco is ananias³¹²) huys, daer finte pauwels in gedoupt vnd geleert wert indem gelouue. Item buten der ftat is eyn dal, daer noc³¹³) wt den gebade vns heren die arcke maechten vnd daer is gefticht vnfer frouwen kirche van fardena.³¹⁴)

Dit fyn die heilige fteden inder ftat van baruith.³¹⁵) Item inder ftat van baruyth js eyn fcoen cloefter³¹⁶) van obferuanten gheliken dat is to⁽ᵃ⁾ jherufalem. | Item buten baruyth ij milen is die ftede, daer finte jorien den draeck³¹⁷) ftach vnd bekierden daer dat volck vander ftat vnd verloeften des coninx dochter. Item daer by is die ftat farepta,³¹⁸) daer helyas van eynre weduwen mut fpifen gelaeft wert vnd verweeten eren foen vander doet. Item daer by is den berch carmeli, daer helyas vnd helyzeus vnd ander propheten³¹⁹) weren in penitencien; vnd daer began dat carmeliten airden.³²⁰) Item die ftat van Akers,³²¹) anders genent achon, vnd is gelegen vpter zee tuffen baruyth vnd Jaff, als by der reifen van iaff gefereuen fteyt, vnd daer began finte iohans heren oirden,³²²) dat itfon to⁽ᵃ⁾ rodes is. Item by der ftat voerf[creuen] is die ftede, daer

---

ᵃ) ztu

³¹⁰) *f. pauwels* | Ag. 9, 3.
³¹¹) *epiftolen* | 2 Cor. 11, 33.
³¹²) *ananias* | Ag. 22, 12.
³¹³) *noc* | Gemeint ist das tal des nahr Bardany bei Zahleh, vgl. Röhr.-Meisn. 105.
³¹⁴) *fardena* | S. Maria von Seidnaja, vgl. Röhr.-Meisn. 105.
³¹⁵) *baruith* | Beirût.
³¹⁶) *cloefter* | Monasterium apud Beryton vulgo Barutum, Quaresmio II, 180ᵃ, die einzige besitzung des ordens in Syrien ausser den 7 andern im eigentlichen h. lande.
³¹⁷) *draek* | Ebenso bei Gumpenb., Tucher u. Leuum, vgl. Röhr.-Meisn. 104. Montevilla 417 nennt Benich »die statt, da s. Görg den lindwurm erstach.«
³¹⁸) *farepta* | 1 Kön. 17, 9 ff.
³¹⁹) *ander prophetem* | Bezieht sich wol auf das vorgeben der Carmelitermönche in direkter folge von Elias abstammen zu wollen, vgl. Fabri I, 185; den gleichen bericht wie hier beim gr. Solms 75ᵇ.
³²⁰) *carmeliter airden* | In der 2. hälfte des 12. jh.'s vgl. act. sanct. 8. apr. in der vita b. Alberti.
³²¹) *Akers* | Akko, später Ptolemais.
³²²) *iohans heren oirden* | Nach dem verluste Jerusalems verlegten die Johanniter hierher ihren convent 1192. Bossio, historia della sacra religione e illustrissima militia di s. Giovanni I, 436.

11*

Jonas³²³) die prophete wert vanden walvis vp dat lant geworpen.
Item daer by licht cefarea maritima off paleftina vp die zee, als in
der reifen van Jaff voirf[creuen] fteyt, vnd daer in cefaria doepte
finte peter cornelium coriarium.³²⁴)

Dit is die bedevaert vanden berch fynay. Item inden
eerften van jherufalem vintmen die ftat gazara,³²⁵) vm den wech
to^a) nemen to^a) den berch van fynay vnde plech to^a) behoeren den
phyliſteen vnd daer by ftaen die principael fteden vanden philifteen
vnd inder ftat van gazara voerf[creuen] was, dat fampfon³²⁶) to^a)
brach dat palaes vnd bleef daer vnder doet mutten heiden, die daer
bynnen weren. Item daer by is die ftratfe^b) cabachon³²⁷) vnd is
van gazara v milen vnd daer is finte hylarionis kirche, daer he
grote penitenci dede; vnd daer fteit eyn boum wachholzer, daer
der yngel jm to^a) riep.³²⁸) Item inden berch van fynay daer neden
is eyn kirche geheifen^c) finte marie de rubo³²⁹) vnd daer licht finte
katerina begrauen. Item by den hogen altaer is, daer moyfes fach
den boffche bernen³³⁰) vnd vn verbernden nicht. Item in dat^d)
midden vanden berch fynay is die ftat, daer helias vnd helizeus³³¹)
deden ein penitencie vnd werden gefpijft van eynre raven.^e) Item

a) sto   b) ftraze   c) geheizē   d) daz   e) raben

³²³) *Jonas* | Joppe wird im proph. als die stadt, da er vom walfisch ver-
schlungen ward, angegeben; die stelle, wo er ans land ausgeworfen wird ist da-
gegen nicht benannt.

³²⁴) *cornelium coriarium* | Soll heissen corn. centurionem Ag. 10, 1, ist aber
verwechselt mit dem coriarius (gerber) Simon, unmittelbar vorher 9, 43.

³²⁵) *gazara* | Gaza.

³²⁶) *fampfon* | Richt. 16, 21—30.

³²⁷) *cabachon* | Vielleicht das verderbte Thabatha o. Tabacha, der geburtsort
des Hilarion, der »circiter quinque milia a Gaza urbe Palaestinae ad austrum
situs est.« Hieronym. vita Hilarionis c. 1 bei Rosweyde vitae patr. 75 b. Man
hätte dabei nur an das oben berührte mittelalterliche schicksal der buchstaben
t u. c zu denken.

³²⁸) *to riep* | Vermutlich ist hier vorher ein den Elias betreffender satz aus-
gefallen, denn das hier erzählte gehört eine tagereise hinter Berseba nach süden,
1 Kön. 19, 5, wohin auch Fabri II, 409 die begebenheit verlegt.

³²⁹) *de rubo* | Tucher 365, Fabri II, 495 f.; die verbindung der h. jungfrau
mit dem »mirabilis rubus Moyfis« wird von letzterem so dargestellt: mirabilior
tamen fuit hujus visionis [des Moses] adimpletio, quando Maria, rubus utique
virens, florens et redolens, fuit inflammata et impraegnata divino igne, cujus
tamen virginitas nullum passa detrimentum, ein beliebter schon früh gebrauchter
vergleich, vgl. Hippolyti Marracey, Polyanthea Mariana 176 f. Schwerlich aber
verdankt die kirche diesem vergleich ihren namen.

³³⁰) *bernen* | Exod. 3, 2.

³³¹) *helias v. helizeus* | 1 Kön. 19, 3 ff. die gesch. bezüglich des Elias; von
Elisas' aufenthalt auf dem Horeb weiss die gesch. nichts, dagegen steht eine
kapelle daselbst u. Fabri II, 456 bemerkt: »creditur etiam quod ad imitationem

int opperfte vanden berch is die ftede, daer moyfes vaften⁵³²) die
xl dagen in eyn cule vnd mut daer he van vnfen here die x ghe-
baden vntfinck.⁵³³) Item by der ziden van der kirchen fteit eyn cule
vnder eynen groten fteyn, daer moyfes vnder lach, doe vns here got im
riep vnd facht: »moyfes, moyfes coemt, ich fal vch feinden to«ᵃ⁾ pharo
vm myn volck toᵃ verloffen.«⁵³⁴) Item andie ander fideᵇ⁾ vanden berch
fynay anden voet des berchs is dat cloefter der xl mertelers⁵³⁵)
vnd daer by is eyn fcoen gruen velt vnd eyn fcoen fonteyn vnd an
dat eynde vanden velde is die ftede, daer finte honofrius⁵³⁶) dede
penitenci. Item daer by is noch eynen hougen berch,⁵³⁷) daer die
yngelen brachten dat licham van finte katerinen vnd was daer
vᶜ jaer lanck. Item anden voet vanden berch fynay is der fteyn, daer
moyfes mut fyner rueden vp fluech, dat daer waterpot⁵³⁸) fpranck,
fo daer noch die liezeichen in ftaen, daer dat water duer gheloupen
heeft, vnd daer by vntfingen die kinder van ifrahel xij fonteynen
vnd lxx palmen⁵³⁹) vnd weerden noch duckwile gheuonden van thur⁵⁴⁰)

ᵃ⁾ zto   ᵇ⁾ zide

magistri sui Heliae, cujus discipulus erat, hunc montem sanctum crebrius visitaverit,«
weshalb er auch 2 Kön. 14 dorthin verlegt. Die speisung durch raben wird auch
nur von Elias u. zwar um bache Crith (nach Robinson II, 544 der wady Kelt bei
Jericho) erzählt 1 Kön. 17, 4. 6. Die verwechselung mag daher gekommen sein,
dass die Sinaisage von tauben u. raben berichtet, die ölzweige den mönchen
bringen. Auch Fabri erzählt von dem raben u. bezeichnet den felsen, auf dem
er sass; desgleichen Arn. v. Harff 126.

⁵³¹) vaften | Exod. 24, 18. Tucher 366. Fabri II, 459. v. Harff 127.

⁵³²) X geb. vntfinck | Fabri II, 458 nennt auf dieser stelle eine »ecclesia sancti
Salvatoris«, die unser verf. im folgenden satz erraten lässt.

⁵³³) verloffen | Exod. 3, 10 der teilweise wortlaut; das übrige gehört der
legende.

⁵³⁴) XL mertelers | Vgl. Ebers, durch Gosen zum Sinai 343 ff.

⁵³⁵) honofrius | Tucher 366, Fabri II, 480 v. Harff 128, Ebers 343. Onuphrius
ein hochgefeierter heiliger der griech. kirche, sein tag 12. juni, sein leben von
Paphnutius beschrieben bei Rosweyde vitae patr. 99—103. Darnach soll er 60
Jahre als einsiedler in der wüste gelebt haben. Doch weiss man nicht einmal
das jh., in dem er gelebt hat. vgl. acta sanctt. zum 12. juni.

⁵³⁶) berch | Gebel Katherin; vgl. Ebers 360 ff. Während Fabri II, 493 f. u.
a. den leichnam der h. 300 jahre auf dem berggipfel liegen lassen, gebraucht
Sigoli ebenfalls 500 jahre dafür wie der verf.

⁵³⁷) waterpot | Exod. 17, 6. Von Ramses II heisst es nach Ebers 159 auf
einer stelle: »du sagst dem wasser: komm über den felsen; es kommt heraus, ein
ocean eilend in folge deines wortes.« Die ortslage wird wol mit der von Euseb.
onomast (u. Choreb u. Raphidim) angegebenen übereinstimmen, die Ebers 219
im heutigen wady Feiran findet, vgl. Fabri II, 480.

⁵³⁸) palmen | Exod. 15, 27 u. Ebers 418.

⁵³⁹) thur | Tôr am roten meere, das nach Kosmas Indicopleustes das alte Elim
sein soll, Robinson I, 203; bei Tucher 366ᵇ »Althor die porten« geheissen, nach
Fabri II, 469: nominatissimus portus maris, qui olim dicebatur Beronice vel
Ardech, nunc autem vocatur Thor, ad hunc portum applicant naves, quae veniunt

die paerte vnd is genent in healini³⁴¹) vp die rode zee. Item by dat cloefter vnfer frouwen de rubo is die ftede, daer die kinder van ifrahel vprichten vnd anbeden dat gulden calff³⁴²) vnd is by dat opperfte van den neeften berch van fynay vnd daer by is die ftede, daer moyfes vnzwee werp³⁴³) die zwe tafelen vanden x geboden, die hy vntfangen hadde van vnfen here. Item daer by vp zwe dachvert³⁴⁴) is die rode zee, daer die kinder van ifrahel auer gingen droechs voets, vnd daer pharao mut finen volck in verdranck. Item daer by vp den ouer des roden meirs is eyn fcoen fonteine³⁴⁵) van fueten water, die durch beden van moyfes queme by der genaden gads. Item auer die rode zee eyn dach veert vander fonteynen is dat cloefter van finte anthonis vnd finte pauwels³⁴⁶) die ierfte heremite.

Die bedevaert des lants van egipten. Item in die ftat maffare,³⁴⁷) anders genent cayre, daer fin veel kirften³⁴⁸) | vnd funderlinge vnfer frouwen kirche³⁴⁸ᵃ) van columpne, daer in begrauen was die heilige ionefer finte barber. Item daer is dat vlietende ᵃ)

ᵃ) vliezende

cum speciebus aromaticis de India et inde ducuntur in Aegyptum. Mehreres »von dem portu Tor« bei Helffrich 389 u. v. Harff 129.

³⁴¹) *in healini* | Elim, deſſen eigentliche lage jedoch nach Ebers 116 im wady Gharandel zu suchen sein wird.

³⁴²) *gulden calff* | Vgl. Fabri II. 485.

³⁴³) *vnzwee werp* | Vgl. Fabri II. 488.

³⁴⁴) *zwee dacheert* | Nach Ebers' aufzeichnung beträgt die entfernung vom fuſſe des Serbal bis zum Mosesbrunnen 52 kamelſtunden 30 minuten, also grade das doppelte von zwei tagfahrten. Letztere werden vom Sinai bis nach Tôr gerechnet, Ebers 418 nach dem berichte des Ammonius. Thietmar gebrauchte 6 tagereisen, vgl. c. 17; Ludolf v. Suth. 63: »de Carra (Cairo) et Babylonia procedendo pervenitur ad montem Sinai in duodecim diebus.«

³⁴⁵) *fonteine* | Soll das Morah von Exod. 15, 23—25 sein im wady Hanâra, vgl. Ebers 116.

³⁴⁶) *pauwels* | Auf dem oſtufer des roten meers in der aegypt. prov. Thebais gelegen. Die vita s. Pauli primi eremitae von Hieronym. s. in Rosweyde vitae patr. 17 ff., die des Antonius in opp. Athanasii.

³⁴⁷) *maffare* | Verderbt aus maſr, da Cairo arab. maſr el-Kâhirah genannt wird; Helffrich 389ᵇ: »von den innwohnern wirdt ſie jetziger zeit Meſſer genennet.« S. oben s. 194.

³⁴⁸) *kirften* | Augenſcheinlich ſchreibfehler für kirchen, da es sonst kaum zum folgenden paſſen würde; viele moscheen erwähnt Fabri III. 83. Breydenbach 107ᵇ. Helffrich 391ᵇ: »vber zwentzig tausent kirchen groſs vnd klein.«

³⁴⁸ᵃ) *frouwen kirche* | Tucher 368ᵇ nennt eine kirche Francky (i. e. wol fränk. od. lat. kirche). »vnder derſelbigen kirchen iſt ein kirch zu s. Georgen genannt, da soll vnſer liebe fraw etlich zeit gewohnet haben; in derſelbigen kirchen iſt s. Barbara lange zeit begraben geweſt.«

water gyon.³⁴⁹) anders genent nylus, die daer vlut wtten eertſen paradiſe, daer veel ſerpenten in ſyn, genent cocodrulli, vnde ſin groet wie offen vnd ſeer verveerlich. Item daer by is eyn lant, geheitenᵃ) nenpheluth³⁵⁰) vnd daer is eyn cloeſter van pretcheren genent elmaradi³⁵¹) vnd is eyn weſen van kirſten. Daer is eyn capelle,³⁵²) daer vnſe lieue frouwe vlou mut eren kinde vnd woenden daer vij jaer lanck in egipten in dat lant, vm vntlich van herodes. Daer by vp iij milen is die ſtede, daer die balſum³⁵³) weſt vnd daer by is eyn ſcoen fonteyne, daer vnſe frouwe eyn wile woenden vnde woeſſe vns heren cleyder, vnd is eyn ſeer vernuemde fonteyne. Item auer dat water nilus ſin die ſchuren,³⁵⁴) die ioſeph dede maken thegen die duer zijt, doe he eyn heer was auer egipten. Item daer is die ſtede, daer joſeph datᵇ) ander mael vercoht³⁵⁵) wert vnde ter ſeluer ſtede weren die kinder van iſrahel c vnd xl jaer³⁵⁶) gevangen. Item van der ſeluer ſtat is die ſtat cathya³⁵⁷) x dachveert van daen vnd daer was abraham gevangen vnd ſin huyffrou ſarra genamen. Item weder toᶜ) comen is die ſtat gazara vnd daer is eyn ſandich wilternis vnde daer waſſen veel datelen vnde onder eyn vanden boumen ſteyt eyn ſcoen fonteyne³⁵⁸) vnd men ſeeht, datᵇ) vns frouwe mut ioſeph daer van dranck, doen ſy vluen in egipten. Item vp der zee js die ſtat allexandrie, daer veel kirſten kirchen in ſtaen.

ᵃ) geheizen   ᵇ) daz   ᶜ) zto

³⁴⁹) *gyon* | Gen. 2, 13: Gihon, schon von Joseph. antt. 1, 1, 3 auf den Nil gedeutet.

³⁵⁰) *nenpheluth* | Memphis?

³⁵¹) *elmaradi* | Koptische mönche?

³⁵²) *capelle* | Grf. Solms 107ᵇ nennt eine kirche in Cairo, an deren stelle die h. familie »lange zeit gewohnet, als sie in Egypten waren.«

³⁵³) *balſum* | Fabri eBb. 169ᵇ: »dorff heisset Matharea, in dem der namhaftige balsamgarten ist« .... »etwan zwo teutscher meilen weit von M. ghen Chayr.« Die von allen pilgern hier angeknüpfte u. meist umständlich erzählte legende von Maria ist bereits im evang. infantiae c. XXIV, vgl. Fabric. cod. apocr. I, 187 enthalten. Weitere bemerkungen dazu in Hofmann, leb. Jesu 180 f.

³⁵⁴) *ſchuren* | Es sind wol die kornhäuser in Cairo gemeint, die Helffrich 391 genau beschreibt: »darinn der wascha järlich ein vnzeliche summa von korn vnd anderm getreyd auffschütten vnd einsamlen lest, damit in zeit der thewrung od. mißwachß dem armen volck möge geholffen werden.« Vgl. Montevilla 410ᵇ f.

³⁵⁵) *vercoht* | Gen. 27, 36. Möglich, dass hier an die stadt Ramses gedacht ist; Gen. 47, 11 wird wenigstens das land Ramesse erwähnt als aufenthaltsort der familie Jakobs.

³⁵⁶) c *vnd XL jaer* | Exod. 12, 40 sind es 430 jahre.

³⁵⁷) *cathya* | Gen. 12, 10—20 wird keine stadt genannt; die hier genannte ist vielleicht die »gegene, die in arab. zungen Cawatha heisset, aber in lat. Chades,« Breydenbach 101.

³⁵⁸) *fonteyne* | Breydenb. 101 findet die stätte bei dem dörfchen Lebhem.

Item fo is daer vnder allen die kirchen van finte Jorien, daer in
waenden iohanes elemofinarius patriarche.³⁵⁹) Item die kirche finte
fabe,⁵⁶⁰) daer he abt was. In defe ftat van allexandrien was
genicrtelt finte katerina vnd daer ftaen noch ij fulen,⁵⁶¹) daer die
reder tuffen ftonde vnd daer fteit by die kerker,⁵⁶²) daer finte
katherina in was fonder eten vnd drincken xij daghen | lanck. Item
buten der ftat is eyn feer houge fule,⁵⁶³) daer den afgot vp ftont,
dem maxencius mut finen volek in thegen weerdichit van finte
katerinen ere dede, vm eir daer to⁽ᵃ⁾ te brengen. Item daer by is
finte marcus⁵⁶⁴) kirche, daer he vnthouft wert vnd daer by is den
wech, daer he gefleipt wert by den peerden to⁽ᵃ⁾ der ftede ghe-
heiten⁽ᵇ⁾ bucculi buten der ftat. Item in defe ftat van alexandria
was finte iohan elemofinarius⁵⁶⁵) patriarch vnde dede daer wonder-
liche wercken vnd ftarf daer. Item in defe ftat fint veel mertlors.
Item buten alexandrien vp der zee nicht veer van daen is eyn
flaet gebeiten⁽ᵇ⁾ rochet,⁵⁶⁶) van daen geitmen to⁽ᵃ⁾ alkare den ftroum
vander nijl vp to⁽ᵃ⁾ gaen. Item daer is die ftat damiata,⁵⁶⁷) daer finte

---

ᵃ) zto   ᵇ) geheizē

⁵⁵⁹) *ioh. elemofin. patr.* | Patriarch zu Alexandrien von 606—616, sein leben
von Leontius beschrieben u. von Anastasius übersetzt in den act. sanctt. jan. t. II.

⁵⁶⁰) *f. fabe* | Einen abt dieses namens kennt weder die gesch. noch die legende
in Alexandrien; vermutlich ist hier der berühmte asket gemeint, den der patriarch
Salustius zu Jerusalem zum vorsteher aller lauren um die stadt machte im j. 484,
vgl. Wetzer u. Welte IX, 487 f., oder aber wir haben hier wieder eine ver-
schmelzung von mythos u. legende zu constatieren; den arabischen Dionysos Sabos
od Sabi (Plin. h. n. 12, 32 u. Hesychius vgl. Movers I, 495) im heiligen gewande
eines Sabas. Ueber die hier genannte kirche s. Hellfrich 397ᵇ u. Fabri III, 161;
letzterer hält sie für einen gewesenen Serapistempel.

⁵⁶¹) *ij fulen* | Fabri III, 159: »in illa [platea] fuerunt illae duae rotae horri-
biles erectae, quibus virgo gloriosa discerperetur, sed ab angelis fuerunt destructae;
haec autem ligneae rotae duabus marmoreis columnis sustentabantur et in eis
volvebantur et illae columnae usque hodie ibi manent in eminenti super murum
locatae XII passibus ab invicem distantes« — »von porphyrite jede zweier mann
hoch vnd einer klafftern dick,« Hellfrich 397.

⁵⁶²) *kerker* | Hellfrich 397: »ein enges vnnd nidriges kämmerlein von leymen
vnnd steinen gebauwet, welches soll seyn gewesen das gefängniß der jungfrauwen
Catharine.«

⁵⁶³) *fule* | Tucher 370ᵇ: »vor der stadt Alexandria zunechst seind auch zwo
rote seulen von marmelstein, die ein ist vmbgefallen, die ander stund dieser zeit
noch, daselbst hat man s. Katharina ihr haupt abgeschlagen.«

⁵⁶⁴) *marcus* | Tucher 370ᵇ: »die haben inne die Jacobiten, daselbst hat s.
Marx gewohnet, vnd zu einer zeit als er auff osterlichen tag daselbst meß lase,
wurffen ihm die heyden einen strick an den halß vnd schleifften jn damit eine
lange gaßen auß durch die statt an das meer, das end der zeit Buchůch ge-
nannt.«

⁵⁶⁵) *ioh. elemof.* | S. vorher a. 559.

⁵⁶⁶) *rochet* | Rosetta.

⁵⁶⁷) *damiata* | Damiette.

francifcus[366]) in prechede, doe he finte lodewich coninck van vranckrich daer waerden, weder die heyden.

Dit fo et voerf[creuen] ift, fin die heilige fteden, die men int heilige lant ploch to[a]) verfuechen vnd went dat orber was to[a]) befcriuen. foe comen wir vm weder zto befcriuen vnfe reife int wedervm comen woe vnd in waz wefen wir to[a]) venegen gecomen fint vnd wes uns wedervaren is inden weder comen. Men fal weten, dat vns to[a]) Jherufalem begauen ix pilgrims, vm to[a]) varen to[a]) finte katerinen, daer die patroen nicht wal to[a]) vreden vm en was vm fin verlies vnd dede im die reife by den heiden laken, die fin vriende weren, vm dat daer feer vnveilich folde fin vnd dede im luden veel weder ftoets mer nicht to[a]) myn fy volbrachten eir reife. Vnd wir voren na rama des foendaechs na finte iohan decollacie den xxx dach in augufto vnd die heiden geuen vns to[a]) lieuer arlof to[a]) varen, vp dat wir den foendach nicht breken en folden. So quemen wir des fondachs, na dat wir die heiden voer eir peerd bezalt hedden xliij groffen[369]) veneciaens vnder die boumen to[a]) ruften by den wafer put, et wilch heift noue parte[370]) als voirf[creuen] is. Vnde doe wir daer geten hedden, voeren wir na rama | vnd quemen des auonts to[a]) rama vnd gingen flapen inden pilgrims fpittael vnd bleuen daer des maendaechs den leften dach van augufto alden dach. Item des dinfdaechs bleuen wir noch daer to[a]) vefperzijt vnd doe voeren wir na iaf vp die zee. Daer moft itlich pilgrim noch betalen[b]) voer efelen vnd peerden vier groffen[371]) veneciaens vnde inden auont quemen wir in die galeye.[c]) Mer vns patroen wert gehalden[372]) ant lant vanden heyden tot des donnerdaechs to[a]) na vefpertijt, vnd was den derden dach van feptember; vnde fo gerade, als die patroen to[a]) feepe quam, fo maechten wir zegel vnd voren na eipers vnde vm dat wenich weiden vn was thegen den wynt, fo vn voren wir nicht veel weges vnd weren

___

a) zto   b) bezalē   c) galeyde

[366]) *francifcus* | Da Damiette am 5. nov. 1219 in die hände der kreuzfahrer fiel, nach dieser zeit bis zum frühjahr 1220, wo er zurückkehrte nach Italien, vgl. K. Hase, Franz v. Assisi, Lpz. 1856. 76. Wilken, gesch. der krzzüge. VI. 312 ff. Es ist deshalb unmöglich, dass dies zur zeit der eroberung der stadt durch Ludw. d. heiligen 1249 geschehen sein sollte. Der verf. verwechselt die erste eroberung Damiettes durch das kreuzheer mit der zweiten.

[369]) *XLIII groffen* | Nach a. 13 oben etwa 17 mark 16 pf. heutigen geldes.

[370]) *nore parte* | S. oben s. 30 a. 228 s.

[371]) *vier groffen* | Etwa 1 mark 60 pf.

[372]) *gehalden* | Wie anderwärts her bekannt zur weiteren schatzung, vgl. Röhr. u. Meisn. 27.

gecomen mut laueren onder falins in cipers wal xl milen. Vnd
doe wir quemen vnd bekenden dat lant van cipers, fo lachten wir
weder vm mutten winde na falins vnd quemen daer voert dat lant
des vridaechs den xi dach in femtember ten middage. Van daen
toch^a) die patroen xxx milen vander zee ten landwert in to^b) eyn
grote ftat geheiten nycochy³⁷³) vnd is eyn vanden houftfteden vanden
coninckrije van cipers. Daer had die patroen mutten coninck³⁷⁴)
to^b) fcaffen, vnd daer voren veel pilgerims fpelen vm die ftat vnd
den coninck to^b) fyen vnde bleuen daer to^b) des dinfdages des auonts
daer na. Item die midweech den xvi dach in feptember voren wir
na falinis to^b) eyn ander ftat in cypers geheiten liuifchon³⁷⁵) — defo
zwe fteden falinis vnd liuifchon hebben geweeft zwo grote fteden
vnd mut dat fy gelegen fint vpter zee, fo fint fy vanden vianden
verftoert: vnde quemen to^b) liuifchon des donnerdages des auonts
vp finte lamberts dach³⁷⁶) vnd daer nam he etfelige lude in vns
galeye:^c) vnd des vridaechs daer na voer dem daghe den xviij dach
in feptember voeren wir van daen na rodes vnd quemen to^b) feen
corkyen³⁷⁷) c vnd l milen van rodes vnd daer by | fogen wir dat
flaet rouge³⁷⁸) vnd gehoert to^b) den coninck van neapols vnd fin
kirften. Hier by licht eyn fcoen hauen ant gebirchte van turkyen,
daer hier voermals geftaen heeft eyn grote ftat geheiten Cacanio,³⁷⁹)
die wilch vm eer funden gans verfuncken js. Hier leden wir groet
gebreck van water vnd van winde vnde voeren voert hin na rodes.

---

^a) ztoch   ^b) zto   ^c) galeyde.

³⁷³) *nycochy* | Nicosia (Leucosia, jetzt Levkoscha gesprochen), residenz der Lusignan.

³⁷⁴) *coninck* | S. oben a. 172. König Jacob II hatte sich 1469 mit Caterina Cornaro, einer venet. patrizierin, verheiratet, die bei dieser gelegenheit als tochter des staates von Venedig war adoptiert worden. Schon diese beziehung konnte einen besuch bei der königl. familie von seiten des patrons rechtfertigen. Möglicherweise beftand aber auch verwandtschaft zwischen den Conaros u. Conterinis, da von letzterer familie ein zweig mit dem fürstentum Joppe von der wittwe Caterine später belehnt wurde, vgl. oben a. 72. Im übrigen wird durch diese kleine bemerkung des verf. klar, dass k. Jakob nicht wie Daru, hist. de la république de Venise II, 489 will im j. 1472 gestorben sein konnte, sondern wie Laugier VII, 260 u. Cesnola 39 angeben 1473 u. zwar in der nacht vom 6. auf den 7. juli, vgl. Röhr. u. Meisn.104

³⁷⁵) *liuifchon* | Schreibfehler für Limassol od. Limisso s. oben a. 180.

³⁷⁶) *lamberts dach* | 17. sept.

³⁷⁷) *corkyen* | Karkois (Porta Tristonio) an der südwestspitze von Kleinasien, vgl. v. Spruner-Mencke bl. 84.

³⁷⁸) *rouge* | Ruge, s. oben a. 168.

³⁷⁹) *Cacanio* | Ob etwa im heutigen Kakava östl. v. Karkois enthalten, sodass das n verwechselt wäre mit u?

Des foendaechs daer na des nachts dens XXVII dach in feptembri
vp finte Cofmas vnd damianus dach cregen wir fo groet onweder
van winde. fo dat wir inder nacht iij mael muften dalen vnd weder
vphalen vns zegel, vnd dat[a)] onweder duerdent went ten morgen:
vnd fo, went die wint vns ghegen was. fo vn muchten wir to[b)]
rodes nicht an; mer wir worpen vns ancker achter dat lant van
rodes voer eyn flaet geheiten ferrenclaii.[580]) Daer by lach eyn
groet vaft flaet geheiten lindo[581]) vnd hoert to[b)] den groten meyfter
van rodes. Daer bleuen wir liggen vm des groten wyns willen,
die vns thegen was des maendages to[b)] middagen, fo dat ytfeliche
heren van rodes, die mut vns to[b)] jherufalem geweeft hedden voren
to[b)] lande to[b)] rodes: vnd voeren van daen vnd quemen finte
michaels daghe[582]) voer die fonne in die paert van rodes vnd daer
fegen wir fcoen galeyen[c)] vnd weren gecomen wt cattelonien[583])
vnd daer fegen wir fcoen hilichdum:[584]) vnder all eyn ftuck vanden
heiligen crucen, dat wir cuften. vnd eynen doern vander dornen
cronen vns heren, eyn van den XXX penningen, eyn miffangs cruys.[585])
dat[a)] had doen maechen finte helena van dem becken, daer pylatus
fin hand in wies, finte katerinen arm vnd finte joriens rechter aerm
vnd veel ander hilichdums. Hier deden ytfliche van vns pilgrims
eyn fcoen bedevaert to[b)] vnfer frouwen van hilarine[586]) vnd deit
graet zeichen vnde is daer gecomen auer die zee van turkien vnd
licht bauen vp eynen hougen berch | daer eyn grote ftat geftaen

a) daz   b) zto   c) galeydū

[580]) *ferrenclaii* | Castello di Ferraclo bei Bosio II, 321 genannt.
[581]) *lindo* | Castel di Lindo, Bosio a. o., das alte Lindus, das heutige Lindo.
[582]) *f. michaels daghe* | 29. september.
[583]) *cattelonien* | Obgleich 1469 mit dem übrigen Spanien vereinigt, bewahrt dennoch als fürstentum Cataluña seinen namen. Von catalonischen raubschiffen schreibt Tucher 351b; von ihrem handel gibt einen begriff der umstand, dass sie noch 1496 unter den 6 ausländischen kaufhäusern in Alexandrien eines besassen, wie Arn. v. Harff 79 erzählt.
[584]) *heilichdum* | S. den anhang des pilgerführers vorn.
[585]) *eyn miffangs cruys* | Fehlt im anhang des plgrf., kommt aber vor bei Fabri III, 287: crux aenea ex illa conflata, unde Christus discipulorum suorum lavit pedes; ebenso bei ldgr. Wilh. v. Thür. 95, Lochner 214, pflzgr. Alex. 37b, Breydenb. 55b, Gumpenb. 237, Tucher 352, ebenso im 14. jh. Ludolf v. Suth. 439. Hier demnach die eigentümliche variation mit der schüssel des Pilatus.
[586]) *hilarine* | Da von pflzgr. Otto Heinrich 1521 (Röhr.-Meisn. 371) die gleiche geschichte von Villerma i. e. Philermos (s. oben a. 152) erzählt wird, so ist hilarine ein einfacher schreibfehler. Von dem fraglichen ereignis weiss übrigens die geschichte nichts. Der besitzer der insel zur zeit der eroberung durch die Johanniter war der Grieche Leone Gualla, den Bosio II, 33 nur signore nennt. Ebenso ist die 7jährige belagerung eine fabel, da der erwerb der insel seitens der ritter nur 4 jahre beanspruchte.

heeft. Daer ftaen noch veel hufen by die kirche vnd eyn fcoen flaet int vp clymmen van den berge, daer menfecht, dat die coninck van dien lande mut fyn wijf vnd fin dochteren vanden berch fprongen vnd doeden fich feluen, vp dat he nicht gevangen en folde werden vanden heren van rodes, die daer vij jaer voer gelegen hadden. Des foendages daer na voer den dage den vierden dach im octobri voren wir van rodes vnd voren voerby zeer veel eilenden vnd int varen fo cregen wir fo grot winden, dat wir muften rumen in eyn paert van eynen eylande geheiten ftampelie,[587]) vnd is eyn graeffcaff. Dat flaes is feer clein vnd in dat lant wanen veel wijff vnd weynich man, went die turken die mannen van daen halen: vnd wir bleuen daer liggen van dinfdage den vj dach in octobri to[a]) finte dyonifius dage[588]) to[n]) den ix dach daer na vnd dae cregen wir guet wint vnd voeren van daen to[a]) candia vnd quemen daer des nachts daer vm midnacht: vnd is e vnd l milen van candien: mer doe wir wt der paerten vaeren folden van ftampelie, eer wir conden wenden vns galeie,[b]) fo hedden wir by na gedreuen vp die fteynrotfen mut dat achter fcijp vnd doen wir vns zegel hatden laten vallen, fo gebuerdent, dat der ancker viel van buten dem fchepe vnd vn weren die galeiotten zto nicht geloupen vnd den cabel tohouwen.[c]) der ancker hetde die galeie[b]) to[a]) grond ghetoegen[d]) off die cabel hed moten to[a]) brechen. Sus quemen wir to[a]) candien des morgens voer dage vp finte victors dach den x dach van october vnd vns galeye[e]) bleef daer liggen laeden comenfcap wal xiij daghe lanck. Daer fegen wir in dit hauen wal vuj of ix galeyen[e]) vanden venegeren, die weder den turck folden trecken,[f] vnd daer fegen wir veel fcoen grote fchepen[g]) vnd funderlinge eyn feer groet fchijp[h]) vnd was all gemaeckt van cipreffen holt.[589]) Defe ftat | gehoert to[a]) den venegeren, vnd wir voeren van daen des vridaechs den xxiii dach van octobri vnd finte feuerus[590]) dach vnd voren na modon vnde quemen des

[a]) zto   [b]) galeide   [c]) ztohouwē   [d]) gezoegē   [e]) galeydē   [f]) woeë
(?) geweeft   [g]) fchefe   [h]) fchijf

[587]) *ftampelie* | Stampalia, Stimphalea (v. Spruner-Mencke bl. 86) das heutige Aftypalea, zur nomarchie der Cykladen gehörig (Ungewitter, neueste erdbeschreibg. Dresd. 1859. II, 218a.)

[588]) *dyonifius dage* | 9. october.

[589]) *cipreffen holt* | Ein ebensolches schiff erwähnt Ulrich Lemun bei Röhr. u. Meisn. 104.

[590]) *feuerus* | Die calendarien haben auf den 23. october nicht Severus sondern Severinus, ep. Colon., während Severus presb. mart. heiliger des 23. october ist, vgl. Binterius kalendarium eccl. germ. coloniensis saec. noni, bei Weidenbach 108, wie auch ebendort das calendar. vom j. 1452. Nur Beck martyrol. eccl.

faterdaechs[a]) des auonts voer cherigo maior[391]) vnd daer was, dat[b]) die feone helena vntfuert wert van den van troyen. Des foendaechs daer na vm vefperzijt vp finte crijfpiin vnd cryfpiaens[392]) dach vnd was den xxv dach in octobri, fo voeren wir voert vnd quemen mut den winde vnd mut eynen groten ftorm onder dat lant liggen auer modon zuytwert af vnd is genent Sapiencia.[393]) Hier bleuen wir liggen to[c]) der midwoechen daer na vm des ftorms wille vnd mut dat vns patroen int vpwert varen na iaff, fo hedden die heren vnfen patroen geluwen buffen vnd reifeaf vm die galeie[d]) bat[e]) to[c]) to[c]) maechen vm der turken wil, foe moft he die reifeaf weder vm leueren; vnd voert fo nemen die galiotten romanie,[394]) die fy daer in loeden, der daer weft. Hier fegen wir veel galeien[d]) fubtijl[395]) wal to[c]) xl to[c]) vnd mut groete galeiden[d]) drie of vier, die ouch folden vaeren[f]) weder den turken,[396]) vnd fegen wir daer v feheef, die daer voeren onder den lande voerg[efereuen], vnd, went daer eyn feijf lach inder hauen van modon, wilch welde wefen in poelgen,[397]) foe lieten wir daer wal xiiij pilgrims van vnfen gefelfeaf, die wilch to[c]) finte nicolaus,[398]) to[c]) napols[399]) vnd to[c]) romen wolde wefen, vnd folden gebeit hebben to[c]) corffoen; mer went die galeye[g]) noch nicht varen en folde, alfmen facht, fo nemen fy eren weeh van daen in poelgen. Item die midweech[h]) den xxviij dach in octobri voeren wir van daen na corffoen vnd weren lanck onderwegen vm gebreck van winde, wentet thegen den wint was. Hier

a) famfdaechs b) daz c) zto d) galeide e) baz f) weeë (?) geweft g) galeyde h) midwoech

gern. hat auf den 23. oct.: Severi ep. et Thorothei. Ein Severinus als bifchof v. Cöln uns j. 401 kommt in Gregor. Turon. de mirac. s. Martini l. 4 vor, vgl. Rettberg I, 202.

[391]) *cherigo maior* | S. oben n. 128.

[392]) *crijfpiin vnd cryfp.* | Crispinus u. Cripinianus, heilige des 25. oct.

[393]) *Sapiencia* Sapienza, von den drei kleinen im altertum Oenussae genannten, vor Methone liegenden inseln die westlichste.

[394]) *romanie* | S. oben a. 122.

[395]) *fubtijl* | Der technische ausdruck für eine kleinere art von galeeren; man unterschied galere sottili od. leggiere, galere mezzane, galere bastarde u. galere grosse, vgl. Müller venet. actenstücke 263 f. u. unten s. 75.

[396]) *turken* | S. oben a. 139 u. 156.

[397]) *poelgen* | Apulien.

[398]) *nicolaus* | In Bari, wohin die gebeine des h. von Mirren, als dies in der Türken hand gekommen war, durch kühne männer verbracht worden sein sollen, vgl. Fabri III, 364 u. Dietr. v. Schachten 222 (bei Röhr.-Meisn.)

[399]) *napols* | Zum königlichen hof, wie herz. Joh. v. Cleve, s. Tross, Gerts v. d. Schüren chronik 302 f., Röhr.-Meisn. 41 u. Hagen s. 63.

fegen wir in turkien eyn ſtat geheiten archadia⁶⁰⁰) c milen van
modon vnd quemen des donnerdaechs des auonts in eyn keel van
eynen eylant geheiten ſinte mauro,⁶⁰¹) vnd daer licht noch eyn
70 ander by vnd vn | is nicht veer van turkien. daer men in dat ge-
bircht ſut eyn ſteetchen dat den turck to^a) gehoert. Dat eyn van
defen eylenden is eyn graeffcaf,⁶⁰²) dat ander eyn hertochdom vnd
behoert to^a) den heren van ſinte mouro vnd licht in die golve van
patras vnd ſin kirſten. Hier voeren wir in alle die nacht vnd des
vridaechs alle deen dach, vm dat ſtille was; vnd deſe eylenden
liggen van corfoen c vnd 1 milen. Des ſaterdaechs^b) daer na vp
alre heiligen auont ſo begant zeer to^a) weyen, vnd quemen ſo thegen
den wint by ytſeliche ander eylenden geheiten paxo vnd paxole⁶⁰³)
vnd legen 1 milen van dat cylant van corfoen. Item vp den leſten
dach van october quemen wir bynnen die keel van corfoen vnd
voeren alle den dach vnd mut alre heiligen dach vnd alle den nacht
vnd alre zielen dach des middachs to^a) vm to^a) varen xiiij of xv milen,
ſo was vns die wint thegen vnd^c) . . . . Auer corfoen licht
dat lant van albanien, vnde daer ſegen wir liggen onder corfoen
x milen eyn ſteetchen⁶⁰⁴) ſeer vaſt, vnd gehoert to^a) den venegeren.
Hier ſegen wir, dat des morgens douden geliken in vnſen lande
deit in den meyde vnde mut ſo waſt ſeer luſtich daer to^a) weſen
int dat lant of int velt, went dat^d) gras daer wt begoſt to^a) ſpringen
gelychen in vnſen lande indem ſomer. Hier bleef die galeye^e) alre
zelen dach al den dach. Die midweche^f) daer na den iij dach in
nouember voer dem daghe voren wir van corfoen vnd quemen mut
wenich wints driuen xviij milen van vnſer vrouwen to^a) cafop.⁶⁰⁵)
Daer werp men de ancker vnd gingen vns pilgrims na dem eten
vnd verſuchten vnſe frouwen vnd ſegen daer die lampe, die daer
all dat jaer bernet ſonder aly in to^a) doen vnd mut die zwige vande
boem vnd lieten die duuen in den ali. Item des donnerdaechs des
morgens voer dage den v dach in nouember voren wir van daen

---

a) zto   b) famſdaechs   c) hinter vnd iſt ausgeſtrichen: »mut zeer ſtille«
d) daz   e) galeyde   f) midweche

⁶⁰⁰) archadia | S. oben a. 117.
⁶⁰¹) mauro | S. oben a. 113; das herzogtum Lucata.
⁶⁰²) graeffcaf | S. oben a. 110.
⁶⁰³) paxo vnd paxole | S. oben a. 109.
⁶⁰⁴) ſteetchen | Buttarotum?
⁶⁰⁵) cafop | S. oben a. 100.

vnd quemen. dat wir fegen dat gebirchte van lachimire;[606]) vnd
doen wir weren daer by eyn eylant[607]) vnd lach terrechter hant
xvij milen | van vnfer frouwen to[a]) cafoep, fo quam vns thegen
den auont alfulche wint thegen wt den gebirchte. fo dat wir geerne
gelauiert hedden, vm to[a] comen vnder dat eylant; mer wir en
muchten daer nicht vnder vnd muften weder vmme leggen dat fcijp
mut den wind vnd voeren bynnen drie vren, daer wir all den dach
auer gevaren weren vnd quemen weder vm des auonts vm ix vren
inden duyfteren voer vns frouwe to[a]) cafoep vnd bleuen daer alle
den nacht vnd des anderen daghes alle den nacht vnd alle den
dach vm den wint. die vns thegen was. Item des faterdaechs[b]) daer
na den vij dach in nouember grueten[c]) wir des morgens vroech vnfe
frouwe vnd voeren van daen vnd quemen mut eynen redelichen
wint vp den aerd van dem gebirchte gheheiten[d] lachimie;[608]) daer
begint die golue van venegen vnd is licht c milen van corfoen.
Vnd des foendaechs daer na den vij dach in nouember voeren wir
mut den winde vm middage vnd quemen des maendaechs voir den
auont: als dat wir doo gevaren weren bynnen xxiiij vren by
ccc milen vnd weren l milen voerbi arghufe[609]) vnde kenden[e]) daer
dat lant van flauonien[610]) vnde quemen des auonts des maendaechs
den ix dach in nouember to[a]) vefperzijt vnder dat harde lant an
eyn eylant. daer eyn fcoen fteedchen is geheiten[f] corfele[611]) vnd
is eyn groet eylant vnd hoert to[a]) den venegeren vnd dat fteedchen
licht vp eynen cleynen berch, daer vp dat fpitfe[g]) vanden berch
der maert is vnd daer fteit die kirche,[612]) die fcoen is na eire groet;
vnd legen daer alle den nacht vnd daer was guet coep wyns, mer
nicht fo guet coep, dat vnfe patroen off die galciotten[613]) daer enich

a) zto   b) famfdaechs   c) gruefte   d) geheize   e) kennen   f) geheize
g) fpitze

[606]) *lachimire* | Chimera, das alte Acroceraunia, die acroceraunii montes im
nördl. Epirus, Plin. h. n. IV. 1, s. oben a. 98.

[607]) *eylant* | Wol eine der sieben kleinen inseln, die zu Korfu gerechnet
werden.

[608]) *lachimie* | Dasselbe, nur verschrieben, wie lachimere, s. vorh. a. 606.

[609]) *arghufe* | S. oben a. 89.

[610]) *flauonien* | S. oben a. 79.

[611]) *corfele* | Heute Curzola. Fabri I. 34: »est autem Kursula civitas in Il-
lirico sita et alio nomine vocatur Prepo in alto supra montem petrosum sita
vel locata parva quidem sed populosa sub dominio Venetorum;« im altertum
Corcyra nigra u. Melima.

[612]) *kirche* | Eine gotische kathedrale, Stieglitz, Istrien u. Dalmatien. Stuttg.
u. Tüb. 1845. 199.

[613]) *galeiotten* | Fabri I. 126: »sunt tamen inter eos [galeotas] nonnumquam

wyn coopen wolden: vnd voeren des donnerdaechs daer na den x dach in nouember vp finte martins auont des morgens to⁾ vi vren van daen doer dat canael vnd quemen ten rechten middage vnder eyn ander eylant vnd lach ter rechter hant voer dem wind vnd is genent lifnae⁶¹⁴) vnd is eyn | cleyn guet ftedchen vnd henget an eynen berge. Vnde daer bauen fteit vp den berch eyn flaet vnd die muren vanden flaet nederwert gaen vm dat ftedchen vnd is eyn guet to comende⁽ᵇ⁾ fteedchen vnd gehoert to⁾ den venegeren vnd is eyn graeffcap. Hier fegen wir die kirche ftaen buten der ftat vp dat plein vnd hier bleuen wir alle den dach, vnd die luyd van defen eylant vercochten hier eren wyn.⁶¹⁵) Die midweech⁽ᶜ⁾ vp finte mertens dach vnd alle den nacht weydent fo feer vnd regenden, fo dat wir alle den dach daer bleuen in die paert vnd hoerden daer miffe vnd weren in groten noet int incomen vander paerten, fo dat wir mut eynen fterken winde voerby einre roetzen voeren mut der galeyen⁽ᵈ⁾ bauen eyn rode nicht vander rotfen. Item fo bleuen wir noch in der paerten to⁾ des foendaghes bynnen der octaue van finte mertin den xv dach in nouember vm den wint, die vns thegen was. Men fal weten, dat in dat land al dinck wal veil is vnd funderlinge den wyn vnd broet, nochtant en weft daer gheyn caern int eylant, mer et comt daer wt poelgen: hier is mut wal veil vleifch vnd vyfch vnd hier weft tuffen den felfen alfo veel rofemarins,⁶¹⁶) dat⁽ᵉ⁾ wonder is. Vnd hier hadden wir grote keld vnd vroes vanden noertweften wint, die daer lang duerden. Des morgens vroech vp den foendach begunnen wir to⁾ varen voer dem dage vm den wint,

---

ᵃ) zto   ᵇ) zto comede   ᶜ) midweech   ᵈ) galeydē   ᵉ) daz

aliqui honesti mercatores, qui se isti gravissimae servituti subjiciunt, ut mercantius in portubus exerceant:« u. ein weniger weiter: »hoc autem commune est omnibus galeotis, quod sunt negotiatores et quilibet sub transtro suo habet aliquid venale, quod in portubus exponit ad vendendum, et in navi cottidie simul negotiantur.«

⁶¹⁴) lifnae] Lesina; Fabri I, 363; »est enim Lesina insulla maris Dalmatiae, quae justo nomine vocatur Pharum.« Der name bedeutet schusterahle u. bezeichnet ihre gestalt (11 meilen lang u. 8 breit). Ptolem. nennt sie Pharia, die Slaven Huar o. Far. Das auf einem marmorberg über der stadt thronende castell Spagnuolo will Stieglitz 190 zwar erst um die zeit der Lepantoschlacht (1571) von einem span. architekten erbaut sein lassen, jedenfalls aber begegnen wir dann hier seinem früheren bau. Vgl. Maier III, 342.

⁶¹⁵) wyn] Der vino di Spiaggia der insel berühmt, vgl. Stieglitz 191.

⁶¹⁶) rofemarins] Noch jetzt ist die insel bevorzugt durch ihren rosmarinduft, »das aus dieser reichlich wuchernden pflanze destillierte aromatische wasser, welches als aqua della regina den ruf Lesinas über die ganze welt verbreitet, u. ebenso wie das unter dem namen quintessenz bekannte oleum rosmarini aethereum weithin versendet wird,« Stieglitz 191.

— 177 —

die eyn weinich vm gegaen was; mer doc wir gevaren weren by vi of vij milen vnd quemen buten den canael in die zee, fo vonden wir den wint vnd dat water vns thegen, dat^(a) wir moften weder vm keren to^(b) lifnae inder hauen vnd bleuen daer to^(b) den anderen foendach den xxij dach in nouember vnd was den dach van finte Cecilien, vm dat vns der wint thegen was, vnd voeren des morgens voer dem daghe van daen mut eyn vierdeil van eynen winde vnd quemen in eyn hauen geheiten teffua [617] vnd lecht xxx milen van lifnae, daer wir nicht wal in comen en muchten, | vm dat^(a) wir foe 73 veer ter fewert in mut machten vanden winde vanden lande gevaren weren. Vnd doe wir in die hauen quemen vnd vns aneker geworpen hedden, fo quam daer alfoen ftorm, dat wir by na inden auont mut dat echterfte vander galeyden^(c) vp die fteyn filfen gedreuen hedden vnd meerden geringe coerden an dat lant daer auer vnd haelden fo die galeie^(d) mut gewalt inder hauen vander felfen vnd hedden die pilgrims nicht mut gehaelt, die galeyotten vnd muchten dat fchijp nicht gehaelt hebben vander felfen; vnde was dat fchijp vnd alle dat volck in grotem lafte, went die galeie^(d) by na verdoruen was. Hier envonden wir huys noch hof, mer auer dat gebirchte legen ij off iij fteedchens vnd auer vi milen van vnfer hauen vp eyn ander paert auer to^(b) varen lach eyn fteedchen geheiten fpoleta [618] vnd is eyn bifdom an eyn ander eylant. Item eer wir van lifnae et left wt der paerten voeren des dinfdaeches daer to^(b) voeren, quemen daer van venedigen iij galeyen;^(c) die voeren in alexandrien, die feer wal gemact weren vnd voeren mut den winde na arghufe. Item vp finte katerinen dach den xxv dach in nouember des morgens ghyngen wir to^(b) zegel vnd voren alle den dach vnd alle den nach, fo dat wir quemen des donnerdaegs daer na vnd was den xxvi dach in nouember voer dem middage int canael van jara [619] vnd is xl milen van jara, daer dat canael begint. Vp xxx milen by jara an die luchter hant in eyn eylant vp eynen berch fegen wir eyn verdoruen fteedchen verga. [620] Item voert by xviij milen na van jara ant harde land fegen wir eyn

---

a) daz   b) zto   c) galeydē   d) galeide

[617] *teſſua* | Die inſel Solta?

[618] *ſpoleta* | Vermutlich Spalata o. Spalatro (alt Palatium Diocletiani) auf einer halbinsel, ehemals sitz eines erzbischofs, nun eines bischofs.

[619] *jara* | Zara, hptst. des kgr. Dalmatien, das alte Jadera, colonia Diodora, später Zadar, vgl. Stieglitz 132 u. Bischoff-Möller 654.

[620] *verga* | Auf der kleinen insel Vergada.

verdoruen ſtat mut eynre fcoene hauen genent jarale vetie⁶²¹) vnde
was jara daer hier in voerzijden. Des auonts fpaed vm viii vren
quemen wir voer die ſtat van jare, vnd is redeliken groet. Duer
licht finte fymeon⁶²²) die alde prophete gans in fin lichaem, die
vnfen here Jhefum vntfink in finen armen in dem tempel, mut noch
xx ander heilighe lichamen. Des vridages den xxvij daer na voer
den daghe haelden wir den | ancker weder vp vnd voeren voert
van daen door dat canael, daer wir fegen veel rotſen vnd cylenden
inder zee vnd et weyden feer, fo dat⁽ᵃ⁾ wir voeren bynnen v vren
voerbi eyn ander eylant gheheiten⁽ᵇ⁾ paert finte peredio fine⁶²³) vnd
is l milen van jara vnd quemen in eyn ander eylant in eyn hauen
geheiten⁽ᵇ⁾ fythara,⁶²⁴) et wilch is lxij milen van jara vnd moſten
daer in mut gewalt vanden winde vnd dat⁽ᵃ⁾ water floech ten beiden
fyden in die galeye,⁽ᶜ⁾ fo dat⁽ᵃ⁾ wir in groten noden weren, vnd nicht
lanck, doen wir inder paerten weren, foe werp fich der wint vm
vnd hedden wir in die zee gehalden, wir weren in groeten noeden
geweeſt. Hier hedden wir groet gebreck van prouanden vnd bleuen
hier liggen voert defen dach vnd des anderen daechs mut, vm dat
fo feer ſtormden. Des foendaechs vroech den xxix dach toghen
wir van daen vnd, doen wir by dat eylant daer auer die hauen
quemen liggen, werp fich der wint vm vnde moſten weder vm in
die hauen van fythara vnd bleuen daer went des dinfdages. Item
vp den leſten dach van nouember voeren wir van daen vnd quemen
die midwaech⁽ᵈ⁾ daer na den ij dach in december vp drie milen na
revingie⁶²⁵) vnd bleuen des nachtes daer voer dat lant vnde worpen
vns ancker daer vnd fegen daer liggen eyn ſtat vnd heit⁽ᵉ⁾ pole⁶²⁶)
vnd is xxx milen van parenfe. Item revingia is xii milen van
parenfe.⁶²⁷) Ter middernacht vp finte barbaren⁶²⁸) auont voeren
wir van voerby revingia vnd fegen vp v milen van parenfe liggen

ᵃ) das   ᵇ) goheizē   ᶜ) galeyde   ᵈ) midwoech   ᵉ) heitz

⁶²¹) *jarale vetie* | Wahrſcheinlich verſchrieben für jara la vetie, das jetzige
Zara vecchia o. Biograd.
⁶²²) *fimeon* | In vergoldetem ſilberſarge in der kirche von ſan Simeone, »ein
geſchenk, das um 1380 Eliſabeth von Ungarn bei geneſung ihres gemahls Lud-
wig darbrachte,« Stieglitz 138.
⁶²³) *f. peredieſine* | Stadt Peterzane nördl. v. Zara?
⁶²⁴) *fythara* | Inſel Scarda nordweſtl. v. Zara?
⁶²⁵) *revingie* | S. oben a. 78.
⁶²⁶) *pole* | Pola.
⁶²⁷) *parenfe* | S. oben a. 75.
⁶²⁸) *f. barbaren* | S. oben a. 32.

eyn fteetchen genent thea⁶²⁹) vnd quemen voer middach vm x vren
to*) parenfe, vnd parenfe is c milen van venedigen. Item do voeren
wir van parenfe des auonts vp finte barbaren dach den nij dach in
december vnd voeren alle den nacht vnd des anderen dages mut,
vm dat | fo wenich weiden, vnde des auonts fegen wir dat lant van
venegen, vnd quemen veel cleinre fceep⁵) by vns van venegen, die
vns guet vntladen folden. Item daer quam by vns eyn galeyde
fubtijl⁶³⁰) vnd daer was eyn ambafciaet in van venegen vnd was
geweeft to*) den groten foldaen van alkayer.⁶³¹) Item daer worpen
wir vns ancker vnd des nachts voer midnacht voeren wir van daen
vnd quemen voir dem dage vp finte nycolaes dach⁶³²) vp eyn duytfe
mile na venegen vnde daer worpen wir vns ancker vnd voeren mut
anxt, vm dat die hauen daer by den flaete van venegen fo vndiep⁶³³)
is, vnd lachten all vns bedden vnd all ander dinck in eyn clein
fchijfchen vnde quemen vm viij vren vp finte marcus plaets to*)
venegen vnd bleuen daer ij daghe lanck vm vns dingen to*) be-
fehicken vnd quemen voert vp vnfer frouwen auent conceptio⁶³⁴)
to*) meyfters⁶³⁵) vnd fo auer lant zto heim to*) kirfauont to*) vlmen,
iars dach to*) meens,⁶³⁶) drie Coninck dach⁶³⁷) to*) Collen. Vnfe
lieue here got fy gelaeft van defer reifen. Amen.

Item dit is, dat men gijft van tribuyt⁶³⁸) in dat heilighe lant
van jherufalem. Alfmen eerft vpt lant geyt to*) jaffe, fo gijft men
den fchiifluden to*) cortofie vm x of xii gros veneciaens. Alfmen

*) zto   ᵇ) fceef

⁶²⁹) *thea* | In der bezeichneten gegend d. h. 5 meilen von Parenzo ist nur
Orsera, ein altes auf einem berge erbautes kastell, zu entdecken, vgl. Maier
III, 234.

⁶³⁰) *fubtijl* | S. oben a. 595.

⁶³¹) *fold. v. alkayer* | Mit dem 10 jahre zuvor ein bündnis war geschlossen
worden, vgl. Daru II, 438 ff.

⁶³²) *nycolaes dach* | 6. december.

⁶³³) *vndiep* | Deshalb berichtet auch Fabri III, 386: »ideo propter periculosum
ingressum navium in portum Venetianum non possunt Venetiae classe peregrina
oppugnari.«

⁶³⁴) *conceptio* | 8. december; erst seit dem baseler concil v. j. 1439 allgemein
gefeiert u. von papst Sixtus IV 1476 u. 1483 mit besonderen abläassen versehen.
vgl. Augusti dnkww. III, 98 ff. u. Grotefend hdb. d. hist. chronol. 112.

⁶³⁵) *meifters* | S. oben a. 14.

⁶³⁶) *meens* | Mainz.

⁶³⁷) *drie Con. dach* | 6. januar. 1473.

⁶³⁸) *tribuyt* Lehrreichen vergleich bietet das trinkgelderverzeichnis bei Girnand
v. Schwalbach aus d. j. 1440. bei Röhr. u. Meisn. 98 f., vgl. auch Tbl. dnkbll.
387 a. 5.

is vp dat lant,ᵃ⁾ ſo geeft men den heiden vɪɪ duc[aten] vn xvɪj g[roſſen].⁶³⁹) Alſmen van rama ridet, ſo gift men eynen g. toᵇ⁾ ſinte jorien,⁶⁴⁰) van itſelichen ezel van rama toᵇ⁾ jherufalem eynen ducaten vnd vɪ g. Ter ſeluer ſtat den heren vnd den troſluden ɪx g. toᵇ⁾ jherufalem voer die paert eyn ytlich van ſinen zwerde ɪ g. Als men geit wt den ſpittael toᵇ⁾ verſuechen die heilige ſtede itlich man dem ſpittalier v g. vnd vnſer frouwen bruder in dat dal van joſaphat eynen haluen g. Als men ter jordanen ridet, ſo ghyſmen eyn itlich ſyn zwert, wan he weder cumpt; daer voer gijſtmen ɪj g. | Vpten berch van oliueten gijſmen eynen haluen g. Als men ierſt wt dem tempel geit, gijſtmen ɪɪj g., ander werf int dal van ioſaphat vnd daer miſſe hoert, j ſch.; toᵇ⁾ becamen, daer lazarus graft ſteit ɪɪj ſ[chillinge].⁶⁴¹) Te betbleem int in gaen ɪ g., ſinte iohans int wt gaen ɪ g., ander werf vp den berch van oliueten ɪ ſch. Als men ander werf inden tempel geit ɪj g. Item in itſliche ſtede ſeat inen die troſlude die pilgrims, ſo ſy dat meeſte moegen vnd na dat der veel is vnd dat ſy vernemen, dat ſy rijck ſyn, dat coſten eyn itlich xx g., anderwerf van itſlichen ezel int weder keren xv g.; zto rama int wederkeren ɪj g., noch zto rama j g., van rama weder zto na jaff itlich ezel ɪɪj g., int wederkeren zto jaff ſo verſuecht men die pilgrims of ſy eingen comenſcaft hebben gecoft; ſo mueten ſy geuen van itlichem ducaten ɪj g.; ſo giftmen die ezel driuers zto itlicher ſteden, daer die pilgrims of ſitten, Cortoſie eynen g.; mer dat en is ghein recht. Wie ridder wirt, die ſculdich zto offeren vp dat heilige graft den obſeruanten ɪj ducaten vnd he moet gheuen den weert vande ſpittael vnd den heiden ɪɪɪj duc.⁶⁴²)

Dit ſin die coſten van den wege van ſinte katerinen van jheruſalem. Inden eerſten den groten troſman⁶⁴³) zto jheruſalem voer ſyn recht

---

ᵃ) das nach diesem wort stehende: »zto jaſſe« ist ausgestrichen.   ᵇ) zto

⁶³⁹) *VII duc v. XVII gr.* | S. die berechnung des geldes oben a. 10, 13, 73 u. unten a. 646.

⁶⁴⁰) *ſ. jorien* | In Lydda.

⁶⁴¹) *ſchillinge* | Dem zeichen nach eigentlich solidi *A*. Schmeller-Fromm. I, 423, deren vier einen venet. groschen ausmachen nach Schwalbach bei Röhr. u. Meisn. 99.

⁶⁴²) *IIII duc* | So wird sonst nirgends die für den ritterschlag zu erlegende summe specificiert, vgl. Tbl. Golg. 242, auch der gleichzeitige Leman teilt anders: 4 ducaten dem sultan u. 4 den barfüſſern, s. Röhr. u. Meisn. 103.

⁶⁴³) *grot. troſman* | Fabri II, 108: »nam hospitale et peregrini christiani habent in Jerusalem duos magistros, superiorem et inferiorem. Superior dicitur Sabathytanco et Calinus maior. Inferior vocatur Elphahallo, Callinus minor i. e. magister hospitalis et peregrinorum. Ambo etiam Calini dicuntur Trutſchelmanni i. e. defenſores et ductores sive provisores christianorum peregrinorum.«

itlich vııj ducaten, itlich man van eynen ezel zto gafere⁶⁴⁴) to ᵃ⁾ j duc., voer dat water, dat men leuert vpten wech, eyn itlich ıj duc., voer eyne pawelgoen itlich j duc., voer bifcut itlich ııj duc., voer wyn itlich v ducaten, voer die vderen, daer men den wyn in deit, itlich xıııj g., voer die ezel, die den win druegen, zto gafeir itlich xvııj g., den trofman zto gafeer itlic j duc., voer die ezel van gafeer toᵃ⁾ finte katerinen toᵃ⁾ itlich v duc., voer die kamelen itlich vıj duc., den cleinen trofman voer fin riden j duc., noch den feluen voer fin recht zto finte katherinen itlich ıj duc., voer corthofie itlich x g., noch itlich man ı duc. Item van arabien⁶⁴⁵) zto finte katherinen twe duc.; vnd xxvıj g. maecht eynen duc.⁶⁴⁶)

ᵃ) sto

⁶⁴⁴) *gafere* | Gazara o. Gaza.

⁶⁴⁵) *arabien* | Von Gaza an gerechnet?

⁶⁴⁶) *eynen duc.* | Nach unserer bemerkung oben a. 13 ist der venet. groschen gleich dem deutschen weisspfennig u. nach a. 10 oben der oberländ. gulden, der nach a. 73 einem ducaten gleich kommt, = 24 weisspf.; ein venet. ducat würde demnach 3 gr. mehr wert sein, also 8 mark 80 pf. unseres heutigen reichsgeldes entsprechen. — Im j. 1440 betrug der »venediger docaten« noch »XXVIII grossin,« s. Röhr.-Meisn. 99. — Breydenb. bei den letztgen. 145 rechnet »135 rinss gulden ungewerlichen vor hundert ducaten« u. ebenda a. 3 setzt man den ducaten zu 9 mark 50 pf. an.

CLAES VAN DUSEN,
WAERACHTIGHE BESCHRIJVINGE DER STEDEN ENDE PLAETSEN, GHELEGHEN OP DEN WEGH VAN VENETIEN NA DEN H. LANDE ENDE JERUSALEM.

Diese niederländische pilgerschrift ist die einzige unserer kleinen sammlung, welche wir nicht aus unmittelbarer handschriftlichen quelle schöpfen. Es erschien dieselbe vielmehr bereits 1634 als ein sedezbüchelchen unter dem folgenden ausführlichen titel im druck: »Een waerachtighe Beschrijvinge der Steden ende plaetsen, gheleghen op den wegh van Venetien na dem H. Lande ende Jerusalem. Als oock een cort Verhael vande ghelegentheyt, omstandigheden, Kasteelen, Kloosters, Huysen, Accijsen, ende principale plaetsen der Stadt Venetien. Alles getrouwelijck beschreven door Claes van Dusen, Ridder van Jerusalem, die selve in twaelf jaren elfmael binnen Jerusalem gheweest heeft. Int Jaer ons Heeren, Anno 1634.« — Auf dem mit einer aus aufrecht über paragraphzeichenartigen arabesken stehenden eicheln gebildeten schmalen borde eingefassten titelblatte findet sich überdies noch zwischen dem eigentlichen titel und der druckjahrsangabe eine vignette in eirunder gestalt, drei personen in schreitender haltung darstellend: in der mitte mit strahlenhaupt offenbar Christus, zu beiden seiten mit stäben in der hand vermutlich die sog. Emmausjünger; denn die umschrift um das ganze lautet: »Waerder twee of drie in mijn naem vergadert zijn. Mat. 18.«

Der glückliche entdecker und diesmal zugleich retter des büchleins ist wiederum unser verehrter freund dr. van der Linde. Seiner selbstlosen anteilnahme an unserem unternehmen verdankt man die gegenwärtige veröffentlichung seines fundes. Veröffentlichen aber mussten wir das uns auf diese weise völlig unerwartet dargebotene, darum dass es, obwol gedruckt, als wirkliche und dazu sehr ansehnliche quelle sich erwies. Weder von

Tobler noch von Röhricht-Meisner noch von Neumann gekannt, ist es auch in seiner heimat völlig verschollen. Kenner ihrer und insbesondere dieses zweigs der niederländischen literatur, wie die herren universitätsbibliothekar dr. P. A. Thiele und archivar dr. S. Müller Fz. in Utrecht, archivar Rammelman Elsevier in Leiden und archivar C. J. Gonnet in Haarlem, deren zuvorkommenheit ich nebenbei bemerkt ausser der literaturangabe alle auf die frage bezügliche ausgiebige auskunft verdanke, wissen weder von einer ur- noch einer abschrift noch einem abdruck unserer pilgerschrift.

Dass druckort und druckername dem titel des büchleins fehlen, könnte absicht verraten. Denn es muss im höchsten masse auffallend genannt werden, dass ein so gegenrömisches land, wie die vermutliche heimat dieser schrift, noch dazu im dreissigjährigen kriege den druck eines pilgerbuchs des 15. jhs. erlebt haben soll, und das selbst, wenn man in anschlag bringt, dass der dem ganzen vom herausgeber oder wem sonst mitgegebene anhang durch eine streng biblische haltung der reformierten anschauung rechnung zu tragen scheint. Denn die »sonunige passagien wt de H. Schrift, tot Loff van Jerusalem,« welche dem 3½ seite langen »cort verhael van de ghelegentheyt der Stadt Jerusalem« angeschlossen sind, stellen sich als übersetzung nach der Vulgata dar und die letzte unter ihnen »Tob. 13« ist einem unkanonischen buche entnommen. Will man aus diesem grunde den druckort lieber nach den katholischen Niederlanden verlegen und in die stadt, aus der Cl. v. Dusen 1493 einen reisegefährten — den einzigen von dort — besass, so hat das vielleicht um so weniger gegen sich, als im gleichen jahre 1634 des »broeder Jan van der Linden, pater van de Celle-broeders tot Antwerpen heerelycke ende geluckige reyze naer het heiligh Landt end de stadt van Jerusalem« zu Antwerpen erschien.[1])

Was nun weiter den verfasser des büchleins angeht, so müssen wir, wie der titel bereits verriet und es selber zu erkunden gestattet, weder um namen noch lebensabriss desselben verlegen sein. Hiernach ist Claes van Dusen zu Haarlem geboren (s. 1). Und berücksichtigen wir, dass er seine letzte fahrt ins h. land im j. 1495 wie anzunehmen noch im kräftigen mannesalter ausgeführt hat, so dürfen wir sein geburtsjahr wol noch in die 50er jahre des 15. jh.'s setzen, vielleicht ins jahr 1444, wie wir nachher sehen wollen. Von seiner familie ist zwar nichts unmittelbares bekannt; doch begegnet — hr. dr. Tiele machte darauf aufmerksam — in van der Aa's biograph. woordenboek u. d. w. ein deutschordensritter Nicolaus van den Dusen, der 1476 verstorben und seines vornamens wegen, da ja auch vornamen erblich sind, bedeutsam ist. Desgleichen bemerkt hr. archivar Rammel-

---

[1]) S. Tobler, bibl. 101.

man Elsevier, dass es eine holländische familie van der Dussen gab, die namentlich, was nachher bedeutung gewinnen wird, »vele bastarden« unter sich zählte. Sodann aber berichtet der verf. weiter, dass er »meer dan twintigh iaer« in Venedig ansässig gewesen sei (s. 5), dortselbst mit seiner familie (»ons huys«) eine mietwohnung für jährliche 27 ducaten inne und »wol 12 jaer langh« »een cleyne winkel« (laden) auf der Rialtobrücke für 31 ducaten in pacht gehabt habe (s. 7). Während dieses zwanzigjährigen allem anschein nach mehrfach unterbrochenen venetianischen aufenthalts unternahm er als »troßeman« in diensten des bekannten Jaffafahrers »Augustinijn Contarijn« 11 mal die reise nach Palaestina und zwar »vijfmal uyt Hollandt ende ses-mael van Venetien« (s. 3 u. 7). Da er 1487 »seer sieck« in Holland lag, so begnügte er sich in diesem jahre nach wiedergewonnener gesundheit mit einer reise nach Rom — der einzigen seines lebens — und zog von da wieder nach Venedig (s. 2). Verheiratet war er mit einer geborenen Leidnerin, namens Jacobszoon; denn er nennt als reisegeführten im jahre 1494 »Allert Jacobszoon van Leiden« und als eben solchen 1495 »meester Dirk Jacobszoon« seines »wijfs broeder,« — augenscheinlich bürgersleute, zumal eine archivalische nachricht Allert J. — vermutlich den vater — 1447 »schutter en volder (by der draperieneering)« nennt. »Ridder van Jerusalem« ist er auch geworden (s. 1) auf einer seiner fahrten, und ebenso nennt er sich schliesslich »poorter van Leyden« (s. 1).

So wenig wir nun auch grund haben eine seiner angaben in zweifel zu ziehen, so manche bedenken erregen sie. Es erscheint auffallend, dass der zu Haarlem geborne edelmann bürger von Leiden, noch auffallender, dass er kaufmann, dienstmann eines edelmanns, mann einer bürgerlichen und ritter des heiligen grabes dabei sein soll. Lautete doch die diese unsere sämmtlichen anstände aussprechende dritte frage an dem zum grabritter zu schlagenden edelmann: »habesne unde honeste manutenere possis statum et militarem dignitatem absque mercantüs et arte mechanica?«[2] Da möchte denn etwa das folgende helfen. Man kennt die blutigen parteikämpfe der Hoek'- und Kabeljau'schen in den Niederlanden während des 14. und 15. jh.'s. Der ausgang eines solchen für die vaterstadt v. Dusens war, dass die Hoek'schen 1444 Haarlem räumen mussten.[3] Möglich nun, dass unter diesen der vater unseres Nicolaus sich befand, der dann, da die verbannten nach dem unerfüllt gebliebenen versprechen der herzogin Isabelle von Burgund schon nach drei tagen wieder zurückzukehren gedachten, die mutter seines sohnes dort zurückgelassen hätte, so dass letzterer im laufe des jahres 1444 geboren sein konnte. Herangewachsen

---

[1] Feyrabend reyßb. 194 b.
[2] S. allgem. gesch. d. ver. Niederl. Aus d. holl. Leipz. 1752. II, 136 f.

hätte dann der junge Haarlemer ebenfalls die stadt zu meiden gehabt und sich nach dem den Hoek'schen gewogenen Leiden begeben. Dafür könnte sprechen, dass der aller wahrscheinlichkeit nach Hoek'sche parteigänger Adrian Willemszoon von Leiden[4]) 1488 ein reisegefährte unseres ritters war, wie denn überhaupt unter den 22 genossen dieser art sich nur drei Haarlemer befinden und dazu einer, der seinem namen nach ein verwandter seiner frau zu sein scheint; die übrigen sind mit ausnahme eines Dordrechters u. eines Antwerpeners männer aus Leiden. Wann er in letzterer stadt bürger ward, ist freilich nicht mehr zu ermitteln, da sein name in den »poortersboeken« von 1460—1532 nicht aufgeführt ist. Sein bürgertum wird aber vermutlich dadurch beglaubigt, dass im j. 1503 ein »Claes van Duysen« als »voetboogschutter« und 1514 ein »Clais van Duysent,« der dieselbe person scheint, in den urkunden vorkommt. — Der kaufmann, der dollmetsch und der gatte der bürgerlichen erklären sich um so leichter. Mit recht macht mich hr. Rammelman Elsevier darauf aufmerksam, dass es für einen unehelichen von adel keine schande war ein geschäft zu treiben, also auch in ein dienstverhältniss zu treten, namentlich bei einem »edelmann van Venetien,« wiewol auch hierzu unser verf. seiner abkunft bewusst schreibt: »anders en hadde ick niemant te dienen dan den patroon« (s. 5). Die heirat aber mit einer unebenbürtigen möge das beispiel des »Hennechen von Nassauwe, des erwerdigen in got vater, vnsers lieben heren hern Johanns [von Nassau] ertzbischofes zu Mentze son« erläutern, der nach den vor mir liegenden Bodman'schen abschriften von bingener urkk. aus den jj. 1404 u. 1433 in einer heiratsberedung vom j. 1400 »Ydechin« des »munezemeisters Gerhart von Heinsperg [seinem geburtsort] zu Bingen,« mithin eines bürgerlichen, tochter zur frau bestimmt erhielt und verheiratet mit ihr — er »honestus Johannes de Nassauwe de pingwia,« sie »ydechen ejus uxor legitima« genannt — 1433 sein testament machte zu gunsten der schwestern seines vaters und im gleichen jahre auch noch testamentsvollstrecker ernannte. — Die grabritterschaft v. Dusens endlich erklärt sich wol am besten durch seine nahe beziehung zu dem pilgrimsbeförderer Contarini und seine eigene der pilgrimsbeförderung und wol auch mehrung so nützliche dolmetscherstellung, gegenüber welchen beiden dingen die brüder vom berge Zion, da sie von den pilgern lebten, ein auge zudrücken mochten, wenn dies nicht etwa schon durch das geld des kaufmanns geschah, der ohnedies später so sehr ritterbürtig von ihnen erachtet wurde, dass den wirklich ritterbürtigen die grabritterschaft entleidet wurde.[5])

---

[4]) Vgl. Orlers, beschrijving der stadt Leyden. 3. druck. Leyd. 1781. 450.
[5]) S. Tobler, Golg. 243. Röhr.-Meisn. 33.

Am leichtesten — um auch davon schliesslich noch ein wort zu sagen — erklärt sich die beziehung v. Dusens zu Venedig und zum h. lande. Zu beiden führte, wie wir nicht bloss zwischen den zeilen lesen, sondern mit sicherheit aus den tatsachen entnehmen, das geschäft. Der verf. selber berichtet (s. 7), dass alljährlich nicht weniger als drei venetianische galeeren von Venedig nach den Niederlanden abgingen. Damit war die gelegenheit gegeben mit Venedig in berührung und verbindung zu kommen. Auf das h. land aber richtete nicht erst die lagunenstadt den blick. Dem hatte schon die heimat die richtung gegeben. Dadurch dass die Niederlande nicht gleichen schritt mit uns in veröffentlichung von pilgerschriften gehalten haben, ist es bei uns noch viel zu wenig bekannt, welch ein beträchtliches aufgebot von Palaestinapilgern das land fast alljährlich stellte und wie sehr in ihm der sinn für solche wallfahrten rege erhalten wurde. Wir besitzen kein sprichwort, wie das niederländische: »na Jaffa gaan,« welches nach Reland, Palaestina 865 von denen in brauch kam, »qui peregre abierunt ita, ut de reditu desperetur, aut de iis, qui certo exitio se dant,« und dessen ursprung er wol nicht mit recht in die zeit nach den kreuzzügen hinaufrückt, während es wol eher im 14. oder 15. jh. entstand zum zeugnis dafür, dass Joppe im niederländischen gesichtskreis lag. Ebenso ist das institut der Jerusalemsbrüderschaften ein wesentlich niederländisches, wenn schon auch dort gegenwärtig ein fast vergessenes. Wir halten es deshalb für ein nicht kleines verdienst der kleinen schrift: »de schilderijen van Jan van Scorel in het museum Kunstliefde te Utrecht.« Utrecht 1880, das andenken an dasselbe s. 8—19 auf eine so wirksame weise erneuert zu haben. Wir entnehmen der dort gegebenen darstellung, dass während des 15. und 16. jh.'s nicht weniger als acht solcher brüderschaften, von denen man noch weiss, in den Niederlanden bestanden: zu Amsterdam, Haarlem, Dordrecht, Leiden, 's Gravenhage, Kampen, Antwerpen und Utrecht (s. 10). Ihre mitglieder werden anfänglich »Palmiten« oder »Palmdragers«, »Jerusalembroeder« oder »h. landsbroeder«, später »ritter van Jerusalem«, »ritter gods v. Jerus. und v. s. Katharinen«, »Jerusalemsherren« und »broeder v. Jerus.« genannt (s. 11). Dieselben besassen in der regel eine eigne kapelle mit der nachbildung des h. grabes; hielten auf palmsonntag jedes jahres ihre feierliche procession, nach deren beendigung ein gemeinsames mal eingenommen und die reichliche weinspende der städtischen behörde empfangen wurde. Dazu konnte es in einem lande, wie Holland, nicht fehlen, dass nicht auch die kunst sich an der verherrlichung der brüderschaften beteiligte. Es fanden sich in den kirchen zu Haarlem, Amsterdam und Utrecht die abbildungen der Jerusalemritter in lebensgrösse von meistern wie Scorel, der selber 1520 das h. land bereist hatte. Utrecht allein besitzt solcher in seinem museum gegenwärtig nicht weniger als 39. — Was aber insbesondere Leiden betrifft, so war daselbst nach dem berichte Orlers (152 f.) eine kapelle zum h. grabe von kaufmann Wouter Ysbrandszoon, welcher 1462 Jerusalem besucht hatte und 1467 starb, gestiftet worden. Dort, wie im hauptsale des stadthauses und in der kirche S. Peter, hing die gemalte liste von 16 leidener bürgern, die wie der stifter der kapelle das h. land bereist hatten; unter diesen beispielsweise Hughe van Swieten, der vater oder verwandte eines reisegenossen unseres v. Dusen, welcher 1465 die pilgerschaft unternommen hatte und 1482 gestorben war. Eben dort war auch der esel eingestellt, den die 13 alten pfründner des mit der kapelle verbundenen und vom stifter ersterer mitgegründeten »hofjes van Jerusalem« am palmsonntag unter vorantritt der Jerusalemsritter, ganz wie dies nach der gef. mitteilung des hrn. archivar Gonnet in Haarlem geschah, zogen. Dass derlei nicht ohne eindruck auf unsern ritter blieb, lässt sich aus seiner bemerkung beim bericht über das h. grab in Jerusalem heraus hören: »Ick hebbe in veel steden gheweest, maer ick en vant noyt het h. graf beter afghecounterfeyt dan te Leyden.« Ebenso aber bezeugt seine ganze schrift — und darin liegt unsers bedünkens ihr nicht zu unterschätzender wert vor allen ihres gleichen — dass zum besuche des h. grabes ihn lediglich das kaufmännische geschäft getrieben hat. Versteht es sich doch auch am ende von selbst, dass ein mann, welcher elf mal das h. grab besucht, — nebenbei gesagt nur dreimal den unter besonders grossen strapazen und gefahren zu erreichenden Jordan, — nicht eben aus andacht ausgezogen sein kann. Er gehört nicht zu den pilgern, sondern zu dem pilgerbeförderungspersonal; hat auch wol wie dieses vom patron-edelmann an bis herab zum letzten galioten ungeachtet aller venetianischen gesetze, die wie so viele andere nur zum übertreten gemacht waren, weil sie nur den schein wahren sollten, der galere nicht allein den »troßeman«, sondern ebensosehr dessen handelsgut vertraut, wenn er schon von den »kooplayden« des schiffes als von dritten personen spricht (s. 20). Um so bemerkenswerter ist seine schrift. Denn tragen die meisten pilgerschriften dieser zeit den charakter des geschäftsmässigen, weil auch die frömmigkeit der zeit ein geschäft geworden war, so sie doppelt, die einen von diesem frömmigkeitsgeschäft lebenden geschäftsmann zum verfasser hat. Wir suchen deshalb vergeblich in ihr eine reisebeschreibung und noch dazu wie sie ein berufsreisender von elfjähriger erfahrung zu schreiben im stande gewesen wäre. Auch sie ist ein mehr oder minder trockenes orts- und ablassverzeichnis, das kaum ein oder zweimal unterbrochen wird von der erzählung eines abenteuers, einer verschlagung nach Pathmos im j. 1491 (s. 18) oder eines erdbebens auf Cypern im gleichen jahr. Nun rührt das freilich zum teil mit daher, dass offenbar eine anweisung für pilgerschaftslustige landsleute, um die man ihn etwa angegangen hatte, beabsichtigt war. Er warnt in dieser beziehung (s. 4) künftige pilger vor den prellereien der venetianischen wirte und makler beim abschluss des vertrags mit dem schiffspatron und weist sie an »goede mannen, als nederlandsche koopluyden«, — nebenher bemerkt mit zartester schonung seines alten geschäftsfreundes Contarini. Aber wir finden doch auch, dass er redselig werden kann, und das ist da, wo er in seinem elemente ist, — im bericht über das venetianische handelswesen, in welchem wir denn auch den hervorstechendsten teil seiner schriftstellerischen leistung sehen.

Dass das ganze weder auf einer der elf reisen noch unmittelbar nach ihnen abgefasst sein kann, könnte schon das mitgeteilte erraten lassen. Wir erfahren es aber auch ausdrücklich durch den umstand, dass er von einem ereignis spricht, welches erst 5 jahre nach der letzten reise eintrat. Modon, das er s. 18 von den Türken erobert sein lässt, ward dies erst 1500. Da aber dies ereignis nicht einmal als ein eben stattgehabtes genannt wird, so steht zu vermuten, dass die schrift um so viel später zu stande gekommen ist. Denn dass der herausgeber diese bemerkung über Modon eingeschoben haben sollte, ist doch wol des ganzen zusammenhangs wegen nicht anzunehmen. Auch dies nachträglich noch ein grund, weshalb unser verfasser ein so trockener berichterstatter ist.

Schliesslich die bemerkung, dass der nachstehende text genau seiner vorlage entspricht bis auf die von letzterer gebrauchte schrift, welche nach der weise der zeit von erfindung der buchdruckerkunst an bekanntlich in der germanischen, wie romanischen und slawischen welt mit sog. deutschen buchstaben hergestellt, durch dieselben lateinischen von uns wiedergegeben wird, mit denen unsere vorlage nur die überschriften und hin und wieder eigennamen oder sonst hervorzuhebendes druckt.

Befchrijvinge der Steden ende plaetfen gheleghen
op den wegh van Venetien, nae den H. Lande, ende
Jerufalem.

Befchreven door Claes van Dufen, *Ridder
von IERVSALEM.*

In Nomine Domini.

Dit is een Boeexken van Jerufalem, ende dat hebbe ick Claes
van Dufen felfs gefchreven in de eere gods, ende in de Heylighe
stadt van Jerufalem.

Item, ick Claes van Dufen poorter van Leyden, gheboren van
Haerlem, hebbe geweeft elfmael in die Heylighe plaets tot Jerufalem,
ende fal't bewijfen[1]) met goede mannen, die met my te Jerufalem
zyn geweeft, ende op wat jaren.

Item het is de weten, dat ick Claes voorfz. hebbe al defe elf
reyfen ghedaen binnen xij. jaeren, als ghy noch hier na fult hooren.

Item, alfmen fchreef M. CCCC. ende lxxxiiij. doen tooch ick
Claes van Dufen na Jerufalem met Willem ende Jacob van Bofhuyfen[2])
ghebroeders van Leyden, ende dit was mijn eerfte reyfe.

Item, alfmen fchreef M. CCCC. lxxxv. jaer, doen was ick te

---

[1]) *bewijsen* | Aus dem eingang der reisesehrift v. Harffs ist ersichtlich, wie
schwer es dazumal hielt glauben zu finden. Sagt doch selbst schon Ludolf (s. 2):
»Et tamen adhuc plura inserere potuissem, si non propter rudes detractatores et
derisores omitterem, ne aliqua incredibilia dicam, quibus ab eisdem mendax valeam
reputari.« Ein zeugnis beides von der mittelalterlichen kritik bei aller leicht-
gläubigkeit wie von der häufigkeit des betrugs auf diesem gebiete. Ein holländ.
beispiel letzterer art ward schon oben s. 12 a. 41 angeführt.

[2]) *Boshuysen* | »Boshuysen was eene adelijke familie te Leiden. Willem v. B.
en Jacob v. B. waren kinderen van Willem van B. en Lysbeth van Noorde.
Willem van B. was kastelein van Woerden en baljaw van Rynland, sterft 1508,
was lid der stadtregering,« briefl. mitteilung des hrn. arch. Rammelman Elsevier.
Nach v. d. Aa, biogr. woordenb. u. d. w. kämpfte er 1481 für den utrechter erzb.
David von Burgund. »Jacob v. B. leefde nog in 1506 en gehuwt met Alida
Heerman; hy was v. 1481 lid der regering (of zoo men het destyds noemde, lid
der vroedschap, waar uit de schepenen gekozen werden) en v. 1490 tot 1503
schout van Leiden.« Ramm. Els.

Jerufalem met Pieter van Leeuwaerden³) van Haerlem, ende Pieter de Baftert van Nortwijck.⁴) ende was de tweede reyfe.

Item, in't jaer van lxxxvj. doen was ick te Jerusalem, met Jan van Berendrecht,⁵) ende Comen Gerrit Gerritfz.⁶) van Leyden, ende dit was mijn derde reyfe.

Item, alfmen fchreef M. CCCC. lxxxvij. jaer doen en was ick Claes van Dufen niet te Jerufalem, want ick was in Hollant, ende was feer fieck, dat ick de Jerufalem niet en mocht reyfen, maer ick tooch noch van dat felfde jaer na Romen, anders en hebbe ick niet te Roomen geweeft, ende van Romen tooch ick na Venetien.

Item, alfmen fchreef lxxxviij. doen tooch ick Claes van Dufen weder na Jerufalem met Adriaen Willemfz.⁷) van Leyden, ende Gerrit Damafz. van Dordrecht, ende is de vierde reyfe.

Item, in't jaer van lxxxix. doen was ick te Jerufalem met Huyge van Sweten,⁸) ende Jooft Pieterfz. van Leyden, ende was mijn vijffte reyfe.

³) *Leeuwaerden* | »Op ons stedelijk museum hangt eene schilderij door den ook in Duitschland bekenden en beroemden Joan van Scorel. Dat stuk stelt voor de leder van het gilde (der Jerusalemsbrüder) in 1535 (?), allen in proceſſie oftrekkende en met een groote Jerusalemsreeks in de hand; het stuk is gemaekt of levensgrootte en de eerste die es op afgebeeld wordt, is Pieter van L. Een versje onder sijn portret houdt in, dat hij in 1481 in Jerusalem war en den 29. dec. 1539 is gestorven. Het wapen boven sijn hoofd is: een blauwe klimmende leeuw, links gewend, rood getongd en geklauwd, op zilveren veld.« brieft. mittheilung des hrn. arch. C. J. Gonnet in Haarlem.

⁴) *Nortwijck* | »Nordwijk — Noortich is eene heerlijkheid, thans dorp, een par uren van Leiden gelegen. In 1477 was Pieter Janszoon van Noortich lid der vroedschap. Hij wordt hier niet baſtard genoemd. In 1446 is Jan van Noortich poorter van Leiden geworden,« Ramm. Els.

⁵) *Berendrecht* | »Was een adelick kasteel dicht by Leiden. Jan Gerritszoon v. B. was in 1477 lid der vroedschap te Leiden. Hy leefde nog 1510 [als zulk].« Ramm. Els.

⁶) *Gerritsz.* | Wie sehr diese bezeichnung als niederländische eigentümlichkeit galt, bezengt Fischart, Gargantua 108ª bei Grimm wbch. VI, 732: »sonst waren unsere jetzige zunamen zugleich der alten vor- u. nachnamen. Darum hauta den Mallen- u. Bottenflemming, u. den plumpen Holländern so widersinnisch, das einer foll Diebold Angelgert oder Lenz Ochsenfuß heissen, meinen ein Hochteutscher hab drumb zween vätter, aber Wilhelm Wilhelmsson, Erich Erichson ist ins verstands.« — »Comen beteekent koopman of liever groothandelaer. Gerrit Gerritszoon was in 1442 schutter te Leiden en leefde nog in 1514,« Ramm. Els.

⁷) *Willemsz.* | »Adr. W. heb ick niet gevonden; doch vermoed dat hy een broeder is van Willem W., die uit Leiden gebannen was, en met andere bannelingen in 1481 Leiden hebben overrompelt, geplundert en eene andere regering binnen de stadt hebben gesteld (Hoeksche en Kabeljauwsche twisten)«, Ramm. Els.

⁸) *Sweten* | »Van Sweten (Sueten, Swieten, Zwieten) is eene adelijke familie te Leiden geweest en voor 1300 bekend. Es zijn verscheiden Hnig v. Sw. bekend. Die in 1465 Jerns. heeft bezoekt en in 1482 te Leiden stierf [s. oben, einl.]. Die in 1489 te Jerus. was heitte Huig Huigszoon v. Swieten, was in 1510 lid der vroedschap.« Ramm. Els.

Item, alſmen ſchreef xc. doen was ick te Jeruſalem met Gerrit Roeſt,⁹) ende Wollebrant Hendrickſz.¹⁰) van Leyden, ende was de ſeſte reyſe.

Item, alſmen ſchreef xcj. doen was ick Klaes van Duſen te Jeruſalem met Jacob Harmanſz. ende Hendrick van Ellichminden van Leyden, ende was mijn ſevenſte reyſe.

Item, alſmen ſchreef xcij. doen was ick Klaes van Duſen weder te Jeruſalem met meeſter Pieter Loen,¹¹) Doctor van Leyden, eñ Klaes Jacobſz.¹²) van Haerlem, ende was mijn achtſte reyſe.

Item, int jaer van xciij. doen toogh ick Claes van Duſen weder na Jeruſalem, met Gerrit Bruyn van Berendrecht¹³) van Leyden, ende Klaes Yſbrantſz¹⁴) van Haerlem, ende was mijn negende reyſe.

Item, int jaer van xciiij. doen toogh ick Klaes te Jeruſalem met Allert Jacobſz.¹⁵) van Leyden, ende was mijn wijfs broeder, ende Jan Boſtelman¹⁶) van Antwerpen, ende was de thienſte reyſe.

Item, in't jaer van xcv. doen toogh ick weder te Jeruſalem met Hendrick Floriſz.¹⁷) van Leyden, ende meeſter Dirck Jacobſz., ende was mijn wijfs broeder, ende dit was mijn elfſte ende laetſte reyſe. Dus machmen weten dat ick Claes van Duſen elf-mael hebbe gheweeſt inde Heylighe Stadt van Jeruſalem, als hier boven gheſchreven ſtaet, ende wat goede Mannen daer met my gheweeſt hebben, ende elck een yegelijck op een byſonder jaer.

Item ick Claes van Duſen hebbe alle deſe voorſchreven reyſen ghedaen vijfmael uyt Hollandt,¹⁸) ende ſes-mael van Venetien, om dat ick in Hollandt niet en was.

⁹) *Roeſt* | »In 1459 is Heyn Roeſt poorter van Leiden geworden; in 1514 komt Gerrit R. als ſchutter te Leiden voor,« Hamm. Els.

¹⁰) *Hendrickſz.* | »Hij was 1477 ſchutter te Leiden en komt daar voor als vleiſchouwer en leefde nog in 1506,« Ramm. Els.

¹¹) *Loen* | »In 1403 is Huig van Loen poorter van Leiden geworden,« Ramm. Els.

¹²) *Jacobſz.* | »Claes J. en Claes Ysbrandsz. behoorden ook tot die broederſchap en komen voor op een lijstje van »de broeders die voerleden sijn« en mir ſchien op gemaekt in omstreeks 1535«, Gonnet.

¹³) *Berendrecht* | »Gerrit Bruin v. B. komnt in 1477 voor als ſchutter te Leiden,« Ramm. Els.

¹⁴) *Ysbrantsz.* | S. a. 12.

¹⁵) *Jacobſz.* | S. einleitung.

¹⁶) *Boſtelman* | »In 1516 is Jan Zevertsz. B. poorter van Leiden geworden; Es ſtaet niet by, dat hy van Antwerpen was. In 1479 werd poorter Jan Jausz. die Boſtelman,« Hamm. Els.

¹⁷) *Floriſz.* | »Was ſchutter in 1481 en van 1509 tot 1531 secretaris van Leiden,« Hamm. Els.

¹⁸) *uyt Hollandt* | Doch ſo, dass die fahrt über Venedig ging, da er von dort aus dolmetſcherdienſte zu verrichten hatte.

Nota:

Nu wil ick hier beginnen te fchrijven vande fchoone stadt van Venetien, want daer moeten alle de Pellegroms komen, die te Jerufalem begheeren te reyfen, acht oft thien daghen voor II. Sacraments dagh,[19]) om haren coop te maecken met den Patroon. Ende wanner die Pellegroms te Venetien zijn, foo maecken fy haren coop tegen den Patroon vande Galeye. Ende binnen mijn voorfchreven elf jaren, die ick daer gheweeft ben, ende gereyft hebbe, en weet ick niet datter yemant | van alle de Pelgroms meer den Patroon heeft gegheven dan veertigh Ducaten,[20]) ende dat waren wel van die aldermeefte Pellegroms, maer door die banck gevenfe dertich, twee-en-dertich, of vijf-en-dertigh Ducaten.

Item, ick fal u laten weten van defe voorfchreven Pelgroms, wat dat fy voor haer voorfchreven Ducaten hebben: Inden eerften, foo looft u die Patroon vry te houden van die Heydenen, maer van groote tribuyt[21]) ende kleyne tribuyt, dat moet ghy felfs betalen, dat is ontrent twee Ducaten, ende niet meer.

Item, die Patroon die looft u tweemael daeghs die coft te gheven inde Galeye, alfoo verde als die Galeye niet en anckert, maer leydt hy nen eenighe Sluyfen, Poorten, ofte Steden, die daer toe gheordineert zijn, dan fo moetē die Pelgroms haer felfs koft doen, ende die Patroon die wijft u in die Galeye een fpafy van dry voeten, ende voor dat Heylighe Landt daer gheeft hy die Pelgroms die koft, alfo langhe als die Galeye daer leydt, maer als die Pelgroms op dat Heylighe Landt zijn, foo moeten fy haer felfs koft doen.

Item, die Pelgroms die en moghen hen niet behouden aen die koft vanden Patroon, fy moeten al koft met hen nemen, die fy be-

---

[19]) *Sacram. dagh* | S. ndrrh. plgrf. a. G. Es scheint, dass der tag den nominellen abfahrtstag bezeichnete in dieser zeit; dass er es in wahrheit nicht war, bekunden die angaben aus den jj. 1491—1493 u, 1495 bei Röhr.-Meisn. 170. 248. 301. 311. Venedig wusste seine gäste zu fesseln zum nutzen seiner börse.

[20]) *veertigh duc.* | Unterscheidet sich auffällig von den sonst üblichen preisen, vgl. Röhr.-Meisn. 13 f.; erklärt sich aber wol dadurch, dass die verträge durch wirte u. makler abgeschlossen wurden, denen »niet wel te betrouwen is«, u. beweist, welche erwerbsquelle die pilger für die stadt waren. — Nach der valvation vom 10. jun. 1491 »tun 40 ducaten, das stück zu 25 stübern 50 gulden,« Meteranus novus. Amsterd. 1633. 7 s, — dieselbe valvation, wie wir hier nachtragen, die gemäss dem urteil des hrn. archivar Gonnet der münzreductionstabelle oben s. 52 zu grunde liegen könnte, wenn nicht hier das dem genannten unbekannt gebliebene wasserzeichen entscheidend wäre; da doch wol kaum anzunehmen ist, dass das benutzte papier nur aus der von uns gemutmassten zeit stamme, die schrift aber den neunziger jahren des 15. jh.'s angehöre.

[21]) *tribuyt* | Auch hier unterschied z. b. vom ndrrh. plgrf. am ende.

hoeven onder tijden te hebben, als van wijn,[22]) Broodt, Boter, Kaes, droge Tonghen, ende Saufyfkens, dat vindy al te Venetien wel ende ghenoech te koop.

Item, het is feer forghelijck u koop te maken teghens den Patroon, want die een Pelgrom die gheeft meer dan die andere, ende dat komt toe by die Waerden ende Makelaers, daer die Pelgroms t'huys ligghen, want zy en zijn niet wel te betrou- | wen, maer ghy vindt goede Mannen, als Nederlandfche Koopluyden, die u wel fullen helpen die koop maken teghens die Patroon vande Galeye. Ende ghy fult weten, wanneer te Venetien zijn Galeyen die te Jerufalem willen wefen, foo en vaert niet met ander Schepen dan met Galeyen, want ic hebber veel wonders af gefien, want als die goede Mannen meenden dat fy te Jerufalem fouden reyfen, fo worden fy ghevoert ten half weghen, ende moeften dan achter na inde Galeye gaen, om dattet Schip niet bevracht en was: Daer omme moet ghy wel voor u fien eer ghy u befteet, ende vaert altydt met den meften Hoop,[23]) want anders en mach dat Schip niet bevracht worden, noch oock de Galeyen, want fy doen te grooten koft.

Item, ick Claes van Dufen hebbe mijn elf reyfen ghedaen met eenen Patroon, ende dat was een Edelman van Venetien, ghenaemt Mr. Auguftijn Contarijn,[24]) daer hebbe ick alle defe elf reyfen mede ghedaen, ende hy hadde altijdt een fchoon Galeye, ende ick was fijnen Troffeman op de Galeye, ende anders en hadde ick niemant te dienen dan den Patroon.

Een kort Verhael vande gheleghentheyt, omftandigheden, Kafteelen, Kloofters, Huyfen Accijfen, ende principale plaetfen der Stadt Venetien.

Die Stadt van Venetien is een groote ftercke Stadt daer veel af te fchrijven is, ende daer ick oock veel af fchrijven wil, want ick | hebbe in Venetien ghewoont meer dan twintigh jaer, ende ick en mach van Venetien foo veele niet fchrijven, ten is noch veel meer.

Item, die Stadt van Venetien die en is niet wel moghelijck te winnen, want fy leydt rondts om in't zoute water een duytfche mijle,[25]) ende daer en is geen varfch water in dan regen-water,

---

[22]) *wijn etc.* | Vgl. Thl. dnkbl. 520. Röhr.-Meisn. 121.
[23]) *Hoop* | Der gleiche rat bei Steiner 2. vgl. Thl. dnkbl. 520.
[24]) *Contarijn* | S. ndrrh. pilg. a. 72.
[25]) *duytsche mijle* | Gleich drei lombardischen, wie D. mehrfach bemerkt; kann

ende wanneer't niet en reghent, fo moetmen daer verfch water koopen: Het en is niet te ghelooven, hoe veele waters ghekoft²⁶) wordt in Venetien.

Item, die Stadt van Venetien die en heeft gheen Muyren noch Poorten, maer het heeft tot veel plaetfen een Duytfche Mijle vander Stadt ftercke Sloten,²⁷) daer moeten al die te Venetien willen wefen aen fpreecken, oft de Schipper van haren't weghen.

Item, om te weten wat goet in Venetien komt, want al het goedt dat te Venetien komt, dat moet groot Accijfe gheven, ende aen defe voorfchreven Sloten, daer moetmen een Brief nemen, eer dat voorfchreven goedt mach comen in Venetien, ende als ghy dan den Brief hebt, foo mach dat goedt in Venetien varen in een groot Huys, dat daer toe gheordonneert is. Ende als dat voorfz goedt daer in is, foo wort het open ghedaen, ende befien zijnde moet het dan betalen alfulck Accijfe als daer toe ftaet.

Item, alle die goederen die uyt Duytflandt, of uyt Walflandt komen, die moeten groote Accijfen betalen uyt ende in Venetien. Ende waer't faecke dat te Venetien eenighe Cooplieden quamen, ende en hadden voor defe voorfchreven Sloten niet aen gheweeft, om haer goederen te laten befien, foo fouden alle de voorfchreven goederen verbeurt zijn, al- | foo wel dat goet dat fy in Venetien brenghen, als dat fy uyt Venetien brenghen, al te famen moetet groote Accijfe geven.

Item, ick hebbe hooren fegghen, dat de Venetianen hebben van haer Accijfen, ende van haer incomften twee-en-twintich hondert duyfent Ducaten 's Jaers.

Item, die Venetianen die verhuyren alle Jaers vier-en-twintich²⁸)

---

nach den sonstigen entfernungsangaben bei ihm nicht mehr als ¹/₄ stunden betragen. Plantin, thesaur. theut. rechnet: »een mijle, vne lieue, milliare, milliarium, mille passus vel duo millia passuum ut quidam volunt.«

²⁶) *water ghekoft* | Vgl. Fabri III, 431 die ausführliche beschreibung des wasserbezugs aus der Brenta.

²⁷) *Sloten* | S. ndrrh. plgrf. a. 41.

²⁸) *vier-en-twintigh* | Bei v. Harff nur 14. vgl. ndrrh. plgrf. a. 68. »Es war dem venet. kaufmanne nicht erlaubt seine waaren zu einer beliebigen zeit auszuführen, sondern die kauffahrer durften nur einmal im jahre u. dann gemeinschaftlich u. an einem bestimmten tage aus Venedig auslaufen. Der staat teilte diese schiffsgesellschaften je nach ihrem bestimmungsort in sieben konvois, vermietete ihnen seine galeeren oder sandte diese als bewaffnete begleitung mit u. stellte sie unter das commando des admirals (vgl. dazu den bericht Fabris über seine erste reise]. Es gingen 8—10 nach Tana am asowschen meere u. der Krimm, ebensoviel nach Constantinopel u. ins schwarze meer, andere nach andern seeplätzen, u. zwar im april nach den Niederlanden, im juli ins schwarze meer, im sept. nach Alexandrien usw. In Alexandrien sammelten sich der syrische, ber-

groote Galeyen, dry in Vladeren, dry in Conſtantinopelen, dry in Aquameree, dry in Trafighe, dry in Barbaryen, dry in Barotte, dry in Turckyen, dry in Alexandrien, ende al defe goederen die in dees voorſchreven Galeyen zijn, ende uyt Venetien varen, het ſy oock wat goet dattet zy, het moet ſijn Accijſen betalen, oock alle de goederen die wederom in defe Stadt comen met de felvighe Galeyen, moeten wederom als vooren behoorlijcke Accijſe betalen.

Item, het en is niet te extimeeren wat die Venetianen hebben van Accijſe van dees voorñ 24. galeyen.

Item, wat hebben nu oock die Venetianen van die groote Schepen als: Kraken,[29]) Mars-ſchepen,[30]) zijnde daer ſonder getal die te Venetien t'huys behooren, ende die te Venetien niet t'huys en behooren, ſy zijn van wat Landt dat ſy zijn, ſy moeten al Accijſe betalen, van al'tgoet dat ſy uyt oft in Venetien brenghen. Het en is niet om tellen hoe vele hondert, oft duyſent Schepen dat uyt Venetien 's Jaers varen, als Galeyen, Fuſten,[31]) ende Griepen,[32]) oock cleyne Galeyen, ende cleyne Schepen ſonder ghetal.

Ende alle defe voorfz. groote ende cleyne Galeyen, oock alle die groote ende cleyne Kraken moeten | altefamen varen aen die voorſz. Sloten, varen ſy uyt, oft comen zy in Venetien, zy moeten al Accijſe betalen. 't En is niet te ſommeren wat Accijſe daer daghelijcks af komt.

Item, daer zijn in Venetien 15000. cleyne ſcheepkens,[33]) daer varen ſy niet verder mede dan binnen in die Stadt van Venetien,

---

beriſche u. egypt. konvoi zur rückkehr«, Körner, lehrb. d. handelsgeſch. Prag 1861. 163. — Von den hier genannten beſtimmungsorten wird Vladern = Vlandern. Trafighe = Thracien, Barotte = Beirut ſein. Aquameree vermögen wir nicht zu beſtimmen. Die übrigen ſind klar. Bezügl. des flandriſchen handels vgl. noch beſonders Körner 200—203.

[29]) *Kraken* | Grosse handelsschiffe, it., sp. u. prtg.: caracca, vgl. Grimm d. wb. V. 1990. Diez etym. wb. I, 112. Seine grösse beschrieben bei Röhr.-Meiſn. 387: »die gröſs unndt leng dieſses schiffs ist 58 ſpan weit überzwerg unndt 176 ſpan lang, unndt wiewohl ein kracke groſser ist, ſo verglichen ſie doch dieſer naven ein kraken.« Die erklärung »ſeeungeheuer« für krake dortſelbſt ist hienach zu berichtigen.

[30]) *Mars-schepen* | Vom maſtkorb od. maſt ſelbſt ſo genannt u. vermutlich daſſelbe ſchiff, welches Schiller-Lübb. III, 78 »marsner« nennen u. als »(kleineres?) ſchiff« bezeichnen; was dann ebenfalls hiernach richtig zu ſtellen wäre.

[31]) *Fuſten* | Unter den venet. ſchiffen des 15. jh.'s in La Venezia I, 2, 219 aufgeführt als »legno da corſa uſato in guerra« mit dem bemerken: »era una piccola galea velociſsima nel correre«; das wort von fuſtis prügel, mlt. baum, holz, Dietz I, 192.

[32]) *Griepen* | La Venezia I, 2. 225: »grippi, legni da commercio e da trasporti. — Alcuni erano capaci di 1200 staja (circa 50) delle moderne tonnellate. — Erano celebrati pel corſo loro veloce.«

[33]) *cleyne scheep.* | Vgl. u. Hagen s. 7.

oft een mijle weeghs, en niet meer, want fy zijn kleyn, ende fy varen daer mede van dat een Kloofter tot dat ander en van dat een Huys totten anderen.

Item, inde Stadt van Venetien daer ftaet een Huys, ende dat heet dat Duytfche Huys³⁴) daer hebben de Venetianen jaerlijcx af van Accijfen hondert³⁵) Ducaten alle daghe, ende in dit voorfz Huys en woont anders gheen Naty in, dan Over-landers, ende gheen Nederlanders: want daer en moghen anders gheene Natien in woonen, ende defe voorfz. Hooghduytfchen die hebben alderhande goedt te koop, als: zilver, gout, ende alderhande Coopmanfchap, die fy uyt Duytflant moghen brenghen, ende in dit voorfchreven Huys en machmen niet drincken noch eten, wat Natie dat het oock is om haer gelt. Ghy fult weten dat in dit Huys alle die koopmanfchap die uyt Duytfchlandt komt, die betalen haer Accijfe, ende die worden gekeert van die voorfchreven hondert Ducaten daegs, die fy daer voor gheven, ende oock alle die voorfz goeden, die fy koopen in Venetien, als: goudt, zilver, oft goude-Laken, zilver-Laken, oft Peper oft Gingber, het is wat koopmanfchap dattet is in dit voorfchreven Huys, dat wordt hen afgheflaghen aen defe voorfz. Accijfe, die hier voor ftaet gefchreven, want fy koopen groot goedt dat fy in Duytfchlandt fenden, en in alle Landen. |

Item, by dit voorfz. Duytfche Huys daer ftaet een Brugge, die

---

³⁴) *Duytsche huys* | Das berühmte »fondaco dei Tedeschi« an der Rialtobrücke vgl. Fabri I, 83. III, 432. von zwei kanälen u. zwei gassen begrenzt, das »come un altra dogana« in Venedig galt, La Venez. I, 351 u. nicht zu verwechseln ist mit der »herberge zum deutschen hause,« die in seiner nähe sich befand, vgl. Röhr.-Meisn. 11. Es wurde als »kauf-, lager-, waaren- u. wohnhaus« von der republik den kaufleuten der »herrlichen« (magnifica, nobilissima) deutschen nation eingeräumt im j. 1268 u. als es 1318 u. dann wieder in den tagen des 27—29. juni 1505 niedergebrannt war, immer schöner u. geräumiger wieder von ihr aufgebaut. Der letzte bau, das werk eines deutschen, n. Hieronymus, war geschmückt mit den fresken keines geringeren als des Tizian u. des Giorgone u. enthielt oelbilder von ersterem wie von Tintoretto, Palma Vecchio u. Paolo Veronese. Dreistöckig hatte es an jedem stockwerk innere galerien u. einen grossen hof. In den ladengewölben boten zuerst tuchhändler ihre waaren aus. Dermalen ist es im besitz der dortigen evang. gemeinde. Seine gesch. wurde von dem schreiber u. archivar der deutschen kaufmannschaft G. B. Milesio zwischen 1715 u. 1724 geschrieben u. ist aus dessen handschr. von G. M. Thomas herausgeg. in den »abhandlungen der k. baier. akad. d. ww. I. cl., XVI. b., 2. abt. München 1881.« Vgl. »beil. zur allg. zeitg.« 1882. 779ᵇ u. Körner 195.

³⁵) *hondert* | Nach Villinger 100 kronen von der woche, Röhr.-Meisn. 12, v. Harff dagegen stimmt mit unserem verf. Dass diese summe nicht übertrieben ist, beweist die nachricht bei Sanudo, dass die Deutschen während des einzigen monats januar 1511 für 140 000 ducaten spezereien, zucker u. andere waaren angekauft hatten, vgl. Janssen, gesch. des deut. volks seit d. ausgang d. m.a.'s. Freib. 1880). 1, 363.

heet die Reyaelt [36]) Brugh, daer hebben die Venetianen alle jaers af feven-hondert Ducaten, ende op defe Brugh voorfz daer ftaen op ghemaeckt cleyne winckelen, daermen alderhande goet verkoopt.

Item, ick Claes van Dufen hebbe felfs ghehadt op defe Brug een cleyne winckel, daer heb ick af ghegheven alle jaer xxxj. Ducaten, ende hebbe't wel xij. jaer langh ghehadt, ende van ons Huys geven wy xxvij. ducaten, ende noch zijnder veel winkelen in Venetien, wel over de vijfthien-hondert die de Stadt toe behooren daer groot gelt af komt. Defe voorfz winckelen ftaen in't Reyaert,[37]) ende op finte Marcus plaets, ende die huyren Wiffelaers ende Notarij, ende ander volck, het en is oock niet te weten, wat fy's jaers daer af ontfanghen.

Item, daer is (te weten, binnen Venetien) een plaets gheeten op Reyaert, ende op die plaetfe komen alle daghe alle die Cooplieden die in Venetien zijn, van buyten ende van binnen, ende daer komen die Cooplieden tweemael daeghs op, ende vercoopen haer goet, ende daer zijn Makelaers van allen natien, Francoyfen, Duytfchen, ende Walen, ende by die Makelaers daer gaet die koopmanfchap op uyt, alfmen te Brugge op de Beurfe doet. Ende op dit Reyaelt daer ftaen meer dan vijf-hondert Kelders, die verhuyren de Venetianen de vreemde Cooplieden, om haer koopmanfchap daer in te doen, ende daer hebben die Heeren van Venetien een groot geldt af sjaers. Ende op defen voorfz Reyaelt daer ftaen fes groote Wiffel-bancken, die refponderen dat ghelt in alle Landen. Ende op die Reyaelt verbuyrtmen alle de Accijfen, die in Vene- | tien jaerlijcks verhuyrt worden.

Item, ick Claes van Dufen hebbe ghehoort verhuyren te Venetien die Accijfen, als die vleefch-accijfen, te weten, voor een jaer: Ende defe vleefch-accijfe, alfo wel van Schapen, Verckens, ende Offen ende oock van alderhande vleefch dat in Venetien ghegheten wort, dat hebbe ick felfs hooren verhuyren om 82000. Ducaten 's jaers, ende elck pont betaelt dry penninghen[38]) Hollandts, ende al en wierde

---

[36]) *Reyaelt* | »Omnia indefectibiliter semper venialia reperiuntur paene in omnibus vicis et plateis, singulariter tamen apud s. Marcum et in ponte et platea Rivoalti,« Fabri III, 431.

[37]) *Reyaert* | Dasselbe, was Reyaelt; interessanter beleg für die vertauschung der liquida r u. l in demselben munde.

[38]) *penninghen* | »Een penning Hollands is het 16. deel van een stuiver. Een pond Hollands heeft 20 stuivers. Men kan zeggen: 16 penn. = 1 stuiver, 12 stuivers = 1 duitsche rijksmark; 1 duitsche rijksmark = 192 penning Hollands«, Gonnet.

daer niet meer vleefch ghegheten in Venetien, foo waer't al veel, maer het is in die waerachtigheydt waer.

Item, die Accijfe vande wijnen 200. duyfent Ducaten 's jaers in Venetien.

Item, wat de Oly-Accijfe jaerlycks ghelt, en is niet te fommeren.

Item, ick en weet niet datter rogghe meel comt in Venetien, maer daer komt wel Haver of Garft ende zaet voor de vogelkens t'eten, ende daer en comen gheen Peerden in Venetien.

Item, die Venetianen hebben alfulcke Privilegien op haer fout.[39]) datmen gheen fout en mach brenghen in Venetien, het moet die Stadt toe-behooren, ende al haer Landen, Steden, Dorpen en moghen gheen fout koopen, dan Veneetfch fout.

Item, in Venetien en foude qualijck dieren tijdt komen, overmits die Heeren vander Stadt fchade ende profijt lijden, door dien fy haer Accijfen hooghen ende leeghen tot profijt der ghemeente.

Item, die Venetianen houden alle haer Landen Dorpen, ende Steden in goede Ordonnantie van meel ende fout, ende noch van veel ander dinghen, die ick niet al fchrijven en kan. Ende die Heeren vander Stadt van Venetien houden alle haer Lan- | den ende Steden in goedt regiment, ende al fonder partye.

Item, ick hebbe hooren fegghen, dat de Venetianen wel onder hen hebben alfo veel Lantfchappen, als feven Coningrijcken groot zijn, want alle haer Landen ftrecken aen Duytfchlandt, aen Hongherijen, aen Turckijen, ende tot Jerufalem toe, als ghy noch wel hooren fult, hoe grooten landt dat fy hebben, 'twelck defe voorfz. Heeren van Venetien verhuyren.

Item ick geloove wel dat in Kerften-rijck geen Stadt noch Heer en is, die meer gheldt ende fchat hebben dan die van Venetien, ende ick en meene daer niet meer af te fchrijven.

Item, die Stadt van Venetien ftaet al in't foute water, ende men moetfe al beheyen met groote Balcken ende Pijlen. Men feydt, dat Venetien foo veel ghekoft heeft onder die Aerde, als boven die Aerde, dat niet wel te ghelooven en is, want Venetien feer groot is, ende oock koftelijck van Huyfen, hoogh, ende nauw van ftraten.

Item, in Venetien woont veel volex van alderley Natien, Turcken, Joden, Griecken, Polen, Indianen,[40]) ende veel Heydenen die gheen Chriftenen en zijn.

[39]) *sout* | »Venedig besass den grosshandel mit salz, welches es aus Istrien, den Barbaresken u. Sicilien bezog u. salz zum regal machte.« Körner 163.

[40]) *Indianen* | Thomaschristen.

Item, dat Vleefch-huys te Venetien ftaet alfoo wel op inde Vaften, als op ander dagen om vleefch te verkoopen aen de vreemde lieden.

Item, te Venetien woont een groot machtigh volck, van alderhande Chriften menfchen, ende daer ftaen binnen Venetien twee-en-feventich Prochy-Kercken.

Item, te Venetien zijn veel Kloofters, die ick niet en fchrijve, ende defe Kloofters ftaen al op Eylandekens.

Item, een cleyne walfche mijle van Venetien, daer leyt een Eylandt, alwaer op ghemaeckt ftaet een cleyn Stedeken, gheheeten Moraen, ende daer worden alle de Krijftalijnen Glaefen ghebacken, 'twelck een koftelijck werck is, ende in dit voorfz. Stedeken wijftmen inde Kercke de vijf onnofel Kinderkens die Herodes dede dooden.

Item, inde ftadt van Venetien daer ftaet een Huys, gheheeten de Arffenael, ende in dat voorfz. Huys laten die Heeren van Venetien in maecken al haer groote Schepen ende Galeyen, groot ende cleyn, ende al tot voordeel vander Stadt. Ende in dit voorfz. Huys daer wercken alle daghe vijf ofte fes hondert Mannen ende Vrouwen, ende die gaen al te famen t'huys eten ende flapen, ende in dit voorfchreven Huys hebben die Venetianen ligghende in ghetal van hondert Galeyen, tegen dat fy die van doen hebben teghens den Turck, oft andere.

Item, in dit voorfchreven Huys daer doetmen alderhande neeringhe, die totter Galeyen ende tot die Schepen dienen. Men maect in dit Huys groote Buffen ende cleyne Buffen, ende oock alle dat Bufkruyt dat de Venetianen behoeven. In dit Huys backtmen al dat Broodt oft Bifcuyt dat de Venetianen behoeven op haer Schepen ende Galeyen, ende in dit voorfz. Huys daer wercken vrouwen in, ende die maecken niet dan die zeylen van die Galeyen, ende vande groote Schepen tot hondert toe. Ende in dit voorfz. Huys daer wercken Smeden, die alle de Anckers maecken groot ende cleyn, ende al'tyfer-werck dat fy behoeven tot die Schepen: Ende daer wercken noch veel Ambachten in dit Huys voorfz. als Buffemakers, pijl-makers, Harnas-maeckers, al dat die Venetian behoeven op haer Galeyen ende groote Schepen.

Item, die Heeren vander Stadt die houden dit voorfz. Huys voor een van haer Cleynodien die fy hebben, want als in Venetien comen eenighe groote Heeren van buyten, oft Pelgroms die laetmen dit voorfz. Huys befien, om de eer vande Venetianen, ende de Stadt laet dit voorfz. Huys feer wel bewaren.

Item, die Venetianen die kiefen alle drie Maenden vier Heeren, die dit voorfz. Huys regieren, ende altijt ander Heeren, ende wie daer eens Heer af is ghemaeckt, die en dient daer niet meer, maer wort daer naer gheftelt in eenen meerderen ftaet.

Item, die Venetianen die hebben alfulcken regiment in haer Stadt, datfe binnen hondert walfche mijlen ommegaens van Venetien, alle jaer verfetten haer regiment ende alle hare Officieren.

Item, wanneer't meer dan hondert walfche mijlen is, daer fetten die Venetianen haer Heeren ende Officiers dry jaer lanck ende niet langer, ende daer varen fy met haer Wijfs ende Kinderen, ende als die voorfz. dry jaren om ghecomen zijn, foo comen fy weder te Venetien, ende defen voorfz. Heer die en mach in defe voorfz. Stadt noch Dorp niet meer regieren, maer hy mach wel tot grooter offity comen, ende niet tot kleynder, dat is daerom ghedaen, dat fy wel door willen fien, dat fy mogen regieren die hen wijffelijck in fijn regiment houdt, die wort altijt in hoogeren ftaet gheftelt.

Item, die heeren van Venetien die hebben S. Marcus voor een Patroon, ende daer ftact in Venetien een groote fchoone plaetfe, ghenaemt S. Marcus plaetfe, ende in defe voorfz. plaets daer moghen die Galeyen ende alle de groote Schepen | vry aencomen met hare volle Zeylen, wanneer zy willen, ende is midden in Venetien. Ende op defe voorfchreven plaetfe daer ftaen twee al te fchoone Colomnen, die zijn ghegoten, ende die conft is daer af verloren, ende zy ftaen daer om cierlijckheydt, ende Sinte Marcus daer boven op. Ende op defe voorfchreven plaets daer ftact op Sinte Marcus Kercke, ende boven op S. Marcus Kercke daer ftaen vier gegoten peerden op van koper, ende defe zijn feer fchoon vergult met fchoon goudt, ende defe Kerck is koftelijck ghemaeckt van Marmeren-fteen datmen niet en can exftimeren wat defe voorfz. Kerck ghekoft heeft.

Item, defe Kerck heeft eenen Outaer, ende dat is dat Hooghoutaer, 'twelck niet te gronderen is dat goedt ende ghefteenten die daer in zijn, ende op dit voorfz Outaer wort vier of vijfmael 's jaers op ghetoont alle den fchat van Venetien, d' welck is, koftelijcke Juwelen ende gefteenten fonder getal, ende oock van alle gefteenten diemen mach noemen. Ende 'tgout daer defe gefteenten in ftaet, en is niet by die ghefteente. Te Venetien is eenen Gouden Kelck een elle hooghe, ende daer is noch veel zilver ende goudt daer ick hier niet af en fchrijve, want ten is niet te ghelooven, ten waer faecke datmen't felfs faghe.

Item, defe Kerck ftaet vaft aen't Palleys, daer den Hertogh van Venetien in woont, ende dit Pallays is feer groot ende fchoon ghemaeckt van fijn Marmer-fteen, ende daer gaen die Heeren van Venetien te Recht alle daghe.

Item, in defe plaets daer ftaet de Munt-Meefters huys, daermen daghelijcks ghelt in flaet.

Item, op defe voorfz plaetfe daer ftaet S. Marcus tooren, ende die is feer hoogh: Die cap is van loot, ende daer op fchoon vergult met fijn gout, ende op defen tooren machmen met een peert rijden. Het is ghefchiet dat de Venetianen hebben laten comen een Peert in Venetien, ende fy hebben den Hertoch van Kleef,[41]) ende den Hertoch van Gelder[42]) daer mede op den toren laten rijden, ende de Pelgroms die gaen daer te voet op, ende befien alfo Venetien.

Item, te Venetien is een fchoon Kloofter van S. Marcus, ende S. Joris, alwaer veel Heylighdoms in is van S. Joris, oock veel Kleynodyen, dienen den Pellegroms laet fien.

Item, noch is te Venetien een fchoon Kloofter van S. Helena, alwaermen ons wijft dat H. Lichaem van S. Helena, met een ftuck des H. cruys, ende haer H. Lichaem leyt onder een Outaer, daer doetmen Miffe op haer H. Lichaem.

Item, in Venegien zijn noch veel fchoone Cloofters, te weten van S. Lucia, alwaer haer lichaem leyt. Ende in defe Cloofters ligghen begraven de Hertogen van Venetien, 't welck feer koftelijck is om fien, want 't is marmer-fteen met gout vergult.

Item, den Hertogh van Venetien vaert op des Heeren Hemelvaerts[43]) dagh met alle fijn Heeren ende fijnen ftaet in zee, ende worpt daer in eenen gouden Rinck, waert wefende thien goude Ducaten, ende daer mede trout hy die zee.

Item, op H. Sacraments[44]) dach, fo gaet den Hertogh met al fijn Heeren in grooter ftaet acht er dat H. Sacrament met fchoon licht. Het en foude niet moghelijck zijn al de fraeyheydt van Venetien te befchrijven, oft is noch meer.

---

[41]) v. Kleef | S. ndrrh. pilg. a. 60.

[42]) v. Gelder | Entweder Arnold v. G., der im gleichen jahre wie der herz. v. Kleve ins h. land zog, od. herz. Adolf v. G., der 1461 die fahrt antrat, s. Röhr.-Meisn. 479. 481.

[43]) Hemelvaertsdagh | S. die beschreibung u. bei Hagen 6.

[44]) Sacram. dach | S. ebenda s. 4.

16 *Hier na volcht de Reyse van Venetien naer Jerusalem,
ende die namen der Plaetfen.*

Inden eerften, reyfen wy van Venetien nae Jerufalem ende wy komen in een kleyn ftedeken, genaemt Parenfa, ende leyt 100. mijlen van Venetien, ende het leyt in Ooftenrijck aen 's Keyfers Land, ende behoort die Venetianen.

Van Parenfa komen wy in een Stadt gheheeten Sara,[45]) ende leyt in 't Lant van Slavernyen,[46]) ende behoort de Venetianen toe, ende hier leyt das Lichaem van Simeon den rechtveerdighen, die ghemaect heeft: Nunc dimittis fervum tuum Domine. Ende is van Parenfa tot Sara 150. mijlen.

Van Sara komen wy in een kleyn Stedeken, genaemt Lefena,[47]) leyt oock in Slavernien, en hoort de Venetianen toe, alwaer fy al haer marmer-fteen halen, ende is van Sara tot Lefena 120. mijlen.

Van Lefena komen wy in een kleyn Stedeken, genaemt Corffela,[48]) ende behoort de Venetianen toe, ende leyt van Lefena 60. mijlen.

Van Corffela komen wy in Regufa,[49]) een ftereke Stadt, ende leyt van Corffela 70. mijlen.

Dit Regufa leyt in Slavonien, ende dit zijn Heeren op henfelven, en fy hebben veel Lands onder hen die fy felvs regieren, ende fy gheven den Turck jaerlijekx 40 000. Ducaten van tribuyt, ende oock den Koningh van Hongaryen, om dat fy haer Landt ende Stadt moghen in Vrede regieren ende befitten, want fy ligghen vaft aen Hongeryen, ende oock aen Turckyen, ende die Venetianen hebben daer niet af: Defe heeren zijn twaelve, ende een van hen allen is
17 den Opperften, de welcke dan Hertogh vander | ftadt is, maer en duert niet langher dan een Maent, waer voor fy dan hebben 1000. Ducaten ende defe kielinge gaet by beurten om. Defe voorfz. Lantf-Heeren houden goede Ordonnantie in haer Landen ende Stadt. De Turcken ende Hongheren komen daer daghelijekx met haer goederen te Koop, oock om ander goederen te koopen. In defe voorfchreven Stadt daer zijn goede Kerften Menfchen. Oock ftaen in defe voorfchreven ftadt ftaen twee fchoone Clooftens in.

---

[45]) *Sara* | Zara.
[46]) *Slavernyen* | Slavonien.
[47]) *Lesena* | Lisena.
[48]) *Corsella* | Curzuola.
[49]) *Regusa* | Ragusa, s. ndrrh. plg. a. 92. Ueber die beiden klöster u. die kathedralkirche vgl. Fabri III, 361.

Item, in Regufa ftaet een fchoon Kloofter van S. Francifcus
Orden, ende daer wort ons veel Heylichdoms ghewefen, oock veel
fchoone Juwelen. Noch is daer een fchoon Kloofter van S. Dominicus.

Noch is te Regufa een Kerek van S. Blafius, ende is de Prochy-
Kerek vander Stadt, ende in defe voorfz. Kerek is veel Heylichdoms,
'twelck men ons alfamen wijft.

Van Regufa comen wy in een Stat die genaemt is Corffon,[50])
d'welcke een Eylandt is, ende die Venetianen toe-behoort: Het leyt
drie hondert mijlen van Regufa. Defe voorfchreven Stadt plachte
die Griecken toe te behooren. Het heeft twee uyt-nemende ftercke
Sloten, ende daer is een feer groote fchoone Voor-ftadt, daer een
groote coopmanfchap ghefchiet, fo van Chriftenen, als Griecken,
Joden, Turcken, ende Heydenen, ende alderhande Natien van volck.

Item, eer wy te Corffon comen, fo varen wy voorby een ver-
dorven Stadt gheheeten Cafoppo,[51]) de welcke van eenen Draeck
verdorven is, want die hadde uyt de Stadt alle dage een menfch,
ende recht achter defe voorfchreven Stadt daer leyt een | grooten
Steen-rotfe, alwaer hem defen Drace onthielde, ende was rondtomme
met de zee omringht. Men kan oock noch die muyren van dees
verdorven Stadt fien, ende daer by ftaet een Capelle van onfe
L. Vrouw, gheheeten S. Maria de Cafoppo, ende daer woont een
Kluyfenaer in.

Van Corffon comen wy in een ftercke Stadt geheeten Modon[52])
die de Turck den Venetianen afgewonnen heeft.

Item, van Modon zeylden wy om te komen in Candien, ende
daer quam een groot onweer op in zee, foo dat wy in Candien
niet en mochten komen, maer wy quamen in Padmos, waer van
veel te fchrijven waer, alleen van dat ick daer fach. Wy waren
daer 5. dagen in, alwaer wy oock fagen dat H. Lichaem von S. Jan
Guldemont,[53]) ende in't Padmos en is geen aerde, het is al fteenrotfe,
fo datmen die dooden niet begraven en can, maer men droogtfe
inde Son, ende als fy droogh zijn, fo legghen fy d'een op den
anderen. Ten gebeurt in hondert jaer niet dat daer eenighe Pel-

---

[50]) *Corffon* | Corfu, vgl. ndrrh. plg. 14.

[51]) *Cafoppo* | S. ebenda n. 101.

[52]) *Modon* | Die stadt kam am 10. aug. 1500 nach 45tägigem erbittertem
kampf zu waffer u. zu land in Bajafids II. hand. s. Herzberg III, 15, Laugier
VIII, 124 ff.

[53]) *Jan Guldemont* | Joh. Chryfoftomus.

groms-gecomen zijn, dan in't jaer M. CCCC. lxxxj.⁵⁴) doen waren wy met onfe Galeye in't Padmos.

Van Padmos zeylden wy na Candien, hier voormaels gheheeten Reta⁵⁵) inden Bybel. Defe Stadt is groot ende fterck, oock is Eylant groot, het leyt in Griecken, maer behoort die Venetianen toe: Van dit Lant waer veel te fchrijven, want die Venetianen hebben uyt dit Landt een groot goet, ende daer ftaen 14000. Dorpen, ende elck Dorp heeft een Kerck, ende het alder-cleynfte Dorp heeft 50. huyfen. Op dit Eylant en ftaen niet meer dan vier fteden, ende is groot 700. Lombaertfche mijlen, dry mijlen voor een duytfche mijle: Ende dit Eylant is feer vruchtbaer, ende daer waffen de rechte Malevofeyen⁵⁶) diemen alle de werelt door voert, ende Candien is hondert mijlen van Modon.

Van Candien komen wy inde Stadt van Rodes (gelegen 300. mijlen van Candien) toe-behoorende die Heere van S. Jans orden, ende in defe Orden zijn groote Heeren, Ridderen, Schilt-knechten, ende Priefters, dragende een wit Cruys, ende fy hebben eenen Heer (genaemt de groote Meefter) die is Heer van Rodes, ende van't Eylant met al fijn Sloten ende Dorpen. De Stadt van Rodes is nu veel ftercker, dan doen den Turc⁵⁷) daer voor lach, want Hertogh Philips heefter voor doen maken eenen grooten Toren, gbenaemt S. Nicolaes toren,⁵⁸) die feer fterck is, want waer dien daer niet ghe-weeft Rhodes waer verloren, ende noch ftaender twee ftercke Torens aen die Stadt, een van Vranckrijck, ende een van Enghelandt.

Item, van Rhodes komen wy in Cypers, gelegen 300. mijlen van Rhodes, ende dat Landt van Cypers is een fchoon Coningrijck, feer groot, toebehoorende de Venetianen, ende heeft vele Steden onder hem, ooc veel Dorpen ende Kaftelen fonder getal. Van dit Koningrijk waer veel te fchrijven, hoe al dat Landt gedeftrueert is gheweeft van eenen Coning van Enghelant,⁵⁹) doen hy na Jerufalem reyfen wilde, ende als dees Conings Dochter weder van Jerufalem quam in Cypers, wiert haer groot gewelt aenghedaen vanden Coning van Cypers. Ende in Cypers zijnde, komen wy in een Stadt (geheeten Lemefoen)⁶⁰)

⁵⁴) *meccclxxxj* | Muss heissen 1491.
⁵⁵) *Reta* | Kreta.
⁵⁶) *Malevoseyen* | S. ndrrh. plg. a. 140.
⁵⁷) *Turc* | Im Jahre 1480, vgl. Fabri III, 258.
⁵⁸) *s. Nicolaes toren* | S. ndrrh. pilg. a. 153.
⁵⁹) *Con. v. Enghelant* | S. u. Hagen a. 46.
⁶⁰) *Lemesoen* | S. ndrrh. plg. a. 180.

d' welcke feer vervallen is, ende dewijl ick daer was, was daer een groote aert-bevingh.⁶¹)

Van Cypers komen wy aen een Lant⁶²) gheheeten Jaffa, legghende 200. mijlen van Cypers, ende dit | Jaffa heeft Joppe geheeten inde ²⁰ H. Schrift, ende als die Galeye voor dat H. Landt komt, ontrent drie booch-fchoten weeghs, fo laetmen het Ancker vallen, ende de Pelgroms dancken Godt, ende fingen: Te Deum laudamus: Te Dominum confitemur.⁶³)

Dit ghedaen zijnde, foo vaert de Schrijver vande Galeye ende ick Claes van Dufen met hem aen Landt, om die Galeye te haelen voor de ghemeene Pelgroms, ende reyfen dan tot Rama ende niet verder 'twelck is 12. mijlen van Jaffa.

Item, den heer van Rama fchrijft aende Heeren van Jerufalem om een feecker Galeye voor alle haer Onderfaten, die in fteden ende Dorpen woonen, dat fy fullen komen met alle haer coopmanfchap⁶⁴) tot Jaffa, om de koopen ende verkoopen met onfe kooopluyden, die op onfe Galeye zijn, ende dat duyrt by wijlen ontrent 25. daghen, tot dat wy te Jerufalem gheweeft hebben.

Als de Heeren van Jerufalem comen, fo brengen fy veel volcx met hen, ende tot Jaffa zijn twee torens daermen wacht op hout, ende als de Heeren van Jerufalem daer zijn, fo laetmen de Pelgroms op't Lant komen, ende fy flapen twee of dry nachten tot Jaffa inde Kelders.

Vande Aflaten diemen verdient, ende vercrijght, heeft verworven de H. Keyferinne Helena, vanden Heyligen Paus Silvefter. Alwaer den Lefer vinden fal een ✝, beteeckent aflaet van alle fonden, ende waer een ⁂ ftaet beteeckent aflaet voor feven jaer, feven karenen, ende veertich daghen.

Inden eerften, is in Jaffa⁶⁵) een H. plaets daer S. Pieter Tabita vander doot verweckte, daer is | aflaet, ⁂ Ende dit is de ftadt ²¹ daer den Propheet Jonas 't fcheep ging, ende woude vlien in

---

⁶¹) *aert-beringh* | Im jahre 1491 nach pflzgr. Alex. (rüb. 38ᵃ), genauer nach Dietr. v. Schachten am 24. april u. 1. mai dieses jahres, vgl. Röhr.-Meisn. 211.

⁶²) *Lant* | Ob D. noch von dem »contado di Jaffa« wusste? s. ndrrh. plg. s. 72.

⁶³) *Te Dom. conf.* | Wird sonst nicht bei dieser gelegenheit genannt, vgl. Röhr.-Meisn. 23.

⁶⁴) *coopman* | So deutlich wird sonst nicht von dem handel in Jaffa erzählt, vgl. Röhr.-Meisn. 25.

⁶⁵) *Jaffa* | S. ndrrh. plg. s. 27.

Tharſen van dat aenſicht Godes, als hem gheboden was na Ninive te gaen om te predicken. Daer by is oec die plaetſe, daer S. Pieter pleeght de viſſchen, ende daer brengtmen ons Eſels, daer wy dat H. Lant mede door-rijden, ende van Jaffa reyſen wy naer Rama, 'twelck is 12. mijlen.

Deſe ſtadt Rama⁶⁶) is ſeer groot, maer bykans heel ghedeſtrueert, ende in dees voorſz. ſtadt ſtaet een Hoſpital, daermen alle de Pelgroms in logeert, ende twee mijlen van Rama ſtaet een verdorven ſtadt gheheeten Lyda, ende daer is S. Joris ghemartyliſeert, daer is oock aflaet ✠ Ende ghy ſult weten, dat in Jeruſalem Minnebroers woonen van S. Franciſcus Orden, ende deſe voorſz. Broeders woonen op den Bergh van Syon, ghevende de Heeren van Jeruſalem jaerlijckx grooten tribuyt.⁶⁷)

Item, deſe voorſchreven Broeders komen tot Jaffa om die Pelgroms te halen, ende brenghen ons tot Jeruſalem, ende voort dat gheheele Heylighe Lant door, ende weder om tot Jeruſalem, ende oock tot Jaffa. Dan comen wy weder van Lyda na Rama, ende daer blyven wy twee daghen, ende als de Pelgroms daer zijn, ſo komt den Guardiaen⁶⁸) 'smorgens vroech, ende doet ons in't Hoſpitael een Miſſe.

Ende ſoo haeſt als de Miſſe uyt is, ſoo doet den Guardiaen een ſchoon Sermoon, ende ſeyt ons hoe wy ons dragen ſullen in't H. Lant, in ſchoon Latijn, Walſch, ende Duytſch, oock vermaent hy ons hoe dat wy ons biechten ſullen, als wy te Jeruſalem comen, ende of daer yemant waer die te Jeru-|ſalem ſonder oorlof waer ghereyſt, die doet hy uyt den ban, ende dan reyſen wy na Jeruſalem, ende eer wy daer comen ſo ghenaken wy Emaus⁶⁹) op 8 mijlen naer, ende daer ſtaen noch dry oft vier Huyſen, met een vervallen Kerck. † Onder weghen comen wy oock daer Ramata⁷⁰) gheſtaen heeft, ende daer is Joſeph van Arimathien, gheboren, die onſen Heere Godt van den Cruyce nam, ende dat leydt vier mijlen van Jeruſalem. Daer naer komen wy aen een vervallen Kerck, daer den Propheet

---

⁶⁶) *Rama* | Es fällt auf, dass D. nichts von der zerstörung der stadt erzählt, die doch gewissermassen unter seinen augen vor sich gegangen sein muss, da z. b. Fabri I. 225 Ramleh 1483 noch im blühenden zustand kannte. Dssen aber vom j. 1484 ab elfmal an ihr vorüberkam.

⁶⁷) *gr. tribuyt* | S. Thl. tpgr. I. 318 ff.

⁶⁸) *guardiaen* | Muss ein anderer als der 1483 gewesen sein, da nach Fabri I. 212 dieser ein geborener Italiener u. des deutschen unkundig nur lateinisch predigte, während er hier in drei sprachen zu sprechen scheint.

⁶⁹) *Emaus* | S. udrrh. plg. a. 223.

⁷⁰) *Ramata* | Nicht zu bestimmen.

Samuel[71]) gheboren is, ende daer ftaet noch zijn graf, ende is noch twee mijlen van Jerufalem.

Van Rama tot Jerufalem zijn 36. mijlen, dry voor een duytfche, ende tuffchen Rama ende Jerufalem zijn noch veel H. plaetfen, die ick niet al befchrijven en kan, oft oock niet en weet.

Alle die Pelgroms in Jerufalem komende, foo gaenfe voor die Kerck daer dat H. Graf, ende den H. Bergh in ftaet van Kalvarien, ende verdienen aflaet van alle fonden. † Ende dan foo gaen defe Pelgroms in een goet Hofpitael, ende iffer yemant fieck, die gaet in't Clooſter vande voorſz. Broeders opten Bergh van Syon.

Item, hier fal ick fchrijven al die H. plaetfen ende Steden, na mijn verftandt, die ick weet in die H. Stadt van Jerufalem. Inden eerſten, als die Pelgroms in dat H. Graf, ende op den Bergh van Calvarien willen gaent fo komen fy voor een fchoone Kerck, en die heet den Tempel Gods,[72]) ende aleer ghy in defe Kerck of Tempel komt, foo ftaet daer voor een kleyne vierkante plaets, daer den fteen leyt daer onfen heer op rufte, aenfiende den Bergh van Calvarien met het H. Cruys.

Aen de rechterhandt van defe Kerck ſtaen dry | Capellen, buyten aen die Kerck een Capelle van den Engel, d'ander van S. Jan Baptift, ende die derde van Maria, ende aen die flinckerhandt ſtaet een Capelle van Maria Magdalena, ende daer op ftaet een fchoonen hooghen toorne fonder Klocken, ende in defe Capellen is aflaet.

Item, als ghy dan wilt inden Tempel gaen, foo komen die Heeren van Jerufalem, ende tellen u, ende fluyten u een nacht daer in, ende ick fal u fchrijven wat in defen H. Tempel is, ende wat H. plaetfen ons daer in gewefen worden, want het is een fchoone Kerck, ende als wy in defe Kerck zijn fo gaen die Minne-broeders met ons in Proceffy op alle die H. plaetfen die daer in zijn.

Inden eerften, in onfer L. Vrouwen Capelle, daer onfen Heer hem prefenteerde tot zijn ghebenedyde Moeder op den Paeſch-dag, daer is aflaet: †

Ende midden in defe Capelle leyt eenen grooten ronden fteen, dat is, die plaetfe daer S. Helena dede foecken de dry Cruyeen, ende daer onderkenden fy het Cruys Chrifti, ende daer is aflaet; †

---

[71]) *Samuel* | Einer verfallenen kirche tut kein pilgerſchriftſteller erwähnung bei dem sonſt mit dieser überlieferung verflochtenen En nebi Samuil, s. ndrrh. plg. a. 227.

[72]) *tempel gods* | Gods hier in derſelben bedeutung wie etwa im worte mutter gottes. Sonst führt bekanntlich die grabkirche diesen namen nicht.

Ende in defe Capel wort ons gewefen een groot ftuck vande Kolomme, daer onfen Heer Jefus aen ghegheeffelt is, daer is aflaet. †

Ende noch in defe Capelle van onfe L. Vrouwe ftaet een Outaer, waer op ons ghewefen wordt een ftuck van't H. Cruys. Aflaet †

Wtgaende met de Proceffy uyt de Capelle, foo komen wy daer eenen ronden fteen leydt, ende is de plaetfe daer onfen Heer Jefus ftont met die fpade[73]) in zijn hant, doen hem Magdalena woude falven, ende daer by is de ftede, als Maria Magdalena op ftont om den Heere te falven.

Ende op alle defe plaetfen gaen die Pelgroms met de Proceffy, hebbende elck een fchoone waffen Keers[73a)] in haer handt.

Item, van die plaetfe komen wy in een Capelle, alwaer een Outaer ftaet, 'twelck is de plaetfe, daer Godt fat tot dat die Joden dat Cruys ghemaeckt hadden, ende is gheheeten den Kercker Gods, ende daer is aflaet

Daer ftaet oock een Outaer, 'twelck de plaets is daer die Joden fpeelden om Gods rock.

Ende dan foo gaen wy in een Capel, ontrent 40. trappen[74]) om leegh te klimmen, 'twelck is die Capel van S. Helena, ende daer ftaet een Outaer in, ende daer is aflaet van alle fonden. † Ende noch neerwaerds gaende in defe Capelle ontrent 11. trappen,[75]) dat is onder den Bergh von Kalvarien, daer heeft S. Helena doen foecken dat H. Cruys, ende daer zijn ghevonden die dry Cruyeen, dry naghels,[76]) die fperre, ende die doornen Croone, ende daer is Aflaet. †

Item, wy comen weder uyt die Capelle, ende boven zijnde komen wy in een kleyn Capelleken, daer ftaet een ftuc van de Colomme daer onfen Heer Jefus op ghecroont is, ende daer is Aflaet.

Ende van daer foo comen wy op den Bergh van Calvarien, ende den Bergh gaetmen op met 18. trappen.[77])

Als wy op defen Bergh van Calvarien komen, foo ontwijckt ons herte van devotien, want daer ftaet dat Heylighe gat, daer het Cruys in heeft geftaen, ende daer is Aflaet van alle fonden. †

Ende aen die rechter-hant machmen fien hoe den Bergh van Calvarien gefchoordt is, oock Aflaet. Ende daer ftaet eenen

---

[73]) *spade* | Ob Erinnerung dabei an ein bild des hortulani?

[73a]) *wassen Keers* | Eine besondere vorschrift, vgl. Röhr.-Meisn. 30.

[74]) *40 trappen* | Die höchste der bei Tbl. Golg. 380 zusammengestellten angaben.

[75]) *11 treppen* | Stimmt mit ndrrh. plg. s. 43 u. Tbl. Golg. 302.

[76]) *dry nagels* | S. plgrf. s. 15, a. 129.

[77]) *18 trappen* | S. ndrrh. plg. s. 351.

Outaer op den Bergh, dat is de plaetfe daer ons lieve Vrouwe ende
Sint | Jan in ftonden onder den Cruyce † Ende als die Pelgroms daer
op comen, foo maecktmen noch dry Outaers,[78]) daer die Prieſters
op Miſſe doen, ende is Aflaet †

Als wy vanden Bergh van Kalvarien komen, ſo comen wy daer
drie blauwe ſteenen[79]) legghen, dat is, die plaetfe daer onfe
L. Vrouw haren lieven Sone ontfingh op haren ſchoot, als hy van
den H. Cruys ghedaen wert, ende ghefalft worde. †

Item, van daer foo comen wy aen dat H. Graf daer onfen Heer
Jefus felfs in lach, ende dit ſtaet in een Capelle, dewelcke ghedeckt
is niet loot, ende boven in't midden van defe Capelle ſtaet een groot
gat, ende anders en heeft defe Capelle gheen licht, ende in defe
Capelle ſtaet het H. Graf, ende dat is ghedeelt in twee cleyne
Capellekens, feer koftelijck ghemaeckt van Marmer-ſteen, ende inde
eerſte Capelle daer doet den Priefter hem aen,[80]) als hy in dat
H. Graf wil miſſe doen, ende daer ſtaet een ſteen voor die deur
van 't graf, daer ſtaet den H. Enghel op, als die dry Marien te grave
quamen, ende fochten den Heere Jefum op den H. Paefdagh. Hier
is Aflaet; †

Item, in dat ander deel van dees Capelle ſtaet dat H. Graf, ende
daer doetmen Miſſe op, ende wy gaen in 't H. Graf ende nemen dar
H. Sacrament, ende oock op den Bergh van Calvarien. † Ick hebbe
in veel Steden gheweeſt, maer ick en vant noyt het H. Graf betet
afgheconterfeyt, dan te Leyden.[81])

Ende onder den Berg van Calvarien is gevonden dat hooft van
Adam, ende daer by leydt begraven Govaert Bouillon[82]) Coninck
van Jerufalem.

In dees voorfz Kerck woonen feven fecten[83]) van | Kerften in:
De eerſte zijn onſe Minne-broeders des Roomfchen ſtoels, die andere
Griecken, die derde Armenen, die vierde Surianen, de vijfde Indianen,
de feſte Jacobiten, de fevenſte Gregorianen.[84])

---

[78]) *maecktmen etc.* | Hier wie s. 36 bezeichnung der herrichtung der altäre für die meſſe.

[79]) *drie bl. ſteenen* | Sowol die zahl als farbe der ſteine erſcheint hier als etwas ganz neues, vgl. Tbl. Golg. 350 u. plgrf. a. 138.

[80]) *doet etc.* | Wird hier zum erſten mal berichtet.

[81]) *Leyden* | S. einleitung.

[82]) *Bouillon* | Auffallend, daſs hier nur von Gottfrieds grab die rede iſt, vgl. Tbl. Golg. 148 ff.

[83]) *seven s.* | S. plgrf. 1, 23 u. Baumer 411 ff., insbesondere aber Cotovici itin. 194 ff.

[84]) *Gregorianen* | Georgier.

Ende defe zijn al inden voorfz. Tempel gefloten, ende bewaren dat graf met de H. plaetfen die daer in zijn. Hier wort ons gewefen 'tgeen men feyt dat midden der werelt te zijn.

Defe fevender-hande kerften, die zijn feer veel, ende woonen al dat H. Landt door, ende die in dat H. Graf woonen die en komen niet uyt, dan als daer Pelgroms komen die in dat H. Graf willen gaen, ende aen defe voorfz. Kerck ftaet niet dan een groote deure, ende defe deur heeft vier groote gaten,⁶⁵) daermen defe voorfz. Kerftenen door t'eten brengt, ende al dat fy behoeven, ende wy Pelgroms flapen daer drie nachten in, biechten ons ende gaen ten H. Sacramente in defe Kercke, ende als wy daer weder uyt fullen gaen, fo komen de Heeren van Jerufalem, ende openen de deure des Tempels, ons getelt hebben de gaen wy weder in ons Hofpitael, ende op alle de H. Plaetfen die inden Tempel zijn, daer fingen de Broeders fchoone Oratien⁶⁶) ende Oremus.

'sAnderen daeghs fo komt een Minne-broeder uyt dat Clooſter in't Hofpitael, ende brengt ons op defe volgende H. Plaetfen, ende op elcke plaets⁶⁷) leeft den Broeder Oratien, ende wijſt ons die H. Stede.

Inden eerften, daer S. Pieter ghevangen is geweeft, aflaet †
Ende op de plaets daer dat Vrouken Veronica ghewoont heeft, daer af den Doeck als noch te Romen is. †

Item, voor die deur vanden Rijckeman, daer Lazarus lach ende begheerde de cruymen van zijn tafel om Gods wil, daer't Evangelium af fpreeckt is aflaet. ✱ |

Item, daer Maria Magdalena haer fonden vergeven waren in Simon Leproos huys. ✱

Item, daer chriftus met het H. Cruys uyt Pylatus huys quam, ende Simon hem hielp dragen, daer is aflaet. ✱

Item, daer onfen Heer fach op die Vroukens van Jerufalem, recht of⁶⁸) hy fegghen wilde, fchreyt niet om my, maer fchreyt om u ende u kinderen. ✱

---

⁶⁵) *vier etc.* | Troilo fpricht von dreien, Rindfleifch nur von zweien, s. Tbl. Golg. 47. Röhr.-Meiſn. 332.

⁶⁶) *oratien* | Obgleich das wort im folgenden nur für gebet gebraucht wird, so wird es hier neben »oremus« wol nur als hauptteil des ganzen (orationes, antiphoni, versiculi, responsorie) gemeint sein.

⁶⁷) *op elcke plaets* | Ist nach des landsmanns von Dusen, des utrechter Cotovicus itin. 302 dahin zu beschränken, dass bei allen den pilgern unzugänglichen orten »nullae fiunt orationes aut preces, cum vel subsistere inibi vel in reverentiae signum caput aperire non liceat«.

⁶⁸) *recht of* | Bemerkenswerte nichtkenntnis des biblifchen berichts Luc. 23, 28.

Item, daer onfe L. Vrou ftonde met haer jongvrouwen, ende woude haren L. Soon fien komen gheladen met het Cruys, als hy foude komen uyt dat Huys van Pilatus ende ging naer den Bergh van Calvarien, aflaet.

Item, in die ftraet daer onfen Heer door-gingh, ftaen twee fteenen, op den eenen ftont Jefus, ende op den anderen ftont Pylatus als hy den Heer veroordeelde.

Daer onfe L. Vrouwe placht Schoole te gaen Ende men wijft ons in een ander ftraet, daer Herodes plach de woonen. Ende dan foo comen wy in dat Huys van Pylatus, daer onfen Heer in veroordeelt is, ende daer hem't Cruys op zijn gebenedijde fchouders geleyt worde. †

Dan komen wy daer Joachim ende Anna ghewoont heeft, daer ftaet een Kercke die de Heydenen voor haer houden, ende daer doen fy haer Oratien in, ende wy Pelgroms en mogen daer niet ingaen. Op defe plaets is onfe L. Vrou ghebooren. †

Item, aen Salomons Tempel ftaet die Pifcina Probatia, daer't H. Evangely af fpreeckt.

Dan foo komen wy aen die Poort daer S. Steven uyt-gheleyt werde, ende comen dan in dat dal Jofaphat, daer S. Steven gefteenicht is, ende daer by is de plaetfe daer Saulus[89]) fat, wachtende de clee- | deren der Joden, tot dat S. Steven ghefteenicht was. Daer is aflaet.

Dan comen wy in dat dal van Jofaphat, daer leyt een fteenbergh,[90]) waer over plach te leggen dat H. Cruys, defe plaetfe heet Torrente Cedron, ende daer fpreekt die Paffy af: Sybilla[91]) die Propheteffe die woude daer niet over gaen, want fy propheteerde dattet het H. Cruys noch worden foude.

Item, midden in dat H. Dal Jofaphat ftaet een kleyne Kercke van onfe L. Vrouw, 'twelck neder te gaen is onder die Aerde 48. trappen,[92]) ende onfer L. Vrouwen Graf is daer, ende men doeter Miffe op: Ende dit is de plaetfe daer onfe L. Vrouw ten Hemel voer. †

Item, in defe Kercke komen die Minne-broeders uyt haer Klooster van den Bergh Syon, ende doen daer alle Saterdage Miffe op onfer

---

[89]) *Saulus* | Vgl. Fabri I, 370.
[90]) *steen-bergh*, Ungewohnte bezeichnung dieser örtlichkeit.
[91]) *Sybilla* | »Regina Sabae quae et Sibyllarum una fuisse dicitur.« Fabri I, 414. vgl. ndrrh. plg. a. 256 u. plgrf. a. 51.
[92]) *48 trappen* | S. plgrf. a. 54.

L. Vrouwen Graf, ende die Pellegroms nemen oock daer het H. Sacrament wie wil. Ende in defe Kerck ftaet een Fonteyne, ende dat water heet onfer L. Vrouwen water.⁹³) Ende daer ftact oock Joachims ende S. Annen eerfte graf in, ende al defe plaetfen befoecken die Pelgroms op eenen dagh.

's Anderen daeghs comen wy weder in het Dal van Jofaphat, ende comen op den H. Bergh van Oliveten, daer heeft onfen Heer aenghebeden fijnen Hemelfchen Vader, op den goeden Vrydagh, ende daer in lefen die Broeders die Paffie op den goeden Vrydagh. †

Van daer comen wy daer onfen Heer gevangen wiert, doen Judas tot hem quam, ende hem cuften, dit ghefchiede in't Hofken, ende leyt aenden Bergh van Oliveten. †

Ende daer is de ftede daer S. Pieter Malchum | dat oor affloegh. ⁎⁎⁎ Daer by is oock die plaetfe doen Jefus tot fijn Apoftelen fprack: Sit hier tot dat ick ghebeden hebbe. ⁎⁎⁎

Item, al voorder op den Bergh Oliveten gaende, foo komen wy daer ons L. Vrouw S. Thomas den Gordel uyt den Hemel font, ooc waft hier daer Jefus fchreyde over Jerufalem. ⁎⁎⁎

Voort op den bergh noch gaende, fo komen wy op die plaetfe daer den Enghel quam, ende brocht onfe L. Vrouw de Palm uyt het Paradijs,⁹⁴) de welcke voor haer ghedraghen wiert, doen fy doodt was. ⁎⁎⁎

Voort, foo komen wy daer dat Kafteel van Galileen⁹⁵) geftaen heeft, ende daer heeft onfen Heer Jefus dickmael onder fijn Apoftelen ghepredickt, ende daer placht hy te ruften, als hy in't Lant van Galileen wilde gaen, oock prefenteerde hy hem aldaer op den Paefchdagh.

Item, als wy ftaen op defe voorfz plaetfe foo wordt ons ghewefen die Gulden Poort, ende Salomons tempel, ende noch veel H. plaetfen die in Jerufalem zijn, daer wy niet mogen ingaen. †

Op dat alderhooghfte van den Bergh ftaet een fchoone Kereke, daer hebben de Heydenen de fleutel af, ende als wy in defe Kerck zijn, foo fien wy recht in't midden een cleyn Capelleken, 'twele die plaets is daer Jefus ten Hemel voer, ende daer ftaet noch ghedruckt fijnen ghebenedijden rechter-voet in een witte fteen. †

---

⁹³) *onser L. Vr. water* | Hat nur hier diese benennung.

⁹⁴) *uyt het Parad.* | Samt dem nachfolgenden relativsatz eine nur hier vorkommende bemerkung.

⁹⁵) *Kast. v. Galil.* | Das »steedchen« der ndrrh. plg. s. 36; der daran geknüpfte bericht ist dem verf. eigentümlich.

Item, aen defe voorfz Kerek is die ftede daer S. Pelagia penitentie dede. †

Op't hooghfte van defen Berg wort ons gewefen die doode zee, ende 't H. Lant van Galilee, ende daer verdienen wy alle die Aflaten die in dat landt | zijn, ende dan gaen wy weder den Bergh af, ende comen daer de Apoftelen Jefum fetten op den Ezel, op den Palmenfondagh.

Noch een vervallen Kerek, geheten S. Marcus Kere, daer hebben de Apoftelen 'teredo gemaect.

Item, de plaetfe daer Jefus die acht faliekeden der zielen predicte.

Item, daer by is de plaetfe daer Jefus zijn Apoftelen leerde dat H. Pater Noster.

Ende in't neder-gaen van defen Bergh ftaet een H. plaetfe, daer plagh onfe L. Vrouw te ruften, na die doot Chrifti, als fy de plaetfe ginghen vifiteren, aflaet.

Alfmen van defen Bergh van Oliveten comt, fo comen wy weder aen dat ander deel van Jofaphat, ende is foo langh als den Bergh is: Comende dan vanden berg, fo ftaet daer Abfalons graf, ende onder den bergh daer ftaet een vervallen Kerek, ende daer liep den H. Apoftel S. Jacob in doen onfe Heer Jefus ghevangen worden, ende daer en quam hy met uyt voor God verrefen was, ende dit was S. Jacob de Minder, aflaet.

Item, ons wort gewefen waer Judas hem felven verhingh, ende op den anderen dach, foo gaen wy vifiteren dat H. Landt oft het dal van Siloe, ende noch veel H. plaetfen, die hier na ftaen gefehreven.

In't dal van Siloe fpringht een Fonteyn, daer de L. Moeder Gods haer kleederen**) in gewaffchen heeft, als fy haren Soon foude offeren.

Van daer comen wy in't felfde dal Siloe, daer fpringt een Fonteyne, ende die comt beneden uyt Salomons Tempel,⁹⁷) dat is, dat water daer Jefus den blint-gheboren gebiede te gaen waffen, op dat hy fiende mocht worden. |

Dan komen wy daer de Joden den Propheet Ifaiam met een houten faghe in twee ftucken ghefaecht hebben.

Item, van daer comen wy aen een groote fteenrotfe, daer een groot hol in is, daer fchuylden die Apoftelen in, als Jefus ghevanghen was, daer is Aflaet.

---

⁹⁶) *haer kleed.* | Wird sonst nur von den kleidern ihres sohnes gesagt. vgl. plgrf. s. 10.

⁹⁷) *uyt Salom. t.* | Den wahren sachverhalt s. Tbl. Sil. 6 ff.

Voort fo comen wy op den Acker die gecoft was om 30. penninghen, ende dien is hol, want die H. Aerde is van doen gebrocht na Romen, 'twelc men noch Gods Acker**) noemt, ende daer worden die Chriftenen die te Jerufalem zijn in geworpen.

Ons wort oock van verre getoont, daer ons L. Vrou gheprefenteert wiert inden Tempel Salomons, doen fy 3. jaer out was, ende daer 10. jaren bleef, maer wy moghen daer niet comen, dan fpreken ons ghebedt van verde. Aflact †

Iem, op een ander dach comen wy daer S. Pieter fijn fonden befchreyde, doen hy Jefum drymael verloochent had, ende is een fteenrotfe.

Van daer comen wy daer die Joden ftonden, ende wachten dat H. Lichaem van onfe L. Vrou, doen zy gheftorven was op den Bergh Syon, ende men foudet draghen na het dal Jofaphat, 'twelck die Joden nemen wouden ende verbranden.

's Anderen daegs comen wy daer Jefus voorby gaende de dry Marien. feyde: Avete.

Dan comen wy in een groote Kerc, daer S. Jacob**) onthooft is, ende aen defe Kerc ftaet een fchoon Kloofter daer Grieckfche Chriftenen in woonen, ende zijn niet van onfe Chriftenen, want zy zijn van den ftoel te Romen niet toegelaten. Defe woonen al dat H. Lant door, ende zijn wel fefderhande.

Comende in Annas huys, daer woonen zy ooc,[100] | ende hebben daer in een cleyn Cloofterken met een Kerck. In dit huys van Annas worde Jefus eerft in gebracht, ghevanghen zijnde op den Bergh van Oliveten, ende daer wiert hy gheflaghen, etc.

Dan gaen wy na Cayphas huys, 't welck de opperfte Biffchop in Jerufalem was, daer ftaet oock een Kloofter daer die voorfz

---

**) *Gods Acker* | Vgl. ndrrh. plg. 57 a. 457. Fabri I. 125: »Sic etiam dicunt de agro sancto, qui est Romae ad S. Petrum, ad quem terra deducta est hinc per mare et agro illo superfusa.« Wird man auch wol die angabe D.'s auf sich beruhen lassen dürfen, so wird man doch seiner deutung des wortes »gods« als einer aus der zeit stammenden glauben schenken müssen, zumal die bedeutung »acker Christi« einen ungleich besseren sinn gibt als die herkömmliche. Wird doch auch »gotteshaus« so verstanden werden müssen, das wie »gottesacker« erst in dieser zeit gebräuchlich zu werden scheint.

**) *S. Jacob* | Das Jacobskloster der Armenier. s. Tbl. tpgr. I, 349 ff. In griech. händen weiss man es indes erst im 17. jh.; Fabri I, 267 findet hier noch einen erzbischof u. kanoniker »de ritu Armeniorum«; »dicuntur tamen Jacobini et sunt Romanae ecclesiae obedientes«.

[100]) *ooc* | Nach Fabri I, 261 von armenischen mönchen schwarzer farbe bewohnt; von griech. besitz an diesem ort weiss man sonst nicht. vgl. Tbl. tpgr. I, 366.

Chriftenen[101]) in woonen. Ende van dit Huys waer veel de fchrijven, als die Paffie feydt. In dees voorn. Kerck is een Outaer, waer op den fteen leydt, die op het graf ons Heeren lach doen hy verrees. Ende op defen fteen doen dees Chriftenen daer Miffen. †

In defe Kerck ftaet een cleynen Kercker, daer hielden de Joden Jefum in ghebonden aen een Colomne, ende hier verfaeckte S. Pieter Jefum.

S. Pieter verfaeckten den Heer in Annas Huys oock eens, ende in't Huys van Cayphas is die plaetfe daer hy den Haen hoorde craeyen, doen hy den Heer drymael verfaeckt hadde.

Item, over al daer Kercken ftaen, brandt men Lampen in die eere Gods.

Recht buyten dit huys ftact die plaetfe,[102]) daer onfe L. Vrou ftondt, willende haren lieven soon Jefum fien comen uyt Cayphas huys, doen fy hem tot Pylatum brochten.

Dit voorfz huys ftact by den Berg Syon, daer die Minnebroeders op woonen, ende 's anderen daegs worden wy Pelgroms gehaelt uyt het hofpitael, ende brenghen ons op den Bergh Syon, daer fy woonen, ende t'leyt een groot ftuck weechs van't H. Graf, ende den Berch van Calvarien, ende het H. Graf ftaet nu in Jerufalem, ende den Bergh van Syon daer buyten, ontrent een mijl.[103])

Op defen berg Syon woonen 24. Minnebroe- | ders,[104]) dat Priefters zijn, om dat fy moghen gaen preken al dat H. Lant door, ooc in't Heydens landt daer Chriftenen woonen, foo in Mufka,[105]) als in Alexandren, ende defe Broeders moghen al't Landt vry door-reyfen, want fy hebben een vaft gheleyde.

Dit Kloofter heeft maer een deure in te gaen, ende is een ftercke yferen deure, ende de Kercke heeft twee yfere deuren, een van buyten ende een van binnen. Hier fal ick fchrijven alle die H. plaetfen, die in ende buyten dit Kloofter op den Berg Syon ftaen.

Inden eerften, is daer dat Hoogh Outaer, daer Jefus dat H. Sacrament ghemaeckt heeft. †

---

[101]) *voorser. Christ.* | Auch hier befanden sich nur Armenier.
[102]) *plaetse* | Ebenso bei Fabri I, 266.
[103]) *een mijl* | Nach Tbl. tpgr. I, 292 »fünftehalbhundert schritte«.
[104]) *24 Minnebr.* | Breyd. »gemainklich XXIIII brüeder«, nach Fabri I, 384 sind es 23, vgl. Tbl. tpgr. I, 340.
[105]) *Muska* | Nach Quaresmio II, 1808 haben die Minoriten »generalem licentiam« für Nazareth, Sidon, Tripolis, Aleppo, Alexandrien in Syrien u. Aegypten, Kairo u. Ernica (alias le Saline) auf Kypros. Sollte unter diesem Kairo es sein, bzw. Altkairo, dessen name Musr el-Atikeh hier zu Muska entstellt wäre?

Noch is op defen Bergh dat Outaer, oock die plaetfe, daer onfen Heer met fijn Apoftelen dat Paefch-lam at. †

In defe Kerck is noch een Outaer op die plaets daer Chriftus fijn Difcipulen voeten wiefch.

Item, daer recht over hadde den Hertogh van Borgonjen doen maecken een fchoon Kapelle vanden H. Ghoeft, 'twelck die plaets is daer den H. Gheeft op den Sinxen-dagh verfcheen, maer die Heydenen hebbenfe te niet ghedaen. †

Van hier gaen wy beneden in 't pant vant Kloofter, daer ftaet een kleyn Capelleken met een Outaer, op welcke plaets Godt fijn Apoftelen openbaerde na fijn doot, feggende: Vrede zy met u. 't Is oock die plaetfe daer S. Thomas Jefum zijn ghebenedijde wonden voelde. †

In de Kerck is de plaets daer onfe L. Vrou 12. jaer ghewoont[106]) heeft na haers Soons doodt. †

Op defe plaets is ons L. Vrou gheftorven, ende van daer ghebrocht na 'tdal Jofaphat. †

Hier by oock de plaets daer S. Jan Euangelift daghelijcks Miffe dede voor ons L. Vrou. |

Oock daer S. Mathijs Apoftel genaeet wiert inde ftede van Judas Ifcarioth. Ende daer onfe L. Vrou daghelijex haer ghebedt dede.

Oock daer Jefus dickmael preeckte, ende onfe L. Vrouwe fat aenhoorende hem prediken.

Item, onder den Bergh wort ons gewefen daer Coningh Salomon begraven leyt, maer wy Chriftenen en moghen daer niet ingaen, want die Heydenen hebben die fleutels van 't graf, ende daer by ftaet S. Stevens eerfte graf.[107])

Daer by is de plaetfe daer die Keucken gheftaen heeft, daer 't Paefch lam bereyt werdt.

Ende van daer fo comen wy daer die H. apoftelen van malkanderen fcheyden, daer God fprack: Gaet, ende leert, etc. † Ende dit zijn alle de Heylighe plaetfen op den Bergh Syon.

---

[106]) *ghewoont* | Diese u. die folgende stelle wird um die gleiche zeit immer ausserhalb der kirche gezeigt. s. Tbl. tpgr. II. 127.

[107]) *eerste graf* | Während der pilgf. s. 11 den martyrer hier zum zweitenmal begraben sein lässt vermutlich nach der legende, dass durch einen gewissen Lucian der leib desselben zu Kaphar Gamala im gebiet Jerusalems gefunden u. in Zion im j. 415 beigesetzt sein soll, wird hier der spätere bericht des Phokas (1185) zur geltung gebracht, nach welchem Stephanus an dieser stelle zuerst beerdigt, alsdann aber von Gamalid an einen andern ort versetzt worden sei; vgl. Tbl. tpgr. II. 101 u. 111 f. Fabri I. 258 gibt in etwas anderer färbung die erstgenannte legende. Es ist demnach billig zu verwundern, dass zur ungefähr gleichen zeit zwei legenden raum neben einander haben.

Daer waer noch veel van dit Clooster te schrijven. Dese voorsz Broeders houden onse Pelgroms samen eens ten eten, soo arm als rijck, ende doen een schoone maeltijt bereyden, ende gaen by haer ten H. Sacrament, ende sy hebben noch een Klooster aen den Bergh, daer woonen graeu-Susters [108]) in, ende die waffchen al 't Lywaet dat dit Klooster ende de Kerck behoef, ende backen oock al het broot: Ende van daer gaende keeren wy weder in ons Hofpitael.

's Anderen daeghs gaen wy weder inden H. Tempel, daer 't Graf ende den Bergh Calvarien in staet, ende blyven daer noch een nacht in, ende verdienen die Aflaten die daer toe staen, ende reysen voort na Bethlehem.

Item, als die Pelgroms na Bethlehem reysen sullen, soo komen die Heydenen ende brenghen ons weder die Ezels, daer wy mede na Bethlehem rijden, ende na 'tJootsche gebercht, daer S. Jan Baptist geboren is, ende die Heeren van Jerusalem reysen met ons.

Bethlehem is van Jerusalem 5. mijlen, ende is een schoonen wegh te rijden. De Herberge daer die dry Coninghen gheherberght waren, ende eerst by maleander quamen, oock daer zy die sterre verloren, is op een hoeck van dry weghen, ende ontrent een Lombaertsche mijle van die Herberghe, komen wy op die plaets daer sy die sterre weder saghen.

Half weghen Bethlehem ende Jerusalem staet een Kerck, daer Elias die Propheet geboren is.

Van daer soo komen wy aen een groot vervallen Huys oft Kerck, daer den Prophete Habacuc [109]) gheboren is, die den Enghel Godts by den hayr nam, voerde hem, etc.

Dan comen wy aen een vervallen Kerck, daer heeft Jacob de Patriarch ghewoont.

Dan comen wy aen Rachels graf, die Jacobs Wijf was, ende dit houden die Heydenen in eeren, ende dan comen wy voort in Bethlehem, ende daer en staen niet boven vijftich Huysen.[110]) ende daer staet een Klooster met een schoone Kerck, daer den Bisschop van Bethlehem in placht te woonen, doen die Christenen 't Lant besaten, ende daer heeft oock S. Hyeronimus gewoont, ende als wy Pelgroms voor dit Clooster comen, so gaen wy daer in, want onse Minnebroers

---

[108]) *graeu-Susters* | Fabri I, 259: »Sunt enim vetulae valde maturae et honestae degentes sub tertia regula S. Francisci cum multa patientia et sustinentia«.

[109]) *Habacuc* | »Vocatur domus et ecclesia s. Habacuc prophetae« sagt zwar schon Bonifacio bei Quaresm. II, 668 aber nur hier u. bei Hagen 47 wird seiner grösse gedacht.

[110]) *vijftich huysen* | Erster genauerer bericht aus dieser zeit, s. Tbl. Bethl. 36 f.

daer woonen, gelijck tot Jerufalem, ende blijven daer eenen nacht in, ende die Broeders doen ons goede cier aen, ghevende ons Broot ende wijn na haer vermogen, ende wy gaen alle nacht in Proceffy op alle de H. plaetfen die in Bethlehem zijn. In Jerufalem woonen veel Chriftenen, die fy Centurie[111]) noemen, maer zijn quade Chriftenen, ende die reyfen altijt met ons na Beth-|lehem, ende na die Jordanen, ende daer wy in gaen gaen fy mede in, ons verkoopende kerffen, Pater Nofters ende van als.

In't pant van dit Clooster neder-gaende onder d'aerde 39. trappen[112]) daer is de plaetfe daer S. Jeronymus ftudeerde, ende heeft aldaer gemaeckt den Bybel, overfettende uyten Hebreevfche int Griecx,[113]) ende uyten Griecxfche in't Latijn. Ende daer ftaen oock S. Jeronimi ende Eufebij[114]) zijn Difcipel beyde haer eerfte graven.

Als wy daer uyt comen, foo gaen wy al fingende in't pant vant Kloofter, ende comen in een Capelle van S. Katharina, daer doen dees Broeders alle nacht haer ghetijden, ende uyt dees Capelle machmen heymelijck[115]) gaen onder die aerde, daer Jefus gheboren is, ende hier en weten die Heydenen niet af, ende is een groot ftuck onder d'aerde te gaen.

Ende dan comen wy inde Kerck ende op dat H. graf, 'twelck die plaets is daer die dry Coninghen haer offerhande ghereet maeckten, dat fy Jefum offerden.

In defe felfde Kerck ftaet ghemaeckt een fchoon Capelle, ende is met 12. trappen[116]) neer te gaen, daer ftaet een Outaer, het welck die plaets is, daer Jefus gheboren is. †

In defe capelle ftaet noch een Outaer, ende recht voor dit Outaer ftaet de H. Cribbe, daer Jefus in gheleyt is, ende is ghemaeckt van fteen, †

Noch is in die felfde Capelle die plaets daer die dry Coningen quamen ende brochten die offerhande aen Jefum, ende onfe L. Vrou fat en outfinck die offerhande van haren lieven Sone. †

Op defe H. plaetfe maecken die Broeders eenen Outaer als die

---

[111]) *Centurie* | De cinctura, s. ndrrh. plg. a. 209.

[112]) *39 trappen* | Die bei weitem höchste aller sonst angegebenen zahlen, s. plgf. a. 176.

[113]) *Griecx* | Bezeichnend für den bildungsgrad des vert.'s.

[114]) *Eusebij* | »Euseb. Cremonensis, Jeronymi discipulus« dictus. Fabri I, 439.

[115]) *heymelijk* | Weiterer beitrag zur geschichte dieses geheimen ganges der Franziskaner, vgl. Tbl. Beth. 128.

[116]) *12 trappen* | Vgl. plgf. a. 172 u. ndrrh. plgr. s. 49.

Pelgroms daer comen, ende ont- | fanghen dat H. Sacrament al die
willen. †

Alfmen weder uyt dees Capelle gaet, foo ftaet in de Kerck
eenen Outaer, daer Jefus op befneden is, op den H. Jaerfdach.

Oock is in dit Klooster de plaetfe daermen die Onnofele Kinder-
kens in worp, die Herodes hadde laten dooden in ende ontrent
Bethlehem.

Buyten dit Clooster wort ons ghewefen, daer ons L. Vrou reet
naer Egypten.

Item, een Lombaertfche mijle van Bethlehem ftaet een fchoon
dal Olijf-boomen, daer ftaet een vervallen Kerck, 'twele die plaets
is daer den Enghel die bootfchap bracht aen die Herders, doen
Jefus gheboren was, ende daer fongen die Engelen Gloria in excelfis
Deo.

Als wy alle defe voorfz. H. plaetfen gefien hebben, foo reyfen wy
van Bethlehem no 'tJootfche Lant daer S. Jan Baptift gheboren is.

Dat Jootfche ghebercht is fes Lombaertfche mijlen van 't Bethle-
hem, ende is een quade wegh te reyfen. Nu van alle die H. plaetfen
die wy Pelgroms fien in 'tJootfche lant, ende tot Jerufalem toe.

Inden eerften, comen wy in een fchoon dal, daer laten wy
onfe Ezelen ftaen, ende daer gaen wy te voet aen een vervallen
Clooster, ende daer woonen Heydenen in, daer ftaen oock twee ver-
fallen Kercken, ende hier heeft Zacharias ende Elizabeth gewoont,
ende in die bovenfte Kerck heeft Zacharias ghemaeckt den Pfalm,
Benedictus Dominus Deus Ifrael.

Daer ftaet ooch die plaetfe daer onfe L. Vrouw haer Nichte
Elifabeth groete. †

Inde neder-Kerck is die plaetfe daer Elifabeth haren lieven
Sone Johannem hadde verborghen, | als Herodes daer voorby reet.

Wt dat Clooster een booch-fchoot weeghs ftaet een vervallen
Kerck, daer is Joannes Baptift geboren. †

Als wy dit al befien hebben, fo rijden wy na Jerufalem, ende
onder-weghen wordt ons ghewefen hooch op een Bergh een Huys,
daer gewoont heeft Symeon den Rechtvaerdighen, die Jefum in zijn
armen ontfing in Salomons Tempel, fegghende: Nunc dimittis fervum
tuum Domine,

Voorts comen wy aen een Klooster, daer chriftenen in wonen,
'twele gewijt inder eeren Gods, ende in dat H. Cruys is, ende hier
ftaet een Outaer, achter welck een gat is daer een ftuck van't H.
Cruys gewaffen is.

Dit Clooster leyt twee mijlen van Jerufalem, ende komende in Jerufalem, gaen wy weder in't Hofpitael, ende dan gaen wy wederom inden H. Tempel, daer dat Heylighe Graf in ftaet, ende ghy fult weten dat alle de Pelgroms die in Jerufalem comen, die gaen dry nachten lanck inden Tempel daer het Heylighe Graf in ftaet, ende als wy daer in gaen, foo comen die Heeren van Jerufalem ende doen den Tempel op, ende tellen ons ingaende ende uyt comende, ende wy vifiteren die H. Plaetfen, ende als wy weder daer uyt comen, foo fpreken die Pelgroms om famen op den Jordanen te reyfen.

Ghy fult weten dat het feer forghelijk is te reyfen op den Jordaen, te weten: van groote hitte ende quaden wegh, ende ghy moet uwen coft mede nemen, t'gheen ghy in twee daghen meynt te eten en te drincken. Ende ick Claes van Dufen hebbe elfmael geweeft te Jerufalem, ende maer drymael op de Jordaen, ende als wy reyfen na de Jordaen, foo | brenghtmen ons die Ezels die wy te voren hadden op den Bergh Syon, ende reyfen dan van daer nae 't dal van Jofaphat, ende op den Bergh van Oliveten ende reyfen door Bethania, 'twelck 2. mijlen van Jerufalem is. Alle de H. plaetfen die in Bethania zijn, fal ick u fchrijven als wy weder comen vanden Jordaen.

Als wy reyfen van Bethania foo komen in een groot ghebercht, 'twelck een quade wegh is, ende 'tghebercht duert 22. mijlen Lombaertfche, ende als wy daer uyt comen, foo leydt daer eenen grooten Bergh, d'welcke foo fteyl neder te gaen is, dat wy moeten onfe Ezels laten loyen, ende gaen te voet: Ende als wy uyt dit ghebercht zijn, komen wy in een fchoon dal, 'twelck ons brenght door Jericho tot op den Jordaen.

In Jericho ftaet het Huys, daer Zacheus in woonde, met den welcken Jefus at.

Jericho is nu een kleyn Dorp, met een hooghen ftercken toren van fteen, anders en fietmer niet, ende daer is oock die plaets daer Chriftus den Blinden fijn ooghen verlichte.

Dan komen wy aen een kleyn Clooſter,[117]) daer S. Jan Baptift inde Woeftijne lach, als hy Jefum doopen foude. Dan komen wy voort op den Jordaen, daer Jefus ghedoopt is, zijnde 6. mijlen van Jericho. † Defe Jordaen is eng ende feer diep, ende loopt fterck,

---

[117]) *clooster* | Entweder daſſelbe, was auch unter dem namen Hieronymuskloster bekannt iſt, vgl. pgf. a. 203 u. ndrrh. plg. s. 55, o. das feit 600 ſtändig ſog. Johanniskloster nördlich von letzterem u. näher am Jordan, vgl. Marti in d. ztſchr. d. d. Palaeſtinaver. III, 15.

ende fy eyndet in die doode zee, daer ftaen veel boomen by, ende is forghelijck om in te baden, om den ftercken ftroom ende groote diepte, nochtans heb icker ghefien over fwemmen veel goede Mannen, ende de Pelgroms blijven ontrent een ure daer op, eten wat, ende reyfen na den Bergh daer Jefus 40. dagen gevaft heeft, ende | als die Pelgroms daer zijn, waffchen haer voeten ende lichaem daer in, ende fpreken haer ghebedt. †

Als wy dan inde Jordaen gheweeft hebben, foo reyfen wy wederom, ende ons wordt ghewefen die doode zee daer Zodoma, Gomorra, ende ander fteden in verfoncken zijn: Wederkomende door Jericho, rijden wy na een Bergh ghenaemt Quarentena, ende defen Bergh is feer hooghe, ende onder den Berg ruften de Pelgroms, want daer ftaen veel Ceder-boomen, ende daer leyt een fchoon water by 'twelck 'tfelfde is daer Elizeus 4. Reg. af fpreeckt. Op defen Bergh ftaet een vervallen Capel, 'twelck die plaetfe is daer Chriftus 40. dagen vafte. †

Op't alderhooghfte van defen Bergh ftaet een Capelle, daer is die plaetfe daer Jefus ghebrocht worde vanden Duyvel, als hy hem temteerde. †

Dit voorfz ghefien hebbende, reyfen wy weder na Jerufalem, ende comen in Bethania, twee mijlen van Jerufalem, ende dit zijn de II. plaetfen, als:

Inden eerften, ftaet in Bethania een vervallen Huys, daer Maria Magdalena ghewoont heeft, daer heeft Jefus in ghepredickt. †

Noch ftaeter een vervallen Huys, daer Martha in ghewoont heeft, daer heeft Chriftus dickwijls in gheruft.

Daer by ftaet een Steen, daer onfen Heer op rufte, doen Martha tot hem quam, ende fprack: Heere, hadt ghy hier gheweeft onfe Broeder, etc.

Ontrent een booch-fchoot weegs van der ftaet een vervallen Cloofter, daer is Lazarus graf in een cleen Kerc, daer is hy ooc vander doot verweet.

Ontrent 16. treden van dit graf is die plaetfe daer Jefus tot Lazarum feyde: Staet op, etc. †

By dit voorfz. Kloofter is een groot | vervallen Huys, daer Symon die Leproos ghewoont heeft, daer Jefus ten eten was, als Maria Magdalena hem quam falven, daer Judas om murmureerde. †

Defen Symon hadde noch een huys in Jerufalem, daer Jefus Mariam Magdalenam al haer fonden vergaf. †

Dan reyfen wy na Jerufalem, ende ons wordt achter den Bergh van Oliveten gewefen een Dorp ghcheeten Bethphage, daer fat onfen Heer op den Ezel, als hy quam in Jerufalem. †

Op den Bergh van oliveten waffen veel Olijfboomen, en daer by ftondt den Vijgheboom [118]) die Jefus vermalendyde. Ende ons wordt ghewefen dat Dorp Getfemany, ende dan foo komen wy weder in Jerufalem, ende gaen int Hofpitael, ende ruften.

Als wy alle defe voorfz H. plaetfen ghefien hebben, fo gaen wy inden Tempel van't H. Graf, ende verfoecken alle die H. plaetfen die daer in zijn, ende doen ons devotie als wy behooren. Ghy fult weten dat in Jerufalem veel H. plaetfen zijn, diemen ons niet en wijft. Maer dees voorgenoemde ons gewefen zijnde, reyfen wy Pelgroms wederom van Jerufalem na Rama, ende Jaffa, ende dan voort inde Galeye tot Venetien toe.

Ick Klaes van Dufen hebbe elfmael te Jerufalem geweeft, ende daer hebben altijt groote Lanf-heeren [119]) mede gheweeft, maer gheen en moghender in Salomons Tempel komen.

     Dus verre Claes van Dufen.

---

[118]) *Vijgheboom* | S. Fabri II, 32.

[119]) *Lansheeren* | Soweit wir wissen: herzog Joh. v. Baiern 1486, herz. Erich I v. Braunschweig vielleicht im selben jahr; graf Phil. v. Jsenburg 1487 landgr. Wilh. d. ältere v. Hessen 1491; herz. Balthasar v. Mecklenburg 1492; kurfürst Friedr. d. weise v. Sachsen u. herz. Christoph v. Baiern 1493; herz. Alex., pflzgr. bei Rhein 1495, s. Röhr.-Meisn. 505 ff.

HODOPORIKA PHILIPPS VAN HAGEN
AUS DEM 3. JAHRZEHNT DES 16. JAHRH.'S.

Die wol nur in diesem einen exemplare abgefasste handschrift der von seinem sohne sogenannten ὁδοιπορικά war in folge eines rechtsstreits zwischen den beiden letzten gliedern der familie von Hagen einer- und dem käufer des ehemaligen stammsitzes der letzteren, des nunmehr verfallenen aber noch jetzt mit zugbrücke und wasser umgebenen schlosses Motte bei Lebach, kreis Saarlouis, einem herrn de Melard andrerseits in einem alten runden mit schweinsfell überzogenen kofferchen in gemeinschaft mit andern familienpapieren in die hände des trierschen rechtsanwalts Depré gekommen. Von diesem seinen amtsnachfolger hinterlassen, wurde es nach dem tode des letzten der beiden genannten clienten, des trierschen abts von Hagen, allein von den genannten meistens in französischer sprache geschriebenen, unter andern auch einen ausgedehnten briefwechsel zwischen einem in Wien wohnenden fräulein v. Hagen und ihrem bruder, einem trierschen domherrn, enthaltenden familien-schriftstücken der aufbewahrung wert gehalten und gelangte durch schenkung an seinen gegenwärtigen eigentümer, herrn oberst a. d. von Cohausen in Wiesbaden, der die ausserordentliche gewogenheit hatte uns dasselbe aufs zuvorkommendste zur herausgabe anzuvertrauen und uns zugleich mit den vorstehenden angaben über die letzte vergangenheit der handschrift zu versehen.

Der zeit entsprechend ist es eine papier-handschrift in quart, deren 32 blätter in 3 lagen — die zwei ersten zu 5, die dritte zu 6 halben bogen — derart zusammengeheftet sind, dass ihr weisspapierner umschlag von dem ersten blatt der ersten und dem letzten der zweiten lage, welche auf diese weise mit der dritten zu einem besonderen hefte in dem ganzen verbunden ist, gebildet wird. Spuren alter heftstiche, ausser den zur nunmehrigen heftung dienenden, bezeugen zwar eine frühere andere heftung, doch scheint auch die gegenwärtige dem alter des heftgarns nach zu schliessen der zeit der herstellung der handschrift anzugehören. Ein starker gebrauch dieser letzteren hat wol kaum stattgefunden, da sich das ganze in wolerhaltenem zustand befindet; kaum dass der umschlag etwas stärker gebräunt und an einer der hand am meisten ausgesetzten stelle ein wenig brüchig erscheint.

Auch die in lateinischen buchstaben ausgeführte **schrift** darf im ganzen eine sehr saubere, wenngleich mit kräftiger feder geschriebene genannt werden und ist bis auf die letzten seiten sehr gleichmässig, deshalb auch fast durchweg wol leserlich. Diese letzten seiten aber tragen das gepräge der eile, haben weniger buchstaben und lassen hin und wieder ein wort erraten statt deutlich lesen. Die angewendeten **abkürzungen** sind ausnahmslos diejenigen des zeitalters.

Dass unsere **handschrift vom verfasser und pilger selber** herrührt, bezeugt neben dem eingang des ganzen: »diß nachgeschrieben ding in dißem biechel begriffen hab ich Phillips Hagen zu gedechtnus geschrieben« — auch wol das, dass auf den schluss des kleinen vorworts: »dz bin ich phillips hagen jnnen worden im 1523 ior« die bemerkung von anderer hand folgt, »dem gott genad in Ewigkeitt 1530« sowie der titel und die beischriften des sohnes am rande, welche schwerlich in dieser form einer blossen abschrift zugefügt worden sein würden.

Wann die schrift abgefasst wurde, ist zwar nicht mit bestimmter jahreszahl anzugeben — das ihr vorgesetzte jahr 1523 bezeichnet nur den anfang der reise —; um so gewisser aber kann dafür die zeit zwischen 1524 und 1530 angesetzt werden; denn in ersterem jahre kehrte der beschreiber der pilgerfahrt zurück und in letztgenanntem starb er nach der so eben angezogenen beischrift des textes.

Ueber des **verfassers person** ist uns trotz ausgedehntester nachforschung nicht mehr bekannt geworden, als was seine schrift enthält. In dieser nennt er sich einfach »Phillips hagen«; dass er aber nichtsdestoweniger edelman war, könnte schon aus dem genannten fundort seiner schrift, sowie aus dem anfang seiner erzählung über die von ihm gewählte edelmännische reisegesellschaft hervorgehen, wenn es nicht aus der von ihm ebenfalls berichteten tatsache, dass er sich zum ritter des heiligen grabes schlagen liess, unumstösslich würde. Denn bekanntlich war diese ritterschaft an adlige geburt geknüpft und wurde, wenn schon im letzten viertel des 16. jh.'s ausnahmen von der regel stattfanden, in der zeit Hagens noch streng in dieser verknüpfung erhalten.¹) Verheiratet wird Hagen auch wol gedacht werden müssen; denn kann schon der bereits angeführte sohn, der sich am rande von s. 5 ausdrüklich »Marx Hagen« nennt, als solcher erst legitimiert worden sein, da einem ritter des heiligen grabes das kaiserliche recht zustand allen unehelichen kindern die rechte ehelicher zu verleihen,²) so ist dies doch hier schwerlich der fall. Man denkt an einen ehemann und dazu an einen solchen, der noch nachkommenschaft zu erwarten hat, wenn man von unserm pilgrim liest, wie er gläubig aus der sogenannten milchgrotte zu Bethlehem »dess ertrichs [mit]nam«, das müttern heilkräftig sein sollte, »so sie nit milch hand von iren bristen zu seigen«. Ebenso ist es von einem verheirateten verständlich, wenn Hagen berichtet: »der obseruantz ... absoluiert vnss bilger vor hien, wer mit dess bopst erloupnis het von sin pfarrer oder siner eefrouwen.« Vater aber war der verfasser wol ohne frage beim antritt seiner fahrt ins heilige land; denn wenn der sohn in gedachter randbemerkung erzählt, dass er gleich dem Vater in Venedig gewesen sei und zwar zur zeit der einführung des dogen Pietro Lando in sein amt, das ist im anfang des jahres 1539,³) so kann doch ein solcher besuch schwerlich vor das zwanzigste lebensjahr des sohnes gesetzt werden. Darnach würde die zeit der eheschliessung mindestens ins jahr 1518 fallen. Und war dann unser pilger noch so jung, jünger als 18—20 jährig wird er beim antritt der ehe kaum gewesen sein, selbst wenn wir diese der zeit nicht fremde frühe verheiratung annehmen. Jünger als 23 jährig zog Hagen deshalb wol nicht übers meer. Die junge ehe an sich musste darum keine abhaltung von der fahrt bedingen. Sehen wir doch den grafen Johann von Nassau-Dillenburg kaum ein jahr nach der geburt seines ersten kindes die abermals in gesegneten umständen befindliche gemahlin dem heiligen grabe zu liebe verlassen.⁴) Sind ferner die vermögensverhältnisse eines palaestinafahrers von stande in damaliger zeit um der bedeutenden reisekosten willen immer bevorzugte zu nennen, so werden sie solche bei Hagen um so mehr genannt werden müssen, als wir ihn bei verschiedenen gelegenheiten von minder begüterten mitreisenden reden hören und ihn niemals kargen sehen, ob er gleich den wert des geldes kennt und ein starkes gefühl für prellerei zeigt. Auch dass sein sohn reisen wie die nach Venedig unternehmen kann und wie es scheint zum blossen vergnügen (etwa auf einem ab-

---

¹) Vgl. Tbl. Golg. 244 f. u. Röhr.-Meisn. 33.
²) S. Quaresmio I. 652; vgl. mit Zoepfl, deutsche rechtsgesch. Braunschw. 1871. II. 361.
³) Vgl. Lougier. hist. de la republ. de Venise. Paris 1766. IX. 552.
⁴) v. Arnoldi. gesch. der oran. nass. länd. III, 1, 73.

stecher von der universität Padua oder Bologna?), darf hierbei als zeichen des familienwolstandes in betracht kommen.⁵) Bezüglich seines bildungsstandes dürfen wir unsern ritter für einen in seinem lebenskreise unterrichteten und dabei mit gesundem urteil und guter beobachtungsgabe ausgestatteten mann halten. Nicht nur dass er — was doch mindestens auf sinn für bildung deuten muss — einen sohn hat, der griechisch versteht — für einen ritter, man denke an Hutten und dessen berichte über seinesgleichen, ein sehr erhebliches zu dieser zeit, so verrät er selber kenntnis des lateinischen und französischen; auch ist ihm die bibel nicht fremd. Im ganzen aber zeigt sich Hagen offenbar mehr als weltmann. Er weiss die venezianischen festlichkeiten edelmännisch zu würdigen und zu beschreiben; er zeigt kluge augen für die äusseren lebensverhältnisse; er beobachtet für ihn seltsame naturerscheinungen, wie den fliegenden fisch, und essen, namentlich aber trinken, bilden einen besonderen gegenstand seiner aufmerksamkeit. Seine kirchliche gesinnung, um auch von ihr noch ein wort zu sagen, lässt in nichts eine erschütterung durch die seine zeit soeben mit frischester macht bewegenden neuen wittenbergischen ideen erkennen. Nennt er gleich unter den drei erfordernissen eines richtigen Jerusalemfahrers in einer für unser heutiges empfinden stark ironischen weise den festen glauben an alles, was an den heiligen stätten den pilgern gesagt werde, so tut er dies, wie sich unten zeigen wird, nicht nur mit vorgängern, sondern zeigt sich auch im bericht über die heiligen stätten und über das was ihm seine geistlichen führer erzählt hatten von der unbefangensten, arglosesten kirchlichen gläubigkeit. Gläubig nimmt er wie bemerkt aus der bethlehemitischen milchgrotte von der heilkräftigen mondmilch mit, gläubig füllt er sein »gleselin« aus dem troge am sarkophage des heiligen Mamas auf Kypros. Indes auch wirklich fromme empfindung wird ihm zuerkannt werden müssen, wie dies z. b. sein bericht über den besuch der calvarienstätte und des heiligen grabes bezeugt. Nur ist diese empfindung nicht mächtig genug den pfleger des kirchlichen opus operatum und den ritter des h. grabes zu verdecken.

Was die Heimat Hagens betrifft, so dürfen wir uns von der tatsache, dass seine schrift unter den papieren der »Hagen zur Motten« erhoben wurde, nicht verführen lassen, diese auch auf der Motte zu suchen; denn

---

⁵) Dass die gesammtfamilie Hagen wolstehend gewesen sein muss, will mir auch aus einer der hiesigen archiv. sammlung angehörigen urk. vom montag nach sonntag cantate 1531 hervorgehen, in welcher Heinr. v. Hagen, herr zur Motten, sich für Rheingraf Johann wegen der 200 guld. u. 11 fuder weins verbürgt, welche dieser seinem vetter Rheingraf Jakob zu Tronecken jährlich zu geben versprochen hat. Die bürgschaft für eine nach damaligen werten bedeutende leistung setzt nicht unbeträchtliche mittel voraus.

die stammtafel dieses familienzweigs kennt unsern Hagen nicht oder doch nicht so, dass wir ihn auch nur mit einiger sicherheit für den unsern ansprechen dürften; wie denn überhaupt der stammbaum der familie, soweit wir zu urteilen vermögen nach von uns benutzten handschriftlichen aufzeichnungen von Hellwich und von Greiffenklau, sowie nach den zahlreichen urkunden des hier allein in betracht kommenden königl. staatsarchivs in Coblenz, die herr staatsarchivar dr. Becker für uns zu durcharbeiten die gewohnte selbstlose und zuverlässige güte hatte, sich nichts weniger als einer gesicherten gestalt erfreut oder doch so vollständig ist, wie wir ihn wünschen müssten. Es ist das freilich sehr begreiflich, wenn wir aus dem uns vorliegenden eigenhändigen briefe eines hervorragenden mitglieds der familie, des früheren kurtrierschen hofmarschalls, späteren königl. polnischen und kursächsischen geheimen rats J. W. L. freiherrn von Hagen d. d. Motten 16. december 1739 erfahren, dass der veranlasser des briefs, von Greiffenklau, sämmtliche im besitze des hauses befindlich gewesenen genealogischen urkunden für sein werk benutzt haben muss. Gleichwol vermag selbst dieser unsichere und unvollständige stammbaum unsers erachtens handleitung zur entdeckung der heimat unsers ritters zu geben, wenn wir uns zuvor aus der sprache der schrift des letzteren unterrichten lassen, dass diese, ob sie gleich das »gemeine deutsch« der gebildeten der zeit wiedergibt, welches Luther für immer zur schriftsprache erhoben hat, unverkennbares elsässisches gepräge trägt. Nicht allein nämlich, dass hier das so bezeichnende pf dieser verschiebungsstufe überall zum vollen durchbruch gekommen ist,[6]) so erscheint auch wenigstens einmal das alemannische kilch für kirche, kripfe für krippe[7]) und das zumal elsässische eb für ehe sammt dem nicht minder dort landüblichen capiteng.

Nun weiss allerdings weder Schöpflin noch der oben genannte stammbaum etwas von einem Hagen, der ins Elsass ausgewandert wäre. Eine der beiden geschlechtstafeln bei dem erwähnten Hellwich[8]) bemerkt nur zu dem namen des deutschordensritters Philips von Hagen (1570): »hatt sich in lottringen verheirat, wirt des linia hir nicht weider gemelt«. Um so gewisser aber berichten sämmtliche genealogischen urkunden der familie von heiraten zwischen denen von Hagen und mitgliedern des elsässischen adels. Die unzweifelhaft zuverlässigen aufschwörungstafeln des trierschen domherrn »Philips Wolff vom Hagen« von 1546 (im coblenzer staatsarchiv und abschriftlich hier bei Hellwich) nennen dessen mutter eine

---

[6]) Wahlenberg, die niederrh., nordrhein-fränk. mundart. 15 u. 18.
[7]) Grimm d. wb^{ch}. V. 792 u. 2320.
[8]) opus genealog. IV.

»Maria Jacobe vonn Fleckenustein, freidochter zu Dagstull«; die Fleckensteiner aber sind ein bekanntes dynastengeschlecht des Elsass.⁹) Ebenso lässt der Hellwichsche stammbaum in einer randbemerkung den naussau-saarbrückischen oberamtmann »Philippus Daniel ab Hagen uxorem modernam . . . a Birckheim [Berck oder Bergheim] ex Alsatia« nach 1614 holen; und gleicherweise vermählen sich nach demselben gewährsmann und Humbracht[10]) zwei Hagensche töchter mit elsässischen edelleuten, die eine vor 1500 mit einem Schenck von Missbach, die andere mit einen von Brandscheid vor 1570.[11]) Es bestanden demnach offenbar beziehungen des geschlechts zum Elsass und zwar wenn wir die besitzungen der Fleckensteiner und Berkheimer — diejenigen der genannten anderen beiden Elsässer entziehen sich unserer kenntnis — ins auge fassen, insbesondere zur gegend um Strassburg.[12]) Dass aber unser ritter sammt seiner familie ebenfalls in einem besonderen verhältnis zu Strassburg und dessen umgegend gestanden haben müsse, geht aus der deutlich einen bekannten verratenden erwähnung des elsässischen edelmanns » Sixt von Bar zu St. Drelgen (selbst diese wortverketzerung ist bemerkenswert für die mundart eines elsässischen Hagens) oder alten S. Peter« in Strassburg hervor. Nehmen wir hierzu, dass die auffallende bevorzugung des o- vor dem a-laut der »hodoporika« nach Stöber[13]) eine eigentümlichkeit des gebiets um den Kochersberg ist, so versetzt uns das in die nähe der Fleckensteinschen besitzungen wie in diejenige der familie von Barr,[14]) ob wir gleich letztere zu dieser zeit dort nicht nachzuweisen vermögen. Wir werden darum kaum etwas wagen, zumal auch die zeit einigermassen stimmt und Hagen sich selber ausdrücklich einen »hochdutschen« nennt (s. 1), wenn wir die heimat unsers schriftstellers in der gleichen gegend suchen, sei es dass er daselbst mütterlichen besitz angetreten, sei es dass er eine dortige erbtochter heimgeführt hatte. Jedenfalls war sein geschlecht schon vor dem 18. jh. ausgestorben, da von dieser zeit ab die sämmtlichen genannten genealogen nur noch den lothringischen zweig der Hagen neben dem trierschen stamme kennen. Als nun aber auch dieser lothringische zweig, der inzwischen französisch geworden war, wie zum überfluss der uns vorliegende stammbaum desselben aus dem königl. staatsarchiv in Coblenz genau bezeugt, in seinen beiden linien uns jahr 1840 erloschen war, so

---

⁹) Schöpflin, Alsatia illustr. II, 625 ff.
[10]) Die höchste zierde Teutschlands. 1707. taf. 34.
[11]) Schöpflin II, 638 u. 658.
[12]) Schöpflin II, 626. 699.
[13]) In Frommans ztschr. für deutsche mundarten. V, 114. 11.
[14]) Hoh-Barr bei Schöpflin II, 139.

konnte es kommen, dass in jenem eingangs genannten köfferchen der deutsche briefwechsel der trierer, die französischen aktenstücke der lothringer und die »hodoporika« unseres elsässer Hagen einträchtig nebeneinander platz fanden, die ersteren um bedauerlicher vernichtung, die letzteren um, wie wir denken, verdientem leben entgegenzugehen und zwar in derselben gestalt, die sie durch ihren ritterlichen verfasser empfingen. Denn wir geben auch hier mit peinlicher gewissenhaftigkeit den text unserer vorlage wieder und erlauben uns nur seine abkürzungen aufzulösen und hin und wieder seine zeichensetzung zu erweitern. Dass wir seine gewöhnlich mit zwei punkten vom n unterschiedenen u nur in heutiger unpunktierter schreibung wiedergeben, wird man verständlich finden, nach dem, was A. Lübben[15]) über diesen gebrauch bemerkt und mit einer überzahl von beispielen belegt.

[15]) Reinke de Vos nach der ältesten ausg. (1498). Oldenb. 1867. XIII.

1523.

ΟΔΟΠΟΡΙΚΑ ΤΟΥ ΠΑΤΡΟΣ ΜΟΥ, ΦΥΛΙΠΠΟΥ ΑΓΕΝ

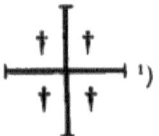

Item welcher menſch zu dem heiligen grab will ziehen der ſol drig ſeck mit im nemen, den Einen ſack ſol er mit guten ſenedichſten Duckaten[2]) fillen ouch von ſilbermmuntz marzollen[3]) vnd margeten;[4]) dar by den andren ſack ſoll er fillen mit paciencz oder geduld, dan waſz im fir ſchand oder ſchad begegnet. daz ſoll er williclich annemen vnd liden: den dritten ſack ſol er fillen mit dem glouben alſo wan er die heiligen ſtet wurt ſehen do Jheſus vnd die Heilgen gelitten vnd gewandlet hand oder waſz man im ſagen wurt. daz

---

[1]) Dieses zeichen eines ritters des h. grabes (vgl. Quaresmio I, 556 ff.) samt der voranstehenden überschrift von der hand des sohnes »Marx hagen« befindet sich auf der aussendecke der hs., während das nachfolgende kleine vorwort auf der innenseite derselben decke steht u. von der hand Philipp H.'s herrührt, der es selber irgendwo abgeschrieben hat, da es, wenn auch nicht mit denselben worten, schon 1519 bei Stockar vorkommt. vgl. Tbl. dnkbl. 510. a. 3.

[2]) fened. Duckaten | S. ndrrh. plgrschr. a. 639; dass hier nur eine goldmünze gemeint ist, geht auch daraus hervor, dass erst 1561 silberducaten geprägt wurden zum unterschied von welchen erstere dann nach der venet. münzstätte Zecca zechinen genannt wurden. Jul. Müller 200. Diese selber aber hat bekanntlich ihren namen vom arab. sekkah, prägstock.

[3]) marzollen | Eine venet. münze — Marcello — 10 solidi od. 60 heutige centesimi wert. s. Röhr.-Meisn. 16, a. 3; ihren namen hat sie vom dogen Nicolò Marcello, unter dem sie vom 3. aug. 1473 ab geschlagen wurde, Venezia I, 2, 40.

[4]) margeten | Marchetto ebenfalls venet. münze = ½ weisspfennig ungefähr. s. Röhr.-Meisn. 16, a. 3; genauere bestimmung nicht möglich nach dem urteil des prof. Friedländer, ztschr. d. deutsch. Palaestina-ver. l. 111; »il soldo o marchetto d'argento, detto del lione« kommt zum erstenmal unter dem dogen Francesco Dandolo 1328 vor, Venezia I, 2, 30.

muſz er glouben. Welcher die ŋ ſeck nit mit im fiert der mag on ſchaden kumerlich zu huſz komen etc., daz bin ich phillips Hagen innen worden im 1523 ior. (dem gott genad in Ewigkeitt. 1530 ior.)³)

Jhosus Maria.

Diſz nochgeſchriben ding in diſem biechel begriffen hab ich phillips Hagen zu gedechtnus geſchriben: was ich geſehen vnnd mir begegnet iſt, als ich zu dem Heiligen grab ieſu criſti gefaren bin gen Jeruſalem in dem jor alſz man zalt xvᶜ vnnd xxiij.

Item zum Erſten bin ich gen Venedig geritten vnnd hab mich geſelt zu zweyen edelmanen ſind vſz lutringen geweſen, mit namen Diebalt von janlinkurt⁶) vnnd Jörgen von erenkurt;⁷) die haben ouch die heilge fart wellen thun. Dan ſunſt iſt kein geſelſchaft fir mich anzunemen geweſen diſz iors vnd waſz kein hochdutſcher⁸) me do, wan ich allein, ouch ſunſt gar kein herſchafft vſz andren landen, dan etlich brobender vnd hollender, Mit namen her Direk Datz von itrich⁹)

---

⁵) *ior* | Das in klammern geſchloſſene iſt von ſpäterer hand, aber nicht der des ſohnes Hagens, wie es ſcheint, u. darf als notiz über ſein todesjahr gefaſst werden.

⁶) *janlinkurt* | Jeandelaincourt, 2¹⁄₄ meile nördlich von Nancy.

⁷) *erenkurt* | Craincourt, eine meile nordöſtlich von Jeandelaincourt.

⁸) *hochdutſcher* | »Hoch Teutſchland hat alles in ſich, was jhenſeithalb der Thonau und Rhein ligt, von dem fluss Magano.« Frank weltb. 41ᵇ bei Grimm, deut. wbch. VI, 1610.

⁹) *itrich* | Es gehörte dieſer mann zu der oben berührten utrechtiſchen Jeruſalembruderſchaft u. ſein bruſtbild befindet ſich auf dem paneel des muſeums Kunſtliefde daſelbſt, das die »portretten van twaalf leden der broederſchape aus dem j. 1525 trägt u. auf dem »de leden zijn allen voorgeſteld als borſtbeelden met een palmtak in de hand, achter een laag houten beſchot met profiel. Op het beſchot ziet man onder elk portret een papier, waarop een vierregelig rijmpje met den naam van den voorgeſtelden perſoon en het jaar zijner reis; boven elk papier op het profiel van het beſchot het geſlachtswapen.« Ueber das bruſtbild unſers jeruſalemfahrers aber heiſst es: »lang ſluik zwart haar, op het voorhoofd afgeknipt. Geplooid wit ſuperpellicium met bonten kraag. Jeruſalems-kruis van rood laken en almuis van grijs bont over den rechterarm. Onderſchrift:
    Heer dirck taets bin ic geheten
    Canonik . . . . en mösterhierop let.
    Te ierusalem heb ic de stede gemetë
    Dair god verloste van de wedt
    MCCCCCXXX wilt wete
    Screefmë int iaer ons herë net.«
dr. Müller, de ſchilderijen van Jan van Scorel 20 u. 26. Der verf. dieser ſchrift hatte die güte mir noch die weitere auskunft über den ſtiftsherrn zu geben, das Dirk Taets, auch Taitz der noch ſehr bekannten utrechter familie Taets van Amerangen angehörte und die zu jener zeit nach dem vorbilde des h. grabes in Jeruſ. gebaute h. grabkapelle in Utr. wahrſcheinlich nach des genannten pilgers angabe hergeſtellt iſt. 1530 wurde der ſtiftsherr nicht richtig in der chriſtl. lehre befunden u. zu einer buſse von 20 Caroli gulden verurteilt nach Aſch. v. Wijck, intr. v. Karel V. 84. Im j. 1534 kommt er in den archiven als mitglied

vnd her jan von gorkum,[10]) beid thumherre zu itrich sind die namhaftigsten vnder den andren hollendren gewesen, wie wol etlich schwiezer vnnd spanieler ouch zu vnsz harnoch komen; sie wolten aber nit in vnserem schiff faren, sunder komen erst in Zipperen von famiguste[11]) zu vns, vnd woren disz die schwiezer, peter fieszle[12]) von Zirch vnd heinrich ziegler vnd ein houptman, hat lang dem bopst gedient, heisz hans miller. Der spanger namen weisz ich nit woll. Vnd vsz vrsach dasz die stat Rodis desz nesten ior darfor[13]) in der ndireken hand gewunnen wasz, haben die pilger disz ior gesergt der direk wird sie nit geleiten, also daz vnser bilger in summa nit me dan vff xxii sind gewesen, die sich verdingt hand zu dem patron gen jerusalem zu fieren. Alsz wir enweg solten faren do wolt miner mitbruder einer nit me faren, genant diebolt ianlinkurt von vogt wegen wie wol er 1 ducate dem patron vffs geding hat geben. Also fur ich allein mit jorgen von erenkurt, vnd hielten wir zwen vnsz zamen.

Item asz ich gen Venedig kam do gingen jch vnnd andre mine mit brieder dise nochgeschriben heilgen kirchen zu suchen, do wile wir do still logen. vnd wasz wir do gesehen hand stet ouch hie geschriben; darnoch so volgt die vszfart bisz gen jerusalem geschriben.

Item die houptkirch zu Venedig heiszt zu sanct marx, ist ein herlich grosz kirch vnd ist oben in den gewelben vnd zum halben deil an den wenden gantz vergult. die bildnis der heilgen mit ingesetzten cleinen sticklin als die wirffel grosz vnd ist die tafel vff dem fronaltar fast costlich von ingesetzten silberen bilden vnd von

---

des domstifts vor, während er vorher canonicus zum h. erlöser d. h. Oudenmunster in Utrecht war. Er starb als solcher 22. märz 1552.

[10]) *gorkum* | Von diesem pilger gibt nur auskunft das an gleicher stelle, wie das seines reisegefährten befindliche brustbild, von dem es bei Müller 76 heisst: »Wit superpellicium met zwarten kraag en Jerusalems-kruis van rood laken. Onderschrift:

Heer Jan vā Gorcom es my naem
Vicarius ten doem als en broedere
Je was te jerusalem tsi god bequaē
Dair christ' wou lidē ōs behoedē
Met heer dirck taets neet desen maen
So sidi den tyt ōs reises vroedere.«

[11]) *famiguste* | S. unten a. 51.

[12]) *fieszle* | Glockengiesser u. ratsherr zu Zürich; seine reisebeschreibung in abschrift auf der züricher stadtbibliothek, s. ms. 571 unter dem titel: »bilgerfart gen Jerusalem von Peter Fuessli u. Heini Ziegler von Zürich«, im auszug u. als anhang gedruckt in Heinr. Mirike's reise von Konstantinopel nach Jerusalem, Augsb. 1789, s. 207—221 u. in Preiswerks Morgenland 1840, s. 93 ff., 119 ff., 145 ff., vgl. Tbl. bibliogr. 69 u. Röhr.-Meisn. 528.

[13]) *darfor* | 24. oct. 1522.

fil coſtlicher edler geſtein; ſo man ſie vff thut ſind robinen ſchmarackten ſafiren vnnd andre fil faſt grofz, derglichen ich nie me geſach. Die erd iſt faſt coſtlich von marmelſtein beſeczt in fillerley menier beſeczt in clein vnd grofz ſticklin verſchrenckt. Sunſt iſt ſie nit faſt heiter. Vnd vfzwendig der kirchen oben vff der hehe ſten iij groſſer kupferen vergulte pferd zu gedechtnus defz tirana[14]) barbaroſſa der mit den venediger gekriegt hat, vnd neben der kirchen gad man in ein groſſen herlichen hoff, do der herzog vnd die ganz herſchaft von venedig rodt halten vnd ſunſt fil gericht im ſelben hoff dar neben ouch gehalten worden.

Item mir beſuchten die heilige kirch do ſanct rochus[15]) liphafftig lit: den zeigt man vnfz ganez blofz iber den fronaltar ligende. Do lieſſen wir ein herlich ampt ſingen mit ſcharmigen vnd trometen darzu pfifen vnd lieſſen vnſer paternoſter vnd cleinot darnoch an den heilgen ſtrichen,[16]) alfz wir harnoch an allen heilgen gethon hand die wir ſehen.

Item witer gingen wir in Ein kirch, do zeigten vnfz etlich ſchweſtern den heilgen lichnam ſancta lucian,[17]) der lit ouch ganez vnſerdeckt iber eim altar.

Item aber gingen wir firter in Ein frowen cloſter,[18]) do zeigt man vnns den heilgen lichnam ſanct ſacharias ganz liphafftig, der ein vater Johanis baptiſte iſt geweſen, hinder dem fronaltar; vnd

---

[14]) *tirana* | Wol nur ſchreibfehler, veranlaſst durch das end-a in Barbaroſſa; das vorangehende »zu gedechtnis« läſst es unbeſtimmt, ob mit dem tyrannus der »tyrann« od. der könig gemeint iſt (vgl. du Cange-Henſchel VI, 710ᵇ); für den »tyrannen« dagegen ſcheint die nachfolgende erwähnung des kriegs mit den Venetianern zu ſprechen. Wir hätten auch hier ein ſehr bedeutſames gegenſtück zum bericht der ndrrh. plgrſchr. (vgl. a. 57 daſelbſt).

[15]) *rochus* | Im ſestier di s. Polo, vollendet im j. 1490. Die aufſtellung der reliquien des h. auf dem hauptaltar fand im j. 1520 ſtatt. Ueber die echtheit derſelben s. Venezia II, 2, 204; die legenden des berühmten peſtheiligen s. in Sintzel, leben und taten der heiligen. Augsb, 1840, III, 368 f. Ueber die reliquie des h. auf dem s. Rochusberg bei Bingen, s. Goethe ww. Cottaſche ausgabe v. 1886, 26, 207 f.

[16]) *ſtrichen* | »Nam terrae ſanctae peregrini ſolent ſecum ad loca ſancta deferre annulos aureos vel argenteos dilectos et grana lapidum pretioſorum pro paternoſtris, patriloquiis, vel ipſa paternoſtra, cruces parvas de argento vel auro et quaeque chara portabilia, quae vel de parentibus ſuis et amicis accipiunt, vel Venetiis aut in transmarinis partibus pro ſibi charis emunt, et quando ad aliquas reliquias veniunt vel ad aliquem locum ſanctum, tunc illa clenodia ad reliquias applicant vel ad locum ſanctum et ea contingunt, ut quandam ſanctitatem quodammodo ex contactu accipiant et ita ſuis charis chariora et pretioſora reddantur etc. Fabri I. 94.

[17]) *lucian* | S. ndrrh. p. a. 35; die kirche wurde 1192 unter dem namen della vergine annunciata erbaut u. 1280 hierher die gebeine der h. Lucia verbracht, die der kirche fortan den namen gab. Sie gehörte zum kloſter der Auguſtinernonnen, vgl. Venezia II, 2, 265.

[18]) *frowencloſter* | Vgl. ndrrh. p. a. 25.

ligen wol vj heilger lichnam by im in fin farck, deren nam dar by gefchriben ftet, vnd lit ouch in der felben kirchen fanct pongracius lib vnd fanta fabina¹⁹) lib, die ich in zweyen farcen ouch blofz gefehen hab, ganez libhafftig.

Item firbafz bin ich vnd myne brieder vfferthalb venedig vff dem mer gefaren in ein clofter, do hat man vns den hoilgen lib fancta Elenen²⁰) gantz blofz gezeigt: in ein altar lit ein fticklin von dem heilgen criez by ir. In difer kirchen find faft hibfche ornaten von mefzgewend vnd leniren rocken.

Item daz heilig grab²¹) hab ich zu venedig gefehen wie coftlich von marmelfteinen vnd wie der ölberg drum gemacht ift mit allen orten vnd gelegenheiten, die iefus zu ierufalom gewandelt hat; ift faft hubfch, vnd hinder dem altar get man etlich ftafflen ab, do lit die bildnis crifti vnd hangen brinde ampellen dar for etliche.

Item fill kirchen vnd clefter hand wir firbas gefehen vnd ablofz erlangt zu barfuffen vnd bredigeren: wafz hipfcher gezierd in der kirchen vnd in iren gerten gemacht ift, ouch die vergulte groffen pferd.²²) do ir capiteng vnd houptlit zu gedechtnus coftlich gemacht find, denen von venedig.

Item ich vnd myne mitbrieder find zu venedig gewefen vff vnfers herren fronlichnams dag;²³) do haben wir faft fil hupfcher proceffen gefehen mit iren gezierden von heltumen vnd andren

---

¹⁹) *fabina* | Mit Serapia h. des 29. aug., deren acta, von Baronius für sincerrima, von Tillemont für interpoliert, von den Bollandisten nicht unglaubwürdig, aber auch nicht für fehlerlos gehalten, sie für eine vornehme, von der jungfr. Serapia aus Antiochien zum christentum bekehrte wittwe zu Rom ausgeben, welche um 125 mit ihrer genossin des märtyrertods gestorben; vgl. Wetzer u. Welte IX, 1496 u. Sintzel III, 495 f. Im übrigen wird ihr leichnam in Rom gezeigt.

²⁰) *Elenen* | Vgl. ndrrh. p. a. 57.

²¹) *grab* | Ob damit das h. grab gemeint sein kann, das in einer grotte von griech. marmor im j. 1484 nach dem muster desjenigen von Jerusalem in der hiernach il Sepolcro genannten klosterkapelle im sestier di Castello erbaut wurde, vgl. Maier I, 67 f., od. dasjenige auf der insel Certosa in der kirche s. Andrea del Lido, das ebenfalls aus marmor hergerichtet war u. den Karthäusern gehörte, wie pflzgr. Alex. 33ᵇ beschreibt, steht dahin. Wir möchten uns wegen der nähe der s. Helenainsel, von der unmittelbar vorher die rede war, für letztere entscheiden.

²²) *pferd* | Von einem reiterstandbild für den capitano Bartholomaeus Cullian vor der s. Marcus schola mit vergoldetem panzer berichtet pflzgr. Alex. 33ᵇ, von einem modellpferd zu ähnlichem zwecke in einer kapelle des grösseren klosters der Franziscaner Fabri I, 95 f.

²³) *dag* | Aehnlich beschreibt Fabri, I, 105 die procession, kurz nur pflzgr. Alex. 35; die alttestamentlichen sinnbilder werden auch bei herz. Friedr. 115 erwähnt; die bemerkung über den vom deutschen abweichenden gebrauch im tragen der hostie kommt nur hier vor, dagegen gedenkt herz. Friedr. ao. ebenso der einordnung der pilger in den zug u. der geschenkten wachskerzen. — Der fronleichnamstag fiel damals auf den 4. juni.

ornaten vmbgon, fo die von kirchen vnd clefteren erzeigt hand;
ouch wie wunderbarlich hupfch alle bruderfchafften mit iren monieren
vnd hipfchen figuren defz alten teftamentz fich erzeigt hand mit
coftlichen wefen vnd fillerlei feittenfpiel, do von ein befunder buch
zu fchriben wer von folchen proceffionen mit iren gefang vnd
brinnende kerczen, die by zwo ftund gewert hand durch fanct marx
kirch zu gon.

Item vnnd do alle orden der kirchen vnnd clefteren mit fampt
den zinfften oder bruderfchafften durch die kirch woren gangen vnd
for der kirch warteten, do volgte harnoch zu leften die proceffion
von fchuleren, thumherren vnd geiftlichen der hauptkirchen von
fanct marx, die drugen daz heilig facrament in Ein hipfchen groffen
ganez guldenen kelch geftelt vfzwendig mit faft coftlichen edlen
fteinen geziert ganez blofz vnd nit in Einer monftranczen als by
vnnfz gewonheit ift: drugen faft vil hupfch heltum darmit.

Item noch difer procefz do ging der patriarch von venedig vnd
ging darnoch der herzog von venedig in eim gulden ftuck faft
coftlich, darnoch ging der ganez adel vnnd rot von venedig ouch
in gulden ftucken roten fameten damafchten vnd fcharlochen langen
Recken, alle mit brinnenden kerczen. Do verordnet man, daz iecficher
bilger der do ift vnd zum heilgen grab will faren, mufz neben der
felben herren eim obwendig im die procefz vfz gon: defz gibt man
eim ieden bilger ein wifz brinende wafz kercz in fin handt, die
dreit ein ieder bilger noch der procefz mit im heim in fin herberg.
etlich fieren die felben kerczen mit in zum heilgen grab vnd len
fie ein mefz lang drin brinnen got zu lob, fierent fie darnoch in ir
heimotlinder: als dan ich myner kerczen ouch gethon hab.

Item als wit die procefz mit dem facrament ging, do wafz es
uberfichuff mit hupfchen wiffen wullen diecher gehimeltort: als wit
die procefz ging, do wafz fchatten gemacht vnd gingen funft fil
herlicher botfchaften mit difer procefz, die dozumol do woren: vom
romifchen keyfer, vom kinig von engelant, vom kinig von francken-
rich etc. Vnd woren die fenfter vff fanct marx blacz alle mit hupfchen
frowen beleit, vff daz coftlichs angethon, die der procefz zu fohen.

So die procefz alfo gefchehen wafz do gingen wir bilger alle
mit dem herzogen vor finen pallaft; do bot er vnfer iedem fin hand,
darnoch fchieden wir in vnfer herberg vnd offen zimifz.

Item ich phillips hagen bin zu venedig gewefen, do man ein
nugen herzogen in der ftat erwelt vnd gemacht hat mit namen andres

griti.²⁴) gefcha ouch in difem ior anno xxiij vor pfinften.*) Dem machten die venediger ein follich veft. do er erwelt wafz; do drug man in vfz fanct marx kirch in aller hohe als ob er ein bopft wer den ganczen blacz vff vnd ab, daz in iederman gefehen mocht. Do ftunden ij herliche man by im hinden vnd fornen, die wurffen mit hantfollen fill gelt vff den weg zu einer herlicheit allen menfchen; do von wurd mir ouch, vnd wafz ein follich pfiffen von drometen vnd andren feiten fpiel, fil paner, defzglichen von allen glocken ein grofz gelit; weret etlich dag. Do lugen die frowen hupfch geziert in fenftren vnd fohen den herzogen, vnd wafz defz driumph vnd freiden fir faft fil.

Item zu venedig bin ich gewefen, do diefer herzog andres griti vfz fur vnnd dafz mer liefz fegnen,²⁵) als ierlich gewonheit ift. Daz fegnet der patriarch do felb vnd noch dem feggen, fo wirfft der herzog Ein gulden ring mit eim edlen geftein ins mer, daz iederman fehen mag. Zu difen dingen bin ich mit gefaren vnd habs felber gefehen.

Item von dem driumph zu fagen, wie der herzog von venedig mit einer procefz vfzging mit allom adel vnd dem ganczen rot mit gulden ftucken rot fameten vnd andern fiden vnd fcharlochen cleideren in daz fchiff**) oder galle, do er daz mer wolt fegnen

---

*) Anm. So bin ich Marx hagen feyn fone auch zu venedig gewefen, wie man den herzoge hatt gemacht, der dem Andres Griti nach ist geuolget mitt namen Pietro Lando.

**) Marx hagen: welches fye hayfzen il Buccenteno.²⁶)

²⁴) *gritti* | Es darf auffallen, dass Hagen die wahl des neuen dogen Andreas Gritti, die vor den 14. mai fiel, erst jetzt bringt u. ihr dann die weihung des meers am himmelfahrtstag (14. mai) folgen lässt. — Der von seinem sohne am rande genannte Pietro Lando folgte Gritti 1539.

²⁵) *fegnen* | Ueber die feier der vermählung des dogen mit dem meere vgl. ausser den bei Röhr.-Meisn. 15 angeführten pilgerschr. vor allem noch Fabri I, 98 ff. u. v. Harff. über die einsetzung dieses brauchs unter dem dogade des Pietro Orseola II am ende des 10. jh.'s s. Venezia I, 2, 115.

²⁶) *Buccenteno* | Bucintoro, bucentaurus; das geschichtliche über dieses staatsschiffs, in La Venezia I, 2, 196 u. 201 ff.; die herleitung des namens, ob von dem ausdruck des die erbauung des schiffes 1293 bestimmenden gesetzes: quod fabricetur navilium ducentorum hominum, sodass ducentorum »con istrano idiotismo« in bucentorum sich verwandelt hätte, od. von der buccina od. von dem virgilschen schiff Centaurus s. ebenda 202. In einem der hiesigen Habelschen archival. sammlung zugehörigen [manu] »Scriptum de festo ascensionis Christi Venetiis deque ceremoniis Bucentari« aus dem vorigen jh. wird seltsamer weise erzählt: »Etliche vermeinen dass Sebast. Zeno, damahliger hertzog zu Venedig anno dom. MCLXXVI dieses schief am ersten habe zurichten lassen; als Fridericus Barbarossa in person nach Venedig kommen u. mit dem papst u. der republik einen ewigen frieden gestiftet.«

loffen. Man drug dem herzogen ein groffen tabernackel for an
einer ftang wol wamwifz breit coftlich mit gulden ftuck vnd hipfch
mit gulden fleiderlin beleit; wafz geftalt wie ein Refze, vnd gingen
fil drometer fcharmiger vnd ander feiten fpiel mit vnd fil coftlicher
paner, die man mit furt im fchiff.

Item als der herzog ins fchiff drat, do wafz im Ein hipfcher
vergulter fefel bereit mit fiden kiffen vnd doriber ein hipfch ge-
himels gemacht von rottem atlofz; doruff fafz er. Vnd wafz daz
fchiff inwendig an den wenden vnd vff den bencken mit hipfchen
heidischen diechern vmb henckt. Darnoch ging ich infz fchiff vnd
befaes gar eben; vfzwendig dem fchiff do hat man dafz ganz fchiff
mit rotem atlofz bedeckt iberal. Es woren by mj^c menfchen in
dem felben fchiff by dem herzogen.

Item difz fchiff hat me dan ij^c riemen gehept die do geriegt
hand vnd find wol xx fchiff vor difz fchiff mit feilen gefpant ge-
wefen wie die pferd fir ein wagen; die hand alle geriegt, daz die
galle glich ging, wan fie was wol geladen mit folck. Da hort man
ein follich fchieffen mit fchlangen vnd curtunen vnd andrem gefchiez
vff dem mer | von allen nafen gallen vnd andren fchiffen die do
ftunden, daz ich nit genug deruon gefchriben kan; defzglichen von
dem driumpff von drometen fcharmigen vnd andrem feiten fpiel,
ouch von fil paneren, die all vor dem herzogen furen vff dem mer.

Item Es furen ouch wol dar neben me dan xvuj^c fchiff genant
barcken*) die man zu venedig deglichs in der [ftat] brucht. Dorin
foffen die burger vnd hipfche erliche wiber, vnd wer do wolt der
fur mit vnd mocht fehen, wie man dafz mer fegnet vnd den gulden
ring drin warff.

Item do daz gefchehen was, do fur der herzog zu land in ein
clofter, heifzt zu funct niclaus: do fang der patriarch ein ampt, daz
hort der herzog. Darnoch fur iederman wider heim; und der ganez
rot vnd edlen die offen mit dem herzogen zu morgen imes, vnd
drug man me dan xvuj drachten fir defz herzogen difch.

Vnnd fafz[27]) der herzog mit fin geften in Eim hubfchen groffen
fal der faft hibfch oben an der bienen mit grofzen vergulten blumen
iberal vergult wafz faft coftlich vnd fimft ouch faft woll geziert. Do
kam ich ouch in mit etlichen mynen briederen: do hiefz man vnnfz
niderfitzen vnd macht vns blaez hinder der herren difch vnnd drug

---

*) Anm. oder gundele.

[1]) fafz | Die befchreibung der mahlzeit im dogenpallaft nur hier, soweit
ich weiss.

vns harfier groffe hohe filbere gefchir foll coftlich conueckt vnd groffe filberen fchallen foll malunfier. Dovon offen vnd druncken wir: mir fohen ouch, wie die difch diener deren by xxiiij woren ieglicher ein filberen becken vnd ein filberen hantfas drug den herren ir hend zu wefchen vnd fchittet man dz felbig waffer in ein grofz filberen bit. Darnoch gingen | die felben difch diener vnd brocht ieglicher ein grofz hoch filber gefchir coftlich conueckt, daz fchittet man fir die herrn vff daz wifz difchlachen, do von offen fie vnd ftunden darnoch vff. aber der herzog bleib allein fiezen vnnd defz keifers botfchafft[28]) by im.

Item alfz der herzog fiezen beleib by den fremden botfchafften, do komen do har folche hubfche wiber faft coftlich angethon als ichs myn leptag nie hibfcher gefehen hab, vnd ich halt darfier daz fie mit fortel vfferlefen woren, die fingen alle an zu danezen vor dem herzogen mit vnuerdecktem antliez vnd aber iegliche hat ein iungen gefellen mit ir gon, der danczet mit ir mit fchinbarem oder verdecktem antlit. allein in hibfchen hoffen vnd wiffen wamefch hemdren in fillerley monier. Do gefchohen fil hoher fpring vor den frowen, defzglichen von trometen fcharmigen vnd andrem feitenfpiel mocht einer fin wort kum gehoren; es woren harpfen gigen luten fletten vnd anders fil do. Diffem dantzen fohen wir me dan ij ftund zu vnd kunten vnns der hibfchen holtfeligen monieren von wibern nit genug verwundren, wie adelich daz dantzen anftond. Difer driuntff wart als dem nugen herzogen zu eren gethon vff den dag do er daz mer liefz fegnen etc.

Item ich vnd myne mitbrieder find zu venedig gangen in daz arfchinal,[29]) do man die fchiff vnd groffe galleen macht. Daz felb ift ein werrek hufz, dorin die venediger ouch ir gefchitz von biffen hand fton, die wir fohen. Defz glichen oben vff dem hufz zeigt man vns wunderberlich fil gefchitz von hantbiffen, von armbruften, funft on zal fil hallaparten, partifonen, fchwerter vnd feltzemen geweren, defz glichen von harnafchen | rucken vnnd krebs wafz wunderharlich fill, all hipfch ordelich zur wer gehenckt. Daz iberfchlugen wir vngeferlich vnd meinten, wen lit do weren, fo vermechten die venediger vfz ir ftat von difem werckhufz allein vff

---

[28]) *botschafft* | Es war diesmal vielleicht von ganz besonderer bedeutung, dass die kaiserl. »botschafft« bei dem dogen sitzen blieb, denn schon damals muss es in der luft gelegen haben, dass die republik sich am 28. juni 1523 für den kaiser gegen Frankreich entschied, vgl. Daru III. 539.

[29]) *arschinal* | Die ausführlichste beschreibung dieses zeughauses bei Harff, der vier stunden bei seiner besichtigung verbrachte.

zu riften mit gefchickter gewer in krieg hundert dufit man zu
wepnen. In diffem arfchinal oder werkhufz fieht man fo fil arbeiter
deglichs wercken in der venediger coften, daz ich nit wol gleibig
daruon fchriben kan, wie fil folck ein ftat deglichs von eim werck-
hufz zu belonen hat vnnd wafz coftlichen werck fie von fchiffen
im felben hufz machen. Difz werckhufz achten fill verftendiger lit
daz fin wite vnnd lenge zuuerglichen were einer gemeinen ftat grofz
vnd nit ein ftetlin mit fin begriff, vnd ift hibfch mit hohen muren
gemurt: in der mit ift ein waffer, daz man groffe fchiff drin mag
ziehen etc. Sunft von der groffe vnd lenge der ftat venedig hab
ich nit irs glichen gefehen me.

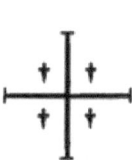

Hie vogt an vnd ftot harnoch gefchriben wie ich philipps hagen
mit mynen mitbriedren vonn venedig vfz find gefaren daz heilig
grab vnfers erlöfers iefu crifti zu fuchen in der ftat Jerufalem vnd
wellen weg vnfer patron gefaren ift zu differ fart.

Item alfz wir vnfer geding mit vnferem patronen genant iacop
alberto[30]) gantz abgeret vnnd verdediget hatten, wafz wir oder
vnfer ieder im geben folten vnd wie er vnnfz halten folt mit effen
vnd drincken vnd wo er zu land folt faren oder nit vnd wie lang
er an iedem ort bliben folt, do er zu land fier, daz wart alles
eigentlich mit fill artickeln vor dem rot[31]) zu venedig verfchriben
verfigiet vnd verfprochen zu halten vnnd mit genugfamer birgfchaft
darzu geben, wie dan die verfchribung von wort zu wort inhalt,
aber leider do wir vff der fart woren, werd vnfz in fil artickeln nit
gehalten alfz verfchriben wafz, wie dan in diffem biechel harnoch
gefchriben woll verftanden wurt.

Item vff fanct peter vnd paulus dag[32]) zu vefperzit in dem ior

---

[30]) *alberto* | Der name begegnet hier wol zum erftenmale.

[31]) *rot* | Dem »magiftrato al cattaver,« der aus drei edelleuten beftand, vgl.
Jul. Müller 294 f. u. Röhr.-Meifn. 14. wofelbft auch die üblichen beftimmungen
der contracte zwifchen pilgern u. patron zufammengeftellt find.

[32]) *pet. u. paul. dag* | 29. juni; Hagen hatte demnach, die himmelfahrt-woche
voll gerechnet, 7 wochen in Venedig zugebracht.

alfz man zalt vxᶜ vnd xxiij vff ein mendag do liefz vnfer patron zu venedig vnfer bilger fchiff von lannd in die dieffe ftoffen zwifchen zwey caftell.³³) wafz nit gar ein mil wegs von venedig. Do legen wir die erfte nacht vnnd morges frie am zinftag do furen wir mit geftrackten fegel daruon bifz vff den mitten dag. do kam vnnfz eine groffe vortun vnd hatten groffe forg den felben oben, ouch die gantz nacht | bifz an den andren dag vmb die vij ftund am morgen, wafz vff den oben vifitacionis marie daz fich etlich verwegen hatten vnfer fchiff wird zu grund gen, defz halben fich etlich bilger mit grofz walfarten verhieffen vmb gotlich hilff zu erlangen, doch furen wir fo wit mir mochten, fir ein ftat heifzt parentz.³⁴) mochten aber wintz halben nit anlenden. bliben alfo vff dem fchiff ligen bifz wir wint hatten zu einer ftat heift rouina;³⁵) ift nit wit von der erften ftat parentz gelegen. Do furen wir zu land: recht man jᶜ mil von venidig dar. Do bliben wir bifz an den dritten dag vnd vnfer patron kouffte in difem ftetlin witer brouand, die im not was ins fchiff, etlich fchoff vnd rintfie.

Item in difem ftetlin rowina lit die heilge Junckfrow fant Eufemia liphafftig vff ein bergel in der kirchen. die man vnfz gezeigt hat, vnnd ir begrebnis ift ein groffer marmelfteiner fels. Do fagt man fir wor daz die engel gotes dife heilige iunckfrow mit fampt folcher begrebnis yber mer an difz ort dragen hand. Difz ftetlin ift der venediger vnd lit in dem land iftria, ftofzt an windifch land vnd lit ein obfervantzer clofter nit wit daruon vff ein fiertel mil; heifz zů fanct andres.

Item vff zinftag neft noch fanct vrichs dag³⁵ᵃ) furen wie von rowina enweg bifz gen Curfunen zu zu einer ftat, ift ouch der venediger: do recht man von rowina bifz do felb hien vjᶜ milen vnd lit in albonia, ein grofz rw gebirg³⁶) ftofzt dran vffs mer zu. Vnd vnder wegen eb wir dar komen hatten wir grofz forg vnnd faft befen wint. Defz halben wir etlich dag vff dem mer muften ftill ligen bifz wir dar mochten faren, dan es wafz vnfz not broband zu kouffen vnd frifch waffer. Als wir aber darkomen, do wolt man vns nit in loffen, ouch funft nit vfz dem fchiff loffen ftigen vff

---

³³) *zwey caftell* | S. ndrrh. p. a. 41.
³⁴) *parentz* | S. ebend. a. 75 u. 84.
³⁵) *rovina* | S. ebend. a. 78; über die h. Euphemie u. das klofter s. Andreas dafelbft s. a. 88 u. 99.
³⁵ᵃ) *vrichs dag* | 7. juli.
³⁶) *rw gebirg* | S. ebend. a. 98 u. 606.

ertrich tretten, wie wol vnſer patron brieff hat von der herſchafft
von venedig an ſie. Die muſt man forhien ins waſſer werffen, eb
ſies in die hend wolten nemen vnd ſagten: wir kemen von venedig,
do wer groſſer ſterbet; deſz halben wolten ſie vnſz nit in loſſen.
Vnd alſo do ſie die brieff gelaſen, do ſchickt man vns win vnd brot
vnd hiener vmbs gelt, aber kein waſſer welten ſie vns zu drincken
folgen loſſen, deſz wir am liebſten gehept wolten han. Ich waſz
faſt crafftloſz worden von des mer wegen vnd hat groſſe hitz, biſz ich
in zipperen kam.

Item Es find ij ſchloſz [37]) vff eim bergel zu Curfune,[38]) do
buwet man faſt coſtlich an vnd vnden am mer do hat man ouch
ſtarcke nuge muren gemacht mit fil groſſer bolwerck zu ring vmb
vnd vnderſten zu buwen, daz daz mer an den muren neben den
bolwercken durch muſz louffen den berg harum, do die ſchloſſer vff
ſton; daz wurt dan zur wer faſt wol dienen. In diſer ſtat iſt ouch
ein barfuſſer cloſter vnd find fil greken do. man*) . . . .

Item do wir alſo nit durfften vfſztigen zu curfun, do furen wir
enweg. Biſz gen Canien [39]) recht man ouch vi^c mil von curfunen
do ſelb hien neben dem land ſiria;[40]) iſt ouch der venediger. Die
vi^c milen furen wir in viij tagen. In dieſelb ſtat wolt man vnſz
erſtmol ouch nit inloſſen wie zu curfunen; deſz halben der patron
groſz arbeit hat, daz wir zu leſt hienin komen. Wir hetten ſunſt
fil mangel in vnſerem ſchiff muſen liden. Alſo bliben wir wol iij
oder iiij dag do vnd nomen friſch waſſer vnd ander ſpis zu vnns,
daz wir vns erlabten. |

Diſz ſtat Canien iſt nit faſzt groſz vnd lit gantz in Eim hafen
(v-)**) oder winckel am mer vnd find ij obſeruantzer cloſter do vnd
ſunſt ouch ein cloſter, hand ſchwartz an, vnd iſt ein arm boſz folck
do. Es find fil dircken do vnd greken; fil iuden vnd ziginer wonen
do vnder den criſten. Ich hab do geſehen wie ellenclich daz folck
do halber nacket gen von wiben vnd kinden ſunderlich: hand kein
ſchu an, kein girtel vmb vnd hencken die wiber ire briſt bloſz
haruſz on ſcham. Der mertel find heſzlich, ligen vff der erden wie

---

*) unvollendeter ſatz im orig. **) iſt wol ſchreibfehler.

[37]) ij ſchloſs | S. ebend. 15.

[38]) curfun | Korfu.

[39]) Canien | Canea, das alte Kydon auf der nordw. küſte der inſel Kreta.

[40]) ſiria | Kann kaum etwas anderes als Cerigo ſein, deſſen namen der verf. in venezian. ausſprache hörte. An die benachbarten Servi- od. Cerviinseln zu denken verbietet der umſtand, daſs dieſelben nicht venez., ſondern türkiſch damals waren.

daz fie, hand kein bet, weder hey noch ftro ift nit do, daz man
druff ligen kan: man zerhackt ir ftro als vnnd gibts irem fie zeffen.
An diffem ort komen zweyn difch barfuffer zauns brobender: nemlich
her iorg ift ein lefzmeifter⁴¹) zu brixen⁴²) gewefen: her zix⁴³) von
bar zu fanct drelgen oder zu alten fanct peter hat im ein latinfch
bibel gefchickt. Diffe zwen furen mit vns gen Jerufalem etc.

Item von diffem ftetlin Canien furen wir wider enweg vff fanct
iocops dag⁴⁴) apoftoli vnnd weren gern gen Candia in die ftat ge-
faren. Do wafz vnnfz fir wor gefeit, daz eb xx dufit menfchen in
kurzer zit do felb geftorben weren in der felben infelen vnd weret
noch der fterbet. Alfo vff daz gefchrey furen wir in daz kinigrich
zipren: rechet man vij^c mil hien. Vnd vnderwegen furen wir fir
ein ftat heifzt pfaffo;⁴⁵) do hat fanct paulus vor ziten gebrediget.
Es ift ietz gantz ein zerftert wefen do, lit in zipren vnd ift ein
barfuffer clofter do. Ouch haben die vij heilgen fchlefer⁴⁶) fouil
ior do gefchloffen gehept, wie ir legend feit. Sind darnoch enweg
gefiert worden.

⁴¹) *lefsmeifter* | Lehrer der theologie u. philosophie besonders in den klöstern.

⁴²) *brixen* | Wol Brixen in Tirol?

⁴³) *zix* | Sixtus, aus der familie derer von Bar im Elsass, kanoniker (?) zu
S. Aurelia o. zu Alten S. Peter, kirchen im westen von Strassburg. vgl. Schoepflin,
Alsatia illustrata II. 293, 295 u. 635. Noch heute sagt, wie ich der gef. mit-
teilung des dr. P. Pulch dortselbst verdanke, die strassburger mundart »Dreljé-
kirich«.

⁴⁴) *iocops dag* | 25. juli.

⁴⁵) *pfaffo* | S. ndrrh. p. u. 170 u. Ag. 13, 6 ff.

⁴⁶) *schlefer* | Auch von Breydenbach (Röhr.-Meisn. 137) wird der ort der be-
kannten legende, die nach Gieseler I. 2, 44 f. ihren ausgangspunkt in der schon
von Plinius hist. nat. VII. 52, Paus. I, 14 u. ö. erzählten sage vom Epimenides
aus Knossos auf Kreta hat, hierher verlegt. Greg. Turon. d. glor. martyr. c. 95,
bei dem sie zum erstenmal auftritt, nennt vielmehr eine höle bei Ephesus die stätte,
in der sich unter Decius die 7 jünglinge, vom röm. martyrol. Maximianus, Malchus,
Martinianus, Dionysius, Johannes, Serapion u. Constantinus genannt, vor den ver-
folgern verborgen u. dort eingemauert bis zum j. 447 geschlummert hätten. Im
koran kommen die sieben scheints in Arabien vor. Pseudogregor. Turon. in der
ep. ad Sulpic. Bitur. findet sie in Gallien; Niceph. Kall. hist. eccl. V, 17 in
Germanien, wie auch nach Mone, anzeiger f. kunde d. deutsch. vorzeit. 7, 54 (vgl.
Grimm mythol. II, 795) dort schäfer sieben jahre od. sieben mal sieben jahre in
hölen schliefen. Paulus diac. I, 3 endlich weiss sie im norden. -- Der ansatz zu
unserer legende scheint sich Breydenbach 56 zu finden: »daselbst vnder einer
kirchen die etwan der Minnerbrüder war, ist ein großer kärker mit fieben vnder-
scheidung oder hölen, da s. Paulus lang im getengnuß ist gelegen.« Estienne
de Lusignan, hist. gen. de Cypre 62ᵃ bezeugt aber die ansässigkeit der sage an
dem in rede stehenden ort. Saligniac itin. hierosolym. 4, 5 (vgl. Engel Kypros
I, 133) dagegen erzählt so: »alia civitas in hoc regno antiquissima atque metro-
polis Paphos dicitur vetustissimis auctoribus celebrata, in qua septem fratres
Maccabaei una cum matre inclyto martyrio coronati sunt. Nos autem hoc fanum
subterraneum in honore martyrum septem sacellis distinctum multa cum devotione
ingressi sumus«.

Item Es wolt vff ein zit Ein kinig von Engelant⁴⁶ᵃ) mit finer fchwefter zu dem heilgen grab faren, do komen die vfz difer ftat pfaffo vnd nomen dem kinig fin fchwefter vnd driben iren mutwill mit ir. darnoch ward fie ledig. Do wolte fie darnoch nit me firbafz zum heiligen land faren vnd fur mit dem kinig wider hinderlich in ir land gantz drurich, liefz alle fegel vnd feil am fchiff fchwartz ferben vnd beclagt fich folcher fchmoch. | Do rift fich der kinig von Engelant vnnd zog mit herfzerafft vnd gewalt fir diffe ftat vnd gewan fie vnd zerftert vnnd verbrant fie gar mit fampt andren ftetten vnd fchaden, den er im gantzen land det.

Item alfo furen wir von pfaffo oder baffo zu einer zerbrochnen ftat vnd fchlofz. genant nimafon.⁴⁷) Do ift vor zitten Ein kinig von zipren do gewont. Do weren wir gern vfzgeftichen: fo fagt man vns ouch, daz es by jnen ftirbe. Alfo wenten wir vns, bliben nit do vnnd furen bifz gen felinen,⁴⁸) ouch in zipren. Do hat vor ziten

---

⁴⁶ᵃ) *Englant* | Gemeint ist die geschichtliche tatsache, dass kaiser Isaak von Kypros schnöde absichten plante gegen die schwester könig Richards I., sowie gegen dessen braut Berengaria, als diese ende april 1191 der königl. flotte vom sturm entführt wider die kyprische küste (in den hafen von Limasol) getrieben wurden; dafür aber von dem zur rechten stunde noch eintreffenden könig seines landes u. seiner freiheit in entscheidender feldschlacht beraubt wurde. vgl. Wilken, kreuzz. IV, 197 ff. Von einer zerstörung der stadt Paphos bei dieser gelegenheit weiss die geschichte nichts; gleichwol findet sich die nachricht auch beim pflzgr. Alex. 38 u. bei Breidenbach (Röhr.-Meisn. 137). Fabri III. 225 knüpft, wenn auch nicht in verbindung mit Paphos, an »Osina, Richardi regis Angliae soror,« das von Hagen erzählte, geschehen als sie von ihrer pilgerfahrt aus Kypros zurückkehrt, wie sie dem herrscher der insel arglos versprochen haben sollte. Worauf dann der bruder herbeigeeilt sei u. rache genommen habe. Nach Dietr. v. Schachten (Röhr.-Meisn. 214 f.) ist Salines schauplatz der tat, die geschändete des engl. königs tochter, die wie hier »gantz ihnn schwarzenn kleidernn vndt segell« wieder heimzieht ohne Jerusalem gesehen zu haben. Ebenfalls nach Salines verlegt Seidlitz die geschichte 251 ᵇ.

⁴⁷) *nimason* | Limisso od. Limasol in der nähe der südspitze der insel, ehemals Nemassos od. Neapolis u. hauptst. einer der von kaiser Constantin gemachten eparchien, Cesnola-Stern 29ᵇ. Lusignan 16ᵛ: »Elle est appelée des Grecs Lemise la neufue et des Latins Limonce ou Nemosio.«

⁴⁸) *felinen* | S. pilgrf. a. 4. Da Selina dicht bei Citium, dem sitz eines der 6 kyprischen könige schon 707 v. Chr., liegt, so hat Hagen richtigen bericht gehört, vgl. Schachten (Röhr.-Meisn. 214). — Dass Salina nicht mit Salamina (Salamis, Constantia) verwechselt werden dürfe, wie bei Röhr.-Meisn. 69 u. 698 geschieht, geht schon aus vergleichung der an 13 stellen bei ihnen vorkommenden ortschaft mit deren umgebung hervor. Liegt es doch nach s. 379 nur »2 welsche meil« von »Larnich« (Larnaka). Es ist, wie aus allen stellen erhellt u. ao. wie bei Tucher 352 ausdrücklich hervorgehoben wird, ein alter pilgerhafenplatz. Zur völligen gewissheit wird dies auch durch Salignac it. hierosym. 4, 3 wo es bei beschreibung Citiums heisst: »hic prope portum ruinosum, salinarium appellatum«, vgl. Jos. Meursi Cyprus 91. Ebenso redet Lusignan 9 n. 13 von der »ville de Salines« u. Σαλλίνερος. τὰ Κυπριακὰ ἐν ἁλιεῖς. 1855 I, 53 sagt: Πολλοὶ ὡς δύο Στρωμαί πόλεις τὰ νῦν Κίτιον λιμένα (Salina) καὶ πόλιν Λάρνακα ἀλλ᾽ ἡ τοιαύτη ὑπόρρυσις ἔχει ὅλως ἰδιότημος ἐπειδή, ἀμφότερα τὰ μέρη, μετ᾽ οὐ πολὺ ἐνωθήσονται.

ouch ein kinig hoff gehalten. Do lendetten wir an mit vnſer barcken, alſo erfuren wir, daz es ouch am ſelben ort ſtarb; nun mochten wir fillerley noturfft halben nit wider enweg faren. Deſzhalben ſo beſtelt vnſer patron, daz wir in ein dorff gefiert wurden, ein mil wegs witer, heiſzt menico;[49]) do hatten wir vnſeren leger. Sind alle greken im ſelben dorff; do ſtarb man nit. Vff petry vincla komen wir dar, wafz der erſt dag im ougſt.

Item in diſſem dorff menico begerte vnſer patron, daz wir ein dag oder iij ſolten warten, er hette etwaſz ſins kouffmans ſchatz zu verdriben vnd wolte darnoch wider zu vns komen. Wir warteten alſo viij tag vnd zerten vff vnſern coſten; Es kam niemant, der vnſz wider enweg furt. Wir frogten noch vnſerem patron, do waſz er woll xxx mil wegs in ein ander ſtat geritten, heifzt nicoſia,[50]) vnnd liefz vnns nit wiſſen, wo er wafz oder wafz ſin hindernis wer. Alſo beitetten wir noch etlich dag vnnd ſo lang daz wir bilger xix dag mit groſſem coſten | gewart hatten; defz halben wir faſt vngedultig woren, dafz er vnfz alſo verloſſen hat in frendem lande by den ereken vnnd wir nit mit jnnen reden kunten. So kunt vnſer dilmeſch ouch nit mit in reden, vnd wer der heidiſch dilmeſch ſelten by vnns. Defz halben ſich etlich bilger verzert hetten vnnd gingen wider zu ſchiff, vermeinten doſelb defz patronen zu warten; aber man welt in nit zeſſen oder zu drincken geben im ſchiff weder vmbs gelt oder vmb funſt, wie wol mans ſchuldig iſt geweſen zu thun nach beſag defz patrons verſchribung; dan wir vns an kein ort witer ſind ſchuldig geweſen zu verzeren wan iij dag.

Item alſo in diſſem verlangen wurden wir bilger zu rodt vnd ritten ettlich zu dem patronen gen nicoſia vnnd beclagten in vor der oberkeit do ſelb: wie er vnſz het loſſen warten, daz vnſer zu verzeren vnd kein hindernis oder rechtmeſſig vrſachen angezeigt het; daz hielte ſin verſchribung nit in vnd wirden alſo mit gutem wind verlengert an vnſer fart vnd verzerten die bilger daz ir, daz alles vnns zu groſſem ſchaden dient. Dan er het vff diſer fart for ouch zweymol zu land gefaren wider ſin verſchribung. Alſo verſchuff die oberkeit mit im, daz er ir gelopt vnd verſprach an eides ſtat in iij tagen die bilger on witer anlenden zu dem heilgen

---

[49]) *Menico* | Die topogr. geogr. karte in Unger-Kotschy, die insel Cypern. 1875 hat südl. von Larnaka eine ortschaft Menchu, aber weiter als »ein mil wegs« von gedachter stadt, sodass die selbigkeit beider fraglich ist. Einen andern ähnlich benannten ort finde ich ausserdem nicht.

[50]) *nicoſia* | S. unten a. 55.

land zu fieren. Iber daz verfprechen rit er erft gen famagufta⁵¹) in ein ftat, do waren etlich fpangert vnd fchwizer angelent, die nam er mit ein verding an mit vnfz zu fieren gen Jerufalem. Die komen vnferem patronen woll zu ftir an fin coften, funft wafz worlich zu beforgen gewefen: weren diffe bilger nit zu im kumen, vnfer patron wer vnns entloffen vnd het vns ligen loffen: wan er muft groffen coften halten vnd hat wenig bilger, daz det im der fchaden vnd het vnnfz nit migen in fim vermigen von dem direken kinen ledigen. |

Item afz fich der patron gegen der herfchaft zu nicofia verfprochen hat gehept vnfz firderlich von land zu fieren, do kam er vff mitwoch nach marie himelfart⁵¹ᵃ) vnd brocht die fpangert vnd fchwizer mit im bifz gen felinen zu vnns ins fchiff. Alfo furen wir morgens frie darfon fo lang, bifz daz mir komen gen Juffa. Do hatten wir noch ijᶜ milen hien, komen eb vff zinftag noch bartholomeij³²) dar. Do hebt daz heilig land an, fobald man vff daz ertrich drit vffem fchiff. Alfo bliben wir bilger im fchiff warten vnd fchickten vnferen patronen myt dem heidifchen drufchelman ader dilmefch gen Jerufalem, daz fie anzeigten vunfz bilger dem gardianen, daz er vnnfz ein ficher geleit vom direken brechte; fo wolten wir die heiligen ftet fuchen als der criften gewonheit ift.

Item hie wil ich noch etwafz fchriben von der nutzung zu falinen, ouch von dem land zipren, enwenig darnoch will ich wider kamen gen Jaffa vnd fagen, wie wir vfz dem fchiff komen find vnd wie wir geleit find worden bifz gen rama vnd ierufalem.

Item zu felinen in Zipern do ift ein groffer wiher³³) gemacht vnnd ein hipfch gefchicklicheit mit murwerck: wan fie wollen, fo

---

⁵¹) *famagufta* | Stadt im füdoften der infel. Ἀμμόχωστός bei Ptolem, fpäter Fama Augufta, auch wol Fama Augufti irrtümlich, was fchon zu Lufignans zeit (hift. gen. 23ᵇ) auf den fieg Augufts über Antonius bezogen u. »renommée ou gloire d'Augufte« gedeutet werden wollte, aber richtiger von diefem autor felber mit den zahlreichen fanddünen in der umgebung der ftadt in verbindung gebracht wird, sodass des Ptolem. benennung am beften verdeutfcht würde: Sundfchütt. So auch Engel, Rofs, Sakellarios, Unger, Cefnola.

⁵¹ᵃ) *m. himelfart* | 19. aug.

⁵²) *bartholomey* | 25 aug.

⁵³) *wiher* | Aehnliche berichte von diefem falzteich bei Grünemberg (Röhr.-Meifn. 155) Rindfleifch ebend. 325, pflzgr. Otto Heinr. ebend. 382, Heiffrich 376ᵇ, doch nirgends anfchaulicher u. ausführlicher als hier. Es ift offenbar derfelbe, den Rofs, reifen nach Kos, Halikarn., Rhodos, u. d. ins. Cypern. Halle 1852, 86 befchreibt u. für den κλειστὸς λιμήν bei Strabo 14, 682 u. Thuk. 1, 112 hält. Jedenfalls ift er zu unterscheiden von dem bei anderen pilgerfchriftftellern erwähnten, landeinwärts ¼ ftunde von Larnaka gelegenen groffen fee von 2 ftunden im umfang, vgl. Rofs 90.

flifzt daz mer waffer zwifchen dem murwerck durch vnd loufft in
den wiher, vnnd darnoch fo fich daz mer darfon verloffen hat, fo
wurt daz waffer, fo in den wiher geloffen ift, ltlich gut hibfch wifz
faltz; daz fiechtan von ferre glich wij ein gefrorner wiher, do ein
wenig fchne vff gefallen ift. Vnd wurt ouch fo hert, daz mans mit
groffen axten vnd bicklen mufz vff houwen. Daz hab ich gefehen;
darnoch fo fiert man daz felb vffgehouwen | faltz mit iren offen zu
groffen huffen vffem wiher vnd decks mit grund zu fry vnder dem
himel. Sunft darff man kein arbeit me darzu thun. dan daz mans
zu marck fiert gen famagufta oder gen nicofia in die felb ftet.
Dif fa[l]tz waffer vffem mer derit ein folche groffne nutzung zu ier,
daz fies fir ein fchatz rechnen.

Item ziperen daz land lit in Einer jnfillen, die ift by vij^c millen
lang vnd breit vnd lit in kriechen land. In differ infillen hand vor
ziten iij kinig³⁴) gewont, einer zu baffo, der ander zu nimafon vnd
der drit zu nicofia. Nun find die zwo wonungen gantz zerftert,
aber nicofia³⁵) diffe ftat, die wit begriffen vnd wurt in gutem buw
gehalten, ift ouch faft werlich. Ein alt ftat. Es find wol iiij criften
obefter drin, obferuantzer barfufer brediger auguftiner vnd andre
vnd fil greken kirchen; vnd ift ein Erlich herfchafft dar gefetzt von
den venediger, wan die gantz infel zipren gehort den venediger zu vnd
ift ein fruchtbar land. Sie hand fil win³⁶) vnd korn³⁷) fil bomel,³⁸)

³⁴) *III kinig* | Von drei königreichen auf der infel weiss man nichts. Als früheste werden 10 genannt: Salamis, Soli, Chytri, Kurium, Lapethus, Kerynia, Neupaphos, Marium, Amathusia, Kitium. Unter röm. herrschaft zerfiel Kypros in 4 bezirke: Salaminia, Amathusia, Paphia, Lapethia. Unter den Griechen waren 14 eparchien, unter den Lusignans u. Venetianern 11 cantone, s. Cesnola 25 u. 286. Dagegen werden 3 bistümer: Paphos, Limosa u. Famagusta mit dem erzbistum Nicosia erwähnt, s. Ludolf 30 u. Fabri III, 230–240.

³⁵) *nicosia* | Das alte Leucosia nach der tab. Peut. u. Sozomen. h. eccl. I, 3, 10., Kallinicesia in act. s. Spyridionis in Lambec. bibl. Vindob., vgl. Reichard, orbis terr. antiq. Norimb. 1824. tab. V., u. Forbiger, handb. d. alten geogr. Leipz. 1848. III, 1049. Unter dem namen Leucosia sitz eines eparchen, wie des metropolitan-bischofs, unter den Franzosen hauptstadt der infel, unter den Venetianern sitz des statthalters (1488–1570). Wesentlich das gleiche wie hier erzählt auch pilzgr. Otto Heinr. 1521 (Röhr.-Meisn. 380 f.); weitläuftiger bericht bei Fabri III, 230 ff.

³⁶) *win* | »Der cyprische wein ift der befte der welt« fagt Steph. v. Lufignan u. Unger 449.

³⁷) *korn* | »Es wird hier weizen, gerste, hafer, aber kein korn gebaut.« Unger 438. Ob sich H. also wol geirrt hat od. in damaliger zeit korn gebaut wurde? Im altertum »excellebat vero triticum amathusium,« Meursius, Creta, Rhodus, Cyprus etc. Amstel. 1675. 2. buch.

³⁸) *bomel* | »Dass einft der oelbaum reichlicher als dermalen auf der infel gepflanzt wurde ist unbezweifelt.« Sonnini voyage en Grèce et en Turquie 1801, t. 1 will sogar die cisternenartigen mit cement ausgekleideten reservoirs in der umgebung von Larnaka zur aufbewahrung des oels beftimmt gewesen halten. Unger-Kotschy 455.

fil zucker,⁵⁹) fil faltz⁶⁰ᵃ) vnd ouch boumwol,⁶⁰) die man fpint. Die hat fomen, wurt in die ecker gefegt wie korn. Item fil figen, granatepfel, bomerantzen, melunen vnd andre frucht.⁶¹) Aber es ift faft ein hitzig land, ftaffet aller neft vff die direcken vnd find fil ftet vnd derffer din; defz halben fo miefen fie frid mit dem direcken machen oder daz land wer bald verloren. Zu Nicofia in der ftat do lit ein heIg liphafftig im obferuantz clofter, der heift fanct Johans von muntfort;⁶²) ift ein hipfch heltum. Der hat in fim leben fil wider die direcken geftritten; den zeigt man fremden liten, die andacht haben. Im felben clofter ift ein obferuantzer heifzt bruder ludwig, der ift von Dantzgo,⁶³) der hat ouch kunfchaft zu dem gardian, der mit den wurmferen⁶⁴) zum heilgen grab fur vnd zu doctor iorgen; fagt vnns fil von dem land zipren, ouch von ierufalem, do er ij ior gewefen ift; wie es vns wird gon vnd wie wier vnfz halten folten gegen den direcken. Ich bin etlich dag in difer ftat gelegen vnd hab gefehen den heilgen von muntfort; bin darnoch zu fanct mamma⁶⁵) geritten, do hab ich wunder gefehen. |

Noch wil ich en wenig fagen von dem land ziperen. Es ift

⁵⁹) *zucker* | Der zuckerrohrbau der infel ift fehr alt, aber durch den weinbau befchränkt worden. Unger 444.

⁶⁰ᵃ) *faltz* | S. oben a. 48 u. die bemerkung bei Unger-Kotfch. 9, dafs zur Venezianerzeit jährlich 70 fchiffe mit diefem falz befrachtet wurden. Lufignan 23: »le fel eft le premier trefor de Cypre«.

⁶⁰) *boumwol* | Die pflege der baumwollftaude war vorzugsweife im 16. jh. derart verbreitet, dafs fie dem bau der cerealien abbruch zu tun begann. Das gewächs ift zweijährig, die famen werden, bevor fie in die erde kommen, in einer jauche von fchafmift eingeweicht, worauf fie rafcher zu treiben beginnen. In den zeiten der Venetianerherrfchaft führte man 30000 ballen aus, fpäter nur 8000, dann 5 u. jetzt nur noch 3000. Unger 443.

⁶¹) *frucht* | Vgl. über diefe früchte Unger 458 f.

⁶²) *muntfort* | Es wird diefes heiligen, foweit ich fehe, erft im 15. jh. gedacht u. zwar von Ulrich Lemán 1472—1480 (Röhr.-Meifn. 104), der ihn heilig gefprochen fein läfst, vgl. Fabri III, 235; pfzgr. Otto Heinr. 1521 läfst ihn »nit noch canonifirt« fein (Röhr.-Meifn. 381). Ueber ihn acta ss. Mai 5, 270 f. bei Röhr.-Meifn. 23. Bei Eftienne de Lufignan hift. generale 63 heifst er von ihm kurz: »Jehan de Mont-fort, françois, comte de Ruchas, et marechal de Cypre, duquel le frere nommé Philippe eftoit gouverneur de la Ptolomaide en l'an 1256, fut homme de saincte vie et fit plusieurs miracles en sa mort.«

⁶³) *Dantzgo* | Dantifcum (Danzig) begegnet öfter um diefe zeit in den pilgerfchrr., vgl. Röhr.-Meifn. 39, 315, 424, 516, 533, 545; nahm doch Danzig durch feinen handel eine wahre weltftellung ein, vgl. Körner 199 u. Janffen 1, 300.

⁶⁴) *wurmferen* | Offenbar find die beiden brüder Bernhardt u. Jacob Wurmbfer, ritter aus Strafsburg gemeint, die in gefellfchaft eines ungenannten ftrafsburger guardians 1521 in gemeinfchaft mit dem pfzgr. Otto Heinr. zum h. grabe fuhren, vgl. Röhr.-Meifn. 359 f. Diefer guardian wie der dabei genannte doctor Jörg, den wir fonft nicht finden, fcheinen bekannte unferes ritters zu fein.

⁶⁵) *mamma* | S. u. a. 198.

ein faſt hoher berg drin, der heiſt der critzberg:⁶⁶) den Eren die
ſchifflit faſt vff dem mer mit irem gebett. Vff dem ſelben berg iſt
ein critz in einer kriechiſchen kirchen, daz rieffen etlich menſchen
faſt an, vnnd ſol daz critz ſin, daran der ſchecher an der rechten
ſiten by vnſerem herren ieſu criſt gehangen ſoll ſin; daz hab ich
perſonlich ſelb geſehen vnnd bin dar geritten mit mynen mitbruder
in der zit do wille vnſer patron ſo lang von vns was. Dan der
berg lit nur by mj dutſch milen von dem dorff menicon oder von
ſelinen, do wir des patronen wartetten. Ich hat fil von diſſem critz
horen ſagen: Es ſolt in lufften ſchweben vnnd nieman mochtes
ereichen oder ſehen waran es hinge. Alſz ich nun vff den berg
kam, do ging ich in die kirch; do zeigt man vnſz daz critz vnd es
hing nit in lifften, ſunder wafz geſtel vff die erd in ein gewelbel
zwiſchen zwey capellen, do man meſz in ſang. Ich vmbfing daz
critz vnd det mijn gebet vnd beſag daz critz oben, aber ich mocht
nit an im erſehen dan daz es ſchlottert vff der erden enwenig vnd
iſt kum manſz lenge vnd ſpannen breit vnd iſt mit ſilberen bildnis
beſchlagen vnd oben bym herzen zu ſind etlich clein ſticklin holtz
in geleit; do ſegen ſie die ſelben ſind von dem critz criſti. Anders
kan man nit me do geſehen. dan das es in groſſen eren gehalten
wurd vnd fil ſilberen zeichen vnd brimende ampellen hangen darfor.
Man ſeit ouch, daz ſancta Elena, die daz critz vnſers heren ieſu
gefunden hat, die hab difz critz vff diſen berg brocht vor langer
zit. Ich ſag, daz es iſt ein ruwer boſer weg, bifz man den berg
vffen kumpt, vnd man mufz by der nacht riten, ſunſt im dag zu
riten mag mans kumerlichen der groſſen hitz halb. Man furt ouch
kein waſſer vnderwegen; wafz einer bedarff daz mufz er mit im
fieren. |

⁶⁶) *critzberg* | Σταυρός Σταυρώματος, monte Stᵃ Croce. Aehnliche berichte bei
Breydenbach 56ᵇ, Gumpenb. 244, Helffrich 377ᵇ, Ecklin 401, Monteuilla 408.
Ludolf 32, Pfinz. 69, pfizgr. Otto Heinr. 382, Fabri I. 171 ff. Der arabische geograph
Dimiſchqi zu anfang des 14. jh.'s erzählt, dass sich auf dem Kreuzberge ein aus-
gehauenes götzenbild neben einem grossen kloster u. dem »kreuze der kreuzigung«
befände, Cesnola-Stern 292. Während bei Fabri u. a. neben dem kloster die über-
reste eines Aphroditetempels gefunden werden wollen, lässt Cesnola 6 einen Jupiter-
tempel in alten zeiten daselbst stehen. Jetzt stehe auf dem berggipfel nur noch
ein zerfallenes griech. kloster des h. Ikailius u. auf dem östlichen abhange ein
der h. Barbara geweihtes. Nach Fabri I. 175 [Helena, die mutter Constantins]
»montis nomen mutavit, qui prius Ydolius dicebatur, jam mons Sanctae Crucis
dicitur.« Ebenderselbe will auch wissen, dass die alten den Perseus von hier aus
hätten zur befreiung der an den joppischen felsen angeschmiedeten Andromeda
fliegen lassen; ebenso sei dieser von hier zur bekämpfung der Gorgo geflogen.
Nimmt man hierzu, dass die schiffer auch nach Fabri u. a. den berg besonders
verehrten, so hat man wol das ganze sagengewebe bei einander u. mit ihm
die ganze schwierigkeit seiner deutung.

— 249 —

Item nun kum ich wider vff den weg gen iaffa, als ich do vor
geschriben hat, wie wir bilger im schiff do musten warten, bifz vnser
patron daz geleit brechte von ierusalem. Vnd ee wir gen iaffa komen,
do komen wir nit wit vonn der kirchen mifzgita⁶⁷) genant, do hat
der starck samson ij sulen von der kirchen vmb geworffen gehebt,
die do etlich dusit menschen zu dod hand geschlagen gehebt: geschu
in clein egypten land, stet noch ein wisser durn von der selben
kirchen do, den wir gesehen hand, wie dan samsons istorien gelesen
wurt. Vnd als wir iaffa ersohen, von witnis siecht man ij alte
durn⁶⁸) ston vff eim bergel neben einander, do fingen wir an zu
singen got zu lob »te deum landamus« vnd »salue regina« etc.,
wartetten also vor iaffa, bifz vnns daz geleit kam, vij tag: dan es
ist by xl welsch milen von iaffa noch bifz gen Jerusalem. Es durfft
kein bilger vffs land tretten, daz geleit wer dan komen.

Item also kam daz geleit: vff mendag noch sanct johans ent-
heiptung⁶⁹) oder noch sanct adolffs dag schickte der gardian ein
verweser sins ordens vnd komen fil direken ouch moren vnd heiden
zu pferd vnd zu fusz, alle mit irer gewer, vnd wartetten vns, wen
wir vffs land wolten komen. Sie hatten ouch fil esel vnnd kemel
dier mit in brocht, doruff wir bilger musten riten vnd die kemeltier
ander gut musten dragen. Do kam der obseruantz zu ersten jns
schiff zu vns vnd brediget⁷⁰) vnnsz bilgern allen vor hien in drierley
sproch vnd absoluiert vnsz bilger vor hien wer nit defz bopst er-
loupnis het von sin pfarrer oder siner Eefrowen, vnd seit vnns fil
wie erlich vnd grosz ein gotz ritter vff diser fart geachtet wer defz
groffen perickel halb von direken vnd heiden ouch gegen den arben,
daz find gar bofz lit, stelen, rouben vnd morden, defzglichen wer
vnnser groffe forg des mers halben vnd vnser andechtig gemiet nit
clein zu achten ouch. |

Item Noch der bredig defz briesters stigen wir bilger vfz dem

---

⁶⁷) *misgita* | Obgleich es sehr auffallen muss, dass das schiff um 9 meilen
zu weit südlich gesteuert ist — denn soviel beträgt die entfernung zwischen Joppe
u. Gaza, so hat es doch mit dem von Hagen gesehenen turm seine richtigkeit,
nur dass derselbe nicht in, sondern ziemlich weit von Gaza am strande steht u.
nach van de Velde, reis door Syrie en Palaestina, Utrecht 1854. II, 184 »den
bouwval van eenen torm« ist, der heutzutage en-Nkich heisst. Ob die moschee
von Gaza, die Hagen meint, vom meer aus gesehen werden kann, ist fraglich;
jedenfalls ist die verbindung derselben mit der geschichte Simsons Richt. 16, 23 ff.
eine fabel. Dass die gegend »klein egypten« geheissen, steht unseres wissens
auch nirgends.

⁶⁸) *durn* | S. ndrrh. p. a. 200.

⁶⁹) *entheiptung* | 31. aug.

⁷⁰) *brediget* | So auch bei Fabri I, 193.

schiff gen iaffa an den ftaden. Do driben vns die dircken vnd moren in ein alt gewelb,⁷¹) do aller vnflot von menfchen vnd pferds dreck hien geleit was. Do verhietet man vnns, bifz wir alle zamen komen; darnoch liefz man vns ledig. Do fafz ieder vff ein efel vnd wafz fir effen oder drincken mocht haben vom fchiff, daz leit einer vff den efel vnnd furtes mit im; er fand funft nit vnderwegen. Alfo ritten wir den erften oben bifz gen rama, daz wafz by x welfch milen.⁷²) mit den geleitz liten, alfo daz ich achte vnfer weren by xx vnnd hundert zu fufz vnd rofz. Komen alfo in der nacht dar, do ftiefz man vnfz bilger alle zu eim nidren dierlein⁷³) in daz hufz, do die bilger pflegen alwen zu ligen, vnd verhietet vnnfz, bifz vnfer patron mit der herfchafft do felb umb den zoll iber komen was vnd bezalt het. Rama⁷⁴) ift ein groffe ftat gefin vor alten zitten, aber iemerlich zerftert vnnd gar nit wider gebuwen; vnd ift ouch ein bofz volck do vnd nit fil. Sie leben ouch wie daz fie, find ouch hiererley falck do: dircken, wifz moren, arben vnd funft etlich bofz criften. Item es ift ein kirch by rama ein halbe dutfche mil, die heifzt zu fanct iorgen;⁷⁵) find criften do felb. Do wer ich gar gern hien gangen, dan der ritter Jorg ift am felben ort gefangen gelegen vnd man hat in do felb enthouptet gehept. Aber es mocht nit fin, vnfer patron miefte erft ein nug geleit bezalt han fir die bilger; daz wolt er nit thun.

Item als wir zu rama logen, do kam der lant her⁷⁶) von rama, der ouch her iber gafer ift; die felb ftat lit nit wit von ierufalem. Kam wol mit vᶜ pferden al wol vff dirkifch gerift mit fin herboucken vnd fil pfiffen vnd fcharmigen, die er zu feld mit im furt, vnd legert fich do, liefz fil gezelt | vff fchlogen vor der ftat. Do lag er etlich dag, dan er muft ftarck ritten vor den arben, die faft do umb ftreifften. Man hat im ouch fchon iij man brocht von den felben rouberen, die fie gefangen hatten. Die liefz der her glich morges alle dry pfelen, vom heimlichen ort bifz zu der Nafen haruf iedem ein fpitzigen pfol fchlagen vnd liefz fie vffrecht an die wegfcheid ftellen, als wir darnoch gefehen hatten.

⁷¹) *gewelb* | S. ndrrh. p. a. 197.
⁷²) *x w. milen* | S. oben ndrrh. p. a. 207.
⁷³) *dierlein* | Fehlt fonst bei der befchreibung des pilgerhaufes, vgl. Tbl. tpgr. II. 810.
⁷⁴) *Rama* | Vgl. Tbl. tpgr. II. 807.
⁷⁵) *iorgen* Zu Lydda
⁷⁶) *lant her* | Fabri I. 191 wird neben dem praefectus de Rama ein folcher von Guzara (Gaza) unserm »gaser« hier genannt.

Item alfo noch den dingen brochte vnfer patron den felben herren in vnfer bilgerhufz. Der befa vnus vnnd wir muften alle fir in gon: do liefz er ieden bilger mit fin namen vffſchriben. Darnoch gab vnfer patron dem felben herren ein dirckifch abenzeren, aber wir hatten kein win dozumol; vnnd macht fin geding mit dem herren, waffer verzollen muft. Alfo fchieden wir noch den felben oben von rama mit ftarckem geleit der dircken heiden vnd arben, wol vff ijᶜ zu fufz vnd roff; gefcha vff donderſtag ⁷⁷) noch adolffi. Muften die gantze nacht ritten faft bofzen weg, hept an ij mil von rama bifz gen ierufalem. Vnd ift daz fufz folck faft bofz, louffen halber nacket mit iren handtbogen vnd gefchitz, fil die kein hemd oder fchu an hand, fchlugen mich die felbe nacht wol iij mol iber myn lenden vnd nomen mir myn flafchen mit gewalt vfz mym fack; dan fie find dem win gar geferd. Driben ouch fil gewaltz mit etlichen andren myn mitbriedren, dan wir muften vnfer effen vnd drincken zu vns nemen vnd dorfft vnfer keiner fich faft weren oder iren einen fchlagen, wir weren funft alle in liden komen. Daz feit man vnfz forhien. Wer fin drincken wol kunt verfchlagen, der hatz defter beffer. Mir muften faft jlen der arben halb, die faft ſtreifften vnfers wegs. |

Item alfo komen wir in die ſtat Jerufalem vff fritag neſt noch fanct adolffs dag zu dem morgen jnnmes. Do empfingen vnufz die brieder mit fampt dem gardian im clofter fion vnnd goben vnnfz den Erften imetz.⁷⁸) Darnoch am andren dag am famftag fingen wir die heilgen ftet zu fuchen vnnd zum Erften gingen wir ins clofter vnd horten alle ein herlich fingen ampt vnd hat ieder bilger ein brinende kerez in finer hant. Darnoch brediget man vns bilgern allein, funft dirffen die brieder nit bredigen, ouch kein glock liten; wen fie ir zit fingen wollen, fo kleffen fie wie am karfritag.

Item zum Erften zeigten vnns die brieder ju jrem Clofter wafz heilger ftet drin weren vnd wafz vnfer her iefus an iedem ort gewirckt hat, vnd fingen an zu fagen do ir fron altar iecz ſtot, daz ift die ſtat vnd daz ort gewefen, do vnfer her iefus crift daz left nachtmol mit finen iungern hat gethon, vnd an diffem ort hat er

---

⁷⁷) *donderſtag* | 3. sept.
⁷⁸) *imetz* | Diefe fpätere fitte findet fich auch beim pflzgr. Otto Heinr. (Röhr.-Meisn. 376).

daz facrament vffgefaczt, als er dafz brot brach vnd fprach zu den
iungeren: »nempt hien, daz ift min lib«. Darnoch nam er den kelch
vnd fprach: »drincken daz ift myn blut.« Vnd feiten vnns: wer
an difz ort kem vnd fin andechtigs gebet dete, der erlanget applafz
aller finer find von pin vnnd fchuld, wen er gebicht hette oder in
fier facz wer zu bichten vnd fin find ruwen wolte. Wo aplofz aller
find ift, do hab ich zwifach cricz gemacht. Alfo fielen wir bilger
nider vffs ertrich mit brinenden kerczen, kiften die heilige ftat vnd
begerten der felben gnoden vnd aplofz.

Item neben dem obgefchribenen fronaltar by nj mans fchritten
do ift die ftat vnd der blacz, do vnfer her iefus crift den iungeren
die fiefz hat gewefchen vnd zu petro kam, der fich widert, do iefus
fprach: »wefch ich dier din fiefz nit, fo wurftu kein deil in mym
rich haben«⁷⁹) etc. An difer ftat ift ouch ein altar gemacht worden,
do man deglichs mefz vff lift; vnd wer fin gebet do dut vnd die
demietikeit des herren bedracht, daz er fich zu den fieffen finer
iunger nider neigt, der verdient ouch aplofz.

Item darnoch gingen wir firter mit vnfer brozefz alle mit
brinende kerczen vnd ein cricz drug man vns for durch die kirch
vber ein hubfchen breiten gang: do zeigt man vnns die ftat oder
daz ort, do iefus crift finen iungeren den heilgen geift gefent hat
am pfingftog in dem hufz, do fie byeinander woren: do god man
ein breite fteine fteg vff wol xnj ftafflen.⁸⁰) Do fingen die brieder
an zu fingen, als fie dan an allen heilgen ftetten dun, die man den
bilgeren zeigt, vnd fagten vnns dar by, daz an differ heilgen ftat
were ouch vergebung aller find, die dircken haben aber obwendig
der ftegen fil ftein zu vermuren ingefetzt vnd wellen die brieder
nit dar loffen gen vnd fagen dauit hab fin grab do vnd ander
pronetten me: daz fol fich aber nit erfinden meinen die brieder
im clofter etc.⁸¹)

Item darnoch gingen wir herab von dem gang jn den cricz
gang defz clofters in ein gewelbts capelle. Do ift daz ort, do thomas
apoftolus zu dem herren iefu kam vnd im fin handt in defz herren
fiten leit vnd erft gloubte etc. wye dann dz ewangelium anzeigt.
In difer capellen ift ouch ein grofz ftuck von der fylen, do iefus

---

⁷⁹) *haben* | Bemerkenswerte veränderung der worte Christi Joh. 13, 8: οὐκ
ἔχεις μέρος μετ' ἐμοῦ.

⁸⁰) *XIII ftafflen* | Mehr als das doppelte der zahl im ndrrh. p. 38 a. 296.

⁸¹) *im clofter etc.* | Dieser zweifel der mönche wird nur hier berichtet.

an gegeifelt 82) wart, daz ficcht man durch ij getter vor dem altar, der im felben capellen ftot. Do detten die brieder ouch ir andechtig gefang vnd feiten vnns in difer capellen were ouch vergebung aller find von pin vnd fchuld. Alfo hand fie vnfz alle heilgen ftet inwendig defz clofters gezeigt. |

Item hie vohen an die heilge ftet, fo do gelegen find vfzwendig defz clofters fion, aller neft by der kirchen, die vnfz der gardian gezeigt hat.

Item zum Erften gingen wir bilger an daz ort, do maria die mutter iefu crift geftorben 83) ift: an derfelben ftat ift vergebung aller find von pin vnd fchuld vnd ift nit witers do zufehen, dan daz daz felb ort mit fteinen vmb leit ift wie ein zun vnd lit ein langer ftein in der mit, aber der bodem oder daz ertrich ift heilig vnd die gnad, die der menfch verdient.

Item glich anftoffig do maria geftorben wafz, do ift ein bleezlin dar for, do hat fanct johans ewangelift der muter gottes manig mol mefz 84) in gelefen; wer fin gebet do dut, verdient ouch aplofz.

Item witer zeigt man vns daz ort, do vnfer her iefus crift fprach zu den iungeren: »get hien in alle welt vnnd bredigen daz ewangelium,« 85) welcher gloupt vnd gedeifft ift etc.« An difem ort ift ouch fil aplofz, vnd an iedem ort fungen die minch andechticlich, wen fie vnfz feiten, wafz heilgen ortes wafz.

Item darnoch zeigt man vnfz den blacz, do daz hufz geftanden ift, in dem der her iefus hat geheiffen daz nachtmol bereiten vnd daz ofter lamp. 86)

Item aber zeigt man vnfz ein blacz, do iefus gebrediget 87) hat vfzwendig by der kirchen neben der muren, do die direken ouch ein finagog hand mit fteine vmb murt. Do darf kein crift in gon; do ftet ein ftein kum ııı fchrit darfon, dorufff foll maria die muter iefu gefeffen fin vnnd die iunger defz herren vff der andren fiten dar gegen vnd haben dem herren zugehört.

An difen heilgen orten ift oberal fil applofz, find alle off dem berg fion gelegen neben dem clofter, aber ellenclich iecz zerftert

---

82) *gegeifelt* | Vgl. Fabri I, 248. II, 115. Tbl. tpgr. II, 125. Golg. 365 u. unten s. 26.
83) *geftorben* | Vgl. plgrf. a. 112.
84) *mefs* | Vgl. plgrf. a. 114.
85) *ewangelium* | Vgl. ndrrh. p. a. 306.
86) *lamp* | Vgl. ebenda a. 304.
87) *gebrediget* | Vgl. ebenda a. 303.

vnd zerriffen got erbarms. Man zeigt vns ouch do Annas⁸⁸) hufz, do dem herren der backenſtreich wurt, vnd daz ort, do dauit⁸⁹) der prouet penitencz gewircket hat, als er mit berſabe geſint hat: do iſt gar ein dieff finſter loch, dorin er gelegen was vnd die vii buſzbefalmen do machte vnder eim felſen. Iſt ouch nit wit vom cloſter ſion vnd ſind moren iecz in diſem hufz. |

Item als wir bilger alle heiligen ſtet geſehen hatten uff ſamſtag morgen noch adolffi, ſo vns die brieder inwendig irs cloſters vnd vſzwendig drum gezeigt hatten, do gingen wir bilger darnoch alle vff diſſen ſamſtag vmb complet zit⁹⁰) in die houptkirch, dorin daz heilig grag vnſer erlöſers ieſu criſti ſtet. Die ſelb kirch dier iſt deglichs verſchloſſen vnd mog niemans drin oder harufz kommen on wiſſen oder willen defz obriſten dircken zu ieruſalem. Derſelb verſiglet alle dag daz ſchlofz an der kirch dier vnd ſiezen hieter darby: der direk weifz aber wol, welcherley criſten deglichs in der kirchen ſind vnd ire zit vnd empter vollbringen; dan es ſind wol viij ley⁹¹) criſten glouben in diſſer kirchen, do ieclich ſeck ein befundar wifz vnd glouben hand vnd iſt ein ſollich ſilen ſchrigen vnd ſingen durch einander, daz ſich doch ein menſch woll verwundern mag; aber iedefz deil iſt beſonder. Es geſchieecht aber alles got dem herren zu lob vnd eren. Vnd ſo die ſingenden etlich dag oder wochen alſo in der kirchen verſchloſſen ſind geweſen, ſo weſſelt man zu ziten ab. Wan ſie verſchloſſen ſind vnd ſo haben ſie alle ir ſpis vnd narung in der kirche. Es ſind ouch zwei groſſe locher an der kirch dieren, daz einer by ſin houpt mag nin ſtoſſen; do reden die inwendig vnd die harufz ſin gegen einander, waſſ iedem not iſt. Sancta Elena hat diſe kirch loſſen buwen.

Vnnd alſo wir bilger ouch in geloſſen wurden, do ſchreib der direk vnſz alle forhien vff, wie yeder mit ſin namen hiefz. Dem ſelben noch muſte vnſer patron ein ieden bilger verzollen noch defz dircken willen. Alſo wir hienin komen, do verſpert vnd verſigelt man die ſchlofz wider zu. Alſo logen wir bilger die ſelb nacht in der kirchen. Do gingen die obſeruancz brieder von ſtund an alle in einer prozefz mit dem criez vnd wir bilger alle mit brinende kerezen:

---

⁸⁸) *Annas* | Vgl. ebenda a. 314.

⁸⁹) *dauit* | Anderwärts ein abyſſiniſches kloſter genannt, vgl. Tbl. tpgr II, 179 f.

⁹⁰) *completzit*. Die zeit, in der das officium ecclesiasticum, quod cetera diurna officia complet et claudit (du Cange-Henſch. II. 486^(b6) vollzogen wird, alſo beginn der nachtzeit.

⁹¹) *VIII ley* S. pilgrf. a. 212.

zeigten vns die heilge stet in der kirchen vnd sungen an iedem ort
andechtielich vnd morges liefz man vnfz wider vfz vmb prim zit.⁹²)
Daz dut man dry mol vnd nit me. |

Item vnnd also die obseruanczer in der prozefz woren, do fingen
sie zum Ersten an zu singen »salue regina etc.« in der capellen, die
jnen zu stot, vnd sagten vnns wafz genod in derselben capellen wer.
Zum Ersten so wor vnser her iesu crist marian siner lieben muter
am heilgen ostertag erschinnen, als er vom dot erstanden wafz. Zum
anderen, so zeigt man vnns Ein grofz stuck von der sulen, do ihesus
an gegeifelt wart. Do stefzt man ein hant durch ein ifen getter
vnd beriert die cleinot vnd pater noster an. Zum dritten so ist ein
altar vff der lincken siten, do ist daz heilig criez iesu crist lang ior
zum ersten gestanden gewesen in der selben capellen vnd der zweyer
schecher criez derby, die sancta Elena gefunden hat, bifz daz man
die criez probiert mit ein doten lib, welches vnsers erlofers criez
wafz. Vff dem selben criez ward der dot lib wider lebendig, vnnd
sagten vnns daz in difer capellen wer vergebung aller sind von pin
vnd schuld.

Item do noch gingen die minch mit der prozefz witer vnd
sungen aber ein gesang. Etwan by mj schritten von der obgeschriben
capellen do liegen zwo runde mermolsteine blatten an der erden;
do sagten sie, daz vnser her iesu crist wer am selben ort maria
madalena erschinen in eins gartners wifz, do er zu ir sprach: »noli
me tangere«. Ist aplofz.

Item witer ging die prozefz mit vnfz bilgeren, do zeigt man
vns etlich stafflen ab,⁹³) ist ein gewelb; do ist der her ihefus hien
gesczt worden mit verwuntem lib, hert gebunden bifz die iuden
daz criez zuristen, wie sie die locher boren wolten. An difem ort
ist ouch aplofz. |

Item witer ging die prozefz mit vnns vnd zeigten vnns daz ort,
do die iuden vmb vnsers herren rock hatten gespielt; vnd aber firbafz
zeigten sie vnns ein stuck von Einer steinen sylen, do soll der her
iesus vff gesessen sin, als er gekrent wart. An diffen orten ist fil
aplofz.

Item furter ging die prozefz alle mit brinenden kerczen an ein
ander ort etlich stafflen ab in ein grofz capell, die heist sanct
Elena capel. Do sungen die brieder aber ein lopgesang. Ist fil

---

⁹²) *primzit* | Tagesanbruch; der hymnus des breviers für diese zeit beginnt
mit den worten: »jam lucis orto sidere«.

⁹³) *ab* | In der mdrch. pilgrschr. s. 42 is »vpwert togaen«.

ablofz an diffem ort. Vnd in diefer capel vff die recht fiten get man noch dieffer fiel stafflen ab in ein gewelb vnder groffe velfen, afz ob es ein dieffe grub wer gefin. An diffem ort hat fancta Elena daz heilig criez vnfers erlofers gefunden vnd die ij fchecher criez darby. Do fungen die brieder mit groffer andacht dem heilgen criez zu eren vnd feiten vnfz bilger, do iefus vom criez genomen wart, do nomen die iuden die criez vnd wurffen fie in das felb dieff loch vnder die velfen vnd fchutten allen wuft vnnd mift druff, daz daz loch gefilt wart vnd daz mans nimer me do folte finden. Aber die heilige fancta Elena wafz fo begirich darnoch zu fuchen vnd liefz nit ab, bifz ir criftus half, daz fies gefunden hat. An diefer heilgen ftat hangen fil brinender ampellen dag vnd nacht vnd ift an difem blacz vergebung aller find von pin vnd fchuld.

Item nach difem gang do wir gefehen hatten, wo dafz heilig criez iefu crifti wafz gefunden worden, do gingen die barfuffer firter mit der prozeflion in aller andacht vnd ftigen ein fteg vff, do komen wir vff den berg Caluarie. Do zeigt man vnfz daz ort, do iefus criftus vnfer erlofer an dafz heilig criez genagelt ward vnd zeigt vnfz dafz loch, dorin dafz heilig criez in geftelt wafz worden. Do fiel iederman mit groffer andacht nider vff daz felb heilig ertrich vnd kiften daz ertrich; etlich detten ir andacht mit vfzgefpanten armen, etlich logen criezwifz vff dem ertrich, detten alle ir andechtig gebet mit weinen vnd clagen uber ir find vnd danceten vnferem erlofer fins bitteren verfchmegten lidens vnnd fterbens vnd fungen die briefter mit groffer andacht vnd grieften daz heilig criez vnfer erlofers, fagten vnns ouch dar by, daz do an difer heiligen ftat vff difem berg wer vergebung aller find von pin vnnd fchuld. Wir kuften daz heilig loch dorin daz criez geftanden wafz vnd beftrichen vnfer pater nofter vnd cleinot do felben. Es hangen by l groffer ampellen jber dem felben ort, do daz heilig criez geftanden ift, all mit boumol gefilt vnd angezint, vnd neben dem ort do iefus criftus den dot gelitten hat, do ift ein groffer velfz in der mit zerfpalten wit von einander von oben ab bifz in abgrund, daz nieman des fpalt ein end kan wiffen. vnd ftet vff ieder fiten defz criez ein ftick von einer fteinern filen; do find der zwen fchecher criez geftanden gewefen. Do iefus geftorben ift, do ift iecz ein hipfche capel gebuwen mit dryen altaren, do man mefz vff lifzt.

Item afz wir bilger vff dem berg caluarie gewefen woren, do zeigten vnnfz die herren darnoch firbaffer daz ort und blacz, do iefus criftus geftorben dot hiengeleit was worden, alfz iofeph vnd

nicodemus den herren in wiſſe diecher wickelten vnd zu verbalſamen
zuriſten, daz ſie in darnoch | ins grab mochten legen. Diſz ort iſt
nit wit von der kirch dier ſo man hinin god vnnd haangen vber diſſem
ort wol vnj brinende amplen. An diſſem ort do iſt ouch vergebung
aller ſind von pin vnd ſchuld. Noch diſſem inwicklen leiten ſie den
herren in daz grab.

Item do wir alle heiligen ſtet in der kirchen do daz heilig grab
criſti ſtot uberch geſehen hatten, do ging die prozeſz darnoch zum
aller leſten all mit brinenden kerezen in groſſer andacht vnd geſang
in daz heilige grab vnnſers erlofers ieſu criſti, vnnd det ieder man
ſin andechtig gebet do. Darnoch ſagten vnnſz die brieder, daz an
diſſem ort oder blacz ouch were vergebung aller ſind von pin vnd
ſchuld vnd daz man andechtlich ſolt betrachten den groſen ſchacz,
der do gelegen wer.

Alſo woren wir an allen orten geweſen in difer kirchen; daz
hatten vnnſz die minch als vor mitternacht gezeigt. Darnoch gingen
wir bilger vnnd bichteten vnnd ſchickten vnns; welcher wolt, der
hort morges meſz im heilgen grab vnd lieſz ſich darnoch im heilgen
grab mit dem heilgen ſacrament berichten.

Item daz heilig grab iſt alſo gemacht: am eingang iſt ein for-
gewelbel**) zirckelwiſz gemacht. Do ſind die wend etwen zwoer
elen hoch mit marmelſteinen daflen gefietert vnd der bodem iſt ouch
mit marmeſteinen befeczt. Vnd in diſem vorgewelbel do ſchliſſt
man durch ein niderſz dierlein; iſt ouch kum zwo elen hoch firbaſſer
inen in ein gewelbel, do ſtot der farck ieſu criſti, darin er gelegen
iſt. Der iſt wiſz marmelſteinen vnd vff die lenge daz iiij perſonen
neben ein ander darfor migen knuwen vnd by iij oder 4 ſchu wit
hinder ſich vſſen. Vff diſem heiligen farck leſen die brieſter meſz,
vnd hangen wol xl brinende ampellen dag vnd nacht iber dieſem
heilgen grab all mit boumol gefilt, wie wol guldene ampellen mit
balſum gefilt weren nit wirdig genug an diſer heilgen ſtat zu
zinden; der direk lot aber nit do bliben, waſz ſilber oder golt iſt,
daz nimpt er enweg. |

Item man zeigt vnnſz vor der kirchen deſz heiligen grabs gegen
dem berg Caluarie, wo maria die muter ieſu vnnd iohannes der
ewangeliſt by einander geſtanden woren, do er ſie am heilgen criez
an ſach vnd ſprach: »wib ſich, diſz iſt din ſun« vnd zu iohanni

---

**) forgewelbel | Die ſog. engelskapelle, s. Tbl. Golg. 170 ff. Auffallender-
weiſe wird hier nicht des ſteins in derſelben gedacht, auf dem der engel ge-
ſeſſen haben ſoll.

fprach: »fich, difz ift din muter«. Difz ort ift vff der rechten fiten, fo man in die kirch wil gen, vnd ift aplofz aller find an derfelben ftat.

Item alfo wir alle heilgen ftet vff difem Erften fundag**) am morgen gefehen vnd gewifen wurden im grab, do gingen die barfuffer darnoch noch dem morgen jmbefz vmb die vefperzit vand furten vnns in der ftat ierufalem daraffter an dife nochgefchribne heilge ftet.

† Item zum Erften in daz hufz, do fanct peter**) der zwelff bot ingefangen was gelegen, wurden wir in ein gewelb gefiert; do ift ouch fil aplofz, wer fin gebet do thut; vnd ift nit wit von der kirchen des heilgen grabs, do zeigt man vnfz die ftat, do abraham**) fin fun jfack wolt opferen vnd neben dem felben bluez do hat melchifadecht**) abrahamen win vnd brot geopfert.

Item darnoch zeigt man vnnfz fancta veronica hufz. Item firbafz zeigt man vnfz daz ort do die frowen weinten vmb den heren fins lidens, do ihefus fprach: »nit weinen uber mich, funder uber vch vnnd uwer kinder.

Item man zeigt vnns defz richen mans hufz, dem lafarus vor der dier lag, als daz ewangelium feit.

Item nun zeigt vnns daz hufz fimeonis**) defz vffeezigen, der den heren iefum zu gaft lud, do maria madalena ouch zu kam vnd dem herren mit iren zeheren die fiefz wufche vnd mit irem hor dricknet; do der her ihefus ir alle ire find vergab. Am weg der ftrofz ftet noch ein anzeigung defz felben hufz do difz gefchac. |

31 Item man zeigt vnnfz daz ort, do petrus und johanes den lamen [100]) menfchen gefunt machten. An difem ort do mag man den tempel falamonis fehen vnnd an andren orten nie; aber kein criften menfch darff fin fufz drin fetzen hien inzugon, er miefte von den dircken fterben. Man ficht wol an etlichen orten in den vor-

---

**) *fundag* | 6. sept.

**) *fanct peter* | Erfcheint hier zum erftenmal der zeit nach, vgl. Tbl. tpgr. I, 411.

**) *abraham* | S. Tbl. Golg. 382.

**) *melchifadecht* | S. Tbl. Golg. 386.

**) *fimonis* | Dass diese stätte nach derj. vom haufe des reichen mannes aufgeführt ist, scheint dafür zu sprechen, dass sie bereits 1507 ebenso gezeigt wurde, vgl. Tbl. tpgr. I, 443.

[100]) *lamen* | Die Ag. 3, 2. 10 genannte πύλη λεγομένη ὡραία, die durch verwechfelung des letzten wortes mit aurea zur porta aurea in der äusseren stadtmauer wurde, vgl. v. Orelli, durchs h. land. Basel 1878. s. 91, hier aber wol das jetzige bâb-es-Sinslah ist. vgl. Tbl. tpgr. I, 501.

hoff vnd zu den venftren, ouch mag man die wite defz hoffs vnd garten zimlich uberfchlagen an etlichen orten.

Item darnoch zeigt man vnfz wo fimon zerenus[101]) dem herren iefu an der ftraffen mufte helffen daz criez dragen.

Item man zeigt vnns ouch daz ort do maria die muter iefu fach den herren gegen ir komen ganz verwunt vnd ein fchweres criez dragende fir vns armen finder; do fiel fie vor ganczer omacht nider als ob ir gefchwunden were an der ftrafzen.

Item man zeigt vnns ouch, wie der her iefus vnder dem criez von groffen fchmerzen an der vfzfierung mit dem criez nider wafz gefallen vff ein ftein; der felb ftein ift an der ftrofz in ein mur gefeczt vnd iudifch[102]) dran gefchriben, den kissen die bilger yn groffer andacht, dan es ift vergebung aller find do.

Item man zeigt vnns daz hufz pilati, daz hat ein witen begriff, aber alles zerftort. Vnd uber dem weg oder ftraffen an eim fchwibbogen do find ij grofz ftein ingemurt; vff dem einen ftein ihefus geftanden wafz vnd pilatus vff dem andren, do pilatus fprach: »ecce homo, fehen an difen menfchen«.

Item man furt vnnfz ouch an daz ort, do pilatus den herren iefum liefz geifzlen[103]) in eim gewelb, dorufz die direken iecz efel vnnd pferd ftal hand gemacht. Ift ouch aplofz aller find do.

Item ich bin ouch in Caiuas[104]) hufz gewefen; do hat fanct peter zum zweiten moll des herren verleicknet. Ift iecz ein kirch drin: die halten die armenien in, vnd vff irem altar fol der ftein fin, der vff dem grab crifti fol gelegen fin. Vnnd neben diefem altar ift ein clein gewelbel, do wart der her iefus verfpiez in ein kercker geworffen. Difz hufz ift nit wit vom clofter fion. Miten im hoff ftot ein boum, do hat fich petrus by der gluten gewermet gehept. |

Item darnoch gingen die obferuanczen mit vnns vnd zeigten vnnfz wo fancta Anna[105]) ir hufz het gehept; do hot fancta elena ein hibfche groffe kirch dar loffen buwen. An difem ort fol fanct anna maria die muter iefu empfangen haben. Dife kirche hand die moren jecz in.

[101]) *fim. zerenus* | Cyrenus: über den finn des »helffen« f. plgrf. a. 31.
[102]) *iudifch* | Von einer folchen infchrift ift fonft nichts bekannt.
[103]) *geifzlen* | Wie es fcheint ift hier noch die ältere überlieferung vertreten, die 1542 befeitigt erfcheint, vgl. Tbl. (pgr. I, 346.
[104]) *Caiuas* | Das armenifche klofter u. die kirche zum erlöfer, früher auch Peterskirche, vgl. ndrrh. p. a. 311.
[105]) *f. Anna* | S. ebenda a. 246.

Item man zeigt vnns daz hufz fanct marxen[106]) defz ewangeliften, ouch iohanis defz ewangeliften[107]) vnd daz hufz fanct bartholomey;[108]) daz ift iecz ein kirch, do migen die moren nit mefz in lefen, feit man. Man zeigt vns ouch daz ort do fanct iocop der mi[n]der enthoupt[109]) ift worden; do ftot ein krekifch kirch iecz. Ift fil aplofz an difem ort.

Item witer zeigt man vnnfz die fchoff wefche[110]) oder die grub, do die alten vor ziten ir opfer in gewefchen hand vnd der engel daz felb waffer bewegt hat zu ziten. Welcher fiech zum erften hienab kam, der wart gefunt, vnd es was einer wol xxx ior[111]) do gelegen, der hat alwegen niemans, der in hienab drug, wen der engel daz waffer beweget; den macht der her iefus darnoch gefunt, wie daz ewangelium anzeigt. Aber an difer grub ift yecz kein waffer me. An difem ort mag man ouch in den tempel falamonis fehen enwenig.

Item am mendag[112]) morges do wir mefz hatten gehort, do foffen wir vff vnfer efel vnd ritten alle bilger gen bitania. Vnd fchier am anfang defz wegs als wir vfzritten, do zeigten vnns die minch die ftat vnd daz ort, do die xii botten mariam die muter iefu zu grab drugen[113]) vnnd die iuden wolten die bor den xii boten genomen han; do mochten fie die bor nit begrifen vfz verhencknis gotes. An difer ftat ift ouch volkomen aplofz aller find. An ieder heilgen ftat fingen die minch etwafz lobgefang vnd wir bilger betteten. |

Item vnder wegen Ee wir gen bitania komen, do zeigt man vnns daz ort, do petrus hat geweinet vnnder dem felfen, als er den herren hat verleucknet.[114])

Item man zeigt vnns ouch vfzwendig den tempel,[115]) do maria

---

[106]) f. marxen | Das fyrifche klofter auf Zion, von dem nach Tbl. tpgr. I. 374 im j. 1480 zum erftenmale geredet wird.

[107]) ioh. d. ewang. | S. Tbl. tpgr. I, 422 f.

[108]) bartholomey | Nicht auffindbar, auch von Tbl. nicht gekannt.

[109]) enthoupt | Das Jakobsklofter mit der Jakobskirche der Armenier; in griech. hände kam das klofter erst 1658. Hagen irrt fich alfo; s. Tbl. tpgr. I, 361 u. plgrf. a. 115.

[110]) fchoff wefche | S. ndrrh. p. a. 243 u. 458.

[111]) XXX ior | Joh. 5, 4 werden bekanntlich 38 jahre genannt.

[112]) mendag | 7. fept.

[113]) drugen | S. ndrrh. p. a. 290.

[114]) verleucknet | S. ebenda n. 289.

[115]) tempel | S. plgrf. a. 43.

die muter iefu ingeopfert wart, do fie die xv ftafflen vffging: ftot neben dem tempel falamonis vnd darff kein crift hienin komen.

Item darnoch ritten wir vber den bach cedron oder torrens; es ift aber kein waffer iecz drin. Darnoch zeigt man vnns apfolons grab vnd zeigt vnfz daz dal iofaphat.

Item alfz wir vber den bach zedro ritten, ift ein bruck: do am felben ort hat der her iefus uber den bach miefen gebunden gefchleifft werden, wie im pfalmen[116]) gefchriben ftet: »de torrente in via bibit et exultabit caput.«

Item man zeigt vnns ein grofe hiele, do fich fanct iocop[117]) der minder in verborgen hat, alfz der her gefangen wafz.

Item darnoch zeigt man vnns daz ort, do der figenboum[118]) verflucht wart; lit ein groffer fteinhuffen iecz am fellen ort.

Item firter zeigt man vns, wo iudas fich erhenckt[119]) hat; ift nit wit von der iuden kircheff im bach cedron.

Item afz wir dife ftet oder ort vnderwegen gewifen wurden, do komen wir gen bitania, gingen in daz hufz fimonis,[120]) do vnfer her iefus daz nachtmol det vnd maria madalena die coftper falb vff den herren fchut, do iudas driber murmlet vnd fprach: »vmb iij c den. etc.« Difes fimons hufz ift iecz gancz zerftert vnd die wend von den muren fton noch do. |

Item darnoch gingen wir zu bitania in lafarus hufz vnnd zu fin grab, do der her iefus im harufz ruffte. In die felb kirch muften wir alle barfufz[121]) in gon, vnd hinden am felben ort do iefus lafarum her fur ruffte; do ift ein hielz, dorin fancta madalena lang bufz hat gewircket.

Item darnoch zugen wir do maria madalena hufz geftanden ift vnd irer fchwefter marta hufz; daz find iecz alle zerfterte hoff ftatten; fton die muren noch do vnnd die iij gefchwiftert lafarus madalena vnd marta find nit wit von ein ander do heim gewefen

---

[116]) *pfalmen* | 110, 7, genau: bibet. propterea exultabit caput.

[117]) *iocop* | S. pilgrf. a. 83 u. adrrh. p. a. 283.

[118]) *figenboum* | Mtth. 21, 18. Mrc. 11, 12, vgl. Fabri II, 32 u. Tbl. dnkbll. 101 ff.

[119]) *erhenckt* | S. Tbl. tpgr. II, 208, nur dass die stelle nicht wie bei Surius im begräbnisplatz der Juden zu suchen ist, vgl. ndrrh. p. a. 286.

[120]) *fimonis* | S. ebenda a. 443. Bezüglich der übrigen stätten in Beth. s. ebenda s. 56.

[121]) *barfufs* | Wird sonst nicht berichtet, ist aber glaublich, da die Muhamedaner hier auch ihre h. stätte haben.

vnd hand hupfche wonungen gehept; dan betania ift ein groffe ftat vor ziten gewefen.

Item nicht wit von marta hufz zeigt man uns ein ftein, do der her vff gefeffen fol fin vnd marta vnd madalena zu im komen vnd fprochen: »her wereftu hie gewefen, fo wer mijn bruder lafarus nit geftorben.«

Item darnoch zeigt man vnns daz ort, do der her ihefus vff den efel ift gefeffen, als er am balmtag[122]) zu ierufalem in reit.

Item firter zeigt man vns ein ort am vmbkeren von bitania vo wo der her fin iungeren hat leren betten daz pater nofter,[123]) vnnd nit wit daruon hand die iunger den glouben[124]) gemacht, aber nit wit firbafz ift ein kirch geftanden in der er fanct elena gębuwen, do hat vnfer frow maria oft geruwet,[125]) fo fie von betania gen jerufalem ging.

Item alfz man vnfz daz obgefchriben gezeigt hat, do zogen wir darnoch vff den berg oliuen an daz ort, do ihefus crift zu himel ift gefaren.[126]) Am felben ort mufz man wol 28 ftafflen vff gen: do ift ein capel oben gebuwen vnd in der felben capellen do ift ein fufz drit in ein marmelftein; do fur der her zu himel. An difem ort ift vergebung aller find von pin vnd fchuld. |

Item firbafz zeigt man vnns daz ort, do der engel[127]) marien verkint hat, daz fie vfz difem zit folt fcheiden, vnd gab ir ein balmen aft.

Item darnoch zogen wir aber firbafz an daz ort, ftot an der ftroffen, do ihefus crift geweint[128]) hat vber die ftat jerufalem, als er fprach: »o iherufalem, ierufalem wufteftu etc.«, als daz ewangelium anzeigt.

Item firbafz zeigt man vns daz ort, do der engel fanct thomam vnfer frowen girtel[129]) brocht, als fie zu himel wafz gefaren zu wortzeichen; dan er woltes funft nit glouben.

---

[122]) *balmtag* | Die lage dieses orts (Bethphage) scheint dieselbe, wie die in »la citez de Jerusal.« 115 (Tbl. tpgr. II, 491) angegebene, vgl. ndrrh. p. a. 277.

[123]) *paternoster* | S. ebenda a. 279.

[124]) *glouben* | S. ebenda a. 278.

[125]) *geruwet* | S. ebenda a. 282; von einer früheren kirche zu ehren der h. Helena weiss man sonst nichts; Fabri I, 404 nennt nur ein »domicilium, in quo habitabant boni pauperes homines« zur zeit Mariae.

[126]) *gefaren* | S. ndrrh. p. a. 269. Unter dem »28 stafflen,« die sonst nicht genannt werden, sind wol die »lapidei gradus in atrium, quod est ante fores ecclesiae, testudinatum«; Fabri I, 387 gemeint.

[127]) *engel* | S. ndrrh. p. a. 268.

[128]) *geweint* | S. ebenda a. 274.

[129]) *girtel* | S. plgrf. a. 69.

Item witer furt man vnnsz an daz ort, do die iij iunger schlieffen:[130] petrus, iohannes vnd iacobus der minder am grien douderstag[131] zu nacht, die der her mit im nam vnd hiefz sie beten vnd wachen; soffen vff eim velsen.

Item darnoch furt man vns etwan vff xv oder xvi schrit witer von den obgeschribne iij apostlen, do hat der her ihesus aber gebettet[132] gehept: an diesem ort kam iudes vnd die schar der iuden vnd fingen den herren iesum cristum. Ist nit witer do zu sehen dan etlich stein im ertrich zu wortzeichen defz selben ort, do es geschae. An disem ort ist vergebung aller sind.

Item darnoch furt man vnnsz zu dem elberg firbasser hienab vnder ein grossen holen velsen, do vnser her ihesus crist gebettet hat gehept vnd blut vnd wasser do schwiczette.[133] Do hat in der engel gedrest gehept als ein menschen, ob er gefangen wart. An disem ort ist ouch vergebung aller sind von pin vnd schuld. O mensch gedenck iesum zu dancken, daz er dich ouch droste in din engsten vnd noten mit siner genoden vnd barmherczikeit.

Item firbasz furt man vnns in vnser lieben frowen grab;[134] daz ist aller nest by dem loch oder velsen, do ihesus blut vnd wasser hat geschwiczet. Do hat sanct elena Ein hipsche kirchen lossen buwen. So man inhin got musz man woll XLVIII grosser steinen stafflen hienab gond. Do stet ein marmelsteiner sarck in ein gewelbel wie im heilgen grab cristi; daruff lesen die briester mesz vnd hangen ouch fil angezinter ampellen vber dem selben grab dach vnd nacht. vnd ist ouch sanct anna grab in diser kirchen. Als man die stafflen hienab godt vff die recht hand stot ir sarck, do mag man ouch mess vff lesen vnnd ist in diser kirchen vergebung aller sind von pin vnd schuld. Die moren hieten disse kirch, doch haben die brieder vff dem berg sion ouch ein schliffel. Es ist ouch ein sistern vnden in diser kirche, do druncken wir vsz.

Item mir zogen aber firbasz von vnser frowen grab den berg vffen gen ierusalem. Do zeigt man vns den blacz oder daz ort, do sanct steffen versteint[135] ist worden; do lit noch ein grosser stein,

---

[130] *schlieffen* | S. ndrrh. p. a. 263.

[131] *douderstag* | Ist wol nur verschrieben für donderstag, da es in dieser schreibung nirgends vorkommt.

[132] *gebettet* | S. ndrrh. p. a. 264.

[133] *schwiczete* | S. ebenda a. 261.

[134] *grab* | S. ebenda a. 257.

[135] *versteint* | S. plgrt. a. 50.

dorin sin houpt gelegen sol sin, als er sin geist vff gab. Ist ouch fil aplos an diser stet.

Item firbasz zeigt man vns daz ort, do vnser her ihesus die vııı apostlen[136]) hiesz stil sitzen vnd nur die ııj apostlen mit im nam.

Item do wir die heilgen stet von betania vnd zu betania vsz vnd in gesehen hatten vnd do gewesen woren, do zeigt man vnsz den gocz acker,[137]) der koufft wasz worden vmb die xxx pfennig die iudas empfing fir den herren iesum, als er in verkouff hat. Daz ist ein wunderlicher gebuv; oben vff ist fil grund wie ein acker vnd vnder dem grund ist ein grosser witer vnd hoher selsz gancz hol. wie ein zistern vnd fast dieff. Es gen etlich grosz locher hinab von oben. daz man sehen mag vnd aber nit wol miglich hinab zu komen on hilff mit eim starcken langen seil. |

37 Item an vnser frowen dag der geburt[138]) do ritten wir bilger alle noch mitag vnd etlich obseruancz minch mit vnns vnd zohen gen bethlahem. do vnser her ihesus crist geboren ist worden. Do ist ein grosse stat vor ziten gewesen. Vnnd vnderwegen als wir von iherusalem vszogen. stot ein boum,[139]) do sagt man vns, maria die muter iesu hette drunder geruget, als sie mit iesu etwan gen ierusalem ging. Firbasser zeigt man vnsz simeons[140]) husz, der das »nuntimittis« hat gemacht.

Item firbas zeigt man vns vnderwegen, wo der sternen[141]) den heilgen dry kinigen wider erschinen was, alsz sie zu ierusalem noch dem kindlin iesu gefrogt hatten, wo es geboren wer etc.

Item aber zeigt man vnns, wo elias[142]) der prouet geschloffen het. do in der engel wecket, als im driten buch der kinig geschriben stet am 27. capitel.

Item von witem zeigt man vns daz husz des proueten abacuc[143])

---

[136]) *VIII aposteln* | S. plgrf. a. 39; die ortslage ist auch nach Hagen nicht zu bestimmen.

[137]) *goczacker* | S. plgrf. a. 91.

[138]) *geburt* | 8. sept.

[139]) *brun* | Sonst nicht erwähnt meines wissens. Fabri I, 429 kennt bloss den ort auf dem weg nach Bethlehem, »in quo dicunt, quod beata virgo Maria gravida residens pausaverit«; es ist ausserdem ein »locus petrosus« u. von einem baume keine rede. Vgl. auch köln. it. a. 383. Pipin 73ᵃ hat die stelle zwischen der kirche der hirten u. Bethlehem u. mit einer kirche, s. Tbl. Bethl. 249.

[140]) *simeons* | S. ndrrh. p. a. 375.

[141]) *sternen* | S. ebenda a. 377.

[142]) *elias* | S. ebenda a. 376, woselbst auch das richtige citat; hier nach der röm. benennung der bücher der chronik: 3 reg. 19, 4.

[143]) *abacuc* | Das schlossähnliche des hauses Hab. wird sonst nicht berichtet. vgl. Tbl. tpgr. II, 573 ff.

ficht glich eim fchlofz. do der engel fprach, er folte danielem zu effen bringen gen babilonien in der logen gruben, do er gefangen log; fprach der prouet, er wufte nit, wo babilonien wer oder die logen grub; do nam in der engel bym hor vnd furt in ougenblicklich dar.

Item firbafz vnder wegen eb mir gen betlem in wolten riten, do zeigt man vnns fir betlem hinufz an daz ort, do die engel den hirten[144]) vff dem veld verkinten, daz ihefus geboren was. Do ift etwan ein kirch geftanden, die ift iecz gancz zerftert vnd brochen; vnd nit wit daruon ift aber ein zerbrochen capel, do hat der engel iofeffen verkint, daz er mit maria vnd irem kind ihefu fliehen[145]) folt vor herodes zorn. |

Item darnoch komen wir nohen by betlahem dem clofter. Do ift ein dieff loch,[146]) fagt man vns, daz maria die muter iefu fich im felben loch verborgen hat vor dem zorn herodi vnd iefum im felben loch gefeiget gehept. Do halten noch fil criften vnd ouch die morianen, daz ertrich im felben loch fy begoffen worden mit maria milch; wer defz felben ertrichs neme vnd die frowen drab drincken, fo kum in ir milch, wen fie drab drincken, fo fie nit milch hand von iren briften zu feigen. Alfo fchloff ich ouch in daz felbig loch mit eim brinen liechtlin vnd nam defz ertrichs.

Item do man vnns an allen orten alfo vmbgefiert vnd die heilgen ftet gezeigt hat bifz gen bethlahem vnd dorumb, do ritten wir darnoch am oben gen betlahem in daz clofter, gehort den obferuanezer zu. Vnd als wir vnfz vfz gezogen hatten, do berufft man vns bilger alle in die kirch, vnnd gingen die herren im clofter mit dem criez, fie vnd wir bilger alle mit brinnenden kerezen[146a]) in einer prozefz. Do zeigt man vns mit andechtigem gefang alle heilige ort oder ftet im clofter noch denfelben oben.

Item zum Erften furt vnfz die prozefz etlich ftafflen ab in ein gewel[b], do fil der vnfchuldigen kindlin[147]) in ein dieff loch ge-

[144]) *hirten* | S. udrrh. p. u. 401.

[145]) *fliehen* | Schon Frescobaldi kennt dort »una chiesicciula«, s. Tbl. Bethl. 249.

[146]) *dieff loch* | Die geschichte der milchgrotte s. Tbl. Bethl. 277 ff. Dass noch heute nicht bloss die christl. frauen Bethlehems u. der umgegend, sondern selbst Beduinenfrauen den glauben Hagens teilen u. zum opfer zahllose oelkrüge hierher stiften, bezeugt Fahngruber, nach Jerusalem. Würzb. 1880. 261.

[146a]) *kerezen* | S. plgrf. 39: cum incensis [incensu selbstverständl. schreibf.] candelis, wie in der grabkirche s. s. 25. Es müssen doch diese brinnenden kerzen einen besonders tiefen eindruck machen, da sie fast von jedem pilgerschriftsteller besonders hervorgehoben werden.

[147]) *unsch. kindlein* | Man darf annehmen, dass hier zum ersten male vom gebrauch des in der südwestecke der Katharinenkirche von den Minoriten hergerichteten eingangs in die unterirdischen räume der Marienkirche seitens der

worffen woren, do fie herodes hat loffen doten, aber irs gebeins ift nit me do. dan allein der heilig grunt oder blacz ift do, vnd fil aplofz verdient ein menfch an difem ort.

Item darnoch furt man vnnfz mit der procefz mit andechtigem gefang in die crufft oder in daz gewelb, do ihefus crift vnfer erlofer geboren ift vnd zeigt vnnfz vnder dem altar die ftat, do daz kindlin ihefus geboren lag. Es ift ein altar iber difen heilgen blacz mit marmelftein gebuwen, do lefen die briefter mefz uff, und ift vergebung aller find an difer heilgen ftat von pin vnd fchuld. |

Item neben vmbhin vff die recht hant do ift die kripff, do maria ihefum ingeleit hot: ift ouch wifz marmelfteinen zu Eren dem kindlin gemacht, wie wol es zum erften vnnder eim hytlin gefcha die geburt iefu. Die criftenheit hat aber ein hupfch grufft oder gewelb dar gemacht, daz man got loben vnd eren mag. Vnd an die ftat zu difer kripfen do hand die heilgen dri kinig ir opfer brocht dem nugeboren kindlin iefu crift, vnd hinden in difem gewelb, do ift ein loch [148]) in ein eck der muren, do fagt man, daz der ftern fy in daz felb loch verfchwunden vnd erlofchen.

Item alfz wir vfz diffem gewelb oder crufft gingen, do zeigt man vnns ein altar, do hand die iij kinig[149]) ir opfer zugerift, daz fie dem herren goben. Ift fil aplofz an difer ftat.

Item man furt vnns darnoch an ein ftat, ftot ein altar; do ift vnfer her ihefus crift befchnitten[150]) worden. Ist aplofz aller find.

Item man zeigt vnns ouch in eym gewelb, wo fanct ieronimus[151]) begrauen ift gewefen vnd wo er die bibel zu latin hat gemacht.

Item firter zeigt man vnns die Capel die in fancta katherinen er gewicht ift. Dorin ift vergebung aller find. Vnd welcher menfch fich verheiffen het zu fuchen fancta katharina vff dem berg finay vnd die fart nicht mechte leiften, der find halb oder fins libs halb, dem migen fie die fart abnemen vnd erlouben im danoch daz gancz radt[152]) zu fieren.

---

pilger die rede ift; denn zur höhle der unschuldigen kinder führte nur dieser eingang u. von hier aus ift auch die geburts- u. krippenkapelle zu erreichen.

[148]) *loch* | Vgl. ndrrh. p. a. 398 u. plgrf. a. 171.

[149]) *III kinig* | S. plgrf. a. 170.

[150]) *befchnitten* | S. plgrf. a. 175.

[151]) *ieronimus* | S. plgrf. a. 177—79. Man wird kaum annehmen können, dass die procession an diese stätte nach den unmittelbar vorher genannten gelangt sei; Hag. trägt hier vermutlich ein vergessenes nach.

[152]) *radt* | Hier der zeit nach der erste bericht über die Katharinenkirche in Bethlehem als ersatz für diej. auf Sinai, vgl. Tbl. Beth. 203. Das rad ist bekanntlich abzeichen der h. Katharine u. es halb od. ganz im wappen führen zu

Item zum leſten do die prozeſz uberal zu betlahem im cloſter an die heiligen ſtet woren gangen, do beſchouweten wir die kirch erſt recht. Die iſt faſt hoch vnnd fil groſſer vnd langer marmelſteinen ſilen ſind drin vnd die wend ſind mit marmelſteinen daſſen beſeczt geweſen, iecz faſt von den vngleibigen abrochen vnd hienweg gefiert. Wolten ouch abrochen haben an den wenden, do die iij kinig daz opfer zuriſten, da ſchloff ein firen ſchlang[153]) haruſz; alſo lieffens ſie die ſelbig wand vnzerbrochen. |

Item darnoch goben vnnſz die obſeruanczer ein nacht immeſz, do wir alle ding geſehen hatten vnd leiten vnns darnoch ſchloffen biſz zu mettin zit, do ſtunden wir bilger wider uff vnd horten alle meſz an dem ort, do der herr iheſus geboren waſz. Etlich bichtetten vnd gingen ouch do zum heilgen ſacrament. Darnoch am morgen frie ſoffen wir vff vnd ritten wider darusn gen ieruſalem zu vnd zohen den weg vmhin, do maria die muter ieſu iber daz gebirg ging zu eliſabet ire mumme vnd ſie grieſſet, als maria ieſum empfangen hat; do ſie daz »magnificat« ſprach etc.

Item vnd am vſzriten zu betlahem do komen wir vnderwegen zu eim flieſſenden brunen, do philipus[154]) der apoſtel den heidiſchen edelman gedeifft hat, wie die iſtori ſeit im geſchicht der apoſtolen.

Item vnd alſz wir in daz huſz komen, do maria zu eliſabet[155])

---

dürfen war keine kleine ehre; war doch auch die damalige fahrt nach dem h. lande u. vor allem nach dem Sinai keine geringe probe der tapferkeit. Nach Brauning (Röhr.-Meisn. 33) soll indes der besuch Bethlehems nur zum führen des halben rads erlaubnis geben.

[153]) *ſchlang* | Die gleichen sagen s. Tbl. Beth. 87 ff. Dessen erklärung derselben wird man indes kaum halten wollen, wenn man in erwägung zieht, dass ähnliche verteidigungen der heiligtümer durch schlangen auch anderwärts berichtet werden. So erzählt Megil. Taanith. c. 3 (vgl. Beer, zu der Alexandersage in d. ztschr. d. deutsch. morgenl. gesellsch. IX, 787), dass Alexander, als er trotz der abmahnung des ihn begleitenden jüdischen abgeordneten das allerheiligste des tempels in Jerusalem betreten habe, von einer schlange gestochen worden sein solle. Möglich, dass wir in diesen tempelschlangenlegenden die ausläufer des mythos vom Agathodaemon bei Sanchuniathon besitzen, dessen feurige natur namentlich hervorgehoben wird, der den Phöniziern Σαρμαφηλός = Belschlunge hiess u. ein nächster verwandter des phoenix. gottes Taaut war, vgl. Movers, d. Phoenizier I, 502 ff. Ziehen wir diese letztere verwandtschaft hier namentlich in betracht u. erinnern wir uns, dass Hieroym. ep. 49 ad Paulin. den Aphrodite-Adoniskult in Bethlehem heimisch gewesen sein lässt, so lässt sich kaum an der stelle bei Varro de ling. lat. V, 10: »Principes dii coelum et terra, qui in Aegypto Serapis et Isis, Taautes et Astarte apud Phoenices,« vorbei kommen, zumal wenn man der vierten der vier von Cicero de nat. deor. III, 23 aufgeführten Venusgestalten gedenkt, von der er sagt: »quarta Syria Cyproque concepta, quae Astarte vocatur, quam Adonidi nupsisse creditum est.« Eine andere erklärung s. bei Rosmann, gastfährten. Lpz. 1880. 363 f.

[154]) *philipus* | Ag. 8, 26 ff., vgl. Tbl. tpgr. II, 767 ff.

[155]) *elisabet* | S. pilgrf. a. 184.

was gegangen: daz ift iecz gancz zerftert vnd ficzen arme lit mit irem fie iecz drin: es ift etwan ein kirch am felben ort geftanden; do zohen wir darnoch in facharias¹³⁶) hufz, do iohannes der deiffer wafz in geboren. Daz ift etwan vff zwen biffen fchucz von dem hufz, do maria zu elifabet kam vnd facharias gefrogt ward, wie man daz kind heiffen folt, als er dan des kinds nam vff ein zedel fchreib vnd darnoch reden wart: do macht facharias den pfalmen »benedictus dominus deus ifrahel ect.« An difes hufzftat facharie ift ouch ein gar hipfche kirch gebuwen gewefen zu lob got, aber die moren hand difen heiligen blacz vnd kirch gancz zerftert vnd ein kie ftal vnd pferd ftal drufz gemacht. Die criften lit fuchen aber diffen blacz mit groffem andechtigen gefang vnd gebet, wen fie dar komen, vnd wie wol die moren difen heilgen blacz, do der deifer ihefu geboren wafz johannes verwuftet hand, fo len fie doch keinen criften bilger in gon, er mufz in etwas gelt geben vorhien. |

41   Item darnoch komen wir in Ein kilch, do ift daz holcz gewafen, dorufz daz criez¹³⁷) crifti gemacht wart. Dife kirch hand die jorgani in vnd wellen gut criften fin. Sie hand die mit hipfchen criftlichen helgen geziert vnd halten gut ordnung; ift ouch fil aplos in difer kirch.

Item do wir dife vorgefchribne heilgen ftet von betlahem gefehen hatten, do zohen wir wider gen jerufalem heim.

Item andren dag als wir wider gen Jerufalem woren komen, do furten vns die minch zum gocz acker, der delmech¹³⁸) ift genant, der vmb die xxx den. wart verkoufft, die iudas empfing. Der ift gebuwen, wie ich do vor gefchriben han. Ift fil aplos hie.

Item darnoch zeigt man vnns ein groffe hiele¹³⁹) vnder eim felfen nit wit vom gocz acker, darin die apoftlen verborgen logen von vogt der iuden bifz am oftertag.

Item firbafz furt man vnns do yfaias¹⁶⁰) der prouet mit einer hilczen fegen zerfchniten wart. An difer ftat ftet ein griener boum iecz; vnd fungen die briefter gar andechticlich do.

Darnoch furt man vnns genant notertana¹⁶¹) filoe daz ift an die

---

¹³⁶) *facharias* | S. plgrf. a. 187.
¹³⁷) *criez* | S. ndrrh. p. a. 413; irrt H. nicht, so müssen erst kurz vor seiner anwesenheit die »jorgani« in besitz des klosters gekommen sein, da noch 1519 Griechen daselbst gefunden werden, vgl. Tbl. tpgr. II, 738.
¹³⁸) *delmech* | Hakeldama.
¹³⁹) *hiele* | S. plgrf. a. 90.
¹⁶⁰) *yfaias* | S. plgrf. a. 28.
¹⁶¹) *notertana* | Natatoria Siloe, s. plgrf. a. 87; die benennung H.'s, die offen-

ſtat oder an daz ort, do der geboren blind ward geſehen gemacht von dem herren, do der her iheſus ſprach: »gang hien vnd weſch dich do«. An diſem ort flifzt noch ein waſſer vſſer ein felſen in ein dieffen graben, do ein bruck nit wit ſtet, darinen aber die dircken weſchen ire ſchoff hit vnd ander ding in diſem waſſer iecz.

Item firbafz zeigt man vns ein brun, der flifzt vfz eim felſen; do mufz man fil ſteinen ſtafflen abgen; do ſol maria [162]) waſer geholt haben vnd diecher do gewaſchen. Darnoch zogen wir daz dal ioſafat wider hin vff, do der bach zedron har loufft, aber iecz iſt kein waſſer do, bifz gen ieruſalem. |

Item alſz wir die vorgeſchribne heilgen ſtet geſehen hatten, 42 do furt man vnns bilgere des andren dags alle zu dem jordan, do iheſus criſt von johanne baptiſte gedeifft wardt. Do ritten fil dircken, moren vnd heiden ouch fil arben mit vns vnd etlich obſeruanezer alſo daz der geleicz lit zu fufz vnd rofz by ijᶜ woren, die vnns geleit hand; dan wir muſten in groſſen ſorgen riten vor den arben, die faſt vmb den ſelben weg ſtreifften. Vnd ieder bilger muſt ſin eſſen und drincken mit im nemen. Alſo ritten wir noch veſperzit vfz vnd ritten die gancze nacht vnd vnder wegen in der nacht machten vnſer geleicz lit ein lerman, afz ob die find der arben do weren vnd ſchoffen vnd ranten, hatten ein wild geſchrey durch ein ander; defz halben wir faſt muſten riten in gar boſem ſteinechten gebirg bis gen jericho. By dem hufz ſachey[163]) do ſtigen wir in der nacht ab vnd lieſſen vnſer eſel enwenig eſſen vnd welcher bilger etwafz hat, der afz vnd dranck ouch ein wenig.

Item an diſem ort vnd in diſer nacht komen vnſer geleicz lit von dircken vnnd moren vnnd nomen vnſz bilgeren vnſer fleſchen mit dem win gewaltiklich, daz wir nit me zu drincken hatten weder waſſer noch win vnd mochten ouch nit vmbs gelt iberkomen. Alſz ſie dan in diſer nacht vnder wegen ouch gethon hatten vnd ſchlugen etlich darzu, die inen nit wolten geben, wafz ſie begerten; ich vnd myn mitbruder wurden ouch beroupt, dan do darff ſich keiner weren gewalticlich oder ein dircken verwunden; die bilger kemen ſunſt

---

bar notre dame wiedergeben ſoll. »brunnen zu vnſer lieben frnuwen.« wie Seydlitz 477 ihn nennt, kommt ſonſt nicht vor; ein bloſſer gehörfehler ſcheint nicht vorzuliegen.

[161]) *maria* | S. plgrf. a. 86.

[163]) *sachej* | Noch 1519 ward das haus des Zachaeus nicht mehr gezeigt u. erſt 1542 wieder. vgl. Tbl. tpgr. II, 656; hier alſo ein früheres zurückkehren zur alten überlieferung.

alle in liden vnd fil gewalcz, daz vnns von den buben gescha, die vnns geleit hatten.

Item also zogen wir bald von dissem ort jericho, do vor zitten ein grosse stat gestanden was, vnd von dem hufz sachey, dem der her rufft, er solte ilens herab stigen etc. Vnd vmb die prim zit zu dem iordan komen wir, dan man recht by 36 milen[164]) von ierusalem zu dem iordan. |

43 Item alsz wir vnns by dem jordan vsz oder abzogen die cleider vnd etlich bilger gern drin gebad vnd sich erweschen hetten, do hielten die direken hert vff dem staden vff iren pferden by vnns vnd etlich buben hetten gern gemuset by vnseren cleidren, also daz die direken mit vns ilten vnd vnser endeil sich noch nit erweschen hetten, do musten wir wider daruon riten. Do zeigten vnsz die minch an der widerfart ein gehisz, do sanct iohans der deiffer[165]) gewont hat. Do stot noch fil gemir am selben ort, vnd neben sich vff der siten, do sohen wir das dot mer, do vnser her die finff stet[166]) liesz vndergon, sodomo, vnd comurra etc.

Item darnoch ritten wir vff der siten desz bergs, do der difel[167]) vnseren herren ihesum vff getragen hat vnd sprach, er solte in anbetten, so wolte er im die rich alle geben, die er do vor im sehe ligen. Es ist ein fast hoher berg von steinen ruch vnd stot ein capellel zum aller obersten: esz flisz ouch ein brun vnden am berg, der wasz lang zit versaleczen gewesen; den machte der prouet. N.[168]) wider daz er siesz wasser gab. Vnd hinder dissem berg im dal, do ist die wieste, do vnser her die xl. dag hat gefastet gehept; do der difel ouch zu im kam vnd sprach, wer er gottes sun, daz er disse stein zu brot solt machen.

Item noch dem alsz wir dise ding am vmkeren desz iordans gesehen hatten, dan wir woren dem ganczen langen dag in grosser hicz geriten mit grossen sorgen vnd gescha vns fil leicz von den buben; die vnsz solten geleiten, die schlugen vnd beroupten vns vnser spis vnd dranck. Vnd wer nit vmb daz selb gewesen, man faud als nit vnder wegen; hette einer schon ein ducaten vmb ein drunck wassers geben, so kan er in nit. Vnd wasz grofz hicz darzu.

---

[164]) *36 milen* | Tbl. (denkbl. 717 u. 719) legte den weg in stark 7½ stunden zurück, woraus zu ersehen, dass H. nach welschen meilen hier rechnet.

[165]) *deiffer* | S. plgrf. a. 201, köln. it. a. 429.

[166]) *finff stet* | S. ndrrh. p. a. 425.

[167]) *difel* | S. ebenda a. 435.

[168]) *prouet N.* | S. ebenda a. 440. Wie anders ist der ritter v. Harff auch in der bibl. geschichte unterrichtet gewesen, als unser Hagen!

Es ist aber nit also angesehen, daz die geleiczlit die bilger sollen berouben vnd darzu schlagen; vnser waren aber ouch liczel, daz det vns den schaden. Also komen wir wider zu nacht gen ierusalem.

Item alsz wir bilger Nun an alle heilgen stet vsserthalb ierusalem gen betania, zu betlahem vnd zum iordan, ouch uber daz gebirg in sanct elisabetten husz gewisen wurden, do furt man vonsz zum lesten mol darnoch in daz heilig grab; dan dry mol lot man die bilger drin, alsz lang sie do ligen vnd nit me. Drig nacht miesen sie in der kirchen verspert ligen vnd daz lest mol gescha vff sanct matheus[169]) dag des apostelen vnd ewangelisten noch complet zit. Do deten wir vnser andacht zu allen heilgen stetten vnd gingen etlich zu dem heilgen sacrament.

Item darnoch vmb mitternacht stund der obrist gardian vff mit sinen briedern vnnd liesz beriessen die bilger, die do ritter defz heilgen grabs wolten werden. Die ristent sich mit andacht vnd gingen in daz heilig grab, vnnd ieder besunder knuwet nider. Do lasz der gardian im etlich artickel fier, die muste ein ieder fir sich selb schweren zu halten; wie dan die selben artickel von wort zu wort luten, sint man ouch hinder mir geschriben, dan ich hab sie mit eigner hant vsz des gardians buch geschriben.[170]) Vnd so der bilger also gefrogt ist worden vnd sich der artickel begeben hat zu halten, so girt der gardian im ein schwert vmb vnd dut im zwen gulden sporen an sin fiesz vnd henckt im ein gulden ketten an sin halsz mit eim gulden criez. Darnoch so heist der gardian den bilger daz schwert vsz ziehen, vnd der bilger behalt daz blosz schwert ein wil in siner hand. Darnoch so nimpt der gardian daz blosz schwert von dem bilger vnd der bilger knuwet nider vff sin kny; so hept der gardian an vnd lifzt etwas im buch vnd gesegnet den nugen ritter vnd bestetet in mit dem selben heiligen [w]orden; darnoch schlecht er in dry strich mit dem blossen schwert uber sin achsseln. Als blipt der ritter knuwen, nochdem als er iij mol geschlagen ist; so buckt sich der gardian vnd kifzt den ritter vnd heist in vffston. So fohen die minch darnoch an zu singen »te deum laudamus«. Vnd fil me darnoch, so dut der ritter sin schwert, gulden

---

[169]) *matheus* | 21. sept.
[170]) *geschriben* | Fehlen leider in der hs., finden sich aber z. b. bei Harff. Die andern die feierlichkeit beschreibenden schriftsteller s. Röhr.-Meisn. 32 f. Wie hoch die würde eines grabritters geschätzt wurde, geht aus dem zweijährigen hartnäckigem kampfe hervor, den Joh. v. Rückingen mit seiner vaterstadt Frankfurt a M. um ihrer äusseren anerkennung willen führte, s. oben einleitung zum pilgersf. 13.

ketten vnd fporen wider ab. Dife ding gefchoen alle im heilgen grab morgens frie vff fancti morici[171]) anno 1523. |

45 Item alfz wir nun zum leften mol im heilgen grab gelegen woren, do riften wir zu, daz wir von dannen mochten fcheiden. Daz gefcha: wir muften heimlich in der nacht von ierufalem riten, wafz vff mitwoch[172]) noch mathey apoftolij et ewangelifte; dan es logen wol v^c fremder direken[173]) do. die woren kurczlich dar uor von damafco komen. Die detten vnns fil leids zu ierufalem: fie wolten vnnfz zu miternacht in vnferem bilger hufz berouben. Defz halben wir in groffen forgen ftunden vnd gut wacht muften halten im hufz, dan fie woren gewalticlich vnd draczlichs gemiecz in der nacht komen an hufz dier, klopffen vnnd zerhiegen grofz lecher mit bihelen vnd iren geweren in die dier. Defz halben wir fil groffer ftein vnd ander riftung fir die dier muften machen, daz wir nit von den buben vberfallen wurden. Es wafz ouch ein grofz gefchrey von etlichen wibern vnd kinden, die mordio fchrugen fo lang vnd fil, daz die buben fich verlouffen muften. Sie hatten ouch mich vnd myn mitbruder defz neften dags daruor vngewarnet uberfallen. In vnferem bilger hufz hatten fie vnferem hufzmeifter gedrowet fin hend abzuhouwen, det er inen nit vff: alfo durch focht liefz er fie in. Do komen fie draczlich gegen mir louffen vnd zohen mich by mym bart zu myner kamer hienufz, iagten mich die fteg ab, defz glichen mym mitbruder. dan wir woren allein in der herberg bliben, — vnd fuchten in vnfer kamer, ob fie mechten win funden haben; dem find fie gar geferd. Sunft gefcha vns nit witers vff dis mol. Dife buben hatten gehort fagen, daz wir bald eweg wolten vnd erboten fich mit vns zu riten vnd vnfz helffen geleiten. Daz wolt aber der obrift zu ierufalem nit geftatten, dan fie hetten vns vnderwegen gefcheczt vmb gelt: ritten alfo heimlich in der nacht ein befundren weg vnd nomen nit fil riter von der herfchaft ierufalem, funder der moren vnd arben ein michel deil, die mit irem gefchicz mit vnfz

46 lieffen vnd vnfz | heimliche weg furten bifz halben weg gen rama zu; dan wir muften die ganze nacht riten fil forcklicher bofer fteinechter weg.

---

[171]) *morici* | Mauritii, 22. sept.

[172]) *mitwoch* | 23. sept.

[173]) *dirken* | Es ist nicht unwahrscheinlich, dass diese truppen nach Aegypten bestimmt waren, da dort am 20. aug. 1523 ein neuer statthalter Güfeldsche Kassim eingezogen war, dessen lage, wie noch 6 monate darnach sich zeigte, keineswegs gesichert war, vgl. Hammer, gesch. d. osman. reichs. III, 35 f.

Item wir hatten vnns nit anderfz ferfehen, dan daz vnns difz volck frintlich wirde geleiten haben; daz vns nit gefchehen folt wie vff dem weg zum iordan. Aber fie lieffen ir bubery ouch nit, funder fie fierlieffen vnns bilgern den weg vnd ftunden zamen vnd wolten vnnfz nit firter riten loffen, wier geben in dan merers dan fie gedingt woren; vnd fingen alfo in finfterer nacht in engen wegen grofz gezanckt vnder in felber an. Ein part wolte, fie miesten vnfz riten loffen, fo wolte dafz ander nit zuloffen. In diffem gefchrey vnd zancken muften wir bilger ftil halten; dan wir wuften noch verftunden iren fpan nit, fo wafz vnfer patron nit by vnns, defzglichen der heidifch dilmefch det ouch nit fil zu difen dingen. Wir meinten vnfer patron het vns bilger mit gutem geleit verfehen gehept. Alfo wie wir ftil hielten in difem gefchrey, do fchniten etlich buben der moren vnd arben vnfz bilgeren heimlich die feck vff, nomen ouch ire Hefchen vnd faezten etlichen bilgeren bloffe meffer vff ir bruft; etlich buben nomen vnfz bilgeren die hiet vom houpt, mir durfften vnns nit weren noch keinen verlegen, ouch woren wir gar nit gerift: vnfer keiner durfft kein gewer by im dragen. Soffen a|l|fo vff vnfere efel on zoum vff ein ftrofack ganez werlofz. Solchen mutwil driben fie mit vns, bifz zuleft wurden fie doch iberet, daz fie vns firbafz muften riten loffen; daz weret aber nit lang, vnd wurden wider vneins durcheinander, fermeinten ganez iren willen gegen vns zu bruchen vnd vnns witer zu fcheezen vnd wolten in vnfz fchieffen, verfperten aber vns den weg. Do meinten wir bilger, fie wirden vns gar berouben vnd nemen wafz wir by vnfz hatten. Alfo wurden fie doch zum leften gar geftilt; dan der patron muft vns fchadlofz halten. Do komen | wir vff die wite vnd woren vfz dem gebirg komen; alfo lieffen wir darnoch dife bofe buben, die vnns geleit heten, dohinden vund ritten wir gen rama in die ftat. Daz wafz vff donderftag[174]) nach mathey. Alfo woren wir von ierufalem bifz gen rama vngeffen geritten vff xxxvi welfch mil.

Item als wir gen rama komen vnd miod woren, do faffen wir bilger nider vnd offen vnd druncken, wafz jeder mit im von iherufalem gefiert hat, vnd vermeinten ein wenig zu rugen. So kumen die direken zu vnns vnd nemen vns bilgern allen den win vnd flafchen, den fie mochten finden iber vnfern willen, daz wir nit dar wider durfften reden vnd wuften alfo kein win me vmbs gelt zu

---

[174]) *donderftag* | 24. fept.

iberkomen; doch verfuhen wir vnns, es folte nit lange gewert haben,
daz wir waffer miesten drincken, vnd meinten, vnser patron wird
vnnfz am andren dag von rama gelidiget haben; wafz aber in hinderte,
daz wusten wir nit. In summa: wir muften wol vnj dag do stil
ligen vnd zifternen waffer drincken. Daz det etlichen bilgern gar
we vnd wurden fiech. Do kam der patron doch zuleft vnnd brochte
den obriften herren von rama mit im, daz er vnfz halff geleiten
bifz gen jaffa. Daz wafz vnfz faft gut, dan er reit ftarck mit
etlichen dircken vnd morianen mit vns zu fufz vnd rofz; wir weren
funft von andren bofen buben vnd reiber vnder wegen bifz gen
iaffa ouch gefcheez vnd iberfallen worden; als wir fie dan gefunden
hatten, wie fie ire gezelt vnder wegen vff hatten gefchlagen vnd
mit irem gefchiez vff vnnfz wartetten zu berouben oder von vnfz
zu fcheezen daz wir nit fchuldig woren. Aber do der obrift her
von rama mit vns rit, do durfften fie nit haut an vns anlegen.
Alfo ritten wir bifz gen iaffa vnd vermeinten, vnfer patron wirde
von ftund an helffen, daz wir in vnfer schiff komen, dan es wafz
ouch kein win zu iaffa, funder ein arm zerftert wefen ift do. Daz
gefchah aber nit vfz vrfach: vnfer patron hat noch nit der oberkeit
allen zoll bezalt do felb; defz walb wolt vns der dirck nit ins
schiff loffen vnnd drib vnnfz bilger alle zamen wie daz fie in ein
alt gewelb am ftaden defz merfz, do aller wuft von pferden vnd
menfchen dreck lag. Im felben gewelb muften wir warten, daz
keiner harufz durfft gon fin notdurfft zu gon vnd ftanden mit kalben
vir vnns, hatten ouch ein feil fir vns gefpannen, wie wit wir harfur
fehen durfften. Do komen endlich moren vnd dircken vnnd fpottetten
vnfer vnd droweten vnns, wie fie mit vnns vmb wolten gon.

Item alfz wir alfo in diffem loch logen vnd meinten, der patron
folte lugen, daz wir ledig wirden, fo kumpt der patron zu vnns
bilgeren vnnd beclagt fich faft gegen vnfz, er hette kein geld vnd
bet vnfz frintlich, daz wir im folten helffen vmb xi. ducaten. Wo
wir im folch gelt nit meehten lihen, fo mieften wir in diffem ftinckenden
loch bliben ligen, bifz er etlich fins kouffmanfchaez verdribe vnd
gelt meche lofen. Daz gefcha aber mit vfffaez vom patronen vnd
wafz ein buberi. Doch ee wir bilger in dem wuft wolten ligen
mit groffen forgen vor den buben, die vnnfz in der nacht meehten
geblindert vnd darzu gefchlagen haben, fo famletten wir vnder vns
folich gelt vnd gobens dem patronen, wie woll wirs nit fchuldig
woren; dan difer patron hat fich in fil ftucken vnd articklen nit
gehalten, als er fich zu venedig verfchriben hat, aber wir detten als

bilger. die gern wider zu land weren komen. Francifcus¹⁷⁵) heifz
difer patron, der vns geben wart an ftat iacop alberto, der vufz zu
venedig an nam. |

Item do der patron folich gelt empfangen hat do bezalt er den
herren von rama fir fol. vnd ward vnfz geholffen, daz wir denfelben
oben noch ins fchiff komen: wafz vff donderftag noch michahely.¹⁷⁶)
Aber wunder het einer gefehen. wafz die dircken vnnd moren mit
vns bilger driben. Ee wir ins fchiff komen mochten: iecklicher
wolt etwas von ein bilger haben, es wer ein d[enar] oder ein neftel
oder wafz es wolt vnd ward der huff fo grofz vmb vnns von den
buben, daz vnfer einer etwan iij oder iiij mol zalt hat vnd darnoch
nit mocht ins fchiff komen, wie wol wirs nit fchuldig woren. Der
patron vnd der dilmefch lieffen folchen mutwill mit vns begon,
bifz zu left halff vnns got danoch, daz wir in vnfer bareken komen
vnd furen zu vnfer galioten. Aber mit groffer fortun komen wir
in vnfer galiot, die nit faft wit im mer ftund von iaffa, vnd fehlug
vnfz daz waffer zu dickern mol drin. als ob es vmb wolt fallen.

Item als wir alle nun im fchiff woren. do furen wir am fritag¹⁷⁷)
in der nacht neft noch michahely mit zimlichem wind gar enweg,
vnd wafz gut ein nacht vnd ein dag. Darnoch hatten wir gar kein
guten wind me wol xi oder xii dag noch nacht: daz verwunderten
fich alle fchiff lit vnd wir bilger im fchiff. Vnnd do wir alfo ftil
logen vff dem mer vnd nit firt mochten faren. do verzarten wir gar
nehe allefz daz, daz der patron von effen oder drincken im fchiff
hat. vnd woren die bilger vnd fchiff lit fchier verzagt worden: dan
der patron hat daz fchiff gar nit gefpiffet gehept, do wile wir zu
ierufalem fo lang ftil gelegen woren. Daz hat er vns nit gefeit:
wir weren funft nit ins fchiff gangen. vnd woren wol by finff wochen¹⁷⁸)
zu land gelegen vnd hatten kein | frifch drinckwaffer drin verforgt
noch ander Effen fleifch vnd wafz ouch mangel an brenholz etc.
In fumma, daz iederman in groffen forgen ftund vnd fochten, fie
wirden hungers vnd durfts fterben miefen. wen nit bald ein guter
wind keme, der fie zu land wirff.

Item ich vnd myn gefell hatten vnns verdreftet vff den win,
den wir in vnfer kamer geloffen hatten, do wir ins heilig land ritten
vnd hatten dem patron felber den fchliffel darzu geben: der vns

---

¹⁷⁵) *franciscus* | Auch der name dieses schiffspatrons wird sonst nicht erwähnt.
¹⁷⁶) *michaheli* | 1. oct.
¹⁷⁷) *fritag* | 2. oct.
¹⁷⁸) *finff wochen* | Vom 31. aug. bis 2. oct.

verdreſtet, es ſolt vns kein ſchad geſchehen. Aber do wir komen,
do hatten die ſchiff buben daz ſchloſz abgeſchlagen vnd hatten vnns
wol ij duckaten wert win vſzdruncken, vnd bleib vns nit fil dan
der ſalz ſchwencket. Deren woren wir darnoch faſt fro in diſſen
noten. Vnd etlichen bilgeren hatten ſie ire kiſten vffgebrochen vnd
inen iren win ouch vſz druncken; deſz halben fil im ſchiff ſiech
wurden vnd etlich vnder den bilger ſturben, die warff man ins mer
vſz; dan ſie haten forhien ouch lang waſſer mieſſen drincken zu rama.

    Item vnſer ſchiffer woren ouch ir gefaren vnnd wuſte nieman
im ſchiff, wo ſie woren, in welchem land oder wie wit wir zu land
mechten gehept hand. Etlich forchten, ſie fieren in ſuriam gen
baruta;[179]) andre wolten, wir fieren in Zipren; die driten meinten,
wir fieren in barbariam.[180]) Alſo dowile wir in diſen ſorgen ſtunden,
do beſorgte vnſer patron, es wirde noch lenger weren, vnd brach
den bilgern ab ir morgen drunck, gab ouch kein win iber diſch me,
ſunder wieſt ſtinckend waſſer: zwey perſonen nit me dan ein imeſz
iber diſch: do mit muſten ſie ſich behelffen. Waſz ouch kein eſſick
im ſchiff me, dan fil miſten ir ſtincken waſſer mit eſſig; das waſz
darnoch minder ſchedlich dan ſolich ſtincken waſſer luter zu drincken.
Nun waſz ſolich not nit allein an eſſen vnd drincken ſpis abgangen,
ſunder was noch ein groſſe ſorg darby. Als gewencklich die ſchiff
vff dem mer vnden by dem ſand, der drin lit, waſſer kumpt, daz
ſchepfft man zu zweyen oder drien dagen ein mol vſz; aber vnſer
ſchiff zeigt zitlich an, daz man darzu gelugt ſolt haben. Daz deten
vnſer ſchiffknecht ouch nit, dowile ſie zu iaffa ſo lang ſtil logen. Alſo
in diſer not iber kam daſz ſchiff ein loch, daz die ſchiffer darnoch
nit finden mochten vnnd vor der kouffmanſchacz, die im ſchiff lag
nit dar zu komen mochten. Vnd alſz ſie forhien zu zweyen dagen
daz waſſer vſz ſchepfften, do muſten ſie in diſer not al ſtund vſz
ſchepfen wol by eim halben ſuder waſſer. Daz brocht ouch ein
groſſen ſchrecken vnder vns. Alſo wir hatten etlich minch vnd
brieſter vnder vnſz, die ermanten vns zum dickeren mol, daz ein
ieder got andechtlich ſolt anrieffen vnd die lieben heilgen, daz wir
nit alſo verdirben, ſunder zu land mechten komen. Demnoch alſz
wir wol xij dag vnd nacht gewartet hatten vnd nit wuſten, wie lang
es noch weren wolt, do verley vns got der almechtig genod, daz
wir ein guten wint iberkomen. Do mit ſo wurden wir ſichtig den
cricz berg, do von ich vor geſchriben han; do wurden wir alle frow

---

    [179]) *baruta* | Beirût.
    [180]) *barbaria* | Berberei (Tripoli, Tunis, Algier, Fez u. Marokko).

vnd erkanten, daz wir in ziperen furen, hatten noch wol 1 mil
darzu. Vnd alfo mit diffem wint furen wir gen famagufto an die
ftat vff mitwoch noch dionifii[181]) vnd legen do ftil, befferten vnfer
fchiff vnd verfehen vnfz mit frifch waffer vnd ander fpis, alfo daz
wir wider daruon furen vff den dag fimon vnd iude [182]) apoftoly.
Noch complet zit was iederman wider im fchiff. 15 dag woren wir
hie ftil gelegen zu famagufta in vnferen coften.

Vnnd alfz wir fo lang ftil muften ligen zu famagufta, do reit
ich in dafz ort, do fancta katherina [183]) die heilge iunckfrow vnnd
marterin geboren ift worden vnd ir vatter do gewont hat in einer
alten zerbrochnen ftat, heifz altfamagufta. Sie hat ouch do zu
fchulen gangen vnnd mit den wifen meiftern difpitiert vnd hat die
felben iberwunden gehept. Defz halb ir vatter der kinig zornig
ward vnd liefz fie in ein kerker werffen vnd ir ein grufelichen
lewen zu legen, der fie zerzerren folt; gab ir ouch etlich dag nit
zeffen noch zu drincken. Got der her fpiffet fie aber vnnd liefz im
felben kercker ein brunnen quell entfpringen, daz der lew zu

---

[181]) *dionifii* | 14. oct.
[182]) *iude* | 28. oct.
[183]) *katherina* | Die berichte über diese heilige bei Simon Metaphrastes (Surius z. 25. nov.) sind derart, dass selbst Baronius annal. ad a. 307 meint: »melius confulitur ecclefiaticae veritati rerum quae non funt adeo exploratae filentio quam mendacio aliquo, veris licet admixto atque adulteratae orationis eloquio.« Er felbst bietet freilich auch nur vermutetes. Nicht einmal der name steht fest. Ruffin 8, 17 nennt sie Dorothea, anderwärts kommt Hekateria od. Hekatarina vor u. bei den Griechen ist dies letztere Aikatherina i. e. Αἰκαθερίνα. Ebenso wird gewöhnlich ihr geburtsort u. ihr kerker nach Alexandrien verlegt, ihr grab aber auf den Sinai, wohin engel ihren leichnam, nach andern nur ihr haupt, getragen haben sollten. Für die kyprische abkunft, ihre dortige kerkerhaft u. ihr dortiges grab sprechen, soweit ich es überfehe, ausser unserem H. Ludolf 33, Schachten 213 (Röhr.-Meisn.), Gumpenberg 243 b, Grünemberg 155 (Röhr.-Meisn.), Rindfleisch 325 (eb.), Helffrich 377 b, pflzgr. Otto Heinr. 380 (Röhr.-Meisn.), indem sie entweder Salamis o. Constantia o. Altfamagusta o. Costus o. S. Katharina, beide letzteren bei der erstgenannten stadt den ort der geschehnisse o. eines teils derselben nennen, aber mit allen genannten bezeichnungen stadt o. umgegend vom alten Salamis meinen. Hagen eigentümlich ist der zug vom löwen im kerker der heiligen u. dem für ihn entsprungenen quell. Die erstaunlichste mühe die kyprische mit der alexandr. u. sinaitischen legende in einklang zu bringen giebt sich Lusignan hist. gen. 25 b u. 50 b—52 a, vermehrt aber die schwierigkeiten noch dadurch, dass er noch von einer zweiten einkerkerung auf Kypros berichtet, nämlich in Paphos.

drincken hat. In difem kercker bin ich ouch gewefen vnd hab in
daz loch griffen, do daz waffer entfprang. Man fiecht wunderliche
groffe alte fteinen muren vnnd von ftarckem gebuwe vnder der
erden von fil ftarcken filen, do ir vater gewont hat. Efz ift ouch
ein fine kappel do in der eren fanct katherinen gebuwen; die fuchen
die bilger mit groffer andacht. Defz halben, fo haben darnoch die
bilger die fryheit, daz fie daz halb radt[144]) in iren wopen dirffen
fieren; wer aber die heiligiunckfrow vff dem berg finay gefucht
hat, der fiert darnoch ein gancz radt in fanct katherinen eren. Es
find ouch fil bilger wopen in difer capellen vnd ift gar ein grofz
zerbrochen kirch neben difer capel vfz hinbafz ein wenig; hat fanct
barnabe[145]) gebuwen, vnd noch ein fier tel mil witer do ift der
felb heilg liphafftijg gelegen. Es hat fil guez gethon. Es wafz
ein grofzer drach, der hat fin wonung in difem land gehept, der
hat fil fchadens den menfchen gethon; den hat difer helg fanct
barnabe verbant zu eim fteinen lowen, den ich gefehen hab. Ift
faft grofz, lit nit wit von der capelle fanct katherine in witem feld

[144]) *halb radt* | Diese nachricht kommt nur hier vor, während Conr. Grünemberg (155 bei Röhr.-Meisn.) allerdings erzählt, dass jeder reisende in der kapelle ein halbes rad angezeichnet hat. Mit dem ritterschlag, den die könige von Kypern als frühere könige von Jerusalem den rittern des h. grabes von neuem erteilten (Fabri I, 42), hat die sache wol nichts zu schaffen. Wol mit recht aber darf aus der sitte geschlossen werden, dass Famagusta neben dem Katharinenkloster auf Sinai n. der Katharinenkirche in Bethlehem eine hauptrolle im Katharinencult spielen muss, u. dass das mit ihm um die ehre heimat der heiligen zu sein streitende Alexandrien nur als eine wenn auch wichtige zwischenstation auf dem wege der verbreitung dieses heiligendienstes zu gelten hat.

[145]) *barnabe* | Der aus der Ag. bekannte Levit von Kypros (4, 36), nachheriger, zeitweiliger begleiter des Paulus (9, 27. 11. 13. 14), vgl. Winer I. 138. Lusignan 46 berichtet so über ihn: »Les Hebreux ne pouuans plus supporter ny endurer la predication de sainct Barnabé, le prindrent et menerent deux mille loin de la ville (Salamis), ou ayans esleué vne colonne de marbre; ils le lierent et firent autour de luy vn grand feu, ou le sainct apostre acquist heureusement la glorieuse coronne de martyre; les reliques duquel furent assemblees, recueillies et mises en vn petit coffre avec l'euangile de sainct Matthieu, et enseuelies par sainct Marc son cousin (Col. 4, 10). Icelles furent retrouuees du temps de Zenon empereur; car l'apostre apparut à Artemon, tres-sainct personnage et archeuesque de Salamine, et luy reuela ou estoient ces reliques. — Cest empereur mist l'euangile de s. Matth., tournee en la langue grecque par sainct Barnabé, en l'eglise de Constantinople, et fit de riches presens à l'archeuesque, luy donnant grande somme d'argent, de la quelle fut bastie vne eglise au lieu ou le sainct apostre auoit souffert martyre. L'edifice est grand, beau et hault et encore pour le iourdhuy entier. — Du lieu ou ces sainctes reliques ont esté trouuees, ils sort vn eaue qui faict plusieurs miracles.« Des hier erzählten wunders wird in dieser fassung sonst nicht gedacht; pflzgr. Otto Heinr. (Röhr.-Meisn. 380) erzählt nur, »dass ein heijlig solch tier zu diessen stein verfluchet hott«. Letzterer sah auch zwei steinerne löwen, »gröszer dann ein ochs« u. dass solche nicht zu den seltenheiten gehört haben bezeugt die bemerkung bei Cesnola 173, dass er auf der nordecke der insel ebenfalls 2 kolossale löwen gesehen habe, die wahrscheinlich das tor eines tempels geschmückt hatten.

in ein acker. Es ist ouch ein steinen bruck [166]) vor alten zitten gmacht worden; ist wol zehen welsch milen lang gesin die siecht man noch, do sanct katherine gewont hat. daz von dem selben gebirg ein siesz wasser loussen wart bisz an daz ort, do katherina gewont hat; forhien haben sie nur sch[nod] wasser gehept. |

Item witer bin ich phillips hagen geritten gen nicosia in ein grosz stat, ouch in zipren gelegen, do wile vnser patron zu famagusta stil lag, vnd hab do gesehen ein heilgen liphafftig. heist sanct johanns von muntfort. Der lit in sanct francissey dom [167]) kirchen, do obseruanczer in sint vnd hat fil vss die direken stritten by sim leben; als ich hie vor ouch geschriben hab. Ist 36 mil von famagusta.

Item darnoch bin ich geritten von nicosia an daz ort, do de heilig her sanct Mammas [168]) liphafftig litt; ist xxvi mil von nicosia.

[166]) *bruck* | Gemeint sind die überreste der von Justinian angelegten wasserleitung. die von Kythraia her Salamis mit wasser versorgte, vgl. Unger-Kotschy 534. Σακελλάριος V, 167. Ross, reisen 124.

[167]) *franc. dom.* | Lusignan 63: »Il fut enterré en l'eglise de nostre-dame des Champs, où il y auoit des moines de l'ordre de s. Bernard, aus quels ont succedé depuis les cordeliers de l'obseruance [Franziskaner]. C'est eglise pour les grands miracles que ce sainct corps faisoit, changea son nom, et fut appellee sainct Jehan de Mont-fort, la feste duquel est celebree au mois de May.«

[168]) *Mammas* | Im dorfe Morfon (wonach die irrige angabe bei Röhr.-Meisn. 381 zu berichtigen ist). Auffallenderweise wird der heilige zu einer frau gemacht bei Unger 518, der doch selber an ort u. stelle gewesen zu sein scheint. Lusignan 61ᵇ berichtet das folgende über ihn: »Sainct Mamé ou Mamol, comme les Italiens Boulongois l'appellent, fut martyrisé en l'Asie mineure: puis mis en vn sepulchre de marbre et ietté en la mer: lequel coffre ou sepulchre, par la bonté diuine nageant sur l'eau, fut porté iusques à l'isle de Cypre, et là demoura loin de la terre enuiron vn mille vers l'occident. Or le sainct s'apparut de nuict à vn homme de bien de Cypre, qui estoit du village de Morphou, auquel il commanda d'aller au riuage avec ses enfans et ses boeufs, pour tirer ce coffre à bord. Ce que iceluy ne croyant pour la premiere fois, ny encor pour la seconde, adiousta foy en fin à la troisiesme, et fit tout ce que le sainct luy auoit commandé. Ainsi luy avec ses enfans et ses bestes cheminerent sur les eaux à sec, comme s'ils eussent marché sur terre ferme: et lors qu'il l'eut amené iusques à Morphou, aussi tost ce coffre deuint immobile, et s'arresta au lieu où il est pour le iourdhuye et iamais ne l'en a-t-on peu desplacer: et incontinent on voit sortir vne liqueur tres-douce et tres-precieuse de son tombeau, comme on voit au sepulchre de sainct Nicolas, sainct André et autres, laquelle liqueur a de merueillieux effects, tant contre la tempeste de la mer, que contre toutes sortes de maladies. Que si on en met dans vne chambre, ou si on en porte sur soy et qu'on ait eu cognoissance charnelle avec vn homme ou femme, aussi tost elle se perd, s'enanouit, et ne sçait-on qu'elle deuient, se separant de ceux et du lieu, qui ont, ou auquel on a commit cet acte. On celebre sa feste le second iour du mois de septembre: auquel iour et lieu il y a vne foire fort celebre.« Bezüglich des sarkophags bemerkt Sakellarios I, 122 f.: »Ἡ ἐν τῷ τοίχῳ τοῦ ναοῦ ἐκ λίθου σκληροῦ λάρναξ ἴδη δὲ τάφος τοῦ ἁγίου Μάμαντος εἶναι συγκαταγεὶς τῶν Ῥωμαϊκῶν χρόνων. Οἱ καλόγηροι διὰ νὰ κερδίζωσι πλείονα ὀπὴν τινα ἔχουν ἐπὶ τοῦ σώματος τοῦ σαρκοφάγου, ὅθεν καὶ μέχρι νῦν τίθεται μέρος, ᾧ τοῦ θαύματος ἐξέρχεται ἀλλὰ τοῦτο κοινόν τινα εἰς ἁπάντας τοὺς τάφους τῶν ἁγίων.« Von dem bildnis des heiligen sagt auch Unger ao., dass es ihn auf einem löwen reitend darstellte. — Der geburtsort des Mamas wird sonst nach Kapadokien verlegt, woselbst ihn auch die

— 280 —

Der ift ein greek gewefen vnd hat fil guez in fim leben gethon. Ein wunderlich ding fchrib ich hie, daz ich phillips hagen felber gefehen hab; vff einer begrebnis in einer kreekifchen kirchen lit ein groffer marmelfteiner deckel vnd ift vff finer begrebnis ein differ fumpff ein efzfchiffelen grofz; dor in find zwey locher neben ein ander, durufz flifzt augenfcheinlich ein luter waffer ouch öl von fin lib in den felben fumpff vfz fim grab vnd wan der fumpff fol ift, fo loufft daz waffer nit iberufz nimerme, vnd wer des waffers begert, dem gibt man ein wenig vmb goezwillen vnd wan daz waffer vfz dem fumpff vfzgelert ift, fo wurtes vfz fim heilgen grab wider fol ougenblicklich. Daz hab ich gefehen vnd ift daz waffer fir fill fchaden gut. Ich hab ouch ein glefelin fol genomen. Vnd wan man defz heilgen figur oder bildnis wil molen, fo rit er alwegen vff eim lewen barfufz on fattel vnd on zom vnd hat ein lemlin vff finer bruft gemolt vnd ein fpiefzlin in finer hand. Es find ouch noch opferuanezer clofter in finer er gebuwen in der venediger lant. Dife fert hab ich gethon, do wile wir zu famagufta ftil find gelegen. Wan famagufta ift gar ein faft ftarck ftat von muren vnd bolwerck in kurczen ioren[189]) worden. Es ift ouch ein barfufer clofter do vnd funft ouch vil kirchen; es ift der krug[190]) einer do, dorin vnfer her ihefus waffer zu win macht. Den hab ich gefehen. |

54   Item alfz vnfer patron wider Enweg fur von famagufta vff den

legende begraben fein läfst in der ftadt Neocaesarea. Fabri III, 240, indem er von Paphos redet, bemerkt: »ibi s. Hilarius abbas habitavit et s. Manna, quem graeci contra peftilentiam invocant eumque fidelem advocatum fentiunt.« Vermutlich ift das Ludolf 30 entlehnt: »Prope Paphum eft locus, ubi s. Hilarius degebat et multa miracula faciebat, et multa alia loca, in quibus multi alii sancti degerunt, specialiter s. Zyzonimus et sanctus Mamma, qui ortus erat de Alamania, quem Graeci pro liberatione aposteumatum devote et maxime communiter solent adorare et invocare.« Letzteren fatz aber lieft die miltenberger hs.: »specialiter sanctus sysimus et sanctus mammas qui de almana fuit oriundus in cypro in tali scilicet dyocesi paphensi (est).« Auch fo ift nicht geholfen, denn einen ort Almana gibt's auf Kypros nicht. Will man nun nicht an eine vermifchung von zwei legenden denken, nämlich daran, dafs der name Hilarius neben Mammas un Hilaria, die mutter der h. Afra, der geborenen kypriotin u. fpäteren augsburgerin der legende, u. damit an Alamannia erinnern u. fo dies wort in die feder fliessen lassen konnte, fo bleibt nur die vergleichung mit ähnlich klingenden ortsnamen der infel übrig. In die dioec. paphensis hat wol noch gehört Alona tu Episkopu, möglicherweife auch noch die ftätte Lamnias auf dem Capo Catto, Limenia aber, das alte Morfu, wenn Unger-Kotschy 510 nicht irrt, liegt sicher in der dioec. Nicoss. — Einen gleichen wunderbericht bietet noch pflzgr. Otto Heinr. 382 bei Röhr.-Meifn.

[189]) *ioren* | Zu Dietr. v. Schachten zeit, 1491, war die befeftigung in angriff genommen worden. vgl. Röhr.-Meifn. 210, pflzgr. Otto Heinr. 1521 fah fie aber in der vollendung, wie Hagen, vgl. ao. 379.

[190]) *krug* | In der kleinen kirche »nostra donna della sara.« vgl. Helffrich 377.

dag fimon vnd iude¹⁹¹) noch comblet zit, do komen wir wider vff
nimafon vnd vff baffa zu vnd woren wol by xl. milen von baffa ge-
faren. wafz vff aller heiligen tag,¹⁹²) do enftund ein wint in der
nacht vff, daz wir defz andren dags vff aller felen dag nit wit
mochten faren: vnd ward der wint fo ftarck, daz er vnfz wider
hinder fich warff 30 mil, vnd wir mit not ein hafen drofen, dorin
wir mit not anckeren mochten. Bliben alfo vff aller felen dag zu
nacht do. Do kam in der nacht ein follich grofz wetter zu vns
mit dunder vnd hagel, ouch mit faft groffem wind vnd regen vnd
wafz ein grufeliche fortun entftanden; daz weret woll drig gancze
dag vnd nacht vnd wolt der wind nit geligen. Der andren nacht
noch aller felen kam wider der glichen ein wetter in der nacht;
daz verging zum driten mol vnd fing albot wider an, daz wir in
groffen forgen ftunden. Muften alfo defz groffen wint halben do
bliben, bifz vff den xii dag. An difem ort hab ich gefehen, daz
fifch im mer find, die kinen fliegen. Ift kum gleiblich, aber ich
fchrib die worheit, vnd hab der felben fifch einen in myner hand
gehept. Der kam geflogen vnd wolt fich nider loffen infz waffer
vnd fiel in vnfer fchiff. Do nam in der ein fchiff knecht vnd leit
in vff ein glut vnd briet in. Dife fifch fint nit grofz, funder vff
fpannen lang vnd migen nit wit fliegen, etwen vff zwen fteinwurff:
fo fallen fie wider dar nider ins waffer. Ich hab ir wol dir ge-
fehen an etlichen orten, aber ich habs nie wellen globen, bifz daz
ichs felber gefehen han; es glichet fich aber einer lugen etc. Item
in difem hafen dorin wir mit angft vnd not komen woren, der heift
fonten amerofe¹⁹³) komen vnfz die mer. daz vff die nacht aller felen
ein grofz fchiff, daz wir wol am felben dag gefehen hatten. wafz
zerbrochen im mer von wegen defz groffen fturm, den | fie ouch
gehept haten wie wir, vnd wurff fie der wint ouch wider hinder
fich. Do vermeinten fie zu baffa an land zu faren: do hat daz
fchiff nit funder wit von land die not gelitten alfo, daz die lit, fo
im fchiff woren, mit angft vnd not in die barcken komen, die vfz-
wendig an den groffen fchiffen gewonlich angebunden ift: deren nit
fil woren. Es woren myner mitbilger brieder zwen drin gewefen
fpangeler, funft niemans funders, dan wafz zum fchiff gehort hat

---

¹⁹¹) iude | 28. oct.
¹⁹²) h. tag | 1. nov.
¹⁹³) f. amerose | Fontana amorosa, die durch Ariosto berühmt gewordene
quelle am kap Akamas im nordw. der infel, die nach Cesnola 195 mineralifcher
natur ift u. mit der oben berichteten gefchichte der fchwefter des königs Richard
Löwenherz in verbindung gefetzt wird, vgl. Röhr.-Meisn. 214.

von knechten. Die ilten fo bald fie mochten zamen vnd lieffen daz grofz fchiff vndergon; daz wafz mit fil kouffmanfchacz geladen. Vnd halff in got der almechtig, daz fie zu land komen in der felben barcken. Gefchah in zipperen.

Item Es ift ouch wor, daz im felben fturm windt etlich curfeyer von dircken, daz find reiber vff dem mer, by xL. in ein fchiff woren gefeffen vnd wafz ir fiernemen, daz fie vnfer fchiff wolten angriffen vnd nider geworffen han. Do hat fie differ grofz fturm windt mit irem fchiff allfamen erdrenckt, daz etlich der felben am ftaden defz mers gefunden wurden vnd nacket vfzgezogen. Daz kam vnfz in vnfer fchiff fir nuge mer zu wiffen, vnd komen ouch ij man zu vnfz in vnfer fchiff, die vfz woren komen; die furt vnfer patron gen venedig. Die fagten vnfz, wie es vmb fie gangen wafz. Vnd fagten vnnfz vufer fchiffer, daz fie in x ioren nie groffer fortun gefehen hetten vnd die lenger gewert hete dan dife. Vnd do wir alfo vff den xii dag enweg furen vfz difem hafen, do furen wir gen kandia in die infel. Hatten alfo iij tag vnd nacht faft guten wint vnd woren alfo fro, daz wir meinten bifz gen ianta[194]) zu faren. Do welt vnfer patron zu land fin gefaren. Alfo vff den iiij tag zu nacht wafz mendag noch martini[195]) vmb mitternacht, fo ftot ein folche groffe fortun vff wider vnfern guten wint, den wir hatten, daz niemans wol gloubt. | Do fer meinten vnfer fchiffer, fie wolten mit gewalt ftieren vnd faren wider den felben wint, der fich erhoben hat. Daz mocht nun nit gefin vnd ftund ein folche groffe forg vff, daz der wint, der wider vnfz wafz, zerbrach vns den forderften fegelboum gancz enzwey. Do fingen die fchiffknecht mit groffem gefchrey, fchrien: »ihefus, ihefus, maria helff vuns«. Daz hatten wir im fchloff gehort vnd daz grufelich krachen vom fegelboum, vnd meinten, daz fchiff wer gancz enzwei zerfpalten; vnd was grofz angft vnd not, do wir meinten all daz fchiff wird vndergon von der grufelichen fortun; dan dife fortun warff vns wol xL. mil wider hinder fich. Alfo durch gocz hilff vnd der lieben helgen herbit halff got den fchiffknechten, daz fie mit groffer not ein anderen fegelboum vff richtetten. Do gede[n]ek ein menfch, wafz kurczwil daz ift gewefen. Vnd alfo do es dag wart, do hatten wir bonaczen[196]) den gancz dag vnd nacht

---

[194]) *ianta* | S. u. a. 219.

[195]) *martini* | 16. nov.

[196]) *bonaczen* | Fabri III, 244: »taediosa tranquillitas [maris], quam bonazam vocant.« fr. bonace, it. bonaccia, prt. bonassa, sp. bonanza, eigentl. heiteres wetter von bonus, vgl. Diez etym. wb. I, 71.

— 283 —

vnd kunten nit firbas komen. Alfo furen wir darnoch vff mitwog[197]) frieg noch martini enweg mit zimlichem wint vnd vff donderftag zu nacht neft, wafz vff fanct elifabet[198]) ein lantgreuin tag, do kam wider ein faft groffe fortun, daz wir in groffen forgen ftunden. Weret die ganeze nacht bifz morges brimzit. Mir hetten gern geanckert; do mocht es nit gefin. Wir woren zu dieff im mer, vnd warf vnfz dife fortun ouch me dan xxx mil wider hinder fich den weg vff cunftantinopel zu by liez vfz: Morges vff fritag, wafz der oben marie prefentacionis,[199]) do furen wir den ganczen tag zimlich vnd komen, daz wir erreichten ein hafen an der infel heifzt mille.[200]) 37 Do logen wir iij dag, daz wir*) nit wint hatten enweg zu faren. Alfo vff den funtag neft nach marie prefentacionis do ging ich mit etlichen fchiffknechten ouch obferuancerbrieder by ij ditfch mil wegs in ein ftetlin oder caftel von vnferem fchiff gelegen, vnd find die menfchen all greken do felb; vnd vermeinten do gut fchier zu machen vmb vnfer gelt vnd etwas guez effen weder wir in vnferem fchiff hatten. Alfo wir geffen vnd druncken hatten, do kam vnfer fchiff knecht einer vnd zuckt von leder iber vnferen difch vnd hieg ein andren fchiff knecht, der mit vns gangen was etc. alfo daz ich fprach zu minen mitgefellen: »lieber loffen vns by dag wider zu fchiff gon daz kein irrung vnder vnns enfpring«. Daz ward mir gefolgt vnnd gingen alfo von dem ftetlin oder caftele, do wir geffen hatten, vnd ich ging vor anhien, mine gefellen folgten mir noch vnd hatten ir gefchwecz vnderwegen: alfo daz wir zwen weg begegneten. Do ging ich den einen foranhien vnd meinte myne gefellen folgten mir noch. Do gingen fie den andren weg vnd es was faft ruch berget, daz keiner den andren fehen mocht. Alfo ich fir mich ging ye lenger ie witter. Do fa ich, daz ich nit recht was gungen zum mer zu, do vnfer fchiff ftund, vnd fing an faft mied zu werden, dan ich drug iij hennen vnd ein gut flefch mit win, die hat ich koufft vnd wolt fie mym gefellen han brocht. Alfo fahe ich ij hirten, die der fchoff hieteten; mit denen ret ich, wie ich mocht, daz fie mich folten wifen, daz ich zu vnferem fchiff mecht komen. Alfo 38 ging der eine hirt mit mir, dem gab ich die iij hennen vnd die flefch zu dragen, vnd efz fing an finfter zu werden vnnd ich wafz

---

*) Anm. Am rande vor der mit wir beginnenden zeile steht: Nota.

[197]) *mitwog* | 18. nov.
[198]) *elifabet* | 19. nov.
[199]) *prefentacionis* | 20. nov.
[200]) *mille* | Melos, jetzt Milo.

ſo mied, daz ich kum mocht gon. Ich muſte ein wenig rugen. Wie ich alſo nider ſiez vnd meinte bald wider vff zu ſton, do fing ich an zu entſchloffen vff der erden vnd meinte, der hirt wird bij mir blyben, dan ich wuſte ouch nit, wo mich der hirt hien gefiert hat. Alſz ich nun erwacht was, do ſchein der man hel, ich ſahe vmb vnd vmb, myn hirt wafz nit by mir, vnd logen die mj hiener neben mir, aber der win in der fleſchen wafz vſz gedruncken; die lag der by. Ich fing mich an zu ſegnen vnd verwundert mich ſelb vnd von ſtund an greiff ich zu miner deſchen; do ſah ich, daz mir der boſzwicht geſtolen hat ein duckaten in gold vnd ſilber mincz ouch eins ducaten wert. Die hat ich do fornen in der deſchen gehept; hat nit witers in der deſchen geſucht. Do ich befunden hat, daz ſolich gelt eweg wafz, ſo griff ich zu mym ſchwert vnd ſihe, daz mir der boſzwicht den girtel vom ſchwert hat genomen vnd daz bymeſſer ouch, daz ich vff dem ſchwert hat ſtecken, vnd der pfriem wafz geſteckt worden an daz ort, do daz meſſer hien gehort. Witers ſo griff ich vff myn hut, ſo ſiehe ich, daz die ſchnur zerſchnitten iſt vnd der bendel ouch, den ich vmb myn hals hat gon. Daz wafz nun ein gruſelich ding vnd iſt wol zu dencken, daz mich got der almechtig behiet hat; der boſzwicht hette mich ſunſt ermirt, dan ich kunt nit erdencken, wie daz zu wafz gangen in kein weg. |

Alſo ich nun ſolche ding geſpiert hat, do ſtund ich vff vnd nam myn hiener vnd dancket got dem herren vnd ging alſo by dem mon ſchien berg vff vnd ab, bifz ich zu dem mer kam. Do erkante ich gelegenheit, daz vnſer bilger ſchiff nit me wit was. Alſo kam ich ins ſchiff vnd ſeit mynen geſellen, wie es mir die nacht ergangen wafz. Do verwundretten ſie ſich vnd lobten got, daz ich wider wafz komen; vnd ſeiten mir, ſie hetten etlich wal fart gelopt vmb mynetwillen, ich hette got wol zu dancken, daz ich in einer ſolchen fremden inſelen nit von den grecken ermert bin worden, beſunder ſo ich nit reden kunt vnd allein was. Ich focht nit anders, dan daz vnſer patron im ſchiff enweg wer gefaren, als er dan in diſer fart ouch eim falckner hat gethon. Der kam vſz ziperen vnd hat mj falcken im ſchiff ſton; der ging zu land mit vnſeren ſchiff knechten, die wolten friſch waſſer holen. Alſo komen die knecht mit waſſer, vnd der falckner bleib do hinden. Sie beitetten ſin, bifz nacht ward, am mer; do er nit kam, furen ſie mit dem ſchiff enweg vnd wuſten nit, wo er hin komen wafz. Alſo bliben die falcken im ſchiff ſton vnd bleib er do hinden etc.

Alſz ich nun wider komen waſz, do hatten wir morges frie guten wint enweg zu faren, daz waſz vff ſancta katherine oben.[201] Furen alſo deſz wegs am gebirg, do die ſtat nit wit lit, genant malmaſia,[202] ouch an dem gebirg, do der herzog von bumeren[203] vor etlicher zit ſich der direcken erweren muſt, die in beroup wolten han. Zeigt man vns die ſelbe gegne, man zeigt mir ouch, wo paris die hipſch elena[204] enweg hat gefiert, als dan ſin iſtori anzeigt. Do furen wir nit wit dar ſon.

Alſo von diſem gebirg, das by ſicz am mer lag, verlieſſen wir vnd komen zu der ſtat modon[205] vff ein ditſch mil, daz wir ſie wol ſehen mochten. Die iſt der venediger geweſen, aber iſt ſie iecz direkiſch vnd lit ein hipſch caſtel[206] vff eim berg dar by vff iij ditſch mil wegs fir die inſel ſapiencia.[207] Vff ſanct andres oben[208] furen wir, komen (wir) gen modon vnd furen biſz | gen ianta[209] in den ſelben hafen: iſt der venediger. Do anckert vnſer patron, waſz vff ſanct andres dag[210] zu nacht. Alſo in diſer nacht kam ein faſt groſz fortun mit eim ſtarcken regen, daz mir aber in groſſen angſten vnd ſorgen woren, vnd hatten die ſchiffknecht groſz arbeit. Daz weret, biſz es dag wart. Es waſz ouch den ganczen dag ſolcher groſſer wint, daz mir nit mit der barcken mochten vſz faren zu land biſz den andren dag. Do gingen wir in daz dorff ianta: daz

---

[201] kath. oben | 24. nov.

[202] malmaſia | Napoli di Malvaſia, Monembaſia, das alte Epidaurus Limera an der oſtküſte des Peloponnes.

[203] herz. v. bummeren | Bogislav X auf ſeiner fahrt nach Paläſtina am 30. juni 1497. Unſer bericht ſtimmt genau mit dem des venezianiſchen capitains der Jaffagaleere, Zorzi, indem er entgegen den pommerſchen berichten, die den kampf mit dem türk. ſeeräuber Camali in der nähe Kretas ſtattfinden laſſen, den kampfplatz am griech. gebirge —, alſo wol weſtlich von cap Elias, da der brand des pilgerſchiffs von Vatika aus geſehen worden ſein ſoll, beſchreibt, vgl. Jul. Möller, 183 u. 248 ff.

[204] elena | S. ndrrh. p. a. 135.

[205] modon | S. ebenda a. 115 u. v. Duſen 18.

[206] caſtel | Hagen hatte urſprünglich »ſchloß« geſchrieben, corrigierte aber nachher »caſtel« — ein beweis, daſs erſteres wort nicht ohne weiteres den begriff befeſtigung einſchlieſst.

[207] ſapiencia | Sapienza, ſüdlich von Modon; eines hohen bergs auf derſelben, da man »wachenn thutt« u. Modon ſignale gibt, wenn ſchiffe in ſicht ſind, gedenkt auch von Schachten (Röhr.-Meiſn. 180).

[208] andres oben | 29. nov., damals 1. adventſonntag.

[209] ianta | Zante, s. ndrrh. p. a. 111. bis zum untergang der republik Venedig deren eigentum; die hier dorf genannte hauptſtadt hatte ſchon im jahre 1796 eine meile in der länge, vgl. Maier, bſchr. v. Venedig III, 432; das caſtell hieſs chedem Ψοφις, vgl. Biſchoff-Möller, vergl. wbch. d. geogr. 1012ᵃ. Als »blume der Levante« iſt die inſel noch heute berühmt.

[210] andr. dag | 30. nov.

ift faft lang vnd lit am mer vnd lit ein caftel oben iber dem dorff
vff eim berg. Vnd ift ein hipfch land dorum vnd wafzt fil gut win
do, gehert den venediger zu; ift als grekifch folck do. Vnd gegen
difem caftel ibers mer vff ein ditfch mil wegs do lit ouch ein hipfch
caftel²¹¹) hoch an eim berg: daz felb gehort dem direken zu. Als
wir vns nun verforgt hatten mit win vnd frifch waffer, ouch fleifch
vnd brot, wafz vns dan not wafz, do furen wir zu zweyen galleen,
die ouch do geanckert hatten. Vnd ein grofz naff²¹²) ftund dar by,
die wafz mit der nafen gefaren, die vnder wafz gangen, als ich dofor
gefchriben han. Aber die zwo galleen²¹³) komen vfz alexandria
mit fil fpecerij vnd kouffman fchacz, gehorren den venediger zu,
vnd wafz in iedem fchiff by mj˙ perfonen. Zu denen gingen wir
vnd verzarten vnferen pfennig by inen vnd befohen den herifchen
brat vnd beltfchier, den die felb venedifch herfchaft furt. Sie hatten
ire drometer, fcharmiger vnd funft fil pfiffer: die muften allen ymes
vor inen hofieren wie for ein firften vnd haten ir wefen coftlich.
Alfo kunten wir kein guten wint han von dem dag andree bifz vff
den dag conceptionis marie.²¹⁴) Do furen wir von janta enweg mit
zimlichem wint: daz wafz vff zinftag. Vnd am neften mitwoch zu
nacht noch conceptionis marie do furen wir nit funders wit von
curfune. Der felben ftat ift der venediger. Do kam aber in der
nacht ein faft grofz fortuna. Die weret bifz morges primzit. Alfo
am donderftag hatten wir darnoch zimlichen wint, daz wir fir cor-
funen me dan xx mil komen vnd woren defz fro. Am fritag ftand
ein ander wint vff: der warff vns wider hinder fich. Alfo komen
wir in ein hafen, heift merler,²¹⁵) behert der herfchaft von curfun
zu. Do muften wir ligen xii dag | vnd find in folcher zit wol zu

---

²¹¹) *caftel* | Tornese, das alte Phea, s. Bisch.-Möller 834ᵃ.

²¹²) *naff* | Diese schiffsgattung, »nave propriamente detta,« unterschied sich
von der galeere dadurch, dass sie nur handels- u. transportschiff war, einen
grösseren tiefgang als diese, wie auch höhere wandung hatte; weshalb sie
nicht genöthigt war wie die galeere zumeist an der küste zu fahren, sondern
das hohe meer aufsuchen konnte. Da ihr aber die schnelligkeit u. leichtere be-
weglichkeit der galeere mangelte, so hatten ihre passagiere den nachteil nicht
nur länger unterwegs zu sein, sondern auch, da seltener die küste aufgesucht u.
neuer speisevorrat eingenommen wurde, üble u. schmale kost zu erhalten; wes-
halb Tucher 374 vor ihr warnt u. nur ärmere pilgrimme sich ihrer bedienten.
Aufgekommen ist diese schiffsart nach Venezia I, 2, 214 durch die venez. familie
Lisiado, die 1348 eine »nave« im arsenal bauen liess.

²¹³) *zwoo galleen* | Die zweizahl dieser venez. kauffahrer nach Alexandrien
wird durch den betr. bericht bei v. Harff bestätigt, s. ndrrh. p. u. 68. u. v. Dus. a. 28.

²¹⁴) *conc. Marie* | 8. dec.

²¹⁵) *merler* | Die kleine insel Merlera, in den damaligen venez. regierungs-
bezirk von Korfu gehörig.

uj mol vfzgefaren gewefen. Wan wir aber vff iij oder iiij mil
komen zu eim ort am gebirg, heift aftrata blancka,²¹⁶) fo warff vnns
der wint alwen wider hinderlich, daz wir in den hafen gen merler
muften anekern. Des glichen andre galleen vnd nauen ouch befehn,
die do zumal mit vns furen. Vnd als wir vns aber verfuchen
wolten vfz difem hafen zu faren, daz wafz vff donderftag noch lucie
otilie,²¹⁷) woren by iij mil gefaren, do enftund aber ein groffe fortun
vnd wafz der wint fo ftarck, daz er vns den gröften fegel²¹⁸) mitten
enzwey fchliezt von einander, als het einer daz felb duch mit eim
meffer enzwei gefchniten. Vnd wir mochten nierges an dem felben
ort anckern. Doch mit behendikeit was noch ein andrer fegel do;
den machten die fchiff knecht wider vff. Alfo komen wir wider
gen merler. Do furen vnfer fchiffknecht vfz vnd brochten frifch
waffer vnd brenholcz, ouch brochten fie ein grofz kalp von der
felben infelen: dan die von eurfunen loffen pferd vnd kye drin
louffen, daz fie gancz wild werden vnd kumpt niemau zu in, der
do fin wonung hat. Mir hatten etlich forgliche vortunen, do wile
wir in difem hafen logen, doch mit gocz hilf ftand ein guter wint
vff, der vns enweg halff, gefcha vff fauet thomas dag²¹⁹) apoftoly
zu nacht. Furen alfo fchnel, daz wir fir daz land albonia²²⁰) komen
bifz an daz land fchlauonia,²²¹) daz ift windifch. Aber in der nacht
zinftag²²²) noch thome apoftoli furen wir vff dem hohen mer; do
kam Ein faft forgliche groffe vortun mit eim ftarcken wint vnd
regen vnd fchlug daz waffer forclich in vnfer fchiff vnd weret bifz
morges brimzit. Wir hatten groffe forg, der wint wirt vnfer fchiff
vmb werffen, dan wir mochten nit anckeren. Vnd alfo vff mitwoch
noch thomc hatten wir nit guten wint, doch furen wir etlich milen
vnd weren gern defz wegs gefaren vff | pareneze zu derfelben ftat, 62
daz wer vnfers wegs gefin vff venedig. Do enftund aber ein faft
groffe vortun, die warff vns ab weg fil milen vnd daz wir komen
ins kinigrich von naplos vff donderftag, was der heilig winacht oben,
nit wit zu einer ftat heift menfurdonia.²²³) Do for bliben wir ligen

---

²¹⁶) *aftrata blanca* | Am akrokeraun. gebirge.

²¹⁷) *lucie otilie* | 17. dec.

²¹⁸) *fegel* | Den saccato vel velum grandes am maftbaum, vgl. Fabri I, 120, ein dreieckig gefchnittenes fog. lat. fegel, vgl. Jul. Müller 264.

²¹⁹) *thomas dag* | 21. dec.

²²⁰) *albonia* | Albania.

²²¹) *fchlauonia* | Skavonia, s. ndrrh. p. a. 79.

²²²) *zinftag* | 22. dec.

²²³) *menfurdonia* | Manfredonia am mons Garganus in Apulien.

den heiligen winacht dag, dan der wint wafz fo hefftig grofz, daz wir nit vfz mochten faren zu land. Vnd in der nacht do fiel ein groffer fchne vnd wafz faft kalt. Do wurden wir brieder zu rot vff fanct fteffens dag,²²⁴) daz wir Ee mochten vber land komen vff rom zu weder daz wir in vnferem fchiff gebeitet hetten; daz wolt erft wider hinderlich vff parencz faren. dohien noch wol mjᶜ mil woren, vnd dan von parencz bifz gen venedig ouch wol 1ᶜ mil, vnd fich niemas guez wints oder werter verfa in der kalten for[k]lichen zit.

Alfo gingen wir bilger all iber lant an difem ort, etlich vf rom, etlich vff fancta lareta²²⁵) zu vnfer frowen vnd lieffen vnferen patron varen gen venedig, wan er mocht: wan er hat an vns bilgern faft bofzlich gethon, daz er vns nit by rechter zit hat vfzgefiert; des haben wir harnoch defter groffer angft vnd not miefen liden, dor an er fchuldig ift; vnd alfo in groffem fchne vnd kelte muften wandlen, bifz wir zu hufz komen. Vnd zohen alfo von difer ftat menfrodonia durch das land pulia²²⁶) zum erften in die ftat foy;²²⁷) ift 18 mil. Von foy ritten wir bifz gen troy;²²⁸) ift ouch ein ftat, lit xu mil von foy. Darnoch ritten wir von troy bifz gen caftel arbor;²²⁹) ift ein clein ftetlin. lit hoch vff eim berg; recht man 18 mil hien von troy. Vnd vnderwegen ritten wir uber ein hohen berg, der heifzt der herczbrecher,²³⁰) daruff lag ein dieffer fchne vnd was die ban nit gemacht vnnd begipt fich, daz fil lit zu ziten vff dem felben berg im fchne verderben. |

Als dan mir vnnd minen mitbriederen zu groffen forgen vff difz mol ftund. dan es enftund ein folcher groffer ftarcker fchnidender wint vnd ein faft dicker nebel. das einer den andren kum fehen mocht: groffer froft hat vnfer keiner fin leptag nie glich empfunden, vnd fielen die pferd faft dieff in den fchne, daz etlich vfz dem fchne getragen wurden. Vnd wurden verloren defchen vnd girtel. dorin fil gelt wafz vnd ander cleinot: vfz vrfach: der wint verweget vnfern

---

²²⁴) *ftephans dag* | 26. dec.

²²⁵) *lareta* | Loretto, s. udrrh. p. a. 77.

²²⁶) *pulia* | Apulia.

²²⁷) *foy* | Foggia, von Hagen alfo gleich dem folgenden namen mit franzöfifch auszufprechenden lauten wiedergegeben; südweftl. v. Manfredonia.

²²⁸) *troy* | Troja, südweftl. v. Foggia.

²²⁹) *caftel arbor* | Casa al Albore, südweftl. v. Troja.

²³⁰) *herczbrecher* | Crepacuore, zugleich ein örtchen, das an einer unfern von da beginnenden ftrasse nach Benevent liegt u. wol von unfern pilgern berührt worden fein muss, da die strasse nach often fortgefetzt gedacht direct auf Troja zuläuft. das überhaupt von hier kaum 2 meilen entfernt fein kann. vgl. Bacler Dalbe, carte générale des royaumes de Naples, Sicile et Sardaigne. Paris u. 10.

hufffchfock zufchelich. Darnoch als wir vber den berg komen, do ritten wir in ein ftat, heift benefente,[231]) lit vff eim berg, gehort dem bopft zu, recht man 12 mil zu. Darnoch gen arpen[232]) vnd gen allafcherne,[233]) darnoch gen Neaplos[234]) in die ftat. Als ich zu naplos was, ging ich in daz fchlofz; ift faft hipfch vnd grofz vnd ift ein hipfcher kinielicher gart vff ein halb mil darfon, dorin fil guez waffers in ift. Daz wirt geleit durch dichel in die ftat naplos; vnd find fil hipfche bomeranczen bome im felben garten. Vnd von naplos gen roche[235]) ift 25 mil, von roche gen tregetto[236]) ift vij mil, von tregetto jn einer ftat, heift caiette;[237]) ift ein faft ftarcke ftat mit wunderborlicher ftarcken bolwerken vnd muren vnd zig hoch an ein berg vff. Ift ein clofter ober, heift zu der drinitat oder zu der driualtikeit, vnd im felben clofter zeigt man vns den felfen, fo ouch zerfpalten was, als criftus am criez fproch: »hely, hely, lama fabatani«; get man etlich tieffe ftafflen hienab. Dornoch riten wir gen terrenfina;[238]) darnoch ritten wir vff rom vnd komen zum bobft[239]) in fin pallaft, kiften im daz kriez vff fin fchuch[240]) etc., ritten darnoch vff fpoleta;[241]) ift ein hipfche ftat. Von fpoleta vff recognata[242]) vnd vff loreta vnd vff ancona, foffen wider vffs mer, faren gen venedig etc.

[231]) *benefente* | Benevento, die hauptst. des ehemaligen herzogtums gleichen namens, von den Langobarden errichtet u. 1053 von kais. Heinr. III dem päpstl. stuhle geschenkt.

[232]) *arpen* | Arpaja, an der strasse von Benevent nach Neapel.

[233]) *allascherne* | Acerra, an der gleichen strasse; von Hagen wurde der ital. artikel wol zum namen geschlagen.

[234]) *Neaplos* | S. ndrch. p. a. 608. Ob der »kinigliche gart«, der am meere ist, der seitherige königl. park, lässt sich schwer sagen, vgl. Schachten (Röhr.-Meisn. 227 f.).

[235]) *roche* | An der strasse zwischen Neapel u. Rom liegt ein S. Rocco, nordöstl. Roccio, südöstl. ein Rosi u. ein Rossi.

[236]) *tregetto* | Vermutlich Trajetto an der genannten strasse zwischen Neapel u. Rom.

[237]) *caiette* | Gaëta, die berühmte starke festung am gleichnamigen golf.

[238]) *terrensina* | Terracina.

[239]) *bobft* | Clemens VII, der am 18. nov. 1523 gewählt u. am 26. nov. geweiht worden war. Ranke, d. röm. päpste I, 64 hebt namentlich an ihm hervor, dass er »den audienzen unermüdlich von früh bis abends abgewartet« habe.

[240]) *fchuh* | Die sog. adoratio, die bei der dem neugewählten papste dargebrachten huldigung, wie in feierlichen audienzen stattfindet und zwar auf das dem pantoffel (sandale) eingestickte goldkreuz des rechten fusses. Die sitte rührt von den griech. kaisern her, vgl. Wetzer u. Welte IV, 263 f.

[241]) *fpoleta* | Spoleto.

[242]) *recognata* | Recanati, westlich von Loretto.

ANHANG.

AERZTLICHE REISEVORSCHRIFT.

Es nimmt dieses schriftstück von den 32 beschriebenen seiten der unter positio 4 der einleitung zur niederrheinischen pilgerschrift erwähnten medicinischen recepte die ersten zwei und die hälfte der dritten ein und hat mit noch einer der sechs durch weisse blätter von einander getrennten und dadurch als solche kenntlich gemachten gruppen dieser ärztlichen aufzeichnungen den vorzug von der nämlichen deutlichen hand und gleichzeitig mit grösseren buchstaben geschrieben zu sein als jene übrigen, die von verschiedenen schreibern herrühren. Scheint dies schon darauf zu deuten, dass wir es hier nicht mit einer ur- sondern nur mit einer abschrift zu tun haben, so spricht noch vielmehr der umstand dafür, dass der schreiber sich mitten im zusammenhang einer auslassung schuldig gemacht und deshalb das ausgelassene (sed si — frigidum) am oberrande nachgetragen hat. Ueberdies schreibt er — was dem medicinischen verfasser kaum begegnen konnte — zweimal Galiénus für Galenus, und auch »amphorismorum« für »aphorismorum darf kaum als übereilung gelten.

Ueber den ungenannten verfasser lassen sich leider nur vermutungen wagen. Vorab wird er unter die sogenannten physici d. h. diejenigen ärzte zu rechnen sein, die zum unterschiede von den sogenannten empirici eine gelehrte bildung genossen hatten.[1]) Das bezeugt wol der gebrauch der lateinischen sprache und die bekanntschaft mit dem zweimal angeführten Galen. Vielleicht ist ihm auch vertrautheit mit der »anathomia« des bologneser professors Mondini de Luzzi, »quem, wie der herausgeber der strassburger ausgabe von 1513 noch sagt, omnis studentium universitas colit ac venerat ut deum«[2]) zuzuerkennen. Denn in diesem 1314 ver-

---

[1]) Häser, lehrb. d. gesch. d. medicin. 2. aufl. Jena 1853. 363.
[2]) Häser 344.

fassten lehrbuch wird ein »grosses gewicht auf die unmittelbare gefässverbindung des uterus mit den brüsten durch die epigastrica und mammaria externa gelegt«,[3]) welche die verordnung unseres textes: »et si fuerit mulier, lauentur mamille loco testiculorum« zur voraussetzung zu haben scheint. Darf man in dieser zeit noch von einer besonderen schule sprechen, so wird auch von der medicinischen richtung unsers verfassers die rede sein können; denn süsse medicamente, wie sie hier in gestalt des zuccarum rosatum und violatum mehrfach erscheinen, gehörten seit El-Râzi in den arzneischatz der arabischen ärzte;[4]) kündigen demnach den arabisten an; als welchen ihn auch einzelne in den anmerkungen zum text nachzuweisende anlehnungen an den bis ins 16. jh. hin hochgefeierten, ja nach dem uns vorliegenden am rande viel beschriebenen exemplare des herborner professors und doctors der med. Rosenbach noch im jahre 1630 stark benutzten canon des Avicenna erscheinen lassen möchten.

Da ferner die reiseschrift, wie in der einleitung zum niederrheinischen pilgerführer nachgewiesen, unzweifelhaft dem 15. jh. angehört, so ist nicht minder ein schluss auf das vaterland ihres verfassers ermöglicht. Wenn letzterer nämlich s. 1[b] bemerkt, dass er das bleiwasser für die von ihm beratenen pilger selber bereitet habe (»aqua cerusata alba, quam feci vobis«), so weist das unverkennbar auf Deutschland als das land hin, in welchem für das 15. jh. noch arzt und apotheker eine person sein konnten. Freilich nicht wie im 9. oder 12. jh., wo arzat nachgewiesener massen für pigmentarius gilt;[5]) denn wird es auch erst noch einer grösseren urkundlichen bestätigung bedürfen, dass die von Philippe[6]) und Häser[7]) namhaft gemachten apotheken zu Trier im jahre 1241 und 1242, zu Schweidnitz 1248, zu Münster 1267, zu Augsburg 1285 mehr waren als »stetten, da man kaufmansschatz verkauft«, wie noch der vocab. von 1482[8]) übersetzt und die von Kriegk[9]) beigebrachten urkunden aufs klarste dartun, so unterscheidet man doch im 15. jh. zwischen arzt und apotheker, da beispielsweise der vocab. predicant. von 1488: »pigmentarius ein apotheker, ein bereyter der ertzny« schreibt. Ebenso unzweifelhaft aber besteht zwischen beiden berufsarten eine einheit in derselben person. Das erhellt aus der

---

[3]) Häser 335.
[4]) Philippe, gesch. d. apotheker bei den wichtigsten völkern der erde. Aus d. franz. von Ludwig. 2. aufl. Jena 1858. 382 u. 389.
[5]) Graff althochd. sprachsch. I, 477 u. Schmeller-Fromm. I, 154.
[6]) S. 997. 1016. 1070. 1071.
[7]) S. 333.
[8]) Lexer I, 87.
[9]) Aerzte, heilanstalten, geisteskranke im mittelalterlichen Frankfurt a M. Frankf. 1863. 3.

1440 abgefassten reichspolizeiordnung, in deren c. 12 es heisst: »Item es soll auch gewöhnlichen in jeder reichsstadt ein meisterarzt [magister medicinae] sein, der soll haben 100 gülden geldt, die mag er niessen von einer kirchen . . . . Und manniglichen artzneyen umbsunst, reich und arm und soll sein pfründ verdienen ernstlich und getrewlich; wol was man köstlich ding aus der appentek haben muss, sol man bezalen, aber von dem armen sol man nicht nemen, darum dass er sein pfründ neusset.«[10]) Das wird ebenso klar aus dem bestallungsbriefe des »wolgelerten doctors« Joh. Kettner von 1457, in welchem vom grafen Ulrich von Wirtemberg bestimmt wird, dass er »die obgenante 8 jahre [für die er angenommen wird] hie zu Stuttgarten sitzen und eine genugsame redliche und offene appentegk für allermenglichen unverzogenlich haben und halten sol.«[11]) Wenn aber ebendaselbst der graf sich verpflichtet, dass in gedachter zeit weder er noch seine erben »sust keinen inwendigen artzet bestellen« oder ins land »uffniemen, der im appenteck helt, sie practic triebt oder gemeinlich offen artzeneyn gebe«, während doch 1458 der apotheker Glatz in dem gleichen Stuttgart einen bestätigungsbrief für den von seinen vätern ererbten geschäftsbetrieb erhält, so ist nebenbei der beweis erbracht, dass die verbindung von ärztlichem und pharmazeutischem beruf keine notwendige für diese zeit war, was denn zum überfluss auch noch daraus hervorgeht, dass 1489 der »stadtarzt« in Frankfurt angewiesen war die apotheken der stadt fleissig zu besichtigen und über billige preise zu wachen[12]). Ein solches verhältnis hatte aber, wie bemerkt, nur in Deutschland statt. In Italien bestimmt bereits 1224 ein gesetz des kaisers Friedr. II., dass kein arzt zugleich eine apotheke haben dürfe;[13]) und es ist sicher nicht als aufhebung dieser bestimmung zu betrachten, dass im gleichen jahrhundert zu Florenz ein gemeinsames register der ärzte und apotheker bestand, das wir durch keinen geringeren als den in es eingetragenen namen Dante's kennen lernen,[14]) da ein solches nur die zunftgenossenschaft, nicht berufseinheit dartut. Zudem erzählt der ritter von Harff im anfang seiner pilgerschrift, dass er bei seinem besuche des hospitals in Florenz im jahre 1491 »artzter« und »appteker« gefunden habe. In Frankreich, wenn das überhaupt hier in betracht kommen kann, standen die dinge ebenso. Das bezeugt nicht allein die behauptung Pasquier's im 16. jh., sondern auch die

---

[10]) Phil.-Ludw. 998.
[11]) Phil.-Ludw. 1000 f.
[12]) Phil.-Ludw. 1008 u. Kriegk 4.
[13]) Häser 286 u. E. Winkelmann, über die ersten staatsuniversitäten. Heidelberg 1880, univers.-progr. 41.
[14]) Phil.-Ludw. 345.

pharmakopöe Brice Banderon's aus derselben zeit, durch die aus der mitte des 13. jh. stammende eidesformel der apotheker.[15]) Nun könnte freilich in erwägung gezogen werden, dass ein deutscher arzt in Venedig, wohin ja wegen seiner eigenschaft als pilgereinschiffungsort die abfassung unserer ärztlichen verordnung am ehesten verlegt werden möchte, der fragliche verfasser sei. Und in der tat lässt Häser um 1492 einen deutschen arzt Joh. de Ketham in Venedig den herausgeber des sogenannten »fasciculus medicinae«, einer sammlung von mittelalterlichen medicinischen originalschriften sein, der wenn nicht alles trügt dieselbe person mit dem »meister Johannes« ist, welcher als wirt des »deutschen hauses« daselbst von Fabri aufgeführt wird und während des letzteren anwesenheit (1483) plötzlich starb.[16]) Indes so nachsichtig sich auch die republik gegen die fremden in ihrer mitte erwies, eine ausnahme von der regel durfte sie schon um ihrer eignen ärzte und apotheker willen nicht gewähren. Wir lesen deshalb bei Fabr. I, 105 und 107, dass die pilger arzneien vom arzte empfangen und diesem bezahlen, aber die arzneien waren »recepta de apothecis«. Und ebenso schreibt der schlesier Rindfleisch 1496:[17]) »Item noch geben in die Apotek für Syrup und andere Artzney und dem doctor Cirloff[18]) für seine mühe, alles zusammen 5 ducaten.«

Ist aber unser »physicus« ein inländischer deutscher, so darf endlich mit grosser wahrscheinlichkeit angenommen werden, dass er dem geistlichen stande angehörte. Wir müssen dies im graden widerspruch gegen die von einem gelehrten wie Häser (362) vertretene ansicht behaupten, nach welcher »das studium und die ausübung der heilkunde sich auch während

---

[15]) Phil.-Ludw. 94.
[16]) Fabri I, 83 u. 101.
[17]) Röhr.-Meisn. 321.
[18]) Höchst wahrscheinlich der sitte der zeit entsprechend nach seiner heimat genannt, als die wir das schlesische dorf Zirlau an dem flüsschen Zirla, auch Polsnitz geheissen, 1² m. wnw. von Schweidnitz annehmen dürfen. Es empfiehlt sich diese deutung nicht bloss wegen der landsmannschaft mit Rindfleisch, sondern ebensosehr durch den umstand, dass Schlesien um diese zeit sich besonders durch pflege der heilkunde auszeichnete. Schon von Kaiser Karl IV (1347—1378) hatte es nach dem muster der neapolitanischen eine medicinalordnung empfangen u. berühmt ist magister Thomas von Breslau, bischof von Sarepta; dazu findet sich in Breslau eine auffallende zahl mittelalterlicher medicinischer handschriften, vgl. Häser 339 f. nach Henschel, Schlesiens wissenschaftliche zustände im 14. jh. Ein beitrag insbes. zur gesch. der medicin. Breslau 1850. Dass grammatisch die ableitung unanfechtbar ist, geht schon daraus hervor, dass die endung an in Zirlau ebensogut das ahd. awa, owa, ouwa u. mhd. owe u. awe = fluss oder gelände am wasser darstellt, als, was das näherliegende ist, aus slavischem -owa, -owo stammt, vgl. Förstemann, d. deutschen ortsnamen. Nordh. 1863. 30. In jedem falle wurde latinisiert: Cirlavus o. Cirlovus. Da Breslau in lebhafter handelsverbindung mit Venedig stand, (Röhr.-Meisn. 315) so ist die anwesenheit Cirloffs in Venedig auch nicht unerklärlich.

des mittelalters vorzugsweise in den händen von laien befunden« haben soll. Denn mit wieviel glück auch diese ansicht in bezug auf Italien von dem genannten geschichtschreiber der medicin aufgestellt und neuerdings von Winkelmann bestätigt worden ist, so wenig kann sie schon deswegen für Deutschland in der hier massgebenden zeit geltend gemacht werden, weil die gedachte reichspolizeiordnung von 1440 den »meisterarzt« auf kirchliche pfründen anweist, diese aber bekanntlich nur von kirchlichen personen genossen werden können. Sodann — und das ist das entscheidendste — sind, wie in Frankreich, sämmtliche universitäten bis zum 16. jh. im gegensatz zu den aus den alten grammatiker- und rhetorenschulen hervorgegangenen italienischen rein kirchliche anstalten, weil sie nicht nur aus den domschulen erwuchsen, sondern auch vom papst bestätigt wurden und einem päpstlichen kanzler unterstellt waren. Mussten aus diesem grunde die medicinischen lehrer kleriker sein, so hing gesetzlich auch der medicinische baccalaureat und magistrat von der zugehörigkeit zum klerus ab. Dies wird durch die tatsache bezeugt, dass erst nach jahrelangen mühen und selbst dann noch unter dem widerspruch der medicinischen facultät der kurfürst Philipp von Baden die besetzung der medicinischen professur in Heidelberg mit einem laien vom papst Sixtus (1482) erlangen konnte. Auf der pariser universität aber wurde erst 1452 die verordnung aufgehoben, dass ein baccalaureus unverheiratet sein müsse.[19]) Dass diese gesetzlichen bestimmungen in Frankreich und Deutschland den päpstlichen im grunde widersprachen, welche (1211. 1225 u. 26) die ausübung der arzneiwissenschaft und besonders der chirurgie verboten, ja selbst das hören medicinischer (wie juristischer) collegien[20]), darf hierbei nicht befremden. Denn was weltlichen universitäten wie Salerno und Bologna gegenüber die politik gebot, das war da, wo die kirche die pflege der wissenschaft übernommen hatte, nicht am platze. Wenn dessen ungeachtet hin und wieder nichtkleriker unter den gelehrten ärzten in grösseren und reicheren deutschen städten, wo sie überhaupt nur zu finden sind, auftreten,[21]) so sind dies in Italien gebildete männer und vorzugsweise juden. Und dabei ist noch nicht einmal das verheiratetsein des betreffenden physicus ausschlaggebend, denn bekanntlich durfte der kleriker niederer weihen (bis zum subdiacon) verehelicht sein. Was aber insonderheit die jüdischen ärzte betrifft, so wagen wir auf grund der von Kriegk s. 5 gegebenen urkundlichen notizen aus Frankfurt und unserer eignen aus

---

[19]) Vgl. Hautz, gesch. der univ. Heidelberg. Mannh. 1862. I, 340 ff. u 444.
[20]) c. 19. X. de homic. u. c. 9 u. 10. X ne clerici.
[21]) Vgl. Paulsen, gründung der deutschen univ. in v. Sybel hist. zeitschr. Münch. u. Leipz. 1881. 366.

mainzer urkunden die vermutung weiterer archivalischer untersuchung zu empfehlen, dass solche überhaupt nur bis zum jahre 1440 in betracht kommen dürfen. Es reicht nämlich das verzeichnis der von Kriegk aufgezählten 35 frankfurter stadtärzte, unter denen sich 5 juden befinden, vom jahre 1280—1440 d. h. bis zu der zeit, wo die bezahlung des stadtarztes aus der kirchlichen pfründe eintritt und also aus den von Kriegk benutzten stadtrechnungen verschwindet. Und ebenso kommt der einzige jüdische arzt unter 13 in den städten Mainz, Worms, Bingen und Ingelheim vom jahr 1293 bis 1502 urkundlich auftretenden 1312 vor. Es will uns das um so weniger auffallend erscheinen, als das synodalstatut von Avignon aus dem jahre 1341 jedem »hipotecharius seu speciator« i. e. apotheker verbietet »receptas ordinatas per talem Judaeum medicum« zu bereiten und einem christen zu verabreichen[22]); und werden auch jüdische leibärzte, bei den päpsten Jul. II. und III., Leo X., Clemens VII. und Paul III. aufgeführt,[23]) so will nicht minder erwogen sein, dass Gregor XIII. im 7. buch der decretalen III, 6, 2 »sub minatione diuini iudicii« die beobachtung der constitution Pauls IV. befiehlt, die den jüdischen arzt vom christlichen krankenbett ausschliesst. Bestand doch noch zu recht der von Fabr. III, 285 angezogene aus dem jahre 706 stammende kanon: »Nullus eorum qui in sacro sunt ordine, aut laicus azyma Judaeorum manducet, aut cum eis habitet, aut aliquem eorum in infirmitatibus suis vocet, aut medicinam ab eis percipiat aut cum eis in balneo lavet. Si vero quisquam hoc fecerit, si clericus est, deponatur, si laicus excommunicetur«, c. 28, q. 1. c. 13. In der mainzer universitätsmatrikel erscheint deshalb noch 1712 als assessor der medicinischen facultät ein »presbyter et medicinae doctor Joh. Traupel«.

Als empfänger der ärztlichen vorschrift Palaestinapilger anzunehmen scheint angesichts der verordnungen gegen die hitze durchaus natürlich. Denn für pilgerfahrten nach Rom, s. Michael de monte Gargano, s. Jacobi in Compostella, s. Maria de angelis o. de Collomadio bedurfte es solcher vorschriften nicht. Eine mehrheit von pilgern aber als empfänger zu betrachten, dazu nötigt uns ebensosehr der in der verordnung gebrauchte plural der 2. person als der daselbst gesetzte fall, dass eine frau sich des gleichen übermasses in der durststillung schuldig machen würde, wie ein mann. Also nicht bloss mehrere pilger, sondern auch eine gemischte pilgergesellschaft, die überdies nicht einmal allzuhäufig war, seitdem die frauen vom besuche des heiligen grabes durch die curie waren abgemahnt

---

[22]) du Cange-Henschel V, 612c f.
[23]) Häser 363.

worden.²⁴) Bei Fabri lässt sich nun zwar auch die reisegesellschaft zwei tage vor der abfahrt von Venedig von einem eigens bestellten arzte beraten,²⁵) aber dort empfängt jeder seine besondere verordnung. Wir sind deshalb versucht zu unterstellen, dass die benutzung einer verordnung für alle von der sparsamkeit eingegeben war. Denn waren auch zeiten wie die vorüber, wo nach der berechnung Friedländers irgendwo in seiner sittengeschichte Roms zur zeit der kaiser der von Nero bestellte leibarzt als besoldung 70000 thlr. verlangen konnte, weil ihm seine stadtpraxis diese summe eingetragen habe, so galt doch noch der satz: »dat Galenus opes«. Arzt wie medicin waren im verhältnis zu allem andern teuer. Noch 1510 musste graf Wilh. v. Nassau-Dillenburg für das recept eines kölnischen arztes 2 (gold-) gulden bezahlen und für die vom boten mitgebrachte arznei waren 8 gulden berechnet.²⁶) Und doch war dies billig zu nennen gegenüber jenen oben aufgeführten 5 ducaten des pilgers Rindfleisch. Was wunder, dass man sich zusammentat um geringere auslagen zu erzielen!

Dies wird denn auch der grund sein, weshalb unsere ärztliche vorschrift nur eine abschrift ist. Denn dass erstere wirklich schriftlich vorlag ist um so weniger zu bezweifeln, als die pilger bei Fabr. I, 104: »receperunt regimina in scriptis« und als es nach einer scharfen rüge der »doctoren im langen peltz« in des Basilius Valentinus »triumphwagen des antimons« aus dem ende des 15. jh.'s ärztliche gewohnheit war »lange grosse recepte auf langes papier und grosse zettel zu schreiben.«²⁷) Mit einem solchen »regimen sanitatis« versehen schon in Venedig anzukommen war nichts ungewöhnliches, wie das beispiel Tuchers beweist.²⁸) Möglich dass in unserm fall für verhaltungsmassregeln auf der see noch ein venetianischer arzt herangezogen wurde, wie dort von der reisegesellschaft Fabri's.

Schliesslich nur noch die bemerkung, dass das nachstehende »regimen« genau den wortlaut unserer vorlage wiedergibt unter auflösung der gebrauchten abkürzungen.

²⁴) Vgl. Röhr.-Meisn. 6.
²⁵) Fabri I. 104.
²⁶) v. Arnoldi, gesch. d. oran. nass. länder. III, 2, 71.
²⁷) Phil.-Ludw. 413.
²⁸) Röhr.-Meisn. 121.

Regimen vestrum in principium itinerationis aut peregrinationis [1] et in ipsis.

In principio bonum est flebothomari, balneari et ieiunare, ut exercicia inueniant corpus mundum.[1]) alias enim timendum esset de febribus, apostemate uel fluxu aut ruptura vene,[2]) sicut innuit Gal[i]enus 2º a[m]phorismorum commento[3]) illius: »vere siquidem manie et melancolie«. Deinde in tempore calido obuiandum est siti et aeri calido resoluenti corpora natura. Vtamini gº de zuccaro rosato vel violato vel de cicoreata que melior est facta de floribus[4]) cicoree et zuccaro violato; sed si primo tempore molestaremini a tussi vel aliquo vicio pectoralium, tunc omnibus predictis preualens dyadragatum[5]) frigidum. Et habeatis vobiscum candi[6]) uel thamarin-

---

[1]) *mundum* | Avicenna lib. canonis I, 3, 2 (ed. Bened. Rinius. Venet. 1582 fol.): oportet praeterea ne eat in vias repletus sanguine aut alio, sed corpus suum mundificet, deinde incedat. Für die secreise bestand deshalb die regel: necesse est mare ingredientibus prius purgari, Fabr. I. 105. Nach der mitteilung eines bewährten fachmanns war dergleichen noch zu anfang des jh.'s üblich.

[2]) *ruptura vene* | Die hier genannten krankheitserscheinungen werden als solche schon im alten orient heimisch erklärt, vgl. Winer, realwbch I, 763 f.

[3]) *commento* | Diese schrift gehört nicht unter die 82 echten des Galenus, vgl. Häser 143 ff., hat aber zur zeit unseres ungenannten offenbar für echt gegolten, da auch der berühmte züricher arzt Conrad Gesner sie in seiner »bibliotheca universalis«. Tigur. 1545. 174ª noch aufführt unter dem titel: »Aphorismorum libri 7 Hippocratis (licet septimus sit anceps), cum Galeni commentariis.« Die »aphorismen« sind nach Häser 45 wesentlich prognostischen inhalts u. behandeln ohne strenge ordnung hauptsächlich die lehre von der diaet im weitesten sinne, von dem einfluss der jahreszeiten, der lebensalter, von den ausleerungen, von den wirkungen der wärme u. kälte usw.

[4]) *floribus cic.* | Es scheint diese verordnung vorauszusetzen, dass damals schon der gebrauch bei den conditoren, die zu der zeit noch mit den apothekern eins waren, herrschte »die wurzel der cichorie mit zucker zu überziehen und alsdann hindläufte zu benennen.« Nemnich, allg. polyglotten lexic. d. ntrgesch. Hamb. 1793 ff. II, 1038; vgl. Grimm d. wbch. IV, 2, 1412. Schon im mhd. kommt das deutsche wort hintlouf für cichorea vor, vgl. Lex. I, 134.

[5]) *dyadrag.* | Ob dasselbe was Konr. v. Meyenberg, im buch der natur (Lex. I, 422) »diadrogant, diadragantum, ain harz« nennt?

[6]) *candi* | Ursprüngl. adj.: frz. sucre candi, it. zucchero candi, pers. kandi, arab. qand, krystallisierter zucker; schon in einem wbch. des 10. jh.'s: »unde forte vulgo saccharum candi«. Nach Diez, etym. wbch. I, 108 vom indischen khanda stück, dgl. zucker in krystallartigen stücken, aus der wurzel khand,

dos,⁷) de quibus sepe in via capietis masticando. Et in magna siti potestis bibere aquam mixtam cum modico aceto et cum zuccaro rosato vel violato, ut supra, uel de cicoreata vel miscetis cum vino malorum granatorum,⁸) quod preualeret; vel cum syrupo acetoso. Et inttingete panem in acetum et aquam et commedete. sed semper ante potum uel cibum conuenit lauare os cum aqua et aceto. Item si in itinere cum calore et siti aliquis nimis bibisset, abluantur testiculi"⁹) cum sale et aceto; et accipiat de folio caulium⁹) uel de trunco eius vel de suco cum zuccaro; et si fuerit mulier, lauentur mammille loco testiculorum.

Item alia confeccio admirabilis et experta contra sitim in tempore calido que vobis multum conueniet quacum homo ventrem lauat et pectus lenit et colericum febrem curat; et poterit capi ad placitum. quo talis est:

R. zuccare violate¹⁰) gr[anum] ɪ
Cassie¹¹) fistule bene mundo ℨ [unciam] ɪ
muscilaginis psilii¹²) ℨ [drachmas] ɪv
fiat confeccio.¹³)

---

brechen. Weigand wbch. I, 264 lässt es aus dem pers. abstammen. »Zuckercandit und zucker rossat, ist och gar gut fürn durst«, Grünenberg (Röhr.-Meisn. 150) vgl. Salmasii exercitt. de homonymis hyles iatricae Traj. 1689, 108ᵃ F.

⁷) *thamarindos* | Tamarindenmark bei den tropenbewohnern zu kühlenden getränken gebraucht, bei uns gelindes abführmittel, Leunis botanik. Hannov. 1872. §. 110, 4.

⁸) *mal. granat.* | Wird zum türkischen kühltrank (sorbet) verwendet, Leunis § 155.

⁹) *testiculi* | Der erwähnte sachverständige schreibt mir hierüber: »Das waschen der testikel hat in der tat einen beruhigenden einfluss auf den ganzen organismus u. wird in diesem sinne zur beschwichtigung von nervenaufregung noch hier u. da empfohlen«.

⁹) *caulium* | Kohl nach wort u. sache von den Römern überkommen; Avic. lib. can. II, 2, 139: »est maturatiuus, lenificatiuus, desiccatiuus«.

¹⁰) *zucc. viol.* | Avic. II, 2, 715: »Viola — confert tussi calidae et lenit pectus et proprie qui ex ea condita est cum zuccaro«.

¹¹) *Cassie fist.* | Gemeint ist das hülsenmark der ostindischen röhrencassie, das wie die blätter der cassia senna von gelind abführender wirkung ist, Leunis § 110, 5, weshalb Avic. II, 2, 193 schreibt: »est lenificatiua ventris et educit choleram adustam et phlegma et soluit sine nocumento et absque mordicatione.« Vgl. Salmasius 141ᵃ B.

¹²) *muscil. psilii* | Ψύλλιον flohkraut; muscilago o. mucilago, wie es immer beim übersetzer des Avic. geschrieben wird, von mucus o. muccus, schleim (der nase bei Celsus IV, 18) abzuleiten bzw. von mucilus, dem die die ähnlichkeit ausdrückende endung āgo angesetzt ist. Das mittel wird oft bei Avic. genannt, z. b. II, 2, 533: »(psylium) lenit pectus; eius mucilago cum oleo amygdalorum confert siti vehementi cholericae.« I, 3, 3 wird empfohlen in der hitze auf reisen »pectora sua epithemare ex tali quale est mucilago psyllii et succus portulacae«.

¹³) *confeccio* | Vulgo medicina, du Cange-Hensch. II, 527ᵃ; daher die ersten apotheker zu Salerno im 11. jh. confectionarii hiessen, Philippe-Ludw. 394.

Item tempore sitis magni uel caloris potest poni super epar pannus lineus intinctus in aquam plantaginis,[14]) sed non tamen iaceat diu, quod calefaceret opilando.[15])

Item eciam in tempore calido in itinere odoretis[16]) pomum vestrum estiuale[17]) campheratum sepe aspersum cum momento aceti.

Item in tempore calido no vultus ledatur a calore uel ortu[18]) solis. Epithimetur[19]) facies vestra cum aqua cerusata alba, quam feci vobis; in qua sunt albumen[20]) et camphera, que multum apropriantur;[21]) sed tunc non est necessarium, quando cerusa[22]) ponatur uel modica.[23])

[14]) *plantag.* | Spitzwegerich. »Celebravit et Themison medicus [100—50 vor Chr.] vulgarem herbam plantaginem, tamquam inventor voluminé de ea edito.« Plin. hist. n. XXV, 29. vgl. Salmasius prol. 5.

[15]) *opilando* | Opilare = τίλλειν, titillare, kitzeln, vgl. du Cange-Hensch. IV, 715ᵇ. Von dieser wirkung aber bemerkt schon Plin. ao.: »huius et caulis sinapi similis« u. »vis mira in siccando densandoque corpore cauterii vicem obtinens«.

[16]) *odoretis* | Für das altlat. odoremini, da hier das riechen an etwas gemeint ist.

[17]) *pom. est. est.* | Pomum offenbar nur von der runden gestalt. Der beisatz estivale wird im blick auf das nachherige pom. vestr. ambre, welches »tempore yemali« gebraucht werden soll, mit: »für den sommer« zu übersetzen sein.

[18]) *ortu* | Unverständlich.

[19]) *epithim* | Epithemare von ἐπίθημα, quod rei alicui superimponitur, du Cange-Hensch. III, 64ᵇ.

[20]) *albumen* | Voc. ex quo: eiweiss. Mein fachmännischer ratgeber bemerkt hierzu: »es wird noch im volke augenwasser von bleiessig o. zinkvitriol mittelst des aus etwas erhärtetem eiweiss gepressten saftes bereitet«.

[21]) *apropriantur* | Für appropriantur, ein barbar. wort, welches der übersetzer Avicennas ebenfalls gebraucht u. das etwa durch anwenden wieder zu geben sein wird.

[22]) *cerusa* | Soll wol heissen, meint mein fachmännischer berater: die zusätze zu dem verbandswasser sind unnötig, wenn bleiglätte aufgetragen ist.

[23]) *modica* | Eine andere probe von der behandlung des gesichts steht aus s. i 4ᵃ der andern medic. verordnungen des sammelbandes hier: »Pincatum Item vnguentum pincatum est separatum in duas partes: vna est mixta cum pinguedine, medulla cervi, et ista est in vase argenteo retenta; altera pars est sine pinguedine in pixide stanneo. Item in sero postquam facies fuerit stuphata tunc inungetis faciem cum illa parte pingui, vel extendetis de altera parte non pingui super telam uel corium subtile et ponetis super frontem et alibi in modum emplastri; sed vbi non poteritis ponere emplastrum, potestis simpliciter cum digitis inungere; et sic teneatur per noctem. Item in mane abluere cum composito albo cerusato, quod tenetur in amphora vitrea, et non tergete; sed postquam fuit essiccatum, si tunc volueritis purius mundare, facietis cum 3ᵃ locione clara sive tartarata et iterum sine tersione. Et in die sepe potestis inungere faciem cum isto albo cerusato; quanto plus, tanto breuioris cure.« Von der »stuphacio« aber heisst es unmittelbar hierauf: »Item stuphacio uel subuaporacio faciei fit cum hijs herbis sequentibus, qui ponantur in ollam novam uel labete [lavezio, it. laveggio, lebes] cum aqua desuper et buliantur, in cuius vaporem mittitur facies. Rec. Capacij acuti, fumi terrae, Edere terrestri, scabiosus leuistitis ā ʒ̃ v̄ ɥ̄. Et cum istis possunt fieri 6 uel 7 subuaporaciones inuicem bulitis vna vice et post hoc possunt herbe renouari. Item si vos [unleserliches wort]

Item tempore yemali uel frigido vtamini in mane offa tosta[24]) in vino aromatico[25]) vel castanea assata[26]) potando desuper de vino aromatico uel alio bono vino. Et capietis de hiis confeccionibus que corpus vestrum a frigore et omni infirmitate conseruabunt et cor forte, letum et sanum reddunt: sc. dyambra[27]) dyagalanga[28]) p lir.[28a]) cum musco.[29]) Et ante exitum vngetis vos cum arragon[30]) et marciaton.[31]) Et odoretis pomum vestrum ambre.[31a]) Et post labores magnos lauentur | pedes vestri cum aqua decoccionis camomille[32])

tetuerit stuphare faciem, tunc potestis loco illius faciem bene fricare cum panno lineo, ut pori aperiantur«.

[24]) *offa tosta* | Die geröstete brotschnitte war auch wol sonst nicht unbekannt, da sie bei den Engländern vormals wenigstens von demjenigen, der eine gesundheit ausbringen wollte, in den vollen becher geworfen, u. wenn dieser geleert war, genossen wurde, woher das wort toast, s. Schultze, gesch. des weins u. der trinkgelage. Berl. 1867. 91.

[25]) *vin. aromat.* | Der würzwein scheint eine deutsche erfindung teils aus not, um die sauern weine geniessbar, teils wie hier um den kalten winter minder fühlbar zu machen, letzteres derselbe grund, aus dem man auch die speisen in unsinnigem masse würzte, ja die blossen gewürze roh u. eingemacht zum tranke genoss, vgl. W. Wackernagel, mete bier win lit lütertrunk in Haupt, ztschr. f. deutsches altertum. Leipz. 1848. VI, 270 ff. Auch Breyd. (Röhr.-Meisn. 144) rät zu einer »collation mit win u. broidt« morgens vor dem gehn »inn die lofft usser der galeyen«.

[26]) *cast. assata* | Auch dies eine deutsche, namentlich rheinische zusammenstellung: gebratene kastanien u. wein.

[27]) *dyambra* | Eine mit ambra zusammengesetzte latwerge, da *dia* bei mischungen gewöhnlich u. namentlich für latwergen gebräuchlich ist, wie die bei Lex. I, 422 angeführten beispiele beweisen: diacinciber, latwerge aus ingwer; diamargariton l. aus perlen; diapapaveron l. a. mohn; diapopylion l. a. dem harze der pappel; diasandeli l. a. sandelholz. Ambra hier ist ein wolriechendes harz, bei El-Beithar († 1248) für ein weniger als moschus erhitzendes nervinum geltend, vgl. Phil.-Ludw. 392. Häser 261. u. Salmasius 260 f.

[28]) *diagal.* | Galgantwurzellatwerge von der alpinia galanga in Ostindien, dem ingwer verwandt u. als bestandteil von magenmitteln bräuchlich. Leunis § 294. 1; auch Avic. II, 2, 314: est bonum stomacho et est digestivum cibi. vgl. Salmasius 211 f.

[28a]) *p lir.* | Mir nicht auflösbar.

[29]) *musco* | »Muschus confortat cor et laetificat et sanat tremorem cordis et melancholiam ex solicitudine«, Avic. II, 2, 452.

[30]) *arragon* | Mir unauffindbar.

[31]) *marciaton* | Unguenti genus; epist. 1. Hugon. Metelli ad s. Bernhard. tom. II monument. sacr. antiq. 322: »componunt unguenta ad tollendos morbos mentis efficacia . . . componunt Marciaton viride, quod facit animum, non corpus, vivere, cuius viriditas propter frigus non marescit nec propter ardorem cancri pallescit aut languescit, du Cange-Hensch. IV, 285c.

[31a]) *ambre* | War auch sonst üblich; Grünemberg schreibt: »etlich nement öpfel von ambren oder von bissem«, Röhr.-Meisn. 150.

[32]) *camom.* | Matricaria chamomilla (χαμαμήλων), kamille, schon mhd. gamille, also schon lange bei uns eingeführt u. vermutlich als medicinpflanze. Wie in Venedig 1333 ein botanischer garten erwähnt wird, so kommt ein solcher ebenfalls im 14. jh. in Prag vor; sicher aber hat es ähnliche einrichtungen schon früher gegeben, wenn man sich erinnert, dass Albert Magnus zu Köln ein treib-

vel feniculi³³) vel betonice³⁴) uel cum omnibus tribus. Item accipietis radicem arthimesie³⁵) cum vino et tota fatigatio et conquassatio recedet, quod non sentietis. Et portetis vobiscum artemisia et truncum agni casti,³⁶) et non offendetis pedem in via nec fatigabimini, de quo sit curandum.

Sed si atamen aliquis nimis fuisset fatigatus molestatus uel conquassatus in equis, curru uel gressu vel nimio labore, balnietur statim in aqua ferventi vel in aqua calida ultra temperamentum. Et post hoc in mane detur sibi reubarbari³⁷) boni infusi in sero caprino ʒ ɪ cum ɪ[scrupulo] ɪ spicenardi.³⁸) Et de eodem balneo facie[e]t mencionem Gal[i]enus 2° de regimine sanitatis³⁹) etc.

haus unterhielt, in welchem er mitten im winter den ihn besuchenden deutschen könig Wilh. v. Holland bewirtete, vgl. Häser 330 u. 309.

³³) *feniculi* | Foeniculum medicinale, fenchel; bekannte gewürzpflanze u. gleich der vorigen eingeführt im frühen mittelalter (mhd. venichel).

³⁴) *betonice* | Betonica officinalis, schlüsselblume früher als heilmittel berühmt, Leunis § 220, 10, im mittelalter sogar zauberkraut; bekannt unter dem namen batonje. Lex. I, 135; nach Plin. h. n. 25, 26 von dem am Tajo wohnenden volk der Vettones vettonica benannt.

³⁵) *rad. arthim.* Artemisia, beifuss, als küchengewürz gebrauchte wermutart; mhd. biboz, hat also nichts mit fuss zu tun, sondern gehört zum stamm boz-en = schlagen i. e. als gewürz an speise u. trank zu schlagendes o. zu stossendes kraut, Lex. I, 294, Weig. I, 126.

³⁶) *trunc. agni casti* | Kommt in Meydenberger's arzneibuch vor als: »daz käusch lamp, agnus castus« auch keüschbaum, kuscher kint, mönchspfeffer, Abrahamsbaum u. schafmülbe genannt, ein baum, der in den feuchten gegenden von Sicilien u. Neapel wächst u. seinen namen daher hat, dass die älteren ärzte seinen samen wegen dessen scharfer zusammenziehender kraft zur bewahrung der keuschheit verschrieben; vom griech. άγνος = λύγος, vitex ein hochwachsender, weidenartiger baum, dessen zweige die weiber sich an fasttagen unterlegten u. der diese seine verbindung mit der jungfräulichen göttin bei den athen. thesmophorien (Creutzer, symbolik u. myth.⁴ IV, 375) der verwechselung mit άγνος, castus verdankt; vgl. Adelung deutsch. wbch. II, 1565 u. Grimm wbch. V, 655. Sollte die medicin hier gar als talisman gedacht werden müssen, der durch blosses tragen (portetis vobiscum) die füsse beschützt?

³⁷) *reubarb.* | Rheum rhaponticum u. rheum amodi, wenigstens werden beide gleichbedeutend gebraucht bei Avic. II, 2, 570, aus dem Pontus stammend, eigentl. rha barbarum nach Ammian. Marc. 22, 8 da rha die Wolga bedeutet, an deren ufer die pflanze wuchs, u. barbarorum das ausländische bei griech. u. Römern bezeichnet, vgl. Weig. II, 470. Nach der darstellung Avic.'s ein wahres universalmittel.

³⁸) *spicen.* | Lavandula spica, Linn., mhd. narde spike, spica-, spicnard. Spica', weil die an jedem stengel des gewächses zusammenstehenden blümchen wie eine weizenähre aussehen; nardi, weil diese ähre der blütenähre der narde gleicht. Wurde schon von den Römern zu bädern gebraucht, weshalb der name lavendel auch von lavare abgeleitet wird, Diez, wbch. I, 248. Adelung II, 1951. Weig. I, 915 u. II, 762.

³⁹) *reg. sanit.* | Kommt unter diesem titel in keinen verzeichnis der werke Galens vor; wird also entweder eine der verschiedenen schriften dieses namens, z. b. das regimen sanitatis salernitanum o. eine gewöhnliche bezeichnung der ὑγιεινῶν λόγοι ς sein, die das mittelalter unter dem namen de tuenda sanitate libr. VI kennt.

WOERTERBUECHER
ZUR
NIEDERRHEINISCHEN PILGERSCHRIFT
UND ZU
HAGENS HODOPORIKA.

GEBRAUCHTE ABKUERZUNGEN:

Adel. Adelung, grammat. kritisches wörterbuch der hochdeutschen mundart. Leipz. 1793. 4 bde.

BMZ. Benecke-Müller-Zarncke, mittelhochdeutsches wörterbuch. Leipz. 1854 ff. 3 bde.

Grm. Grimm, J. u. W., deutsches wörterbuch. Leipz. 1854 ff. bis jetzt 6 bde.

H. Groote, E. v., die pilgerfahrt des ritters Arnold von Harff. Cöln 1860.

Kehr. Kehrein, volkssprache u. volkssitte in Nassau. Bonn 1862. I.

L. Lexer, mittelhochdeutsches handwörterbuch. Leipz. 1872 f. 3 bde.

Mund. Frommann, die deutschen mundarten, eine monatsschrift. Nürnberg, Nördl., Halle 1854 ff. 7 bde.

P. Plantinus, thesaurus theutonicae linguae. Antverp. 1573.

S. Troß, Gerts van der Schüren chronik von Cleve u. Mark. Hamm 1824.

S.L. Schiller-Lübben, mittelniederdeutsches wörterbuch. Bremen 1875 bis jetzt 4 bde.

T. Boonzaijer, Teuthonista of duytschlender van Gherard van der Schüren. Leyden 1804.

Wall. Wallraf, altdeutsch. diplomat. wörterbuch. Köln 1816.

Weig. Weigand, deutsches wörterbuch. Giessen 1873. 2 bde.

WOERTERBUCH
ZUR
NIEDERRHEINISCHEN PILGERSCHRIFT.

Aber, conj., oder, vgl. Fromm. mundarten VI, 22. 97. Kehr. 33; — ab, 10.

achter, prp. u. adv., hinten, durchhin, langs, Mand. II, 302; superl. echterste, hinterste, 73.

achterscijp, n., schiffshinterteil, nndl. achterschip.

aemtocht, m., atemzug, P. aedemtocht, nndl. aamtogt.

aen, prp., an, ohne.

aenschyn, n., angesicht, P. aenschijn.

aerde, aerd, arde, m., gegend.

aerloff, arlof, oerloff, orloff, m., erlaubnis, mndl. orlof, S. 9 oirloff, 226 oerloff, 29 oirlaf, T. orlof.

af, aff, prp., ab, von, herab.

aff, conj., = off, oder; vgl. H.

affbiten, praet. affbeet, affbeetz, abbeissen, P. u. T. afbijten.

affwerpen, hinabwerfen.

afgot m., abgott.

aflat (pl. aflaten), aflaet, aflaz (pl. aflazen), aflaetz, aflaez, aflaes, m., ablass, mndl. aflaet, S. offlat.

afsitten, absitzen (vom pferde).

[afslaen], praet. afsloech, abschlagen.

airden, oirden, n., orden.

al, adv., ganz.

al, conj., obgleich.

ald, adj., alt.

alie, ali, aly, m., oel, mndl. olie, T. oely.

allzijt, adv., immer.

aloes, aloe; ob genet.?

alre loide, adv., allerlei; erster deutlicher beleg zur ableitung des wortes vom franz. loi (vgl. Grm. d. wtch. I, 224. Weig. d. wtch. I, 925) mit epenthet. d, wie bei geleide (vgl. Weinhold, mhd. grammat. Paderb. 1877. 524)? T. alre leye.

als, adv., nämlich.

als — als, adv., so — wie.

alst = als et, als es, mndl. u. S. 192.

alsulch, pron., solcher.

altaer, elter, m., altar.

ambasciaet, m., gesandter, it. ambasciata, vgl. Diez, etym. wtch. I, 18.

[anbeden], praet. anbedet, anbeten.

anbegynnen, tun, anstellen.

andach, der achte tag nach einem kirchenfest, die octave, vgl. S.L. I, 79.

anderhalf, adj., anderthalb.

anders, adv., ausser, sonst.

anderwerf, adv., wiederum.

annemen, unternehmen, vgl. nd. annamen S.L. I, 98.

anstaen, daran stehen.

ant = an dat, an das.

anthiffen, antiphon.

anxt, f., angst.

apen, adj., offen.

[apenbaeren], praet. apenbaerden, offenbaren.

apenbaringe, apenberinge, f., offenbarung.

arcedie, heilkunst, vgl. L. I, 98.

arcke, f., arche.

armwortscoet, m., armbrustschuss.

auer, praep., über.

aver, conj., aber.

auerdeckt, part., überdeckt.

auerlast, f., überlast.

auerleueren, überliefern.

[auerkomen], praet. auerqnamen, übereinkomen, vgl. S.L. III, 265.

auerlop, oberster gang auf dem schiffe.

auermitz, s. ouermits.

averwecht, part., auferweckt.

auerwolft, — wolfft, — wulft, — wulfft, — wlft, part., überwölbt.

auont, avont, auent, m., abend, tag vor dem kirchenfest.

Bade, m., bote, S. 308, T. baede.

bage, baghe, m., bogen, T. baich, arcus.

balsum, balsam, H. P. u. nndl. balsem.

baner, banner, S. 50 u. T.

bastert, uneheliches kind, vgl. Diez, et. wtch. I, 57.

bat, bas, comp., besser, T. beth. P. bet.
bauwen, part. gebauwet, gebout. bauen, mndl. bouwen, T. buwen.
baven, praep., oben, über.
becamen, zu etwas kommen, P. bekomen.
becaringe, f., versuchung, T. becairynge.
becheient = betheient, bezeichnet?
becleyt, part., bekleidet.
[bedde], pl. bedden, bett.
bede, bitte.
bedecamer, f., bettkammer.
bedehuys, n., bethaus.
bedevaert, bedewaerd, bedevard, beedvaerd, f., bitt-, wallfahrt.
bedorven, praet. bedoerfte, bedürfen, P. bederven.
bedruckt, part., bedrückt.
bedruefft, part., betrübt, P. bedroeft.
beeld, beilt, pl. beelder, bild.
[beest], pl. beesten, tier.
[begeeren] praet. begeerlen, begehren.
begerte, f., begierde, lust, verlangen.
begeven, praet. begaf, verlassen.
beginsel, n., anfang.
begraven, begraben.
begunnen, praet. begunnen, begonnsten, begosten, begusten, part. begonnen, beginnen.
beheltlichen, adv. vorbehaltlich.
behoef, m., behuf, S. 121 behueff, behoeff, 136 behoiff.
[behoeren], praet. behoerde, gehören.
[beiden], part. gebeit, warten.
[bekenen], praet. bekande, bekenden, erkennen.
bekeren, praet. bekierden, bekehren.
[belaeven], praet. belaefde, geloben, mndl. u. mnd. beloven, S. 158 beloifde.
bemuert, part., ummauert.
beneden, praep., »under, unden, subter, infra« T.
beneven, praep., neben.
berch, bergh, m., berg.
bereiden, bereiten.
bernen, brennen.
berouwe, f., reue, P. berouw.
[bersten], praet. berste, bersten.
[beschreien], praet. beschreiden, beweinen.
beseriven, part. beserewen, beschreiben.
beseruinghe, f., aufzeichnung, verzeichnis.
beseen, besehen, betrachten, untersuchen, prüfen, mndl. besien.
besegenen, seynen, vgl. L. I, 212.
besetten, praet. besat, besatz, besetzen.
besiden, adv., beiseits, neben.
[besingen], praet. besongen, die messe halten in einer kirche.
beslaten, besloten, part., verschlossen.
besneden, part., beschnitten.

bespot, part., verspottet.
bestadet, part., betraut, S. 271 bestaedt, vgl. Adel., wtbch. d. hochd. mundart I, 924 bestader, spediteur in Niedersachsen, Grm. I, 1656 bestäter.
besunder, adv., besonders.
besuuminge, f., schwindel, ohnmacht, mndl. beswijminghe, vgl. Mund. VI, 52 swiminge, schwindel u. S.L. I, 295. IV, 498.
betalen, bezalen, part. bezalt, bezaelt, bezahlen.
beter, bezer, besser, adj., besser.
betreden, betreten.
betummeren, bauen, mit gebäuden besetzen, vgl. L. I, 260.
bevalen, part., befohlen.
bevechten, angreifen, bekämpfen.
bevorens, adv. zuvor, S. 57, 77.
[bewaeren], praet. bewaerden, bewahren.
[beweinen], praet. beweinde, beweinen.
[bewinden], praet. bewonden, umwinden (umwickeln).
bewijsen, beweisen.
[biden] imperat. pl. bid, beten, T. bidden, beden, orare.
[binden], praet. bonden, binden.
biscut, zwieback; H. 58 dat in brogt tzweier gebacken.
bisdom, m., bistum.
bisscop, bisscof, m., bischof.
[blad], pl. bladen, blatt.
blauw, adj., blau, mndl.
bliken, sichtbar werden, P. het blickt, perstringit oculos.
blint, blind, adj., blind.
bliuen, praet. blef, bleef, bleuen, bleiben, S. 61 bleiff, 27 blief, 16 bliff, 74 bleeff.
bluet, bloet, blod, n., blut, T. blayt, S. 5 bloed, P. bloedt.
[bluien], praet. bluiden, blühen, P. u. T. bloeyen.
bly, n., blei.
boden, n., beratung, mhd. bieten, tauschen, handeln, beraten, streiten, zanken, erbeuten, L. I, 280.
boech, boeck, n., buch.
boem, boum, pl. boemen, baum.
boemchen, pl. boemchens, bäumchen.
boerchgreue, m. burggraf.
boes, bose, adj., base.
boesheit, f., bosartigkeit.
[bolwerk. — wirk?] pl. bolwerche, — wirche, ein werk von bohlen, hölzerne wehr.
boret, n., barett, mlt. barrētum.
born, borne, m., born, brunnen.
bossche, m., busch.
bruet, m., fleisch; mhd. brāt (mndl. braede?)

breken, part. gebrochen, brechen, zerbrechen, zerstören.
brengen, part. gebracht, bringen.
broet, broed, brod, m., brot, T. broit.
[bruder] pl. bruderen, bruder.
bruelocht, m., (brautlauf) hochzeit, P. brayloft, mnd. brütlachte etc. S.L. I, 440, S. 44 bruloft, T. bruloft.
brugge, f., brücke, mnd.
burst, borst, f., brust.
[busse] pl. bussen, büchse, P. busch, busse oft busgeschut, bombarda etc.
buten, buyten, buzen, adv., ausserhalb.
by, prp., bei, von, durch, mit; by dat, in der weise; by mirakel, wunderbar.
byna, adv., beinahe.
bynnen, prp., in, innerhalb.

C. s. K.

Dach, dagh, m., tag, S. 162 daeg, 277 daig, 14 dach.
dachveert, -vert, pl. -veert, f. tagereise.
daeck, n., dach.
daem, m., daumen (nuss. däme); P. duym.
daen, adv., dann, dannen.
daer, dair, adv., dar, da, dort.
daer inne, adv., darin.
daer na, adv., darnach.
daer neden, adv., darunter.
daer vm, adv., darum.
daer wt, adv., daraus.
dal duel, dull, n., tal.
dalen, daelen, niedersteigen, niederlassen.
dat, pron. u. conj., das; dattet = dass es.
de, art., der, die.
decollacie, f., enthauptung.
deen, pron., diesem.
deer, art., der.
degelix, adv., täglich, S. 122 deglix.
de gene, dat ghene, pl. die gene, pron., der-, die-, dasjenige.
[deilen], praet. deilden, deylden, teilen.
dele, f., pavimend, estrick, fluer«, T.
derde, driede, zw., dritte.
dese, dusse, pron., dieser.
deyl, m., teil, S. 88 deyl, 156 deill, 185 deil, 22. 26. 74 deel, T. deyle, pars.
die, art., der, die.
dien, art., dem u. den.
[dienen], praet. diende, dienen.
diep, adj., comp. dieter, tief.
dier, gen. u. dat. d. art. die.
dinck, pl. dinck u. dingen, n., ding.
dinsdaech, dinsdag, m., dienstag.
dir, pron., der, er, P. 1. I, 439. S.L. I, 526.
discipel, discipul, m., jünger.
dit, ditz, pron., dieses.

dochter, pl. dochteren, f., tochter.
dod, doet, adj., tot, T. doit.
doden, doeden, doeten, praet. doeden, part. gedodet, gedoedet, töten.
doe, doen, adv., da, jetzt, nun.
doen, 3. sgl. praes. deit, praet. dede, part. ghedaen, gedaen, tun; mit folgendem infinitiv zur umschreibung des einfachen vollworts; oft auch lassen, befehlen vgl. S.L. I, 537.
doepen, doupen, praet. doepte, part. gedoept, gedoeft, taufen.
doern, m., dorn.
doernen, adj., dornen.
doet, f., tod, T. doit, S. 104 doed, 100 dod, 49 doid.
doncker, duncker, ducker, adj., dunkel.
donnerdaech, donnerdagh, donnerstag P. donderdach, T. donrendach, S. 213 donredag.
dorch, doer, praep., durch, T. doir.
dorchbowet, part., durchaus bebaut, H. durchbauwet.
dorp, n., dorf.
[dowen], praet. douden, tauen.
draeck, m., drache, T. drake.
[dragen], praet. druegen, tragen.
[drenken], praet. drenckten, ertränken.
drie, zw., drei, P. dry u. drij, T. dry, S. 11. 23. drey, 16. drye.
drievoldicheit, f., dreifaltigkeit, P. dryvondicheijt.
drincken, praet. dranck, druncken, part. gedroncken, trinken.
driuen, n. ?, das treiben.
droeche, druge, adj., trocken, T. droeghe, P. drouch.
[drugen] praet. druchden, trocknen, P. draughen, mnd. drugen, drugen, H. drugen.
druue, f. traube, P. druyue.
[drawen], praet. druwede, drehen. T. drouwen, dreyghen, minari.
dubbel, adj., doppelt.
duemael, adv., oftmals, S. XII duckmail.
ducker s. doncker.
ducwile, duckwile, adv., oft.
duer, adj., teuer.
duer, doer, doere, türe, T. doere, valder, gater, janua.
[dueren], praet. duerdent, dauern, mnd.
duncker s. doncker.
durbar, adj., kostbar, teuer, Mand. II, 211.
dusent, zw., tausend.
dusternisse, duysternisse, f., finsternis.
duuel, m., teufel.
duun, tauchen, eintauchen. T. duyken.
duyster, adj., düster, finster.
duytsch, duyts, adj., deutsch.
[dwingen], praet. dwongen, zwingen.

20*

Eer, *adv., ehe, bevor.*
eerde, *f., erde,* P. *eerde oft aerde.*
eere, ere, *f., ehre.*
eerste, eertse, ierst, irste, *zw., erste.*
eew, *f., gesetz, religion,* P. *ewe,* T. *ee guids, fas, lex.*
einhaeren, *n., einhorn,* P. *eenhoren,* T. *eynhoern.*
eir, *f.* eirre, er, ihr, P. *er, ere, heur, haer, S. XV* eer, eir, 62 er.
elch, *pron., jeder.*
elenbage, elenboge, *m., ellenbuge,* T. *ellenbuege, ellenbuich, ellmlage.*
elter *s.* altaer.
emant, jemant, *pron., jemand, Mund. II, 433.*
en, *verneinungspartikel in verbindung mit nit.*
ende, *conj., und,* P. *ende, end, ende.*
enige, enighe, *pron., einige,* P. *eenich, S.* 294 *enige.*
envollen, = en vollen, *in vollem masse, völlig, genug, vgl. L. I, 601.*
en weech, *adv. hinweg, S.* 69, 88, *enweg.*
epistole, *f., brief.*
erbeit, *f., arbeit.*
erm, *pl., ermen, armen, arm.*
ervaren, *widerfahren, S.L. I, 733.*
ervolgen, *verfolgen, verklagen.*
erwitten, *pl., erbsen,* P. *erweten.*
estrik, estrich, *m., fussboden,* T. *estrick of dele van meer varwen dan eyne.*
et, art., = dat; *das aus dem niederd. dat abgeschwächte det wird durch inclination zu blossem et und 't, wie oberdeutsches das zu des und es, auch 's, Mund. II, 564, 8.*
eten, *praet.* at, eten, *part.* geten, *essen.*
eten, *n., essen, mahlzeit.*
etseliche, etselig, etslighe, *pron., etliche,* P. *etkliche.*
eventure, *n., abenteuer,* vp. *auf gut glück.*
ewelich, *adv., ewig, immer.*
eygelich, *pron., jeglicher, jeder,* P. *yegelick, S.* 13 *ygelick,* 54 *igelick,* 122 *ylck,* 158 *elck. T. igelick.*
eylant, *pl.* eylenden, *n., insel.*
eynde, *n., ende.*
ezel, *m., esel,* P. *ezel, esel,* T. *esel.*
ezeldriuer, *m., eseltreiber.*

F. s. V.

Gad, gaed, god, godt, *gott,* T. *god, guid, S.* 8 *gud,* 162 *gdt,* 2 *gont.*
gaen, *praes.* geyt, gheit, gaent, *praet.* ginck, *gehen.*
galeye, galeyde, geleide, *f.,* P. *schip met riemen ende seylen'.*

ganck, *m., gang, besuch.*
gans, *adj., ganz,* P. *gants.*
garden, *m., garten,* T. *garde,* P. *guerden.*
gardiaen, *m., guardian.*
gatze, *f., gasse,* T. *gasse, steege, vicus.*
gebade, ghebade, gebod, *n., gebot,* T. *gebot, gebuide.*
gebannen, *part., gebannt.*
gebaren, ghebaren, *part., geboren,* T. *gebauren, S.* 39 *gebaeren,* 43 *geboirren,* 50 *gebaren.*
gebedtchen, ghebedchen, *n., gebetchen.*
gebeynte, *n., gebein,* P. *gebeente.*
gebezert, *part., ausgebessert.*
gebiecht, *part. v.* biechten, *gebeichtet? ad.* - *mndl. gebuycht, flexus,* T. *gebuicht?*
[gebieden], *praet.* geboet, *gebieten.*
gebirchte, gebircht, gheberchte, *n., gebirge, S.* 3 *gebirchte.*
geboren, *praet.* gebuerdent, *sich ereignen, sich treffen.*
gebraden, *part., gebraden,* T. *gebraiden.*
gebreck, gebrech, *mangel, not, ungemach.*
gebradere, *gebrüder, S.* 2 *gebroidere,* 5 *gebrudere.*
geeleit, *part., bekleidet,* P. *gekleedt.*
gecroent, *part., gekrönt.*
gedreuen, *part., getrieben.*
geerbeid, *part., bearbeitet.*
geerne, *adv., gern,* P. *gerne oft geerne.*
geestricht, gheestricht, *part., mit estrich versehen.*
geheel, gehel, *adj., ganz.*
geholpen, *part., geholfen.*
gehouwen, *part., gehauen.*
geircamere, *f., sakristei,* T. *gherkamer, vestibulum, armarium, sacrista, archanum, archivum, gerkamer, vgl. S.L. II, 70^b L. I,* 829. *Adel. II,* 412, *Weig. I,* 564 u. *Eunen, gesch. d. st. Köln III,* 1000.
[gehueven], *praet.* gehuefde, gelufen, T. *gehueren, hueren, promittere pollicevi, obligare, S.* 154 *geloefdden.*
gelass, *pl.* glesen, *n. glas,* P. *gelas oft glas.*
gelijck, gelijken, gelik, gelich, *adv., gleicherie.*
geloue, geloue, *m., glaube, gelübde, versprechen,* P. *gelooft oft geloue,* T. *gelone, truwe, fides.*
gelouen, gelouen, *praes.* gheloeft, *praet.* gelocht, T. *geloeren, betrucen, fidere* P. *gelouuen.*
gelden, *bezahlen, ersetzen.*
gelt, *n., geld.*
gelude, *n., geläute,* T. *gelnyd.*
geluwen *s.* luwen.
gemaelt, *part., gemalt,* P. u. T. *gemailt.*
gementliche, *adv., gemeiniglich, gewohnlich.*
gemest, ghemest, *part., gemauert,* P. *gemetset oft gemetst,* T. *metlzen.*

gemetselt, part. = gemest, T. metzelen, mdl. metselen.
genade, f., gnade.
genamen, ghenamen, part., weggenommen.
genent, part., genannt.
genoech, adv., genug, P. T. genoych, S. 171 genoich, XII genog.
gereed, gereit, adj., bereit, fertig, S. 135 geraid, 144 gereid, 240 raid, 101 gereet.
gerecht, adj., richtig, rechtmässig, eigentlich.
gerechent, part. v. rechen, gerechnet.
geringe, adv. eilends, schnell.
gerouven, gerouwen, rauben.
gesaeden, part., gesotten, P. gesoden.
gesaut, part. gesaulet.
gescheirt, part. gewirfelt, S.L. IV, 35.
gescapt, part., geschafft i. e. behauen?
[geseeen], praes. 3. pl. geseeen, conj. praes. geschiede, praet. gheseiede, geschiede, gesach, part. gesciet, geschiet, geschehen, P. geschieden, geschien oft schien, T. geschyen, S. 25 gescheen, 27 gescheiden.
geseen, sehen, P. u. S. gesien.
geselscaff, f., gesellschaft.
gesenden, part., gesendet.
geslaeten, geslaten, part. geschlossen, P. gesloten.
gesleipt, part. geschleift.
gesont, ghesunt, adj., gesund.
gespijst, part., gespeist.
gesteinte, n., stein, edelstein, S.L. II, 85. P. gesteente.
getelt, gezelt, part., gezählt.
getide, f., pl. gezijden, zeit, kanonische horen, S. 140.
getrali, n., gitter, P. tralien oft traellien, vgl. S.L. II, 89b.
getruwet, part., getraut, verheiratet, P. getrouwt (T. truwen ter echtscap).
gevangen, part., gefangen.
geuen, gheuen, praes. geuet, gijft, gift, ghyf, praet. gaff, geben.
gevenckenisse, f., gefängnis, T. geuenck-nisse, S. 134 gerencknisse, 164 geerenck-nisse, P. gevangenisse oft gevanckenisse.
geniertelt, part., geviertteill.
gewapent, part., gewaffnet, P.S. 225 ge-wapenet, 27 gewapend.
gewerden, werden.
gewoentlich, gewontlich, gewoenlich, adv. gewöhnlich.
gewonden, part., verwundet.
geyn, gheyn, ghein, pron., keiner, S. 83 gheen, gein, P. geen.
gezegelt, part., gesegelt.
ghebet, n., gebet.
ghetal, f., zahl, S. 141 getall, 129 getaell.
gheteichnet, gezeichnet, part., gezeichnet.
ghetuich, m., gezeug, geschütz, S. getuich, 165 getueg.

ghy, gy, pron., du, ihr.
gordel, gurdel, n., gürtel.
gracie, f., gnade.
graef, graeff, graft, grafft, pl. grauen, grafften, n., grab.
graefscap, -scep, -scaf. -scaff, f., graf-schaft, mndl. graefschap, T. greefscap, S. 5 grafschapp, 151 graefschap, 82 grereschap.
greken, grex, adj. griechisch, P. griecks, T. grecks, II. gree, greix.
groen, gruen, adj. grün.
groet, groett, grot, groez, groz, groes, gros, adj., gross, T. groit.
groet, f., grösse.
grond, m., grund, T. grunt.
gros, grossen, m., groschen, T. grossoen.
grueten, praet. grutede, part. gegruet, grüssen.
guenssdaech, mittwoch, S. 219 gudensdag, T. guelesdach, mytwecke, dies Mercurii, feria quarta; gudesdach, woensdach, dies martis (!), feria quarta.
guet, gued, goet, adj., gut, T. guet, S. 187 guid.
guet, n., das gut.
gulden, adj., golden.
gulf, golue, f., golf, P. golue.

Hael, adj., hohl, T. hol.
hael, f., höhle.
haelen, halen, praet. haelden, part. ge-halt, gehaelt, holen.
halden, praet. hielde, part. gehalden, halten.
half, halue, adj., halb.
hamel, pl. hamel, hemel, hammel.
hamelen, hemelen, adj. van hammel.
hangen, hengen, praet. hinck, hängen.
hant, f., pl. hende, hand.
hard, adj., fest.
hauen, m. u. f., hafen, S. 299 hueven.
he, pron., er, P. he oft hy, S. 24 he, 6 hei, 7 hey.
hebben, praes. heb, heeft, heft, haet, hebbent, praet. hatde, conj. hedde, part. gehadt, haben.
hebreusche, adj., hebraeisch, P. helveeusch.
heen, adv. hin, P. hen oft henen, T. hyn. S. 271 hinne, 217 hennen.
heer, pl. heren, m., herr.
heerlich, adj., herrlich.
heiligdum, heilichdom, hilichdum, hil-lichdum, hilchdum, n., reliquie.
heim, n.?, heimat.
heimelich, heymelich, adj. heimlich.
heiten, praes. heit, heitet, heiten, heitz, heizet, heithtz, heitst, heist, heyst, heiset, praet. hiet, hiez, part. gheheiten, geheizen, geheisen, heissen.

— 310 —

helft, f., hälfte, T. heylfte.
hemel, m., himmel.
hemelsc, adj., himmlisch, P. hemelsch.
[herde], pl. herden, hirte.
heremite, m., eremit.
hertog, hertzog, herzoge, m., herzog.
hertochdum, hertochdom, n., herzogtum.
het, pron., das.
[heven], praet. hoven, heben.
heyt, adj., heiss.
heyte, heiste, heyste, f., hitze, P. hitte.
hiir, adv., hier.
hoechte, f., höhe, T. hoychde, P. hoochde.
hoechzijt, f., fest, kirchenfest.
hoeft, hoefft, hoult, pl. hoeftlen, haupt,
  T. hoift, P. hooft.
hoep, houp, m., haufen, T. hop, houp.
hoeren, praet. hoerden, part. gehoert,
  gehören, P. hooren.
holt, n., holz, P. holt, hout.
holthere, hultern, holtzere, adj. hölzern,
  T. holten, P. houten.
hond, m., hund, T. hunt.
hondert, zw., hundert.
hontgeslecht, n., hundegattung.
houftstat, f., hauptstadt.
hough, houg, hog, hogh, sup. houste, adj.,
  hoch.
huelen, praet. hoelden, part. gehuet, sich
  verstecken, verbergen, T. hoilen, huelen.
hulpe, f., hilfe.
hus, huys, pl. husen, huser, n., haus.
huysvrouwe, huysfrou, f., hausfrau.

Jaer, jar, m.? jahr, T. jair.
jemerlichen, adv., jämmerlich, P. jamerlick.
inbevragt, eingefasst s. anm. 21^b.
incomen, n., eingang.
[inguen], praet. ginginck, hineingehen.
ingaen, n., das hineingehen.
inganck, m., eingang.
ingel, yngel, ingelgel(?), pl. ingelen,
  engel, T. ingel.
ingelacht, part., hineingelegt.
ingelaten, part., eingelassen.
ingemuert, part., eingemauert.
ingesetz, n., einsetzung.
ingewracht s. inbevragt.
inghevoecht, part., eingefügt, P. inge-
  ruecht oft engeruecht.
[innemen], praet. innam, aufnehmen.
insetten, part. ingesat, ingezetzit, ein-
  setzen.
int = in dat.
inwert, adv., einwärts, inwaerts.
[jode], pl. joden, T. joede, S. 49 joeden,
  50 joiden, 112 juden, P. juede oft
  jeude.
[jodynne], pl. jodynnen, jüdin, P.
  jeudinne.

joetz, adj., jüdisch, T. joedsch.
joncfer, jonffer, f., jungfrau, S. XIII
  jomfer, 193 junfer, 38 junkfrau, 17
  jungfrouwe.
jonck, adj., jung, P. jonck oft jung, T.
  junck, S. 67 junck, 154 jung, 96 jong.
jonge, n., das junge.
jonger, m., jünger, P. jonger oft junger.
irste, ierste, adv., zum erstenmal, vgl.
  Mund. V, 522.
itlic, itlich, yttlich, yetlich, yettlich,
  pron., jeder, P. itlick, aliquis, nonnullus,
  quidam, mnd. itlik, jeder.
itselich, ytselig, yetseligh, ytzlig s.
  etseliche.
itson, etson, adv. jetzt, T. ytzont, P. itzund.

Caern, caorn, caren, n., korn, T. coern,
  P. koren oft korn.
calff, n., kalb.
canael, n., kanal.
capitaein, capitein, m., capitain.
karene, quadragena, vierzigtägiges fasten
  od. ablass.
[cat], pl. catten, katze.
keel, f., lucht, null, kil; es bietet dieses
  wort einen erwünschten beitrag zu
  seinen unter kelle 3 d bei Grm. d. wtch.
  V, 511 aufgeführten anderen formen.
keld, f., kälte, T. kelde.
keneller, m., leuchter, T. candeler.
[kennen], praet. kansten, kenden, er-
  kennen, T. kennen, weten, noscere, cog-
  noscere.
kerkhauen, m., kirchhof, P. kerchof, T.
  kerckhoff.
kerst s. krist.
keyser, m., kaiser.
kilch, m., kelch, P. kilck, H. kelick, mhd.
  kilich.
kirsauont, m., christabend.
kirmisse, f., kirchmesse.
kirst s. krist.
[claegen], praet. claechden, klagen.
cleyderchen, pl., kleidchen.
cleit, pl. cleider, cleyder, kleid, P. kleedt
  oft kleid, T. cleyt.
klock, klocke, f., glocke.
cloester, pl. cloesteren, n., kloster, T.
  cloister, S. 247 cloester, 10 cloister, P.
  cloester.
clusener, m., klausner, P. cluysenaer.
knyde, n., knie.
[knyelen], praet. knyelden, knieen, P.
  knielen, ndrh., knielte, vgl. L. I, 1648,
  T. knyen.
kocken, kochen, f., küche.
coeteren, adj., kupfern, P. coperen.
coep, cof. m., kauf, P. koop, T. cuip,
  S. 113 coep, 179 koep.

coepman, m., kaufmann.
coepwin, wolfeller wein, vgl. S. L. 1, 536.
coerd, pl. coerden, seil, strick, T. corde, P. coorde.
coerts s. corts.
comen, praes. compt, coempt, coment, cumpt, praet. quam, quaem, quamen, quemen, kommen.
comenscap, -scal, -scaff, commenscaft, handelsguter, waaren, P. corpmanscap, T. coipmanscap, firm. weist. VI, 681 kommentschaft, II. kommenschaff, koemanschaff, kauffmanschaft.
coninck, konink, m., konig.
coninckrijk, coninckrijek, n., königreich.
coninginne, f., königin.
konnen s. kunnen.
conte, m., graf.
coopen, coufen, praet. cochte, part. gecoft, kaufen, P. koopen, gekocht, T. copen, S. 3 cochten, 27 gekoft.
kor, chor, choer, m., chor, P. coor oft choor.
cortosie, corthosie, f., trinkgeld.
corts, coerts, adv., kürzlich, S. 112 kortz, kurtz.
cost, kost, m., kost u. kosten, T. cost, spijse, eten, cibus; cost als men doet ondb en dynck, sumptus.
coste, f., kuste.
kostlich, kustlich, kustelich, adj., teuer, prachtig, P. kostelick, S. 49 koestlick, 54 kostelick, 79 kostlick, kostelick.
costlicheit, f., pracht, aufwand, P. costelichheit, T. costelheit.
cracht, craeft, f., kraft, gewaltttat(?), P. kracht u. kraft.
cribbe, f., krippe.
crich, m., krieg, P. krijch, T. creghe, S. 64 krieg, 25 krieg, 152 kryck, H. kreych.
crigen, praet. creech, krech, kregen, bekommen, erhalten, T. cryghen, P. krijgen.
krijgen, krieg fuhren, T. creghen.
krist, kirst, kyrst, kerst, m., christ.
kristen, f., christin.
kristenheit, f., christenheit, T. kerstenheit u. cristenheit.
croft, kruft, f., gruft, P. kruft oft kluft.
cruce, cruys, n., kreuz, T. cruce, P. cruys.
cruisgewise, adv., kreuzweise, P. cruyswise.
crume, f., krumme, T. crueme, P. kruyme.
crupen, cruijpen, kriechen.
[cruysen], praet. cruysten, part. gecruijst, gegrust, kreuzigen.
cruytgarden, m., krautgarten.
kuilchen, n., kleine grube, nndl. kuiltje.
cule, kuyl, f., grube.
[kunnen, konnen], praes. can, praet. konde, kunde, consten, koste, konnen.
kussen, cussen, praet. kusten, kussen.

Lach, laech, pl. loecheren, lacker, laecher, locher, loch, P. lach, T. lack.
laeden, praet. loeden, laden.
[laeven], part. geheft, laben.
laken, verachten, tadeln, P. laken oft lasteren, T. laken, blameren.
lancheit, f., länge.
lanck, adj., lang.
landwert, adv., landeinwarts.
langzijt, lange zeit.
lant, pl. lende, n., land.
last, f. last, beschwerde, T. last, moeynisse, crot etc.
laten, lazen, praet. liet, lietz, lieten, liezen, imp. leet, part. gelaten, lassen.
latin, latein, T. u. P. latijn.
laueren, part. gelauiert, lavieren.
led, pl. leden, leders, glied, P. lidt, gelidt, leit, T. lyft.
[leeren], praet. leerden, praet. geleert, lehren.
[leesen], 3 sgl. praes. leest, lesen.
leesmisse, f., lesemesse.
leggen, praet. luchten, part. gelacht, legen.
[leiden], praet. leiden, fuhren.
lenckte, lengthe, f., lange, P. lenghde.
lest, adj., letzte.
letanie, f., litanei, vgl. L. 1, 1860.
leven, leben, vivere u. vita.
leuendich, adj., lebendig.
leueren, praet. leuerden, ausliefern.
lichaem, licham, n., leichnam, P. lichaem, T. lychaem, S. 24 lycham.
licht, adv., licht.
lycteken, liescichen, liezeichen, merkmal, spur, T. lijcktcyken, P. lidtteeken.
[liden], praet. leden, leiden, T. leyden, P. lijden.
lief, lieue, adj., lieb.
lief, leib, 12 mut lieue mit dem leibe i. e. gluckhlich, S. 301, 149, T. lijff, P. lijff, pl. lijuen.
liggen, 3. sg. praes. licht, lecht, praet. lach, legen, legent, part. gelegen, liegen.
lijtsamig, adj., leidsam, geduldig, P. lijdsaemelich.
linde, n., land (mass), P. lint, du ruben, ritta, tuenin.
linen, adj., leinen, P. lijnen, T. linen.
loepen, part. geloepen, gheloepen, laufen, T. lopen, P. loopen, S. 192. loepen.
loff, n., lob.
lot. n., loss.
loven, praet. loefden, geloben, T. loeven, gelaeren, promittere, spondere.
[loven], part. gelaeft, laben, T. loeven, prijsen, loff spreeken, laudare.
lucht, f., luft.

lucht, adj., links.
luchte, f., leuchte, laterne.
lud, adj., laut, P. luyde.
lude, luyde, luyd, pl., leute, P. luden, lieden oft lien, T. luyde.
luden, 3. sg. praes. luit, part. geluyt, linden, laut werden lassen, verkundigen, T. luyden.
luttel, adj., wenig.
[luwen], part. geluwen, leihen.

Mael, adv., mal.
maendag s. manendag.
maent, pl. maende, m. monat, T. maynt.
maerckt, maert, m., markt, P. merckt, T. marckt.
maeze s. mate.
maget, f., pl. megede, magd, T. maghet die jonffer is, virgo.
maken, maechen, machen, praes. maecht, macht, praet. maecte, machden, part. gemacct, gemckt, ghemact, gemacet, gemaecht, ghemacht, ghemaecht, machen.
maluezie m., malvasier.
[man], pl. mannen u. man, m., mann.
manendag, manendaech, maendaech, m., montag, T. u. P. maendach, S. 37 maenedag.
manenschin, m., mondschein, P. manenschijn.
marberstein, merberstein, m., marmor, P. marmersteen.
martlar, mertler, pl. mertleren, m., märtyrer, P. martelaer, T. marteler.
mate, maeze, n., mass, wttermaten, über die massen.
mede, praep. u. adv., mit, zugleich.
medecine dedun, ein wort u. als solches praet. von einem medecineden od. von medecinen, so dass die erste silbe de in dalen schreibfehler wäre u. das ganze heilen hiesse? Oder das nirgends vorkommende medicine doen?
meer, meir, n., meer.
meer, meir, sup. meeste, mehr, meiste.
[meeren], praet. meerden, ein schiff festbinden, sorren, nudl.
meirrer, adj., major, ältere.
meirwerts, adv., meerwirts.
meister, m., meister, P. meester.
men, me, pron., man.
mennichfoldicheit, f., fülle, P. menichfaldicheyt.
mennichwerf, adv., manchmal.
mer, conj., aber, P. maer u. mer, S. 48 meer, H. mer.
merket, mark (geldstück).
[mertelezern], part. gemertelezert, mortern, P. martelezeren.

mesquite s. mosquite.
mey, meyde, mai, P. u. T. mey.
midagh, middag, mitdagh, mitdaech, m., mittag, T. myldach, P. middach.
middel, mitdel, n., mitte.
midden, mitden, adv. u. subst?, mitten (37 in den midden).
middernacht, mitdernacht, midnacht, f., mitternacht, P. midtnacht oft middernacht.
midts, adv., mitten.
midwaech, midwoeche, midwoch, midweche, midweech, middewaech, middweech, f., mitwaech, m., mittwoch, T. mydwecke.
mile, f., meile.
minner, mynner, adj., minor, T. mynre.
[mirueul], pl. mirueulen, mirakel.
missangs, adj., messingen, (T. myssanck, myssinck, auriculeum).
misse, mysse, f., messe.
moder s. muder.
moergen, mogen, 3. sg. praes. macht, mach, conj. moegent, praet. muchten, mügen, können.
moele, f., mühle.
moerder, m. mörder, T. u. P. moerder.
moeten, moten, mueten, praet. mosten, musten, müssen.
[monnich], pl. monnichen, m., mönch.
mosquite, mesquite, f., moschee.
[mosten] praet. mot, begehren. vgl. L. I, 2743.
muder, moder, f., mutter, T. morder, S. 23 moeder, 29 moder.
muede, adj., müde.
muer, mur, f., mauer, T. muyre P. murr.
[mul], pl. mulen, n.?, maultier, P. u. T. muyle.
[munigen], praet. munichden, die communion reichen, s. monigen S. L. III, 117.
mut, praep. u. adv., mit, zugleich; mut dat, darum dass.
mutter = mit der.
myn, adv., weniger, P. min, rheinfr. mih', Mund. VI, 279, 34., kreis Grebenbroich mi, Mund. V, 415, 24., fränk. henneberg. mie, Mund. II, 791. u. IV, 237. 27., S. 317, H. myn mihn., nicht to min, nichtsdestoweniger, 65.
myner — mynnerbruder, fratres minores, minderbrüder, Franziskaner. T. minrebroeder, frater minor.
mynsch, m., mensch, T. u. P. mensch.
mynste, adj., mindeste.

Na, nae, praep., nach.
nach, adv., nahe.
nacht, nach, m. u. f., nacht, für nach vgl. Mund. V, 103.

naem, m., *name*, T. *name*.
neden, *adv.*, *unten*, P. *neddene*.
neder, *sup.* nederst, *adj. u. adv.*, *nieder*.
nederclymmen, *niedersteigen*.
nedergelaten, *part.*, *niedergelassen*.
[nederleggen], *praet.* nederlachten, *niederlegen*.
neest, neist, *adj.*, *nächst*.
negen, *zw.*, *neun*.
[nemen], *praes.* 3. *sg.* nempt, neempt, *nehmen*.
[nenen?], *part.* genent, *nennen*.
neve, m., *neffe*, P. *neue* off *neef*, T. *neve*.
nich, nicht, niet, nijt, nut, *adv.*, *nicht*, *nichts*.
noch, *adv.*, *ferner*, *auch noch*.
nochtan, nochtans, nochtant, *adv.*, *dennoch*, *gleichwol*, *trotzdem*, T. *nochtan*, *nochtans*, P. *nochtans*, H. *nochtant*.
noertoestwert, *adv.*, *nordostwärts*.
noertwesten wint, *nordwestwind*, P. *noordwesten windt*.
noertzijde, nortside, *f.*, *nordseite*.
noet, *pl.* noden, noeden, *f.*, *not*, P. *noot*, T. *not*.
[nomen], 3. *sg. praes.* nomjt, *praet.* noemden, *nennen*, T. u. P. *noemen*.
nouwelich, *adv.*, *mit mühe*, *kaum*, *mndl. s. S.L. 111, 206b*.
nuw, *adj.*, *neu*, P. *nieuw*, T. *nyh*, *nuwe*, *novus*, S. 173 *nieuw* 180 *niu*, 278 *nye*.
nyemant, *pron.*, *niemand*, T. *nymants*.

Observancie, *f.*, *observanz*.
oech s. ouch.
oer, *n.*, *ohr*, T. *oir*, P. *oor*.
oest, augustus, *august*, T. *oist maijnt*.
oest, oesten, *n.*, *ost*.
oester, *f.*, *ostern*, T. *ostan*, *paischen*.
oesterdach, m., *ostertag*.
oestwert, *adv.*, *ostwärts*.
oetmodelich, oetmodiglichen, *adj.*, *demütig*, T. *oitmundich*, P. *ootmoedelich* oft *demoedigh*, *mundart*. II, 449 *oitmondigh*, *ndrh*. *otmodelich l. II*, 181.
oevel, *adv.*, *übel*.
of, off, *conj.*, *oder*.
offeren, *praet.* offerden, *opfern*.
offerande, offerant, offerhande, *f.*, *opfer*, *Mund. II*, 418, T. *offer*, *offerhand*, P. u. S. 274 *offerhande*.
offt, offz, *conj.*, *als ob* (*off et, ez*) *Mund. II*, 418.
oirden, m., *orden*, T. *orden*.
om, *pron.*, *ihm*, T. *dem*, *oen*, *om*, *yu*, *ym*, *illi*, *ipsi*.
omgang, *n.*, *umfang*, *umkreis*.
omnegaen, *umgang halten* (*mit der processioun*).
omtrent, *adv.*, *umgefähr*, T. *omtrynt*, P. *omtrent*, S. 65 *umbtrint*.

onbeslaten, *part.*, *ungeschlossen*, *offen*.
onder, *under*, *praep.*, *unter*.
onderganck, m., *untergang*.
onderwegen, *adv.*, *unterwegs*.
onlanck, *adv.*, *nicht lange*.
onnut, *adj.*, *unnutz*, *schlecht*.
onrecht, *n.*, *unrecht*.
onreynicheit, *f.*, *unreinheit*.
ons, *pron.*, *uns*, P. *onse ons*, *onsen*, *onser*, *noster*, *u, um*.
ontbeten, *part. v. ontbijten*, *gefruhstückt*, P. »*jentatus*, *desiuncis*, *jüdisch-deutsch* »*obeissen*« W. *Poscheles*, *Sippurim* II, 137.
[ontfangen], *praet.* ontfinck, *empfangen*, S. 82 *ontfing*, 88 *entfangen*.
ontfermen, *erbarmen*, P. *ontfermt r mijnder*, *miserere mei*, T. *ontfarmen*.
ontfingen, *anzünden*, T. *incendere*, *onfragen*, *leruen*, *unstecken*, S. 200 *ontfinge*.
ontfuert s. ontvoirt.
ontgaen, *vergehen*, T. *ontguen*, *ontwijcken*, *ontcomen*, *ruymen*, *evadere*, *eludi* etc.
onthouft, *part.*, *enthauptet*, P. *onthouft*.
ontsluten, *offnen*, T. *ontsluyten* P. *ontsluyten*, *onsluyten*.
ontvoirt, ontfuert, *part.*, *entführt*.
onvruchtber, *adj.*, *unfruchtbar*.
onweder, *n.*, *unwetter*.
opperste, *dat.*, *das oberste*, T. *oeverste*, S. 239 *oeverste*, P. *opperste*.
orber, m., *nutzen*, P. *orboir*.
ordel, *n.*, *urteil*.
[oss], *pl.* ossen, *ochse*.
ouch, oech, auch, *adv.*, *auch*, T. *oick*, *ouch*.
ouer, *n.*, *ufer*, T. *oever*.
ouer, *prp.*, *über*.
overlensch, *adj.*, *oberländisch*, S. 186 *overrlensch*, 292 *oeverlendsch*.
ouergult, *f.*, »*was etwas übergildet*, *mehr wert ist als alles andere*, *das höchste*« L. II, 1621, *falsch bei S.L. II*, 260: »*gold*, *das besser ist als das gewöhnliche*«.
ouergult, *part. v. ouergulden*, *übergoldet*, T. *oevergulden*, *vergulden*, *deaurare*.
ouermuts, *anermidts*, *prp.*, *durch*, *vermittelst*, T. *auermitz*, P. *ouermits*, *Mund. II*, 418, H. *oeuermyts*. — ouermits dat, *darum dass*.
[ouge], *pl.* ougen, *n.*, *auge*, T. *aghe*, S. 62 *oig*, P. *oog*, *pl.* *ogen*.

Pacientie, *f.*, *geduld*.
paert, puerte, *f.*, *portus*, *hafen*, *pforte*, T. *porte*, P. *puurte*.
paeslamp, *n.*, *passchlamm*, *mndl. paeschlamm*.
paeus s. paws.
palaes, pallaes, pallas, m., *palast*, T. *pallas*, P. *palleys*.
palmboim, m., *palmbaum*.

— 314 —

palmrijs, n., palmreis.
pant, n., kreuzgang, P. pandt, en pan de muraille ou rue gallerie ou cloistre, lieu où on rende quelque marchandise, ou où on se pourmeine; xystus, peristylium, ambulatorium; kloosters pandt, l'entour ou gallerie d'un cloistre, cloistre. — Dusselbe mit schweizer. band, n., rand der emporkirche, Stalder I, 129?
part, m, teil, P. paert of deel.
passie, f., passion.
paus s. paws.
pawelgoen, m., parillom, zelt, S pauluyn (Wall.: paulhine, schirm, urk. v. 1285).
paws, paens, paus, pajod, T. paws, pauwen, S. 248 paeus, 43 paues, H. paus, pays, Wall. pafs, payfs, pafest, paus, P. paus, vgl. J. Grm., Reinh. Fuchs 283.
peerd, peert, n., pferd.
penitencie, f., poenitentia, busse.
pennick, pennigh, penning, penningh, m., pfennig
[pileer], pl. pileeren, m., pfeiler, T. pylre, P. pileerne, pilaer.
pilgerim, pilgrum, m, pilgrim, T. pylgrym, P. pelgrim, S. 274 pilgerume.
pilgrimaetse, pilgrimaetze, f., pilgerschaft, wallfahrt, P. pilgrimagie, T. pilgrymaedse, S. 300 pilgramaedse, 52 pilgrimaedse, H. pylgrymmaecie.
pin, pl. pinen, f., poena, kirchliche censur, T. pyne, P. pijn.
plaets, plaetze, m, platz.
plat, adj., platt.
plegen, praet. plag, plegen, pflegen.
plein, m., platz, P. pleyn oft plaen.
portael, n., portal.
potestat, m., podesta.
preedicher, preetcher, pretcher, m., praediger (mönch), P. preker, praeliger.
pretchen, pretchenen, prechenen, praet. precheden, praedigen, P. preken, praeligen, T. praediken.
prince, m., eerste.
principael, adj., erste, principael stede, hauptstadte.
processie, f., procession.
provande, m., prociant.
[punt], pl. punten, m., punkt, P. punct oft punt.
put, m., brunnen, P. put, puteus vel fossa, T. putte.

Quad, adj., schlecht, P. quaet.

Rad, pl. reder, rad.
raet, m., rat, P. raedt, T. rait, S. 8 raed, 39 raid, 21 rad, 215 raid, 211 rhued. 224 rhuett.
raetsluden, pl., ratsherren.

[raken], imp. racht, berühren.
recht, adr., rechts, just.
redelich, adj., tüchtig, gehörig, ansehnlich.
redeliken, adr., dasselbe.
reede, adj., bereit.
reet s. rete.
reisecaf.f., kriegszeug, T.reytseap,gereytseap.
reise, f., umgang, procession.
rete, reet, m., ritze, spalte.
reynicheit, f., reinigkeit, keuschheit.
rich, rijck, adj., reich.
riden, praet. rijt, reden, part. gereden, reiten, T. riden, P. rijden.
[ridder], pl. ridderen, soldaten, T. ritter, P. rijder.
riem, m., gürtel.
[riten], praet. reet, part. gereten, reissen, P. rijten, T. ryten.
rod, adj., rot, T. roit, P. roodt oft root.
rode, roede s. ruede.
roepen, ropen, praet. riep, rufen.
roetze, rotse, f., felsen, P. rotse, H. rotz, T. rutse.
roeuff, m., raub, T. roiff, roff, P. roof.
rond, ront, adj., rund, T. runt, P. rondt oft ront.
roren s. ruren
rosemarin, m.?, rosmarin, P. rosmarijn.
rouven, rauben, P. roouen, T. roren, S. 143 roeven.
royer, ruyer, m., ruderer, T. royer.
rouwe, f., reue, betrübnis, P. rouse.
ruchen s. ruken.
ruede, roede, rode, pl. roeden, ruden, rute, T. ruede.
rugbeyn, n., rückenbein, P. rughern.
ruken, ruchen, riechen, T. ruycken, H. rigen, rugen.
rumen, den platz räumen, abziehen, T. u, P. ruymen.
ruren, roren, rühren, bewegen, P. roeren, rueren, T. roeren.
rusten, praet. rusten, rusten, T. resten, P. rusten, S. 52 rusten.
ruter, m., ritter, P. u. S. 20 ruyter.

Sagen, part. gesaget, geseget, sägen.
saghe, f., säge.
[sale], pl. salen, saal, P. sael.
salt, n., salz.
saltsteyn, m., salzstein.
salue, f., salbe, P. salf oft salue, T. salve.
[salven], praet. salfden, salben.
samaritaen, Samariter.
samsdach, samstag, T. sampstach, sonaerend, saterdach.
saterdag, saterdagh, saterdaech, samstag, P. saterdach oft sonnauent.
scaep, scaeff, n., schaf, T. schaip, P. schaep.

scaffen, part. gescaft, schaffen.
scatinen, schatzen, brandschatzen, P. u. T. schatten.
[scecher], pl. szecheren, schächer, P. scheker.
scheemete, scheemte, f., scham, T. schemde, P. schaemte, schaempte.
schep, pl. schepen, sciep, schijp, seef, pl. seefen, sceeffen, sceet, pl. sceetten, schef, n., schiff, T. scherp, P. schep, schip.
schicken, in schick bringen, zurecht kommen.
schijfchen, n., kleines schiff, S. 79 schepken, P. schipken.
schiflude, pl. schiffleute, T. scheepsluyde.
schinen, schynen, scheinen.
schole, f., schule.
[schure]. pl. schuren, scheune, T. schuyre, P. schure.
scoen, scon, schon, adj., schön, T. schoen, P. schoon.
scoenheit, f., schönheit.
scolt f., schuld, T. scholt, P. schuldt.
[screien], praet. screiden, weinen, H. schrijen, praet. schruw.
scrijft, f., schrift, P. u. T. schrift.
scrijven, 3. praes. scrijft, praet. screef, part. gescreeven, schreiben, P. u. T. schrijven, S. 2 schref, 120 schreiff, 136 schrief.
sculdich, adj., schuldig; T. u. P. schuldig.
scyfmyde, f., schiffmiete
[seeden?] praet. seedden, sättigen, T sulen, P. sulen, seden
seen, sien, 3 sg. praes sut, praet sach, sagen, segen, part. praes. siend, siend, part. pass. gesien, sehen, P. seen, sien T. u. H syen.
seer, seir, zeer, adv., sehr, T. seer, P. zeer, seer, S 3. ser, 8. sire, 82 seere.
sees, zw., sechs, P ses oft sesse, T sess, nirh. ses, Weig II, 976.
seggen, 3. sg praes. secht, saecht, praet. seide, sachten, sagen.
[seien] 2. pl. praes. seyt, saeen, T. sayen, seyen, sayt, P. sayen oft sayen.
seinden, praet. sande, part. gesant, senden, P. senden u. seynden.
self, selver, selfs, pron., selbst.
selicheyd, f., seligkeit, P. salicheyt.
serch. pl. serchen, m., sarg, P. sarck u. serck.
serpente, f., schlange.
setten, praet. satten, part. geset, setzen.
seuen, zw., sieben.
seuende, zw., siebente.
side, f., seide, P. u. T. sijde.
sick, adj., sich.
siluaren, adj., silbern.
sin, pron., sein.

[sijn], 3. pl. praes sin, imp. sijt, sein
[singen], praet sanck, songen, soughen, part. praes. singend, part pass. gesongen, singen; uber das part. singend mit pass. sinne in »singende misse« s. S L. IV, 212.
sinte, adj., sanctus, S. 18 sente, 17 sante.
sisterne, f., cisterne.
sitten, praet. sat, satten, seten, part. gesat, gesatz, sitzen
slaepcamer, f., schlafkammer, T. slaipcamer
slaet, slaez, slaes, pl. slaetter, slaezer, slaesen, sluessen, n., schloss, T u. P. slot (pl. slaete T. 256b)
slafen s. slapen
[slagen], praet slueck, sloech, slogen, part geslagen, schlagen P. u. T. sluen.
slange, f., schlange
slapen, praet. sliepen, slepen, sliefen, part geslapen, schlafen, T. slaipen, P. slapen.
slave, m., sklave.
slecht, adj, schlicht, gut
slinks, adj., links.
sloctel, sloezel, m., schlüssel, P slotel oft sluetel.
sluten, praet. slaten, part. geslueten, geslaten, schliessen, P. u. T. sluyten.
smaheit, f., schmach.
[smeeren] praet. smeerden, beschmieren, T. smeren, P. smeeren.
smelicheit, f., schmach.
snoed, adj., schlecht, gering, erbärmlich, P. snoode, T' snoode
soe, so, conj., so, P. soo, T. soo.
[soen], zoen, son, pl soenen, sonen, m., sohn, T. soen, S. 10. soin, 300 soen, P. sone.
soendaech, soendach, soendagh, sonduch, m., sonntag, T. sonduch, S. 26 sonnendag.
soldaen, m, sultan.
soldener, m., söldner, T. tzoeldener.
soldie, f., sold, lohn, T. tzolt, tzoldey, tzoldye, P. soldt, nndt. soldij.
somig, somigh, pron., irgend einer, pl. einige, T. semigen, cenighen, etzlicken, wulken, aliqui, quidam, nonnulli, P. sommuch, sommige, ethlicke.
sonderlinghe, sunderlinge, adv., besonders, T. sunderlyng.
sonnenschyn, m., sonnenschein, P. sonneschijn.
spaerd, adv., spät, T. spaide, P. spade oft spaey.
sparen, schonen.
spelen, sich vergnügen.
speluncke, f., höhle, P. speloncke, hol.
spise, spijse, T. u. P. spijse.
[spijsen], praet. spijsden, speisen,

spitael, spittael, spittal, *n*, *hospital*.
spitse, *f., spitze, T. spitz, P. spitse*.
spittalier, *m., hospitalverwalter*.
sprach, *f., spruche, T. spraicke, P. spraeck oft sprake*.
[spreken], *praet.* spreken, *sprechen*.
[springen], *praet.* spranck, *springen*.
springen, *praet.* sprongen, *entspriessen, wachsen, T. spryngen, quycken, quellen, scatere*.
stad *s.* stat.
staed, *adj., fest, bestandig, T. steele*.
staen, steen, 3. *pr. sg. praes* steyt, 3. *pl.* staent, *praet.* stont, stonden, *part.* gestaen, *stehen*.
staet, *m., pracht, aufwand*.
staf, *m., stab*.
stal, *m., stall*.
stat, stad, *pl.* steden, *stadt, T. stat opidum civitas, urbs*.
stat, stede, *pl.* stede, statte, *T. stat, stele, locus; P. stede oft plaetse*.
steen *s.* staen.
steetchen, steedgen, stedchen, *n., kleine stadt, kleine statte*.
[steinen], *praet.* steinden, *part.* gesteynt, *steinigen, P. steenen*.
steinen, *adj., steinern, P. steenen*.
steijnfilsen, *steinfelsen*.
steijnraetze, steynrotse, steinrotse steinrots, *f., felsen, T. steynrudse, clippe, russ, P. steenrondse*.
steintchen, *pl., steinchen*.
[steken], *praet.* stach, *erstecken, S.* 156. *stuck*
[steken], *praet.* stach, *stecken, S.* 17 *staeck*.
stemme, *f., stimme*.
sterk, *adj., stark, T. starc, P. sterc*.
sterven, *praet.* steerft, *praet.* starf, *part.* gestoruen, *sterben*.
steyger, *adj., steil*.
steynworp, *m., steinwurf*.
stoel, *m., kirche? s. anm.* 240.
stont, *f., stunde, P. stond oft stunde, T. stunde*.
[storen], *praet.* storten, *sturten, ausgiessen, verspritzen, T. startten, ghyeten*.
storm, *m., sturm, P. storm oft sturm*
[stormen], sturmen, *praes.* sturmpt, *praet.* stormden, *stürmen*.
stratse, stratze, *f., strasse, T. straite, P. straet oft strate*.
[striken]. *praet.* streken, *streichen*.
stroem, strouin, *m., strom, T. strom, P. stroom*.
[stuck], *pl.* stucken, *stuck*.
sturmen *s.* stormen.
subtijl, subtyl, *adj., fein, sinnreich, schmuck, zierlich*.

suden, suyden, *n., süden, T. suyden, P. zuyd, suyd, suyden*.
suet, *adj., suss*.
sul, *f., siule, P. suyl, T. suyle*.
[sullen, sollen], *praes.* sal, *praet.* solde, *sollen, werden; conj. praes.* solde *dient zur umschreibung des conj praet. cul. plusquamperf. L. 11.* 1054.
sus, *adv., so, in dieser weise, vgl. Munal. VII,* 425—27.
suster, *f., schwester*.
suuerlich, *adj., säuberlich, T. suverlick, P. suyverlick*.
suytwert, swytwert, zuitwert, *adv., südwärts*.
sweerd, sweert *s.* zwerd.
[sweten] *praet.* swesten, *schwitzen*.
syden, *adj, seiden, T. sijden*.

Taefel, tafel, *f., tafel, T. taiffel, S.* 54. *tuedel, P. tafel*.
taern, toern, tuern, *m, turm, T. toern, S.* 231 *torn*.
[tant], *pl.* tende, teend, ztende, *zahn, T' u. P. tant, pl.* tanden.
te, *prp., zu,* = *to, P. te, in loco*.
teen, ten, *zw.* zehn, *P.* thien oft tin, *T.tyen*.
teende, *zw.,* zehnte.
tegen, thegen, teghen, *praep., gegen*.
tegenwerdigheit, thegenweerdicheit, *f., gegenwart, T. tegenwordicheid, P. tegenwoordicheyt*.
[telen] *praet.* telden, *part.* getelt, gezelt, *zahlen*.
telhans = te thans, *da te mit dem genet. des subst. zur bildung eines adv. verbunden wird, vgl. S.L. IV,* 552*?
ten *s.* teen.
ten = *to* den.
ten = et en (was) *i. e. es mit der part. en, in verneinenden satzen*.
tent, *n., zelt, T. linte, pauluyn, tentorium, P. tente*.
ter = *to* der.
tercenael, tersenael, *n., arsenal, rom arab, darçanah, sicil. tirzanà, vgl. Dietz. etym. wtrb I,* 34.
teten = te (to) eten.
tien, ztien, [zien] *praes.* zijd, *praet.* toech, toch, ztoch, tochen, toghen, ghetoegen, geztogen, *ziehen; mndl. tayen* non est *in usu sed trecken, ich tuye, ick tuich oft ik treck, je tiruis, ingetrokan, uditum, pergelam, vel trahelaum, part. getogen, getrucken; mndl. tiegen, tijen, tijgen, togen (toog, getogen)*.
tijt, ztijt, zijt, *pl.* tijden, tyden, ztijden, ztyden, zijden, *f., zeit, H. t:ijt*.
tland = et land.
to, zto, zo, *praep. u. adv., zu, vor conju-*

ratieen desto: nicht to myn nichts desto
minder; to liener, desto lieber. T. toe,
P. toe oft tho.
[tobrechen], praet. tobrach, part. tobraechen, zerbrechen, zerstören, S. 72
tobrecken, 37 thorbrueck.
[tocomen], part. praes. tocomend, part.
praet. togecomen, sich ereignen, geschehen, mndl. u. T. ankommen, zurechtkommen, nndl.
toel, m, zoll, P. u. T. tol
toenen, praes. toent, ztoent, part. ghetoent, getoent, gheztoent, ghezoent,
gezoent, zeigen.
toern s. taern.
togemest, part., zugemauert, s. gemest.
tohoeren, zugehören, P. tohooren.
tohouwen, zerhauen, mndl. S.I., IV, 566.
tomaechen, tomachen, bereiten, rüsten.
tomael, adv., zumal, T. tomail, S. 3
tomail, 236 tho mael.
[tonge], pl. tongen, zunge.
torijten, toriten, zerreissen, T. to ryten.
[toroepen], praet. to riep, zurufen, s.
roepen.
torrent, m., torrens, bach.
tot, praep., zu, bis zu.
[totuichen], part. totgtuicht, ausrüsten.
tovreden, adj., zufrieden, T. torreeden.
to weirs, adv., zwerch, quer?
[transfigureeren], praet. transfigureerde,
verklären.
translateert, part., übertragen.
trapp, pl. trappen, treppen, f., treppe.
trecken, ziehen.
[tred], pl. treden, tritt, schritt, P. tred,
m., trede, f.
[treden], praet. treden, treten, betreten.
tribuit, tribuyt, m., tribut, abgabe.
[troppete], pl. troppeten, trompete, T.
trompet, P. trompet oft tromete.
troslude, pl., trosleute.
trosman, m., dolmetsch, H. trutschman,
franz. truchemau.
trumpetet, n.?, das trompeten?
tuern s. taern.
turkie, turkye, turkien, Türkei, P.
Turckijen.
tusschen, tussen, tusche, praep., zwischen,
P. u. T. tuschen, S. 30 tuischen.
twe, ztwe, zwe, zw., zwei, T. tweie, P.
twee.
twede, tzwede, zw., zweite.
twelff, ztweelf, zw., zwölf, T. twelve, P.
tweelf, twelf.
twich, ztwich, m., zeug, P. tuych oft
gereeltschap.

Uch, pron., euch, H. u. Mund. I, 180.,
P. u. T. u.

vder, pl. vderen, schlauch; vdre dat sijnt
geyssen huyde vel wassers; H. 115.,
P. huyder, veder, vdder, Helffrich
reysb. 387 utres, nhd. euter.
vm s. om.
vmbauwet, part., rings umbauen.
vm dattet, conj., darum dass es.
vmgaen, part. vmgegaen, unsetzen (vom
winde), T. vmbgien.
vmganck, m., umfang.
vmme, praep., um, T. emb.
vmmegaend, part., ringsherum gehend.
vn, vnd, (en), praefix zur bezeichnung der
verneinung.
vnde, vnd, conj., und s. ende.
vnder, praep., unter.
vndiep, adj., untief, P. ondiep.
vns, pron., unser, P. onse, ons, onsen,
unser, noster, nostru, nostrum.
vntlauden, part., v. entbieden, entbieten.
vntfangen, praet. vntfanck, vntfingen,
part. vntfangen, empfangen, s. ontfangen.
vnthouft s. onthouft.
vntladen, abladen, P. ontladen.
vntsich, furcht, ansehen, ehrerbietung, P.
ontsuch.
vntsluten, part. vntsloten, aufschliessen,
P. ontsluyten.
vnveilich, adj., unsicher, P. onveilig.
vnvlaet, m., unflat, P. onflaet, onvlaet.
vnzwe, adv., entzwei, mndl ontwee.
vp, praep., auf.
vpclimmen, praet. vpclummen, in die
höhe steigen.
vpganck, m., aufgang.
vpgelacht, part., draufgelegt.
vpholen, aufholen, aufziehen.
vpperst, opperst, sup., oberst, s. opperst.
vprichten, praet. vprichten, aufrichten.
vpstaen, part. opgestaen, auferstehen.
vpstigen, hinaufsteigen, P. opstijgen.
vpvarunge, f., auffahrt, P. opvaeringe,
opvaeringe.
vpverstendenis, f., auferstehung.
vpwert, vpwertz, adv., aufwärts, P. opwaert, T. opwart, S. 112 optwart.
vr, f., stunde, horu, S. 213 uhre, H. vre,
vire, P. vre oft huere, stondt.
vschicks, uschijes, adv., sonder schick,
verkehrt? Oder zufällig, von ungefähr,
vgl. S.L. V, 74; vnschick.
wt, wtz, praep., aus, T., uyt, S. XIII
uit, P. wt.
vten, adv., aus, heraus, P. üt, ute, uten,
vgl. S.L. V, 146.
vterste, wtterste, dat, das äusserste.
wtgaen, n., das herausgehen.
wtgenamen, part., ausgenommen, P. wtgenomen.
wtroepen, ausrufen.

wtsetzich, adj., aussätzig.
uver, pron., euer.

Vader, pl. vaderen, veders, vater, P. pl. vaders, S. XV: vaderen.
faelt, f.?, kloster, s. anm. 461ᵃ.
[vallen], 2. pl. praes. valt, praet. viel, fallen.
[vangen], part. gevangen, gheuangen, fangen.
varen, 3 sg. praes. veirt, praet. voer, vuer, voeren, voiren, voren, fahren.
varuwe, varwe, f., farbe, T. rurwe, P. rerwe, verf oft verw.
vast, vest, adj., fest.
vaste, vaste, adv., nahe bei, dicht an, vgl. S.L. V, 209ᵇ.
vasten, praet. vasten, part. gefast, fasten.
vechten, fechten.
veel, vel, wel, veil, voel, zw., viel, P. reel oft vele, T. vele.
veer, verr, ver, verre, fere, adv., ferne, entfernt, mndl. verre oft verde, T. rere, verre.
vers, veirs, vers, adv., dass.
veerst, adj., fernste.
veil, adj., feil.
veirziende, zw., vierzehnte (S. 54 veir).
velt, n., feld.
veneciaen, adj., venezianisch, P. venetiaen.
ver, verr, verre, fere, vers s. veer, veers.
[veranderen], praet. veranderden, verwandeln.
verbaden, part., verboden, P. verboden.
[verbernen], praet. verbernden, verbrennen, mndl. verbernen, verbrunden.
vercleeren, praet. vercleirde, erklären, erläutern; T. vercleren, P. vercleren.
vercocht, vercoht, part., verkauft, P. verkocht u. verkoft.
[verderven], praet. verderff, part. verdornen, verderben, zerstören.
verdienen, (durch dienstleistung) erlangen.
[verdrinken], praet. verdrank, ertrinken.
verdriven s. vordriven.
[vergadern], praet. vergaderden, sammeln.
verguldt, vergult, part., vergulddet, P. vergult, T. verguldet.
verhalen, part., verhaden, verborgen P. verholen.
[verhangen], praet. verhinck, erhängen.
verhauen, verheuen, part., erhaben.
verhellen, erhellen, T. verheven.
veriaghen, verjagen.
verlaren, part., verloren, P. verloren.
verlies, m., verlust.
verlossen, praet. verloste, verlooste, erlösen, frei machen, entbinden (P. vrouwen van hare vruchte verlost).
[vermanen] praet. vermaende, ermahnen.
[vermanung], pl. vermanungen, ermahnung, mndl. vermaninge.
vermoden, vermoeten, vermuten, P. vermoyen oft vermoeden.
vermyeden, vermieden.
vernuemt, part. v. vernomen, vernamen, berühmt, S. 125 vernoemyd, vryt bekant, P. vernuemt.
verordelt, part., verurteilt, P. verurdelt.
verraden, part., verraten, T. verraiden.
verrisenisse s. vorrisenisse.
versakinge, versakinghe, f., versuchung, P. versueckinge, versueckinge, H. versuechung.
verseen, versien, versehen, providere, P. versien.
verslagen, erschlagen, aus dem felde schlagen, P. u. T. verslaen.
verslonden, part., verschlungen.
[verstoeren], praet. verstoerde, part. verstoert, verstoerd, verstuerd, zerstören, P. verstooren.
versuechen, part. versocht, erproben, zu erfahren suchen, besuchen, H. versoichen = brauchen, vgl. L. 111, 259.
versuekinghe, versuekinghe, f., besuchung, S. 273. versuekinge, P. besoeckinghe.
vertenacht, vierzehn tage; »bekanntlich rechneten unsere vorfahren nach nachtlen« S.L. 111, 147ᵃ.
vervallen, part., verfallen.
verveerlich, adj., gefährlich.
veruolch, n., gerichtliche betreibung einer sache, klage; vgl. P. sijn recht vervolgen, poursuivre son droict, experiri jure; u. S. 192 verfulgden . . . rp vere [vlyfftucht].
ervolgen] praet. vervolchden, verfolgen, persequi.
verwaer, voerwar, adv., fürwahr, T. voirwar.
[verwundelen], praet. verwandelden, übersetzen.
[verwecken] praet. verweckt, verweckten, verwechten, erwecken.
[verwijsen] part., verweis, verurteilt erklären, P. verwesen, verwijsen.
vesper, f., vorletzte kanonische stunde, 6 uhr abends.
vespernijd, — zijt, f., vesperzeit.
vesten, befestigen.
[vestigen], part. gevesticht, befestigen.
viant, viand, vyent, vyend, pl. vyende, feind.
viercant, vierkentig, viereckig.
vierdag, m., feiertag.
vierdel, viertel, T. rijrdel.
viertig, zw., vierzig, S. 49 vertych.
filsen, felsen, pl., felsen.

— 319 —

vind, m., *wind.*
vinden, *praet.* vand, vond, *part.* gevonden, ghevonden, *finden.*
vinger, m., *finger.*
vinster, vynster, n., *fenster.*
vinte, f., *zelt, vgl. L. III,* 899 *winde, zelttuch.*
vis, vysch, *pl.* vissen, m., *fisch,* P. *visch oft fisch.*
vismart, m., *fischmarkt,* P. *vischmerckt.*
visschen, *fischen.*
vleessche, f., *flasche,* T. *vlesch,* P. *flessche.*
vleys, vleisch, n., *fleisch,* T. *vleysch* P. *vleesch oft vleisch.*
vlien, *praet.* vlo, vlou, vluen, *fliehen,* T. *vlychen,* P. *vlien.*
vlieten, 3. *sg. praes.* vlut, *fliessen.*
[voderen], *praet.* voderden, *futtern* T. *ruderen,* P. *voederen.*
voefsich, *zw., fünfzig, mndl. u.* T. *rijftich.*
voer, voir, *prp., vor,* T. *voir.*
voerbi, voirby, *adv., vorbei.*
voeren, *praet.* voerden, *part.* gevoert, *führen* P. *vueren, oft vorren,* T. *voiren, S.* 7 *praet.* veurden, 11 *part.* gefuert.
voerleden, *part., vergangen, verflossen,* T. *verleden,* P. *voerleden, H. vorleden.*
voermals, voirmals, *adv., vormals, bevor.*
[voerseggen], *praet.* voersachte, *vorhersagen,* T. *vorseggen.*
voert = *vort et (dat).*
voert, woert, voirt, *adv., fort, ferner, weiter,* T. *vort, S.* 173 *voert,* 103 *fort.*
voerwert, *adv., vorwärts.*
voerzijden, voerziiden, voirziiden, voertiiden, voirtijden, *subst. u. adv. vorzeiten.*
voet, *pl.* voeten, vuete, m, *fuss,* T. *voit.*
voetsporen, *pl., fussspuren,* T. *voitspuir.*
voettreden, *pl., fusstritte.*
voirgeburcht, n., *vorstadt. frz. faubourg.*
voirsereven, *part., zuvorgeschrieben.*
volgen, *folgen.*
vollenbrengen, *praet.* vollenbracht, vollbrachten, *vollbringen,* T. *u.* P. *vollen oft volbringen, S. XIV* vollenbrengen.
volmacht, f., *vollmacht,* P. *volmackt,* T. *volmaret.*
volna, wolna, *adv., beinahe,* T. *veelnae.*
fontein, fonteyne, f., *quelle.*
vordeliet, *part. v. vordelgen, vertilgt (T. vordelgen,* P. *verdelgen).*
vorder, *adv., weiter nach vorn, vorher, früher* T. *H. foirder, forder.*
vordriven, verdriuen, *praet.* verdreef, *part.* verdreuen, *vertreiben.* P. *verdrijuen,* T. *verdriven.*
vorrisenisse, verrisenisse, f., *auferstehung (T. verrysyng der dueden), vgl. S.L. V,* 425ᵇ.

vraegen, vragen, *praet.* vraechde, *fragen,* T. *vraigen.*
frauken, vrouken, vrouchen, n., *frauchen,* P. *vrouken, H. fraugen.*
vrede, n., *friede.*
vridag, m., *freitag.*
vriende, *pl.* freunde, S. 35 *vriende,* 61 *vruynde,* P. *vriend.*
vroech, *comp.* vroeger, *adv., früh,* P.; T. *vroe.*
vroes, m., *frost,* T. *vorst,* P. *vorst quasi vrost.*
vrouwe, frouwe, fruuwe, fruuwa, frou, f., *frau,* T. *u.* P. *vrouwe.*
[vruchten], *praet.* frochten, *fürchten.*
fruntlich, *adj., freundlich,* T. *vruntlick.*
vullen, *füllen.*
fundieren, *part.* gefundiert, *fundamentieren, gründen, bauen.*
vuorst s. wuest.
vurig, *adj., feurig,* T. *vuyrich.*
vynsterchen, n., *fensterchen.*

Wacholzer, m., *wachholder (T. juniperus, eyn weckelerboem; wachel-, weckelleren).*
waechen, *wachen.*
waenen, wanen, woenen, wonen, *praet.* waenden, wanden, waent, woent, *wahnen,* P. *woenen, woonen.*
waer, *pron., wo,* T. *wair,* P. *wuer.*
waerachtig, *adj., wahrhaftig, Mundl. III,* 58, *H. waerafftich,* T. *wairuchtig,* P. *waerachtlich oft waerafftich.*
waerde, f., *warte u. wacht,* T. *warde, heide, custodia.*
waerscowen, *part.* gewaerscowet, *warnen, ermahnen,* P. *waerschouwen,* T. *warshouwen, warnen, animare vgl. Mundl. IV,* 273, 140. Kehr. *Nassau* 436, *Adel. wlbch.* 4, 1349.
wal, *adv., wol,* P. *wal, wel,* T. *wul, S.* 30 *wall,* 44 *wael,* 48 *wuell,* 156 *woel,* 7 *well,* 22 *wuil,* 63 *wuill.*
walveil, *adj., wulfeil.*
walvis, walvisch, m., *walfisch.*
wan, *adv., nur, ausser, als, als nur.*
want, went, *conj., weil.*
wapen, n., *waffe u. wappen.*
wapenen, *waffnen.*
wapenhuys, n., *zeughaus.*
warden, *praet.* waerden, *pflegen, acht haben.*
wartet s. werden.
waserborn, n., *wasserborn.*
waserput s. *waterput.*
wassen, 3. *sg. praes.* west, *praet.* wies, *part.* gewassen, *wachsen.*
wassen s. wasschen.
wast = *was et, war es.*
wat, waz, *pron., welches, was.*

water, wazer, waser, waster, n., wasser.
waterganck, m., wassergang, kanal.
waterput, waserput, m., wasserbrunnen.
wech, weg, wegh, m., weg.
weder, praep., wider u. wieder, T. weder, tegen, contra; weder ever, underwerff, aver, echter, rursum.
wederkeren, n., wiederkehr, rückweg.
wederstoet, m., widerstand, hindernis, P. wederstoed.
wedervaren, widerfahren.
wederumcomen, n., rückweg.
wedue, wesluwe, f., wittwe; T. wedewe, P. weduwe.
weeche, woeche, f., woche, T. weke.
weerde, f., wert.
weert, m, wirt.
weert = weere et, wäre es.
[weigern], praet. weigerde, verweigern, T. weygern, versaggen.
weijen, praet. weiden, wehen, T. weyen, winden, flare.
weinich, weynich, wenich, adv., wenig, T. wenich, weynich, S. 26 weinig.
weir s. wesen.
weirden, werden, T. werden.
weirliche, adv., wahrlich, T. werlicken.
wene, f., wahn, P. waen.
went s. want.
went, adv., bis, -- wan, wen te i. e. nur zu s. L. III, 684.
went, pl. v. want, wand.
[werden], praet. weert, wert, wart, worden, werden; wartet = wart et; werden im praet. in verbindung mit einem infinitive stellt lediglich das praet. des letzteren dar vgl. L. III, 776.
werk, n., kunstausdruck für güldene (al. silberne) einfassung von edelen steinen? [werken], praet. wrachten, arbeiten, P. gewracht).
werlt, f., welt, P. werelt, T. werlt, S. 173 werelt.
werm, adj., warm, P. werm oft waran, T warm.
werpen, praet. werp, worpen, part. geworpen, werfen.
wert, wertz, adv., wärts, P. waerts, S. herwarts, 271 staulwert, H. wart.
wes = was? s. 4.
wes, pron., wessen, dessen, deren.
wesen, praet. was, weren, conj. weir, part. gewoest, ghewest, gewesen, sein.
wesen s. weten.
wesen, n., art.
wesschen, waschen, wassen, praet. wiesche, woesse, waschen, P. wasschen, T. waschen.
weten, wezen, wesen, praet. wist, wissen.
weterchyn, n., wässerchen.

weteringe, wezeringe, f., wasserbehälter, T. weteringe, drencke.
wicken, pl., flügel des windmühlrades? T. wijcke der water moelen.
wider, adv., weiter.
wie, pron., wer.
wie dan, pron., wie beschaffen, welcher, Mund. III, 58 wegedan, woedan.
wier, pron., wir, T. wy, wijr.
wie wal, wo wal, conj., wie wol, S. 305 wie wuell, von Weig. II, 1115 erst aus dem j. 1482 belegt.
wijf, wijff, f., wiue, f., weib.
[wijsen], part. gewijst, gewijst, ghewijst, gewiset, gewesen, zeigen, weisen.
wijspenninghe, wise pennick, m., weisspfennig.
wijsselichen, adv., weislich, Pl. wijsselick.
will, willen mit um, um — willen, wegen.
wilche, f., woche, vorausgesetzt, dass kein schreibfehler vorliegt.
wilch, wich, die, dat wilch, pron., welcher, welche, welches, T. welck, P. welck, H. de wylche.
wile, f., weile, P. wijl, wile.
willen, 2. sg. praes. woltu, praet. welde, wolden, wollen.
wilternis, f., wüste, T. wyltenisse.
win, wyn, m., wein.
wingart, -garden, m., weingarten, weinberg.
winnen, gewinnen.
wint, wind, vind, wyn, m., wind.
wit, adj., weit.
wit, wyt, witt, wytt, wys, adj., weiss.
wor, pron., wie.
woeche s. weeche.
woenen, wonen s. waenen.
woestyn, f., wüste, T. wuestenye, wuestenye- P. woestenye oft woestijne.
wolna s. volna.
wonde, f., wunde.
wonder, n., wunder.
wonderlich, wonderlichen, adv., wunderlich, wunderbar.
wonderlicheit, f., merkwürdigkeit.
woninge, woninghe, f., wonung.
wrechen, rachen, Mund. III, 68b, P. u. T. wreken.
wul, adj., voll.
wuest, vuoest, adj., wüst.
wulfsel, n., gewölb, P. welfsel, camera, testudo, arcus, laqueus.

Yetlich, yettlich, ytlich s. itlic.
yetseligh, ytselig s. itselich.
yser, n, eisen.
yseren, adj., eisern.

Zalych, adj., selig, T. seluch, P. salich.
zee, see, f., see.

zeer, seer, *adv.*, *sehr*.
zegel, ztegel, *m.*, *segel*, T. *segel*, P. *segel oft seyl*.
[zel, ziel], *pl.* zelen, zielen, *f.*, *seele*, P. *zeel*, *seel*, T. *syel*, S. 7 *sele*.
[zien] *s.* tien.
zijde, zide, *f.*, *seite*.
zijt *s.* tijt.
zo *s.* to.
zoen *s.* soen.
[ztagel], *pl.* tzegel, *schwanz*.
ztegel *s.* zegel.
stende *s.* tant.
[ztoenen] *s.* toenen.
zto *s.* to.
ztovoirens, *adv.*, *zuvor*, S. 104 *to voerens*, 45 *tho voeren*.

ztwe, ztwede *s.* twe, twede.
ztweylf *s.* twelf.
ztwich *s.* twich.
zuytoest, *n.*, *südost*.
zuytside, *f.*, *südseite*.
zuytwert *s.* suytwert.
zwaer, zwar, *adj.*, *schwer*, T. *swair*, P. *swaer*, *swar*, S. 39 *swar*.
zwart *s.* zwert.
zwe *s.* twe.
zwerd, zwert, sweerd, sweert, *n.*, *schwert*, T. *swert*, P. *sweerdt*.
zwert, zwart, *adj.*, *schwarz*, T. *swart*, P. *swert oft swart*.
zwig, *m.*, *zweig*, P. *twijge oft twijch*.
zwin, *pl.* zwinen, *n.*, *schwein*, T. u. P. *swijn*.

WOERTERBUCH
ZU
HAGENS HODOPORIKA.

Ab, *adv., hinab, hinunter* 3. *Mund. III*, 488.
abenzeren, *abendessen.*
aber, *adv., wiederum.*
abhouwen, *abhauen.*
abrochen, *abgebrochen.*
ader, *conj., oder.*
albot, *alle bot, alle (gerichtlichen) aufgebote, jedes mal, immer, vgl. Mund. V*, 422, 24.
als, *alles,* 43.
alwegen, *allerwegen, immer.*
alwen == *alwegen, L. I*, 47 *alwen zuo.*
am, *im* 37, *beim* 43.
anbetten, *anbeten, vgl. Grm. I*, 293. *Schmeller-Frommann bayer. wtch. I*, 301.
anfohen, *anfahen, anfangen,* 3. *pr. vogt an* 10.
angesehen, *beabsichtigt* 43, *Grm. I*, 454, 8.
anlenden, *anlanden, Grm. I*, 390.
anrieffen, *anrufen, L. I*, 61 *anerüeffen.*
anstossig, *daranstossend, daneben.*
antlit, *antlitz,* 8., *L. I*, 81.
apostelen, *apostolen, apostlen, die apostel.*
arben, *die Arder.*
arschinal, *arsenal.*
aus, *als; Fr. mund. II*, 78, 27 *u. o.*

Balsam, *balsam.*
begrebnis, *f., grabmal, Grm. I*, 1305.
begriff, *m., umfang, Grm. I*, 1311.
begriffen, *enthalten, Grm. I*, 1309, 4.
behert, *gehört, L. I*, 156 *behoeren.*
beiten, *warten.*
beleit, *belegt, besetzt, L. I*, 171 *u. belegen.*
beltschier, *f., aufzand, pracht; das mit bel zusammengesetzte altfr. u. heutige lothring. chiere, antlitz, miene; bewirtung, gastmal, Dietz etym. wtch.³ I*, 111, *davon chierté, das bei du Cange-Henech. VII*, 94ᵒ *ràdepens, fruis: bedeutet; s. L. II*, 726: *bahier u. unten schier.*
bergel, *n., mhd. bergelin, kleiner berg.*

berget, *adj., mhd. berget, bergicht.*
berichten, *versehen, L. I*, 192 *mit d. sterbsacramenten versehen, Grm. I*, 1522.
berieffen, *L. I*, 199 *beruefen, berufen, zusammenrufen.*
berouben, *berauben.*
[beschehen] *praet. bescha, geschehen, L. I*, 203.
[besehen] *praet. besag* 18, *besehen, untersuchen, prüfen, L. I*, 212.
beschouwen, *beschauen.*
besteten, *mhd. bestaeten, bestätigen, confirmare, L. I*, 225, *Grm. I*, 1656, 3.
besunder, *adj., eigen.*
besunder, *adv., besonders, zumal.*
betten, 22. 34., beten 35, *orare, Grm. I*,
bi, *praep., bei.* [1696.
bichten, *mhd. bihten, beichten.*
bihel, *n., beil, L. I*, 271.
bildnis, *f., das bild* 3. 18., *Grm. II*, 20.
bliben, *mhd. beliben, praet. beleib.* 8. 10. *bleiben.*
bodem, *m., boden, Grm. II*, 208 f.
bomel, *baumöl.*
bouin, *m., pl. bome,* 63, *baum.*
boumol, *baumöl.*
boumwol, *baumwolle.*
brat, *m., mhd. braht, m. u. f., lärm, geschrei, B.M., mhd. wteh. I*, 243ᵃ *u. L. I*, 339, *nhd. die pracht, Weig. II*, 378 f.
bredig, *f., mhd. bredige, predige L. I*, 345, *prediget.*
brinnend, 18, brinen[d] 38, brinnend 7, brind 3, *brennend.*
brobender, *Braüanter, nass. browenner.*
bruchen, *brauchen, L. I*, 362.
bruck, *f., brücke, L. I*, 363.
buberi, *f., bubery,* 46. 48., *mhd. buoberie, L. I*, 385, *buberei.*
buw, *m., mhd. bû, bou, gen. buwes, L. I*, 375, *bau.*
buwen, *bauen.*

— 323 —

Capelle, n., kapelle, 23., sonst f.
capiteng, m., capitana.
cartone, f., mlt. quartana = viertelsbuchse d. h. kanone, kartaune, Weig. I, 764.
cost, m., aufwand, ausgabe, L. I, 1687.
costper, adj. 33, kostbar, mhd. kostbaere, gekurzt kasper, L. I, 1688.
creken, pl., Griechen 15.
crufft, f., 38, grufft, 39, gruft, mhd. kruft u. gruft, L. I, 1100.
curseyer, m., corsar.

Damaschten 4, damasten, aus it. damasco, damast, woraus niederrh. damaschwurde, Weig. I, 303.
dar, adv., da.
daraffter, praep., danach.
darfier, adv., dafür.
darfor, adv., davor.
darkommen, herunkommen.
darmit, adv., dabei.
darusn, adv., daheraus.
darvon, adv., davon.
deglichs, adv., täglich, L. II, 1391 tagetegeliches.
[deren], 3. sg. praes. derit, 17, gewähren? L. I, 411, dueren, deren? Grm. II, 1134 dieren?
dervon = darvon.
desche, f., tasche, L. II, 1405.
dester, adv., desto, L. I, 421.
defzwalb, 48, schreibfehler für: deshalb?
dichel, teuchel, wasserleitungsröhre, L. II, 1445.
[dicke], adj., oft, comp. zu dickeren mol, 49.
difel, m., teufel, L. II, 1448 tuvel, tivel, tiefel, tivel.
dilmesch, m., dolmetsch, L. II, 1460 tolmetze, tolmetsche.
din, adv., darin, 17.
dir, adv., 54 = dar.
disch, adj., deutsch 13, L. I, 443 diutisch, diutsch, dusch.
dischlachen, m., tischtuch.
ditsch s. disch 57.
donderstag, donnerstag.
dorin, adv., darauf, dabei.
dorvmb, adv., da herum.
dorufz, adv., daraus.
drab, adv., davon.
[dracht], pl. drachten, aufgetragene speise, gericht, gang, mhd. traht.
draczlich, adv., trotzig, mhd. tratzlich, L. II, 1499.
dragen, 3. sg. praes. dreit, tragen, Mund. V, 114, 7 drait.
[dreffen?], praet. 3. pl. drofen 53, treffen.
[dricknen?], praet. 3. sg. dricknet 30, trocknen.

drierley, adv., dreierlei.
drig, zw., drei.
drivaltikeit, f., dreifaltigkeit, mhd. drivaltecheit.
drowen, gedrowet 45, drohen, L. I, 469.
drufl, adv., darauf.
drufz, adv., daraus.
drurich, adj., traurig, mhd. trurec, truric, L. II, 1549.
druschelman, m., dragoman.
dunder, m., donner, L. I, 448.
durn, m., turm, L. II, 1582 duren.
dusit, zw., tausend.
dutsch s. ditsch u. disch.

Eb, conj., ehe, Mund. V, 408, 69 vgl. V, 258, 9 u. L. II, 128 ebbe = er.
eb, adv., eben?
eben, adv., sorgfältig, genau, L. I, 499.
ee, adv., ehe.
eefrowe, f., ehefrau.
ellenclich, adv., elendlich, erbärmlich, L. I, 540 u. ellendeclichen.
en, art., ein: en deil = ein teil, 43, en wenig = ein wenig 18.
enthoupten, enthaupten, L. I, 572.
entloffen, part., entlaufen, L. I, 1967.
enweg, adv., hinweg, 1.
erhaben, part., erhoben, 56, L. I, 635.
erlouben, erlauben.
erloupnis, erlaubnis.
erstmol, adv., anfangs, 12.
ertrich, n., erde.
erweschen, part., gewaschen, L. I, 696.
[essen], praet. 3. pl. ossen, essen.
essick, m., essig, 54, essig, Weig. I, 416.
etwan u. etwen, adv., vielleicht, ungefähr, L. I, 714.
eweg, adv., = enweg, s. Mund. IV, 282, 34; V, 509 5; VI, 108; II, 11. Stalder, I, 347, nass. ebenso u. ewig.

Falck, n., folck, volck, volk.
fast, adv., sehr.
fenedichst, adj., venezianisch.
fert, f., fahrt.
fie, n., vieh, L. III, 346 vihe, vie.
fieren, praet. fur, 18 führen, L. III, 557 vuorte.
[fierloufen], praet. fierlieffen, 46, verlaufen, L. III, 168.
[fige], f., pl. figen 18, feige.
figenboum, m., feigenbaum.
fil, till, adj., viel, L. III, 348.
fillerley, adv., vielerlei.
find, m., feind, L. III, 333 vint.
fir, f., feier, Weig. I, 444 verhein. fier, md. vier, mhd. vire.
firbas, adv., comp. firbasser, 26, mehr

21*

vorwärts, fürder, weiter, L. III, 589 vurbaz, vürbazzer.
fürderlich, adv., schleunig, alsbald, sofort, L. III, 595 vurderliche.
firen, adj., feurig, L. III, 379 viurin.
firter, adv., fürder, weiter, L. III, 594 vurder, vürder.
fleiderlin, flitter? od. federchen? vgl. rleier, fähnlein des banners L. III, 380 od. fleigerlin III, 394 = lunula?
flesch, f., flasche, L. III, 387 vlesche.
fochten, fürchten, part. geforgt 1.
for, adv., vorher, zuvor, L. III, 458.
forchten, mhd. L. III, 690 vorchten, fürchten.
forgewelbel, n., kleines vorgewölbe.
forhien, vorhien 19, adv., vorher.
fortel, mit f. = vorteilhaft, vorzüglich? vgl. L. III, 482.
frend, adj., fremd, 15, L. III, 500 frent.
frieg, adv., frühe.
fryheit, f., freiheit.
frintlich, adj., freundlich.
fritag, freitag.
fronaltar, m., hochaltar.
frowe, f., frau, L. III, 540 vrowe.
fruchtber, fruchtbar, L. III, 546.
furter s. firter.

Gart, m., garten, L. I, 740 garte.
gartner, m., gärtner.
gebuv, gebuwe, mhd. für gebiuwe L. I, 756, bau, bauwerk.
gedeifft, part., getauft, L. II, 1480 teifen.
geding, n., vertrag, L. I, 771.
gedrost, part., getrostet.
geferd, mit dat., versessen auf, mhd. geruere, mhd. gevere, L. I, 957.
gefergt, part., gefürchtet, Mand. III, 177, 62, nass.
gefietert, part., gefüttert, L. III, 577 vietern.
gegne, f., gegend, L. I, 779 gegene.
gehept, part., gehabt, L. I, 1133.
gehimels, n., ausgespanntes tuch, himmel, L. I, 790 gehimelze.
gehimeltort, part., ausgespannt? Die letzte sillie tort zu turnen, ternen = zudecken, verhüllen, L. II, 1406? od. terken = dunkelmachen B. M. III, 318? al. trechen = ziehen, schieben u. betrechen = beziehen, bedecken, B. M. III, 90? wol das letztere.
gehifz, n., hütte, L. I, 790 gehius, geheus.
gehorren, gehoeren.
gelesen, praet., 3 pl. gelasen, losen, L. I, 811.
gelidiget, part., erledigt, befreit, L. I, 1853.
geligen, zu liegen kommen, aufhören, sich legen, L. I, 817.

gelit, n., geläute, L. I, 820 geliute.
gelouben, zw., glauben.
gemir, n., gemäuer, L. I, 847 gemüere.
gemuset, part., gestohlen, L. I, 2258.
gen, gehen.
genod, f., gnade, gnad 24.
geschicht, n., die geschichte, mhd. L. I, 902 geschihte.
geschicklichkeit, f., kunstwerk.
[geschehen]. 3. sg. praes. geschiecht, 25, 3. pl. praet. geschohen, 8, geschoen 44, geschehen.
geschwistert, geschwister, L. I, 941 geschwisterde.
geschwunden, part., ohnmächtig, L. II, 1377.
gesegt, part., gesiet, L. II, 574 gesegt.
[gesehen], sehen, 3. sg. praet. gesach 5, part. praes. gesehen 41.
gesin, sein.
gesint, part., gesündigt, L. II, 1304 sinden (sünden, sunden).
gespannen, part., gespannt, 43.
gespiert, part., erforscht.
geste, pl., gaeste, L. I, 742.
gestract, part., gestreckt, L. II, 1228.
getter, n., gitter, L. I, 744 geter (gater).
gewaltlichen, adv., mit gewalt, L. I, 973.
gewasen, part., gewachsen, L. III, 643 gewahsen (gewossen).
gewehr, f., wehr.
gewelbel, n., kleines gewölbe.
gewencklich, adv., gewöhnlich, 81.
gewicht, part., geweiht, L. III, 882.
gewunnen, part., gewonnen.
gezanckt, gezänke, zank.
gezierde, f., schmuck, L. I, 1003.
gige, f., geige.
gleibich, 9, gleiblich, 54, adj., glaublich, L. I, 823 gelouhe u. gelouhlich.
gleselin, n., kleines glas.
glich, adj., gleich, L. I, 812.
glichen, gleichen, L. I, 814.
glouben, hylw. u. zw. = gelouben, glauben.
gnode, f., s. genod.
gon, 3. sg. praes. god 36, s. gen, notdurfft gon 48 = seine notdurft verrichten.
gotlich, adj., göttlich, L. I, 1054.
grag, n., grab, vgl. mhd. grucht = graben, u. Mand. IV, 421, 1°.
greck, der Grieche.
[greiffen, griffen]. 1. sg. greiff u. griff, 58, greifen, L. I, 1077 u. 1082.
griendouderstag, gründonnerstag 35.
grofze, f., grösse, L. I, 1095 mhd. groze.
gruselich, adj., grausen erregend.
gulden, adj., von gold.
gundel, f., gondel, venez. gondola, Diez etym. wb. II, 36.

Hallaparte, f., hellebarte, Weig. I, 675. I. I, 1241.
hand, inf. u. 3. pl. praes., halten.
hanthissen, pl., handkissen, L. I 1172 hanthulse.
[hantfol], 5 mit hantfollen, mit vollen handen, vgl. Grm. IV, 2, 422.
harfier, adv., hervor, mhd. hervur, har nebenform für her, L. I, 1251.
harnasch, m., harnisch.
harnoch, adv., hernoch.
harpfe, f., harfe.
harum, adv., herum.
harufz, adv., heraus.
hey, n., heu.
heidisch, adj., heidnisch, L. I, 1289, Grm. IV, 2, 840.
helg, m., heilige, Grm. IV, 2, 831, d.
helltum, n., heiligtum, reliquie, L. I, 1215 helltuom (heiltuom).
herbouke, f., heerpauke, Grm. IV, 2, 759.
herisch, adj., nach herren art. L. I, 1257.
herszcrafft, heeresmacht.
hert, adj., hart, L. I, 1265.
hefzlich, adj., hässlich, L. I, 1197.
hiele, f., hohle, L. I, 1341 hule.
hielz, kleine hohle? vgl. tirol. hilge, Mund. VI, 150?
hien, adv., hin.
hiengeleit, part., hingelegt.
hienin, adv., hinein.
hienweg, adv., hinweg.
hilezen, adj., holzern, L. I, 1382 mhd. hulzin, nel. hulzin.
hilen, heulen, L. I, 1309 md. hulen.
hinbafz, adv., hinfort.
hinufz, adv., hinaus.
hite, pl., häute, L. I, 1408 hiute.
hochdutscher, hochdeutscher, 1.
hofieren, aufwarten, dienen, L. I, 1371.
hoffstatten, pl., hofstatten.
hohe, f., hohe, L. I, 1323.
hor, n, haar, nass.
horen, hören, nass. Ahrgegend.
hossen, pl. hosen.
houpt, m., haupt, L. I, 1346.
[houwen], praet. hieg 57, hauen, L. I, 1357 hiuw, hieh.
hubsch, hupsch, hibsch, adj. hübsch L. I, 1367.
huff, m., pl. huffen 17, haufe, L. I, 1376 huffe.
huffschlock, m., hufschlag, L. I, 1391 huofslac.
hufz, n. haus.
hufzstat, f., hausstatte 40.
hytlin, n., kleine hutte.

Iber, praep., über.
iberet, part., überredet, bewogen.

iberkomen, überreinkommen, L. II, 1632.
iberufz, adv., darüber hinaus.
ierlicher, pron., jeglicher, L. I, 1414.
ietz, adv., jetzt, nass.
ilen, eilen.
ilens, adv., eilends.
imbefz 30, immefz 40, immes 21, imes 7, imetz 21, imbiss, essen, malzeit, fruhstück, L. I, 1429 inbiz, imbiz.
in. praep., nach 51, auf 51 in unsere costen.
inen, adv., innen.
ingeleit, part., eingelegt.
ingemurt, part., eingemauert.
ingesetzt, part., eingesetzt.
ingon, eingehen.
inhalten, enthalten, in sich begreifen.
inhin, adv., hinein 36.
inlossen, part. ingelossen, einlassen.
innen worden, part., innegeworden, L. I, 1439.
[inriten], praet. inreit, 34, einreiten.
insil, f., insel 17.
inwicklen, n., einwickelung.
ir, adj., irre.
iudisch, adj., jüdisch, L. I, 1486 iudesch.
junger, comp. c. june, jünger.

Kalben, m., kolben, keule.
kamen, 3. sg. praes. kumpt 18, praet. komen 12. 19., kommen.
kemeldier, n., kamel, L. I, 1545 kembel, kemeltier.
kilch, f., kirche, L. I, 1580).
kinen, 3. pl. praet. kunten, können, L. I, 1778 künnen.
kiniclich, adj., königlich.
kinig, m., konig, L. I. 1774 künic.
kinigrich, n., königreich.
kircheff, kirchhof.
kissen, 3. sg. praet. kussten 26 u. kisten 21, küssen.
kleffen, klappen 21.
knuwen, knien, L. I, 1649.
kouffen, kaufen.
kouffman schacz, m., handelsgut, L. I, 1686.
krebs, m., brustharnisch in plattenform, L. I, 1714.
krekisch, adj., griechisch.
kriechenland, Griechenland.
kriechisch, adj., griechisch.
kripf, kripff, f., krippe, L. I, 1734.
kum, adv., kaum.
kumerlich, adv., mit mühe, bedrängnis, kaum, L. I, 1767 kumberlich.
kurezlich, adv., kurz.

Latin, latein 39.
latinsch, adj., lateinisch.

ledigen, losbringen.
[legen], 3. sg. praes. leit, liegen.
leger, n., lager.
legern, sich, sich lagern.
lemlin, n., lämmchen.
len, lassen.
lenge, f., länge.
leniren, f., leinen.
lerman, m., lärm, Grm. VI, 2, 202 f.
lest, adj., letzt.
lew, m., löwe 52.
lib, m., leib.
lib- u. liphafftig, leibhaftig.
lichnam, m., leichnam, leib, körper, L. I, 1897.
liczel, adj., wenig, L. I, 1999 lutzel.
liden, leiden.
[ligen], 3. sg. praes. lit 2, 11, 3. pl. praet. logen, liegen.
lihen, leihen.
lite, pl., leute, L. I, 1942 liute.
liten, lauten, L. I, 1943 liuten.
logen grube, f., löwengrube.
losen, lösen.
lossen, lassen, 3. sg. praes. lot, 29.
louffen, laufen.
lowe, m., löwe.
lufſte u. liffte, pl. lüfte.
[luge], pl. lugen, lüge.
lugen, zusehen, lugen, L. I, 1987 mal.
lute, f., laute, guitarre.
luten, lauten.
luter, adj., unvermischt, bloss.

Man, m., mund.
marck, m., markt, L. I, 2049.
marmelstein, m., marmor.
me, adv., mehr.
melune, f., melone, L. I, 2097.
mendag, m., montag, L. I, 2098.
menier, f., manier.
mer, f., möre.
merteil, n., der mehrere, grössere teil.
mermelsteinen, adj., marmorn.
mettinzit, hora matutina.
michel, adj., gross.
miessen, müssen, L. I, 2217 muezen.
migen, mögen, können, L. I, 2118 mugen.
miglich, adv., möglich, L. I, 2119 müglich.
mil, f., meile.
[minch], pl. minch, mönch, L. I, 2229.
mincz, münze.
minder, adj., kleiner, L. I, 2152.
[missen], praet. misten, missen, L. I, 2160.
mit, f., mitte.
mulen, mulen.
monier s. menier.
morges, adv., morgens, L. I, 2199.

mumme, f., muhme, mutterschwester, weibl. verwante überhaupt.
mur, f., mauer.
muren, mauern.
murwerk, n., mauerwerk.
musen, müssen, 12, L. I, 2217 md. muzen.

Nachtmol, n., nachtmahl.
nacket, adj., nackt.
nafe, schiff.
nehe, adv., nahe, sup. neste, L. II, 19 nachen, 18 nest.
nestel, f., bandschleife, schnürriemen, binde.
nieman 61, niemans 32, niemass 62, niemand, L. II, 76.
nin, adv., hinein, 25.
nit, pron., nichts, adv. nicht.
noch, adv. u. praep., nach.
nohen by, adv., nahebei.
nug, adj., neu.
nugeboren, part., neugeboren, L. II, 89.

Oben, m., abend.
ober, adv., ober.
oberal, adv., überall.
obester, oberst.
obwendig, praep. m. d. dativ, oberhalb, L. II, 136.
onmacht, f., ohnmacht, L. I, 47 ämaht, ömaht.
on, praep., ohne.
ordelich, adv., ordentlich, L. II, 159.
orden, conj., oder 18; schreibfehler?
ort, n., ort.
ossen, pl., ochsen.
osterlamp, n., osterlamm.
ouch, conj., auch.
ougenblicklich, adv., augenblicklich.
ougenschinlich, adv., augenscheinlich.
ougst, august, L. II, 191.

Paner, n., banner.
partison, partisane, spiess mit breitem stecheisen, Weig. II, 307.
pfelen, pfühlen.
pfiffen, n., pfeifen.
pfiffer, m., pfeifer.
pfinstag, pfingstag.
pfriem, m., dolch? s. L. II, 263.
pfol, m., pfuhl.
pin, f., pœna, kirchliche strafe.
prouet, pl. prouetten, prophet.

Rechnen, 3. sg. praes. recht u. rechet, L. II, 360, rechnen.
reiber, m., rauber.
refuz, f., herabfallender Schleier, L. II, 458 rise.
rich, m., reich.
rich, adj., reich.

riegen, rudern, L. II, 528 rüejen, rüegen, ruegen, riegen.
rieme, m., ruder.
ristung, f., gerät zur abwehr, bzw. verrammelung der türe.
riten, praet. reit u. rit 47, reiten.
rodt, m., consilium, 15.
rot, m., concilium, 4.
rouben, rauben.
rouber, m., räuber.
ruch, adj., rauch, L. II, 519 ruch, ruwe, ru.
[ruck], pl. rucken, rücken.
rugen, part. geruget 37 u. geruwet 35, ruhen, L. II, 553.
rw = ru s. ruch.
ruwen, bereuen, L. II, 552.

Sanct drelgen, Sanct Aurelien.
sarck, m., sarg.
schalle, f., schale.
scharmige, schalmei, rohrpfeife, L. II, 645.
schicken, sich, sich bereiten.
schier, f., schmaus, gastmal, s. beltschier oben.
[schinen], praet. schein, scheinen.
schinbar, adj., offen, L. II, 748 schinbarre.
schlange, feldschlange s. v. a. slangenbüsse, eine art langer kanonen, L. II, 963. Müller-Mothes 407.
schliffen, praet. schloff, schlüpfen, L. II, 974 sliefen, slouf.
schloss, f. u. n., das türschloss.
schnidend, part. praes., schneidend.
schriben, praet. schreib, schreiben.
schrigen, praet. schrug, schreien, L. II, 797.
schucz, m., schuss, L. II, 837 schuz, schutz.
schuten, schitten, schutten, L. II, 833.
schwencket, das unterste im fass.
schweren, schwören.
schwiczer, schwizer, Schweizer.
seck, f., secte.
sege, f., säge.
segel, m., segel.
segen, sagen, part. geseit, L. I, 571, md. seggen, m., segen.
[sehen], 3. sg. praes. sicht, siecht, imp. sich 30, praet. sahe, sach, sohen 57, sihe, siehe 58, sehen.
seigen, part. gesoiget, siugen, L. II, 1069 saugen, seygen.
seit-, seittenspiel, n., saitenspil (sowol das saiteninstrument als das spielen darauf, L. II, 860.)
sell, pron., selb.
seltzem, adj., seltsam, L. II, 872 seltsaene.
sessel, m., sessel, L. II, 898 sezzel.
sichtig werden, sehen 51, L. II, 920.

siden, adj., seiden, L. II, 907.
silbermuntz, f., silbermünze.
sile, syle, f., siule.
sinden, sündigen.
sintern, f., cisterne.
site, f., seite, by sicz, beiseits, abseits.
[sitzen], praet. soss 32 u. sussen 46, sitzen.
sollich, pron., solch, L. II, 1053.
sorelich, soreklich, adj., gefährlich.
span, m., streit.
spangeler, spanger, spangert, spanieler, Spanier.
spis, f., speise.
spissen, part. gespisset, speisen.
studen, m., gestade, L. II, 1127.
stussen, 3. sg. praes. stosst u. stusset 16, stossen, L. II, 1218 stozen, stazen.
steg, f., treppe, stiege.
steinecht, adj., steinicht 46, L. II, 1164 steineht.
sterbet, m., sterben, tod, ansteckende krankheit, pest, L. II, 1179.
sternen, m., stern.
stieren, steuern, L. II, 1204 stiuren.
stigen, steigen.
stir, steuer, L. II, 1203 stiur.
ston, 3. sg. praes. stot u. stet, stehen.
stuck, n., stoff, gulden st. = goldstoff 4.
suchen, besuchen.
sule, siule, s. sile.
sumpff, trog; cotula, puteus quidam, zump Breeil. bei S.-L. 4, 469a. Offenbar das simplex von sumpfel, dem flüssigkeitsmasse, welches im weistum zu Manderfeld u. Aue (ortschaften im äussersten nordwest. des rgbz. Trier u. äussersten süden des rgbz. Achen, in ehemaligen besitze eines zweiges der familie Hagen) als 'ein viertel weins' haltend bezeichnet wird, Grm. weist. III, 832.
sundag, sonntag.
sunder, conj., sondern.
sunderlich, adv., insbesondere, vorzugsweise, L. II, 1308.
sunst, adv., sonst, ausserdem.

Thumher, domherr, canonicus.
tabernackel, n., baldachin.

Uber, iber, praep., über.
vberall, adv., überall.
vberch, adv., übrig, hinreichend, genug.
vberfallen, überfallen.
vberschlagen, berechnen, überschlag machen.
vberschuff, adv., oben über sich.
veh, pron., euch.
vff, praep., auf.
vffen, adv., hinauf, L. II, 1710 u. üfe, Mund. III, 488.

vfthouwen, *auflauen.*
vffgesazt, *part., aufgesetzt.*
vffsatz, *m., vorhaben, vorsatz.*
vffston, *aufstehen.*
vmb, *praep., um.*
vmbfallen, *umfallen.*
[vmbfangen], *praet.* vmbfing, *umfangen.*
vmbgen, *umgang halten.*
vmgon, mit, *jemanden übel behandeln.*
vmbkeren, *ruckweg, rückkehr.*
[vmblegen], 3. *p. sg. praes.* vmbleit, *umlegen.*
vmbmurt, *part., ummauert.*
vmhin, *adv., wieder zurück,* L. *II*, 1732.
vmkeren *s.* vmbkeren.
vndergon, *untergehen.*
vnflot, *m., unflat, schmutz.*
vngeferlich, *adv., ungefähr.*
vngessen, *part., ungegessen,* L. *II*, 1893 *ungessen.*
vngleibig, *adj., ungläubig.*
vfz, *praep., aus.*
vfzdrunken, *part., ausgedrunken.*
vssezig, *adj., aussätzig.*
vsserhalb, *praep., ausserhalb.*
vfzerlesen, *part., auserlesen.*
vsserthalb, *praep., ausserhalb.*
vfzfart, *f., ausfahrt.*
vfzfierung, *f., hinausführung.*
vfsgespant, *part., ausgespannt.*
vfsritten, *ausreiten.*
vfzschepfen, *ausschöpfen.*
vfzstigen, *aussteigen.*
vfzwendig, *praep. m. acc., auswendig.*
[vfzziehen], *praet.* vsszogen, *ausziehen.*
uwer, *pron., euer.*

Verbalsamen, *einbalsamieren.*
verdidigen, *abschliessen, festsetzen, festmachen,* L. *III*, 265 *vertagdingen, certedingen.*
verding, *m., vertrag.*
verdingen, *festsetzen, bestimmen.*
verdrostet, *part., vertröstet.*
vergult, *part., vergoldet.*
verheneknis, *verhängnis.*
verhieten, *verwahren, brauchen.*
verkinten, *verkünden.*
verkouffen, *verkaufen.*
verlegen, *m. acc., verhindern.*
verleucknet 38, verleucknet 33, *part., verläugnet.*
verloffen, *part., verlaufen.*
verlouffen, *verlaufen.*
vermögen, *vermögen.*
vermuren, *vermauern.*
[verschaffen], *praet.* verschuff, *abmachen,* L. *III*, 211.
verschlagen, *unterlassen,* L. *III*, 232.
verschmegt, *verschmäht.*

verschrenkt, *part., zusammengefügt.*
verschribung, *f., verschreibung.*
verspert, *part., eingesperrt.*
verspicz, *zu mhd. spaete, spade, mhd. spete, spaete, abendzeit, nachtzeit — also etwa: über nacht? Da die hs. r'spicz hat, so darf auch cier — verspicz gelesen werden.*
verwegen, sich, *sich kümmern,* L. *III*, 297.
verweget, *part., verweht.*
verwustet, *part., verwüstet.*
verzeren, *praet.* verzarten 49. 50., *verköstigen, verzehren.*
vesperzit, *abendzeit.*
vocht, *focht* 45, *furcht.*
voranhien, foranhien 57, *adv., voran.*
vorhien, *adv.,* 40, *vorher.*
vortun *f.,* fortun 54, fortuna 60, *sturm,* s. *Breydenbach itin. hierosolym. p.* 14: *'tempestas maris, fortuna appellata', du Cange-Hensch. III,* 377e.

Wamesch 8, wamwiss 6, *wams,* L. *III*, 666.
wan, *conj., als.*
wandeln, *wandern.*
wafx, *wachs.*
weder, *als dass (ee — weder),* Weig. II, 1060.
wegscheid, *f.,* 21, *scheideweg.*
wellen, *wollen.*
[werden], 3. *sg. praes.* wurt, *werden.*
[werfen], *praet.* wurf, *werfen* 55.
werlich, *adj., wehrhaft, befestigt.*
werter, *n., wetter, nass. werre.*
wesch, *f., wesche* (schoff-w.).
weschen, *part. gewaschen, waschen.*
wesseln, *wechseln,* L. *III*, 733 *wechseln.*
wib, *n., pl.* wiber, *weib.*
widerfart, *f., ruckfahrt, rückweg.*
widern, sich, *sich sträuben,* L. *III*, 883.
wiest, *adj. schlecht,* L. *III*, 981 *wüeste.*
wiher, *m., weiher,* L. *III*, 957.
wil, *f., weile, do wile, derweile.*
willlich, *adv., willig, gern.*
win, *m., wein.*
winacht, *f., weihnachten,* L. *III*, 816.
wifs, *adj., weiss,* L. *III*, 936 *wis.*
wifs, *adj., weise,* L. *III*, 957 *wi.*
wit, *adj., weit.*
wit, *f., weite,* L. *III*, 949 *wite.*
witers, *adv., weiter,* nit witers, *nichts weiteres* 20.
witnis, von witnis 19, *von weitem* L. *III*, 954 *witnisse.*
woll, *adv., wol.*
wortzeichen, *n., wahrzeichen,* L. *III*, 700. *vgl.* 980 *wortzeichen.*
wullen, *adj., von wolle,* L. *III*, 985.

Zamen, *adv.*, *zusammen*, L. *III*, 1096.
zauns = za uns, *zu uns*.
[zeher], *pl.* zeheren, *träne.* Mund. VI, 44.
[zerhouwen], *praet.* zerhiegen, *zerhauen.*
zerzerren, *zerreissen.*
zessen = ze essen, *zu essen.*
[ziehen], *praes.* 3. *sg.* zig 63, *praet.* zohen, *ziehen.*
ziginer, *Zigeuner.*
zimifz = ze imifz, *zum imbiss.*

zinden, *brennen.*
zinstag, *dienstag.*
zirkelwifz, *adv.*, *rundlich.*
zistern, *f.*, *cisterne.*
zit, *pl.* zitten, *zeit.*
zitlich, *adv.*, *oft*, *nass. zeitlich in derselben bedeutung.*
zoum, zom, *m.*, *zaum*, *zügel.*
zucken, *herausziehen*, *zücken.*
zusehelich, *adv.*, *zusehends.*
zwelff bot, *m.*, *apostel.*

DIE AEGYPTISCHE GOETTERSAGE
IN DER
CHRISTLICHEN LEGENDE.

Unter dieser überschrift fassen wir in einheitlicher darstellung die zu- bzw. ersätze zusammen, die sich uns nach abschluss des ganzen für die die heiligen: Onuphrius (Honofrius), Paulus von Theben und Katerina s. 84. 165. und 277 behandelnden anmerkungen ergaben. Die überschrift will demnach in dieser begrenzung gefasst sein. Wenn unter ihr gleichwol ein gewisses ganzes dargestellt werden kann, so kommt das daher, dass nicht nur die drei genannten heiligen miteinander Aegypten angehören, sondern auch untereinander in zusammenhang stehen. Wie nämlich die legenden des Onuphrius und Paulus nach unserem unten zu begründenden dafürhalten blutsverwandtschaft verraten als verschiedene bearbeitungen desselben stoffs und als kinder derselben mehr oder minder bewussten dichtung, so ist ihnen naturgemäss diejenige der heiligen von Alexandrien teils als ergänzerin ihres stoffs, teils als erzeugnis des in gewissem sinne unbewusst dichtenden kirchengeistes gesellt. In letzterer beziehung fehlt es sogar nicht an einem stufengang unter den dreien. Denn während wir von der zweiten legende mit sicherheit den erfinder als solchen mit namen zu nennen wissen, bildet die erste eine brücke zu der dritten, indem sie bei der namenlosigkeit ihres dichters erlaubt ein mittelding zwischen voll bewusster und halb unbewusster dichtung zu erblicken. Auch das trifft sich gut, dass ein chronologischer zusammenhang unter den dreien besteht. Auf den erweislich ältesten Onuphrius folgt Paulus, beide sichere angehörige des 4 jh.'s; Katerina als höchstens dem 5. jh. entsprossene schliesst den kleinen zug. Dabei sei nicht vergessen darauf hinzuweisen, dass der verschiedenheit der drei bei ihrer einheit auch dadurch rechnung getragen ist, dass die erste legende fraglichen, die dritte sichern ägyptischen ursprungs ist, die zweite dagegen weder einen ägyptischen verfasser hat, noch auf ägyptischem boden verfasst wurde.

Wenn weiter ausser der ägyptischen göttersage noch die asiatische und griechische an einzelnen stellen in den kreis der betrachtung gezogen werden muss, so verträgt sich auch das durchaus mit der überschrift, sofern die ägyptische mythologie tonangebend ist und die beiden letztgenannten nur da einsetzen, wo sich an die ägyptische gestaltung der legenden fremde weiterbildungen angelehnt haben. Denominatio fit a potiori.

Da ferner der verfasser bei der behandlung dieses seines gegenstandes noch mehr als bei den bezüglichen kleinern bemerkungen auf den vorangegangenen bogen dem verdachte ausgesetzt ist den protestantischen theologen ungebührlich vorschlagen zu lassen, so glaubt er an diesem orte ausdrücklich erklären zu sollen, dass er durch frühere eingehende studien zum zweck einer arbeit über die geschichte des sogenannten frommen betrugs in der kirche sich einigermassen in stand gesetzt meint erscheinungen wie die zu besprechenden, so viel es menschen möglich ist, geschichtlich auffassen zu können. Er verdankt den schriften über die hier in betracht kommende zeit und noch mehr denen aus ihr die überzeugung, dass der »fromme betrug« oder was dasselbe ist der grundsatz: »der zweck heiligt die mittel« der vergleichenden religionsgeschichte angehört, sosehr er auch ein urteil, wie das des gut tridentinischen vaters Melchior Canus zu würdigen weiss: »multo verius gesta philosophorum per Diogenem Laertium ad nostra tempora fuisse propagata, quam acta sanctorum: meritoque propterea perdere totam ecclesiam debere, quod tanta mendaciorum farrago illam premat et tantum non opprimat, ita ut tam luxuriosa ziziniorum fertilitas ipsam historicae veritatis segetem paene suffocarit,« Salig, de diptychis veterum. Halae magd. 1731. 289. Neuplatoniker wie Neupythagoräer haben mit den christlichen theologen und unter diesen wieder die schismatiker mit den katholikern gewetteifert im unterschieben und fälschen von schriften; und ihre vorwürfe bei gegenseitiger entdeckung des wahren sachverhalts flossen nicht aus der liebe zur wahrheit, sondern aus dem verlangen dem gegner zu schaden. Kein wunder, dass ein mann wie Chrysostomus der heiligen lüge unter dem beifall der zeitgenossen das wort reden konnte in seinem buche de sacerdotio. Kein wunder, dass ein Origenes harmlos erklären durfte, die allegorische auslegung der bibel sei die allein rechte, weil der buchstäbliche sinn des heiligen buches an vielen stellen die reine unsittlichkeit bedeute. Die legenden sind die apokryphen des biographischen teils der kirchengeschichte, erfunden wie diese, um einem vermeintlich heiligen zwecke und wäre es auch nur dem sogenannten erbaulichen oder gar nur dem der frommen unterhaltung zu dienen. Ihre herstellung aus der göttersage aber darf gewissermassen ein anderer ausdruck für den gebrauch des bekannten »raubes Aegyptens« heissen. Ja in manchen fällen konnte wol gar die wirklich fromme einfalt glauben, dass dieser und jener alte gott die heidnische weissagung auf eine christliche erfüllung sei. Warum ihn also nicht in christliches gewand kleiden? Wer aber sagt uns, wie viele heilige nur deshalb erfunden sind, weil man den als dämon gefürchteten gott sich auf diese weise verpflichten wollte und so dafür büssen musste, dass man zur verteidigung der christlichen wahrheit den euhemerismus zu hilfe gerufen hatte! Für die uns hier beschäftigenden legenden indes wird bezüglich der ersten beiden die bezeichnung frühmittelalterliche tractate ausreichen, die dritte dagegen wird man eine kirchenkalendarische und kirchengeschichtliche schutzschrift zugleich nennen können.

Schliesslich erinnern wir bezüglich der beurteilung unseres nachstehenden versuchs, an ein wort Heerens aus der vorrede zu seinen »ideen«: »wer da, wo nur wahrscheinlichkeit gegeben werden kann, gewissheit fordert, verkennt die natur des gegenstandes, wovon die rede ist«.

1. Onuphrius.

Die Bollandisten, diese vortrefflichen revisoren der heiligsprechungsprocesse, beschliessen ihr gutachten über die glaubwürdigkeit der vita dieses heiligen mit den worten: »Atque ita habemus pleraque hactenus incerta; habemus et nonnulla ad personam Paphnutii [des unbenannten erzählers der vita] ejusque narrationem spectantia, quae movebunt fortassis lectorem, ut non i(l)lico manibus pedibusque, ut dici solet, abeundum sibi putet in sententiam illorum, quamvis plurimorum, qui vitam illam sine examine alii ex aliis scripserunt ediderunive, tamquam probatissimam atque omni exceptione majorem. Eodem movere etiam poterit suspicio nostra, quam tamen pro suspicione tantum haberi velim, quod tota illa peregrinationis paphnutianae historia ex vitis patrum hinc inde consarcinata sit ab otioso quopiam, qui aut alienis actis e cerebro suo affinxerit certa nomina aut certis sanctorum ceterum obscurorum nominibus aliena acta applicuerit.« Act. ss. juni II, 522ᵇ. Wir dürfen es uns nach einem solchen urteil erlassen auch nur ein wort über die ungeschichtlichkeit der person des Onuphrius zu sagen. Der leser selber entscheide. Dies ist der inhalt der legende nach Rossweyde, vitae patrum 99—103.

Eine gewisser Paphnutius vom verlangen getrieben die wüstenmönche kennen zu lernen, begibt sich auf den weg in die wüste (ausserhalb Aegyptens nach dem zusammenhang). Bei wenig brot und wasser kommt er am 4. tage dem tode nahe, wird aber wunderbar gestärkt und wandert weitere 4 tage ungespeist. Jetzt abermals dem tode nah wird von himmlischer erscheinung hand und lippe ihm berührt und er wandert neubelebt 17 tage weiter ohne nahrung. Endlich ermüdet will er ausruhen, da sieht er einen mann von ferne nach art eines tiers am ganzen leibe mit haaren bedeckt und das haupthaar in solcher fülle, dass es den übrigen körper umhüllt; statt des kleides hat er nur einen schurz von laub und gras um die lenden. Er flieht, so entkräftet er auch ist von alter und entbehrung, zum nächsten berge, hört sich aber dort von dem wilden manne bei seinem namen gerufen, beruhigt und zu ihm gekommen dessen bericht: er heisse, wiewol mit unrecht, Onuphrius, lebe seit 70 (bessere lesart: 60 bei Simeon Metaphr., s. Rossweyde 104ª) jahren in dieser wüste, wohin er sich aus seinem kloster Hermopolim (a. lesarten: Ereti Hemepolitani, Thermopolis, eremus Thebanorum, Themopolis, Eremopolis, act. ss. ao. 530ª f.) in der Thebais eines tags begeben um das leben des Elias und des täufers Johannes nachzuahmen. Auf dem wege hierher sei ihm ein helles licht erschienen, das sich zu seinem erschrecken mit einem mal als wunderherrlicher mann und als engel gottes, ihm zum schutz gesandt, zu erkennen gegeben. Sechs bis sieben (act. ss. ao. 529ᵇ: 67) meilen seien sie hierauf zusammen gewandert und zu einer höhle gekommen, deren insasse (ms. leod.: de genere Sincharum, nomine Hermes) — vom engel ist nun keine rede mehr — ihn als mitgenossen im einsiedelleben begrüsst habe und 4 tage weiter mit ihm in die wüste gezogen sei zu dem orte Calidiomea. Dort sei er 30 tage bei ihm geblieben, habe auch später jedes jahr ihn besucht, bis er eines tags mitten in der begrüssung tot niedergesunken und von ihm begraben worden sei. Er (Onuphrius) habe dann ganz allein weiter gelebt und unsägliches erduldet. Ein engel bringe ihm täglich brot und wasser. Palmbäume in seiner umgebung, welche zwölfmal im jahre datteln hervorbrächten, böten ihm ihre täglich gesammelte frucht, die er nebst kräutern geniesse. An sonntagen, wie dies bei allen wüsteneinsiedeln der fall sei, reiche ihm ein engel unter beiderlei gestalt das nachtmal. Wenn er einmal menschen sehen wolle, werde er von engeln in den himmel entrückt zur schau der seelen der gerechten, wie dies ebenfalls seinen wüstengenossen begegne. Nach diesem bericht wird aufgebrochen zu der noch 3 meilen entfernten wohnung Calidiomea des Onuphrius. Beim sonnenuntergang bemerkt Paphnutius ein brot mit wenig wasser vor sich gesetzt. Das soll er geniessen nach des Onuphrius weisung, weigert sich aber, bis letzterer mit ihm teilt. Es bleiben sogar noch brocken übrig. Am nächsten morgen sieht der gast den wirt leichenblass und erfährt von ihm, dass er nun sterben werde. Ihm wird das vermächtnis, dass er das gedächtnis des sterbenden in der welt verbreiten soll; denn letzterem sei von gott gewährt, dass ein aus liebe zu ihm gebrachtes opfer den darbringer von teuflischer versuchung und menschlicher verkehrtheit befreie. Ein almosen in gleicher eigenschaft gewähre die seligkeit, dieselbe wirkung habe ein dreimal für ihn gesprochenes paternoster. Paphnutius soll nach Aegypten zurückkehren und dort für immer bleiben; hier sei keine stätte für ihn. Darauf wirft sich der sterbende weinend auf die knice, befiehlt seine seele gott, — ein glänzendes licht umgibt ihn, er ist vom fleisch erlöst. Die stimmen der die seele gen himmel tragenden engel werden laut. Paphnutius teilt seine tunica in zwei teile, umhüllt mit dem einen den leichnam und legt diesen in ein ausgehauenes felsengrab. Als er die höhle des verschiedenen betreten will, stürzt diese mit grossem getöse ein und die palmbäume fallen entwurzelt um. Paphnutius kehrt nach Aegypten zurück, Onuphrius aber starb am 11. juni (oder vielmehr, um das gleich hier richtig zu stellen, nach dem ältesten zeugen Simeon Metaphrastes: »erat autem dies sextus quidem decimus pauen, nonus autem junii mensis apud Romanos«, Rosaweyde 105 d. i. der heutige 21. juni).

So die legende. Besehen wir uns nun vor allem den mit dem bewusstsein von seiner bedeutung (ego, licet immerito, vocor Onuphrius) getragenen namen ihres helden, so ist zu bemerken, dass derselbe nicht weiter in der kirchengeschichte vorkommt, dafür um so öfter auf ägyptischen papyrus. Nach Parthey, ägyptische personennamen. Berlin 1864. 66 ist Ὀννωφρις und Ὀννώφριος das beiwort des gottes Osiris oder der name eines sohnes des Horus, der bekanntlich mit Osiris vielfach die stelle wechselt. Das ägyptische wort dafür lautet: Unnefer, Ouônnofre und wird von Lefébure, études égyptologiques. 4. livraison. Paris 1875. 132 mit vérédique, von Wilkinson-Birch, the manners and customs of the ancient Egyptians. London 1878. III, 70 mit »the opener of good« und von Pierret, le panthéon égyptien. Paris 1881. 48 und 56 mit »l'être bon« übersetzt.

Wie nun, wenn nomen und numen dasselbe wären? In der tat, der gott Osiris ist ein gleich haariger geselle. Denn Diod. Sic. I, 18 berichtet von ihm, dass er beim antritt eines zugs nach Aethiopien gelobt habe das haar bis zur rückehr wachsen zu lassen, was von da ab sitte der reisenden Aegypter geworden sei. Zieht man aber den vollkommenen tiermenschen vor, so weiss der papyrus Sattlier rat, der unter dem 25. pharmuti (5. mai) in dem bekannten Osiriskasten statt des Osirisleichnams einen affen gefunden werden lässt, vgl. Lefébure 208. Auch Osiris-Lanus kommt einige mal in dieser gestalt vor, wo er die untergegangene sonne bedeuten soll, ebend, 210.

Auch das, dass Onuphrius, als er von Paphnutius gefunden wird, ein 70-, nach dem martyrol. roman. und dem menol. graec., wie nach Petr. de Natalibus, cat. sanct. ein 60jähriger greis ist, stimmt mit der Osirissage.

Einen greis nennt Osiris der angeführte kalender Satliers bei Lefébure 208 und Macrobius Saturn. I, 18 hat die gleiche benennung.

Fasst man die 70 oder 60 jahre als ebensoviel tage, die der gott fern von Aegypten in der äthiopischen einsamkeit als das verbringt, was er nach altem zeugnis ebenfalls gilt — als Nil (vgl. Euseb. praep. evang. 3, 11, Plutarch. de Iside et Osiride 32 f. und Jablonski, pantheon Aegyptiorum, Francof. ad Viadram 1750, I, 127), so ergibt sich dies. Nach der legende stirbt Onuphrius am 21. juni neuen stils. Von da 2⅓ oder 2 monate zurückgerechnet kommt der 10. oder 20. april als derjenige zeitpunkt zum vorschein, welcher den Nil im beginne seines tiefsten ägyptischen standes zeigt. Insofern nun das erste steigen des Nils in Chartûm ende märz, in Dongola ende mai bemerkt wird, dagegen in Oberägypten erst am 20. juni eintritt und gar erst ende juni das Delta erreicht, kann man wol diese zeit den tod des Nil-Osiris wie seine erlösung aus todesbanden nennen. Der niederste wasserstand ist zu dieser zeit erreicht und gleichzeitig überwunden. Deshalb das von Seneca natural. quaest. 4, 2 geschilderte fest an den »venae Nili« unfern Philae, bei dem die priester münzen, der praefect goldne geschenke in den Nil warfen.

Eine gewichtige stütze für diese unsere deutung finden wir in der angabe der zahl der tagereisen des Paphnutius. Sehen wir uns diese $4 + 4 + 17 = 25$ tage schärfer an, so haben wir in ihnen ziemlich genau die länge Aegyptens bezw. des Nils in tagereisen ausgedrückt. Denn diese beträgt rund 100 geographische meilen (genau 7 grade 30 minuten, Ritter, erdkunde I, 835, d. i. 112 geographische meilen), auf eine tagereise aber gehen nach Vegetius bei Raumer, Palaest. 21 etwa 160 stadien oder 4 geographische meilen. Was aber noch bezeichnender ist, die drei zahlen entsprechen in ihrer reihenfolge und in ihrem verhältniss zu einander je der länge von Unter-, Mittel- und Oberägypten, das der Aegypter Ptolemäus 4, 5 in dieser dreiteilung kennt: Unter- und Mittelägypten etwa je 4, Oberägypten mehr als das doppelte der beiden, d. i. 17 tagereisen lang. Dazu hat die wüstenwanderung ihren sinn, sofern zur zeit des tiefsten standes des Nils das land wie eine wüste durchglüht ist. Und dürfen wir das ausserhalb der Thebais befindliche Hermopolim (Hermopolis?) aus Hermonthis entstanden denken, so würden von da aus nach der südgrenze Aegyptens ziemlich genau die 4 tagereisen und 67 milliarien d. i. $16 + 13⅔$ geographische meilen, welche Onuphrius von seinem kloster in seine einsiedelei gewandert sein will, herauskommen.

Dort auf der grenze zwischen Aegypten und Aethiopien wird dann auch das felsengrab des Onuphrius zu suchen sein. Dort zwischen Philae und Syene, wenn man nicht schon Philae selber wählen will, wo das berühmteste grab des Osiris lag, vgl. Ritter I, 681; ἐν ἀβύσσοις (Herod. II, 28), im felsenbett, »schläft Osiris«, hat er sein grab, wie Creuzer, symb⁴. II, 33 und Ritter I, 688 sagen, während des tiefsten Nilstandes und dort entsteht auch die »magna ruina«, wenn der schwellende strom mit donnergetöse durch die katarakte stürzt. Die wunderpalmen, die dann mit begraben werden und nach Horapollo I, 3 das jahr bedeuten, weil die palme bei jedem mondanfang einen neuen zweig treibe und so das jahr durch 12 zweige (hier früchte) genau bezeichne, deuten an, dass wieder ein Niljahr herum ist, und sind nebenbei bemerkt, vermöge ihrer rein sinnbildlichen natur die hervorstechendste probe ägyptischer denk- und ausdrucksweise in der ganzen legende.

Und Paphnutius, der bestatter des Onuphrius und ausrichter seiner befehle? Das wort bedeutet divinus nach Parthey, vocab. copt.-lat. Berol. 1844, 128, genau genommen, wie wir sehen, zu gott gehörig, denn pa = qui pertinet ad aliquem und phnouti (noute, nout) = deus, und ist ein häufig vorkommender personenname. Könnte also wie Makarios ein gewöhnlicher mönchsname sei. Aber Wilk.-Birch III, 157 lässt Anubis dargestellt sein als »the divine embalmer of his father Osiris«, da er auch sonst »the god of embalming« ist. Ebenso ist es Anubis, der seinen vater suchen hilft, freilich bei einer andern gelegenheit, und den Apulejus metam. 11 dolmetsch der himmels- und unterweltsgötter nennt. Sollte er unserm legendisten vorgeschwebt haben?

Für die übrigen figuren und angaben der legende haben wir freilich erst recht kein unterkommen im mythos. Aber wer sagt uns denn auch, dass wir die urlegende besitzen, da uns die acta ss. nicht weniger als 4 zum teil erheblich von einander abweichende texte bieten? Und wenn wir die urlegende haben, kann der ohnehin nichts weniger als grosse dichter derselben nicht aus der rolle gefallen sein? Gibt's nicht bedeutungslose staffage oder aber staffage zur verdeckung?

Dass wir im ganzen auf der richtigen fährte sein dürften, scheint uns eine beinah stilgerecht zu nennende, die jugend unseres heiligen erzählende zugabe zur legende in der vita Onuphrii, wie sie in dem nach dem heiligen genannten kloster auf dem Janiculum in Rom sich vorfand, ausser frage zu stellen. Den Bollandisten erschien dieselbe so verächtlich, dass sie uns nur ihren inhalt in kurzen worten gönnen. Der aber ist act. ss. ao. 521ᵃ: Onuphrius, der sohn eines Perserkönigs, ward seinem vater vom teufel verdächtigt einem sklaven zu entstammen; ins feuer deswegen geworfen, kaum eben geboren, wird er demselben unverletzt entzogen, weil inzwischen ein engel den vater wegen seines ungerechten argwohns belehrt hat. Das kind wird getauft, Onuphrius genannt und vom vater nach

Aegypten gebracht. Eine hirschkuh tränkt es unterwegs und versieht dies amt weitere drei jahre, während der säugling in einem kloster untergebracht ist. Schon als 7jähriger knabe ist er hier gegenstand des staunens der mönche und wird deshalb 8 jahre alt zum klosterabt erwählt. Das der bericht.

Und das sollte nicht eine, noch dazu mit nichten ungeschickte benutzung des teils der Isissage sein, die nach Plut. d. Is. 15 f. in Byblos spielt? Dort, wo die ihren Osiris suchende göttin im hause des königs Malkander und seiner gemahlin Astarte den sohn beider säugt, indem sie ihm bloss den finger in den mund steckt, und ihm nachts, was sterbliches an seinem leibe war, verbrannte, bis die dazu kommende mutter durch ihren aufschrei das geschäft stört und so die unsterblichkeit ihres kindes verhindert? Aber ein persischer könig? Freilich, denn die sidonisch-karthagische Urania oder Astarte ist die spätere assyrisch-persische Tanais (Anahita), die griechische Artemis persica, die hebräische Melechet (vgl. Movers I, 619 u. grf. Baudissin, stud. z. semit. religionsgesch. Leipz. 1878. II, 210) und dieser ist die hirschkuh heilig (ebend. 407. 423). Ebenso im rechte ist aber auch jene andere act. ss. ao. 520ᵃ verzeichnete nachricht, dass Onuphrius auf dem seinen leichnam einschliessenden silbersarge in der Paulinuskirche zu Sutera in Sicilien »ex traditione filius regis Aegypti« genannt werde. Denn unter diesem namen ist offenbar der von Byblos mitgebrachte königssohn Maneros zu verstehen, der nach Herod. II, 79 τοῦ πρώτου βασιλεύσαντος Αἰγύπτου παῖς μονογενής ist, der vielbeweinte, dem der Aegypter klagelied galt, wie dem Adonis das Linoslied, dessen ägyptische übertragung jenes war; und der selber Osiris-Adonis ist, wie Isis-Astarte-Urania-Anahita — in der »götterdämmerung« des kaiserlich-römischen Pantheons verlieren ja die göttergestalten ihre festen umrisse und fliessen ineinander — schwester, gattin und mutter ihres Osiris sein muss. Auch der argwohn des königs bezüglich des richtigen geblüts seines erben war berechtigt, denn zu ihm sass dem dichter der über Rhea, die Mutter des Osiris, fluchende Helios wegen deren verbotenen umgangs mit Kronos, und der allzeit hilfreiche ἄγγελος Hermes musste es sein, der den fluch im recht eigentlichen sinne spielend zu nichte zu machen verstand, vgl. Plut. ao. 12. Gewiss, der dichter dieses stücks des lebens des Onuphrius hatte verständnis für seinen helden und ist unser bester erklärer der legende.

Aber auch die wirkliche volksmässige sage — das ist bis jetzt noch von niemand gewürdigt worden — muss unsern Onuphrius in arbeit genommen haben. Obgleich nämlich der heilige niemals seinen fuss über's meer gesetzt und bei seinem tode auch seine höhle zu schanden ging, so begegnen wir ihm recht als einem deus ex machina seit dem 15. jh. im Legà-tale zwischen ģebel Mûsa und ģebel Katherin. Dort im obern teil des gartens des el Arba'in-klosters unfern dem Sinai fanden die pilger des gedachten jh.'s seine höhle und Ebers, durch Gosen etc. 343 gedenkt noch im jahre 1870 der »winzigen grottenbehausung, in der dieser ascet eng genug gewohnt haben muss.« Dem trefflichen lesemeister der ulmer Benedictiner Fabri (II, 480) fällt dabei so wenig ein, dass er nur das nochvorhandensein der höhle damit erklären zu müssen meint, dass die »magna ruina« bloss das tugurium vor derselben getroffen habe!

Wie nun war ein solcher ortswechsel möglich? Wir denken so. Von Aegypten aus ist erwiesener massen die Sinaigegend zuerst mit mönchen bevölkert worden. Und geschah dies auch nicht, wie Robinson I, 200 meint, schon im 3. jh. durch die vor ihren verfolgern fliehenden christen (Euseb. hist. eccl. 6, 42), denn die suchten nach Closs, Euseb. kg., deutsch. Stuttg. 1859. 234 richtiger bemerkung ihre zuflucht auf dem heutigen dschibbel Mokkatem im arabischen Aegypten, nicht auf der arabischen Sinaihalbinsel; so ist doch der ägyptische anachoret Silvanus um 365 als erster uns bekannter bewohner des Sinaigegend zu betrachten und noch um 570 findet dort — wenn wir ihm trauen dürfen — der verfasser der »perambulatio locorum sanct.«, Antoninus Martyr bei der stadt Pharan weiber und kinder »lingua aegyptiaca psallentes antiphonam: benedicti vos a domino etc.« (c. 46). Durch solche Aegypter ist die ohnedies kaum in ägyptischem boden wurzelnde legende hierher vertragen worden. Wie früh, wer vermag das zu sagen? Eine recht plumpe literarische verpflanzung fand aber ohne nennung des heiligen in jener bei den Bollandisten ao. 523 ff. mitgeteilten form der legende statt, in welcher von Raithu ein mönch zum suchen des ungenannten, aber unstreitig gemeinten Onuphrius sich aufmachte und ihn in 4 tagereisen fand, den er in einer erreichen musste; denn weiter ist Raithu oder was dasselbe Tôr nicht von der höhle des Onuphrius entfernt; wird doch auch wol das bei Parthey, voc. copt. 509 verzeichnete *Hraithou* Hraitus in praefectura Gabalonis (jetzt Gebalijeh? vgl. Ebers 295 ff.) dasselbe sein, da ein anderes kloster Raithu sonst nicht vorkommt, vgl. Ebers 590. Dass in wahrheit bei dieser verpflanzung der legende Osiris die Isis zur abwechselung suchte und fand wird uns die dritte legende klar machen.

Hier nur noch dies, dass in Deutschland die bekanntschaft mit dem heiligen kaum im 15. jh. durchgedrungen erscheint, da er unter den drei alten kalendarien bei Weidenbach, calend. hist.-christ. medii et novi aevi. Regensb. 1855. 99 ff., selbst in dem von 1452 noch nicht verzeichnet ist. Auch schwankt sein kalendertag: die heutigen Griechen feiern den 12., die Lateiner den 11. juni; im Elsass galt ehemals der 17., vgl. acta ss. ao. 519*; in Mainz und Constanz der 15., in Basel der 13., in Strassburg, Augsburg und Bamberg endlich der 10., vgl. Grotefend, hdbch. 138.

2. Paulus von Theben.

Den dienst, welchen uns die väter Jesu beim Onuphrius so wesentlich erleichtert hatten, nimmt uns bei dieses heiligen leben die ausgezeichnete schrift Weingartens, deren wir oben s. 84 a. 47 gedachten, ganz ab. Wir haben den wohlbegründeten worten derselben s. 6: »in einer ernsten geschichtsschreibung darf von Paulus von Theben als einer geschichtlichen persönlichkeit nicht mehr die rede sein« nichts hinzusetzen. Unsere aufgabe hier soll nur sein nachzuweisen, wie der erfinder dieses ersten eremiten zu seinem stoffe gekommen und woher er ihn genommen hat. Zu dem ende erzählen wir noch einmal in der kürze Hieronymus, dem erfinder, bei Rossweyde 17—20, nach.

In einem kurzen vorwort berichtet derselbe zuvörderst, dass einige dies und das bereits über Paulus gefabelt hätten, namentlich dass er behaart bis zu den füssen in einer höhle unter der erde gelebt und ähnliches ungereimte. Da nun schon über den heiligen Antonius griechisch und lateinisch geschrieben sei, so unternehme er es das gedächtnis des ersten eremiten zu erneuern. Dieser habe als etwa 15jähriger die christenverfolgung unter Decius und Valerian in der untern Thebais erlebt, wo er nach dem tode seiner eltern mit einer verheirateten schwester sesshaft gewesen sei. Da er ein reiches erbe besass, so trachtete der schwager danach dies an sich zu bringen durch überlieferung des Paulus an die feindliche behörde. Das merkte der bedrohte und weil nicht bitten noch tränen der schwester den sinn des gatten wenden konnten, so floh er in die berge, gewinnt das einsame leben lieb und richtet sich in einer höhle ein, die er von aussen mit einem stein verschlossen gefunden hatte, hinter dem in einem von oben offenen vorraum beschattet von einer alten palme ein alsbald wieder verschwindender quell zu tage tritt. Die palme speist und kleidet ihn, und hier war er bereits 113 jahre alt geworden, als der 90jährige Antonius auf den unbescheidenen gedanken kam, der vollkommenste wüstenmönch zu sein. In einer nacht ward er aber eines bessern belehrt und geht nun aus, den vollkommneren zu suchen. Um die mitte des tags begegnet er einem pferdemenschen, einem »hippocentauren der dichter« und ward von diesem über den weg belehrt. Nach einiger zeit trifft er auf ein menschlein mit aufgestülpter nase, hörnern an der stirne und geisbeinen statt der menschlichen. Beschenkt mit palmfrüchten erfährt er von diesem, dass er zu den bewohnern der wüste gehöre, welche die beiden irriger weise faunen und satyrn nännten. Seines zeichens sei er hirte. Antonius solle für ihn beten. Das rührt diesen bis zu tränen. Auch hier auf den rechten weg gewiesen, sieht er im zwielicht des dritten morgens eine vor durst lechzende wölfin dem fuss'eines bergs zuschleichen. Er bemerkt dort eine höhle und naht sich derselben, als das tier sie verlassen. Mit leisem schritt und angehaltenem atem dringt er vor, vernimmt einen laut, sieht auch einen lichtschimmer, strauchelt aber und hört nun, wie der heilige höhlenbewohner Paulus, das ziel seiner reise, die offengebliebene türe verschliesst. Bis zur 6. stunde bittet Antonius vor letzterer vergeblich um einlass, als er endlich erklärt nicht weichen zu wollen bis zu seinem tode. Der heilige öffnet und schliesst Antonius in die arme. Sie sitzen nieder und während ihrer frommen unterhaltung bringt ein rabe ein ganzes brot. Das veranlasst denn den wirt zu erzählen, dass er seit 60 jahren nur die hälfte eines solchen gekriegt. Sie setzen sich (obgleich sie noch nicht gestanden hatten) an den rand der quelle und streiten sich bis zum abend in heiliger demut, wer das brod anbrechen solle, über das sie bereits die danksagung gesprochen. Endlich die übereinkunft, dass man durch gleichzeitiges ziehen in entgegengesetzter richtung sich sein stück verschaffen wolle. Nach dem mal weiteres frommes gespräch die ganze nacht lang. Am morgen bericht des Paulus, dass er heute sterben werde. Antonius solle zur verhüllung seiner leiche das ihm von Athanasius anvertraute pallium holen. Stumm vor erstaunen über dies himmlische wissen und unter strömenden tränen eilt der gebetene zu seinem kloster zurück. Als er am nächsten morgen zurückkehrt, hat er schon unterwegs die erscheinung des unter dem haufen der engel, propheten und apostel strahlenden glanzes schreitenden heiligen. Er eilt wie im vogelflug vorwärts, findet den entseelten leib in betender stellung, sodass er ihn für lebendig hält und mit betet; bemerkt nachträglich den irrtum und will nun den inzwischen eingehüllten leichnam bestatten, als er zu seinem leidwesen inne wird das nötige grabscheit vergessen zu haben. Doch kaum ist ihm das klar, so stürzen aus der hintern höhle zwei löwen hervor, stellen heulend ihre totenklage an, scharren im sande ein grab und lecken dann gebeugten nackens dem erschreckten Antonius die füsse, sodass der merkt, sie begehren seinen segen. Der wird ihnen, sie werden entlassen, der leichnam beerdigt und das selber verfertigte palmblätterkleid des verstorbenen als heiliges kleid für oster- und pfingsttage mit von hinnen genommen.

Man sieht auf den ersten blick, dass diese erzählung die sprechendste ähnlichkeit mit der vita Onuphrii hat. In beiden das suchen nach einem

unbekannten einsiedel auf gut glück, in beiden finden eines hochbetagten
grabreifen greisen. Beide male die sucher bestatter des gesuchten und
zeugen seiner verklärung. In beiden wunderbare palm- und brodspeise des
weltentflohenen, in beiden edler brotwettstreit. Auch die Thebais muss
für beide herhalten und die leichenverhüllung. Selbst die tierischen toten-
gräber finden sich wie hier, so wenigstens in einer leidener handschrift
der vita Onuphrii, vgl. Rossweyde 105^b und Peter de Natal. V, 86^b.

Zufall ist das selbstredend nicht. Hier kann es sich nur um original
und copie handeln. Und wo die letztere zu finden, bleibt keinen augen-
blick mehr fraglich, wenn man die märchenhafte unbestimmtheit von zeit
und ort im leben des Onuphrius neben den versuchten geschichtlichen
aufputz des hieronymianischen heiligenlebens hält; wenn man die keinen
zweifel des lesers kennende unbefangenheit jener gegen die beständige
rücksichtnahme dieses auf bedenkliche mienen ins auge fasst. Von dem
geschichtlichen aufputz hat Weingarten ausgiebig geredet. Wir widmen
der verdächtigen apologetischen gebahrung unsers autors ein wort. Bei
dem aufmarsch des hippocentauern wird deckung des schlechten gewissens
hinter der bemerkung gesucht, es bleibe dahin gestellt, ob dies wesen der
teufel oder ein ungeheuer der an solchen so reichen wüste gewesen sei.
Beim geissfüssler dagegen wird mit dreister stirne ein ähnliches angebliches
naturwunder aus Antiochien verschrieben und bei der fabelhaften palm-
baumnahrung gar »Jesus und die heiligen engel« zu zeugen angerufen,
dass ein klausner der syrisch-sarazenischen wüste 30 jahre lang bei wasser
und brod und ein anderer — wir kommen nachher auf ihn zurück —
daselbst mit nur fünf täglichen feigen ausgekommen sei. Dazu diese ge-
spreizte und gesuchte darstellungsweise, die leider unsere inhaltsangabe
nicht wiedergeben konnte. Kurz, die zweite auflage des Onuphrius ist
nicht zu verkennen. Das einzusehen, hat übrigens auch der verfasser schon
dadurch bewirkt, dass er von einem übelgeratenen haarigen doppelgänger
seines helden zum eingang seiner erzählung spricht. Das kann doch nie-
mand anders sein als unser Onuphrius, da es ausser diesem in der ganzen
heiligengeschichte, wie Rossweyde 22 und die act. ss. jan. I, 604^b wissen,
nur noch einen solchen naturwüchsigen heiligen gibt in der person des
Macarius Romanus. Aber dessen leben hat sonst nicht die entfernteste
ähnlichkeit mit dem des einsiedels von Theben, wenn es schon seines
gleichen sucht, selbst nach dem geschmack der genannten heiligenleben-
sammler, an dichtung von unglaublichem (»fingere incredibilia«) und selbst
die von Hieronymus gebrandmarkten »unverschämten lügner« (»impudicum
mendacium«) des lebens s. Pauli beschämt. Der letztere ist so im grunde,
nur eine veränderte titelauflage des Onuphrius in dem sinne nämlich, dass

Onuphrius den namen Paulus angenommen hat. Doch kann ja auch unter dem gleichen namen ein Onuphriusleben Hieronymus vorgelegen haben.

Was Paulus von Theben von andern zügen hat als sein vorbild, das ist nächst der gleich zu besprechenden dichterischen zutat des Hieronymus aus der legende herübergenommen, die er so unklug war gleichfalls im vorwort zu seiner dichtung zu erwähnen. Aus dem leben des Antonius stammt der rückzug des reichen jünglings in die wüste und dessen schwester, nur dass ersterer 18—20, hier aber 15jährig, dort die schwester »parvula«, hier schon verheiratet ist. Eben dorther ist auch zweifelsohne die einbildungskraft des Hieronymus mit wüstenungeheuern versehen worden. Und wie in recht plumper weise der name Antonius selber entlehnt wurde, obgleich sich für das ihm zugewiesene geschäft, wie schon Weingarten nachgewiesen, auch nicht die mindeste anknüpfung in dessen leben zeigt, so kam gleichfalls von dorther das totenkleid des Athanasius, das aber wol in beiden fällen nur eine anspielung an 1. Cor. 15, 54: τὸ θνητὸν τοῦτο ἐνδύσηται ἀθανασίαν verdecken soll. Und aus gleicher quelle wird das loos des nachgelassenen kleides des toten und das verborgene begräbnis fliessen.

Als hieronymianisches eigentum dagegen wird ausser dem bereits durchhin erwähnten nur das folgende zu betrachten sein. Hieronymus hat zunächst veranlasst durch die vita Antonii der Onuphrius'schen einen passenden anfang geschenkt; ob im wettstreit mit dem oben genannten, bleibe fraglich. Jedenfalls hat er damit gleich diesem die Osirissage von einer anderen seite aufgefasst und das mit nicht zu bestreitendem geschick. Der böse schwager, der seines heiligen leben bedroht, ja es gewissermassen trotz der bitten und tränen der schwester in den tod gibt, indem er es in die wüste treibt, ist Set-Typhon, der gatte und bruder der Osirisschwester Nephthys, dieser auch in der göttersage Osiris schützenden gottheit (vgl. Schwenk, ägypt. myth. Frankf. 1845. 211), durch welche Set schwager seines bruders Osiris wird. Antonius übernimmt die rolle des seinen namen anlautenden Anubis und die wüstenabenteuer die dieser erlebt sind an die höchst glücklich verwerteten — — sternbilder geknüpft durch welche die sonne hindurch gehen muss, ehe das fest der findung des Osiris gefeiert werden kann. Am 17. des monats athyr hatte nach Plut. d. Js. 13 Typhon mit seinen 72 gesellen den kasten mit dem eingeschlossenen Osiris durch die tanaitische mündung des Nils ins meer treiben lassen. Der athyr aber ist nach Wilk.-B. II, 373 unser november und am 23. nov. tritt die sonne in das zeichen des schützen, des τοξευτής bei Arat., phainom. 306, »den man zumeist für den Kentauren hält«, weil »er ein mann mit rossbeinen und einem satyrschwanz ist«, wenngleich andere dies nicht gelten lassen wollten, da er nicht vierfüssig sei, sondern aufrecht stehe und einen den Kentauren ausser Cheiron nicht bräuchlichen bogen führe, vgl. Eratosthenes katast. 28 (ed. Matthiae. Frankfurt a. M. 1817. 62) und v. Bohlen, das alte Indien. Königsberg 1830. II, 263. Da indes Cicero in seiner jugendlichen übersetzung des Aratos den schützen mit sagittipotens v. 311, wie mit Centaurus v. 447 wiedergibt, so dürfen wir von dem kenner seiner römischen klassiker und insonderheit seines Cicero, ich meine von Hieronymus, wol erwarten, dass sein poet. hippocentaurus nichts anders zu bedeuten hat; zumal er trotz des bekannten anticiceronianischen traumgesichts noch recht gut aus seinem lieblingsschriftsteller die stelle de nat. deor. 2, 2 wissen musste: »denn wer denkt noch, dass es einen pferdekentaur oder eine Chimaera gegeben habe«. — Wenn er sodann Antonius von dem wunderwesen mit aufgestülpter nase, behörnter stirne und geisfüssen erschreckt werden lässt, so sieht diesem doch augenscheinlich der Pan aus dem gesicht, der Αἰγοκερῆος des Aratos 279, der Αἰγίπαν des Eratosth., katast. 27, der »nach unten tierische gliedmassen hat und auf dem haupte hörner« und hier um so besser gewählt ist, als er ihn darstellt in der gestalt, welche er beim anblick des riesen Typhaios vor schreck annahm, als dieser die in Aegypten versammelten götter entsetzte, und die dem Zeus dermassen gefiel, dass er sie an den himmel verpflanzte, Hyginus, astronom. poet. II, 28, wenn schon letzterer den fischschwänzigen capricornus aus ihm macht. In seinem zeichen aber befindet sich die sonne vom 22. dec., dem ägyptischen monat choeak, an und aller wahrscheinlichkeit kam Hieronymus auf es durch Plut. de Is. 14.

Am 7. tybi, d. i. im ägyptischen januar, danach wird das fest der ankunft der aus Phönicien mit dem gefundenen leichnam des gatten zurückkehrenden Isis gefeiert, an welchem man opferkuchen mit dem bilde eines gebundenen flusspferdes, eines typhonischen tiers, buck. Hat nun Wilk.-Birch II, 373 recht, wenn er den monat tybi mit dem 27. december alten stils beginnen lässt, so haben wir den 7 tybi auf unsern 14. oder 15. januar anzusetzen. Der 15. januar aber ist nach den griechischen menäen (s. Rossweyde 20*) der kalendertag des Paulus in der morgenländischen kirche, während die abendländische den 10. januar feiert. Und das sollte nur so zufällig zutreffen, zumal wo Hieronymus das leben des heiligen in der syrischen wüste dichtete, vgl. Zöckler, Hieronymus 59 f.!

Freilich scheint es nun nicht zu stimmen, wenn wir die beiden löwen der legende als das sternbild des löwen zu deuten uns gemüssigt sehen. Denn in dieses tritt die sonne am 23. juli. Indes was blieb dem dichter, der einmal zum tierkreis gegriffen hatte, von allen 12 himmlischen zeichen übrig, wenn er mit einem solchen schliessen wollte. In die wüste passte der »wüstenkönig« und gedoppelt durfte er schon werden, da unter seinen 10 sternen die zwei erster grösse gewissermassen als vertreter des ganzen sternbildes gelten können. Zudem bildet der monat im zeichen des löwen den schluss des ägyptischen jahres, passt also auch für einen lebensschluss. Dass in diesen abgeschlossenen tierkreis die wölfin noch zutritt erhielt, mag dem dichter dadurch in den wurf gekommen sein, dass der wolf das heilige tier des Anubis ist, wie ihn der jedenfalls von ihm gekannte Plut. ao. 72, dessen wir schon vorhin gedachten, lehren konnte.

Der rabe ist selbstverständlich einfach aus der in der vorrede zur legende berührten geschichte des Elias herübergenommen. Ob der name Paulus etwas zu bedeuten habe, können wir nicht entscheiden. Es gibt der eremiten dieses namens mehrere. Auch begegnet bei Parthey, personenn. 76 ein kopt. abt *Paule*. Am wahrscheinlichsten möchte sein, dass er dem namen Onuphrius vorgezogen wurde, um nicht auch schon im gebrauch eines gottesnamens verdacht zu erregen gegen seine dichtung. Eben dahin werden die wol rein aus der luft gegriffenen zahlen zu setzen sein.

Dass nun Hieronymus sich grade an einem ägyptischen stoffe versuchte in der von uns angedeuteten weise, kann nicht auffallen, wenn wir erwägen, dass dieses sein jugenderzeugnis Paulus, wie bemerkt, in sein eigenes syrisches eremitenleben zwischen 374 und 384 fällt, zu welchem er die stärksten anregungen durch den damals noch eng mit ihm befreundeten Rufinus empfing. Hielt sich doch dieser freund von 373—379 in Aegypten und zum teil unter den nitrischen mönchen als glühender liebhaber und beförderer des eremitentums auf, und hatte von dort aus an Hieronymus geschrieben, vgl. ep. 3. ad Ruf. c. 2 bei Zöckler 44. Ja Rufinus war selber eremitenlebenschreiber und erfinder, was ihm nach der entzweiung Hieronymus selber, gewissermassen zum entgelt dafür, dass man seinen Paulus einen nie gewesenen gescholten habe (vgl. prol. zur vita Hilarionis), vorwirft, ep. 133 bei Weingarten 25. Zudem in Aegypten allein gab es die urbilder des christlichen eremiten- oder doch coenobitentums, jene heidnischen κάτοχοι oder ἐγκάτοχοι der Serapis- und Isistempel zu Memphis und andern orten Aegyptens, vgl. Weingarten 32 ff. Nach Aegypten strömten deshalb die bewunderer des einsamen lebens, die Rufinus, Palladius, Evagrius, Sulpicius Severus, und Aegypten ist die fundgrube für die »vitae patrum«. Wollte man also das »lob der wüste« singen, wie Hieronymus es im begleitbrief zu seinem Paulus an Heliodor getan, so musste Aegypten herhalten.

Und nun, um auch davon noch eine zeile zu reden, sollte sich zugetragen haben, was man von körperlichen wirkungen bei besonders lebhaften einbildungen sagt — Aegypten sollte die stätte des eremitendaseins des erdichteten Paulus aufzuweisen haben! In der tat, Sulpicius Severus dial. I, 17 (ed. Vorst. Lips. 1703) versichert uns und Zöckler 63 glaubt ihm, dass Postumianus jene stätte des sel. Paulus besucht habe. Desgleichen berichtet zwei jhh. später Antoninus martyr 43, dass er auf dem wege zwischen Clysma (die altfranzösische übersetzung in Tobler-Molinier, itinera hierosolymit. I, 390 hat Olisma wahrscheinlich nur als schreibfehler) und den katarakten die »spelunca beati Pauli eremite, que vocatur Syracumba« an der quelle, die noch heute den ganzen ort bewässert, gesehen habe. Aber verdient Sulpicius Severus mehr glauben als Rufinus und Palladius, von denen Weingarten 24 ff. das genügende gesagt hat? Und Antoninus, martyr? Seine »Syracumba« ist offenbar jene »cisterna vetus, quam gentili sermone Syri cubam [var. l. gubbam] vocant«, in der vita unsers Paulus, Rossweyde 18ª, bewohnt von jenem oben genannten mit 5 feigen vorlieb nehmenden einsiedel der syrischen wüste. Syrisch aber heisst guba wirklich cisterne, grade wie aram. גבא (Buxtorf lex. talm. 378), von dem es vermutlich stammt. Schon diese eine probe zeigt, wie sehr bis herab auf Ebers 559 die im rechte sind, die um anderer dinge willen die echtheit des Antoninus beanstanden.

3. Katerina.

Auch bei diesem heiligenleben ist der nachprüfende »advocatus diaboli« nicht müssig gewesen. Auf die magdeburger centuriatoren, welche nur die der legende beigemengten »nugae« anstössig fanden, nicht aber die geschichtlichkeit der heiligen selber antasteten, s. cent. V. s. 1419 f., ist deren gelehrter gegner Baronius gefolgt, um in seinen »annales« zum j. 307 das oben s. 277 a. 283 gemeldete verwerfungsurteil über den ältesten text der legende und damit im grunde über diese selber auszusprechen und ein leben der heiligen nach eigner erfindung zu entwerfen. Die ungereimtheit des letzteren wies hierauf sein kritiker Pagi mit leichter mühe nach, hatte aber auch für jenen ältesten legendentext nur die censur: »non legitima« und »fabulosa«, s. critica histor. chronol. in annales Baronii. Lut. Par. 1689. sacc. 4, s. 27. Papebroch, den er zu hilfe ruft aus seinen ephemer. graec. mosc. zum l. band mai der act. ss. drückt sich vorsichtiger, aber nicht minder deutlich in derselben richtung aus, und heute steht es so, dass von den beiden kirchenlexiken der katholiken (Wetzer und Welte) und protestanten (Herzog) dieses jenen alten kritikern, ohne sie zu nennen, beipflichtet, jenes sich lediglich berichtend verhält. Dass wir unter diesen umständen allein schon ermächtigt wären die besprechung der legende in der bei den beiden vorangegangenen geübten weise vorzunehmen, sieht sich ein. Trotzdem entheben wir uns nicht unsers eignen urteils. Setzen aber den leser zuvor in stand mit uns zu urteilen, indem wir, wie bisher, den inhalt der legende zur vorlage bringen. Das ist denn zunächst nach jenem genannten ältesten text des Simeon Metaphrastes in lat. übertragung des Surius (vitae patrum tom. VI) dieser.

Kaiser Maxentius erlässt in Alexandrien den befehl, dass alle seine untertanen, soweit möglich, mit ihm in genannter stadt den götterbildern opfern sollen. Zuwiderhandelnde erwarten harte strafen. Eine zahllose menge strömt herbei mit opferschafen, ochsen und vögeln. Der kaiser selber bringt ein opfer von 130 stieren. Stadt und tempel sind zu eng für die festbesucher, das tiergeschrei betäubend. Aikaterina, eine fromme jungfrau von besonderer schönheit, dazu von königlichem geschlecht, unterrichtet über das was um sie vorgeht, eilt mit ein paar dienerinnen aus ihrem königlichen palast zum tempel, begehrt zutritt zu dem opfernden kaiser und setzt vor diesen »impudens tyrannus« geführt in längerer rede die torheit seines beginnens auseinander, indem sie aus Diodor und Plutarch beweist, dass die götter blosse menschen gewesen seien. Der kaiser solle darum nicht länger sich und andere in solch todesgefährlichem irrtum lassen, sondern sich zu Christus bekehren. Der, anfangs seiner nicht mächtig vor zorn, überlegt dass er gegen die jungfrau nicht aufkommen könne und verspricht nach dem opfer weiteres gehör. Indem er sein versprechen löst, erfährt er von ihr, dass sie die tochter seines vorgängers, dabei in der redekunst, philosophie, geometrie und andern wissenschaften geschult sei, dies aber für nichts gehalten habe, um sich ihrem unsterblichen bräutigam Christus zu verloben. Weitere auslassungen der jungfrau überzeugen den kaiser, dass es geratener die weisen seines reichs für sich sprechen zu lassen. Aikaterina wird in gewahrsam genommen und der kaiser entbietet durch einen ausführlich mitgeteilten brief seine philosophen. Die erscheinen alsbald 50 an der zahl voll stolzer zuversicht. Ein förmliches streitgespräch vor allem volk wird in gegenwart des kaisers angestellt. Die vorher im kerker von einem engel ermutigte jungfrau beweist aus Homer, Orpheus und den Sibyllinen die verkehrtheit des heidentums und wahrheit des christentums, sodass nach einigen schwachen gegenreden der sprecher der 50 sammt diesen stumm wird. Aufgefordert zu reden bekennt er mit den genossen seines irrtums überwiesen zu sein. Der wütende kaiser verurteilt sofort die schaar zum feuertod. Die aber sinkt zuvor zu den füssen der siegerin und wird von dieser getröstet, dass der feuertod die nötige christliche taufe, um die sie sich sorgen, bei ihnen ersetzen werde. Christen, welche am abend die sammlung ihrer überreste aus der asche vornehmen wollen, finden unversehrte leichname und begraben diese. Der kaiser aber ist inmittelst auf den gedanken gekommen, die heilige durch schmeichelei zu gewinnen; er will den thron mit ihr teilen, wenn sie den göttern, vorzüglich dem vorsteher der musen, Mercur opfere. Aikaterina weist das als braut Christi in heiligem stolze zurück und der ergrimmte Maxentius heisst ihr den purpur ausziehen und sie mit ochsensehnen zwei stunden lang geisseln. Das erträgt die jungfrau freudig und wird in den kerker zurückgeführt. Des kaisers gemahlin von der angelegenheit hörend verschafft sich durch den oberbefehlshaber des heers Porphyrius in nächtlicher weile, geleitet von 200 soldaten, zutritt zum kerker, wird dort unter erbaulichen gesprächen sammt Porphyrius und seinen 200 bekehrt und erfährt, dass ihr in 3 tagen der märtyrertod bevorstehe. Aikaterina wird inzwischen während ihrer 12tägigen kerkerhaft von einer taube gespeist, und Christus mit seinen heiligen erscheint ihr in der eben genannten nacht, um sie zu ihrer künftigen marter zu stärken. Am nächsten morgen abermals vor den kaiserlichen gerichtsstuhl geführt, hört sie, da alle erneute schmeichelei bei ihr wirkungslos bleibt, dass sie in drei tagen gerädert werden soll mittelst des vom praefecten Chursasadem vorgeschlagenen marterwerkzeugs, bestehend aus 4 mit sägen und nägeln versehenen rädern. Indes die nach dieser frist versuchte marter verfängt nicht, die heilige wird von einem engel beschirmt, indes die 4 räder in die menge sich wälzen und viele ungläubige töten. Hierauf tritt die gemahlin Augusta aus ihrem gemach zum kaiser und bittet die wunderbar erhaltene frei zu lassen. Der darob vor zorn schäumende gemahl lässt der sprecherin die brüste ausreissen und sie selber enthaupten. Geschah am 23. november. Tags darauf wird Porphyrius mit den 200 zu tode gebracht, weil auch er mit ihnen sich als bekenner Christi darstellt. Am 25. aber empfängt Aikaterina den todesstreich. Statt blut entströmt milch dem leibe, und engel tragen diesen wieder zusammen gefügt auf den berg Sinai.

Dies wie bemerkt der inhalt der ältesten gestalt der legende aus dem 10. oder, da des Metaphrasten lebenszeit nicht feststeht, 12. jh. Es liegen aber noch andere texte mit wesentlichen abweichungen bzw. zusätzen vor, die, ob sie gleich von späteren geboten werden, alle beachtung verdienen. Sie entstammen der altersfolge nach der legenda aurea des Jac. a Voragine (1230—1298), dem catalogus sanctorum des Petr. de Natalibus, bisch. v. Equilino von 1370—1400, der oben mehrfach genannten histoire generale des Etienne de Lusignan (16. jh.), dem martyrologium romanum(?) (16. jh.) und Perckmar, geschichts- und predigbuch von denen heiligen gottes, Augsburg 1738. III. t. Wir tragen aus ihnen das folgende nach.

Jac. a. Vorag., ausg. v. 1483, n. cLxvII nennt »Katherina Costi regis filia«, 18 jahre alt zur zeit ihres auftretens; geisselung mit »scorpiones«. Maxentius merkt, dass sie heimlich gespeist wird, und erhält bericht darüber von der heiligen. Chursasadem nicht genannt. Porphyrius mit dem tode gestraft, weil er den leichnam der kaiserin beerdigt. Auf Sinai fliesst öl aus dem leibe der heiligen. Maxentius soll nach den erbaulichen bemerkungen des verfassers am ende eigentlich Maximinus sein, was auch Surius als angeblich andere lesart angemerkt hat am rand seines textes.

Nach Petr. de Nat., ausg. v. 1521, fol. ccl ff: »Catharina costi regis Alexandrie filia unica in ejus decrepita aetate nata«, erbin des reichs nach dessen tod. Von einem fürsten Maximinus zum weibe begehrt, will sie nur einen nobilis, speciosus, dives und sapiens zum mann. Auf des werbers ansinnen Alexandrien zu belagern, wenn ihm nicht sein wille geschehe, rät die ängstliche christliche mutter der noch heidnischen tochter einen einsiedler und priester um rat zu fragen. Der verspricht Katharina den von ihr begehrten gatten in der person des ihr in einem Madonnenbild mit dem Jesuskind vorgezeigten letzteren, wenn sie darum bete. Im traum nach dem gebet erscheint ihr die Madonna mit dem kinde und stellt sie diesem als sponsa dar. Diesem aber ist sie nicht schön genug, weil sie ungetauft sei. Sie lässt sich also taufen und abermals im traum die erscheinung, nun aber auch verlobung unter ansteckung des brautrings, den die erwachende wirklich an ihrem finger findet. Das weitere wie oben, nur die peitschung mit »scorpionen« wie in der legenda aurea; des Maxentius gemahlin aber Faustina; nur 7tägiger kerker; dagegen wie bei Jac. a. Vor. öl aus dem leichnam auf Sinai.

Das martyr. roman. deutsch bei Perckmar 559 f.: »Catharina dess konigs Costi tochter in der hauptstadt Salamina in Cypern gelegen;« 13jährig mit den eltern nach Alexandrien gekommen, nach dem tode des vaters von einem einsiedel bekehrt. Das weitere vom »wütterich Maxentius (andere setzen Maximinus)« wie bei Surius. Aber auch die kaiserin Faustina. »4000 heiden jämmerlich erschlagen« durch die räder. Ebenso öl aus dem sinaitischen leichnam.

Aus andern ungenannten quellen führt Perckmar 560 ff. an, dass Katharina von den Ptolemäern stamme; mutter anfangs unfruchtbar; auf den rat des weltweisen Alzorab soll zur versöhnung des allgemeinen gottes ein bild aus gold gegossen werden; beim guss gerät das zu einem kreuze, welches in den tempel gebracht die götzen ein geheul erheben lässt und den umsturz ihrer bildsäulen veranlasst. Nun gebiert die königin. Der »kaiserliche printz Maximinus von Rom« wirbt. Die verlobungsgeschichte hiernach wie bei Petr. de Nat. Nur ist der Jesusknabe dabei 14 oder 15 jahre alt und im traume befindet sich Katerina auf einer blumigen wiese. Bei der geisselung wird sie an eine folter aufgezogen und es bleibt unentschieden, ob »ochsensennen, ruten, scorpionen oder scharpff geangelte geisseln« bei der auspeitschung gebraucht werden. Ein engel in gestalt eines blitzes erlöst vom rädern. Auf Sinai eindrücke des leichnams und zweier hütenden engel in dem felsen. Der leichnam liegt dort über 300 jahre, und wird nach verflossenen 365 durch wunderbare fügung ins Katerinenkloster daselbst verbracht.

Nach Lusignan, ausgabe von 1618, 25 ff. stammt Katerina »de la race illustre des Lagittares,« vater »roy de Cypre« zur zeit Diocletians in Salamis. Von Maxentius nach Alexandrien berufen; überlässt die herrschaft dem bruder; siedelt mit weib und kind nach Alexandrien zur übernahme der herrschaft über Aegypten an stelle des abwesenden Maxentius. Die tochter geht zur schule und treibt philosophie. Vater stirbt, Katerina nach Cypern berufen vom oheim zur übernahme der herrschaft. Versuch sie vom christenglauben abzubringen und von der herrschaft seitens des oheims. Wird deswegen in einen kerker bei Salamis, nachher bei Paphos geworfen und zuletzt nach Alexandrien gebracht.

Die gestaltung der legende endlich bei Hagen s. oben s. 277, woselbst indes der irrtum, als ob sich auf Cypern auch das grab Katerinas befinde, zu tilgen ist.

Dass gegenüber solchen berichten die geschichtliche wahrheit einen schweren stand hat, sieht man auch ohne kenntnis der geschichte. Mit letzterer aber muss gesagt werden: Maxentius war niemals regent im orient und hat ebenso wenig sein weib hingerichtet. Bei Maximinus, wenn man dessen namen wider alles herkommen, dass die schwierigere lesart vor der leichtern und hier so sichtbar eingeschwärzten zu bevorzugen ist, gelten lassen will, besteht bezüglich der gemahlin die gleiche schwierigkeit. Maxentius und Maximinus aber zusammen, ersteren als kaiser, letzteren als brautwerber, kann nur das märchen sich erlauben. Das gleiche gilt für eine königstochter in Alexandrien oder auf Kypros, wie für Costus und alle übrigen namen der legende, vgl. Salig. de diptychis veterum. 287. Und warum schweigt der über Alexandrien zu dieser zeit so ausführliche Eusebius, der überdies noch ein zeitgenosse der heiligen gewesen sein müsste? Warum schweigen, was Papebroch schon auffallend fand, so viele jahrhunderte darnach. Und woher, als endlich der name Katerina auftaucht, dieser Papebroch gleichfalls auffällige glanz um ihn, der demjenigen der Madonna gleichkommt, ja ihn überstrahlt! Von einer blossen märtyrerin kommt das nicht, denn das ist keiner ausser ihr zu teil geworden, ob es wol grössere gab. Hier ist — die geschichte verweist uns an die sage — altheidnischer glanz verborgen. Eine göttin lebt in Katerina weiter. Und die verwandlungszeit lässt sich auch wol angeben, da wir über den ort nicht im unklaren sein müssen. Allermindestens 100 jahre waren nötig, wenn Maxentius, der überdies wol nur deshalb eine stelle in der legende erhielt, weil er dem allerchristlichsten kaiser Constantin gegenüber um des diesem bei seiner besiegung (312) angeblich erschienenen kreuzeszeichens willen gewissermassen als »antichrist« galt, als christenverfolger in Alexandrien sesshaft gemacht werden durfte. Vom 5. jh. aber ab bleibt wol nur noch zeit bis zur völligen unterdrückung des heidentums in Aegypten zu den zeiten Justinians, vgl. Weingarten 36, umsomehr als die euhemeristischen reden der heiligen für ein ziemliches alter sprechen. Denn dass dieser euhemerismus später nachgeahmt worden sei, möchte schwer glaublich sein. Innerhalb dieses zeitraums zwischen 5. und 6. jh. wiederum wird man noch eine ganz bestimmte jahreszahl als äussersten anfangstermin setzen dürfen. Wir meinen das jahr 416 und in ihm den monat märz, in welchem der anlass, wie das nächste heidnische urbild zur schöpfung der Katerina gegeben war durch den martertod des wunders ihrer zeit, der heidnischen philosophin Hypatia in Alexandrien. Die parallele zwischen Katerina und Hypatia liegt so zwingend nahe, dass wir in der tat kaum wüssten an ihr vorüber zu kommen. Nicht unmöglich, dass man auf diese weise die blutspuren jener entsetzlichen untat des christlichen pöbels an einer heiligen des heidentums verdecken wollte. Von dem, den man hundert jahre später noch bei der sache der blutschuld zieh, vom patriarchen Kyrillos, erzählt der christliche zeitgenosse Sokrates VII, 14 mit bitterer rede, dass er einen für seine partei tätigen verbrecher Ammonios, den das volk im grimme wegen seiner tat erschlug, unter dem falschen namen Thamasios in der kirche begraben und als märtyrer verehren liess. Jedenfalls musste überstrahlt werden das strahlende heidnische marterbild, um so mehr, wenn man dabei noch anderes im sinne hatte, wenn es galt, dass wir's gleich hier schon sagen, einer göttin tag christliche weihe zu geben.

Diese göttin nun heisst Hathor und schon der name unserer heiligen ist dringend verdächtig diesem ihrem sonstigen urmuster nachgebildet zu sein. Αἰκατερίνα wird seine älteste form, wie wir aus Surius' Aekaterina schliessen, sein. Baronius will auch Hekaterina bei Griechen gefunden haben und Wetzer und Welte II, 411 geben eine form Hekateria, aber unbelegt, wie jener. Dass die Griechen das wort für sich beanspruchen, beweist die glosse in den Ὁμήρου ἐπιμερισμοί aus cod. oxon. nov. coll. num. 298, pap., fol., anfang des 14. jh.s in Cramer, anecdota oxon. I, 124, 20: Ἕκτωρ: (Il. B, 807) Τὸ ε ψιλὸν διατί; πρὸ τοῦ κ ἡ αι δίφθογγος οὐχ εὑρίσκεται εἰ μὴ ἐν ὀλίγαις λέξεσι καὶ σεσημειωμέναις· ὡς ἔχει, τὸ αἰνίζω, καὶ ἐξ αὐτοῦ, αἰκνον τὸ δεινόν· αἰκάλλω, τὸ θωπεῦον· αἰκατερίνα· τὰ δὲ λοιπὰ ψιλά. Obgleich diese annahme höchstwahrscheinlich eine irrtümliche ist, da sich nirgends eine griechische wurzel für das wort zeigt, so ist sie doch wertvoll dafür, dass man kein recht hat mit der gewöhnlichen herleitung des worts von καθαρός, die weder der griechische wortschatz noch der griechische sprachgeist zu kennen scheint. Nicht unmöglich dagegen wäre, dass *ai* oder he, wie man annimmt, ein abgekürztes ἁγία darstellten. Oder sollte das kopt. *ai* sich irgendwie hier geltend machen lassen? Ein ἀεί, wie wir's oben nur aus versehen ohne fragezeichen liessen, ist dagegen wider die sprache. Nur das slavische behielt in seinem Jekatarina oder Jekaterina das angestammte *ai* oder he bei. Italienisch Catarina, spanisch Catalina, mittelhochdeutsch Katerine (englisch Katherina) scheinen zu beweisen, dass die griechische vorsatzsilbe nicht zum stamm gehöre.

Da Hathor, genauer Ha.thar (Wilk.-B. III, 115), in griechischer schreibung nicht bloss Ἀθώρ oder Ἀθίρ bei Plutarch, im etymol. magn. und bei Hesychios, sondern auch Ἀτάρ, wie in der Herod. II, 41 genannten Hathorstadt Ἀτάρβηχις wiedergegeben wird und der der göttin entsprechende monatsname noch heute hatoor sich nennt, obgleich er kopt. *athôr* und *hathôr* Parthey, voc. copt. 391 ist, so steht in bezug auf das t in Katerina einer lautlichen verwandtschaft nichts im wege. Bezüglich des anlautenden ägyptischen h ist zwar kein wandel zu bemerken, aber h und k liegen doch in demselben lautkreis; und wäre es einerseits nicht unmöglich, dass sich die verdichtung des h zu k infolge eines bindevokals nach *ai* oder durch das γ in ἅγιος vollzogen hätte, so spräche andrerseits nichts dagegen, dass man den k-laut beliebte zur unkenntlichmachung des namens der göttin.

Dafür haben wir um so festeren boden unter den füssen in der Hathor- oder wie wir nun hinzusetzen wollen Isissage selber. Stellen wir nämlich diese gleichung Isis:Hathor durch gewährsleute wie Plutarch, de Is. 56 und hiernach Wilk.-B. III, 115, Pierret 52, Ebers 483, Schwenck 219 ausser frage, so haben wir sogleich den schlüssel zu dem in unsern augen ersten hauptpunkte der legende: zur philosophin Katerina. Plut. d. Is. 2 nennt Isis ἐξαιρετῶς σοφὴν καὶ φιλόσοφον, freilich in der bekannten griechischen befangenheit: ἑλληνικὸν γὰρ ἡ Ἶσις ἐστι, wie er c. 60 weiter ausführt, aber mit durchaus richtigem treffen des sinnes. Denn ganz, als wäre selbst in Hathor das kopt. *kat*, sciens, intelligens, (Parthey, voc. 63) verborgen, so geben einige nach Plut. ao. 3 die Isis für eine tochter des Hermes (Thot), andere für eine solche des Prometheus aus, von denen sie letztern den vater der weisheit und voraussicht, den erstern aber der buchstabenkunst und musik erfinder nennen. Sie wird selbst für eine muse gehalten, ebend. und vgl. 12. 37 und Schwenck 191.

Selk-Isis ist darum göttin der bibliotheken, Pierret 15. 17. und der in unsere legende hereinragende kyprische mythos — es bedarf ja kaum der erinnerung, dass Isis-Hathor die ägyptische Aphrodite ist — hat in dieser beziehung nach dem chronikon paschale (Bonn 1832. 37. 66.) und des Georg. Kedrenos chronogr. (Bonn 1838. 28) folgende merkwürdige gestalt: »Kronos überlässt seinem sohne Pikos und dessen gemahlin Rhea oder Semiramis Assyrien und geht selber ins abendland. Dort freit er Philyra und empfängt von ihr den sohn Aphraos. Dieser heiratet die Astynome von der insel Lakeria [Kypros] und zeugt eine tochter Aphrodite. Diese war eine philosophin und heiratete den Adonis, des Kinyras sohn, welcher ein Athener und selbst philosoph war. Beide trieben philosophie bis an ihr ende«, vgl. Engel, Kypros II, 133. Das befremdliche in dieser sagenform verschwindet, wenn man den wol für alle mythologien massgebenden doppelbegriff jenes semitischen ידע ins auge fasst, der bekanntlich sowol videre und cognoscere wie notitiam habere feminae seitens des mannes und experiri virum seitens des weibes umschliesst.

Der zweite hauptpunkt der legende liegt für uns in der enthauptung Katerinas. Wir haben ihm aus der Isissage die stelle aus Plut. d. Is. 19 zur seite zu setzen, in welcher erzählt wird, dass Horos nach überwindung des feindlichen Typhon, erzürnt darüber, dass die mutter Isis den ihr gefesselt überlieferten freigelassen, dieser das diadem vom haupte gerissen habe, an dessen stelle Hermes den kuhkopf gesetzt. In c. 20 aber steht noch deutlicher: »das sind ungefähr die hauptpunkte dieser sage mit weglassung dessen, was man scheu trägt zu sagen, wie z. b. die zerstückelung des Horos und die enthauptung der Isis.« Schwenck 225 konnte diese wendung des mythos noch einen »seichten versuch, das kuhhaupt der göttin zu deuten« nennen. Der papyrus Sallier hat aber inmittelst gelehrt, wie wol unterrichtet Plut. von einer enthauptung der Isis spricht, vgl. Ebers 476. — Sodann darf man auf die darstellung der taf. 20 bei Wilkinson (vgl. Schwenck 138) verweisen, welche »die untergehende sonne auf dem sonnenberg in den armen der mutter erde, die ohne kopf nur mit armen und brüsten erscheint, während die gras- und blumenspendende erde mit streifen voll augpunkten den rest bildet und ein weib mit dem auge an dem gewand anbetet«, zeigt. Diese erde ohne kopf ist niemand anders als Isis-Hathor; denn den Aegyptern geht die sonne nicht im meer, wie den Griechen, sondern in den bergen des westens unter. — Ferner erscheint Ma-Isis, die göttin der wahrheit und gerechtigkeit auch zuweilen ohne kopf, Diod. I, 96. Nehmen wir hinzu, dass Aratos phain. 96 das sternbild der jungfrau mit den ähren in der hand Dike genannt sein lässt und dass Eratosth. katast. IX hinzu berichtet: »die einen nennen sie Demeter wegen der ähren, andere die Isis, dritte Atergatis, vierte Tyche, weshalb man sie auch kopflos darstellt«, so haben wir dasjenige sternbild vor uns, in welchem die sonne während des monats september steht; und siehe da, auf den 26. thoth, d. i. des das ägyptische jahr beginnenden monats, welcher unserm september entspricht, wird von dem genannten papyrus Sallier die enthauptung der Isis gesetzt. Sollte sich das nun, ähnlich dem, wie der nord. Loki der Sif das goldne haar abschneidet, i. e. das getreide, auf die zu dieser zeit stattfindende, aber freilich im alten Aegypten noch nicht nachgewiesene reisernte (Wilk.-B. II, 402 und Uckert, erdbschr. v. Afrika. Weimar 1824. 165) beziehen lassen, so wäre gleichzeitig das entströmen der milch aus dem geköpften leibe der heiligen der weissen farbe wegen gedeutet. Indes bedarf man nicht dieses auswegs, da Isis unzählige male auch so als säugende dargestellt wird, wie denn nicht minder am grabe des Osiris unter anrufung der Isis täglich 365 milchkrüge von den priestern ausgegossen werden, Diod. I, 22; und in der procession zu ehren des navigium Isidis nach Apulejus metam. 11 ein gefäss in gestalt einer weiblichen brust getragen wurde, aus dem milch rann.

Wir kommen zum dritten hauptstück der legende in unsern augen: zur verbringung des leichnams nach den Sinai und wissen diese wenigstens mittelbar mit der Isissage zu verknüpfen. Wir haben nämlich zunächst darauf hinzuweisen, dass im wadi Maghâra und zu Sarbut el Châdem in der nähe des Sinaigebirges, woselbst die Aegypter unter der 4. 5. 12. 18. 19. und 20. dynastie kupfer gruben, sich zahlreiche der Hathor gewidmete hieroglyphische inschriften, wie ihr standbild (ägyptisches gewand, auf dem haupte zwischen zwei grossen kuhhörnern die sonnenscheibe) findet. Sie heisst hier Hathor nebt Mafkat, d. i. Hathor herrin der Mafkat berglandschaft, eine bezeichnung, die noch bis in die Ptolemäerzeit vorhält, vgl. Ebers 141. 453 ff. und Lajard, récherches etc. 120. Der gedachte bergbau liegt nun freilich 1300 jahre vor der christlichen zeitrechnung, aber inschriften und standbild sind noch heute zu sehen, und hatten wir oben ein recht das Sinaigebiet zuerst von ägyptischen christen bevölkert werden zu lassen, so war doch wol der anblick dieser altheimischen figuren antrieb genug der ohnedies mitgebrachten alten göttin hier ihre alten rechte zu erneuen durch ihre stellvertreterin Katerina. Zudem ist Hathor gleich der idäischen mutter göttin des gebirgs, da sie in gestalt einer gesprenkelten kuh aus dem berge hervortretend dargestellt wird, vgl. Pierret 52. — Hathor ist aber auch gleich der Nut göttin des himmlischen wassers und äthers, vgl. Wilk.-B. III, 119, wie die ihr entsprechende punische Virgo caelestis pluviarum pollicitatrix bei Tert. apol. 23 heisst, und ist als solche noch heute den Arabern bekannt unter dem namen Katerina. Robinson

(Paläst. I, 147) wird von seinen arabischen führern angegangen das südliche fenster der Katerinenkapelle auf dem Sinai öffnen zu lassen, damit es endlich regnen könne, und nach Burkhardt (ebend. I, 20) hängt dies vom öffnen des in den händen des Katerinenklosters befindlichen, dem Mose vom himmel zugefallenen buches Taurat (i. e. thorah) ab. Scheint dies doch selbst noch in der deutschen Katerinenverehrung wiederzuklingen, da sie hier gebeten wird den regen vorübergehen zu lassen, Simrock 401. Die Araber aber sind auch sonst fleissige verehrer der heiligen, wie schon Ludolf v. Suthem 66 berichtet. — Weiter ist von belang, dass schon Antoninus Aug. (itinerarium edd. Parthey et Pinder. Berol. 1848. 276) von einer quelle auf dem Sinai — vielleicht derselben, welche Tucher rssb. 366 Katharinenwasser nennt — berichtet, welche in ihr badende frauen fruchtbar mache. Also hindeutung auf aphrodisische natur der hier hausenden göttin. — Endlich darf man des Katerinensterns nicht vergessen, dessen Sinaipilger wie Tucher rssb. 364^b und Fabr. II, 408, letzterer mit dem besonders lehrreichen worte aus dem munde des führers: »ecce, sub hac stella est mons Synai«, so umständlich gedenken und der ihrer beschreibung nach kein anderer als die Venus ist. Die aber gehört wie die späte nachricht bei Plinius besagt und das noch spätere buch Pistis-Sophia bestätigt (Wilk.-B. III, 49 und Baudissin, studd. z. sem. rel.-gesch. I, 241), zur Isis-Hathor. Ob das altarabische sternidol Katrà dabei mitspielt, ist schwerlich mehr auszumachen, vgl. Krehl, über d. relig. d. vorislamitischen Araber. Leipzig 1863. 26. Bezeichnenderweise halten übrigens die Wüstenaraber, wie Ebers 392. 395 berichtet, Katerina für die Madonna!

Nennen wir als vierten und letzten hauptpunkt in der legende endlich den todestag der heiligen, den 25. november, so glauben wir den jeglichen halt sichernden schlussstein in unsere ganze beweisführung einzusetzen, wenn wir erstlich erklären, dass der ägyptische november, wie oben berührt ward, seinen namen von der Hathor hat; vgl. auch Jablonski, panth. I, 3. und Schwenck 219; und wenn wir zum andern zu sagen haben, dass der höchste leidenstag im leben der Isis, der todestag des Osiris, von Plut. d. Is. 37 der 17. athyr d. i. hatoor genannt wird, welcher genau unserm 25. november entspricht. Freilich ist das der todestag der heiligen nicht. Aber konnte man das heidnische trauerfest besser christianisieren als mit einem heiligentodestag, dem man in dieser gestalt um so weniger seine altheidnische abkunft ansah? Zudem ist, wenn uns nicht alles täuscht, dieser ganze monat mit seinen heiligenfeiern und dem was auf ihn folgt bis zum 6. januar, dem ursprünglichen ägyptischen weihnachtsfest, von Aegypten aus in die kirche übergegangen als die ursprünglichste adventszeit, welche bekanntlich fastenzeit war und nach einem kanon des conc. ilerdense

v. j. 524 bis zum epiphanienfeste als tempus clausum galt, in welchem z. b. keine hochzeiten gefeiert werden durften, vgl. Augusti, denkw. I, 178. Denn merkwürdig, in der am nächsten stehenden griechischen kirche beginnt noch heute die adventszeit mit dem 14. november und das entspricht um einen tag, der vielleicht als vigilie bei den Griechen hinzukam, ganz so wie der griechische 24. november als Katerinentag gegenüber dem abendländischen 25. zu fassen sein wird, jenen altägyptischen trauerfeiern, die mit dem 7. athyr begannen und zunächst bis zum 10. des gleichen monats, i. e. vom 15. bis 18. november dauerten, Plut. ao. 37. In der occidentalischen kirche begann die adventszeit aber schon am 10. november mit dem tage des heiligen Martin, dessen gefeierte octave dann bemerkenswerter weise auf den 18. november fiel, wie das kölnische kalendarium des 9. jh.s (Weidenbach 109) angibt, und von dem ab der ehemalige 6. adventssonntag gerechnet werden musste, vgl. Augusti, I, 180. Als aber die occidentalische adventsfeier auf 4 sonntage beschränkt wurde, da wurden der 26. november und 4. december die grenztage, zwischen die der 1. adventsonntag fallen musste. Darum noch heute in der hiesigen gegend der volkskalendarische gedächtnisvers läuft: »Katrein, schliess p(f)eif und geige ein«, und ebenso in Schwaben: »auf Katrei dao gaot der tanz ei«, Birlinger aus Schwaben. Wiesbaden 1874. II, 220. vgl. Schm.-Fr. I, 1309. Wir denken, dass alles hilft auf das erwünschteste unsere bis dahin vertretene anschauung stützen.

Wir dürften deshalb nun auch alles, was die legende ausserdem noch enthält, als nebensächlich beiseite lassen. Indes auch hier ergeben sich noch einige nicht gering zu achtende stützpunkte für unsere beweisführung. Wir widmen ihrer hervorhebung deshalb noch ein paar worte. Um zunächst noch einmal auf Maxentius-Horos nach Metaphrastes-Surius, bei dem wir überhaupt mit der nachlese beginnen wollen, zurückzukommen, so zeigt sich in ihm offenbar der ältere und jüngere Horos gemischt. Den jüngern erwähnten wir; den ältern haben wir nun zu nennen, wenn wir den »impudens tyrannus« der legende in betracht ziehen wollen. Hier hat nämlich die bemerkung des Suidas unter dem wort $Ηρίαπος$ zur sprache zu kommen, die den ägyptischen Horos zu einer ithyphallischen gottheit macht, als die man sonst nur den Khem kennt, diesen »taureau ou fécondateur de sa mère«, Pierret 39. Wilk.-B. III, 23, mit dem phallus und die geissel in der hand. Hierdurch werden denn auch die »ochsensehnen« erklärlich; die andere lesart »scorpionen« dagegen müsste mit dem jüngeren Horos bestritten werden, der scorpionen in der hand haltend abgebildet wird, Wilk.-B. III, 153, während die varianten ausser dieser doch wol nur spätere zutat heissen dürfen. Vorgänger des Maxentius ist weiter der vater Katerinas in der regierung, weil der ältere Horos ein sohn des Kronos ist, wie Isis dessen tochter. Daher auch der letzteren königliches geschlecht. Auf ihre jungfräulichkeit darf im mythos die nachricht bei Diod. I, 22 gezogen werden, dass Isis nach dem tode des Osiris chelos zu bleiben schwört. Auch ist hierher die stelle bei Salmasius, exercitt. plinianae 659ª zu rücken: »matronae, quae in casto Isidis aut Cereris erant, concubitu abstinebant et per eos dies, quibus castum observabatur, secubabant a lectis suis ac toris genialibus et stramentis incubabant in templo ipso, in quo et pervigilia celebrari mos fuit« [an den römischen Isisfeiern]. Ebenso sei an die kyprische Anaxarete erinnert, die Usener, Pelagia XXII mit recht eine novellistische gestaltung der spröden Aphrodite nennt, zumal sie wie die Venus prospiciens ihren cultort in dem für uns hier wichtigen Salamis hat, vgl. Ovid. metam. XIV, 760 ff. — Die 12- oder 7tägige kerkerhaft deutet man wol ohne anstand auf die 12 oder 7 strahlen, die dem Helios auf späteren bildwerken ums haupt gelegt werden, Preller, griech. myth. I, 350 f. und die hier den von der erde zu duldenden sonnenbrand ausdrücken möchten. Aehnlich erscheint auf einer münze von Alexandrien das haupt des Jupiter Serapis umgeben von den brustbildern der 7 planeten und den 12 zeichen des tierkreises, s. Millin, gallerie mythol. XXIX fig. 90. — Die die heilige speisende taube ist der bekannte vogel der Aphrodite und als solcher auch für die Hathor ausdrücklich bezeugt auf einer münze des Hadrian, s. Creuzer symb. II, 240. — Die vier räder des marterwerkzeugs lassen sich vermutlich auf ein späteres abzeichen der Isis zurückführen. Wir sahen bereits oben, dass letztere mit der Tyche verwechselt wird, welcher sammt der Nemesis das rad zukommt. Tyche und Nemesis aber sind nur andere ausdrücke für Aphrodite, vgl. Preller griech. myth. I, 439 u. 441, welche die göttin der fülle ist und als solche des glücks oder vielleicht auch, wie Isis, der erde. Die vierzahl könnte das vierspeichige rad bedeuten, die vier speichen aber die »quatuor tempora, quibus annuus orbis impletur«, welche Macrob. sat. I, 21 nach dem Horus genannt sein lässt, d. i. die vier jahreszeiten oder Horen, die aus frühern drei zu diesen vier wie bei den Griechen so auch bei den Aegyptern geworden sind, bezeichnen sollen. Der gedanke dabei wäre: die erde geht unverletzt aus diesem kreislauf der sonne, i. e. des Horos, über ihr hervor. Es würde dann das sonnenrad herauskommen, was auch die XXII. römische legion als abzeichen führte abwechselnd mit dem von 12 strahlen umgebenen Sol-Apollo-kopf, vgl. Habel, cohortenzeichen, nass. annal. II, 3, 166 ff. Ebenso darf an den wagen der Demeter, die mit der Isis eins ist, erinnert werden. Kommen doch diese räder selbst im deutschen navigium Isidis vor, s. Grimm, deutsch. myth.

14, 218 ff. Endlich sei nicht unerwähnt gelassen, dass nach Clemens Alex. strom. V in den ägyptischen tempeln räder herumgetragen wurden, wie sie denn ein den Aegyptern bekanntes sinnbild gewesen sein müssen gemäss der bemerkung bei Plut. Numa Pomp. 15. — Dies die für uns deutbaren angaben der Metaphrastischen legende. Der angedeutete rest dürfte in seinen zahlen wol noch einige nachlese dem fachmann gewähren; seine namen, (Porphyrius und Chursasadem vielleicht ebenfalls noch ausgenommen), und sonstigen tatsachen aber sind gewiss reine schmucksachen.

Was sodann die übrigen legendengestaltungen betrifft, so zeigt sich der in ihnen allen erscheinende name Costus auch als ortsname in der »notitia episcopatuum« Aegyptens bei Parthey, voc. 488, kann aber in dieser eigenschaft sonst nirgends nachgewiesen werden. Ob an den idumäischen gott $Ko\zeta\epsilon$, Joseph. antqq. 15, 7, 19, der in dem personennamen $Kοστόβαρος$ sich erhalten hat, gedacht werden darf? Bemerkenswert dürfte sein, dass der wolriechenden wurzel $κόστος$ von Dioskorides I, 15 mit den worten gedacht wird: $καὶ ἀφροδίσια οὗτος παροργᾷ μετ' οἰνομέλιτος$. — Das aus dem leichnam fliessende öl kann wol kühnlich auf die priesterliche übergiessung der mumien mit öl zurückgeführt werden, vgl. Wilk.-B. III, 429. — Die den varianten seit Petr. de Nat. gemeinsame verlobung Katerinas mit dem Madonnenkinde darf dreist als ein spätes einschiebsel angesehen werden, da verlobungen dieser art erst im späteren mittelalter auftreten. Hier sollte nur die sponsa Christi erklärt werden von der späteren legende. Ebendahin ist die werbung des Maximinus zu setzen. — Ursprünglichere farben scheinen dagegen in Perkmars gesammelten notizen zur legende zu spielen. So das wunderbar gegossene kreuzbild, in dem unschwer die ägyptische crux ansata sich entpuppt, die wenn auch nicht wie Jablonski wollte, als phallus, doch als lebenszeichen gefasst werden muss und in dieser geltung von Aegypten aus eingang in der christlichen welt fand. Dagegen ist das herabstürzen der götterbilder einfache rückerinnerung an histor. de nativ. Mar. 22 ff. und evang. infant. 10, vgl. Hofmann, leben Jesu nach d. apokryphen. 148 f. Dafür wird die im traum erscheinende blumige wiese ein anklang an die darstellungen der Isis und Hathor in buntfarbigem gewand und mit blumiger erde zu ihren füssen genannt werden können. Ursprünglichster zug aus der alten legende aber wird die angabe von den mehr als 300 oder 360 und 365 jahren gelten dürfen, die der leichnam auf Sinai verborgen gelegen haben soll. Es sind das die 360 tage des ägyptischen jahres mit seinen 5 schalttagen, und Horapollo hierogl. I, 3 sagt ausdrücklich: »Wenn die Aegypter das jahr darstellen wollen, zeichnen sie die Isis, d. h. ein weib, unter welchem zeichen sie die göttin darstellen.« Begann doch auch mit der Isis das jahr, insofern dasselbe mit dem aufgang des der Isis geweihten hundssternes, Sothis genannt und Isis selber, am 20. juli seinen anfang nahm. Aber auch deswegen sind die 365 jahre wichtig, dass die sage in der alten christenheit gegangen war, 365 jahre nach Chr. geburt werde das heidentum wieder hergestellt sein, speziell der zu einer christlichen kirche umgewandelte tempel der Caelestis (Urania, Astarte, ägyptische Isis-Hathor) in Karthago seiner eigentümerin wieder zufallen, vgl. Gieseler I, 2, 36 f., d. h. doch wol Isis werde wieder erwachen.

Die ausgesprochene verpflanzung der legende auf kyprischen boden für ihren ersten teil, wie sie sich bei Lusignan, Hagen u. a. m. darstellt, ist endlich der deutlichste beweis für die natur unserer heiligen. Ihr stammort Salamis ist schon oben als Aphrodite-Anaxaretestätte genannt, Paphos dazu setzt die sache ausser allen zweifel. Der löwe mit dem wasserquell dagegen möchte als ägyptisches mitbringsel aufgefasst werden müssen, da nach Horapoll. I, 21 die Aegypter einen löwen zeichnen für das wasser, weil, wenn die sonne durch das bild des löwen geht, die überschwemmung des Nils eintritt.

Besser vermögen wir unsere untersuchung nicht zu schliessen, als wenn wir genauer unterrichtet als wir es beim niederschreiben der anm. 184 auf s. 278 sein konnten, noch einen blick auf die letzte filiale der alexandr. mutterlegende, auf Bethlehem werfen. Denn von Bethlehem ist es bekanntlich, dass Hieron. ep. ad Paulinum p. 564 sagt: »Bethleem nunc nostram et augustissimum orbis locum, de quo psalmista canit: veritas de terra orta est, lucus inumbrabat [ab Hadriani temporibus usque ad imperium Constantini] Thamus i. e. Adonidis et in specu, ubi quondam Christus parvulus vagiit, Veneris amasius plangebatur.« Dort aber in Bethlehem steht neben und in engster verbindung mit der geburtskirche die der Katerine, die Quaresmio II, 624 und 674 antiquissima nennt, ja Tobler zum verdruss s. 673 f. von Paula gebaut sein lässt, während andere sie der kaiserin Helena zuschreiben (Beth. 204); und nun begreifen sich noch besser die auch von uns längst bemerkten bacchantischen tänze der weiber in der geburtskirche a. 1508, die an Rossmann, gastfahrten 367 einen so geschickten deuter gefunden haben.

REGISTER.

Abdias grab 161.
Abel 160.
Abiera 160.
Abraham 154, 167.
Abrahams taufort 147.
Adam 143, 160.
Akers 112, 163.
Albanesen 91 s. Ziginer u. Egyptiern.
Albanien 174, 240, 287.
Alberto, Jacop 239, 275.
Alkare 114, 168, 179.
Alexander IV, papst 80.
Alexandrien 167, 177, 195, 215, 286.
 1. Buccoli 168.
 2. Jorienkirche 168.
 3. Katerinenkerker 168.
 4. Katerinensäulen 168.
 5. Markuskirche 168.
 6. Sabakirche 168.
Anahiten 45.
Ananias haus 163.
Anathot 119, 161.
Ancona 91 f., 289.
Andreas, apost. 99, 161.
Andreaskloster 94, 240.
Antoniuskloster 166.
Antwerpen 191.
Aquamercie 195.
Arabien 150, 181.
Arabiae (Arben) 43 (45?), 249—251, 269, 272.
Archadia 98, 174.
Arghuse 94—96, 175, 177, 202 f.
Armathien 119.
Armenier 45, 136, 209, 289.
Arpen 289.
Astrata Blancka 287.
Augustiner 246.
Augustus, kais. 144.

Balsamgarten 167.
Bar, Zix von 242.
Barbaryen 195, 276.
Baruith 163, 195.
Benedictiner 82.
Benefente 289.
Benjamin 143.

Berendrecht, Jan van 190.
— —, Gerrit Bruyn van 191.
berg der 4000 163.
— —, 5000 162.
Bethanien 44, 149, 220 f., 260 f., 262, 271.
 1. Christi standort vor Lazarus grab 44, 153, 221, 261.
 2. Lazarus haus 261.
 3. — grab 44, 153, 221, 261.
 4. Mar. Magd. haus 44, 153, 221, 261.
 5. Marthas haus 44, 153, 221, 261.
 — ort 153, 221, 261.
 7. Simonis leprosi haus 44, 153, 221, 261.
Bethlehem 38, 39, 142—144, 146, 148, 180, 217 f., 264, 268, 271.
 1. geburtskirche 39, 144, 217.
  a) cisterne 40, 146.
  b) Eusebii grab 218.
  c) Eustachius 41.
  d) Jheronimi bibel 144, 217 f., 266.
  e) Jheronimi grab 41, 144.
  f) — scola 40.
  g) Jesu geburt 40, 145, 218, 266.
  h) Jesu beschneidung 40, 146, 219, 266.
  i) Katerinenkirche 39, 145, 218, 266.
  k) kinderhöhle 41, 144, 219, 265.
  l) kreuzbaum standort 145.
  m) magier absteigeplatz 39, 146, 218, 266.
  n) magier geschenke darbringend 218.
  o) Marias rückangwort 145.
  p) stern, stand 39.
  q) — verschwindet 266.
 2. hirtenort 41, 146, 219, 265.
 3. Josephs gesicht 265.
 4. Marias flucht 219.
 5. milchgrotte 265.
 6. Nicolauskirche 146.

Bethsayda 161.
Bethuel 147.
Blasius, sct. 203.
Boshuysen, Jac. van 189.
———, Willem van 189.
Bostelman, Jan. 191.
Brixen 242.
Brobender 231, 242.
Buccenteno 236.
Burgund, herz. Philipp von 106, 110 f., 204, 216.

Cabachon, strasse von 164.
Cacanio 170.
Caiette 289 (gespalt. fels, trinitatiskl.)
Calep 114.
Cana 161.
Cananeen, vrouken van 162.
Candacia regina 147.
Candie 103 f., 172, 203 ff., 241 f.
Canien s. Candie.
Capharnaum 161.
Carmel 113, 163.
Carmeliten 84, 113, 163.
Casoep 48, 96 f., 174 f., 203.
Castel Arbor 288.
Castel der pilgrims 113.
Cattelonien 171.
Cathya 167.
Ceffelonia 97.
Cente Quarante 97.
Centurie 218.
Cherigo maior 101, 173.
——— minor 102.
Casaria maritima (palestina) 113.
Cleophas grab 118.
Cleve, herzog von 87, 201.
Collen 179.
Constantinopel 108, 134, 137, 195, 283.
Constantinus, kais. 72, 84.
Contarini, Andreas 90.
———, Augustijn 193.
Corfun 95, 97, 99, 173, 203, 240 f., 286 f.
 1. Casop s. Casoep.
 2. Merler, hafen 286 f.
Corkyen 170.
Cornelius 164.
Cornele 175, 202.
Cosme et Damiani kirche 187.
Crenkurt, Jorg von 231 f.
Christiani 45.
Crux sancta, klost. 42, 148, 219, 268.
Cynyta 97.
Cypern 20, 109—112, 169 f., 204, 232, 241—243, 245, 276, 279, 282, 284.
 1. Althamagusta 277 f.
 2. Baffa 110, 242 f., 281.
 3. Critzberg 248.
 4. Famagusta 232, 245 f., 277, 279 f.

5. Fonte amoroso 281.
6. Limeise 111, 170, 204.
7. Menico 244, 248.
8. Nicolaus 111.
9. Nicosia 170, 244—247, 279.
10. Ninusson 243, 246, 281.
11. Salins 20, 45, 111, 170, 245, 248.

Damascenus ager 160.
Damascus 114, 162 f.
Damaszon, Gerrit 190.
Damiata 168.
Dantzig 247.
Datz, Dirk 231.
Dauid 144.
Dominikaner 85, 97, 203, 234, 246.
Domitianus, kaiser 104.
Dor? 113.
Dordrecht 190.
Dusen, Claes van 189 ff., 197, 205, 220, 222.
Duytschen 197.
Duytschlandt 194, 196, 198.

Ebron 143, 147, 159.
Egipten 166, 249.
Egiptiers 100 s. Ziginer.
Elim 166.
Elisabeth 41, 268.
Elizeus quell 152, 221.
——— grab 161.
Ellichminden, Hendrik van 191.
Elmaradi 167.
Emaus 22, 118 f., 206.
Eneas paraliticus 117.
Enghelandt 204, 335, 243.
Ephesia 104.

Fiesole, Peter 232.
Floriszon, Hendrick 191.
Foy 228.
Franciscus, sct. 169.
Franciscus, schiffspatron 275.
Francoysen 197.
Frankreich 188 f., 204, 235.
Franciscaner (barfüsser, minderbrüder, observantzer) 21, 34, 38 f., 45, 85, 97, 116 f., 120, 129—33, 138, 141 f., 144—46, 153, 158, 163, 203, 206 f., 209 f., 211, 215, 217, 234, 240—42, 246, 249, 251 f., 254, 256, 258, 263, 265, 279 f., 283.

Galilea 127, 212 f.
Gazara (Gasere, Gaseir) 164, 167, 181.
Gelder, herzog van 201.
Gemini 161.
Genezareth, see 162.
Georgier 45, 139, 209, 268.
Georius sct. 21.
Gerritzon, Gerrit 191.

Gomorrha 150.
Gorkum, Jan von 232.
Grae-Snsters 217.
Greci (Greken) 45, 97 f., 136, 140, 198, 203, 209, 214, 241, 246, 283, 286.
Griffi, Andreas 236.
Gyon 167.

Habakuk 217, 264.
Haerlem 189—191.
Hagen, Marx 236.
— Phil. 231, 235, 239, 279 f.
Harmanszon, Juc. 191.
Heilige Landt 20, 188, 192, 206, 210, 213, 215 f., 243, 245.
Helena, die scoen 102, 285.
——, set. 72, 84, 120, 134, 171, 207, 248, 255 f., 259.
Helizeus 113, 163 f.
Hely 119.
Helyas 113 163 f.
Helyas geburtsstätte 39, 143, 217 (264 ?).
Hendrickzon, Wollebrant 191.
Herczbrecher 288.
Herodes 41, 82 f., 144, 147, 167, 199, 219, 265 f.
Hieronymus born und höhle 151, kloster 43, 152.
Hilarion, set., kirche 164.
Histria s. Istria.
Hollant 190 f., 197.
Hollender 231.
Hongheren 202.
Hongherijen 198, 202.
Honofrius, set. 165.
Hooghduytsche 196, 231.

Israhel 114, 122, 165 f., 167.
Istria 94, 240.
Itrich 231.

Jacobszon, Allert 191.
———, Direk 191.
———, Klaes 191.
Jacobus minor 28, 30.
Jafet 114.
Juff 73, 74, 112, 114, 163, 169, 179, 245, 249 f., 274 f.
Jaffa 113, 116, 205 f., 222.
Jakobiten 45, 209.
Jakobs haus 39, 143.
——— kampf 217.
Janlinkurt, Diebalt von 231 f.
Jantu 282, 285.
Japhet 20, 45, 48.
Jaru 177, 178.
Jarule vetie 178.
Jeremias 119, 161.
Jericho 44, 150, 152, 220, 270.
 1. der blinde 44, 150, 220.
 2. Zachäus 44, 150, 220, 269 f.

Jerusalem 22 f., 38, 72, 90, 116—20. 127 f., 130, 132 f., 142, 144, 148 f., 151, 153, 155, 159, 164, 169, 179 f., 189 ff., 198 ff., 204 f., 206 f., 214 f., 217, 219—21, 239, 242, 245, 247, 249, 251, 262, 267 f., 270, 272 f.
 1. grabkirche 23, 33, 119 f., 133, 148, 158, 180, 207—10, 217, 220, 222, 254, 271 f.
  a) Adamskapelle 136.
  b) Golgatha 24, 121, 135, 155 f., 158, 207 f., 211, 215, 256 f.
  c) Gottfr. v. Bouillon grab 209.
  d) grab Christi 36, 137 ff., 209, 215, 230 f., 239, 243, 247, 257, 271.
   α) stein 36 f., 137.
   β) vorkapellen 137, 209, 257.
  e) Helenakap. 35, 135, 208, 255.
  f) kerker Christi 35, 135, 208, 255.
  g) kleiderteilungskap. 35, 135, 208, 255.
  h) kreuzfindungsk. 35, 135, 255.
   α) nägel, speer, dornenkrone 208.
   β) sule der verspottung 35, 135, 208 vgl. 255.
  i) kuppelloch 139.
  k) Marienerscheinungsk. 34, 37, 134, 207, 255.
   α) geisselungssäule 34, 134, 207, 255 vgl. 252.
   β) kreuzstandort 34, 134, 255.
   γ) kreuzstein 34, 134, 207, vgl. 255.
  l) Marienstandort beim kreuz 35, 38.
  m) Mar. Magd. stein 34, 134, 208, 255.
  n) salbungsstein 36, 137, 209, 257.
  o) türe 210, 254.
  p) vor der kirche:
   α) engelkap. 38, 142 207.
   β) Joh. d. täuf. k. 38, 207.
   γ) Joh. d. evang. k. 38, 142, 207, 257.
   δ) Mar. Magd. k. 38, 142, 207.
   ε) kirchenplatz 119, 142, 207 (stein 37, 119 f.)
  q) weltmitte 140, 210.
 2. Josaphatstal 26 f., 33, 123 f., 128, 153, 180, 211 f., 213, 216, 220, 261.
  a) Kidron 26, 124, 128, 211, 261, 269.
   α) kreuzbrücke 26, 124, 211.
   β) steinbrücke 26, 124, 218, 261.
  b) Mariengrabkirche 26, 124, 155, 121, 263.
   α) auffahrt Mar. 26 f., 211.

β) grab Mar. 27, 124, 211.
γ) Joachim u. Anna erstes grab 212.
δ) stein vom Sinai 125.
ε) wasserborn 125, 212.
c) Petrus gefängnis 210, 258.
d) Saulus platz 211.
e) Stephanus steinigung 26, 123, 155, 211, 263.
3. Oelberg 22, 26 f., 28, 126 f., 180, 212—14, 220, 222, 263.
a) Absalomsgrab 30,128, 213, 261.
b) Bethphage 127.
c) feigenbaum verflucht 222, 261.
d) Galiläa 28, 126, 212.
e) Gethsemane 27, 125, 222.
f) Helenakirche 262.
g) himmelfahrtsk. 28, 126, 212, 262.
h) Jacobus minor 30, 124, 128, 213, 261.
i) Jesu gebetsplatz 27, 125, 212, 263.
k) Jesu weinen über Jerusalem 28, 126, 212, 262.
l) Jesu sitzen auf dem esel 213, 262.
m) Judas erhängt 128, 213, 261.
n) jünger, drei 28, 125, 212, 263.
o) -- --, acht 27, 264.
p) Malchus 27, 125, 212.
q) Marcuskirche 127, 213.
r) Mariengürtel 28, 125, 212 262.
s) Marienpalmzweig 28, 126, 212, 262.
t) Marienruhe 29, 129, 213.
u) Osculo 27, 125, 212, 263.
v) paternosterk. 29, 127, 213, 262.
w) Pelagia α) penitencie 212.
β) grab 29, 126 f.
x) seligkeiten, acht 29, 127, 213.
y) symbolum 29, 262.
z) väter grab 124.
aa) Zacharias grab 30, 128, 154.
bb) zeichen der zukunft 128.
4. schmerzensstrasse:
a) fall mit dem kreuz 259.
b) Pilatusbogen 121, 211, 259.
c) ——— haus 24, 210 f., 259.
d) ohnmacht Mariens 24, 121, 127, 210, 259.
e) Simon v. Kyrene 24, 121, 210, 258.
f) Veronikas haus 121, 210, 258.
g) frauen Jerusalems 24, 121, 210, 258.
h) haus des reichen mannes 23, 121, 210 258.
5. Siloahtal u. nächste umgegend 30, 128, 154, 213.

a) bahre Marias 31, 129, 214, 260.
b) blindgeborner 30, 154, 213.
c) dominus videbit 154 (vgl. 258).
d) Jesaias zersägung u. grab 30, 154, 213, 268.
e) kreuzkap. 154.
f) jüngerhöhle 30, 154, 213, 268.
g) locus natatorie 30, 154, 213, 268.
h) ponticulus lapideus 30.
i) töpferacker 31,155,214, 264, 268
k) vierzig mertler 154.
6. Sion, berg 31, 129, 133, 142, 149, 153, 206, 211, 215 f, 220, 253.
a) avetekirche 33, 133, 214.
b) Bartholom. haus 260.
c) coenaculum (Franziskanerk. u. kl. 32, 129, 151, 251, 257.
α) abendmal 32, 129, 216, 252.
β) fusswaschung 32, 129, 216, 252.
γ) geisteinsgiessung 32, 130, 216, 252.
δ) gräber Davids u. Salomos 32, 131, 216, 252.
ε) küche 131, 216.
ζ) Thomaskap. 32, 130, 216, 252.
d) Davids busse 254.
e) ecclesia salvatoris od. Kaiph. haus 31, 132, 214 f., 259.
α) Abylons grab 32.
β) Gamaliels 31.
γ) kerker Christi 32, 132, 215, 259.
δ) stein v. grab Christi 32, 132, 215, 259.
ε) Stephanus zweites grab 31, 132.
f) entsendung der apostel 132, 253.
g) Gallicantus 129.
h) Hannas haus 31,132. 214 f., 254.
i) Jacobus major enthauptet 31, 133, 214 (minor 260).
k) Jesu predigtplatz 131, 216,253.
l) Joh. d. evang. haus 133, 260.
m) ,, erste messe 33, 132, 216, 253.
n) Marcus haus 260.
o) Marias haus (tod) 31, 132 (himmelfahrt 216), 253.
p) Marias oratorium 33, 132.
q) Matthäus erwählung 33, 132, 216.
r) passahlamm gebraten 131, 253.
s) Petri versuchung 132, 215, 259.
t) Petri busse 31, 214, 216.

7. sonstige orte
    a) Abrahams opferplatz 258.
    b) Aksamoschee 25, 122 f., 215, 261.
    c) consuls haus 133, 148, 153, 156, 158.
    d) Helenahospital 120, 142.
    e) Herodes haus 25, 122, 156, 211.
    f) hospital 23, 180, 207, 210, 215, 217 f., 222.
    g) Joach. u. Anna haus 26, 113, 127, 156—58, 211, 259.
    h) Jos. v. Arimathia gefängnis 128.
    i) Marias schule 24, 121, 211.
    k) Melchisedeksplatz 158, 258.
    l) Pilatus haus 25, 122, 156, 259.
    m) probatica piscina 25 f., 122 f., 127, 156, 211, 260.
    n) Salomons tempel 25, 122 f., 127, 159, 212—14, 222, 258, 260 f.
        α) Marias verlobung 25, 122.
        β) darstellung Jesu 25, 123.
        γ) der zwölfjährige Jesus 25, 123.
        δ) porta ferrea 159.
        ε) —— speciosa 159.
        ζ) lahmenheilung 258.
    o) Simons des aussätzigen haus 24, 210, 221, 258.
    p) tore: α) porta aurea 27, 122 f., 127, 212. β) Jaffator (sluet) 119. γ) Stephanstor 26, 122 f., 211.
Joachims haus im jüd. gebirge 149.
Johannes bapt. geburtshaus 41, 146, 148, 180, 217, 219, 267.
Johannes bapt. grab 161.
    „   „ kloster 43 f., 270.
    „   „ wüste 43, 147, 151, 160, 229.
Johann Casant 107.
Johannes elemosinarius 168.
Johannes evang. 28, 104.
Johann Peramoir 104.
Johanniter 105, 107, 163, 172, 204.
Jonas 116, 205.
Joppen 20, 114.
Jordan 42 f., 149 f., 152, 180, 218, 220, 269 f., 271.
Jorg, doctor 247.
——, lenzmeister 242.
——, sankt 117, 163, 206, 250.
Jorien, sanct s. Lidda.
Josaphat 124.
Joseph v. Arimathia 21, 36, 119, 128, 137, 206, 256.
Joseph pflegevater Jesu 25, 122 f., 144—46, 167.

Joseph, Jakobs sohn 143, 161. Josephscisterne 162; zum zweiten mal verkauft 167; schuren in Aegypt. 167.
Judas 125, 153.
Juden 21, 31, 97, 108, 127, 130, 142, 162, 198, 203, 208, 211, 214, 241, 261.
jüdische gebirge, das 41, 148, 217, 219, 267, 270.
Judith 162.

Katerina, sct. 277 f.
Klein Egypten 249.
Kriechenlant 246.
kristen van dem rieme 116, 142, 218.

Laciniere 95, 175, 240.
Lando, Pietro 236.
langqo 105.
Lazarus 24, 112, 149, 151, 210.
Leeuwarden, Pieter van 140.
Leonarde, conde 98.
Leyden 198 ff., 209.
Libanon, 150, 162.
Lidda, Lidia, Lyda 21, 180, 206, 250.
Liana 176 f., 202.
Lodwich v. Vrankrich 169.
Loen, Pieter, doctor 191.
Loretto 92, 288 f.
Lots weib 150.
Ludwig, observantzer 247.

Machomet 117.
Magdalum 151.
magier, herberge 217.
Malmasia 285.
maluezie 103.
Mambre 159.
Mumma, sanct. 247, 279.
Marcus, sanct. 200.
mare rubrum 42, 149, 153.
Maria, virgo 26, 41, 259, bei Bethleh. 144, 264, in Nenpheluth 169, quell 148.
Maria Aegyptiaca 43.
Maria Magdalena 24, 153, 210, 221, 259.
Martha 47, 151, 153.
Massare 166.
Matthaei berufung 162.
Maxencius 168.
Meens (Mainz) 179.
Meisters 76 f., 179.
Menfurdonia 287 f.
Merler, hafen 286 f.
Mille 283.
Miller, Hans 232.
Mirrea 46, 101.
Misgrita 249.
Modon 47, 98 f., 203 f., 285.
Monpellier 108.
Morea 47, 98.

Mouro, sinte 98, 174.
Moyses, 164—66.
Muntfort, Joh. v. 247, 279.
Musca 215.

Nathanaels grab 39.
Naym 161.
Nazareth 127, 160, 162, berg des absturzes 162.
Neapel 107, 109, 170, 171, 287, 289.
Nederlanders 193, 196.
Nempheluth 167.
Nepulosa 161.
Neyuwerpart (Noveparte) 118 f., 169.
Nicera 106.
Nicodemus 36, 137, 257.
Nicolaus, sanct. 46, 101, 171.
Nil 167.
Ninive 206.
Noe 163.
Nortwijck, Pieter van 190.

Olifernes 162.
Oostenrijek 202.
Overlanders 195.

Padinos 203 f.
Padua 76.
palma victorie 152.
Parenzo 91—93, 178, 202, 240, 287.
Patras 174.
Paulus, ap. 104, 123, 163, 242, bekehrung 103, kirche 104.
Paulus II, p. 94, 106.
Paxele 97, 174.
Paxo 97, 174.
Persdicsine 178.
Peter, ap. 27 f., 115, 117, 159, 161, 168, 205 f.
Peter, sanct. schloss 105.
Pharao 165 f.
Philippus, ap. 147, 267.
Philipp, herzog v. Burgund s. Burgund.
Philistinen 114, 118, 164.
Pieterszon, Joost 190.
Pilatus 122, 177.
Pius II, p. 99.
Poelgen 173.
Pole 178.
Polen 198.
Pulia 288.

Quarentena, berg 42, 221, 270.

Ragusa 202 f.
Rahels grab 143, 217.
Rama 29, 45, 116—19, 169, 180, 205—207, 222, 250, 272, a) turm 21, b) Franciskanerconvent 21, c) hospital 21, 116 f., 169, 206, 250.

Ramatha 21 f., 206.
Ramula 118.
Recognata 289.
reliquien: Abraham 84. Acilleus 80. Andreas 99. Barbara 80, 148. Bartholom. 84. Cana, krug v. 83. Christophor. 81. Constantin. 85. Cosmas 82. Damianus 82. dorn a. d. dornenkrone 171. duytsche capitaein 82. elftausend megede 83. Elisabeth 84. Euphemia 47, 94, 240. Georg 47, 82, 84, 171. Gregorius 80, 99. Guldemont, Jan, 203. Helena 201, 234. Jacob minor 82. Katerine 171. kreuz 79, 84, 171, 201, 234. Lazarus 84. Lucia 81, 233. Marcus 79. Marienbild v. Luc. 79. Maria Aegypt. 83. Maria Magd. 85. Muntfort, Joh. v. 247. Nereus 80. Nicolaus 83 f. Pancracius 80, 234. Paulus, ap. 83. Paulus, erem. 84. Phil. v. Burg 82. Porphyrius 83. Procopius 84. Rochus 233. Sabinus 234. schecherkreuz 248. Simeon 178, 202. Stephan, diac. 47. Stephan, p. 79. Theodorus 79. Timoth. 83. unschuldige Kinder 82. Zacharias 79, 233.
Reta (Kreta) 204.
Rewingia (Rovina) 92—95, 178, 240.
Rhodus 46, 104—106, 108 f., 170 ff., 204, 232.
  a) stadt 106 f. Nicolausturm 204.
  b) Ferrenclaii 171.
  c) Fibernie 106.
  d) Hilarine 171.
  e) Lindo 171.
Roche 289.
Rochet 168.
rode zee 166.
Roest, Gerrit 191.
Rom 75, 99, 171, 190, 210, 214.
romanie 173.
Romanien 97.
romenie 99.
Romenien 99.
Roouge 109, 170.

Naba, königin v. 124.
Saleste 161.
Samson 164, 249.
Samuel, geburtsort 22, 119, grab 207.
Saphet 162.
Sapiencia 173, 285.
Sara (Zara) 202.
Sarah 167.
Sardena 163.
Sarepta 163.
Sarraceni 21, 23, 25 f., 29, 31 ff., 37 f., 41 f., 147.
Satelye 110.

Schwiczer 232, 245.
Sidon 162.
sieben schläfer 242.
Silo 119, 161.
Siluester, p. 72.
Simeon 42, 119, 123, 143, 264.
Sinai 164, 266, 278.
  1. Elias u. Elisa 164.
  2. goldnes kalb 166.
  3. gesetztafeln entzwei 166.
  4. Honofrius 165.
  5. Katerina 164 f., 180 f.
  6. Maria de rubo 164.
  7. Moses berufung 165.
  8. —— fasten 165.
  9. —— fels 165.
  10. vierzig merteler 165.
Siria 241.
Slauonien 92, 175, 202, 287.
Spanieler 232, 245, 281.
Spoleta 177, 289.
Stumpelia 172.
steinacker bei Bethlehem 143.
Sterbal 98.
stern, erscheint 38, 143, 217, 264, verschwindet 217.
Suria 112 f., 276.
Surianen 209.
Sweten, Huyge van 190.
Sybilla 211.
Sychem (Sychar) 161.
Sythara 178.
Sziante 98.

Tabita 115, 205.
Tabor 161.
Tairsen (Tharsen) 115 206.
Terrensina 289.
Ternize 76 f.
Tessua 177.
Thea 179.
Thomas 32, 125, 212, 262.
Thur 165.
Tiberias 161.
Titus 104.
totes meer 150, 221, 270.
Trapezonde 108.
Trusighe 195.
Tregetto 289.
Tripoli 114.
Troy 288.
Troye 102.

Türken 88, 94 f., 97—100, 103, 107, 172 f., 198 f., 202 ff., 232, 241, 245, 247, 249 ff., 252 ff., 258 f., 269, 272 ff., 282, 285 f.
Turkyen 95, 98 f., 101, 104 f., 109 f., 114, 170 f., 174, 195, 198, 202.

Ulm 179.

Venedig 48, 73—77, 82, 84, 86—89, 91, 93, 95, 97, 99, 101, 103, 169, 172, 174—79, 190 f., 204, 222, 231 f., 235, 239—41, 246, 285, 287—89.
  1. arsenael 199, 238 f.
  2. castelli 82, 94, 195, 240.
  3. duytsche huys 195 f.
  4. golf 175—77.
  5. grab, h. 234.
  6. kirchen: Lucien- 253. Marcus- 77, 79, 82, 85, 200, 232, 236. Rochus- 233.
  7. klöster: Antonii 79. Barbara 80. Georg 82, 201. Helena 84, 201. Joh. u. Paul. 85. Lucie 201. Marcus 201. Maria de vinea 85. Nicolai 82, 237. salvatoris 85. Zachariae 79, 233.
  8. Marcusplatz 86 f., 90, 179, 197, 200. turm 87, 201.
  9. Murano 82, 199.
  10. palleys 86, 201, 235.
  11. Reyaelt (Reyaert) brugge 197.
  12. schulen 86 f.
  13. vischmarkt 86.
  14. vleeschhuys 199.
Verga 177.
Vladern 195.

Walen 197.
Walshandt 194.
Willemszon, Adriaen 190.
windisch lant 240, 287.

Ysac 154.
Ysbrantszon, Klaes 191.

Zacharias, vater d. täufers 6, 41 f., 146 f., 219, 267, vgl. 268.
Zacharias, proph. 30.
Ziegler, Heinrich 232.
Ziginer 241 vgl. Albanesen, Egyptiers.
Zirch 232.
Zodom 150.
Zuher 114.

ZUSÄTZE UND BERICHTIGUNGEN.

S. 3 z. 12 v. u. *enthält*] Nach inmittelst eingezogener erkundigung ist der wertvolle handschriftenband mit so vielen andern in dem s. 58 gemeldeten brande zu grunde gegangen, wenigstens findet er sich nirgends mehr vor.

S. 32 a. 104ᵃ *cena de sero*] Man macht mich darauf aufmerksam, dass in Heyne, handwbch. d. deutsch. spr. die bezeichnung spätmal für das gebräuchlichere abendmal vorkomme. Das wäre denn allerdings vollständige übersetzung der cena de sero. Sero als indeclinabile behandelt wie s. 289 a. 23 entspräche dann genau dem nnl. spete = abendzeit, nachtzeit s. 328 unter verspiez.

S. 43 a. 202 *Maria egiptiaca*] Bemerkt verdient wol auch zu werden, wie verfänglich die poetische darstellung der aegypt. Maria ihre farben von der Aphrodite borgt. So im anfang des von Creuzer, ann. ad Plot. de pulcr. p. 224 mitgeteilten gedichts:

> Ἂν ἐξ ἀκάνθων ἐκφύωνται καὶ ῥόδα
> Αἴγυπτον ὡς ἔγκεντρον ἄδορι μοι βάτον
> Καὶ Μαρίαν ἐκεῖθεν ὡς ῥόδον βλέπε
> Ἐξ Ἀφροδίτης τὴν βαφὴν τύχα φέρει·
> Τὴν φοινικὴν φοροῦσα τῶν παθῶν χρόαν
> Ἀδωνίδος ἦρα γὰρ Ἀδωνίοις
> Καὶ θανάτου τὸ κέντρον εἶχεν ἐκ φρέσαις.

So in einem epigramme des Paulus Silentiarius εἰς εἰκόνα Μαρίας τῆς κιθαρῳδοῦ in der anth. graec. ed. Jacobs t. IV. p. 59. nr. 55, woselbst wir Maria ausserdem auch als Pharia kennen lernen:

> Πλῆκτρον ἔχει φόρμιγγος, ἔχει καὶ πλῆκτρον ἔρωτος·
> Κρούει δ' ἀμφοτέροις καὶ φρένα καὶ κιθάρην.
> Τλήμονες οἷς ἀγνάμπτον ἔχει νόον· ᾧ δ' ἐπινεύσει,
> Ἄλλος ὅδ' Ἀγχίσης, ἄλλος Ἀδωνὶς ὅδε.
> Εἰ δ' ἐθέλεις, ὦ ξεῖνε, καὶ ἀμφιβόητον ἀκοῦσαι
> Οὔνομα καὶ πάτρην, ἐκ Φαρίης Μαρίη.

S. 76 *van wat prouanden vnd wie veel eyn pilgrim sich besorgen sall*] Es wurde übersehen zu bemerken, dass diesen worten am ende der schrift nicht entsprochen wird. Denkbar wäre immerhin, dass letztere deshalb noch eine beilage hatte, die verloren gegangen wäre.

S. 78 a. 21ᵇ *ingewracht*] Die gegebene ableitung von ruhen = pertica ändern wir dahin ab, dass dieses wort mit ingewracht zu demselben stamm gehören wird, der die bedeutung des umschliessens hat u. z. b. in der hauptwortgestalt ruchen, ags. hraca, kehle vorliegt. Letzterer anlaut hr würde, wie dies auch Hildebrand in Grimms wbch V, 2315, 4, b bei dem wort kring, kringe = ring, kreis zulässig gefunden hat, aus qvr oder kwr entstanden gedacht werden und wruchen wie ruchen möglich sein lassen. Vielleicht auch darf man an got. vraiqvs, krumm erinnern, vgl. Diefenbach, vergleich. wbch. der goth. sprache. Frkf. a/M., 1851. I, 235 ff.

S. 86 a. 57 *frederich*] Bei weiterer überlegung dieser auffälligen sage will uns scheinen, dass sie ein zweig derjenigen vom schlafenden kaiser im Kiffhäuser oder Untersberg sein möchte. Man weiss vom rossegestampf in den ställen dieser sagenberge, Simrock 149; ebenso von dem bergentrückten pferd Bajard, Grimm, myth. III, 287; gleichzeitig von den Venedigern, die als »verkappte germanische zwerge« in den tiroler Alpen nach erz- und goldsand schürfen, Simr. 433. Die Venedigergruppe in den Tauern ist nicht minder bekannt. Und es lautet endlich gar noch eine alte weissagung von den Schweizern, dass sie in künftiger zeit einmal die kirche bei der vorderer brücke unter Hall (in Tirol) in einen rossstall verwandeln, Vernaleken, Alpensagen. Wien. 1858. 67. Da die sage in keinem italienischen bericht wiederklingt, so mag sie ein erzeugnis der deutschen colonie in Venedig und aus vermischung jener aus der heimat mitgebrachten sagenbestandteile entstanden sein.

S. 115 u. 197 *vinte* | Man wagt kaum viel, wenn man das wort aus quinte entstanden sein lässt, so sehr auch dessen obscöne bedeutung von derj. unseres wortes hier abzuliegen scheint. Da wir selbständig auf diese auskunft fielen bei gelegenheit einer anderweit zu verwertenden untersuchung dieser ganzen wortfamilie, so dürften wir uns freuen in übereinstimmung für ähnliche fälle mit Grimm, gesch. der deutsch. spr. 52 (73) uns zu befinden.

S. 146 u. 398 *put* | Durch den erst nachträglich zur einsicht erlangten Baudissin, studd. z. semit. rel.-gesch. II, 160 u. 3 werden wir belehrt, dass unsere nach Movers gegebene anführung von Zosim. 1, 58 irrig ist. An der angegebenen tatsache wird dadurch nur das geändert, dass der stern nicht in den see, sondern in den fluss taucht, wie das zweite, von Baudissin übersehene citat, das wir nachzuschlagen im stande waren, deutlich besagt.

S. 167 u. 550 *nenpheluth* | Antoninus martyr nennt in der hs. des cod. vat. 636 A, vgl. itinera hierosolym. I, 133 Memphis Nemphi und spricht unmittelbar vorher von den töchtern des Loth als erbauerinnen zweier städte zu beiden seiten der Nilkatarakte. Möglich dass von daher ein nenpheluth zusammenrann.

S. 205 u. *een* ✠ | Dies zeichen wurde an stelle der im original angebrachten hand gewählt, da es an einem ihr völlig entsprechenden gebrach.

S. 215 u. 105 *Muska* | Es könnte mit diesem namen auch das el-Mousky oder el-Afrang genannte Frankenquartier in Kairo gemeint sein, vgl. Jomard, recueil d'observations et de mémoires sur l'Égypte. Paris. 66 u. 168., was als teil des ganzen dieses zu bezeichnen gehabt hätte. Oder aber man muss an Muza (Moccha) an der südwestspitze von Arabien denken, das Μούζα ἐμπόριον bei Ptol. VI, der heutige flecken Mauschid.

S. 226 *Padua o. Bologna* | Unsere in dieser stelle ausgesprochene vermutung ist um so berechtigter als wir aus der hier aufbewahrten handschrift. hauschronik des augsburger juristen Fröschel s. 144 f. nachtragen können, was dieser von solch einem ausflug von Bologna aus, woselbst er auf kosten der Fugger sein 12jähriges rechtsstudium vollendete, unter dem 19. mai 1555 schreibt: »XIX maji fuer Jch mit ettlichen Nobilibus Scholaribus von Bononia nach Venedig, auf das fest Ascensionis daselbst die solennem pompam der vermählung des Mörs zw sehen. Namen unsern weg auf Padoa. Da ward uns ser gute freundschafft erzeigt. Venetias komen die XXI, sahen auch sonst alda vil wunderbarlicher Sachen. Das Arsenal, das Palatium vnd die schöne kunstliche gemalte Quader darob, die Myntz, die Bibliothecam bey der Myntz, daselbst drey galgen, krumpen Barte. Templum S. Marci. Darinn dj 2 durchsichtig columnae, Horologium, S. Marx Thurn, gulden Ross, monstrum Marinum rumpens rudentes seu funes Anchorarum. Das H. Grab cc. dj Newe pastey, Judecha vnd Jr Begrebnus, vnd nahend daselbst beim gesaltznem Mör in strom von siessem wasser. Der Thurn bey der Judecha darnoch sich die Schiflaut richten, ob das Mör hoch oder nider, denn ein Kugel Jnn dem Thurn, wen sie hoch vber sich steiget, so ist das Mör hoch et contra [ain runde ist ihre colorierte abbildung: ein roter turm, auf der vordersten oben mit 2 schiessscharten, darunter zwei blosse mauerschlitze, auf der seite je einen schlitz, über dem turm auf einer stange ebenfalls rot die kugel]. Darnach ausser Venedig s. Spirito, doselbst das kunstlich altargemeld. Jtem S. Gorzo ein schön closter und garten. S. Rocho alda vil antiquiteten vnd Schola marmora. Zw Murano, da man dj schöne glöser Christallin vnd andere wunderbarliche sachen macht, ein glöserin Schloss, eine glöserinne orgel etc. Zwey palatia vnd gürten, die kunstlich prugken, das kirchlein bey Venedig, das ein Huor oder Cortisana, so von Irem Hurenlohn gar reich worden, gestifttet, ob sie poenitentiam agirt oder nit, Ist uns nit angezeigt, thut

Ins aber solcher Gottes dienst wol. dann Hurerey vnd Unzucht Ist doch Ir meistes Leben. In summa dess sehens Jst so vil gewest, das Jch nit alles auffzeichnen können. — — — III. Junij reiseten wir Bologneser Scholarj widerumb zuruk von venedig nach Padoa vnd Bologna.«

S. 243 u. 46ª *Englant* | Man widersteht kaum der versuchung in dieser zur reinen sage entstellten geschichte eine anlehnung an die soviel ältere Ursulasage und zwar in derj. fassung zu finden, die nicht fern von der hier in betracht kommenden zeit ihren ausdruck bei Joh. Adolphi genannt Neocorus, chronik des landes Ditmarschen vom jahre 1598 hrsg. von F. C. Dahlmann. Kiel 1827. II, 89 in diesen Worten empfangen hat: »Die 11000 jungfrauen landeten einst auf Helgoland, das damals ein schönes grünes land war. Die leute aber waren gottlos und trieben schande mit den h. jungfrauen. Darauf ist das land versunken und abgerissen und alles in stein verwandelt.« Nicht nur nämlich, dass die schwarzen segel und seile am schiff der angeblich geschändeten schwester Richards v. Engelland wie deren schwarze kleider selber eine erinnerung an das alte totenland Brittanien (vgl. Grimm. myth. 695 u. Simrock 436) zu verraten scheinen, so möchte auch deutlich hier die verwechselung dieser geschichtl. schwester Johanna, verwittweten königin von Sicilien, mit der sagenhaften Gerasina der gleichen würde durchblicken, welche durch die gesichte des ehemaligen engl. Praemonstratenserabts Richard aus dem kloster Arnsberg, köln. diöcese, um 1180 als tante der Ursula in die legende dieser eingeführt worden ist, vgl. O. Schade, die sage von der heil. Ursula. Hannover. 1853. 51. Ja selbst Fabri no. gibt zu dieser auffassung raum, indem er seinem halbwegs geschichtlichen bericht den namen Osina für Johanna beimengt, der in der gestalt Osunna als name einer der 11000 Jungfrauen vorkommt, vgl. Kessel, St. Ursula und ihre gesellschaft. Köln. 1863, 268. Die möglichkeit einer solchen verwandlung der geschichte in sage auf Kypros wird man nach unsern anführungen s. 83 a. 46 nicht in frage stellen dürfen. Ja wir möchten selbst glauben, dass die von uns soeben gewagte vermutung im stande sein könnte die »jungfrauen aus dem oriente«, welche Ritschl seiner zeit aus der im chore der kölner Ursulakirche eingemauerten steininschrift des 5. jhs. herausliss, vgl. Kessel 152, noch einmal einer genaueren berücksichtigung zu würdigen, zumal durch sie die von Schade 67 aus Pseudo-Lucian's dialog Philopatris (opp. t. IX, § 9 ed. bipont.) angeführten 10000 auf Kreta in stücke gehauenen jungfrauen eine neue beleuchtung erfahren würden.

S. 267 u. 153 *schlang* | Baudissin I. 271 beanstandet die meinung von Movers, dass Surmubelos in die reihe der Ophionen gehöre, da seine etymologie des wortes unhaltbar sei. Wir können das zugeben, ohne darum unserer behauptung etwas zu vergeben.

S. 335, z. 20 v. u. Ὄσυρρις | Durch die nachträgliche lectüre von Nic. Schow, charta papyracea graece scripta musei Borciani Velitris qua series incolarum Ptolemaidis Arsinoiticae in aggeribus et fossis operantium exhibetur. Rom, 1788, werde ich meines versehens inne, dass Ὄσυρρις bei Parthey als beiwort des Osiris aufgeführt sei. Denn hier s. 4, 12, 24 u. 26 erscheint der name 6 mal als gewöhnlicher personenname. Unsere beweisführung wird dadurch nicht im mindesten berührt. Gottesbeiname bleibt das wort auch in dieser gestalt, ja er zeigt sich in ihr erst recht. Gilt doch auch hier, nur in anderem als gewöhnlichem sinne das oben gebrauchte ,denominatio fit a potiori.' Wir dürfen nämlich aus der bis auf den heutigen tag in der röm. kirche dauernden benennung der täuflinge nach heiligen, wie sie das röm. rituale vorschreibt (Wetzer u. Welte X, 683), schliessen, dass in ihr eine altüberkommene heidn. sitte vorliegt. Der name des gottes oder heiligen wird schutzname, wie der gott und heilige der schutzpatron seines namensträgers ist. Daher die wichtigkeit, die das altertum dem namen beilegt.

S. 339 z. 1 v. u. *kalendertag* | Erst jetzt im besitze vom synaxarium d. i. heiligenkalender der copt. christen. Aus d. arab. übers. v. F. Wüstenfeld. Gotha 1879, finde ich s. 119 unter dem 16. hatur: „an diesem tage wurde die kirche des grossen heiligen Abu Nafr (d. i. Onuphrius) des einsiedlers hinter der stadt Misr ernenert; an ihm beginnt das fasten der geburt bei den jakobitischen christen, besonders in Aegypten." Da hiermit offenbar der tag des h. gemeint ist, so haben wir in dieser kurzen bemerkung die unerwartete bestätigung unserer erörterung über Onuphrius. Der 16. hatur ist der 24. nov., der in der griech. kirche als tag der h. Katerine gilt oder nach unserer darlegung über diese als todestag des Osiris. Die todestage aber sind bekanntlich die dies natales sanctorum, und die koptische kirche kennt keine h. Katerine.

S. 351 z. 10 v. o. *5. u. 6. jh.* | Aus Ant. Pilgram, calendarium chronol. medii potissimum aevi monumentis accomodatum. Viennae 1781. 210 trage ich nach: „Cultus et nomen hujus sanctae prius prorsus incognitae invaluit sub finem sec. VIII., invento corpore in monte Sinai: a quo tempore illam Graeci sub nomine Aicaterinae 25. [24] nov. colunt. Ad Latinos ejus nomen et cultus per cruciatas venit sec. XI. Martyrologio circa dimidium sec. XII inserta fuisse videtur. Nam Rosweyd. [cod. saec. XII. circ. a 1138] nondum illius meminit, at Pulsan. [cod. post a. 1139] jam habet in medio textu. Antiquioribus codicibus nomen hoc manu multum recentiore adjectum est. Conc. oxfordiense a. 1222 posuit inter festa primaria Angliae, at worcestiense a. 1240 inter secundaria reposuit. In Gallia non fuit inter festa fori. Treviris ejus cultus a. 1245 introductus est." — Daraus dass die monophysit. kopten die h. nicht kennen, bestätigt sich unsere behauptung, dass die legende nicht vor dem 5. jh. entstanden sei. Denn die trennung der kopten von den orthodoxen datiert vom j. 451. Bemerkenswerterweise aber besitzen erstere nach ihrem synaxarion s. 121 f. auf den 18. hatur (26. nov.) zwei heilige, Atrasis und Johanna, die unserer Katerina u. Faustina zum verwechseln ähnlich sehen.

DRUCKBERICHTIGUNGEN.

I. In den texten lies: uisitare seite 23, zeile 4 v. o. | est 35, 14 v. o. | to wesen tweelff 77, 25 v. o. | item 83, 13 v. o. | fteyt 91, 8 v. o. | hauen 99, 10 v. o. | vanden 174, 11 v. u. | beter 209, 20 v. u. | stuck 219, 2 v. u. | xv^e 240, 1 v. o. |

II. Im übrigen buch, betr.: 1) grosse anfangsbuchst., l.: Aug. 80, 29 v. u. | Bened. 80, 25 v. u. | Dominik. 75, 20 v. u.; 102, 17 v. u. | Jerus. 54, 23 v. o.; 231, 17 v. u. | Jesuit. 11, 14 v. u. | Lohengr. 41, 22 v. u. | Mainüb. 12, 5 v. o. | Nibel. 40, 14. v. o. | Ölberg 23, 17 v. o. | Palaest. 2, 23 v. u.; 75, 21 u. 22 v. o.; 91, 26 v. o.; 225, 13 v. u. | Rheingr. 91, 15 v. o. | Venet. 94, 23 v. u. | 2) kleine anfangsbuchst.: buch 6, 13 v. o. | bezich. 10, 17 v. n. | elberf. 10, 21 v. u. | milten. 36, 15 v. u. | hauses 45, 18 v. o. | themer. 82, 23 v. u. | peristeph. 84, 14 v. u. | eintrittag. 126, 12 v. u. | dricen 143, 14 v. u. | islam 147, 16 v. u. | sold. 154, 13 v. u. | 3) ausgelassenes: zusammenhängen 52, 14 v. u. | κηρύς 115, 8 v. u. | angegebenen 144, 8 v. u. | Cornarus 170, 14 v. u. | Frommann 228, 2 v. u. | Sattlier 336, 1 v. o. | 4) überflüssiges: Baronii 79, 1 v. u. | sluet 153, 9 v. u. | denkbl. 158, 3 v. u.; 159, 25 v. u. | Patmos 187, 2 v. n. | 5) verkehrte buchst.: paralyt. 26, 22 v. n. | spissitudo 47, 21 v. u. | nostri 74, 15 v. o. | Marc. 79, 5 v. u. | moniales 79, 16 v. u. | nimis 79, 17 v. u. | biremis 89, 7 v. u. | parvae 90, 21 v. o. | baxtert 110, 23 v. u. | kriechen 138, 13 v. u. | Contarini 170, 14 v. u. | Gamaliel 216, 4 v. u. | von 223, 1 v. o. | seinem 223, 11 v. o. | Langier 225, 2 v. u. | Salina 243, 14 v. u. | 6) falsche zahlen: myth.⁴ 389, 83, 4 v. u. | 646., 91, 12 v. u. | 606., 95, 1 v. u. | 602., 97, 4 v. u. | 601., 98, 23 v. u.

www.ingramcontent.com/pod-product-compliance
Lightning Source LLC
Chambersburg PA
CBHW030400230426
43664CB00007BB/672